자아개념

SELF-CONCEPT

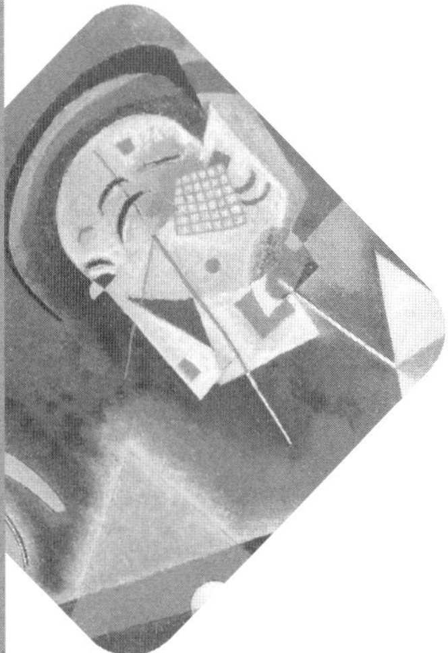

自我槪念

송인섭 저

학지사

책머리에

2012년 가을은 정년의 시간, 일 년 전 그 시점이다. 이제 항시 머리에서 맴돌던, 나의 학문에서 중요한 부분인 '자아개념'을 한 번 더 정리할, 부담스러우면서도 어떻게 보면 운명적인 시간이다. 정리 안 한다고 누가 무어라 하지는 않겠지만 최소한 한국에서는 자아개념을 학문적으로 소개하고 그런 대로 하나의 역할을 하였다는 평을 주위에서 들은 그 세월을 생각하니 손을 안 댈 수가 없다는 심리적 압박감을 느꼈다. 이제 결심을 하였다. 결심을 하니 가벼운 마음이 온몸을 엄습한다. 그래도 이 같은 생각을 하게끔 나에게 많은 시간과 자극을 준 인간의 핵심 구인인 '자아개념' 에 고맙다는 생각도 해 보았다. 그 자아개념! 아, 거기 있었구나!

이 책은 이론과 실제, 정리까지 모두 세 부분으로 나누어 구성하였다. 이론의 틀은 지난 24년여 동안에 출판된 나의 두 권의 저서에서 그런 대로 노력을 한 흔적을 볼 수 있다. 그러나 자아개념이라는 심리적인 구인을 행동 변화 · 증진이라는 면에서는 많은 부분 손을 대야 할 것으로 보인다. 자아개념 증진과 변화에 좀 더 도움을 주어 응용과 프로그램이라는 면을 좀 더 강조하고 싶다. 그래서 이론편은 1998년에 출간됐던『人間의 자아개념 탐구』의 내용을 반으로 줄이고, 새로이 자아개념의 변화와 증진을 강하게 논의하는 실제편을 추가하여 전 서적의 반에 해당되게 넣어 한 권의 책으로 만들고자 하였다.

『人間心理와 自我槪念』을 1989년에 출간한 지가 꼭 10년이 된 해인 1998년에 인간심리와 자아개념의 상당한 부분을 최근 이론으로 재정리하여 출판한 『人間의 자아개념 탐구』를 학계에 내놓았다. '1997년도 교육학회 학술상'의 대상자로 선정되고, 격려의 의미를 갖고 있는 학술상을 수상함으로써 수정에 대한 압박과 부담감 속에서 다시 자아개념을 정리한 책이 두 번째 개정판인 『人間의 자아개념 탐구』였다. 자아개념에 관심 있는 많은 학도들의 격려와 논평에 감사드린다. 그 후 14년이 지났다. 그 14년은 강산이 한 번 하고도 반이 변하는 세상사의 시간이다. 그동안 자아개념에 대한 관심은 계속되었는데, 자아개념의 이론에는 변화가 있었으나 그 근원적이며 핵심적인 이론 틀에는 큰 변화가 없다.

시간의 흐름 속에서 마음 한구석에 이제는 새로운 책을 내놓아야 할 때가 되었는데 하는 생각들이 뇌리를 스치던 중에 정년을 앞두고 새로운 『자아개념』을 쓰기로 결심하였다. 이 책은 순수이론보다는 교육 현장에서 자아개념 이론을 적용해 보고 필요한 다양한 문제를 함께 논의하고자 하는 뜻이 있다.

수많은 철학자, 심리학자, 사회학자 그리고 교육학자 등 학문의 초점을 인간에 맞춘 학도들이 자아개념이라는 문제에 대하여 그 나름대로의 철학, 사상, 학문적 배경에 따라 각자 자신의 이론을 정리하고 실제에 적용하려는 노력을 하고 있다. 저자 역시 학문 생활에서 그 핵심적 관심 개념을 자아개념에 두고, 자아개념의 실체, 접근방법 그리고 경험적 결과에서 상충된 논의와 결과를 어떻게 정리해야 할지 항상 생각하면서 문제를 제기해 왔다. 그러나 관심을 두고 생각하면 할수록 잘 모르겠다는 점이 언제나 내가 가진 생각이다. 그래서 학문을 하고 그 속에서 즐거움을 찾는 과정이 학자가 가는 길이 아닌가 한다.

자아개념에 대한 연구는 인간에 대한 논의에 관심을 둔 학문의 시작과 더불어 논의되었다 해도 과언이 아닐 정도로 긴 역사의 탐구 기간을 갖고 있다. 그러나 용어 자체부터 통일되거나 합일되지 않고 마구 남발되어 연구자들이 혼란스러울 정도이므로 자아개념의 정체성 찾기는 힘들고 어려운 과정으로 보인다. 그럼에도 불구하고 학문 자체가 논의에서 출발하여 논의과정의 반복에 그 학문적 뜻이 있다고 볼 때, 무수한 학문적 논쟁의 근거를 갖고 있는 자아개념은 우리에게 '매력적(?) 모습' 으로 다가오고 있음도 부인할 수 없다.

인간에 속해 있는 듯한, 인간에게 있는 듯한, 인간만이 고유하게 갖고 있는 듯한 자아개념이라는 특성에 대해서 그것을 형성하는 행위는 길고 긴 시간을 요구한다. '인간은 거저 얻는 것이 아무것도 없다.' 는 게 우리 인간이 삶을 영위하게 하는 것이라고 본다. 그래서 나에게 주어진 시간을 투자해 가면서 '이론' 이란 이름으로, 때로는 '실제' 라는 이름으로 자아개념에 접근하고자 했다. 때로는 존재하지도 않는 것을 있는 것으로 착각하는 게 아닌가, 아니면 실재하는 것을 찾지 못하는 게 인간의 한계인가 하는 생각도 하였다.

사실 이 책의 집필 시작은 14년 전 『人間의 자아개념 탐구』가 나온 그 순간부터라고 할 수 있다. 그때부터 미진한 부분이 발견될 때마다 독자에게 미안한 감을 갖게 되어 그 부분을 조금씩 정리하고 수정하기 시작했기 때문이다. 이 책 역시 미흡한 부분은 여전히 보이나 오늘을 정리하는 뜻에서 이 연구 저서를 내기로 하였다. 나 자신이 모든 것을 확인하고 검증하고, 합리적 근거를 갖기에는 인간의 삶이 너무나 유한한 것 같다. 그래서 인간은 사회적 동물인가 보다. 타인의 연구물들이 대부분이고 나의 것은 너무나 적다는 데 아쉬움을 느끼면서 이 책을 정리해 본다.

저자도 자아개념에 대한 다양한 자료를 접하다 보면 알 듯하면서도 모르고, 모를 듯하면서도 무엇인가 아는 듯한 경험을 하곤 했다. 『人間의 자아개념 탐구』의 삼분의 이 정도를 재검토해 정리한 후 이 책의 근거로 만들었다. 그리고 이 책에서는 최근의 이론과 경험적 결과를 정리하여 과거의 연구와 통합하려고 시도했다.

제1장 '개관' 은 다양한 학문에서의 자아개념에 대한 주장과 접근을 소개하고 그 내용을 정리하였다. 특히, 자아개념이 갖는 중요한 의미는 자아개념이 하나의 심리적 결정체지만 그 결정체도 계속해서 형성되는 과정이기 때문에 그 순간만 특성이지 결국 과정이라는 데 있다고 소개하고 있다. 또한 자아개념을 역사적인 맥락에서 살펴보았다. 어떠한 과정을 통하여 어떻게 논의되었느냐를 발전 배경, 현상학 그리고 자아개념을 보는 다양한 관점을 통합함으로써, 과연 자아개념은 어떠한 의미를 가졌으며, 자아개념의 학문적 성격은 어떠한가를 논의 · 정리하였다. 제2장 '자아개념의 본질과 인식론' 은 자

아개념이 유용한 설명 구인일 뿐만 아니라, 필요한 구인이라는 주장을 정리하였다. 심리학의 모든 영역 중 자아개념은 개인의 행동을 이해할 수 있는 유일한 심리적 특성이며 가장 핵심적인 개념으로 간주된다는 점을 논의하였다. '자아개념의 구조' 에서 송인섭, Shavelson 등의 자아개념 위계구조와 Marsh의 자아개념 구조를 소개 · 평가 · 논의하고, 이를 토대로 자아개념에 대한 새로운 개념화를 시도하여 자아개념을 새롭게 인식하고자 하였다. 특히 송인섭이 제시한 3차원 자아개념 모형의 접근을 정리하였다. 제3장 '자아개념과 성취' 는 자아개념과 학업성취의 관계를 이론적 · 경험적으로 정리하고 논의하였다. '자아개념과 학업성취' 에 대한 논의로 학업성취란 맥락에서 자아개념이 갖는 의미를 교육학적 시각, 특히 학생의 학업성취 변화라는 관점에서 논의하였다. 이 장의 초점은 학생의 학업성취와 관련된 이론과 경험적인 결과를 통하여 자아개념이 학생의 학업성취를 어느 정도 설명하고 있는지를 정리하였다.

제4장 '자아개념의 변화와 발달' 에서는 자아개념이 발달하는 과정을 정리하였다. 어린 아동이 자신의 자아개념을 형성하고 발달하는 다양한 이론을 정리하고 경험적 결과도 소개하였다. 특히 자아개념이 성장과 더불어 어떻게 발달하느냐를 이론적 · 경험적으로 분석하여 자아개념의 발달적 개념과 특성을 논의하였으며, 발달과정에 영향을 주는 요인들을 탐색적 수준에서 정리하였다. 제5장 '자아개념과 환경' 은 자아개념과 환경과의 관계를 정리하였다. 인간의 모든 행동을 설명할 때는 두 가지 접근이 가능하다. 하나는 유전성에 대한 논의로, 인간 행동의 상당한 부분을 유전적인 원인으로 보는 것은 누구나 부인할 수 없다. 다른 한편, 인간 행동을 결정하는 중요한 요소로 환경적인 요인을 받아들일 수 있다. 이 장에서는 인간 행동의 핵심적 심리 특성인 자아개념에 환경 변인이 주는 영향을 논의하였다. 그 답은 간단하지 않다. 왜냐하면 환경을 어떻게 개념화하느냐 또는 환경 중에 어떤 변인이 연구에 포함되느냐에 따라 너무나 다양할 뿐만 아니라 연구 설계에 따라서도 그 차이가 크다. 이 장에서는 환경, 자아개념과 환경과의 관계를 다양한 이론과 경험적 결과를 토대로 논의하였다. 또한 가정환경이 자아개념에 주는 영향과 그 인과를 분석하여 과연 어떠한 환경 변인들이 자아개념에 어떻게 영향을 주는지를 생각해 보았다.

제6장 '자아개념 측정' 은 자아개념의 측정 문제와 그 구체적 방법을 논의하였다. 자아

개념 측정이 갖는 고유한 의미와 모든 인간심리를 측정하는 과정에서 나타나고 논의될 수 있는 문제를 자아개념에 적용하여 자아개념을 측정하는 과정에서 나타나는 측정상의 타당도 문제를 논의하였다. 측정의 문제는 신뢰도와 타당도라는 주제에 관련된 방법론적 문제로 다음 두 가지 질문으로 대변될 수 있다. 그것은 측정절차에 의해서 나온 점수 혹은 분류가 얼마나 조직적이며 일관성이 있고 반복 가능한가 하는 것이다. 그리고 점수 변량 중 어느 정도가 의미 있는 진변량, 혹은 구인에 관련된 변량인가 하는 것이다. 자아개념 측정에서 타당도 문제는 개념적으로나 경험적으로 복잡하고 난해하다. 이 같은 문제도 논의하였다.

제7장 '자아개념 증진 프로그램' 에서는 자아개념의 증진 방법을 논의하였다. 심리치료와 교육 프로그램을 통해 자아개념을 변화시키려는 수많은 노력에도 불구하고, 자아개념 증진 프로그램이 자아개념을 향상시킬 가능성에 대한 일관성 있는 답변이 없는 것 같다. 그러나 다양한 접근과 그 결과들은 자아개념의 변화 가능성을 제시하고 있으므로, 이 장에서는 그 내용을 정리하였다. 제8장 '잃어버린 나를 찾아서' , 제9장 '자아존중감과 함께하는 삶' , 제10장 '행복하고 생산적인 삶을 위하여' 는 자아개념의 다양한 프로그램들 소개와 그 프로그램들의 효과를 정리한다. 특히 인지적, 정의적 그리고 그 외의 프로그램들의 실례를 들고, 프로그램의 효과에 대한 메타분석 결과도 요약하였다.

제11장 '32년을 함께한 '자아개념' 을 정리하고' 는 지금까지 이 책에서 논의된 자아개념에 관련된 제 이론을 미래지향적 시각에서 정리하고 앞으로의 발전 방향을 논의하고 있다.

망설임의 시간은 길었다. 망설이고 또 망설이다 이제 자아개념에 관련된 세 번째 연구서적을 정리하고 보니, 두려움과 아쉬움, 걱정되는 부분이 보인다. 그러나 학문에 대한 논의는 항상 발전 선상에서 생각해야 한다는 점에서의 자위를 하면서 미진한 부분은 다음 도전의 대상으로 남겨 두기로 하고 이 시간만을 정리한다.

하나의 과정적인 결과를 보면서 공부할 수 있고 생각할 수 있는 여건을 만들어 준 숙명여자대학교 당국에 감사한 마음을 드리며, 항상 본인에게 학문적인 토양을 만들어 준 숙명여자대학교 학생들이 눈에 아른거린다. 특히, 석 · 박사 과정에서 때로는 학문적인 자극, 때로는 책망의 대상, 때로는 아쉬움의 대상이 된 100여 명의 석 · 박사 학생들을 생각하며 그들에게 좀 더 매섭게 학문적인 지도를 하였으면 하는 아쉬움을 갖는다. 더 나아가 현재 박사를 취득하고 현직에 있거나 과정에 있는 제자들이 이 책의 교정에 참여하였다. 이들은 나의 학문을 함께한 나의 자산 중 자산이다. 스승과 제자는 함께 그 학문의 길을 시간과 더불어 간다. 그들은 학문하는 과정에서 적지 않은 어려움이 있었지만 때로는 즐거움과 행복의 시간도 함께하였으리라 본다. 김정원, 정미경, 김혜숙, 최지은, 이희현, 남궁정, 박소연, 김영아, 김누리, 김효원, 김희정, 한윤영, 안혜진, 최영미, 성소연, 육진경, 최지혜, 김은영, 김수란, 최보라, 정유선, 정숙희, 김미연, 그리고 석사 과정 중인 김지연, 이보미의 학문적 발전을 기대해 본다.

초판에서 여기까지 오는 동안 우리 가계 구조도 많이 바뀌었다. 우리 집에는 이제 집사람과 나 둘만 있다. 지난 30여 년 동안 그 긴 시간을 하루같이 건강과 사회활동을 잘 할 수 있도록 신경 써 준 그 사람이 고맙다. 나는 비교적 까다로운 성격인 것 같고 특히 위장이 약해 식사에 신경을 많이 써 준 그 시간들이 뇌리를 스친다. 고맙다는 말과 그 인연이 나를 여기에 있게 하였다는 생각이 든다. 특히 나는 아내에게 98점을 주고 싶다. 한 번도 식사와 출근길 배웅 등에서 조금도 부족함 없이 하나하나 신경을 써 준 아내에게 오늘의 나를 만들어 준 일등 공신이라고 부르고 싶다. 나를 지탱하게 해 준 두 딸, 현재 대학원에서 박사과정을 밟고 있는 기현, 기독교 방송 아나운서를 거쳐 지금은 프리랜서로 일하는 영선이는 이제 각자의 가정을 꾸리고 있다. 잘 성장해 주고 좋은 남편 만나 잘사는 모습 또한 기쁘다. 첫째 사위 윤철규, 둘째 사위 백지훈도 열심히 노력하는 모습이 보기 좋다. 한 인간의 삶의 시간을 함께해 준 가족에게 고마움을 전하고 축하하고 싶다.

나는 평생 위장이 약해 소화문제와 위 통증으로 고생을 한 편이다. 1998년 대장암 1기 판정을 받아 항시 신경을 쓰고 있다. 그 후 건강에 신경을 쓰다 보니 전보다 더 건강해졌고 활동량이 증가했다. 현재, '꿈은 이루어진다' 는 표현처럼 자신 있고 행복감을 느끼며 살고 있다. 나의 삶에서 빼놓을 수 없는 또 하나의 중요한 부분은 숙명여자대학교 교육학부 교수와 교육심리학회, 교육평가학회 그리고 10여 년 전에 창립한 한국영재교육학회 회원들이다. 특히 한국영재교육학회는 10년 전 창립하여 오늘날 한국을 대표하는 학회로 성장한 모습을 보니 마음이 흡족하다. 그동안 학문적인 교류를 한 학도들 한 분 한 분에게 감사를 드린다.

출판을 맡아 이 같은 책으로 만들기까지 제작과 편집상의 어려움을 감수한 학지사 김진환 사장과 관계 직원 여러분께도 감사를 드린다.

감사합니다.

2013년 8월
청파골 수련교수회관 709
滿虛 宋 忍 燮

차 례

책머리에 _ 3

■ 제1부 이론편 ■

제1장 개 관 …… 19

1. 자아개념의 학문적 배경 _ 19
2. 지각된 상황에서의 선택과정인 자아개념 _ 42
3. 자아개념의 개념화 _ 51
4. 결 론 _ 56

제2장 자아개념의 본질과 인식론 …… 61

1. 자아개념의 기본 개념 _ 61
2. 자아개념의 구조 _ 62
3. 송인섭의 자아개념검사의 중다특성 중다방법 _ 80

4. 송인섭의 3차원 자아개념 모형 _ 96
5. 자아개념의 인식론 _ 108
6. 결 론 _ 123

제3장 자아개념과 성취 …… 129

1. 학업성취 예언변인으로서의 자아개념 _ 129
2. Brookover와 동료들의 연구 _ 135
3. 자아개념의 위계모형과 학업성취 _ 137
4. 다양한 자아개념 측정도구와 성취와의 관계 _ 141
5. 자아개념의 다원성과 학업성취 간의 관계 _ 146
6. 결 론 _ 155

제4장 자아개념의 변화와 발달 …… 159

1. 자아개념의 변화에 영향을 주는 변인 _ 159
2. 이상적 자아의 형성 _ 178
3. 자아개념과 장애아동 _ 179
4. 청소년의 자아개념과 안정성 _ 181
5. 자아개념의 변화와 연령 _ 184
6. 송인섭의 자아개념 발달 연구 _ 202
7. 결 론 _ 224

제5장 자아개념과 환경 …… 227

1. 자아개념과 환경 _ 227
2. 자아개념과 창의성 _ 231
3. 자아개념과 교사 _ 233
4. 자아개념과 학교조직 _ 248
5. 자아개념과 가정의 사회경제적 · 심리 및 과정 _ 249
6. 자아개념과 가정의 과정 및 구조환경 _ 254
7. 송인섭의 환경 · 자아개념 · 학교성적 간의 인과연구 _ 262
8. 결 론 _ 277

제6장 자아개념 측정 …… 281

1. 자아개념 측정의 의미 _ 281
2. 자아개념 측정상의 문제 _ 286
3. 결 론 _ 311

■ 제2부 실제편 ■

제7장 자아개념 증진 프로그램 …… 315

1. 자아개념 증진 프로그램 _ 315
2. 부모를 통한 자아개념 증진 프로그램 _ 320
3. 결 론 _ 335

제8장 잃어버린 나를 찾아서 …… 337

1. 나의 모습을 찾아서 _ 337
2. 나의 문제를 찾아서 _ 346
3. 문제의 원인 _ 357
4. 나에 대한 변화의 방향 _ 361
5. 사실 그대로 받아들이자 _ 366
6. 당신 자신을 받아들이자 _ 370
7. 우리 자신의 것을 받아들이자 _ 376
8. 우리 자신의 성격을 받아들이자 _ 385
9. 삶을 어떻게 꾸려 나갈 것인가 _ 390
10. 삶의 목적 _ 393
11. 신체를 생각해 보자 _ 394
12. 결 론 _ 396

제9장 자아존중감과 함께하는 삶 …… 399

1. 자아존중감의 본질 _ 399
2. 자아존중감의 특성 _ 403
3. 자아존중감 증진 방법 _ 406
4. 긍정적 자아존중감 형성을 위한 방법 _ 420
5. 결 론 _ 442

제10장 행복하고 생산적인 삶을 위하여 …… 443

1. 행복의 주인은 당신이다 _ 443

2. 당신의 감정을 중시하라 _ 446
3. 자아정체성을 형성하라 _ 450
4. 적극적인 의사소통 _ 455
5. 성공을 확신하라 _ 460
6. 행복을 위한 성숙된 의식 _ 468
7. 의식의 영역 _ 478
8. 자신을 발전시키는 다섯 가지 방법 _ 485
9. 의식집중과 의식집중의 방법 _ 487
10. 즉각적인 의식의 증가 _ 491
11. 이성적 정신 _ 492
12. 인간 두뇌의 최선의 사용법 _ 493
13. 결론: 행복과 불행의 프로그래밍 _ 495

제3부 정리편

제11장 32년을 함께한 '자아개념'을 정리하고 …… 501
1. 자아개념과의 여정 _ 501
2. 자아개념을 연구하는 즐거움 _ 502
3. 나는 누구인가 _ 503
4. 인간 행동의 결정 _ 504
5. 타인의 자아에 대한 관심 _ 505
6. 나 자신의 행동에 대한 통제 _ 505
7. 자아개념에 대한 연구 체계화 _ 506

8. 자아개념에 대한 연구 _ 514
9. 결 론 _ 515

참고문헌 _ 517
찾아보기 _ 567
저자의 삶 _ 585

제1부

이론편

제1장 개 관

제2장 자아개념의 본질과 인식론

제3장 자아개념과 성취

제4장 자아개념의 변화와 발달

제5장 자아개념과 환경

제6장 자아개념 측정

제 1 장

개 관

1. 자아개념의 학문적 배경

자아개념은 다양한 학문에서 관심을 두고 있는 인간의 대표적인 심리적 특성이다. 심리학에서는 인간 행동을 움직이는 핵심적인 심리적 특성을 자아개념으로 보고 있다. 자아개념이 어떠한가에 따라 인간의 행동을 결정한다는 의미다. 교육학의 개념도 자아개념과 관련된 정의를 내리고 있다. 교육은 한 인간의 자아를 형성하는 과정이라고 볼 수 있기 때문이다. 그 밖에도 다양한 학문에서 그 기저에 자아개념을 하나의 중요한 핵심적 개념으로 보고 있다.

심리학의 중요한 논문집인 『*Psychological Abstracts*』의 정기간행집에는 1974년 이후 자아개념 혹은 자아존중감에 대한 논문은 전체 논문 중 약 2.5%에 해당된다. 그리고 그 비율은 과거 30년 이상 동안 상당히 일정했다.

자아개념을 보는 시각은 학문영역에 따라 다양한 차이를 보이고 있다. Rogers(1951)와 같은 많은 학자들은 자아개념이 개인의 행동 연구를 위한 기본적인 단위임을 주장한다. 그러나 행동주의 학자들은 자아란 결코 알 수 없고 자아의 추구는 그 실체를 알 수 없다고 말한다. 반면, 자아개념을 다른 사람의 지각에 의한 것이라고 보는 사람들(Cooley, 1912)과 한 인간의 내적 잠재력이라고 주장하는 사람들(Horney, 1950)도 있다. Fromm(1949)은 자아개념을 인간의 '내적 본성' 혹은 '기본적인 본성'으로 간주했다.

'개인으로서의 자신은 누구인가?' 라는 질문을 전제로 하는 총체적인 영상이 있다. 자아개념과 동의어로 볼 수 있는 것에는 자아(self), 자신(ego), 자아지식(self-knowledge), 자아정체(self-identity), 자기이해(self-understanding), 자아상(self-image), 자아존중감(self-esteem), 현상적 자아(phenomenal self) 등이 있다. 현재 사용되고 있는 자아개념이란 용어는 불분명하게 개념화되어 있다(Burns, 1979). Hume은 자아가 무엇인지를 관찰하는 것이 실제적으로는 불가능함에도 불구하고 지나치게 많이 논의되고 있다고 보고 있다. 경험적 결과에 대한 문헌을 보면 더욱 혼란스러움을 느낄 수 있다. 한 예를 들면, Hansford와 Hattie(1982)의 연구 결과, 자아개념과 성취 간의 상관 범위를 −.77∼+.96이라고 보고하였다. 많은 연구자들이 자아개념을 향상시키는 절차들을 제시했지만, 아주 미미한 증거만을 제공했다. 이론적 · 방법론적으로 타당한 연구들이 있는가 하면, 상당한 문제가 있는 논문들도 있다.

자아개념 이론의 출발은 어디인가? 이것에 답하기 위해서 '개념'이라는 용어가 뜻하는 점을 먼저 개괄할 필요가 있다. 자아개념에 대한 연구에서 한 가지 분명한 특징은 자아개념이 한 인간의 행동을 결정하는 인간심리의 핵심적 특성이라는 점이다. 안정성과 지속성이 있는 자아개념은 개인적 장단점, 행동, 그리고 기대되는 심리적 행동이다. 반면에 행동에 대한 미결정과 결과를 예측 못하는 능력은 긴장과 불안을 일으키게 된다. 자아개념은 개인이 타인과 의사소통할 수 있는 기능적 가치를 갖는다.

논의의 초점은 다양한 학문에서 자아개념을 보는 시각이 다양하다는 점이다. 따라서 다양한 학문을 통해 자아개념에 대한 개념적 그림을 그리고자 한다.

자아개념을 보는 심리학적 관점

심리학의 핵심 주제가 자아개념이라고 할 정도로 자아개념은 심리학에서 중요한 개념이다. 철학자들과 다양한 문헌에서 다루어지는 중요한 주제들 중의 하나가 주체 혹은 객체 자아 사이를 구별하는 일이다. James(1890)는 철학과 심리학의 관계를 연결시킨 중요한 첫 기여자다. James는 습관, 본질, 자아의 세 가지 개념을 제시하였다. 그는 인간을 생리적 존재이며, 동시에 사회적 존재로 파악하면서, 인간의 본능이 어떻게 형성되는가 하는 문제에 관심을 두었다. 인간의 본능이 사회에서 변형된 것은 기억이라는 보다 높은 차원의 지적인 활동을 수행할 수 있는 인간 두뇌의 능력 때문이라고 보았다.

W. James는 자아에 대한 이론에서 본능은 습관에 의해서 규제되기보다 상호작용에 의해 영향을 받는다고 하였다. 그는 자아를 "한 개인이 자기 것이라고 말할 수 있는 모든 것" 이라고 정의하였다. 자아에 관한 개념형성에서 인식과 기억은 중요하다. 경험적 자아인 '나를' 은 내가 '마음' 이라고 부를 수 있는 것의 총합이며, 자아에는 세 가지 측면—즉, 자아의 구성요소, 의식과 정서 그리고 행동—이 있다고 주장한다. 더 나아가 James는 기본적으로 다른 두 가지 접근을 시도했다. 하나는 자아개념의 실행적 기능을 가진 '인식아(a knower)' 로서의 입장, 다른 하나는 자아를 알게 되는 '대상(what is known)' 인 객체의 입장이다. 그는 행동을 이해하기 위해서 '인식아' 로서의 자아는 철학적 영역으로 추방되어야 하고, '대상(객체)' 으로서의 자아는 개인이 자신에게 속한 것으로 지각하는 자아개념이라고 하였다.

James의 기여는 자아개념의 구성요소를 물질적 자아, 사회적 자아, 정신적 자아, 순수자아의 네 차원으로 구별하여 자아에 대한 개념을 형이상학적 개념에서 경험적 차원으로 끌어내린 다음, 경험적 차원에서 하나의 자아는 개인과 사회환경의 상호작용을 통해 형성되는 것이라는 점을 강조한 데 있다.

물질적 자아에서 신체는 물질의 가장 내적인 부분이며, 다음은 옷이고 그리고 우리의 가족과 가정이다. "우리 모두는 신체를 지키고자 하며, 장신구 같은 것을 걸침으로써 신체를 꾸미고, 부모, 아내와 자식들을 부양하고 살고 보호하려는 가정을 발견한다." (p. 189) 또한 우리는 열심히 일하려는 생각을 하며, 재산을 모으려 한다. 아마 그 서열의 차이는 있을지 모르지만 이 모든 것은 우리가 관심을 갖는 대상들이다. 자아개념에서 물질적 자아를 물질자아개념으로 정의하여 중요한 개념으로 보고 있다.

자아의 두 번째 요소는 주위 사람들로부터 얻는 사회적 자아인데, 그것은 주위 환경에 대해서 우리 스스로가 인식하는 경향성이다. 그래서 개인에게는 그를 알아보고 또 그를 기억하는 사람의 수만큼 특수한 사회적 자아개념이 있다는 가정도 가능하다. 실제로 한 개인에게는 그 자신이 관심을 갖는 집단의 수만큼 사회적 자아개념이 있다고 볼 수 있다. 그래서 James는 집합적 견해가 아닌 자아에 관한 개인적 지각의 중요성을 인식한다. 즉, 사람은 그를 지각할 수 있는 만큼, 그리고 그들 마음속에 그의 영상을 일으키는 만큼만 사회적 자아를 가지고 있다. 사람은 자신의 사회적 자아를 높이고자 하는 욕구를 가지고 있으며, 이는 일종의 본능으로 보인다(James, 1890). 인간의 자아존중감에 대한 고양 욕구가 그 자신의 주관적인 열망과 객관적인 사회적 자극 사이의 상호작용에 의해서 결정된다고 생각한 James는 한 개인의 자아존중감을 다음과 같은 공식으로 나타낼 수 있다고 보았다(James, 1890, p. 310).

$$\text{자아존중감} = \frac{\text{성공}}{\text{욕구}}$$

자아존중감 지수는 성공과 욕구의 상대적 크기에 따라 결정된다. 즉, 높은 자아존중감을 가진 사람은 성공 정도가 자신의 욕구에 비해 큰 경우이고, 낮은 존중감은 그 반대인 경우를 말한다. 또한 한 개인은 많은 자아를 가지고 있으므로, 관계하는 사람에 따라서 다르게 행동한다는 James의 논의는 Kelly보다 선임자적 위치에 있다. 더욱이 그는 사회와 개인의 관계를 강조하는 상징적 상호작용주의자들의 관점 형성에 기여했다.

세 번째 요소인 정신적 자아는 내적 혹은 주관적 존재이며, 이들 심리적 요소 혹은 경향성은 자아의 가장 지속적이고 본질적인 부분이다. 정신적 자아는 반사적 과정이고, Descartes의 "나는 생각한다. 고로 나는 존재한다."와 같이 자신을 생각하는 것을 포함한다.

네 번째 요소인 순수자아는 추상적이고 가설적이며 개념적인 의미를 갖는다. 이것은 주의집중과 반사를 통해서 형성되는 개인정체의 원리로서 한 인간의 영혼의 정신적 구인이다.

James는 자아의 구성요소들 간에는 위계성이 있으며, 그중 물질적 자아는 위계의 하위 차원에 있기 때문에 다른 자아들을 위한 기초적인 역할을 한다고 했다. 전체적인 서

열 위계에서 사회적 자아는 물질적 자아보다 상위에 위치한다. 즉, 우리는 외모 혹은 돈보다 명예, 친구, 인간관계를 중시함에 틀림없다. "정신적 자아는 너무나 가치 있는 것이기 때문에 그것을 잃게 되면 차라리 친구, 명예, 그리고 소유물을 포기하고, 더 나아가 삶 자체를 포기하는 것이 낫다."(James, 1890, p. 203). 일반적으로 자아개념을 연구할 때 주요한 자아개념의 요소적 특징 중 하나인 위계적 특성은 James의 주장에 근거한 경험적 검증이다.

자아개념의 원인인 느낌과 감정은 주로 자아만족과 자아불만이며, 이들 자아 느낌을 촉진하는 행동은 자아추구와 자아보존이다. James는, 자아개념들은 다원성이 있기 때문에 상이한 자아들 사이에 갈등과 경쟁이 있다는 점을 지적했다. 따라서 James는 자아에 관한 의식이 사고를 포함한다는 것과 객체로서의 '나를(Me)'을 강조한다. '나를' 인 객체의 핵심은 객관적으로 알려진 것들에 대한 경험적인 종합이다. 그들을 인식하는 주체인 '나(I)' 는 현재의 단순한 종합이 아니고 과거의 기억을 통한 사고다. 자아개념은 자아정체에 관련되는 반면에 자아존중감은 내가 자아정체이기를 바라는 것에 좀 더 관련된다. 자아개념은 주체인 '나' 다.

현대 교육학이나 심리학에서 주로 관심을 둔 자아개념의 구인에 관한 연구는 그 뿌리를 William James에서 찾을 수 있다. William James는 자아개념을 물질적 자아, 사회적 자아, 정신적 자아, 순수자아의 네 차원으로 나누었다. 제2장에서 논의하는 송인섭의 자아개념 구조모형이나 Shavelson의 자아개념이론은 그 역사적인 배경과 이론적인 측면에서 James의 이론에 근거를 두고 있다. 결국 현대심리학에서 자아개념이론의 대부분은 그 근거를 William James에 두고 있다고 볼 수 있다.

C. H. Cooley는 자아개념에 새로운 사회적인 관점을 도입하였다. Cooley(1930)는 면경자아이론(the looking-glass self theory)과 원초집단 등의 주요 개념을 통해서 널리 알려졌지만, 인간의 행동을 이해하기 위해 심리학과 철학보다는 주로 사회학적인 시각에서 보았다. 인간은 사회적인 동물이라는 점을 강조하였을 뿐만 아니라 자아개념도 사회적인 다양한 자극과 상호작용함으로써 만들어지고 형성된다는 점을 강조하였다. 사회적 존재가 먼저 상정되고 자아는 그 사회 속의 개인을 의미한다.

Cooley는 사회학적인 시각에서 사회는 유기적 조직과 정신적 속성이 있다는 점을 상정했다. 사회의 구조적 측면을 연구할 때에는 그 유기적 속성이 고려되어야 하는데, 이는 곧 사회라는 한 부분이 다른 부분들과 유기적으로 상호관계를 맺고 있음을 말한다. 그는 하나의 조직으로서 사회가 그 사회를 구성하고 있는 각 개인의 마음속에 존재하는 것으로 생각하였다. 이런 식으로 사회조직의 성격을 규명하는 과정에서 그는 상호작용론의 역할이라는 개념의 중요성을 부각시키고 있다. 첫째, 인간의 심리적 특성은 유전에 의해서 결정되는 차원이고, 둘째, 인간의 심리적 특성은 후천적으로 형성되는 차원으로 원초집단에 의해서 해석된 사회적 상황을 반영하는 자아의식이 발달된다는 점이다. 이 두 번째 차원에서 자아개념은 매우 융통성이 있기 때문에 사회 속에서 다른 사람의 영향에 민감하게 작용한다. 이 같은 작용을 통해 자아개념이 형성된다. Cooley는 사회적인 체제는 한 사람의 자아, 즉 그가 인식하는 어떤 개념이 마음속에서 어떻게 나타나느냐의 영상과 그 마음에서 나타나는 태도에 의해서 결정된 한 개인이 갖는 자아느낌이라고 본다.

확실히 첫 번째 요소는 중요하고 마음에서 통제하는 힘이나, 이 같은 반사성이 자아의 유일한 요소는 아니다. 자아에 관한 면경자아이론의 주 원리는 사람에게 다른 사람과의 상호작용을 통해서 자아를 볼 수 있는 능력이 있으며, 다른 타인과 같이 객체로서 자기 자신에 대해서 칭찬하고 반응할 수 있다는 점이다. Cooley에 의하면, "사람들은 각각 개인적이며, 자신을 주장할 필요와 본능적인 자아느낌을 가지고 있고, 한 개인의 정신과 사회를 연결시키는 물리적인 힘을 지니고 있다." (Cooley, 1902, p. 177)

자아평가는 개인적인 선택의 문제이고, 개인이 실제로 존재하고 있는 것에 근거를 둔다. 자아평가에 관한 느낌은 타인의 의견에 주로 근거를 두나, 그것만은 아니다. 자아의식은 개인의 주체성 발달을 통해서 그 개인의 생활 속에 뿌리를 내리는데, 개인의 주체의식은 그에 대한 남들의 생각이 어떻다는 것을 의식할 수 있을 때 비로소 형성된다. Cooley는 자아를 사회의 전체 맥락 속에서 설명하고 있으며, 또 개인의 자유에 대해서도 이론적 고려를 매우 심각하게 하고 있다. 특히 개인의 자아실현은 사회질서 속에서 비로소 실현될 수 있다는 점을 강조하고 있다. 한 개인이 갖는 자아개념은 한 개인과 사회적 환경과의 상호작용을 통해서 한 개인이 형성한 인지적인 실체라고 보는 이 시각은 바로 Cooley의 이론에 그 근거를 두고 있다. 이 이론에서 강조하는 점은 바로 한 개인의 자아개념이 사회적 환경과 상호작용을 한다는 점이다. 결국 James의 사회적 자아는 Cooley의 사회와의 상호작용을 통한 자아개념 형성이론과 맥을 함께한다. 한 인간의 자아개념은 다양한 경험을 통해 형성된다는 점을 강조하고 있다.

G. H. Mead는 Cooley의 주장에 동조하면서 사회적 상호작용을 도입하였다. Mead (1934)는 개인적 자아는 다른 사람과의 관계 속에서만 의미가 있다는 주장을 통해 사회적 · 상징적 상호작용의 중요성을 Cooley보다 더 강하게 체계화시켰다. 또 Kant, Hegel 등이 제창한 '자아가 존재를 결정한다' 는 명제를 '자아가 우리들에게 관련되는 존재를 결정한다' 로 재정립했다. 이는 사회적 관점에서 자아개념을 보는 측면이 보다 강조되었다는 점에서 그 기여를 인정할 수 있다.

Mead는 Cooley의 이론에 크게 영향을 받았으나, 자아이론의 핵심은 반성적 사고, 즉 다른 사람의 관점으로부터 대상 그 자체를 취하는 능력이라고 보았다. 자신보다는 타인이 어떠하냐에 따라 한 개인의 자아개념이 형성된다는 의미다. Mead는 언어의 역할에 관한 견해를 통해서 자아실현은 언어를 통해서 형성되며 인간의 마음과 자아개념은 언어를 구상하는 과정에서 생성되는 것으로 보았다.

또한 Mead는 Kant와 Hegel 이후 이상주의 철학자들의 주체-객체의 구별에 시사를 받아 이를 '나'와 '나를'로 발전시켰다. "만약에 '나'가 말을 하면 '나를'은 듣는다." (Mead, 1934, p. 143) 그래서 언어는 자아와 타인이 반응하는 자극일 수 있고, 그것은 말하는 사람이 자신을 다른 사람의 입장에 두고 그 자신을 향한 다른 사람들의 태도를 취하는 단계이기도 하다(Mead, 1934, p. 90). 이것은 각각의 특별한 사회적 관계에서 작용하는 특별한 일련의 자아보다 그 이상의 것이 한 개인의 자아개념이라는 것이다. 그러나 자아개념이 타인에 의해서 정의된 바로 그것은 아니다. 공유된 사회적인 주체성 이외(Mead의 '나를')의 '나'라고 부를 수 있는 개인만의 자발적이고 능동적인 자아개념이 있다.

여기에서 Mead는 자아를 '나'와 '나를'로 구별될 수 있는 두 측면 사이의 내면적 사회과정으로 보고 있다. 자아 속의 '나'는 개인의 충동적이고 비조직적인 생활경험으로 표현되는 반면에, '나를'은 그 개인 속의 내면화된 타인으로서 자기가 소속되어 있는 일반화된 타인에 의해서 만들어진 의미를 갖는다. Mead에 의하면, 인간의 행위는 '나'의 형태에서 출발하여 '나를'의 형태로 끝나는데, 이는 어떤 행위든 '나'의 충동에 의해서 시작되었다가 남들의 기대라는 관점에서 조정된다는 점을 말한다. 즉, '나'가 행동의 추진이라면 '나를'은 행동의 방향을 조정하는 역할을 한다. 따라서 인간의 행위는 '나' 와 '나를' 간의 끊임없는 내면적 대화를 통해서 이루어진다.

또한 인간의 자아에 '나' 가 있기 때문에 인간이 창조적인 동물이고 동시에 '나를'이 있기 때문에 사회적 동물이라는 것이다. 자아 속의 '나'와 '나를'의 관계는 곧 개인과 사회의 관계이기도 하다. '나를'로서 자기 자신을 보는 것은 한 사람의 특별한 성취를 기술하고 판단하기 위한 준거들이다. 더 나아가 인간은 자아소양뿐만 아니라 수월성 추구를 위한 내적 충동을 갖고 있다. 자아평가는 어느 정도까지는 자아수월성과 자기가 속한 집단에 의해 결정되는데, 여기서 수월성은 목적이 아니라 자아보존을 위한 수단이다.

사회적인 상호작용을 한다는 측면에서 Cooley와 같은 이론적 입장을 가지고 있다. 그러나 Mead는 '나'와 '나를'을 강조함으로써 객관적인 자아개념을 '나를'로 표현함으로써 자아개념의 다원성을 보다 강조하였다. 한 인간의 '나'라는 주관적 자아개념은 결국에 '나를' 이라는 객관적 자아개념을 통하여 형성된다는 점이 본 이론의 특성이다.

S. Freud는 ego를 주장하고 id, ego, superego를 제안하였다. Freud는 심리요법에 큰 영향을 미쳤지만, 자아에 관한 문제를 직접적으로 언급한 적은 거의 없었다. 그러나 Freud는 자아를 'ego'로 표현하였는데, 이것은 'id'로부터 발전된 것으로서 개체가 출생하여 외부 세계와 접촉하기 시작하면서부터 나타난다고 보고, 자아의 역동성을 중시했다. 자아와 Freud의 ego의 개념이 어떻게 관련이 되는지에 관해서는 상당한 논쟁이 있다. 그리고 여러 학자들이 Freud의 개념을 해석하고 수정을 가하지만 아직 자아에 관한 논의는 거의 없다. 그러나 ego와 self를 구별할 수 있는 방법 중 하나는 일련의 심리적 과정을 지칭할 때는 ego란 용어를, 각 개인의 자기 자신에 대한 개념체계를 지칭할 때는 self(자아)란 용어를 사용한다는 것이다. 그러나 표현은 다르지만 ego를 사용하여 자아를 표현하기 때문에 ego가 자아개념에 대한 논의의 대상임에는 틀림없다. 인간심리에서의 자아개념에 대해 역동성을 통해 설명하였다는 측면에서 자아개념을 깊이 있게 설명하였다는 주장이 더 설득력이 있는 것으로 보인다.

Freud와 그의 동료들의 기본적인 관심은 개인적 만족과 타인에 대한 만족이라는 이원적 구조의 조화에 있다. Freud의 주 관심은 id(원초아), ego(자아), superego(초자아)에 있다. id는 고통을 피하고 즐거움을 추구하고자 하는 목적을 가진 본능적인 과정이고, 이것은 본능적인 욕구로 생물학적 과정에 밀접하게 관련되어 세 가지 체계의 활동을 위한 에너지를 방출한다. id는 원시적 쾌락추구의 충동들을 즉각적으로 만족시키려 든다. 그래서 id는 쾌락적 욕망은 수용하지만 고통은 피하려 한다. id가 긴장상태에 놓이게 될 때는 욕구에 대한 심상이나 환상을 떠올려 해소하려 한다. 이같이 현실에 대한 고려를 못하고 비현실적인 방법으로 욕구를 충족하려는 시도를 제1차적 과정이라고 한다. superego는 id에 대한 대조적인 개념으로서 외적이고 사회적인 규준에 준하여 행동하려는 도덕적 준거를 가진 자아다. superego는 현실적인 것보다 이상적인 것을 나타내고, 쾌락보다는 완전함과 도덕적인 준거를 추구한다. superego는 부모와 상호작용하는 가운데 부모가 주는 보상과 벌을 통해서 점차 발달되어 간다. Freud에 의하면 superego는 두 가지 측면이 있는데, 하나는 행위에 대한 처벌이나 비난의 경험에서 생기는 죄책감으로 외부의 제재가 내면화되는 과정을 통해 형성되고, 또 하나는 사회적인 규범에 따른 선한 행동에 대해서 받는 외부적인 자극인 경험이 이상적인 자아를 형성한다.

ego는 id와 superego 사이의 가교 역할을 하며 현실적인 측면을 고려하도록 한다. 마음속에서의 욕구와 외부에서 요구하는 사회적인 규범을 구별하는 판단 능력을 가지고 있다. 그러므로 ego는 현실원리이며 현실에 적응케 하는 힘을 가지고 있다. 즉, ego는 현실에 비추어 적절한 환경조건이 마련될 때까지 id의 욕구 충족과 긴장의 방출을 보류하여 현실적이고 합당한 방법으로 만족을 얻을 수 있는 방도를 모색하고 계획하는 이차적 과정이다.

자아(self)와 ego 간의 관계는 넓게 논의되고 있다. Diggory(1966)는 이들 두 용어 사이의 관계에 대해 의견 차이가 있지만, 대부분의 연구자들은 그 둘이 행동의 동기화, 방향성 그리고 목적성에서 차이를 보이나, 인간 행동의 핵심적인 심리적 특성이라는 면에서는 깊게 관련이 있다고 본다.

Samuels(1977)는 자아개념의 무의식적인 결정들이 의식적인 결정들보다 더 강력하다고 본다. ego는 자아를 정리하는 데 중요한 역할을 한다. 즉, ego는 원초아(id)와 현실적인 세계(초자아를 통해) 사이를 중재하는 역할을 한다.

Adler는 사회적인 필요를 보다 강조하면서 자아를 인간과 환경을 중재하는 여과조직 그리고 인도 기제로서 개념화하였다. Adler는 개인과 사회의 관계를 상보적으로 보고 있으며, 개인이 자신을 완전한 상태로 끌어올리려는 욕구가 집단이나 사회에서도 그대로 적용되고 있다고 보고 있다. Adler는 자아와 타인을 이중성보다는 차라리 이분적 의미로 취급하여, 자아와 타인 사이의 갈등이 생길 때 외부 요구에 대한 위험으로부터 자아를 보호하고 자아요구와 집단요구 사이의 갈등을 해결하기 위한 보호적인 보안장치를 다양하게 가정한다.

Erikson(1950)은 나는 누구냐라는 질문에 스스로 답하도록 했다. 그는 인간이 사회와의 관계 속에서 맺게 되는 대인관계의 질과 정신기능을 중심으로 인간의 발달과정을 기본적 신뢰감 대 불신감, 자율성 대 수치감과 회의감, 주도성 대 죄책감, 근면성 대 열등감, 정체감 대 역할혼미, 친밀성 대 고립감, 생산성 대 침체성, 통정성 대 절망감의 8단계로 나누었다. 이는 바람직한 정신발달과 부정적인 정신발달의 양면성을 설명한다. 또한 이는 심리사회적 단계이론으로, 발달의 8단계 각각에서 사회는 각 문화에서 정의한 것과 같은 자아정체 추구에 대한 심리적인 욕구를 충족하기 위한 조건이다. Erikson은 전통적인 Freud의 이론에다 사회문화적 요인을 강조함으로써 자아개념에 대한 새로운 접근을 시도하였다. 특히 영유아기의 경험의 중요성을 강조하면서도 전 생애를 통해 계속적인 자아형성을 논의하였고, Freud가 욕구불만이라는 병리적 현상에서 오는 갈등의 해결에 관심을 둔 반면, Erikson은 정체위기의 해결이라는 긍정적인 눈을 뜨고 인간을 보았다는 점에서 두 이론은 차이가 있다.

Jacobson(1964)은 "자아를 심리와 육체 부분들뿐만 아니라 심리적 조직으로 정의하고 있다."(p. 6) 자아존중감은 우리가 우리 자신에 관해서 추정하는 내적 상상의 본질과 생활하는 방법에 의거한다. "자아의 현실적인 상상에 의해서 한편으로는 상태와 특성, 잠재 가능성, 능력, 우리의 신체적·정신적 능력의 한계를, 다른 한편으로는 우리의 외모, 생리적 상태, 더 나아가 자아의식, 욕구, 충동, 정신기능, 행동을 반영한다."(Jacobson, 1964, p. 22) "그래서 자아존중감은 결국 한 인간이 성취한 다양한 결과들에 의해 만들어진다. 우리가 소유하는 것, 혹은 성취하는 것은 자아존중감 향상을 돕는다."(Freud, 1914, p. 55)

한편, Sygmond는 그의 저서 『*The Ego and the Self*』에서 "ego를 지각하고 사고하고

기억하는 일련의 과정"으로서 self를 정의하고 있다. 이때 self는 네 개의 측면으로 구성되는데, 첫째, 자신을 어떻게 지각하는가(지각된 자아), 둘째, 자신에 대해서 어떻게 생각하는가(개념으로서의 자아), 셋째, 자신을 어떻게 평가하는가(평가 대상으로서의 자아), 그리고 넷째, 활동체로서의 자아다. Sygmond는 self와 ego가 상당 부분에서 서로 상호작용한다고 믿고 있다. 즉, 어떤 사람이 자신을 높이 평가하고 있다면 그의 ego의 과정은 더욱 효율적으로 기능을 발휘할 것이고 나아가 자아존중감과 확신감을 맛볼 수 있다는 것이다.

G. W. Allport(1937, 1943, 1955)는 행동주의적 사고로부터 벗어난 첫 번째 심리학자들 중 한 사람이고, 행동주의와 신프로이트주의(특히 Jung)의 많은 생각들을 연결시켰다. Allport는 자아, 영혼 혹은 기계적 의미의 혼이라는 가정 없이 인간 자체를 추구하는 데 관심이 있었다. 자아 혹은 자아상상, 자아실현, 자아주장 같은 자아의 보조개념을 사용하기보다는 고유자아(proprium)를 사용하기를 제안한다. 고유자아는 한 개인에 속해 있는, 혹은 개인에 있어서 독특한 그 어떤 것을 가리키며, 더 나아가 개인에게 중요한 일신상의 문제들과 과정들로 구성되어 있다. Allport는 고유자아를 "느껴지고 알려진 대로의 나"라고 칭하였다(Allport, 1961, p. 127).

그가 선택한 고유자아는 '특유의(appropriate)'라는 단어 중에서 형용사 'propriate'로 내린 정의라고 볼 수 있다. 그래서 고유자아는 특히 자신들에 관련된 것이다. 이 고유자아에는 여덟 가지의 감각이 있는데, 각각은 자아의 상이한 개념들에 상응한 의미를 갖는다.

생후 약 15개월이 되면 고유자아 발달의 첫 번째 단계가 나타나는데 그것이 신체적 자아다. 신체적 자아는 유전적으로 부여받는 것이 아니고, 복잡한 학습과 지각경험을 통해서 '나 안의(in me) 어떤 것'과 '밖에 있는 다른 것들' 간에 막연한 구별을 하게 한다. 이러한 신체적인 나에 대한 인식이 총체적인 자아를 이룬다. Allport는 이것을 우리의 자아인식에 평생 동안의 닻이라고 불렀다.

두 번째 단계에서는 자아동일성(자아정체)이 나타난다. 아동은 자기가 독립된 사람으로서 변함없이 동일한 사람이라는 것을 알게 된다. 변화하는 갖가지 경험에도 아랑곳없이 '나' 혹은 자아에 대한 인식은 존속된다고 믿는다. Allport는 자아동일성에 영향을 주는 가장 중요한 요인을 사람의 이름이라고 보고 있다. 이름은 자기의 자아를 동일시하고, 세상의 다른 모든 사람들의 자아와 구별되게 하는 자기존재의 상징인 것이다. 이 자아동일성은 자아고양 혹은 자아추구의 기초가 된다.

세 번째 단계는 자아존중감이다. 이 단계가 자아의 발달에서 결정적인 단계라고 볼 수 있다. 왜냐하면 만약 부모들이 욕구를 저지시킨다면 자아존중감의 출현에 손상을 입힐 수도 있으며, 그로 인해 굴욕과 분노에 대한 감정이 일어날 수 있기 때문이다. 그러므로 아동의 자율성에 대한 욕구는 자아존중감을 발달시키는 데 중요하다.

네 번째 단계는 자아확대로, 주위의 다른 사람들과 사물을 알게 되며, 그들 중의 일부가 자기 것에 속한다는 사실도 알게 된다. 어린이는 '나의 것' 으로 동일시되었던 대상과 사람들의 제한된 범위로부터 더 큰 실재(국가, 직업, 종교 같은)가 '나의 것' 이 되는 과정을 구축해 간다. 이것은 사물뿐만 아니라 추상적 개념, 가치, 신념까지를 포함하는 인간의 자아확대 능력의 시초인 것이다.

위의 두 번째부터 네 번째 단계까지는 주로 자아추구, 자아고양, 추상적 개념, 종교적인 가치를 통해서 '나의 것' 이라고 불리는 것과 객체들을 구별하는 단계들이다.

다섯 번째 단계에서는 자아상이 발달한다. 이 단계에서 어린이는 자기 자신에 대하여 가지고 있는 의견을 말한다. 어린이는 부모와 자신의 상호작용으로부터 자기 부모들의 상과 벌을 통해 어떤 행동은 하고 어떤 행동은 하지 않기를 기대하고 있는지 알게 된다. 이러한 부모의 기대를 깨닫게 됨으로써 어린이는 도덕적인 책임의식과 목적이나 의도의 기초를 발달시킨다.

여섯 번째 단계는 이성적 대처자로서의 자아 영상을 형성한다. 조직의 의미를 이해하는 시기로, 특히 학교에서 교사와 급우들로부터 제시되는 여러 가지 활동과 설명을 통해 새로운 규칙과 기대를 배우게 된다. 이 시기 동안 논리적이고 합리적인 과정에 의해 문제를 해결할 수 있다는 것을 알게 된다.

유아기로부터 청년기에 이르는 동안 유아발달의 최종 단계로 볼 수 있는 것은 청년기에 나타나는 고유의 자아추구다. 이 단계에서는 '나는 누구인가?' 라는 질문이 대부분을 차지한다. 이러한 정체성 탐색의 핵심은 생의 목표를 정하는 일이며, 급진적인 동기의 추진력을 발달시키는 것이다. 청년의 의도, 포부, 희망은 성숙된 성격의 소유자에게 동기를 유발시킨다. 이러한 고유자아의 7단계는 유아기로부터 청년기까지 전개된다. 어느 한 단계의 실패와 좌절은 다음 단계를 출현시키지 못하게 하기 때문에, 고유자아의 조화로운 경험은 건강한 성격의 발달에 있어서 대단히 중요하다.

Allport의 자아인식의 마지막은 인식아로서의 자아다. Allport는 일곱 단계의 자아인식에 덧붙여 실제로 인간이 그 고유아의 다른 모든 기능을 초월하는 인식아를 가지고 있는가 혹은 가지고 있지 않은가에 대한 의문을 제기한다. Allport는 1955년에 '가지고 있다' 라고 대답하는 쪽이었던 반면에, 1968년에는 '아마도 가지고 있지 않다' 라고 대답했다. 우리의 인식과정인 인식아의 본질은 교묘한 존재로, 아직 알 수 없고 그 자체는 앎의 대상이 아니라고 본다. Allport는 앞의 일곱 개 인식들이 그 고유자아를 구성하지만 여덟 번째 인식아는 철학의 영역을 구성하는 것으로 보고 있다.

Allport는 고유자아의 많은 발달적인 면들을 개괄했지만, 이들 개념들을 충분하게 통합하여 정확한 단계로 구분하지는 않았다. 자아발달에 대한 이런 생태적인 무관심은 성인의 자아가 과거보다는 현재나 미래에 기능을 더 잘한다는 그의 신념을 따르고 있는 것이다. 특히 건강한 성격에 대한 묘사를 통해 심리적 건강의 모형을 제시하려는 노력이 바로 그의 강점일 것이다.

심리학사에 그 업적을 남긴 대부분의 학자들은 자아에 관심을 두었고 나름대로의 자아개념 이론을 형성하였다. 학자마다 자아개념을 보는 시각과 용어에는 차이가 있었으나 결국 인간의 자아개념이 심리학에서 중요하고 핵심적인 특성이라는 점에는 이견이 없는 것으로 보인다. 학자에 따라서는 인간의 내적 측면을 강조하는 Freud와 James와 같은 학자가 있는 반면에, 인간의 내적 부분보다는 사회의 다양한 변인과의 상호작용을 통하여 형성되는 객관적 자아를 중시한 Cooley 등도 있다. 그러나 결국 한 개인이 갖는 자아개념은 이 두 접근을 포함하는 심리적 특성이라고 볼 수 있다.

한 개인이 가지고 있는 본질적인 자아개념의 특성은 무한한 사회적 자극과의 상호작용을 통하여 최종적으로 형성된다. 그 한 예를 교육이라는 개념에서 찾을 수 있다. 교육이라는 개념은 학자에 따라 다양하게 정의할 수 있지만, 교육의 개념은 한 개인의 자아개념을 형성하는 과정이고 '자아개념의 형성' 이 교육의 결과다.

자아개념을 보는 심리요법적 관점

심리학적 관점에서도 자아개념을 중요한 개념으로 다룬 Carl Rogers는 실용적이며 절충적인 접근을 사용하면서 어린이의 심리요법에 관심을 두었으며, 나중에는 그 초점을 어른들에게 두었다. 이러한 의미에서 자아개념의 심리요법에 대한 Rogers의 공헌은 크다. Rogers의 이론에서 핵심 개념은 유기체와 자아다. 유기체란 모든 경험의 근원지다. 경험은 유기체 내에서 진행되고 있고, 이러한 경험의 총화가 현상학적 장을 구성하고 있다. 현상학적 장은 개인의 참조준거로서 그 사람 자신에게만 열려 있으며, 자극적인 외적 조건들 중에 자신에게 의미 있는 자극들만 수용해서 선택한다.

Rogers(1950, 1951, 1959, 1989)는 개인의 이 같은 유기체를 유지하고 실현시키며 향상시키기 위한 하나의 기본적인 동기를 자아개념으로 보았다. 자아란 '나' 혹은 '나를' 이 지니는 특징들에 대한 지각 그리고 타인들과의 여러 가지 상호작용을 통해서 '나' 혹은 '나를' 을 만들어 간다. 이 과정을 통해 형성된 심리적 특성이 자아개념이다. 이 같은 "자아개념은 '나' 혹은 '나를' 의 관계 및 특성을 지각하는 데 일관성 있는 개념적 모형이다." (1951, p. 498) 이러한 실현은 유기체를 단순히 유지시키는 이상의 일을 할 뿐만 아니라 성장과 성숙을 조장하고 촉진시킨다.

Rogers는 자아개념이 전체적인 지각의 장으로부터 선택된 지각적인 개체로서 영상화된다는 점에서 Raimy의 이론을 확대시켰다. 자아는 원초적 지각으로부터 나오는 반사적 사고에 의해서 발전된 개념이다. 그 지각과 개념 둘레에는 각 개인이 좋고 나쁜 것으로 보는 평가적 · 정의적 태도가 형성된다. Rogers(1951)는 "자아개념은 자아에 관한 지각의 조직된 형체로서 생각된다. 그것은 한 사람의 자기 자신에 대한 특성과 능력의 지각, 타인과 환경과의 관계에서 지각한 자아, 그리고 개념, 경험, 객체와 관련된 것으로 지각되는 가치적인 질, 덧붙여 긍정 혹은 부정적인 균형을 가진 것으로 자각된 목적과 이상 같은 요소를 포함한다." (p. 136)라고 하였다.

Patterson(1961)은 Rogers가 자신의 이론에서 자아개념의 중요성을 분명히 묘사했다고 하였으며, 1947년 그 이론의 핵심 개념을 자아개념으로 보았다. 이때 Rogers는 자아를 행동의 결정과 인성의 형성에서 기본적인 요인이라고 주장했다(Rogers, 1951). 1959년에

Rogers는 자아개념을 " '나' 혹은 '나를' 의 특성을 구성하는 조직적인 개념 형태로 정의하고 생의 여러 측면, 타인에 대한 '나' 혹은 '나를' 의 관계에 관한 지각의 틀" 이라고 표현했다(1959, p. 200).

Rogers는 한 인간의 행동은 학습되지만, 그 과정을 보면 한 개인이 타인으로부터의 긍정적인 관심, 즉 따뜻함, 사랑, 존경, 연민, 인정 그리고 타인으로부터의 긍정적인 존중을 필요로 한다고 하였다. 그러나 한 개인은 그의 경험을 평가할 때 그 경험이 유기체를 고양시켰는지의 여부에 따라서가 아니라 타인으로부터 받은 가치조건에 따라 그 경험을 긍정적 혹은 부정적으로 평가하며, 그 평가에 따라 긍정적 자아존중감을 만드는 조건을 형성한다. 타인에게 지나치게 의지할 때 유기체의 욕구와 긍정적 자아개념의 욕구 사이에 부조화가 발생할 수 있다. 이때 자아와 경험 사이의 불일치가 야기되며, 이는 심리적인 부적응을 일으킨다. 한 개인은 이 같은 부조화를 최소화하여 긍정적인 자아개념을 형성하고자 하는 노력을 한다.

Rogers는 있는 그대로의 현상적 자아와 더불어 개인이 되고자 하는 이상적 자아를 제안하고 있다. 한 사람의 자아개념은 최종적으로 이상적 자아개념과 일치시키려는 노력을 하고 결국 일치한다. 그러나 Rogers의 이론은 혼란의 원인으로서 자아개념과 유기체 경험 사이의 갈등을 강조한다. 여기서 Rogers는 두 종류의 불일치를 가정하였는데, 하나는 자아와 현실경험 간의 불일치이고, 다른 하나는 자아와 이상적 자아의 불일치다. 지각된 자아와 현실경험 사이의 불일치는 개인으로 하여금 위험과 불안을 느끼게 한다. 그리고 자아와 이상적 자아 사이의 차이가 크면 클수록 사람은 만족감을 얻지 못하고 적응을 하지 못한다. 그러므로 지각된 자아와 유기체의 현실경험 사이의 일치 문제, 즉 현상학적 장과 외적 현실 사이에 존재하는 일치 문제가 중요하다. 또한 자아와 이상적 자아 간의 대응도 중요한 문제다.

주관적 현실과 외적 현실 간의 불일치 상태에 대한 반응으로 개인은 두 가지 방어기제를 사용한다. 하나는 외적 경험의 의미를 바꾸기 위한 왜곡이며, 또 하나는 경험의 존재를 없애는 부정이다. Rogers는 전자의 방법을 강조하는데, 왜곡은 자아와 일치되는 방향으로 경험을 지각하게 한다. Rogers는 자아개념을 변화시키는 방법으로서 피험자 중심 요법을 발전시켰다. "자아개념이 형성되면 모든 해석과 동기화는 자아개념을 통해서 이루어진다. 왜냐하면 개인에게는 개체로서의 자아를 유지시키기 위한 노력을 하는 전략이 있기 때문이다. 우리가 아니라고 생각하는 경험을 재조정하려고 하는 전략들이 있다."(Babladelis & Adams, 1967, p. 265)는 것을 말한다.

부적응은 경험들이 왜곡되거나 혹은 자아개념으로 적당하게 융화되지 못할 때 나타난다. 그래서 부적응은 불일치 상태이며, 자아와 유기체 사이의 불일치를 심각한 원인으로 본다. 한 개인의 느낌은 자아개념이 한 개인이 싫어하는 아이디어를 융합할 수 없기 때문에 인식 자체를 부정하는 데서 자아와 유기체 사이의 불일치가 나타난다.

자아개념의 한 모습으로 어린이는 그가 누구라든가 누구와 비슷하다거나 하는 공감묘사를 하게 되는데, 그러한 개념들은 다른 사람들과의 끊임없는 상호작용의 결과로 형성된다. 어린이는 자기의 행동에 대한 다른 사람들의 반응을 인식함으로써 자아개념의 한 가지 지속적인 형태인 '존재하는 자아개념'과 그렇게 되도록 '기대하는 자아' 사이의 어떤 기능적 부조화를 최소한으로 줄이는 하나의 통합된 전체적인 자아개념을 발달시킨다. 건강한 자아개념을 실현한 개인에게 나타나는 결과는 하나의 통일된 형태의 '나'를 갖는 것이다. "그 중심적 구인은 자아에 대한 개념 혹은 현상학적 장에서 지각된 대상으로서의 자아다."(Rogers, 1950, p. 379) 일단 자아가 나타나기 시작하면 자아실현의 경향도 나타난다. 자아실현이란 자기 자신이 되는 과정이요, 자신의 독특한 심리적 특성과 잠재력을 계발하는 과정이다. 자아실현의 일반적 경향과 특수한 경향 사이에는 차이점이 있는데, 유기체 전체의 성숙과 발달은 학습과 경험에 영향을 크게 받지 않는다. 그러나 자아실현은 생물학적인 요인보다는 오히려 사회적인 요인에 의해서 결정된다. 더 나아가 자아개념은 상태가 아닌 과정으로, 개인은 미래지향적인 목적을 가지고 진보하며, 자아의 모든 측면을 좀 더 분화시키고 발달시킨다. 다음으로 주목할 것은 자아실현이 어려우며 때로는 고통스러운 과정이라는 점이다. Rogers는 "자아실현은 존재하려는 특성을 갖는다. 그것은 자신을 삶의 흐름에 완전히 내던지는 것을 의미한다."(1961, p. 186)라고 진술하면서, 자아실현을 한 인간은 진정한 자기 자신이 되었다는 것을 의미한다고 하였다.

심리요법은 인간중심적 치료기법을 통해 인간의 여러 문제를 해결하는 데 큰 기여를 했다. 그러나 이 이론에 대한 비판은 이 이론이 소박한 현상학에 근거를 두고 있다는 점이다.

전체적으로 Rogers의 심리학 이론에서 자아개념은 그 중심에 있으며, 인간 행동의 대부분을 설명하는 핵심적인 개념으로 개념화한 것이 확실하다. 한 개인의 행동수정에서 중요한 구인으로 받아들일 수 있는 자아개념은 임상적인 차원에서도 중요한 개념으로 볼 수 있으며, 심리요법과 상담에서 중요한 개념으로 다루어질 수 있다. 심리요법 과정에서의 행동수정은 결국 한 개인의 자아개념을 수정하는 과정으로 볼 수 있다.

자아개념을 보는 여타 학문의 관점

자아개념은 주로 심리학에서 많은 학자들에 의해서 이론이 발전되었고 연구의 대상이었다. 그러나 그 이외의 학문인 철학, 행동주의, 실존주의에서도 자아개념에 깊은 관심을 두고 이론을 발전시켰다. 이 이론들은 그 나름대로 깊은 논의와 설득력 있는 주장을 하고 있다. 이 책은 심리학적 관점에서 자아개념을 보려는 책이기 때문에 타 학문의 접근은 전체적으로 그 흐름만을 정리하고자 한다.

철학적 관점

철학적 관점에서 자아개념은 중요한 의미를 갖는다. 철학 자체가 인간의 자아에 대한 질문이고 그에 대한 대답을 하는 학문적 특성을 가지고 있기 때문이다. 철학의 중요한 명제인 자아를 Platon의 스승인 Socrates는 "너 자신을 알라"라는 부르짖음에서 자아를 중요한 철학의 기저로 보았다. 이 명제는 일찍이 많은 철학자들의 기본적인 전제였던 동시에 도덕적 의미를 가진 미덕의 필요조건이었다. Socrates, Platon, Aristoteles에게 있어서 "너 자신을 알라"라는 금언은 철학적 추구의 출발점이었다. 이때의 핵심 개념은 바로 자아이며, 특히 자아개념이다. 물론 자아개념에 대해 다양한 해석을 하였지만 자아가 그 핵심 개념이라는 점은 확실한 것으로 보인다.

많은 철학자들은 보이지 않는 인간의 한 모습이라는 의미에서 자아개념을 영혼과 같은 유사한 개념으로 보았다. Platon은 영혼을 '참 자아개념' 이자, 실제의 사람인 것이라고 생각했기 때문에, 영혼을 곧 우리 자신으로 보았으며, 곧 자아개념을 인간이라고 보았다. 영혼은 인간 형태를 취하기 이전에 이미 존재하여 지혜를 소유하고 있다. 죽음이 육체로부터 영혼을 분리할 때까지 영혼은 존재하지 않는다. 영혼은 듣지도 보지도 못하고, 고통도 즐거움도 없으나 육체와 의사소통의 관계를 가질 때는 언제나 육체 속에서 어떤 의미를 가지려고 애를 쓴다. 이 같은 Platon의 주장에서 자아와 인지적 특성 간의 관계를 찾을 수 있다. Platon은 자아개념의 핵심인 영혼을 지혜가 추구하는 지성, 이성, 사고 그리고 재능과 같게 보고 있다.

더 나아가 Aristoteles는 영혼과 육체 이외에 또 하나의 요인인 마음을 소개했다. 마음은 영혼보다 고차원적이고 육체에 덜 의존하는 특징을 가지고 있다. 영혼에 관한 글을 쓰면서 Aristoteles는 마음이 영혼 내에서 독립적 의미를 가지고 있으며 파괴될 수 없는 특징임을 강조하고 있다. 그 실재는 생명의 본질에 관련되고, 그 본질은 자신의 속성에 의해서 존재하며, 자아정체의 상실 없이는 변화할 수 없는 특성으로 구성되어 있다. 영혼, 육체, 마음 사이의 관계는 Aristoteles 이후 Saint Augustine과 같은 기독교 학자에 의해서 계속 논의되었다. 그러나 그 주체는 주로 신이 부여한 자아에 관한 것이어서 주로 신과 인간의 관계였다. 이러한 상황 속에서 인간을 이끌고 있는 것은 바로 자아이며 자아개념이라는 해석이 가능하다.

현대철학의 주창자인 Descartes(1596~1650)는 Platon보다 진보된 기독교 철학자의 영향을 받은 정신, 육체 이원론의 완성자다. Descartes에게서 마음과 육체는 두 개의 동등하고 독립적인 세계이며, 그 각각은 서로 독립적으로 설명될 수 있다. 마음은 물질 이상의 것이고, 나의 마음은 다른 사람의 마음 이상을 의미한다. 내가 육체를 가지고 있다는 얘기는 착각일 수 있다. 왜냐하면 육체에 대한 나의 자각들이 잘못될 수 있기 때문이다. 그러나 사고는 다르다. "나는 생각한다. 그러므로 나는 존재한다"라고 요약될 수 있는 이것은 너무나 견고하고 확실하기 때문에 그 금언을 뒤엎을 수는 없다. 존재하는 나는 생각하고, 그러므로 한 인간이고, 내가 생각하고 있는 동안만 '나'라는 사실을 추론한다. 나의 자아는 나의 사고들이다. 인간의 실재적 특성을 자아개념으로 보고 있음은 당연한 논리다. 왜냐하면 육체를 통제하는 것이 곧 자아개념이기 때문이다. 그리고 자아의 핵심은 인지적인 요인으로 보고 있다. 왜냐하면 인간이 인지한다는 그 실체는 자아이기 때문이다.

더 나아가 모든 지식은 경험으로부터 나온다는 경험주의 철학자 John Locke(1632~1704)는 생리적인 인간과 사고하는 인간 사이를 구별했다. 경험에 의해서 만약 내가 나인 것을 발견할 수 있다면 존재하는 자신을 인식하는 것이다. Locke에 따르면 사람은 자아의 명칭이며, 인간으로서의 자아에 관한 개념들은 많은 심리학 이론의 기초가 된다(Allport, 1961; Royce, 1973; Skinner, 1974). 인간은 삶을 통해 무한한 경험을 하는데 그 경험을 통해 자아를 형성한다. 그 형성된 자아가 곧 자아개념이다.

Kant(1724~1804)는 우리가 어떤 것을 인식하는 유일한 자아는 경험적 객체이지 순수한 객체가 아니라고 보고 있으나 직관적 자아가 있음을 강조한다. 자아개념에는 주관적 자아개념과 객관적 자아개념이 있는데 경험을 통해 형성되는 객관적 자아개념을 강조하고 있다.

19세기에 들어서면서 심리학과 철학이 융합되기 시작한다. Mill(1808~1873)은 '아이디어의 연합원리' 라는 Hartley(1748)의 개념을 통합시킴으로써 자아개념에 대한 개념을 확장시켰다. Mill은 기억의 역할을 소개하면서 자신에 관한 사고는 자신에 관한 과거 사고와 상당히 연합됨을 확인했다. 현재의 의식과 우리의 기억 속에 있는 과거 의식의 연결을 통해 우리는 긍정적 자아개념에 도달할 수 있다. 그래서 기억과 자아는 똑같은 구인의 양측면이거나 같은 사실을 보는 두 개의 다른 방법들이다. 자아개념의 역사성을 강조하는 주장이다. 한 개인의 자아개념은 무수한 기억을 통해 형성된 실체다.

지금까지의 논의를 보면, 영혼에 관련된 추세는 기독교의 영향을 통해서 중세 동안 서구 철학에 영향을 미쳤다. Aristoteles는 세 번째 요인인 마음의 개념을 소개했으며, 그래서 자아개념을 인지적 평가로 보게 되었다. Descartes는 "나는 생각한다. 그러므로 나는 존재한다" 는 경구로 인지적 논의를 했다. Locke는 우리의 자아에 관한 지식이 경험을 통해서 발견된다는 것을 주장했다. 그러나 Pierce는 자아는 객체와 다른 사람과의 상호작용으로부터 추론된다고 했다. 이때 William James는 철학과 심리학을 관련지었고, 19세기부터 철학과 심리학의 개념을 병합하는 현상이 나타났다.

Socrates, Platon, Aristoteles, Descartes 등 인간의 기본문제를 그들의 철학적 질문으로 생각한 수많은 철학자들은 그 핵심 개념에 자아개념을 두었다. 영혼, 자신, 인지적 평가, 존재, 주체, 객체 등 다양한 용어로 표현되었지만 그 인간의 내면세계에 내재해 있는 자아개념을 누구도 부정하지는 않았다. 왜냐하면 인간의 존재 자체는 바로 자아이고, 이 자아를 통해서 삶의 대부분이 설명될 수 있기 때문이다. 이와 같이 자아개념은 철학에서도 핵심적 이론이다.

행동주의 관점

두 번째는 행동주의에서 보는 자아개념에 대해 논의하고자 한다. 행동주의는 자아개념에 대해 이해하는 데 크게 도움을 주지 못하는 학문영역이다. 그 이유는 행동주의에서는 인간의 내면적인 심리적 특성 자체를 인정하기를 거부하기 때문이다. 예를 들어, Epstein(1973)은 행동주의자에게 있어서 자아개념과 같은 용어는 영혼의 개념과 비슷한 신비적인 의미를 나타낸다고 강조한다. 그러나 그러한 주장이 꼭 행동주의자의 입장을 대표하는 것은 아니다. 행동주의자로 잘 알려진 Skinner는 자아에 관하여 상당히 많은 논의를 했고, 심리학에서 자아가 중요한 역할을 한다는 것을 부정하지 않았다.

Skinner(1971)는 인간은 그 자신의 존재를 인식하기 때문에 다른 동물과 구별될 수 있다는 점을 강조한다. 인간은 현존하고 있는 것을 알고, 과거를 가지고 있다는 것과 미래를 가질 수 있다는 것을 알기 때문에, 자신의 본질의 근원에 대한 질문을 스스로에게 항시 하고 곰곰이 생각한다고 하였다. 그래서 인간만은 고전적인 경구인 "너 자신을 알라"를 따르는 존재로 본다. Skinner는 인간 행동에 대한 합리적인 설명은 자아관찰의 연구를 포함하여야 하고, 인간이 자기 자신을 알 수 있느냐 없느냐의 문제가 아니라 인간이 행동할 때 그가 인식하는 것이 무엇이냐 하는 문제와 관련된다고 본다. James와 같이 Skinner는 자아인식아(James의 I)와 다른 출처로부터 오는 사회적인 평가를 통해서 형성되는 객체적 자아를 구별했다.

Day(1977)는 행동주의 관점에서 자아의 발달에 관한 하나의 사례를 제시했다. 그는 행동주의는 다양한 사건들이 분석으로 요약될 수 있다는 점을 강조한다. 다양한 사건들은 환경의 작용을 반영하는데 이것은 인과적인 방법으로 설명된다. 강화 또한 우리가 특이한 학습된 행동특성을 왜 소유하고 있는지를 인과적 방법으로 설명한다. 다양한 사건들이란 의미에서 볼 때, 행동에 대한 해석은 이전에 강화된 역사로부터 찾을 수 있다. 강화는 앞으로의 행동에서 나타날 행동유형의 힘을 증진시키는 작용을 한다. Day는 자아

발달을 한 사람에게 부정적으로 강화된 행동이 거의 나타나지 않고, 한 집단 속에서 성공적으로 확인된 환경을 창조하는 과정으로 본다. "우리가 자아를 한 인간으로 생각하지 않는다면 자아는 존재하지 않는다. 이는 유전적이고 환경적인 많은 조건이 결합된 효과도 함께 작용하고 있음을 강조하는 것이다." (Skinner, 1974, p. 68) 행동과학자이지만 Skinner는 자아개념을 인간의 중심 개념으로 가정하고 있다. 그러나 그 과정과 해석은 외현적이며 무한의 외적 자극을 통해 형성된다는 입장이다.

이러한 과정에서 자아개념의 형성은 사회환경과의 상호작용 속에서 중요 타인과의 상호작용과 중요 타인의 행동 모방화를 통해서 발달한다. Bandura(1969)에 의하면 이 과정은 동일시와 같은 의미를 갖는다. Bandura는 행동 준거들이 자아강화에 적용된다고 보고 있다. "그들은 그 행동 준거에 대비시켜 그들 자신의 성취를 평가하고, 그들 자신의 강화대행자로서 내재화된 행동 준거에 따라서 그들 자신을 보상한다." (p. 33)고 본다. 그래서 Bandura는 자아를 정적강화와 부적강화의 상대적인 비율로 정의하고 있다.

실존주의 관점

실존주의에서의 자아개념에 대한 논의는 심리요법자들의 자아실현과 연결된다. Heidegger(1960, 1967)는 한 사람이 경험한 어떤 것은 하나의 상황이며, 우주 속에서 하나의 모습으로 존재한다고 전제하였다. 개인들은 한 세계 내에서 인간이고, 또한 그들을 둘러싼 세계와의 관계 속에서 존재한다. Sartre에 의해 정리된 실존주의는 May(1967), Gandlin(1962)과 Laing(1967)과 같은 〈심리요법자〉들과 현대 사상에 큰 영향력을 미쳤다.

Sartre는 인간은 정의를 만든다고 주장한다. 분명히 한 사실을 명명하는 단어의 역사는 사람들이 정의를 어떻게 형성하고 변화시키는가, 그리고 새로운 단어를 어떻게 창출하느냐에 달려 있다. 나는 심리학자로서 정의될 수 있다. 그러나 나는 꼭 심리학자만은 아니다. 나는 심리학자의 역할을 수행할 수 있다. 그러나 이것은 그 역할을 수행하려고 하는 노력을 포함한다. 나는 심리학자다. 그리고 나는 심리학자가 아니다. 나는 존재한다. 그리고 존재하지 않는다는 이중성을 갖는다. "존재한다는 것은 현존하는 그것이다." (Sartre, 1956, p. 29) 인간은 계속적으로 자신을 만들고, 그가 그 자신에게 추구하는 것을 향한 바로 그것이나 아직 그는 실존하지 않는다.

Sartre의 이 같은 견해는 자아개념이 우리의 성향, 사고이기 때문에 우리의 의식을 결정한다는 견해에 반대하는 입장이다. 실재는 바로 그 반대를 의미한다. 의식이 없다면 어떠한 세계도 있을 수 없고 오직 존재만 있을 수 있다. 이런 시각에서 볼 때 의식이 없다면 아무것도 없고 무 자체도 없는 것이다. 고유적 자아추구라는 Allport의 개념은 인간에 대한 Sartre의 견해와 매우 유사하다.

결론적으로 Sartre는 자아의 본질 존재를 부정하였다. 그는 하나의 특별한 자아는 어느 순간에 날아가는 화살이 고안된 통로 A～Z 위의 C 지점에 다다른다고 말하는 것 이상의 어떤 것도 말할 수 없다는 것을 의미한다고 하였다.

자아개념의 본질은 미래의 가능성을 향해 자아를 방출하기 위해서 계속적으로 선택하고 있는 과정이다. 이 같은 자아특성 때문에 자아는 실체보다는 차라리 과정이며, 따라서 결코 자아와 하나가 될 수는 없다. 그러나 Sartre는 능동적이고, 조직적이며, 개인적인 의식의 존재를 부정하지는 않으나 그 존재를 주체와 객체 사이의 관계로 본다.

자아가 주체와 객체의 관계 앞에 존재한다는 것은 자아를 하나의 구인으로 추론하는 Kelly(1955)의 해석과 유사하다. 각 개인은 세계에 관한 그의 지각을 소유하고 있기 때문에 세계에 관한 자신의 특유한 구인을 형성하고 있다고 보는 시각이다.

Laing(1961, 1969)은 심리요법을 위한 매우 풍부하고 통찰적인 이론의 기초인 실존주의를 사용했다. "Laing은 Sartre와 같이 많은 문제를 취급했는데, Sartre는 정신문제를 이해하기 위한 Laing의 시도들을 매우 호감 있게 평가했다." (Robinson, 1976, pp. 127-128) Laing은 자아를 타인이 완전히 배제될 때 존재하는 '나' 라고 보았다. 더욱이 모든 관계는 자아에 대한 타인의 정의와 타인에 의한 자아의 정의를 의미한다. 그러나 Sartre가 지적한 바와 같이, 더 중요한 점은 우리 자신과 타인 자신을 어떻게 취급하느냐의 문제다. 즉, "우리는 진흙덩이가 아니기 때문에 중요한 것은 사람들이 우리를 만드는 것이 아니라, 우리 자신이 우리를 만들고 있는 것을 만든다는 점이다." (Sartre, 1952, p. 49).

자아의 형성은 확실히 유아기 동안에 일어나는데, Laing은 사회적 상황을 많이 강조하였다. Laing은 정신분열과 같은 문제의 이해는 우리가 사회적인 맥락을 이해할 때 많은 의미를 제시한다고 하고 있다. "혼란스런 사람은 자기 자신을 향유하기보다는 보호하는 데 급급하고, 삶의 상황은 안정성이 낮은 그를 위협한다." (Laing, 1960, p. 42). 인간은 다른 사람의 의도와 평가에 대한 불만의 결과로 나타나는 거짓 자아를 형성하는데, 이 거짓 자아는 참 자아의 발견을 회피하게 한다. 정신이상은 거짓 자아와 참 자아 사이의 분열을 더 이상 지탱할 수 없을 때 나타난다. "Sartre와 같이 Laing은 자아정체, 자신을 위한 존재, 그리고 타인을 위한 존재와의 불일치에 대한 인식은 고통스러운 것이라고 보고 있다." (Laing, 1961, p. 152)

Laing의 시각에서 볼 때 자아는 의식에 관한 우리의 발견이다. 나의 의식은 나 자신이고 다른 사람들은 나에게 이것이 그렇지 않다는 것을 계속적으로 말하지만, 나는 그들이 나이기를 원하는 어떤 것이어야만 한다. 그래서 딜레마는 증가하는 것이다. 만약 내가 이 같은 딜레마를 극복할 수 있다면 나는 자아실현을 할 수 있다.

Sartre와 Laing의 사상에 대해 많은 사람들이 분석을 하였지만(Gendlin, 1962; May, 1967), 그중에서 가장 잘 알려진 사람은 Maslow다. Maslow(1955, 1962)는 인간은 태어날 때부터 생존성과 실현성의 두 경향을 가지고 있음을 상정하고 있다. 생존성은 욕구동기라고도 하는데, 여기에는 생리적 욕구, 안전의 욕구, 그리고 소속과 애정의 욕구 등이 포함된다. 이러한 욕구들이 충족된 후에 인간의 실현적 경향이 나타난다. 이 실현적 경향은 성장동기라고도 하는데, 여기에는 인간이 소질을 계발시키려고 하는 자아실현적 욕구와 정보나 자극을 구하는 인지이해적 욕구가 포함된다. Maslow는 이 두 경향 사이에는 어떠한 갈등도 없으며, 생존적 경향이 어느 정도 충족된 연후에 실현적 경향이 작용한다고 보고 있다. Maslow의 욕구위계설은 자아실현 욕구를 최상의 개인적 동기로 삼고 있다. 예컨대, 근근이 살아가는 사람의 경우, 자아실현과 같은 고차적 욕구들은 별로 중요한 의미를 지니지 못한다.

지금까지를 정리해 보면, 자아는 주체와 객체 그 이상이다. 자아는 환경 속에서의 객체이고, 잠재성을 갖고 과정을 포함하며, 대리인이다. 자아는 인식이나 객체와 관련되며 이들의 상호작용에 근거를 두고 있다.

이 같은 주장에 의하면 다양한 심리학자들이 말하듯이 자아개념에 중요한 의미를 주는 것은 자아가 물론 하나의 심리적 결정체지만, 그 결정체도 계속해서 형성되는 과정이기 때문에 그 순간만 특성이지 결국 과정이라는 것이다. 이런 의미에서 Sartre의 주장은 자아개념이 하나의 실체라기보다 과정이며 좀 더 포괄적 의미를 갖는다. Laing은 자아개념의 고유성을 주장하면서 자아와 자아가 아닌 것의 차이를 강조하는 속에서 자아개념을 중시했다. 자아개념은 하나의 존재이든, 혹은 과정이든 간에 인간의 내적 · 외적 행동을 결정하는 중요한 심리적 특성이다.

2. 지각된 상황에서의 선택과정인 자아개념

자아개념은 삶에서 무수한 선택의 과정을 통해서 형성된다. 자아개념에 대한 최근의 이론 형성과 연구는 현상학의 맥락에서 주로 논의가 이루어진다. 앞에서 논의한 다양한 학문에서도 이러한 입장을 뒷받침하고 있다.

정해진 수준에 자아개념이 존재한다는 것은 인간이 자신과 환경을 인식하는 사실 그 자체다. 현상학적 접근의 기본적인 가정은 행동이 과거와 현재의 경험에 의해서 영향을 받을 뿐만 아니라, 각 개인이 그들 경험에 대한 개인적인 지각적 선택에 영향을 받는다는 입장이다. 한 개인을 위해서 존재하는 개인적 선택에 영향을 주는 장이 지각 혹은 현상학적 장이다. 그것은 행동에 강하게 영향을 주는 개인의 사적 세계다. 다시 말하면 우리가 우리 자신에 관해서 어떻게 느끼고 있느냐 하는 문제로, '현상학' 이라는 용어는 '그렇게 보이는' 혹은 '그것이 보이는 것과 같이' 를 의미하는 그리스어 'phainesthai' 라는 어원을 가지고 있다. 그래서 현상학은 실체 자체가 아니라 실체의 지각이다.

어떤 사람도 자아와 자신을 직접적으로 관찰할 수 없는 바, 그것은 관찰된 행동에 대한 추론과 해석에 근거를 둔 지각, 그리고 어떤 사람의 지각을 통해서만이 접근할 수 있다. 외적 세계에 대한 지각은 자아개념의 발달과 유지에 필요한 기본적 요소다. 공존할 수 없는 생각과 상황으로부터 갈등을 피하기 위해서 개인은 그가 원하는 요소만을 지각하는 경향이 있다. 개인의 지각은 선택적이다. 옛 격언인 '보는 것이 믿는 것이다' 라는 표현이 반대로 '믿는 것이 곧 보는 것이다' 로 표현될 때 진리에 좀 더 접근할 수 있다.

자아개념은 선택적인 망에서의 한 개인의 선택으로 형성된다. 그 망의 형성은 개인의 역사와 그 개인과 관련된 환경에 의해서 결정된다. 사건의 부적합성은 외부세계에 대한 의사소통의 길을 불가피하게 차단하는 경우를 만든다. 이 같은 시각은 지각적 장을 축소하고 판에 박힌 사고를 증진시키므로, 그 개인이 어떤 새로운 것을 위해 노력하거나 보는 것을 차단하게 됨을 뜻한다.

개인은 그 자신에게 주어진 다양한 자극에 대해 선택적 관심을 갖는다. 한 사람이 동시에 모든 것에 관심을 둘 수는 없기 때문에 소수의 자극에 초점을 둔다. 너무나 많은 지각적인 긴장은 우리의 전체적인 환경에 관심을 둘 수 없게 한다. 지각의 방향은 자극의 상대적인 가치뿐만 아니라 개인의 과거 경험, 기대와 현재 요구, 현재의 자아개념에 의거한다. 이 점에 관한 논의는 Bruner와 Goodman(1947), Vinacke(1952), Judson과 Cofer(1956)의 연구들과 관련을 갖는다. 지각은 한 개인의 다양한 지각을 확대 혹은 제한하는 개념을 가지며 질과 양에서 선택적인 의미를 갖는다.

Rogers(1951)에 의하면 인식된 경험의 종류와 질을 결정하는 것은 자신에 관한 개인의 경험이다. Shaffer와 Shoben(1957)은 자아개념이 이미 형성된 모형의 틀 속에서 새로운 경험을 형성하기 때문에 많은 행동은 한 사람의 자아개념과 일치하도록 유지하려는 개인의 시도로서 이해될 수 있다고 본다.

현상학에서의 기본적인 명제는 행동이란 그 상황에 대한 개인적인 지각의 결과이며, 순간에 나타나는 것 그 자체이지 실제적 존재는 아니라는 것이다. 지각은 물리적으로 존재하는 것 이상의 것이다. 지각된다는 것은 지각자에 대한 실제이고, 그의 행동을 이끌 수 있는 실존이다. 자아행동에 대한 현상학적 접근은 자아주체가 갖는 현상학적 장에서 행동을 해석하는 것이지, 관찰자에 의한 분석적인 분류가 아니라는 점이다. 그것은 개인적인 주체자가 갖는 참조체제로부터 나오는 것으로 이해될 수 있음을 말해 준다.

현상학적 접근의 선구자인 Lewin(1936)은 장이론에서 인간의 행동을 설명했다. 모든 행동은 실제적인 장이 아닌 행동하는 개인이 느끼는 전체적인 장으로부터 나온다는 주장이다. 개인 자신은 행동 장의 한 측면이며, 장의 힘에 따라서 행동하고, 부여되는 힘에 대해 독립적으로 행동하지 못한다. 따라서 자아개념은 생활공간 영역 안에 존재한다. 생활공간은 목적, 평가, 생각, 지각과 같은 개인적 경험의 모집단을 형성한다. 행동방향을 결정하는 모든 변인은 개인의 생활공간 속에서 존재한다. 행동을 예측하기 위해서는 그 행동이 예측될 수 있는 시점에서 그 사람의 생활공간을 이해하는 것이 필요하다.

Raimy(1948)는 참조체제의 지각 틀로부터 임상적인 분야까지 자아개념 연구를 확대했다. 그는 자아개념 연구를 통해 참조체제라는 의미에서 환자의 진술을 분류하기 위해 여섯 개의 분류표를 만들었다. 그 분류 중의 세 가지는 자아인정, 자아불인정, 자아에 관한 적대감정 등이다. Raimy는 한 사람이 그 자신에 관해서 믿는 것은 타인이 갖는 사회적인 이해의 한 요인이라고 말했다(Raimy, 1948). 그는 조직된 지각 객체로서의 자아개념은 내적 지각자의 행동 이상의 의미를 갖고 있으며, 감각적인 자료뿐만 아니라 상황적 · 기억적 요소들을 포함한다고 한다.

D. Snygg 와 W. Combs

Snygg와 Combs(1949)는 Maslow의 지각적인 견해를 지지한다. 그들은 "Skinner (1938)는 인간을 환경의 피해자로 보고 있다. 그는 그에게 어떤 것이 일어났기 때문에 존재한다는 것이다. 불행히도 이 같은 관점은 인간이 삶이라는 커다란 노력 속에서 직면한 문제를 이해하는 것을 어렵게 만든다. 의지에 따라 행동하는 객체라기보다는 거의 어떤 것도 할 수 없는 인간을 만들기 때문에 그것은 비인간화된 심리학이다. 행동에 대한 그러한 개념은 개인 자신에게 외적인 것에 책임을 부과하도록 한다."(pp. 309-310)라고 주장한다.

이 같은 견해의 대안으로서 Combs와 Snygg(1946)는 "인간은 그의 운명에 의해서 부분적으로 통제되고, 통제한다. 이러한 견해는 환경에 의해서 영향 받고 있는 인간에 대한 이해를 높여 주고, 인간이 자신의 운명을 형성하고 구성할 수 있다는 것을 전제로 한다. 만약 인간 행동의 지각적인 견해가 정확하다면, 사람들이 그 자신을 어떻게 지각하느냐 하는 것과 그들이 살고 있는 세계는 하나의 내적이고 개인적인 문제라는 것이다. 한 인간의 지각은 그 자신 안에서 일어난다. 인간은 그에게 작용하는 힘에 따라서 좌우되는 꼭두각시가 아니다. 다른 한편으로 인간은 그가 살고 있는 세계로부터 그의 지각을 선택하는 식별의 창조자다. 지각적인 견해에서 볼 때, 인간은 정확성을 추구하는 데서부터 계속적으로 성장하고 역동하는 창조적인 실체다. 또한 계속적으로 목적을 추구하는 존재다. 이러한 의미에서 인간은 객체이고 과정이며, 정적이기보다는 동적으로 성장하는 존재다." (pp. 309-312)라고 말했다.

그들은 심리적인 인간관계는 경험의 현상학적 장에 있음을 핵심적으로 주장한다. 따라서 자아개념에 대한 현상학적 장은 인식하는 개인의 관점에서 연구되어야만 한다. Snygg와 Combs(1949)는 이 같은 현상학적 접근을 발전시켰다. 그들은 의식적인 느낌, 인식, 지각을 중심적인 역할로 취급했다. 그래서 모든 행동은 현상학적 장에 의해 결정된다고 보았다.

현상학적 장은 한 개인이 인식하는 경험의 총합이며, 수준과 밀도에서 다양하다. 이러한 관점에서 볼 때, 한 인간이 어떻게 행동하느냐 하는 것은 행동의 순간에 그 상황과 자신을 어떻게 인식하느냐의 결과로 진술된다. "이 같은 현상학적인 자아는 그 개인이 자신의 특성의 부분으로서 경험하는 현상학적 장의 모든 부분을 포함한다." (Snygg & Combs, 1949, p. 58)

그래서 Snygg와 Combs는 객체로서의 자아, 과정으로서의 자아의 역할을 '통합하는 자아'를 제안한다. 자아는 자아경험을 구성하고 모든 행동을 결정하는 현상학적 장의 측면이기 때문에 과정이다. Combs는 그들이 인용한 Hall과 Lindzey의 입장을 따라 이 같은 이원적 개념을 만들었다. "자아는 개인에 관련된 지각으로 구성되어 있고, 이 같은 지각의 조직은 개인의 행동에 결정적 영향을 주고 있다는 것이다." (Hall & Lindzey, 1957, p. 470)

자아개념은 그 자신의 관점으로부터 형성된다. 그것은 그 개인에 관한 고립된 개념들을 단순히 집합시킨 것이 아니라 모형화된 상호관계 혹은 형체다(Raimy, 1948). 자아개념에는 개인과 그의 행동에 예언성을 부여하는 안정성과 일관성이 있다. Lecky(1949)는 통합성과 균형성을 유지하기 위한 개인 내의 충동이 개인을 둘러싼 환경에 대한 개인적인 지각에 의해서 형성된다고 제안하면서, 이 현상학적인 관점들을 논의했다. "행동은 조직의 통합성과 일치성을 유지하는 노력을 포함한다. 그 조직의 핵심은 자신에 관한 생각 혹은 개념이다." (Lecky, 1945, p. 29)

Snygg와 Combs의 현상학적 장은 세 가지 구성요소를 포함한다([그림 1]).

모든 개인의 지각을 포함하는 전체적인 지각의 장은 가장 큰 원에 의해서 나타나고, 이 장 안에 좀 더 작은 영역 B가 있다. 이는 한 개인이 자신에 관해서 갖고 있는 모든 지

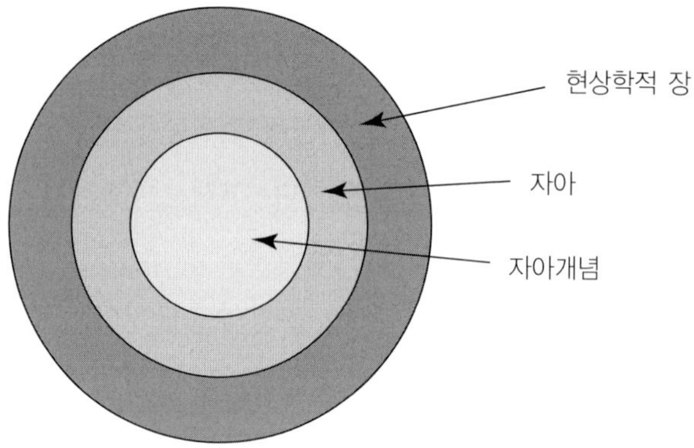

[그림 1-1] 현상학적 장

출처: Snygg & Combs (1949).

각들이다. 이것이 현상적인 자아다. 그 장과 자아의 중심이면서 Snygg와 Combs가 주장하는 작은 영역으로 구성된 부분은 그 사람에게 중요하고 핵심적인 측면들을 구성한다. 이것이 자아개념이다. 그것은 안정되고 중요하며, 한 개인에게 있어서 그 개인에게만 의미를 주는 지각으로 구성된 중요하고 특징적인 조직이다(Snygg & Combs, 1949).

C. Rogers

앞의 심리요법적 관점에서 본 자아개념에서도 자세히 논의한 바와 같이, Rogers(1951)는 자아개념을 인식이 허락하는 자아의 지각에 관한 조직적인 형체로 본다. Rogers는 의식적인 인식 밑에 있는 변별수준을 통해서 현상적인 틀에 의해 부여되는 딜레마로부터 자신을 해방하려는 시도를 했다. 예를 들어, 위협이라는 사실이 무의식적으로 인식되고, 위협이 지각되기 전에 인식되면, 부정 혹은 반항으로 그 경험이 의식화되는 것을 막고자 한다.

순수한 현상학의 개념적 틀을 떠나 Rogers가 해결하려는 또 하나의 주장은, 행동은 개인의 경험에 토대를 둔다는 점이다. 그러나 아직 개인은 현실적으로 행동할 수 있도록 세계에 의존하는 상태다.

Rogers는 이와 같은 것은 인간이 실제로 존재하는 환경에 대항해서 그 환경에 대한 경험을 검토하기 때문에 가능하다는 점을 암시한다. 현재의 경험은 이전 경험의 토대 위에서 구성되고 해석된다. Rogers(1951)는 "자아구조를 삶에 대응하기 위한 가설 조직으로 보고 있다."(p. 191)

Rogers는 인간의 본질을 성숙, 사회화, 자아실현을 향해서 긍정적으로 움직이는 존재로 본다. Rogers는 인간이 인간 존재로서 역할과 기능을 한다는 입장을 받아들인다. 인간이 자유로울 때 그는 경험에 대해서 개방적이고 긍정적이며, 진실된 방법으로 행동한다. "나의 경험을 가장 새롭게 고무하는 부분들 중의 하나는 가장 깊은 수준에 존재하는 강한 긍정적 경향성을 발견하는 것이다."(Rogers, 1961, p. 27) 변화는 성숙과 학습의 결과이며, 변화의 방향은 참 자아를 향한 운동이다. 이 같은 참 자아는 정적인 존재가 아니다. 왜냐하면 그러한 변화와 성숙은 인간이 될 수 있는 가능성을 계발하기 때문이다. 자아구조는 새로운 경험을 동화하기 위해서 개조되며 변한다.

Lewin(1936)은 "어떤 특정한 순간에 심리적 생활공간에 속한 것을 의식의 준거로써 사용할 수 있는지 없는지는 의심스럽다. 예를 들어, 정원에서 놀고 있는 조그만 아이는 그의 어머니가 집에 있다는 것을 알 때와 밖에 있다는 것을 알 때 다르게 행동한다. 이 같은 사실은 어린이의 의식에서 자아의 활동이 계속되고 있음을 가정할 수 없다. 다른 많은 경우와 같이, 우리는 역동적인 감각 속에 있는 내재적인 실체와 자아의 출현 간의 관계를 구별해야만 한다."(p. 19)라고 논의했다.

Lewin의 생활공간은 현상학적 장만을 의미하는 것은 아니다. 생활공간은 경험의 구체적 상황 속에서 즉각적으로 부여되는 것이 아니라, 인간의 행동에 대해서 관찰자가 추정하는 가설 구인이다. 그래서 참조의 주관적인 틀 속에 위치를 정하게 되고 어떤 행동이 무의식적으로 동기화된다는 것을 받아들이게 된다. 자아에 대한 Rogers의 개념은 자아상상이 조직되고 통합된 행동의 연속적인 모형을 합한다는 의미에서 Erikson의 자아동일성과 유사하다. 비슷하게 그 둘은 중요 타인과 사회의 내재화된 가치와 직접적인 경험에 근거를 둔다.

중요한 차이는 Rogers가 자아개념을 의식적인 모형으로 제안한 반면에, 자아정체의 중요한 부분은 무의식이라는 점이다. Rogers는 무의식적인 과정보다는 의식적인 경험의 현상학적 세계를 더 강조했다. Rogers에게 있어서 중요한 순간은 지금 현재다.

Rogers는 자아를 조직적이고 일관성 있는 개념형태로서 관련된 지각들의 통합된 모형으로 본다. Rogers의 자아는 행동을 인도하는 개념적인 객체와 과정을 통합한다. 유기체는 자아와 경험 사이의 일관성과 일치성을 유지하기 위하여 노력한다. Rogers는 자아라는 개념을 경험적 연구의 대상으로 만들려는 목적에 큰 영향을 주었으며, 이는 현재 자아개념 이론에 크게 기여하였다.

G. A. Kelly의 개인구성이론에서 자아는 중심적 구성개념들을 포함하는데 구성개념이란 각자가 자신의 경험을 범주화하는 방식을 말하는 것으로, 이 입장은 인간을 능동적이고 여러 가지 역할을 변화시키는 창조자로 본다.

Kelly는 한 개인의 행동과 인성을 그의 개인적이고 특유하며 복잡한 구성개념과 인지로 설명하고 있다. 그의 중요한 쟁점은, 모든 사람은 문제를 해결하고, 그들의 개인적인 구성개념들은 우주에 대한 질서를 부여하는 중요한 수단들이라는 점이다. 그는 각 개인은 그가 인지함으로써 경험과 사건을 변별하여 범주화하고, 현재와 미래 경험을 설명하고, 현재와 미래 행동을 계획하는 자신의 가설을 구성한다고 보았다. 그래서 인지적인 구조의 중요한 지적 기능 중의 하나는 적당한 행동의 선택을 결정한다는 것이다.

한 사건을 범주화하는 과정에서 얻는 지식과 정보는 행동을 위한 기반을 제공한다. 예를 들어, 만약에 한 어린이가 울고 있는 것이 고통 때문이라고 한다면, 우리는 고통의 원인을 찾는다. 만약 어린이의 얼굴이 벌겋고 높은 열이 있다면, 우리는 그의 고통은 병 때문이라는 결론을 내리고 의사에게 데리고 간다. 한편, 그 어린이가 욕구불만에 의해서 고통을 받고 있다고 생각한다면(땅바닥에 아이스크림을 떨어뜨려 그것을 먹을 수 없게 되었기 때문에), 다른 아이스크림을 사 줌으로써 그를 위로할 수 있을 것이다. 우리가 유용하고 정확하게 사건을 분류할 수 있다면 우리는 적당하게 행동할 수 있다. 그러나 만약에 우리가 사건을 잘못 분류하면 우리는 심각한 잘못을 범할 수 있다.

이 같은 입장은 Kelly로 하여금 모든 개인은 과학자들처럼 자기 자신의 행동을 구성하고, 범주화하고, 해석하고, 명령하며, 판단한다는 인간관을 갖게 했다. 그래서 비록 과

학자는 아니지만 모든 인간들은 생에서 직면한 문제에 대한 과학적 원리를 적용하고자 한다. 한 사람의 행동은 너무나 중요하므로 그 개인은 자신의 행동에 대하여 많은 상이한 구성개념들을 응용한다. Kelly는 자아를 또 하나의 구성개념으로 간주한다. 구성개념들은 양극단으로 간주되며, 개인이 그의 세계를 인식하는 일관된 방법이다. 예를 들어, 한 사람은 도덕적 · 비도덕적 토대 위에서 혹은 혁신적 · 비혁신적 토대 위에서 그의 환경적 요소들을 개념화한다. 즉, 모든 사람들은 자신의 생활에서 예견하고 통제할 수 있는 구성개념과 가설을 만들어 내기 때문에 한 인간을 이해하기 위해서는 각 인간의 개인적 구성개념을 이해할 필요가 있다.

더 나아가 구성개념적 대안주의는 우리가 경험하고 인식하는 모든 것은, 그것을 경험하는 인간만큼 많은 상이한 해석이 있을 수 있다는 것이다. 예를 들어, 교사가 학생에게 너는 현재보다 더 잘할 수 있다고 말해 주는 것이 어떤 학생에게는 동기화의 의미를 가지게 해 줄 수 있는 반면에, 다른 학생에게는 비판적인 의미로 해석될 수 있어 실패감을 느끼게 할 수 있다.

사람은 과거 경험과 타인의 송환으로부터 자신을 구성하기 위한 개인구성개념을 발전시킨다. 그러므로 사려 깊은 사람은 환경의 노예가 아니며 자기 자신의 전기의 희생자도 아니다. Kelly는 이 같은 철학을 구성적 대안주의라고 불렀다. 자아와 환경을 해석하는 방법과 구성개념들의 수정은 심리요법의 중요한 방법이다. 불안은 개인이 직면한 사건들이 그의 구성개념 조직 범주 밖에 놓여 있다는 인식 때문에 생겨난 것으로 보인다. 개인은 그의 개인적 구성개념의 어떤 것을 변화시킴으로써 죄를 다루고자 한다. 그러나 그러한 기본적인 구성개념은 쉽게 변하지 않으므로 상당한 위협과 불안을 낳게 된다. 그러한 느낌을 경험한 사람은 그의 행동을 바꾸려는 시도를 하고, 자아에 관한 개인적 구성개념을 변경시키려 한다.

이 이론은 인지적이고 지적인 면에 대한 강조가 너무 지나치다는 이유로 비판을 받는다. 그러나 이 이론은 인지이론을 인성이론에 병합시킨 것으로, 인간은 자신이 행동하고 있는 바로 그 자체라고 보고 개인 자신의 대상에 대한 범주화에 초점을 두었다는 점에서 자아개념 이론에 기여했다. 인지특성을 통해서 성격의 핵심적인 구인인 자아개념을 통제한다고 볼 수 있으나, 인지특성과 정의적 특성의 핵심인 자아개념은 두 특성의 상호작용을 통해서 형성된다.

S. Epstein의 자아이론은 Kelly(1955)의 구성개념과 같이 개인이 경험을 조직하고 해석하는 자체라고 설명한다. 그는 개인들은 자신들이 이미 가지고 있는 자아개념의 특성을 현상학적인 장의 다양한 변인들과 연결시켜 주체와 객체를 결합하는 것이라고 보았다. Epstein은 행동의 일관성, 계속성은 한 개인이 가지고 있는 자아의 실체 그 자체라고 하였다.

지금까지의 논의를 보면 현상학적 접근은 자아실현을 가정하여, 주체로서의 자아와 객체로서의 자아 사이의 구별을 흐리게 함으로써 유기체의 자아실현에 근거한 이론에 그 바탕을 두고 있다. 개인에 관한 사적 세계, 자아지각 등을 행동결정자로 간주한다. Rogers는 자아개념과 관련된 생활지도 기술과 행동의 현상학적 이론을 설정하면서 Snygg, Combs 그리고 Raimy의 이론들을 발전시켰다.

현상학적 이론의 기본적인 가정은 행동은 인간의 지각들의 소산이며, 이 같은 지각들은 실제라기보다는 현상학적 의미를 갖고, 존재하는 장의 조직과 관련되고 자아개념들의 핵심 지점이라는 것이다. 또한 자아개념은 문화적인 틀로부터 나오는 가치를 수집하는 개념과 지각이며, 시간과 장소를 통해서 일관성이 있고 비교적 지속성이 있는 행동모형을 만든다. 자아개념에 의해서 행동이 통제되며, 방어기제는 경험과 인지된 자아개념 사이에 일어나는 불일치성을 막는 데 이용된다. 그리고 기본적인 동인, 즉 자아실현이 존재한다.

Kelly와 Epstein은 각 사람은 자아를 포함하는 사건의 모형을 구성함으로써 자신의 지각을 만드는 데 관심이 있다고 주장한다. 개인의 행동은 그의 환경에 대해 내린 특유한 해석의 결과이며, 이 과정의 핵심은 자아개념이다.

한 인간의 자아개념은 그 사람이 선택한 심리적 특성이다. 인간은 무한한 사회적 환경과의 상호작용을 통해서 현상학적 장을 형성한다. 그 현상학적 장 중에서 개인은 자기의 특성에 맞는 것을 선택한다. 그 선택의 누적이 곧 자아개념이다. 인간의 자아개념은 현상학적 장 중 선택을 통하여, 자아를 형성하고 그 자아는 다시 자아개념이라는 핵심적 인간심리의 특성을 만든다. 이와 같은 과정은 평생을 통하여 이루어지며 그 과정 중에 무한한 선택이 이루어진다.

3. 자아개념의 개념화

많은 심리학자들은 자아개념을 인간 행동과 인성이론의 핵심적 요소로 보고 있다. 그러나 일반적으로 자아개념이란 용어는 다양하게 사용되고 있을 뿐만 아니라 용어의 정의에 대해서도 의견의 일치를 보고 있지 못하다. 특히 자아개념에 관한 다양한 정의는 상이한 심리학자들에 의해서 비일관적이며 모호한 방법으로 정의되고 있다. ego, 자아정체감, 그리고 고유자아(proprium) 개념의 적용은 더 큰 혼란을 만든다. 형용사적 의미로 자아를 사용하는 다른 많은 용어들 역시 혼란을 낳고 있다. 이들 용어들을 어떤 학자는 상호 교환적으로, 그리고 동의어로 이용하는 반면에, 다른 학자들은 자아개념의 상이한 측면을 변별하기 위해서 사용하고 있다.

자아개념의 특성

한마디로 자아개념을 정의할 수는 없다. 그러나 자아개념 이론을 심리학의 중요한 영역으로 통합하는 접근방법에서 자아의 구성요소는, 첫째, 믿음 혹은 인지적 구성요소, 둘째, 정의적 · 감정적 구성요소, 셋째, 평가, 넷째, 반응에 대한 경향성 등의 네 가지로 구체화될 수 있다.

첫째, 자아개념의 인지적 구성은 그 지식이 객관적인 증명, 주관적인 의견의 진위에 관계없이 한 대상에 대한 기술을 나타낸다. 그래서 만약에 그 객체가 나 자신이라고 한다면, 나는 키가 작다는 것을 진술할 수 있다. 그러므로 자아개념은 한 개인이 그 자신을 인식하게 하는 무한한 방법들이다. 한 예로 여러분 자신에 관한 일을 시도할 때 자신에 관한 명세서는 다음과 같은 요소를 포함할 수 있다. 남성, 동양인, 결혼한 사람, 교수, 자동차 소유자, 심리학자 등이다. 나열된 이 같은 종류의 명세서는 자신의 태도, 자아개념화, 역할, 지위특성, 소유, 목적을 포함할 수 있는 하나의 특성으로 볼 수 있다. 이 같은 모든 요소들은 개인적 중요성에 따라 서열화될 수 있다. 왜냐하면 어떤 자아개념은 핵심적인 요인이고, 다른 자아개념은 우리의 행복이라는 시각에서 말초적인 의미를 가질 수 있기 때문이다. 그리고 이들은 상황, 기억, 경험, 느낌에 따라 위계를 갖고 또한 변화한다. 한 예로, 전 한국 대통령 이승만은 자기 자신을 자유인, 한국인, 자유당원, 자유적인 사람 등으로 이름 붙였다.

둘째, 자아개념의 정의적 구성요소는 인지적인 상황과 내용에 따라 나타나는 평가다. 한 예로, 문화적 차이는 있을 수 있지만, 나의 개인적인 명세서에 내 키가 작다는 점이 정서적으로 강한 흥분을 일으키는데, 키가 작다는 것은 남성의 문화적인 표준에서 적당치 않고, 좋은 럭비선수가 될 수 없기 때문이다. 따라서 부정적인 자아평가를 내리게 된다. 이렇게 볼 때, 주관적 사실이든 객관적 사실이든 간에 한 개인에 관해서 평가된 지식은 그 개인에게 반응하거나 행동하게 하는 경향이 있다. 이처럼 어떤 사람이 키가 작다는 사실은 그로 하여금 럭비운동을 피하도록 만들고, 럭비에서 경쟁할 수 없도록 만든다. 그리고 보상적인 행동으로서 학문적인 추구 같은 다른 행동을 하도록 만든다. 당신 자신에 관한 신념과 태도 명세서에서 어떤 것들을 생각해 보라. 당신의 행동에 영향을 주는 것들은 무엇이고, 그것들 속에서 당신 자신의 위치는 어떤가 생각해 보라. 더 나아가 자아개념이 행동에 영향을 주고 있는지 생각해 보라.

셋째, 자아개념의 평가적 의미다. 예를 들어, 한 학생이 좋은 성적을 얻었거나 교사나 동료로부터 그와 같은 자극을 얻었을 때 그는 자신을 우수한 사람으로 생각한다. 똑똑한 학생이 되는 것은 사회와 가정에서 성취동기와 성공에 대해 긍정적으로 강화되어 긍정적인 평가를 받을 수 있음을 나타내기 때문에 이것은 즐거움과 만족을 가져온다. 그러나 이 같은 긍정적 자아평가는, 노력을 해도 성적 불량의 결과가 나올 때, 혹은 친구와 같은 중요 타인이 운동과 같은 다른 행동을 보다 중요한 것으로 평가하기 시작할 때 변화하게 된다. 대부분 개념에 대한 중요성 정도는 규준이 되는 문화적 상황에 따라 결정된다. 예를 들어, 바보, 뚱뚱보, 미성숙과 같은 개념은 부정적인 평가기준을 갖는 반면에, 현명함, 남성다움, 성숙됨과 같은 개념은 긍정적인 의미를 갖는다. 평가적 의미는 문화로부터 학습되며, 자아관찰과 사회적 상호작용에서의 송환작용에 의해 개인에게 적용된다.

넷째, 반응경향성은 개인들이 평가된 신념과 일관성 있는 방법으로 행동하지는 않는다는 것이다. 자아개념은 유기체와 환경 사이의 중재 역할을 한다. 낮은 자아존중감을 가지고 있는 사람은 행동의 일관성이 상당히 적다. 그는 상황의존적이어서 상황의 영향에 따르려고 한다. 긍정적 자아를 가지고 있는 사람은 즉각적인 자극에 지배되지 않고 행동의 일관성을 나타낸다. 그래서 일관성은 내적 기제, 추상적 자아를 형성하는 높은 자아존중감으로부터 나오는 반면, 신념을 가지고 있지 않은 낮은 자아존중감은 행동을 위한 기초를 만들기 전에 타인의 행동을 모방하면서 타인을 만족시킨다. 그러나 낮은 자아존중감을 가지고 있는 사람이라도 행동의 일관성은 있을 수 있다. 왜냐하면 그에게는 객체로서 그의 자아를 보존하려고 하는 욕구가 있고, 방어기제를 사용함으로써 가치 있는 지각을 얻을 수 있고, 객체로서 자아와 일치하지 않는 환경적인 경험을 수정할 가능성이 있기 때문이다.

방어기제 개념은 Sigmund Freud(1856~1939)가 제안하였고, Anna Freud(1946)는 열 가지로 세분화된 방어기제를 제시했다. Rogers 역시 방어에 관심이 있었으나 특별히 방어기제들 사이를 구별하려고 하지 않고 단순히 세 가지 특성, 즉 자아개념과 일치하지 않는 경험을 무시, 부정 그리고 왜곡한다고 했다. 그러나 용어상의 차이가 무엇이든지 간에 일반적인 원리는 같다. 예를 들어, 축구시합 열광자가 나의 팀은 오늘 이긴다고 공언한 것은 성공적인 팀과 자신을 동일시함으로써 자신을 높이고자 하는 것이다. 시험에 실패한 학생은 교사의 공정성 결여에 대해서 비난하고, 검사에 대한 불만을 토로한다. 가능한 평가절하와 불만을 통한 자아존중감의 보호는 방어기능의 핵심이다. 방어기제는 자아의 가치, 통합성을 보호하고자 하는 노력이다. 우리가 지각하는 어떤 안정성을 유지하기 위한 능동적인 특징을 갖기 때문에 방어기제는 그 의미를 갖게 된다.

자아개념에서 또 다른 중요한 의미는 첫째, 다원적 특성이 있다는 점이다. 자아개념을 자신에 관한 개념으로 간주할 때는 보통 단수로 사용한다. 그러나 한 사람이 자신을 많은 상이한 특성, 즉 남편, 아버지, 법관, 직장인으로 나열할 때는 복수로 나타나게 된다. 그래서 많은 심리학자들은 자아개념을 다원적으로 기술하고 있다. 자아개념은 자아의 집합으로서 단수 의미를 가질 수도 있다. 그러나 한 사람에 대한 다원적 개념은 이들 개념 중 어떤 것은 서로 양립할 수 없고 비일관적일 수 있다는 것을 의미한다. 이것은 자아가 학습되며 학습은 넓고 다양한 생활 속에서 일어날 수 있기 때문이다. 불일치 이론(Festinger, 1957a)의 비일관된 지각은 오래 지탱될 수 없고 개인은 그러한 불일치를 제거하려고 노력할 것이라고 말한다. 그러나 상이한 자아개념 사이의 불일치는 대부분 긴장을 주지 않는다. 왜냐하면 그들은 상이한 상황에 대한 현실적인 평가일 가능성이 있고, 자아개념 중 어떤 기능적 가치는 매우 낮은 수준이기 때문이다.

둘째, 한 자아가 일으키는 긍정 혹은 부정적인 느낌의 정도가 그 자아개념의 핵심이라는 점이다. 이는 여러 자아개념들의 분화를 의미한다. 한 상황에서 핵심적인 신념이 다른 상황에서는 덜 중요하고, 그리고 다른 사람들은 자아의 핵심을 주변적인 것으로 간주해서 그들에 대한 낮은 평가도 어떤 큰 관심이 되지 않는다. 중심적이고 중요한 자아는 변화에 매우 저항적이다. 지금까지 논의된 것들을 살펴보면 자아개념은 평가로 형성되는 것으로 보인다.

마지막으로 자아개념은 단일화된 요인이 아니며, 각 개인은 특수화된 지각에 관련된 많은 자아개념을 소유하고 있다는 점이다. 인간 자신에 대한 개념은 수많은 대상에 대한 개념만큼 다양하게 정의될 수 있다. 자신에 관한 정의적 · 평가적 신념의 조직은 한 방향으로 반응하는 경향이 있다. 그래서 자아개념은 모든 인간이 그들이 소유하고 추구하는 특성, 능력, 목적과 활동에 관해서 발달시키는 추상적인 개념이다. 이들은 사회적 경험, 가치 집합으로부터 생산된다. 이 같은 추상적인 '나를(me)'은 경험의 영역에서 나오며 경험의 과정에서 형성된다.

심리적 선택을 통한 자아존중감의 형성

James(1890)가 제안한 자아존중감, 자아존중감 $= \frac{성공}{욕구}$ 이라는 공식은 개인이 분모를 감소시키거나 혹은 분자를 증가시킴으로써 그의 자아존중감을 유지할 수 있다는 것을 나타낸다.

James에 의하면, 자아존중감은 전적으로 우리가 과거를 회상하는 것 혹은 현존하는 것에 의존한다. 성공은 주관적으로 얻어지는 표준적 선택인데, 이는 생활의 많은 사실들에 의존한다. 그래서 표준적 선택은 평가를 긍정적으로 다루도록 한다. 그러나 문제와 표준을 선택하는 자유에는 한계가 있다. 왜냐하면 어떤 객관적인 사실들은 피할 수 없기 때문이다. 계속해서 낮은 점수를 받은 학생이 높은 점수를 받은 학생보다 그 자신을 유능한 학생이라고, 가난한 사람이 자신을 부자라고, 키가 작은 사람이 그 자신을 키가 크다고 생각할 수는 없다. 긍정적인 자아개념을 형성할 수 있는 기회를 감소시킬 수 있는 한계는, 일찍이 성취에 따라 자아가치가 강하게 형성되었기 때문에, 그 자아가치를 변화시킨다는 것이 힘들다는 점이다.

사람은 사회적 동물이고, 사회 속에서 생존하기 때문에 그의 환경으로부터 나오는 사회문화적인 가치, 사회문화적인 역할을 피할 수 없다. 그는 자신이 만든 기준뿐만 아니라 관련된 하위집단과 사회의 준거에 의해서 자신을 판단한다. 만약에 자신을 인정하고 그 집단의 구성원들에 의해서 인정받는다는 것을 알게 되면 그는 우월성을 가지게 된다. 확실히 사회의 가치를 부인하고 궁극적으로 사회를 버림으로써 자아개념을 고양한다는 것은 가능하다. 그러나 하위집단이라 할지라도 그 자신의 어떤 가치와 표준을 가지고 있는데, 그 예로는 히피집단을 들 수 있다. 자아가치는 개인의 심리적인 편의에 맞추기 위해서 쉽게 조작될 수 없다.

자아존중감에 관하여 Coopersmith(1967)는 개인이 자기 자신에게 하는 평가를 말한다고 했다. 자기 자신을 수용하거나 거부하는 것을 나타내며, 개인이 자기 자신을 능력 있고, 의의 있고, 성공적이라고 믿는 정도를 말한다. 즉, 자아존중감은 개인이 자신에 대해 갖는 태도 속에 나타나는 자신에 대한 가치판단이다. 요컨대, 자아존중감은 개인이 가지고 있는 태도에서 표현되는 개인적인 가치판단이다. Rosenberg(1965)는 자아존중감을 하나의 특별한 객체, 즉 자아에 대한 긍정 또는 부정적인 태도로 정의한다. 자아존중감은 개인이 가치 있다는 것, 현존하는 자신이 존경받을 수 있다는 것을 의미하며, 현존하지 않는 자신에 관한 것은 포함하지 않는 것으로 보인다. 그리고 자신에 관해서 긍정적으로 느끼는 정도를 나타낸다. 낮은 자아존중감은 자아거부, 자아멸시, 부정적인 자아평가를 암시한다.

Brisset(1972)에 따르면, 자아존중감은 기본적인 심리적 과정, 즉 자아평가의 과정과 자아가치의 과정을 포함한다. 자아평가라는 의미에서 자아존중감은 사람 자신의 중요성에 관한 판단이다. 세 가지의 중요한 체제 관점들이 자아평가에 관련된다. 우선 객체로서의 자아영상과 이상적인 자아상상, 혹은 한 개인이 원하는 종류의 인간상과의 비교를 의미한다. James의 자아개념에 관한 시각에서 볼 때 실제적인 성취와 열망 사이의 비율이 자아평가에서 중요한 참조점이다. 자신의 표준에 따라서 살 수 있고 자신들의 열망

(욕구)을 실현시킬 수 있는 행복한 사람들은 자아존중감을 계발한다. 그들 자신의 이상을 성취할 수 없다고 인식한 사람은 낮은 자아존중감을 소유하고 있는 듯하다.

두 번째는 사회적응의 내재화를 들 수 있다. 자아평가는 타인이 그들을 어떻게 평가하는가에 관한 개인의 신념에 의해서 결정된다. 자아개념의 이 같은 평가는 Cooley(1912)와 Mead(1934)에 의해서 최초로 논의되었다.

세 번째는 그의 행동에 대해 상대적인 성공 혹은 실패로서 개인이 자기 자신을 평가하는 것을 의미한다. 그 모형은 개인들이 할 수 있는 한 최대로 현재적 사실에 자신들을 맞추는 것을 말한다. 사회는 자아존중감을 발전시키기 위한 기회를 제공해 주거나 한 개인 수준에 적응함으로써 성취될 수 있을 뿐이라는 것을 확신시켜 준다.

자아가치는 자아에 대한 중요한 느낌이며, 그 개인이 자신을 인식하는 것을 포함한다. 자아평가의 개념은 어떤 표준으로부터 나오는 자아존중감이다. 다른 한편으로, 자아가치는 한 사람의 행동을 통제하고 내적인 지지에 의존하는 능력의 인식을 포함한다.

긍정적 자아개념은 긍정적 자아평가, 자아존중감, 자아인정, 자아수용과 같은 개념이다. 더 나아가 부정적 자아개념은 부정적 자아평가, 자아멸시, 열등감, 개인적 무가치, 자아거부와 같은 개념이다. 이들 용어 각각은 서로 함축적 의미를 나타내고, 여러 사람들에 의해서 상호교환적으로 사용되고 있다(Coopersmith, 1967; Wylie, 1961). 또한 자아개념, 자아태도, 자아존중감이라는 용어는 동의어로 사용될 수 있다. 그러나 자아개념은 자아정체를 말하고 자아존중감은 자신이 되고 싶은 정체를 말한다. 그들은 긍정과 부정의 일직선상에서 나타나며 개인을 평가한 신념이며 느낌이다. 높은 자아인정, 자아존중감을 지닌 사람에 비해 자기 자신에 대해 부정적인 가치를 가진 사람은 자아존중감, 자아수용감을 거의 갖고 있지 않다.

4. 결 론

자아개념은 다양한 학문에서 각 학문마다 그 나름대로 정의를 내리고 그 학문에서 중요한 의미를 던지고 있다. 특히 심리학에서 갖는 위치는 아주 지대하다.

『*Psychological Abstracts*』의 정기간행집에서 1974년 이후 자아개념 혹은 자아존중에 대한 논문이 전체 논문 중 약 2.5%에 해당할 정도로 심리학에서 자아개념에 대한 관심은 높다.

현대 교육학이나 심리학에서 주로 연구에 관심을 둔 자아개념의 구인에 관한 연구의 그 뿌리는 William James다. James는 자아개념의 구성요소를 물질적 자아, 사회적 자아, 정신적 자아, 순수자아의 네 차원으로 구별하여 자아에 대한 개념을 형이상학적 개념에서 경험적 차원으로 끌어내렸다. 경험적 차원에서 자아개념은 개인과 사회환경과의 상호작용을 통해 형성되는 것이다. 한 개인이 갖는 자아개념이 사회환경과의 상호작용을 통해서 형성된다는 시각은 바로 Cooley의 이론에 그 근거를 두고 있다. 결국 James의 사회적 자아는 Cooley의 사회와의 상호작용을 통한 자아개념과 관계가 깊음을 알 수 있다. 한 인간의 자아개념은 다양한 경험을 통해 형성된다는 점이다.

심리학사에 그 업적을 남긴 대부분의 학자들은 학자마다 자아개념을 보는 시각과 용어에는 차이가 있었으나 결국 인간의 자아개념은 심리학에서 중요하고 핵심적인 특성이라는 점에서는 이견이 없다. 학자에 따라서는 인간의 내적인 측면을 강조하는 Freud와 James와 같은 학자도 있는 반면에 인간의 내적인 부분보다는 사회의 다양한 변인과의 상호작용을 통하여 형성되는 객관적 자아를 중시하는 Cooley 등도 있다. 그러나 한 개인이 갖는 자아개념은 이 두 접근을 포함하는 한 개인이 갖는 심리적 특성이라고 볼 수 있다.

다양한 심리학자들이 말하듯이 자아개념은 물론 하나의 심리적 결정체지만, 그 결정체도 계속해서 형성되는 과정이기 때문에 그 순간만 특성이지 결국 과정이다. 이런 의미에서 자아는 과정이라는 Sartre의 주장은 좀 더 포괄적 의미를 갖는다. Laing은 결국 자아개념의 고유성을 주장하면서 자아와 자아가 아닌 것의 차이를 강조하는 속에서 자아개념을 중시했다. 인지적 특성을 통해서 성격의 핵심적인 구인인 자아개념을 통제한다고 볼 수 있으나, 인지적 특성과 정의적 특성의 핵심인 자아개념과의 상호작용이란 측면에서의 해석이 가능하고, 이 같은 해석을 통해서 유추할 수 있는 것은 자아개념이 인지적 특성을 포함하고 있다는 점이다.

철학자, 사상가, 사회학자, 교육학자, 심리학자 등의 주 관심사로 자아에 대한 생각은 기본적인 인간의 욕구다. Fromm(1949)은 자아개념을 인간의 '내적 본성' 혹은 '기본적 본성'으로 보고, Harre(1983b)는 자아존중감을 인간의 동인으로 간주했다.

한 인간의 자아개념은 그 사람이 선택한 심리적 특성이다. 인간은 무한한 사회적 환경과의 상호작용을 통해서 현상학적 장을 형성한다. 그 현상학적 장 중에서 한 개인은 자기의 특성에 맞는 것을 선택한다. 그 선택의 누적이 곧 자아개념이다. 인간의 자아개념은 현상학적 장 중 선택을 통하여 자아를 형성하고 그 자아는 다시 자아개념이라는 인간 심리의 핵심적 특성을 만든다. 이와 같은 과정은 평생을 통하여 이루어지며 그 과정 중에 무한한 선택을 한다.

앞에서 많은 심리학자들이 자아개념을 인간 행동과 인성이론의 핵심 요소로 개념화하고 있다는 점을 강조했다. 자아개념 이론을 심리학의 중요한 영역으로 통합하는 접근방법에서 자아의 구성요소는, 첫째, 믿음 혹은 인지적 구성요소, 둘째, 정의적 구성요소, 셋째, 평가, 넷째, 반응에 대한 경향성 등의 네 가지로 구체화될 수 있다. 또한 일반적으로 인용되는 자아의 전통적인 요소는 "긍정과 부정적인 평가체계, 정의적인 느낌 등이다."(Kretch, Crutchfield, & Ballachey, 1962, p. 177).

James(1890)에 의하면, 자아느낌은 전적으로 우리가 과거를 회상하는 것 혹은 현존하는 것에 의존한다. 성공은 주관적으로 얻어지는 표준의 선택인데, 이는 생활의 많은 사실들에 의존한다. 정신분석학적 접근에서 자아는 인성을 형성하는 id, ego, superego의 역동성 속에서 개체가 출생하여 외부와 접촉하면서 발달하고, 자아를 현실을 정확히 지각하며 합리적 사고방식을 하는 이차적 사고과정이라고 보았다. 사회심리학적 접근에서 자아는 대상으로서의 자아, 즉 인지되고 경험되는 것으로서의 자아를 뜻한다. 이 접근에서 자아개념은 타인의 반응을 인지함으로써 형성된다는 것으로 개인과 사회의 연관성을 강조하고 있다.

자아개념의 동의어로 볼 수 있는 것에는 자아, 자신, 자아지식, 자아정체, 자기이해, 자아상, 자아존중감, 현상적 자아 등이 있다. 자아개념은 현상학의 맥락 속에서 논의되고, 이는 행동은 과거와 현재의 경험에 의해서 영향을 받을 뿐만 아니라, 각 개인은 그들 경험에 대한 개인적 지각에 의해서 영향을 받는다는 입장이다. 한 개인을 위해서 존재하는 개인적 의미에 대한 이 같은 조직이 지각 혹은 현상학적 장이다.

자아개념을 한마디로 개념화한다는 것은 용이한 일 같지 않다. 학자마다 다양한 정의를 내렸으며 그 용어도 다양하기 때문이다. 그러나 이 책에서 몇 가지로 정의하고자 한다. 우선 자아개념은 정의적 특성이라는 측면이 있다. 자아개념은 한 개인이 자신에 대해 내리는 평가적 의미를 갖고 있다. 이 평가적 의미는 부정, 긍정이라는 이분법적 판단도 가능하겠지만 우리가 경험하는 다양한 상황에서 한 개인은 자신에 대해 무한한 평가를 한다. 이런 평가의 종합체가 바로 자아개념이다. 또 하나의 특징은 자아개념은 다원적 의미를 갖는다는 점이다. 한 개인은 핵심적 자아개념이 있지만 그 핵심적 자아개념은 다양한 하위 자아개념으로 분리될 수 있다. 또 하나의 분류는 가정적 자아개념, 사회 자아개념, 신체 자아개념 등 사회와의 상호작용에서 일어나는 자아개념의 특성을 생각할 수 있다. 이 같은 자아개념은 하나의 핵심 요인을 중심으로 해서 다면적인 특성을 가지고 있다. 자아개념은 인간이다.

제 2 장

자아개념의 본질과 인식론

1. 자아개념의 기본 개념

자아개념에 관한 논의는 처음부터 상이한 방법으로 정리된다. 객관적인 실체를 중시하는 행동주의 관점에서는 자아개념을 영혼의 개념과 그리 다르지 않은 신비주의적 특성으로 보고 있다. 이는 자아개념을 볼 수도 만질 수도 없다는 의미다. 이러한 의미에서 자아개념은 가설적 구인이고 직접적인 관찰이 가능하지 않은 심리학적 특성이다.

흔히 쓰이는 자아는 '나'(주체아), 혹은 '나를'(객체아), 혹은 '그 자신을'(객체)에 대한 개인의 반응으로 정의되는 것이다. Freud는 인간의 심리 특성인 '나'를 원초아(id), 자아(ego), 그리고 초자아(superego)로 표현하였다. Allport(1955)는 우리 생활의 특이한 영역으로서 정의되는 고유자아(proprium)라는 새로운 용어를 만들어 냈다. 그리고 Sullivan(1953)은 "내가 자아 자체에 대해서 말할 때, 나는 사람과 사람 사이를 이해하는 데 주요한 역동성에 관해 이야기하고 있다."라고 역동성 자아를 제시하였다.

"만약 심리학의 범위가 현재 이상이라고 말한다면 나는 인성이론이 자아의식, 자아상상, 자아성취, 자아존재와 같은 어떤 구성 형태에서 제외되는 자아의 개념을 필요로 하지 않는다는 것을 감히 암시할 수 있으리라." (Allport, 1955, p. 56)라는 주장도 있다.

이와 같은 논의에도 불구하고 자아개념은 유용한 설명 구인일 뿐만 아니라 필요한 구인이라고 주장하는 많은 학파를 대표하는 학자들이 있다. 이들 중에는 James, Cooley, Mead, Leeley, Sullivan, Hilgard, Snygg와 Combs, Rogers 등이 포함된다. 현상학자들로 간주되는 자아이론가들은, 심리학의 모든 영역 중 자아개념을 개인의 행동을 이해할 수 있는 유일한 심리적 특성이며 가장 핵심적 개념으로 간주한다.

설명개념으로서 자아개념에 대해서는 의견 일치를 볼 수 없지만, 자아가 한 개인의 주관적 느낌상태라는 점에는 이론이 있을 수 없다. 여기서의 느낌은 정신활동의 한 측면으로서 자아활동이다. 이 같은 느낌은 자아개념에서 현재와 과거를 연결시켜 주는 심리적 기제의 기능을 의미한다. 이것의 중요한 기능은 자아개념의 방향을 잡아 주는 조화적 역할이다. 이는 흔히 감이라고 하는 것으로 바로 이것으로부터 자아개념이 형성된다.

자아개념을 보는 시각에 따라 차이는 있지만 한 개인을 대표하는 심리적 특성이라는 면에서는 일치한다. 자아개념은 가설적인 설명개념이다.

자아개념은 인간의 특성을 나타내는 하나의 구인으로서 중요한 의미를 가질 뿐만 아니라 사회과학에서 설명하는 다양한 변인의 독립변인 및 종속변인으로서의 역할이 크다. 한 예로, 교육학에서 학업성취를 설명하는 중요한 변인으로서 자아개념이 지능 못지않게 중요하다는 것은 이미 받아들여진 사실이다. 이런 의미에서 자아개념의 실체를 좀 더 구체적으로 논의해 보는 과정이 필요하다.

2. 자아개념의 구조

송인섭, Shavelson 등의 다면 · 위계구조

자아개념 구조는 다면적이며 위계적이다. 이 같은 접근에서 우선 첫 번째 질문은 '이론적으로 어떻게 구성되었느냐' 하는 문제다. 방법론적 용어로 표현하면 내적 구조의 타당도 문제다.

자아개념의 내적 구성에 관한 견해 중 그 첫 번째 속성은 일반 자아개념이다. 이는 자아개념의 개인차가 일반 자아개념의 차이에 있다고 보고, 자아개념 구조는 일반 자아개념이라는 주장이다. 두 번째 속성은 자아개념을 일련의 분화된 특수 구인들의 총합으로 보는 입장이다. 즉, 세분화된 특수기능 요인들의 합으로 보는 것으로, 독립적인 기능을 갖는 구인들의 집합으로 본다. 세 번째 속성은 다원특성, 다원방법의 분석연구들에서 볼 수 있는 접근이다. 여러 개의 측정방식이 다른 도구를 사용하며, 자아개념의 하부요인들 사이의 관계를 통하여 자아개념의 고차원적인 일반요인과 저차원적인 다면성을 갖는 위계적인 모형으로 그 구인의 타당화를 시도한다. 위와 같은 자아개념의 내적 구조에 관한 논의는 자아개념 이론가들의 관심의 초점이 되고 있다.

Shavelson, Hubner 및 Stanton(1976)은 자아개념을 자기 자신에 대한 개인의 지각과 평가로 정의하였는데, 이는 지각이 환경 내에서 경험을 통해 형성되고 특히 환경적 강화

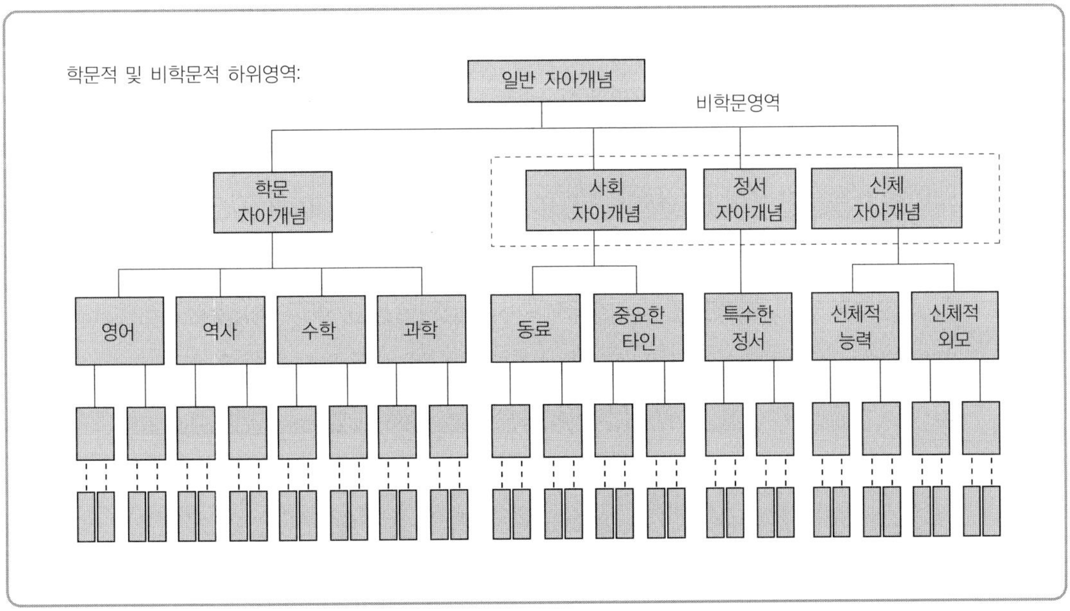

[그림 2-1] 자아개념의 위계적 구조에 관한 가설적 모형

출처: Shavelson, Hubner, & Stanton(1976)

와 중요 타인에 의해서 영향을 받게 된다는 것으로, [그림 2-1]과 같은 자아개념 구조를 제시했다.

그러나 이론적 · 경험적으로 이 이론들의 타당성 검증은 한계가 있었다. 그래서 Song (1982)은 자아개념의 구조에 대해 재연구를 하였다. 그 결과, 삼차원적 위계요인 모형이 자아개념의 내적 구조를 설명하는 타당한 모형임이 검증됐다. 이 같은 연구결과의 함축적 · 이론적 의미는 James(1890)의 '복합적 나'와, 그리고 개인은 역할과 외적 · 심리적 환경의 수만큼 많은 자아를 가지고 고차원적인 위계구조를 갖고 있다는 주장의 맥락 위에 놓여질 수 있다.

이 연구는 자아개념이 일반 자아개념 이상의 많은 요인으로 구성되어 있음을 밝히고 있다. 자아개념은 한 개인이 처한 사회적 역할 상황 속에서 자극을 받는 수만큼의 자아개념으로 구성되며, 이 위계적 구조는 [그림 2-2]와 같다.

결론적으로 자아개념은 최상에 일반 자아개념을 두고 하위에 다양하고 특별한 자아개념을 형성하는 하나의 심리적 구인이다.

자아개념의 두 번째 속성은 비교적 영속적인 특성을 갖는다는 점이다. 일반 자아개념

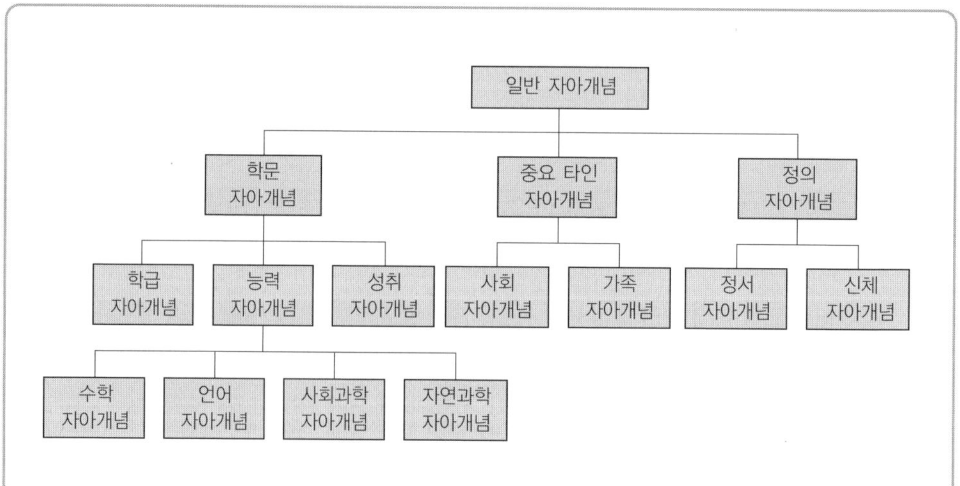

[그림 2-2] 송인섭의 자아개념의 경험적인 위계적 구조

출처: Song(1982).

은 장기간 쉽게 변화되지 않는다. 일단 자아개념이 형성된 이후에는 주어진 환경과의 상호작용에 의해서는 변화되기 힘들다. 그러나 이 안정성은 위계구조의 어디에 있느냐에 따라 다르다. 고차원 요인일수록 안정성이 있고, 저차원 특성일수록 안정성은 그만큼 덜하다고 본다. 변화의 가능성이 높다.

세 번째 속성은 자아개념의 발달적 측면이다. 자아개념은 계속 분화의 과정을 통해 발달한다. 유아기에는 자기와 환경을 구별하지 못한다. 그러나 성장함에 따라 경험이 누적된 결과, 자아를 환경에서 분리시키기 시작한다. 아동은 점차 성숙하여 많은 것을 학습함으로써 환경으로부터 자기를 구별하려 한다. 따라서 어린 아동의 자아개념은 총체적이고 미분화적이나 점차 그가 성장함에 따라 그의 자아개념은 분화되어 간다(송인섭, 1997). 자아개념은 개인의 성숙에 따라, 그리고 그가 접한 환경과 그 자신에 대한 지각의 증가에 따라 다면성과 구조화가 이루어진다.

네 번째 속성은 자아개념이 기술적이고 평가적인 성격을 가지고 있다는 것이다. 인간은 어떤 주어진 상황에서 어떠한 기대나 중요 타인의 기대에 따라 자신의 행동과 신체적 특성을 평가하게 된다. 이 평가는 어떤 이상적 표준에 비추어 내려지기도 하고, 그렇지 않으면 자기 또래나 중요한 타인의 지각된 평가에 의존하는 경우도 있다. 자아개념의 이러한 평가적인 차원은 바로 자신의 자아존중감에 반영된다.

다섯 번째 속성은 자아개념의 하위 다면적 특성들 간에는 독립적 의미를 갖는다는 것이다. 한 영역의 자아개념은 이론적으로 관련이 있는 구성요소들을 서로 구별할 수 있는 속성을 가지는 것이다. 예를 들어, 학문 자아개념은 사회적 · 신체적 능력보다 학업성취와 관련 정도가 더 높으며, 과학과목에 대한 학문 자아개념은 언어과목의 성취보다 과학과목의 성취와 관련이 높다. 이 관계의 분석은 자아개념의 내적 구조에 잘 나타나 있다.

더 나아가 Song(1982), 송인섭(1988)은 학문 자아개념의 구조는 다원적이고 위계적이라는 것과 일반학문 자아개념을 이차원에 두고 일차원에 학급 자아개념, 성취 자아개념, 그리고 능력 자아개념으로 나누어지는 연구 결과를 제시했다. 학문 자아개념에 대해서는 상당량의 연구가 있었지만, 그 용어가 의미하는 것이 무엇인지를 개념화하려는 시도는 거의 없었다. 능력 자아개념, 학급 자아개념, 성취 자아개념 간에 혼란이 있다. 이 연구의 목적은 이런 변인들 간의 관계를 명확하게 하여 학문 자아개념 모형을 제시하고,

그 모형의 적합성을 측정하기 위한 것이었다. 우선 학문 자아개념과 비학문 자아개념을 구분하는 것이 필요하다. Shavelson 등(1976)이 제시한 모형에 근거하여, Song과 Hattie(1986)는 위계적이고 다면적인 자아개념 모형에 대한 경험적 증거를 제시하였다.

Wylie(1979)는 성취 자아개념과 능력 자아개념의 두 국면으로 분리시켰다. 또한 성취 지수들이 다양한 자아개념 측정치들과(능력점수를 포함한) 상관 지어질 때, 성취 자아개념과의 부분상관이 가장 높아져야만 하고, 그다음이 능력 자아개념과의 부분상관이며, 일반 자아개념과의 상관이 가장 낮아져야 한다는 것을 주장했다. 그러나 Wylie는 이런 주장의 타당성을 위한 증거를 제시하지 못했으며, 성취 자아개념과 능력 자아개념 간의 차이를 분명하게 정교화시키지 못했다.

능력 자아개념은 학업과 관련된 평가다. 즉, 능력 자아개념은 학업을 성취할 수 있다는 능력에 관한 느낌의 정도다. 성취 자아개념은 실제 학교의 학업성취에 대한 느낌과 관련되며, 학업성취의 성공과 실패에 대한 지각을 나타낸다. 성취 자아개념은 자신이 성취한 학업수준을 타인과 비교하여 나타내는 개인적 판단이다. 따라서 성취 자아개념은 능력 자아개념보다 좀 더 성취에 관련된 개념이다(Marsh, Parker, & Smith, 1983; Wylie, 1979). 두 개념의 측정에서 성취 자아개념은 실제 수행에 대한 지각으로 측정되는 반면, 능력 자아개념은 성취 가능성에 대한 느낌이다.

이런 두 개의 속성 외에, 학문 자아개념의 세 번째 속성은 학급 자아개념이다. 학급 자아개념은 교실 활동에서 학업과 타인에 관해 학생이 자기 자신에 대하여 어떻게 느끼는가를 나타낸다. Rosenberg(1973)는 아이들이 대부분 한 집단의 일원이 된 후, 자신들에 대해 교사가 갖는 관점을 평가했다는 것을 발견했다. 2,000여 명의 표집학생들 중 57%의 학생들이, 교사가 자신을 어떻게 생각하는가에 대해 "굉장히 마음을 쓴다" 고 말했다. 이 점은 자아개념의 구조에서 학급환경의 측면의 중요성을 말한다.

송인섭(1988)은 이차원 위계적 요인분석을 사용하여, 학문 자아개념에 대한 두 모형의 적합성을 평가하였다. 처음 모형에 따르면, 한 개의 이차 요인인 일반학문 자아개념이 있고, 이것이 3개의 일차 요인들, 즉 능력 자아개념, 성취 자아개념, 학급 자아개념으로 나누어질 수 있다. 두 번째 모형에서는 능력 자아개념과 성취 자아개념을 구분하지 않았다. 연구대상은 한국의 14~15세의 고등학교 1학년 학생으로 하였다.

이 연구는 서울에서 실시되었고, 2,297명의 남녀 학생들을 대상으로 했다. 교차타당성을 위해 전체 대상을 무선적으로 남자 537명(남자집단 I), 남자 537명(남자집단 II), 여자 611명(여자집단 I), 여자 612명(여자집단 II) 등 네 집단으로 나누었다. 자아개념의 세 측면, 즉 성취 자아개념, 능력 자아개념, 학급 자아개념을 측정하기 위한 하나의 자아개념 도구가 고안되었다. 성취 자아개념 척도에 포함된 문항의 예는 '나는 나의 학교공부에 만족한다' '나는 친한 친구보다 학교공부를 잘한다고 생각한다' 이고, 능력 자아개념 척도에 포함된 문항의 예는 '나는 학교공부에서 좋은 성적을 얻을 수 있는 능력이 있다고 생각한다' '나는 학교공부를 감당할 능력이 없다고 느낀다' 다. 학급 자아개념 척도에 포함된 문항의 예는 '나는 학급에서 가치 없는 사람이라고 느낀다' '나는 학교에 열심히 다닌다' '대부분의 선생님들은 나를 이해한다' 였다.

분석을 위해 본 연구는 McDonald(1978, 1980)의 모형을 사용하였다. 공변량 행렬 C는 다음과 같이 제시될 수 있다.

$$C = (\sum_{j=1}^{m} F_j)\, P (\sum_{j=1}^{m} F_j)'$$

여기서 F_j는 차수(n_j-1×n_j)이며 P는 차수 nm의 대칭이다.

일반적으로 F행렬은 요인부하량으로 제시될 수 있으며, P행렬은 S의 하위행렬들, 요인들과 U 간의 상관행렬, 고유변량과 공변량에 대한 하나의 행렬로 나누어질 수 있다. 전형적으로 U는 고유변량들의 수직행렬이다. McDonald 모형의 장점 중의 하나는 1차 모형과 2차 모형들 간의 관계를 간단히 알 수 있다는 것이다.

즉, 2차 모형(m=2)에 대해 공식 1은 다음과 같이 확장될 수 있다.

$$C = F_2\, F_1\, P \quad F_1\, F_2$$

이 연구는 McDonald의 모형들을 연산할 수 있게 한 COSAN 프로그램(Fraser, 1982)을 사용했다. COSAN은 최대한도로 추정할 수 있게 해 주며, x^2통계치를 통해 전체 양호도지수에 대한 정보를 제시한다. x^2은 표집수에 민감하며, 이 연구의 표집수는 크기 때문에, 자유도에 대한 x^2의 비는 그 모형의 상대적 적합성을 보여 줄 수 있다. Schmitt(1978)는 그 비가 10 이상이면 적합치 않는 양호도를 나타내는 반면, 1 이하이면 모형의 적합도가 아주 양호하다는 것을 나타낸다고 하였으며, Wolfle(1981)은 그 비가 5 이하이면 양호도가 좋다는 증거라고 하였다.

더 나아가 모형 1을 모형 2에 비교함으로써, 한 모형의 자료에 대한 적합성이 대안모형보다 의미 있게 좋은지의 여부를 검증하기 위해, 자유도의 차이와 함께 'x^2'의 차이를 사용할 수 있다(Bentler & Bonett, 1980; Jöreskog, 1974).

결과를 보면, 세 개의 척도 각각에 대한 신뢰도 추정을 〈표 2-1〉에 제시하였다. 신뢰도 추정범위는 .86~.94로 매우 높다. 또한 〈표 2-1〉에 공통요인 분석 결과, 단일요인들이 나타났다. 세 개의 척도 각각에서 대부분 문항들은 오로지 하나의 요인에 대해 높은 부하량을 갖는다. 이 결과는 학문 자아개념의 하위척도들이 신뢰할 수 있고 1차원성 요인이라는 것을 간주케 하는 경험적 증거다.

2차 요인분석에 따른 'x^2' 통계치들이 〈표 2-2〉에 제시된다. 자유도에 대한 'x^2'의 비는 네 집단에 대해 모형 2와 비교해 볼 때 모형 1이 더 낮다. 더 나아가 그 차이는 의미 있다.

연구 결과, 학문 자아개념의 차원성이 명확해졌다.

학문 자아개념은 위계적이고 다면적이며, 2차 요인인 일반학문 자아개념과 세 가지의 1차 요인으로 구성된다. 위계적 구조는 [그림 2-3]에 제시되었다. 세 가지의 1차 요인은 성취 자아개념, 능력 자아개념, 학급 자아개념이다. 성취 자아개념은 실제 학업의 느낌에 관한 것이며, 능력 자아개념은 학업능력에 대한 평가에 관한 것으로, 이 둘은 분리될 수 있다. 이 연구를 통하여 학문 자아개념이 다면적·위계적이라는 점이 경험적으로 확인되었다. 〈표 2-2〉에서 제시된 바와 같이 일반학문 자아개념을 2차원에 두고 1차원에

표 2-1 학문 자아개념의 신뢰도 계수와 요인분석

학문 자아개념 차원	문항수	Cronbach의 α계수	요인부하량이 .30 이상인 문항수	평균잔여변량
학급 자아개념	18	.86	16	.05
성취 자아개념	15	.89	14	.03
능력 자아개념	17	.94	17	.04

세 가지의 능력 자아개념, 성취 자아개념, 그리고 학급 자아개념으로 구성되어 있음을 확인할 수 있다.

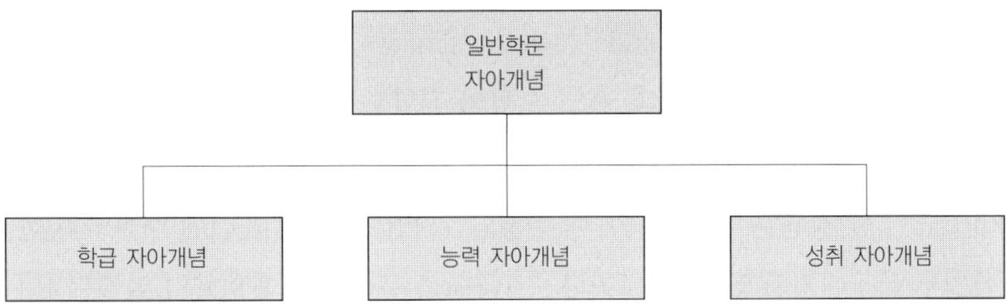

[그림 2-3] 학문 자아개념의 위계적 구조

표 2-2 학문 자아개념 모형의 타당도 검증

모 형 / 통계치	모형 1: 일반학문 자아개념 학급 · 성취 자아개념	모형 2: 일반학문 자아개념 학급 · 성취 · 능력 자아개념
남자 I (537)		
x^2	218.30	164.37
x^2/df	3.70	2.88
남자 II (537)		
x^2	213.58	177.42
x^2/df	3.62	3.11
여자 I (611)		
x^2	290.87	235.97
x^2/df	4.93	4.14
여자 II (612)		
x^2	299.72	260.41
x^2/df	5.08	4.57

△ 'x^2' 남자 1=53.93, df=2, P<.05 ;
△ 'x^2' 남자 2=36.16, df=2, P<.05 ;
△ 'x^2' 여자 1=54.90, df=2, P<.05 ;
△ 'x^2' 여자 2=39.31, df=2, P<.05 ;

Marsh 등의 위계적 구조

송인섭, Shavelson 등은 자아개념 모형을 다면적일 뿐만 아니라 위계적이라고 보았다. 더 나아가 1983년에 Marsh와 Hocevar는 2학년부터 5학년까지의 학생들을 대상으로 하여 자아기술검사(self description questionnaire: SDQ) I에 대한 반응의 1차원 구조를 검사했다(Marsh & Shavelson). 1차 요인 모형의 적합도는 모두 네 개 학년 수준에 걸쳐 독립적으로 각 학년 수준별로 검증되었다.

SDQ I 요인 간 상관은 1차 모형에서 추정되었지만, 상관의 패턴에 대한 어떠한 구체적인 가정도 이루어지지 않았다. 그러나 Shavelson 등의 모형과 SDQ I 설계는 1차 요인 간 이러한 상관들의 기초가 되는 자아개념 특성들에 체계적 위계 순서가 있다고 가정하였다.

예를 들면, SDQ I은 자아개념의 네 가지 비학문적 특성과 세 가지 학문적 특성을 측정하고 있다. 그러므로 하나의 타당한 가정은 '일곱 개의 1차 요인들이 두 개의 2차 요인들을 형성할 것이다'이며, 결과는 Shavelson 등의 모형과 일치한다. 그러나 이전 연구결과들은 이 모형에 대해 다양한 제안을 하였다(Marsh, Barnes et al., 1984). 특히, 수학과 언어 요인들(SDQ II와 SDQ III에서 사용된 명칭과 일치하도록 SDQ I의 읽기 자아개념 요인을 언어 자아개념으로 부른다)이 사실상 각각 일반 학교 요인과 상관있는 반면에, 서로 상관은 없다. 이 자료는 SDQ I 요인들의 기초가 되는 고차 구조는 이전에 가정한 것보다 더 복잡할지 모른다고 시사한다.

자아개념의 위계적 구조를 조사하기 위해 몇몇 경쟁 모형들이 검토되었다. 한 모형에서 단일한 일반 자아개념 요인이 일곱 개의 1차 요인들 간 관계를 설명하기 위해 제안되었다. 그러나 이 모형은 어느 학년 수준에서도 적당한 적합도를 제공하지 않아 부정되었다.

두 번째 모형에서 두 개의 2차 요인들이 제안되었는데, 하나는 네 가지 비학문적 요인들에 의해 정의된 것이고, 또 하나는 세 가지 학문적 요인들에 의해 정의된 것이다. 이 모형은 첫 번째 모형보다 자료에 더 적합했지만, 여전히 부적당하였다.

마지막 모형 [그림 2-4]는 언어 자아개념과 수학 자아개념이 거의 상관없다는 이전 연

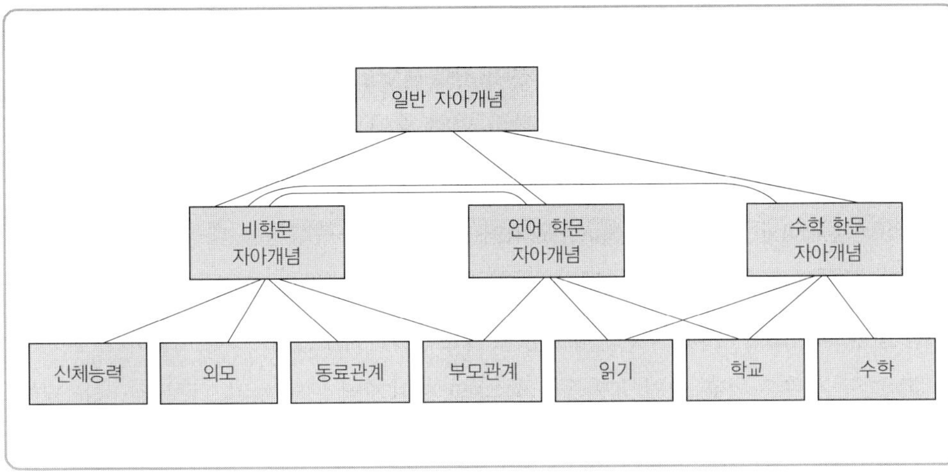

[그림 2-4] 자아개념의 구조

[그림 2-1]의 Shavelson 등의 자아개념 모형을 SDQ를 통해 재조정된 자아개념의 위계조직[Marsh, H. W., & Shavelson, R. J. (1985). Self-concept: Its multifaceted, hierarchical structure. *Educational Psychologist*, 20, 114로부터 인용]

구를 고려한 것이다. 두 개의 2차 학문적 요인들—수학 학문적 자아개념과 언어 학문적 자아개념—과 한 개의 2차 비학문적 요인이 제안되었다. 이 모형에서 세 개의 2차 요인들이 상관있다고 제시되었다. 이것은 3차원인 일반 자아개념을 형성하기 위한 것과 같은 뜻이다.

이 위계 요인분석의 결과들은 자아개념이 위계적으로 되어 있다는 송인섭과 Shavelson 등 동료들의 가정과 일치했다. 그러나 이 고차 구조의 특별한 형태는 이전에 제안된 것보다 더 복잡하다. Shavelson 등의 모형에 대한 Marsh와 Shavelson의 수정모형 [그림 2-4]는 한 개 대신 두 개의 고차 학문적 요인들—수학 학문적 요인과 언어 학문적 요인—이 있다는 점에서 최초 Shavelson 등의 동료 모형 [그림 2-1]과 근본적으로 다르다.

학문 자아개념의 위계구조 송인섭과 Shavelson 등은 자아개념이 학문적 · 비학문적 요인들을 지닌 다면적이고 위계적인 구인이라고 하였다. 지금까지 학문적 요인을 좀 더 강조해 왔고—교육심리학 연구로부터 유래된 이유로—송인섭과 Shavelson 등의 모형에 대해 중요한 수정이 이루어졌다. Shavelson 등은 원래 과목 자아개념(읽기와 수학 같은)은 학문 자아개념의 단일 고차원으로 통합될 수 있다고 단정했다. 그러나 SDQ에 근거한 중요한 연구는, 수학 자아개념과 언어 자아개념이 거의 상관이 없고, 하나의 단일한 고차원으로 통합될 수 없다고 제안했다. 위계 요인분석은 두 개의 고차 학문적 특성들인 수학 학문 자아개념, 언어 학문 자아개념을 나타냈다.

1988년에 Marsh, Byrne 및 Shavelson이 캐나다 고등학생들을 대상으로 하여 세 개의 다른 자아개념 도구—SDQ III와 두 개의 다른 도구—를 사용하여 언어, 수학 그리고 일반 학교 척도를 통해서 이 수정모형이 필요한지를 검토했다.

1차 요인 모형은 아홉 개의 요인들—세 개의 자아개념 도구 각각으로부터 나온 수학, 언어, 일반 학교 요인들—에 대한 좋은 결과를 얻었다. 중요한 것은 이 아홉 개의 1차 요인 간 상관이 최초의 Shavelson 등의 모형에서 단정했던 단일 고차 요인에 의해 충분히 설명될 수 있는가 하는 것, 혹은 Marsh와 Shavelson 수정모형에서 단정한 바와 같이 2개의 고차 요인들이 요구되는가 하는 것이었다.

결과는 Marsh와 Shavelson 수정모형이 보다 우수함을 나타냈다. 세 개의 언어 자아개념 척도들은 각각 세 개의 수학 자아개념 척도들과 거의 상관이 없었다. 또한 Marsh와 Shavelson 수정모형에 기초한 위계모형에서 언어 학문, 수학 학문 고차 요인들은 유의한 상관을 보이지 않았다. 이러한 결과들은 초기 SDQ 연구의 보편성과 수정된 모형을 강력하게 지지하는 것이다.

Marsh, Byrne 및 Shavelson(1988)은 Marsh와 Shavelson 모형을 혹평했다. 이 수정된 모형에 대한 지지는 최초 Shavelson 등의 모형의 문제점을 지적하는 데에서부터 출발하였다. 반면에 단일한 고차 학문적 요인이 불충분하다는 증거는 있지만, 두 개의 고차 학문적 요인들이 있다는 전제에 대한 강한 증거도 없었다. 문제는 개정모형이 충분히 상세하게 제시되지 않았다는 것이었다. 이 문제를 해결하기 위해 그들은 수정모형에서 학문적 구조가 좀 더 상세히 제시된 [그림 2-5]을 제안했다.

[그림 2-5]의 학문적 특성들은 전형적인 학문적 교육과정을 폭넓게 반영하기 위해 선택되었으며, 과목영역들은 수학 학문적 요인의 순수한 척도와 언어 학문적 요인의 순수한 척도로 나타났다. [그림 2-5]에서 제시된 모형 평가를 위한 연구는 다음의 두 가지 중요한 질문에 답해야 한다. 첫째, 학생들이 1차 요인의 구조를 만들기 위해 구체적인 학

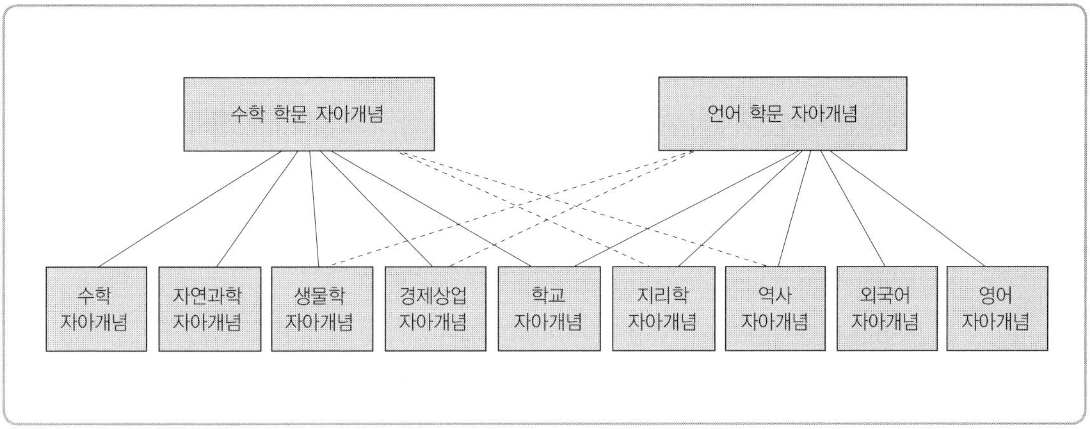

[그림 2-5] Shavelson 등의 학문적 영역과 특수학문 영역을 포함하는 Marsh와 Shavelson의 수정모형

출처: Marsh, H. W., Byrne, B. M., & Shavelson, R. (1988). A multifaceted academic self-concept: Its hierarchical structure and its relation to academic achievement. *Journal of Educational Psychology, 80*, 378로부터 인용.

문적 과목들에서 자아개념을 구분할 수 있는가? 둘째, 1차 요인 구조가 잘 정의되었다는 것을 가정한다면, 두 개의 고차 학문적 요인들이 구체적 과목 자아개념 간의 관계를 충분히 설명해 줄 것인가?

일반 자아개념을 찾아서 SDQ 연구는 자아개념의 다면적 본질과 자아개념의 변별적 특성의 측정과 외적 기준의 관계를 강조해 왔다. 발표된 연구에서 많은 연구자들이 여전히 자아개념을 종합적, 전체적 혹은 일반적 자아개념이라는 단일한 점수로 나타내고 있다. 자아개념에 대한 연구는 일반 자아개념의 각기 다른 정의를 다양하게 사용해 왔다 (Marsh, 1986b; Marsh & Shavelson, 1985). 그중 네 개를 논의하고자 한다.

첫 번째 일반적 자아개념이라는 개념화로 잘못 정의된 검사도구를 사용함으로써, 그 총점만을 합한 결과를 제시하는 한계점이 있다. 두 번째는 세분화된 차원이 아니라 단일화된 차원에서의 측정을 통하여 일반 자아개념을 도출하고 있으므로, 구체화된 자아개념의 영역을 재개념화할 수 있게 된다. 이 유형의 일반 자아개념은 때때로 비록 모호하지만 자아존중감으로 불린다. 세 번째는 고차원 자아개념이 직접 측정되지 않는 추론된 구인과 관련한다. 송인섭, Shavelson 등의 모형의 정상에 나타나는 일반 자아개념과 초기에 기술된 SDQ 반응에 대한 위계 요인분석의 일반요인은 이 세 번째의 예다. 네 번째는 가중평균 일반 자아개념으로, 종합 자아개념에 대한 자아개념의 구체적 요소의 기여가 특정 개인에의 구체적 요소의 출현성, 가치 혹은 중요성에 근거해야 한다는 James의 가정으로부터 나온다. James는 이는 일반 자아개념의 불일치 대신에 이상적 자아개념 혹은 포부에 대한 실제 자아의 비율 기능이라고 제안했다.

① 집단 일반 자아개념: 일반 자아개념의 집단적 사용은 보편적이다. 구인은 모호하게 정의되고, 그것을 측정하기 위해 사용된 문항의 합리적 근거는 거의 없다. 보편적으로 사용된 도구들에 대한 일련의 다양한 특성을 측정하려는 시도가 있지만, 각기 다른 특성들은 경험적으로 검증되지 못했고, 그 기여도 균형을 이루지 못했다. 대신, 반응들은 단순히 합계되어 일반 자아개념의 척도라고 받아들여지는 총점이다. 그러한 구인은 충분히 특성화될 수 없고, 특정 도구들과는 이질적이다.

예를 들면, Marsh와 Smith(1982)는 Coopersmith 자아존중감 목록(1967)에 대한 반응들을 비교하였다. 각각의 내용에 대한 예비검사는 두 사람에 의해 개발된 자아의 국면들에서 알맞은 중복만을 제안했다. 그래서 두 도구의 총점조차 불과 .42로 상관된 것은 놀라운 일이 아니었다. 이 일반 자아개념의 집단적 사용은 특별히 모호하고, 아마도 자아개념 연구에 모순된 결과들을 많이 야기시켰다.

② 단일차원 존중감 척도: 일반 자아의 사용은 자아개념의 구체적 특성들보다 상위에 있는 비교적 단일차원적 구인을 측정하기 위해 구체적으로 설계된 척도다. 그러한 척도들의 문항들은 각기 다른 영역에 적용될 수 있는 가치 혹은 능력, 일반적인 느낌을 추론한다. 이것은 Rosenberg(1965, 1979), Harter(1982, 1983), 그리고 SDQ 도구의 일반 자아 척도들에 의해 사용된 접근법이다(SDQ III의 문항들의 예로는 '전체적으로 나는 많은 자신감을 갖고 있다'와 '전반적으로 내가 아무것도 하지 않은 것이 아주 중요하다'가 있다).

SDQ 도구들과 아동용 능력 척도(Harter, 1982)를 사용하여 보고된 요인분석 연구들은 모두 그러한 요인이 분명하게 확인될 수 있고, 자아개념의 다른 차원들과 구별 가능하다는 것을 증명한다. 특히, SDQ 연구에서 일반 자아 척도에 대한 반응들은 내적으로 일관될 뿐만 아니라, 놀랍게도 좀 더 구체적인 자아의 많은 특성들과 상관이 낮다.

③ 위계적 일반 자아개념: Shavelson과 동료들이 제시한 모형의 정상에서처럼 중요한 이론적 의미를 지니며, 이것과 일반 자아의 다른 의미 간의 구별이 필요하다. 다른 의미와 달리 이 일반 자아개념은 구체적인 일련의 문항들에 묶여 있을 수 없는, 본래 관찰되지 않은 구인들에 의해 정의되는(즉, 그것은 고차 요인이다) 구인이다.

그러므로 학문 자아개념의 각기 다른 분야만을 검토했던 연구에서 그러한 일반 자아개념은 일반학문 자아개념으로 부득이 제한되곤 한다. 일반 자아개념 척도처럼 [그림 2-1]에 나타난 정상은 구체적 자아 특성의 상위인 자아를 의미한다. Marsh(1987a)에 의한 SDQ III 반응의 위계적 요인분석은 그것이 독립된 일반 자아개념 척도와 위계 자아를 다 포함하기 때문에 특히 이 논의와 관계가 있다. 일반 자아개념 척도는 위계구조의 정상에 있는 위계적 일반 자아개념에 직접 기여하였다. 이 가정은 SDQ III에 대한 반응을 기초로 하여 추론될 때 두 형태가 매우 유사하다고 제안함으로써 지지되며, 일반 자아개념의 두 가지 형태 사이의 상관들은 일관되게 .90에 가까웠다.

④ 가중평균 일반 자아개념: James(1890)는 중요하지 않다고 여기는 분야에서의 실패가 일반 존중감에 거의 영향을 주지 않는다고 주장했으며, 이 주장은 현행 연구에서도 되풀이되고 있나. 이 가설의 검증에서 피험사들은 Rosenberg 척도 혹은 SDQ의 일반 자아척도들과 같은 일반 존중감에 반응한다. SDQ 도구와 같은 자아개념의 특수내용 분야에 반응하고 자아개념 특수 분야 각각의 중요성을 평가한다. 중요한 문제는 자아개념의 구체적인 영역이 중요성에 의해 가중될 때 일반적인 존중감을 더 잘 예언할 수 있느냐 하는 것이다.

이전 연구에 나타난 방법론들의 결론은 모호하지만, Marsh(1986)에 의해 재검토된 연구는 이 가설에 대해 아무런 지지도 하지 않는다. Marsh(1986)의 연구를 자극했던 Hoge와 McCarthy(1984)는 구체적 특성들이 각 개인의 중요성 평정에 의해 가중될 때, 가중평균은 구체적 특성들의 단순 비가중평균보다 존중감과 덜 유의한 상관이 있다는 것을 알았다.

Marsh는 Hoge와 McCarthy 연구에서 방법론적 문제들을 확인했다. SDQ III 반응들을 이용한 후속연구에서 Marsh는 이러한 문제들에 대한 해결책을 고안했지만, 여전히 가중평균모형에 대한 지지를 거의 발견하지 못했다. 각기 다른 다양한 연구로부터 SDQ III 반응들을 사용했을 때, Marsh는 12개의 구체적 SDQ III 척도들의 비가중평균이 약 .7로 일반 척도와 상관이 있음을 알았다. 전체집단, 다양한 하위집단들, 혹은 각 개인에 의해 척도에 할당된 중요성으로 각 척도를 재는 것은 거의 혹은 전혀 향상이 없었다. Marsh는 가설을 재형식화하였고, 자아개념의 구체적 분야, 중요성 평정, 그리고 중요성 상호작용에 의한 구체적 요소가 일반 존중감을 예언하는 데 사용되었다는 중다회귀 모형을 제안했다.

Harter는 자아개념이 존중감과 유의하게 관련 있다고 보고한 반면, 그녀는 중요성 평정들이 독특한 기여를 했다는 것을 증명하지 못했다. 그러나 Marsh(1986b)는 SDQ III에 반응하도록 하여 이 예측을 검사했다. 자아개념 반응들이 실질적으로 독특하게 존중감 예측에 기여하는 반면, 중요성 평정들의 독특한 기여는 아주 작고, 전형적으로 통계적 유의성을 갖지 못했다. 비록 Harter가 그녀의 공식을 충분히 검사하지 않았을지라도, Marsh에 의해 수행된 적절한 검사들은 그것을 지지하는 데 실패했다.

자아개념의 다면적 구조에 대한 논의 많은 다른 심리학적 구인들과 마찬가지로, 자아개념은 '모든 사람이 그것이 무엇인지를 안다' 고 방치하고 있다. 그래서 몇몇 연구자들은 그들이 측정하고 있는 것에 대한 이론적인 정의를 제공하도록 강요받는다고 느끼고 있다. 결국 자아개념 연구에 대한 많은 논평들은 이론적인 근거 부족과 측정도구의 빈약한 질을 강조한다.

자아개념의 다면적이고 위계적인 개념화는 1980년대에 앞서 개발된 도구들에는 잘 나타나지 않는다. 그러한 도구들은 전형적으로 분명하게 형성된 이론적 근거가 없었으며, 이것이 구인타당도 연구를 어렵게 만들었다. 측정도구의 빈약한 질 때문에 그 접근법은 가치가 모호했다. 일반적으로 일관되지 못한 결과들은 빈약한 이론, 빈약한 도구 구성, 혹은 둘 다의 탓일 것이다.

대조적으로, SDQ 도구들은 강한 이론적 · 경험적 토대에 근거하며, SDQ 연구는 자아개념이 다차원적 위계구인이라는 것을 보여 주었다. 그러나 위계성은 송인섭과

Shavelson의 동료들이 생각해 냈던 것보다 훨씬 더 약하며, 학문적 특성들의 구조가 원래 제안되었던 것과는 다르다. 이것은 Shavelson 등의 모형에 대한 수정모형을 낳게 했다.

여기에 요약된 연구는 점차로 일반 자아개념을 특별히 유용한 구인이 아니라는 결론으로 이끌어 갔다. 일반 자아개념은 분명히 구체적 자아특성들의 다양성을 충분히 반영할 수 없다. 만약 자아개념 연구의 역할이 각기 다른 맥락 내에서 자아의 복잡성을 더 잘 이해하고, 널리 다양한 행동들을 예측하고, 다양한 중재에 대한 결과 척도들을 제공하고, 자아개념과 다른 구인들을 관련시키는 것이라면, 자아개념의 구체적 특성들은 일반적인 특성보다 더 유용하다. 수학과 언어 자아개념들이 약하게 상관하고 있기 때문에 일반학문 자아개념에 의해 충분히 설명될 수 없다. 우리는 연구자들이 일반 자아개념과 일반학문 자아개념의 척도를 포기해야 한다고 주장하는 것이 아니라, 오히려 자아개념의 내용 특수 차원들에 더 많은 강조가 필요하다는 것을 주장하는 것이다. 연구자들은 자아개념의 다차원들을 고려하도록 고무되어야 하고, 아마도 일반적인 척도들에 의해 보충되어야 한다. 이러한 권고에 대한 더 많은 지지는 자아개념의 일반적 차원과 특수 차원을 다른 구인들과 관련시키는 네트워크 간 연구들의 평가로부터 발생한다.

자아개념은 중재자 변인으로서의 역할, 다른 구인들과의 관계, 그리고 방법론적 문제와 측정문제 등을 갖는다. 역사적으로 자아개념 연구는 그 이론적 모형과 측정도구에서 엄격함이 부족하다. 자아개념의 차원성과 같은 중요한 문제들을 해결하지 못했음에도 불구하고, 대다수의 자아개념 연구는 자아개념과 다른 구인들 간의 관계에 초점을 맞추었다. 여기에 기술된 연구는 SDQ 도구들과 그 도구들이 근거로 한 송인섭과 Shavelson 등의 모형에 대한 반응들의 구인타당도를 지지한다. 또한 자아개념 연구에 있어서 많은 이론적인 문제들을 명확하게 했으며, 수정된 Marsh/Shavelson 모형을 낳았다. 이러한 점에서 SDQ 연구는 이론과 경험적 연구 간의 상호작용을 나타내고, SDQ 연구를 이끈 구인타당도 접근을 지지한다.

인간의 행동을 결정하는 자아개념은 위에서 논의한 바와 같이 다양한 구인 특성을 가지고 있다. 이들 특성에 대한 연구는 현재 경험적으로 축적되고 있다. 특히 위계적 특성에 대한 개념은 나열식으로서 독립적이기보다는 경험적으로 현재 확인되고 있다. 이 결과에 의하면 자아개념의 하위 구인들 간에 상호작용을 한다는 점이 또 하나의 새로운 사실이다. 하위 구인 간에 서로 영향을 주는 관계를 형성하고 있지만 각 하위 특성은 독립적이고 특별한 외적 환경을 통해서 결정된다. 하나의 인간 행동은 전체적인 자아개념에 의해서 결정되지만 특별한 행동에 대해서는 특수 자아개념의 영향을 받는다. 한 예로, 가정 자아개념은 한 개인이 가정에 관련된 다양한 행동을 할 때 여타의 하위 자아개념보다 행동에 크게 영향을 준다. 즉, 총체적인 자아개념이 존재하지만 특별한 행동에 관련된 특수 자아개념은 특별한 행동에 더 영향을 준다.

위계모형에 대한 발전적 전망과 논평

자아개념의 다면적이며 위계적인 모형에 대해 지지하는 연구들이 있다. 그러나 위계모형의 형태는 여전히 애매모호하고 좀 더 연구가 필요하다. 이러한 분석들로부터 나타나는 두 부류의 연구가 있으며, 이 모형들에 대한 비평도 있다(Hattie, 1992a).

통합과정 위계적 자아개념 모형에서 다양한 1차원들의 통합 정도는 인지발달과 관련된다. 자아개념의 위계적 의미에는 여러 가지 통합과정이 있다. 이 과정에는 네 개의 주요 과정들이 있다고 추측되지만, 이것이 앞으로의 연구에서 다른 과정들이 있을 가능성을 배제한다는 의미는 아니다. 그 과정들은 자아일관성, 자아향상, 자기검증, 자아복잡성이다.

자아일관성이 동화되는 정보의 기초과정이라는 몇 사람의 주장은 주목할 만하다. 다른 사람들은 그것이 일관성이 아니라 주제들을 통일하는 자아향상이며 자기검증이라고 주장했다. 자아향상은 사람들이 개인적 가치감을 증가시키기 위한 동기화이며, 부정적 자아개념을 지닌 사람들은 높은 자아존중감을 지닌 사람들보다 자아개념을 더욱 향상시키려고 노력함으로써, 자아존중감의 결여를 보상한다고 주장했다(Brown, Collins, & Schmidt, 1988; Harter, 1988; Jones, 1973; Kaplan, 1975). Harter(1988)는 청소년들은 긍정적인 속성들이 중심에 놓여 있으며, 부정적 속성들은 "인성의 중요성이 작은 것을 반영하는 자아의 외면으로 분류되는 방식으로 자아속성들을 조직한다. 그러므로 긍정적 속성과 부정적 속성들은 부정적 속성을 탈 강조하면서 긍정적 속성들을 강조하는 보호렌즈를 통해 여과되어 나타날 것이다." (p. 63)라고 하였다.

Brown, Collins 및 Schmidt(1988)는 높은 자아존중감을 지닌 개인과 낮은 자아존중감을 지닌 개인 모두 긍정적인 정체성을 추구하지만, 낮은 자아존중감을 지닌 사람들은 바람직한 정체성이 유지될 수 있다는 사실을 의심하므로 긍정적 정체성이라는 목표 추구에 더 많이 제한받게 되고, 부정적 피드백을 수용하기가 더 쉽다(Shrauger, 1975). Swann, Griffen, Predmores 및 Gainer(1987)는 높은 자아개념과 자아향상, 자아일관성을 지닌 사람들은 조화롭게 일을 하지만, 낮은 자아개념을 지닌 사람들에게는 자아존중감과 자아개념 간에 갈등이 있을 수 있다고 주장했다. 낮은 자아개념을 지닌 개개인은 개인적인 가치감을 향상시키고 싶어 하지만, 부정적 자기관점을 일관되게 무리해서 유지하려고 한다. 이러한 차이는 아마도 자아향상이 자기검증만큼 인지적으로 복잡하지 않기 때문일 것이다(Swann, Hixon, Stein-Seroussi, & Gilbert, 1990).

자아에 대한 1차 관념들의 통합을 보는 또 다른 방식은 복잡성이다. Linville(1982)은 자신들에 대한 평가에 포함되어 있는 다양한 복잡성 정도의 관계를 연구했다. 개개인은 이러한 관계들의 복잡성에서 차이가 있다. Linville에 의하면 자아에 대한 단순한 인지적 표상을 지닌 사람들은 자신들의 분위기와 자기평가에서 더 극단적이거나 변덕스러울 것이다.

복잡성 점수는 분위기, 자기평가, 자아존중감에 있어서 변화점수들과 상관이 있다. Linville은 보다 낮은 복잡성 점수를 지닌 사람들이 실패 후에 보다 큰 정서상의 하락을 겪고, 성공 후에 보다 큰 정서상의 상승을 겪는다고 보고했다. 하위 10% 능력의 낮은 자기복잡성을 가진 사람들은 분위기, 자기평가와 자아존중감에서 더 큰 하락이 있었다.

복잡성 점수가 낮은 사람들은 그렇지 않은 사람에 비해 자신에 대한 평가를 보다 쉽게 바꿀 수 있다. 그들은 외적 요인들에 좀 더 영향 받기 쉽고, 그래서 통제의 외적 소재를 좀 더 가지는 것 같았다. 자아존중감과 통제의 소재는 오랫동안 인식되어 왔지만, 관계 기제들은 분명하지 않았다. 높고 복잡한 자아개념을 지닌 사람들은 외적 요인들에 의해 영향을 덜 받는 것 같다. 그들은 자신들에 대한 좀 더 위계적인 관념을 지니며, 카멜레온이 되지 않고서도 내적 안정과 분화를 유지한다. 비통합적 자아개념들을 지닌 사람들은 자신들에 대해 단일요인적 관점을 좀 더 많이 갖고 있으며, 외적 요인들에 의해 영향을 더 받는다. Linville(1982)은 "자아개념이 높은 사람은 생의 다른 국면들에 대한 긍정적인 느낌을 유지하기 위해, 그 외적 영향을 더 많이 참을 수 있을 것 같다."라고 하였다.

3. 송인섭의 자아개념검사의 중다특성 중다방법

송인섭 · 이희현(2000)은 위계적 자아개념 구조모형을 근거로 자아개념 구인을 중다특성 중다방법(Multitrait Multimethod: MTMM)으로 타당화하고자 하였다. MTMM 행렬표의 논리적 분석을 통해 수렴타당도와 변별타당도를 검증하고 확인적 요인분석을 적용하여 MTMM의 모형설정과 특성-방법요인의 확인, 대안모형의 적합도 검증을 통해 자아개념 구인이 타당화된다. 이 연구의 모형은 일반 자아개념, 학급 자아개념, 능력 자아개념, 성취 자아개념, 사회 자아개념, 가족 자아개념, 정서 자아개념, 신체 자아개념을 8개의 특성요인으로 정의하고 자아개념 측정방법인 자아보고방법과 타인평정방법을 2개의 방법요인으로 정의하여 8특성-2요인 모형으로 설정한다.

본 연구의 결과는 첫째, MTMM 행렬표의 분석에서 이질방법으로 측정된 동일특성의 상관계수는 수렴타당도 준거에 의해 통계적으로 유의하다. 둘째, 동일한 방법으로 측정된 이질특성 간 상관계수와 이질방법으로 측정된 이질방법 간 상관계수는 대부분 수렴타당도 계수보다 낮은 결과를 보이며 자아개념 구인의 8개 특성요인은 방법에 상관없이 변별적 의미로 해석된다. 셋째, 본 연구에서 설정한 MTMM 모형은 확인적 요인분석에 의해 8개의 특성요인과 2개의 방법요인으로 확인된다. 넷째, 본 연구의 모형인 8특성-2방법요인의 적합도가 다른 대안모형과의 적합도 검증을 통해 평가된다.

본 연구는 자아개념을 구인타당화하는 과정에서 이론적 근거가 되는 송인섭(1982)의 구조모형을 타당화하고, 기존의 자아개념 구인타당화 연구에서 간과되었던 구인내적 구조분석의 MTMM 분석방법을 사용한 방법론적 의의가 있다. 특히, 상관행렬표의 논리적 분석 수준에서 나아가 확인적 요인분석을 적용한 MTMM으로 특성-방법요인을 규정하여 연구 모형을 설정하고 적합성을 평가한 점에서 의의를 지닌다. 이 연구와 같은 자아개념의 구인내적 연구는 교육현장에서의 구인외적 연구에 실제적인 기여를 할 수 있을 것이다.

연구는 구인타당화의 내적 구조 분석방법인 MTMM 분석방법을 통해 자아개념을 구인타당화하는 데 목적이 있다.

자아개념의 이론적 구조를 이루는 8개의 특성을 자기보고와 타인평정의 2가지 방법으로 측정하여 MTMM 행렬에 의해 타당도를 검증하고, 확인적 요인분석에 의해 특성-방법요인의 모형을 설정하여 대안모형과의 비교를 통해 적합도를 검증하고자 한다.

자아개념의 구조에 대한 논의는 자아개념의 다면적이며 위계적인 구조의 특징과 관련된다. 자아개념이 이론적으로 어떻게 구성되었는가 하는 내적 구조에 대한 논의는 자아개념 연구의 주요 관심사다.

자아개념의 내적 구조에 대한 다양한 논의는 세 가지의 양상으로 정리된다. 첫째, 일반 자아개념을 이론적 근거로 하여 자아개념을 하나의 일반 자아개념으로 구조화하는 것이다. 자아개념의 구조를 한 개의 일반 구조로 타당화한 Marx와 Winne(1980)의 모형이 대표적인 예다. 둘째, 자아개념을 독립적인 특수한 구인들의 총합으로 모형화한 구조로 자아개념의 다면적인 특성을 고려한 이론적 구조다. 이 개념모형에 관한 경험적인 연구들은 아직 타당성을 제시하지 못하고 있다. 셋째, 자아개념의 고차원적인 일반요인과 저차원적인 하위요인들 간의 관계를 다면적인 위계모형으로 구조화하는 것이다. 이러한 자아개념의 다면적인 위계구조는 Shavelson 등(1976)과 Song(1982)의 이론적 구조를 통해 타당화되었다.

본 연구에서는 Song(1982)이 제안한 3차원 위계적 구조모형을 자아개념의 이론적 구조로 보고 이를 구인의 내적 구조분석을 통해 타당화하고자 한다.

구인타당도 접근의 대표적인 방법론인 MTMM은 Campbell과 Fiske(1959)가 제안한 중다특성 중다방법 행렬표가 효시가 된다. 이후 다양한 MTMM 분석방법이 출현하여 구인타당도 검증에 적용되어 왔다. 그중에 대표적인 세 가지 접근으로 상관계수 행렬분석, 변량분석, 확인적 요인분석에 의한 MTMM 분석방법을 제시하고자 한다.

MTMM 상관관계 행렬은 이질적인 방법으로 측정된 이질적인 특성으로 구성된다. Campbell과 Fiske(1959)가 제시한 MTMM 행렬분석표는 〈표 2-3〉과 같다.

〈표 2-3〉에서 수렴타당도 계수(동일특성-이질방법)는 b, 이질특성-동일방법의 변별타당도 계수는 a, 이질특성-이질방법의 변별타당도 계수는 c에 해당한다.

표 2-3 MTMM 행렬분석표

		M1			M2			M3		
		T1	T2	T3	T1	T2	T3	T1	T2	T3
M1	T1									
	T2	a								
	T3	a	a							
M2	T1	**b**	c	c						
	T2	c	**b**	c	a					
	T3	c	c	**b**	a	a				
M3	T1	**b**	c	c	**b**	c	c			
	T2	c	**b**	c	c	**b**	c	a		
	T3	c	c	**b**	c	c	**b**	a	a	

MTMM 분석을 위한 준거에서 Campbell과 Fiske(1959)는 MTMM 행렬에서 수렴타당도와 변별타당도를 평가하는 네 가지 준거를 제안한다.

첫째, 동일특성-이질방법인 수렴타당도 계수는 통계적으로 유의하게 높아야 한다.

둘째, 수렴타당도 계수는 이질특성-이질방법 상관계수보다 커야 한다.

셋째, 수렴타당도 계수는 이질특성-동일방법의 상관계수보다 커야 한다. 방법이 효과가 있으면 이 준거는 지켜지지 않게 된다.

넷째, 특성 간 상관계수 패턴은 같은 방법이나 다른 방법의 상관계수 행렬 내에서 유사해야 한다. 방법의 효과에 의해 상관계수의 패턴이 달라지게 되면 이 준거는 성립되지 않는다. 즉, MTMM 행렬 내에 있는 모든 삼각형 형태의 상관계수의 경향이 일정해야 특성-방법 차원의 요인들 간에 유의미한 상관관계가 있음을 보여 준다.

이와 같은 수렴타당도, 변별타당도에 대한 준거로 MTMM 행렬이 분석된다. 방법론적 의의를 보면 MTMM 행렬분석은 한 개의 상관관계 행렬을 이용하여 수렴타당도와 변별타당도를 동시에 검증할 수 있어 경제적이며, 특성과 방법 차원에서의 분석을 통해 구인타당도를 검증한다는 점에서 일차원적인 요인분석의 한계점을 보완하는 방법론이다.

연구의 모형

우선 특성요인과 방법요인을 설정한다. Song(1982)의 자아개념 구조모형에서 일반 자아개념(T1), 학급 자아개념(T2), 능력 자아개념(T3), 성취 자아개념(T4), 사회 자아개념(T5), 가족 자아개념(T6), 정서 자아개념(T7), 신체 자아개념(T8)을 8개의 특성요인으로 정의하고, 8개 각각의 특성을 측정하기 위한 방법요인은 자아개념의 측정방법인 자아보고방법(M1)과 타인평정방법(M2) 등 두 개로 구성된다.

Song(1982)의 자아개념 구조모형은 1차요인인 일반 자아개념과 3개의 2차요인, 7개의 1차요인으로 구성되어 있지만 측정변인을 통한 문항구성은 1개의 일반 자아개념과 7개의 1차요인을 근거로 구성되어 있다. 본 연구에서는 자아개념 검사를 이용한 구인의 내적 구조 분석이므로 일반 자아개념을 포함한 7개의 1차요인들을 특성요인으로 보고 구조 분석을 하기로 한다.

따라서 본 연구의 모형은 [그림 2-6]과 같다. 이와 같이 잠재변인인 8개의 특성요인과 2개의 방법요인이 16개의 측정변인에 의해 확인되는 것이 본 연구의 모형이다.

본 연구의 모형을 통해 확인된 특성-방법요인이 경험적인 자료에 적합한지를 검증하기 위해 대안모형과의 적합도 검증을 하게 된다. 대안모형은 Widaman(1985)이 제시한 MTMM 자료를 위한 구조모형을 근거로 설정한다.

본 연구에서 사용되는 대안모형은 본 연구의 모형인 기준모형을 포함하여 3개나. 모형1은 기준모형으로 8개의 상호상관인 특성요인과 2개의 상호상관인 방법요인으로 구

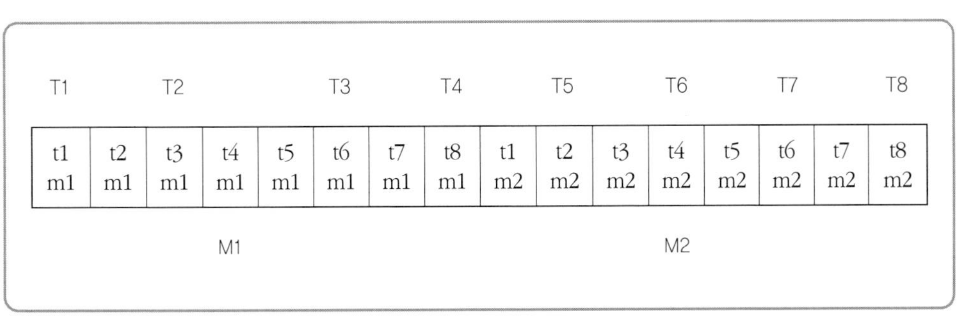

[그림 2-6] 본 연구의 모형

성된다. 모형2는 특성요인 없이 2개의 상호상관인 방법요인으로 구성되며, 모형3은 방법요인 없이 8개의 특성요인만으로 구성된다.

연구문제

본 연구에서는 MTMM 분석방법을 이용해 자아개념을 구인타당화하고자 한다. MTMM 상관행렬 분석을 통해 수렴타당도와 변별타당도를 검증하고 확인적 요인분석을 통해 특성-방법요인 확인, 모형 적합도 검증이 이루어진다. 이러한 통계적 절차에 따라 제기되는 연구문제는 다음과 같다.

연구문제 Ⅰ. MTMM 행렬분석을 통해 자아개념 구인의 타당도를 검증한다.
- Ⅰ-1. 자아개념 구인이 MTMM 행렬에서 수렴타당도를 갖는지 분석한다.
- Ⅰ-2. 자아개념 구인이 MTMM 행렬에서 변별타당도를 갖는지 분석한다.

연구문제 Ⅱ. 확인적 요인분석을 통해 MTMM 모형을 검증한다.
- Ⅱ-1. MTMM의 특성-방법요인을 확인한다.
- Ⅱ-2. MTMM 모형의 적합도를 검증한다.

연구방법

본 연구의 대상은 서울에 소재한 S고등학교와 경기도 수원에 소재한 D고등학교 1학년 남녀 학생 400명을 대상으로 하였다. 연구대상을 고등학생으로 정한 이유는 이 시기가 자아개념의 안정성이 확립되는 시기이기 때문이다. 검사는 1999년 2월 7일부터 11일까지 실시되었으며, 자아개념의 타인평정을 위한 시간(1998년 3월~1999년 2월)을 고려한 것이다.

표본선정 유형은 무선표집에 의한 것이며, 총 연구대상 400명 중 무응답 자료를 제외한 346명의 자료만이 선택되었다.

본 연구의 측정도구로는 Song(1982)의 이론적 구조모형에 근거한 자아개념 진단검사

(1990)가 사용되었다. 송인섭의 자아개념 진단검사(1990)는 중 · 고등학생용이 검사 I 과 검사II로 구성되어 있다. 본 연구에서 사용한 검사 I 은 일반 자아개념, 학문 자아개념(학급 자아개념, 능력 자아개념, 성취 자아개념), 중요 타인 자아개념(사회 자아개념, 가족 자아개념), 정의 자아개념(정서 자아개념, 신체 자아개념)의 139문항으로 구성된다.

자아개념 진단검사에서 검사 I 의 모든 문항은 자기보고로 측정한 방법(검사A)으로 사용되고, 검사 I 중 짝수 문항인 70문항은 타인평정으로 측정한 방법(검사B)으로 사용된다. 타인평정방법은 친구에 의한 평정으로 이루어지며, 검사 I 의 문제 유형이 타인평정 유형에 맞게 수정된다(예: 나는 나 자신을 업신여긴다 → ○○는 자신을 업신여긴다).

본 연구에서 수집된 자료들은 연구문제에 따라 이루어졌다. 측정도구의 신뢰도 검증을 위해 검사A와 검사B에서 각 요인들의 Cronbach-α계수를 산출하고, MTMM 분석을 위한 상관행렬표를 산출하였다. Pearson의 적률상관계수를 이용하여 MTMM 행렬표를 분석하고, MTMM의 확인적 요인분석을 위해 상관관계 행렬표를 산출하였다. 마지막으로 MTMM의 모형 적합도를 검증하기 위해 LISREL 분석을 실시하였다. 이상의 통계분석은 SPSS WIN 프로그램과 LISREL 8 프로그램을 이용하여 처리하였다.

연구결과

본 연구의 타당도 검증에 앞서 본 연구에서 사용된 두 검사도구 A · B의 신뢰도를 검증하였다. 신뢰도 검증을 위해서 Cronbach-α가 추정되었다.

자아개념의 자아보고방법에서 사용된 검사A의 신뢰도는 〈표 2-4〉에 제시되었고, 자아개념의 타인평정방법에 사용한 검사B의 신뢰도는 〈표 2-5〉에 제시되어 있다.

확인적 요인분석을 위한 경험적 자료를 준비하기 위해서 각 요인별 문항수 조절이 필요하다. 하나의 이론변수에 적어도 세 개 이상의 측정변수를 사용하는 것이 좋다. 하나의 이론변수에 하나의 측정변수밖에 없는 경우는 이론적 개념을 측정하는 데 너무나 빈약하고, 측정변수가 너무 많아도 모델을 자료에 부합시키는 데에는 어려움이 생긴다(이순묵, 1990).

〈표 2-4〉과 〈표 2-5〉의 결과에 따르면, 본 연구에서 사용된 측정도구는 비교적 높은

표 2-4 검사A(자아보고방법)의 신뢰도

요 인	문항수	Cronbach-α
일반 자아개념	18	.8248
학급 자아개념	18	.8070
능력 자아개념	15	.8902
성취 자아개념	17	.9241
사회 자아개념	17	.8744
가족 자아개념	24	.9260
정서 자아개념	14	.8235
신체 자아개념	16	.7789

표 2-5 검사B(타인평정방법)의 신뢰도

영 역	문항수	Cronbach-α
일반 자아개념	9	.7280
학급 자아개념	9	.6818
능력 자아개념	7	.8375
성취 자아개념	9	.8517
사회 자아개념	8	.7926
가족 자아개념	12	.9026
정서 자아개념	7	.7427
신체 자아개념	8	.7246

신뢰도를 보이고 있다. 〈표 2-6〉의 결과에서 문항수의 감소로 일반 자아개념과 학급 자아개념의 신뢰도가 약간 감소하였으나 확인적 요인분석을 위한 자료의 신뢰도 검증은 비교적 타당하게 제시된다.

따라서 본 연구에서 사용될 확인적 요인분석을 위해 각 요인별 문항수를 공통성이 3이하인 문항을 제외하는 과정을 거쳐 조절하게 된다. 문항수 조절을 통한 각 검사도구의 신뢰도는 〈표 2-6〉에서 제시된다.

표 2-6 확인적 요인분석을 위한 검사 A · B의 신뢰도

	영 역	문항수	Cronbach-α
검사A	일반 자아개념	4	.6101
	학급 자아개념	5	.7273
	능력 자아개념	12	.8686
	성취 자아개념	16	.9207
	사회 자아개념	12	.8639
	가족 자아개념	12	.9012
	정서 자아개념	5	.7379
	신체 자아개념	6	.8433
검사B	일반 자아개념	4	.5954
	학급 자아개념	3	.4747
	능력 자아개념	5	.8194
	성취 자아개념	7	.8896
	사회 자아개념	7	.8651
	가족 자아개념	7	.8799
	정서 자아개념	4	.7311
	신체 자아개념	3	.7031

결과 I 본 연구에서 제기된 연구문제 I 은 MTMM 행렬분석을 통해 자아개념 구인의 타당도를 검증하는 것이다. 단순상관을 통한 MTMM 행렬표는 〈표 2-7〉과 같다.

수렴타당도는 동일특성을 다른 방법으로 측정한 상관을 준거로 분석되며, 수렴타당도 계수는 통계적으로 유의하게 높아야 한다(Campbell & Fiske, 1959).

수렴타당도 분석 결과는 〈표 2-8〉에 제시된다. 수렴타당도 계수는 .52에서 .85의 범위로 타당한 결과를 보인다.

변별타당도를 분석하기 위해서는 세 가지의 준거를 따른다(Campbell & Fiske, 1959).

첫째, 수렴타당도 계수가 다른 특성을 다른 방법으로 측정한 상관계수보다 커야 한다. 이 준거에 의한 변별타당도 분석 결과는 〈표 2-9〉에서 제시된다.

표 2-7 MTMM 행렬표

특성 \ 방법		자기보고								타인평정							
		gsc	cla	abi	ach	soc	fam	emo	phy	gsc	cla	abi	ach	soc	fam	emo	phy
자기보고	gsc																
	cla	.22															
	abi	.18	.17														
	ach	.23	.19	.55													
	soc	.16	.18	.03	.05												
	fam	.20	.18	.02	.22	.25											
	emo	.15	.14	.16	.17	.28	.25										
	phy	.10	.12	.09	.15	.33	.18	.25									
타인평정	gsc	**.59**	.38	.31	.37	.26	.33	.26	.26								
	cla	.26	**.77**	.21	.21	.30	.27	.29	.27	.45							
	abi	.21	.19	**.74**	.66	.07	.21	.22	.16	.37	.26						
	ach	.17	.22	.50	**.52**	.09	.34	.28	.24	.45	.27	.60					
	soc	.16	.20	.01	.10	**.66**	.43	.35	.53	.40	.43	.14	.29				
	fam	.13	.08	.13	.20	.25	**.65**	.31	.25	.30	.22	.33	.36	.38			
	emo	.14	.21	.14	.11	.16	.17	**.64**	.10	.25	.29	.17	.26	.23	.16		
	phy	.12	.14	.09	.16	.38	.23	.25	**.85**	.27	.31	.18	.25	.53	.26	.08	

gsc = 일반 자아개념, cla = 학급 자아개념, abi = 능력 자아개념, ach = 성취 자아개념, soc = 사회 자아개념, fam = 가족 자아개념, emo = 정서 자아개념, phy = 신체 자아개념

표 2-8 수렴타당도 계수

특성 \ 방법		자기보고							
		gsc	cla	abi	ach	soc	fam	emo	phy
타인평정	gsc	.59							
	cla		.77						
	abi			.74					
	ach				.52				
	soc					.66			
	fam						.65		
	emo							.64	
	phy								.85

표 2-9 변별타당도 계수(이질특성-이질방법)

특성 \ 방법		자기보고							
		gsc	cla	abi	ach	soc	fam	emo	phy
타인 평정	gsc	**.59**	.38	.31	.37	.26	.33	.26	.26
	cla	.26	**.77**	.21	.21	.30	.27	.29	.27
	abi	.21	.19	**.74**	.66	.07	.21	.22	.16
	ach	.17	.22	.50	**.52**	.09	.34	.28	.24
	soc	.16	.20	.01	.10	**.66**	.43	.35	**.53**
	fam	.13	.08	.13	.20	.25	**.65**	.31	.25
	emo	.14	.21	.14	.11	.16	.17	**.64**	.10
	phy	.12	.14	.09	.16	.38	.23	.25	**.85**

자기보고로 측정한 성취 자아개념과 타인평정으로 측정한 능력 자아개념 간의 상관계수(.66)와 자기보고로 측정된 신체 자아개념과 타인평정으로 측정된 사회 자아개념 간의 상관계수(.53)를 제외한 모든 이질특성-이질방법 간 상관은 수렴타당도 계수보다 작았다.

둘째, 수렴타당도 지수는 다른 특성을 동일한 방법으로 측정한 상관계수보다 커야 한다. 이 준거에 따른 변별타당도 분석 결과는 〈표 2-10〉으로 제시된다.

자기보고로 측정한 능력 자아개념과 성취 자아개념 간 상관계수(.55)와 타인평정으로 측정한 능력 자아개념과 성취 자아개념 간 상관계수(.60), 그리고 타인평정으로 측정한 사회 자아개념과 신체 자아개념 간 상관계수(.53)를 제외한 거의 모든 이질특성-동일방법 상관계수는 수렴타당도 계수보다 작았다.

셋째, 특성 간의 상관계수 패턴은 동일방법이나 다른 방법의 상관계수 행렬 내에서 유사하다. 즉, 상관계수들이 모두 유의미하다면, MTMM 행렬 내에 있는 모든 삼각형 형태의 상관계수 경향은 모두 일정하다. 따라서 특성 간의 상관계수 패턴은 동일방법 내에서나 이질방법 내에서 대부분 비슷한 것을 볼 수 있다.

변별타당도의 세 가지 준거에 의한 분석 결과, 자기보고와 타인평정 방법으로 측정된 자아개념 특성은 의미 있는 변별적 개념으로 타당화될 수 있다.

이상과 같은 MTMM 행렬표 분석 결과, 만족할 만한 수렴타당도와 변별타당도에 의해

표 2-10 변별타당도 계수(이질특성-동일방법)

특성 \ 방법		자기보고								타인평정							
		gsc	cla	abi	ach	soc	fam	emo	phy	gsc	cla	abi	ach	soc	fam	emo	phy
자기보고	gsc																
	cla	.22															
	abi	.18	.17														
	ach	.23	.19	.55													
	soc	.16	.18	.03	.05												
	fam	.20	.18	.02	.22	.25											
	emo	.15	.14	.16	.17	.28	.25										
	phy	.10	.12	.09	.15	.33	.18	.25									
타인평정	gsc	**.59**															
	cla		**.77**							.45							
	abi			**.74**						.37	.26						
	ach				**.52**					.45	.27	**.60**					
	soc					**.66**				.40	.43	.14	.29				
	fam						**.65**			.30	.22	.33	.36	.38			
	emo							**.64**		.25	.29	.17	.26	.23	.16		
	phy								**.85**	.27	.31	.18	.25	.53	.26	.08	

자아개념이 구인타당화되었고 자아개념의 8특성-2방법요인 모형이 설정되었다.

결과 II 본 연구에서 제기된 연구문제 II는 MTMM 행렬표 분석 결과, 설정된 8특성-2방법요인을 확인적 요인분석에 의해 확인하고, 대안모형과의 적합도 검증을 통해 모형을 타당화하는 것이다.

본 연구의 특성-방법요인을 확인하기 위해 LISREL 프로그램으로 분석한 결과, 요인부하량과 요인 간 상관관계(PHI) 추정치가 〈표 2-11〉과 〈표 2-12〉와 같이 제시된다.

〈표 2-11〉과 〈표 2-12〉의 결과에서 볼 수 있듯이, 요인부하량 추정치를 통해 각 측정변인은 두 개의 방법요인과 8개의 특성요인으로 정의되며, 요인 간 상관관계 추정치를

표 2-11 MTMM 모형의 요인부하량 추정치

측정변인	M1	M2	T1	T2	T3	T4	T5	T6	T7	T8
t1m1	.454		1.000							
t2m1	.402			1.498						
t3m1	.675				.538					
t4m1	.833					.354				
t5m1	.322						.908			
t6m1	.386							.748		
t7m1	.444								.941	
t8m1	.325									.799
t1m2		.543	-.030							
t2m2		-.334		.099						
t3m2		-.386			.847					
t4m2		-.527				.601				
t5m2		-.678					.181			
t6m2		-.562						.165		
t7m2		-.739							.060	
t8m2		.438								.245

표 2-12 MTMM 모형의 요인 간 상관관계 추정치(PHI)

	M1	M2	T1	T2	T3	T4	T5	T6	T7	T8
M1	1.000									
M2	-.117	1.000								
T1			1.000							
T2			.126	1.000						
T3			.002	.089	1.000					
T4			.024	.045	1.033	1.000				
T5			.264	.136	-.194	-.174	1.000			
T6			.302	.245	.205	.187	.306	1.000		
T7			.150	.071	.045	.102	.419	.247	1.000	
T8			.252	-0.08	-.199	-.121	.538	.002	.496	1.000

통해 두 개의 방법요인은 의미 있게 변별되고 8개의 특성요인 또한 의미 있는 차이로 변별적인 특성임이 검증되었다.

따라서 MTMM 모형의 확인적 요인분석을 통해 16개 측정변인이 8개의 특성요인과 2개의 방법요인으로 정의된 것을 확인하였다.

확인적 요인분석에서는 제안된 모형의 적합성을 대안모형과 비교하여 평가하게 된다. 본 연구에서는 자아개념의 MTMM 모형을 8특성-2방법요인으로 제안하고, 이 모형을 기준모형으로 하여 다른 대안모형과의 비교를 통해 모형 적합도를 검증하고자 한다. 이러한 체계적인 검토를 통해 특성요인과 방법요인을 확인하고 특성-방법요인 모형을 검증할 수 있다. 〈표 2-13〉에서는 기준모형과 다른 대안모형들을 비교한 결과가 제시된다.

특성과 방법의 상호상관을 통한 연구모형을 타당화하는 과정에서 방법과 상호상관 없이 구성된 특성요인 모형, 특성요인과 상호상관 없이 구성된 방법요인 모형과의 비교는 반드시 필요하다.

본 연구에서 사용한 적합도 지수의 평가 준거에 따라 대안모형들을 비교하게 된다. GFI, AGFI, NFI, NNFI의 경우 .90에서 1.00에 이르면 만족할 만한 모형이 되며, RMR의 값은 .50 이하이면 만족할 만한 모형으로 평가된다.

모형평가 기준에 따라 8특성-2방법의 기준모형은 GFI, AGFI, NFI, NNFI의 값이 .90 이상이며 RMR의 값도 .50 이하로 매우 만족할 만한 모형으로 평가된다. 모형2는 방법요

표 2-13 MTMM 분석의 여러 대안모형과 검증

대안모형	x^2(df)	GFI	AGFI	NFI	NNFI	RMR
1. 기준모형: 8특성-2방법요인	98.956(59)	.966	.921	.948	.955	.0429
2. 8특성 요인 모형	256.374(76)	.909	.837	.866	.842	.0645
3. 2방법 요인 모형	771.281(103)	.716	.625	.598	.567	.113

인을 제외한 8특성요인 모형으로 GFI가 .90 정도이고 RMR도 .50 이하지만 AGFI, NFI, NNFI의 값이 .90 미만이므로 적합한 모형이라 할 수 없다. 모형3은 특성요인을 제외한 2방법요인으로 구성된 모형이며 모든 적합도 기준에 의해 부적합한 모형으로 평가된다. 또한 기준모형의 x^2(df)가 다른 대안모형들의 x^2(df)와 비교할 때 훨씬 작은 값을 가지기 때문에 기준모형이 가장 우수한 모형으로 평가된다. 따라서 본 연구에서 사용한 MTMM 자료에 가장 적합한 모형은 8특성-2방법요인으로 정의된 기준모형이다.

논 의

본 연구는 Song(1982)의 위계적 자아개념 구조모형을 근거로 자아개념 구인을 구인내적 구조의 분석방법인 MTMM을 적용하여 타당화하고자 하였다. MTMM의 분석방법인 MTMM 행렬표의 논리적 분석으로 수렴타당도와 변별타당도를 검증하고 확인적 요인분석을 적용하여 MTMM 분석에서의 모형설정과 특성-방법요인의 확인, 대안모형의 적합도를 제시하였다. 본 연구의 결과를 바탕으로 다음과 같이 논의하고자 한다.

첫째, 본 연구는 Song(1982)의 위계적 구조모형을 이론적 근거로 표준화된 측정도구를 사용하여 자아개념 구인의 8개의 측정요인을 자기보고와 타인평정의 2개 방법으로 측정하였다. 따라서 8개의 특성과 2개의 방법으로 설계된 MTMM 행렬표의 분석에서 수렴타당도와 변별타당도를 검증하게 된다. 이질방법으로 측정된 동일특성의 상관계수를 준거로 분석한 수렴타당도는 8개의 특성 모두 통계적으로 유의한 결과를 보이고 있다. 이는 변별타당도 분석을 위한 필요조건을 만족시키는 결과다.

둘째, 동일방법으로 측정된 이질특성 간 상관계수와 이질방법으로 측정된 이질특성 간의 상관계수를 수렴타당도 계수와의 비교를 준거로 분석한 변별타당도는 대부분 만족할 만한 결과를 보이고 있다. 그러나 자기보고로 측정된 능력 자아개념과 성취 자아개념 간 상관계수(.55)와 타인평정으로 측정된 능력 자아개념과 성취 자아개념 간 상관계수(.60)가 수렴타당도 계수(.52~.85)보다 조금 더 높은 결과를 보이고 있다. 이러한 결과는 자기보고와 타인평정의 방법효과에 관계없이 나타나고 있으므로 성취 자아개념과 능력 자아개념 간 특성의 변별력에 영향을 줄 수 있지만 통계적으로 유의하게 큰 차이를 보이지 않기 때문에 본 연구에서의 변별타당도는 만족할 만한 결과로 분석된다. 따라서 자아개념 구인의 8개 특성요인은 변별적 의미로 해석되며 이론적 구조모형인 Song(1982)의 구조모형이 지지된다.

셋째, 본 연구에서 설정하고 있는 MTMM 모형인 8특성-2방법요인 모형이 확인적 요인분석에 의해 확인된다. 8개의 특성요인과 2개의 방법요인으로 구성된 16개의 측정변인은 확인적 요인분석을 통해 요인부하량이 추정되고, 특성과 방법 요인 간 상관관계가 추정된다. 확인적 요인분석을 적용하여 MTMM 모형에서의 추정치를 분석한 결과, 16개의 측정변인은 8개의 특성요인과 2개의 방법요인으로 구성됨을 확인할 수 있다. 이러한 결과는 본 연구에서 설계한 구인의 8개 특성과 2개의 측정방법인 자기보고와 타인평정 방법이 타당함을 입증해 주는 결과다.

넷째, 본 연구의 모형인 8특성-2방법요인 모형의 적합도는 다른 대안모형과의 적합도 검증을 통해 평가된다. 대안모형은 방법요인이 제거된 8특성요인 모형과 특성요인이 제거된 2방법요인 모형으로 구성하였다. 모형의 적합도 지수인 GFI, AGFI, NFI, NNFI, RMR, x^2(df)를 사용하여 세 가지 모형을 평가한 결과, 본 연구의 실제 자료에 가장 적합하고 우수한 모형으로 8특성-2방법요인 모형이 선택되었다. 방법요인을 제거한 8특성요인과 특성요인을 제거한 2방법요인만으로는 자료를 설명하기에 적합한 모형이 아님을 알 수 있다. 따라서 자아개념 측정도구는 8개의 특성효과뿐만 아니라 자기보고와 타인평정의 방법효과도 고려해서 타당화되었다.

결론을 보면 본 연구에서 사용한 자아개념 측정도구는 Song(1982)의 위계적 구조모형을 이론적 근거로 하고 있다. 따라서 내적 구조의 분석방법인 MTMM을 통해 자아개념 구인이 타당화되었기 때문에 Song(1982)의 자아개념 구조모형의 타당성이 검증되었다. 즉, 실제 자료를 경험적인 방법으로 타당화하는 과정에서 자아개념 구인의 이론적인 근거가 되는 Song(1982)의 구조모형을 타당화한 것에 의의가 있다.

기존의 자아개념 구인타당화 연구에서 간과되었던 구인 내적 구조의 분석에 MTMM 분석방법을 사용했다는 점에서 방법론적인 의의를 지닌다. 특히, MTMM 상관행렬표를 이용한 논리적 분석에 머무르지 않고 확인적 요인분석을 적용한 MTMM 분석방법을 통해 자아개념을 타당화하였다는 점은 그 의의가 크다고 할 수 있다. 확인적 요인분석을 통한 MTMM 연구는 연구자가 특성-방법요인을 규정하여 모형을 설정하고, 이러한 모형이 수집된 자료에 비추어 적합한가를 경험적으로 평가하게 된다. 따라서 본 연구는 구인의 특성과 방법효과를 동시에 검증하고 특성-방법요인 구조를 확인하여 적절한 모형을 탐색한 점에서 방법론적인 의의를 지니고 있다.

본 연구는 교육현장에서 정의적인 영역과 크게 관련되는 자아개념 구인의 타당화를 통해 자아개념의 이론적인 구조와 자아개념 측정도구의 타당성을 검증하였다. 연구라는 커다란 과정에서 측정도구를 통한 구인타당화는 이론적인 발전을 가져오게 한다. 현재 학교현장뿐 아니라 개인의 삶 속에서 정의적인 영역의 기초가 되는 자아개념 이론은 긍정적 자아개념 프로그램, 자아개념 강화 프로그램 개발 등에 실제적으로 기여할 수 있을 것이다.

이상과 같이 본 연구는 확인적 요인분석에 의한 MTMM 분석을 통해 자아개념 구인을 체계적으로 타당화한 점에서 의의가 있지만, 다음과 같은 연구의 제한점을 지적하고 후속연구의 방향을 제시하고자 한다.

첫째, 자아개념 구인의 이론적 구조모형은 Song(1982)의 위계적 구조모형이다. 그러나 본 연구에서는 구인의 위계성을 따로 고려하지 않고, 구인의 특성 간 상관관계만을 고려하여 연구설계를 하였다. 또한 특성 간 상관관계와 방법 간 상관관계만을 고려하고, 특성과 방법 간 상관관계를 고려하지 않는 확인적 요인분석 설계를 적용하여 접근방법의 한계를 보이고 있다. 이러한 확인적 요인분석 접근의 제한점에 대한 대안적인 방법으로 위계적인 확인적 요인분석과 특성-방법 상호작용 모형(Brwne, 1984; Marsha, 1989)이 개발되었다. 이는 특성과 방법 요인을 추출하는 측정변인 수준이 위계적인 단계로 되어 있으며, 특성과 방법의 다양한 상호작용 요인을 고려하는 방법이므로 Song(1982)의 위계적 구조모형을 타당화하는 연구에서 사용될 수 있겠다.

둘째, 확인적 요인분석에 의한 MTMM 모형의 적합도 검증에서 다양한 대안모형이 제시될 수 있지만 기준모형을 포함하여 세 개의 대안모형만을 비교한 점도 제한점이 될 수 있다. 특성 간 상관관계와 방법 간 상관관계를 비롯한 특성과 방법 간 상관관계 등 다양한 대안모형의 설정으로 기준모형의 적합도를 보다 구체적으로 비교하여 탐색하는 연구를 기대할 수 있다.

4. 송인섭의 3차원 자아개념 모형

자아개념의 3차원 모형

'자아개념' 이란 용어는 20세기 초를 기원으로 하여, 초기에는 형이상학적 개념처럼 모호하고 불분명하게 개념화되었으나, 이제는 심리학이나 교육학에서 무척 친숙하게 느껴지는 구인 중의 하나다. 앞에서 보았듯이, 다양한 시각과 다양한 접근의 시도로 볼 때, 실제로 자아개념만큼 복잡하고 이해하기 어려운 개념도 드물 것이다.

그러나 그동안 자아개념이라고 하는 정신적인 구인에 포함시키고 있었던 인식의 영역과 범위는 지나치게 협소하고, 다양성이 결여되었다. 앞의 자아이론에서와 같이, 자아개념은 타 심리적 특성과 다른 많은 특징을 갖고 있는 구인으로 가정될 수 있고, 대상으로서의 자아, 환경과의 상호작용과 경험에 의하여 형성되는 것, 그리고 환경과 자신에 대한 지각과 현상학적 경험의 결과로 볼 수 있다. 물론 자아개념이 형성되는 과정은 다양한 상황에서 부딪치는 경험의 축적과정이며, 이같이 경험의 축적을 통해 자아가 형성된다는 측면을 강조한 것이 지금까지 자아개념 이론의 핵심이었다.

그러나 이 같은 접근의 한계점은 첫째, 환경적 경험의 내용 차원을 처리하는 데 요구되는 정신작용의 차원이 없다는 것에 문제가 있다는 점이다. 왜냐하면 정보를 처리하는 기본적 속성에 따라 그 정신작용은 다를 수 있다는 가정이 가능하기 때문이다.

둘째, 정신작용이 경험의 내용에 작용해서 나타나는 결과 차원의 설명이 명확하지 않다는 점이다. 정보의 경험과 정신작용의 상호작용에 의해 나타나는 결과 차원은 자아개념을 하나의 행위자로 가정할 때 중요한 차원이다. 자아개념은 위계적 · 다면적 특성을 가지고 있기 때문에 상위로 갈수록 통합된다. 이 같은 자아개념의 결과 차원은 정신적 특성 상황과 관계되는 긍정적 · 부정적 자아개념으로 나뉠 것이다.

이 같은 한계점을 벗어나기 위해서는 자아개념에 대한 접근에 세 개의 차원이 필요하다. 환경경험의 정보형태인 내용 차원, 이 경험을 처리하는 데 요구되는 지적 활동인 정신작용 차원, 이들 정신작용이 내용에 작용해서 나타나는 결과 차원이 그들이다. 이 세

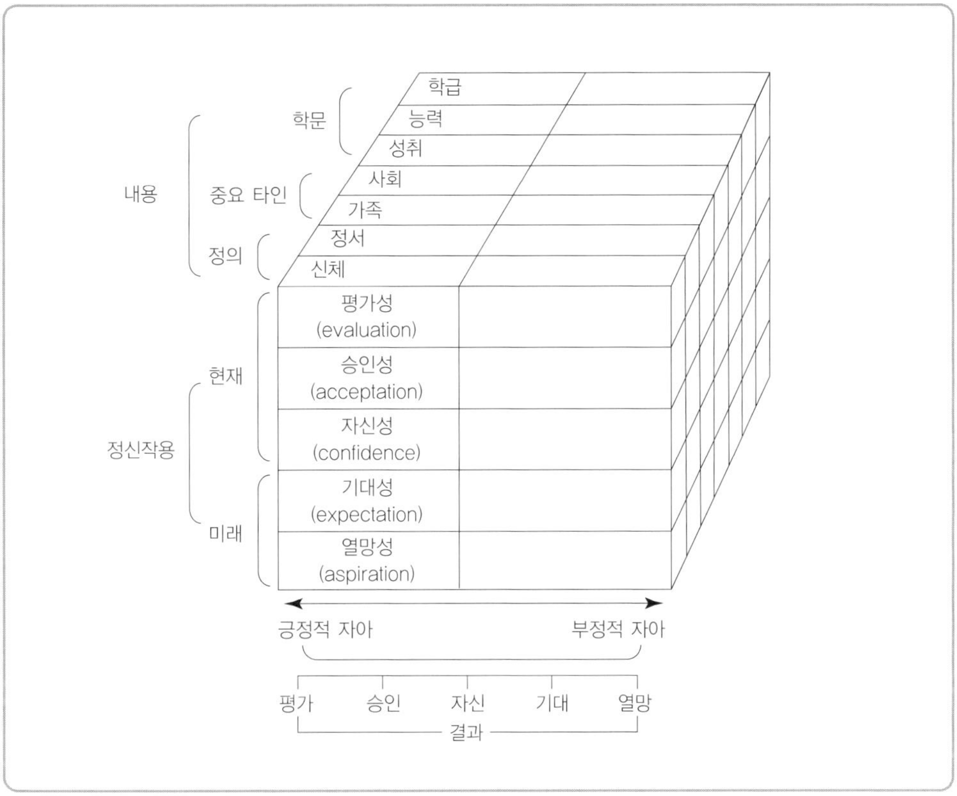

[그림 2-7] 자아개념의 3차원 구조모형

가지 차원인 내용, 작용, 그리고 결과를 통합적인 시각으로 보기 위해서 필요한 것이 자아개념의 다면적 구조다. 이 같은 다면적 구조모형은 이론적이며 논리적인 사고와 경험적인 자료를 통해 고안될 수 있다.

이러한 시각의 전환과 확대를 전제하면서, 나는 자아개념의 구조에서 다루어야 할 인식과 관심의 대상을 다음 [그림 2-7]과 같이 제안한다.

내용 차원 인간이 경험하는 정신작용의 대상이 되는 경험내용이 무엇이냐에 따른 개념화다. 내용을 교육학이나 심리학에 초점을 맞추어 살펴보면 다음과 같은 분류가 가능할 것이다.

- 학문 ─ 학급 / 능력 / 성취

- 중요 타인 ─ 사회 / 가족

- 정의 ─ 정서 / 신체

내용 차원은 그동안 자아개념 연구에서 관심을 기울였던 특성이다. 자아개념의 내용은 보는 시각이 다양하기 때문에 자아개념을 측정하는 요인도 다양하고, 그 다양성 중에서 어떤 측면을 강조하는가에 따라 측정에서 다루어지는 측정구인과 측정도구도 다르다. 일반화된 자아개념 요인에 관심이 있는 사람이 있는가 하면, 보다 구체적이고 특수한 영역에 초점을 맞추기도 하고, 또한 어떤 연구자는 학문 자아개념에 관심을 두는가 하면, 다른 측정도구 제작자는 비학문 자아개념에 관심을 둔다. 더 나아가 비학문 자아개념 중에도 사회적, 정서적, 자신감 등에 따라 관심 영역이 다르다. 또 안정성이라는 측면에서도 위계모형 중 고차원 모형에 관심을 두어 안정된 자아개념에 관심이 있는가 하면, 그 반대로 저차원 모형에 초점을 맞추어 변하기 쉬운 것, 또는 변화 · 발달시키는 데 관심이 있는 경우도 많이 있다.

이와 같은 선별준거를 충족시키는 하위영역을 결정하기 위하여, James의 철학적 사고에 근거를 두어 Shavelson 등(1976)과 Song(1982)이 분류한 범주를 그 배경으로 하고, 그의 연구 결과에서 제시된 3차원 위계요인을 그 이론적 · 경험적 배경으로 했다. Song(1982)의 모형에 입각한 자아개념의 하위요인은 다음과 같다.

① 학문 자아개념

- 학급 자아개념: 이는 교실 내 활동에서 학생의 학업에 관련된 것들에 대한 지각으로, 문항의 예는 '나는 수업시간에 호명되는 것을 좋아한다' '나는 급우들에게 중요한 사람이라고 생각한다' '나는 교실에서 질문을 받을 때 긴장감을 느낀다' 등을 들 수 있다.
- 능력 자아개념: 학업에 관련된 능력에 대한 평가다. 능력 자아개념은 학업을 성취할 수 있다는 느낌의 정도를 나타낸다. 이 요인을 측정하기 위한 문항은 '나는 나의 학업능력에 만족한다' '나는 학교공부를 감당할 능력이 있다고 생각한다' '학교공부에 대한 나의 능력은 가까운 친구보다 우수하다고 생각한다' 등이다.
- 성취 자아개념: 실제 학업성취에 관련된 지각으로, 성취 자아개념은 학교의 학업에 관련된 일에 대한 성공과 실패를 나타낸다. 이는 한 시험에서 실제 학업성취의 결과에 대한 지각을 의미한다. 문항의 예로는 '나는 학교공부에서 실패자라고 생각한다' '나는 학교공부에 만족한다' '나는 친한 친구보다 학교공부를 잘한다고 생각한다' 등이다.

학문 자아개념에서 두 요인, 즉 능력 자아개념과 성취 자아개념의 분화는 Song(1982)의 연구 결과에서 제시되었다. 능력 자아개념은 성취에 대한 잠재가능성의 지각인 반면, 성취 자아개념은 학문 자아개념에서 새로운 요인으로 제시된 것으로 실제 성취에 관련된 지각이다.

② 중요 타인 자아개념

- 사회 자아개념: 중요 타인인 부모, 교사, 또래집단에 의한 평가를 통해서 형성되는 지각으로, 한 개인이 사회적 상황에 적응하는 정도에 대한 지각을 뜻한다. 즉, 사회적 인간관계를 각 개인이 어떻게 느끼고 있는가에 대한 측정으로 문항의 예는 '나는 내가 원하는 만큼 사교적이다' '나는 다른 사람들과 잘 지내고 있다' '나는 내 또래 아이들에게 인기가 있다' 등이다.
- 가족 자아개념: 가족의 한 구성원으로 가족의 평가를 통해 형성되는 개인의 가정에

서의 적응에 대한 자아지각을 의미한다. 이 요인의 측정을 위한 문항의 예로는 '나는 항상 내 어려움을 도와주는 가족이 있다고 느낀다' '나는 집에서 불필요한 존재이다' '나는 부모님이 항상 나에게 강요하는 것같이 느낀다' 등이다.

③ 정의 자아개념

- 정서 자아개념: 정의적 반응성, 이상성, 도덕성, 성격에 관한 지각이다. 이 요인을 측정하는 문항의 예는 '나는 나의 도덕적 행동에 만족한다' '나는 수줍음을 탄다' '적어도 나는 다른 아이들과 마찬가지로 가치 있는 사람이라고 생각한다' 등이다.
- 신체 자아개념: 이 요인에는 신체 및 외모에 관한 자아, 즉 몸집, 생김새, 외모 등에 관한 지각과 신체능력에 관한 자아, 즉 근력, 완력과 같은 신체적 기능에 관한 지각 내용을 포함한다. 문항의 예로는 '나는 마르지도 뚱뚱하지도 않다' '나는 신체의 일부를 다르게 바꾸고 싶다' '나는 내가 나약한 사람이라고 생각한다' 등이다.

정신작용의 차원 내용을 받아들여 작용하는 활동으로 인간의 정신활동에 따른 개념화다. 가장 결정적인 정신작용이 무엇인가라는 시각에서 자아개념의 이론과 경험적인 분석을 통하여 다섯 가지 유목을 제안할 수 있는데, 평가성(Coopersmith, 1967), 승인성(Rogers, 1951), 자신성(Maslow, 1954), 기대성(McCandless, 1961), 열망성(Deosaran, 1977; Roman, Voydanoffe, & Lovejor, 1974)이다. 평가성(Coopersmith, 1967)은 자기 자신의 가치적합 여부를 판단하는 옳다-그르다, 맞다-틀리다라는 차원에 비추어 경험적 내용을 판단하는 능력과 같은 경험이다. 특히, 자신의 특성들에서 나타나는 경험들을 스스로 판단함을 뜻한다. 승인성은 경험내용에 그 자신이 적응할 수 있는 정도에 대한 지각이며, 자신성은 할 수 있다-할 수 없다는 자신에 대한 신념의 개념이다.

앞의 세 개념이 현실지향적인 반면에, 기대성과 열망성은 미래지향적이다. 기대성은 현실적 정보를 토대로 자신의 가능 정도에 관련된 개념이고, 열망성은 현실에 근거를 두지 않은 이상적인 사고과정을 통해서 자신의 미래에 대한 가능성을 관련시키는 정신작용의 개념이다.

결과 차원 자아개념을 행위에 관련시킨 개념화다. 위의 각 내용에서 특정한 정신작용의 조작으로 나타나는 결과의 형태는 정신작용의 각 특성만큼 많다. 그러나 결국 자아개념은 긍정과 부정의 연속선상의 어떤 특성으로 나타난다는 가정하에, 두 개의 유목, 즉 긍정적 자아개념과 부정적 자아개념으로 제시한다. 이 같은 다면적 구조모형을 통해서 우리가 얻을 수 있는 이점은 세 가지로 정리될 수 있다.

첫째는 넓은 관점의 자아개념이다. 다면적 구조분석을 통한 자아개념 접근은 자아개념의 종합적인 모습을 전체적인 구조 속에서 볼 수 있다. 과거에 간과되어 온 정신적인 요인은 그 대표적인 예가 될 수 있다. 자아개념 연구의 역사를 살펴볼 때 많은 연구들이 제한된 관점을 가짐으로써 인간능력의 이해에 진전을 가져오지 못한 점이 이 같은 구조분석을 통해 해결될 가능성이 있다. 물론 각각의 구조 요인의 특성이 독립적 기능이 있음을 이론적 혹은 경험적으로 정리할 수 있느냐의 문제가 남아 있다. 이 문제는 내용타당도, 논리적 타당도의 과정을 통해서 계속적으로 해결할 문제다.

둘째는 정보량의 증가다. 자아개념 검사를 통해 얻게 되는 개인의 자아개념에 대한 정보량의 증가를 의미한다. 일례로, 하나의 요인에서는 높은 점수를 나타냈으나, 다른 요인에서는 낮은 점수를 나타냈다고 하는 것과 같이 개인을 이해하는 데 도움을 주는 정보의 양이 증가한다.

셋째는 준거체제의 제공이다. 요인구조분석을 이용한 자아개념 연구는 자아개념에 대한 준거체제를 제공해 준다. 서로 다른 자아개념 요인들 간의 관계를 확인하고 상호비교는 물론, 상이한 자아개념 요인들을 포함할 수 있는 길을 제공해 준다.

다음으로 자아개념에 대한 구조적 접근이 교육에 주는 시사점을 몇 가지 살펴보면, 첫째, 자아개념의 구조적 접근은 자아개념 검사 전반에 다양한 자료를 제공할 것으로 보인다. 지금까지 개발한 자아개념 검사가 내용차원에 의해서 논의되는 일곱 개의 요인을 크게 벗어나지 못하고 있는 점에 비추어 볼 때, 자아개념의 구조적 접근은 다양한 정보를 위한 검사의 개발에 도움을 줄 수 있을 것이다. 만약 여기에서 논의되는 요인이 밝혀진다고 하면, 자아개념에 대한 종합적 이해의 길이 열릴 것이며, 이는 곧바로 자아개념 검사를 다양하고 풍부한 도구가 되게 해 줄 것이다.

둘째, 자아개념 연구에서 자아개념 구조는 인간의 자아에 대한 종합적 이해에 한발 더 내딛는 효과를 가질 수 있을 것이다.

셋째, 협의의 상황적 개념 연구에 제한되었던 연구의 폭을 확대시켜 줄 것이다. 자아개념을 구성하는 각각의 요인에 대해 요인 그 자체에 해당하는 문항을 개발하거나 그 문항의 신뢰도, 타당도를 검증하는 문제가 필요하며, 이는 문항형성과 검사를 실시한 결과를 요인분석함으로써 새로운 요인을 계속 확장함을 의미한다.

자아개념의 다면적 구조의 정의

언어적 해석은 송인섭의 3차원 자아개념 구조모형의 의미를 분명히 할 수 있다. Wittgenstein(1967)은 철학적 연구의 마지막 진술에서, 심리학에 불모의 과학성이 있는데 이것은 기본적으로 실험방법과 개념적 혼란에서 나온다고 지적하고 있다.

"확실히 심리학자들은 실험적인 방법에 과도한 시간을 보내면서 실험적인 방법 그 자체가 우리들을 괴롭히는 문제를 해결하는 수단을 가지고 있지는 않다고 생각한다."(p. 232) "차라리 우리들은 개념적인 문제에 더 많은 시간을 보내야 한다. 이것을 수행키 위한 절차는 언어 사용에 있다. 그래서 나는 언어에 관해서 말해야 하고, 명명한다는 것은 기술을 위한 준비다."(p. 24)

제안된 방법은 Guttman의 다면적 분석과 크게 다르지 않다. Guttman(1965, 1971, 1976)은 하나의 이론은 가설을 지니면서 한 분야에 대한 분명한 체계와 경험적인 구조의 다면특성 사이에 상응하는 가설로서 기술될 수 있다고 주장한다.

다면적 정의의 명료화는 [그림 2-8]에 제시되어 있다. 다면적 정의에 있는 '숫자' 는 다음과 같이 설명될 수 있다.

① **'자아개념'** 과 **'자아에 관한 개념'** 이라는 용어는 서로 바꾸어 가면서 사용되는 반면, 후자는 철학자들에 의해 쓰여진다. 만약 엄격한 정의를 하고자 한다면, 시간과 장소에 따른 상이한 '개념' 이 있을 수 있듯이 '자아개념' 과 '자아에 관한 개념' 으로 표현될 수 있다.[1] 나의 자아에 관한 나의 개념은 '나를' 에 관한 개념으로, 분명히 타인개념과는 차이가 있다. 그 차이는 정도이지 종류가 아니기 때문이다. 당신이 '나를' 을 많이 알면 알

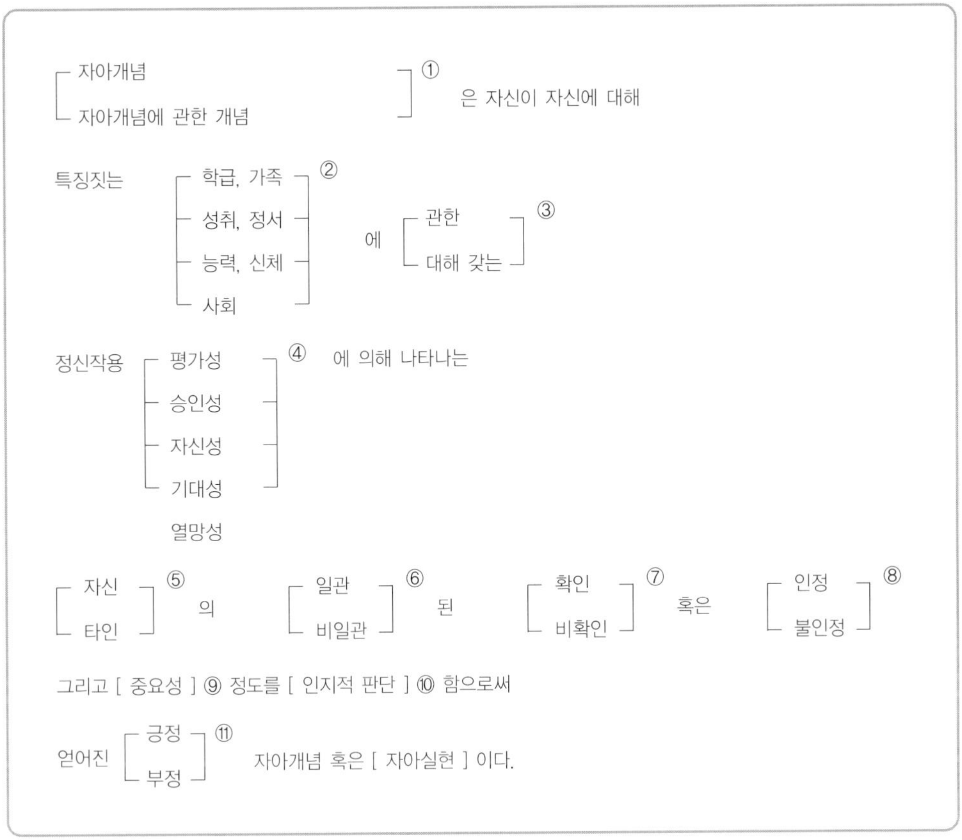

[그림 2-8] 자아개념의 다면적 정의

수록, 당신은 나 자신을 더 잘 알고 이해할 수 있다.

② **정신작용의 대상**이 되는 경험내용은 학문영역에서 학급 자아개념, 성취 자아개념 그리고 능력 자아개념을, 중요 타인 영역에서 사회 자아개념과 가족 자아개념을, 그리고

1) 서로 바꾸어 사용되는 자아개념과 유사한 많은 용어들이 있다. 자아개념과 상호 바꾸어서 사용되는 용어들에는 self(Meltzer, 1970), self-estimation(James, 1890), self-identity(Bruns, 1979), self-image(Allport, 1955, 1961), self-perception, self-consciousness(Berfocci, 1945), self-imaginery(Allport, 1961)이 포함된다. 자아존중감에 유사하게 사용되는 용어들에는 self-regard(James, 1890), self-reference(Cooley, 1912), self-accepting(Gergen, 1981), self-respect and self-worth(Sacks, 1949), self-feeling(James, 1890), self-evaluation(Diggory, 1966)이 포함된다. 자아실현에 관련된 용어들은 self-actualication(Maslow, 1962), self-control(Secord, 1968), self-conplacency(James, 1890), self-knowledge(Gergen, 1981) 등이다.

정의적 영역에서 정서 자아개념과 신체 자아개념을 포함하고 있다.

③ '**~에 관한 인지적 평가**' 와 '**~에 대해 갖는 인지적 평가**' 의 차이는 크지 않다. 그러나 심리학자와 정신분석학자 간의 차이는 있다. 정신분석학자들은 '자아가 갖는 우리의 인지적 개념' 에 대한 평가에 관심을 두고, 심리학자들은 '자아에 관한 우리의 인지적 행위' 에 관심을 둔다.

④ 이 같은 **정신작용**에 포함될 수 있는 구인들로는 평가성(Coopersmith, 1967), 자신성(Maslow, 1954), 승인성(Rogers, 1951), 기대성(McCardless, 1961), 열망성(Roman, Voydanoff, & Lovejoy, 1974) 등을 들 수 있다.

⑤ **확인**은 상이한 출처로부터 올 수 있다. 우리는 우리 자아의 측면들을 확인할 수 있다. 예를 들어, 내가 아주 난해한 등산코스를 정복했을 때 나는 등산가로서 나 자신에 대한 개념을 강화한다. 역시 나는 다른 사람으로부터 나에 대한 확인을 얻을 수 있다. 즉, 나의 동료 등산가들이 나의 등산에 관해 찬사의 코멘트를 할 때와 같은 경우다.

우리는 사회적 동물이며, 인정과 불인정은 무수한 출처로부터 오지만, 그것이 중요 타인으로부터 왔을 때 더 영향력 있다. 그러나 누가 중요하냐의 문제가 있다. 보통 부모, 교사, 친구 등과 같은 우리 상황 속에서의 권위자들을 칭한다. 그러나 이 사람들은 그들의 위치와 사회적 지위 때문이 아니라 우리에게 영향을 주기 때문에 중요하다는 점이다. 우리는 전혀 영향을 주지 않은 교사와 조금의 영향만 준 교사를 기억할 수 있다. 더욱이 스쳐 지나갔지만 강한 영향을 준 타인들이 많이 있다. 그래서 타인들이 우리에게 중요한 영향을 줄 수 있다면, 그리고 줄 수 있을 때 중요한 것이지, 그들이 꼭 특별한 역할을 갖고 있기 때문은 아니다.

⑥ 우리의 우리 **자신에 관한 평가**는 서로가 일관성이 없거나 현실과 일치하지 않을 수 있다. 그러나 모든 행동은 단일체를 위해 일관된 자아개념 상태를 견지하려는 경향이 있다(Festinger, 1957; Heider, 1958; Lecky, 1945; Lewin, 1935; Ziller, 1973).

Lecky(1945)는 한 인간에게 속한 모든 생각들은 서로 일관성이 있어야만 한다고 주장한다. 마음의 중심은 개인의 생각, 혹은 그 자신에 대한 개념이다. 우리가 가지고 있는 생각에 일치하는 생각들에 동화하며, 그들과 일치하지 않는 생각들은 거부한다. 이 같은 개념들은 Festinger의 인지 불일치이론(cognitive dissonance theory)이다. Festinger는 인간 유기체는 내적인 조화, 일치성, 태도들, 가치들 사이의 통합성을 유지하려고 노력한다고 주장한다. 말하자면 인식들 사이에 조화를 향한 동기가 있다고 본다. Maslow는 자아실현을 성취한 사람은 선과 의지, 남성미와 여성미와 같은 자아를 조절할 수 있는 사람들이라고 한다. 더 나아가 우리는 믿음을 지탱하고 행동을 수행하는 데에 불일치성이 있음을 알 수 있다. 이러한 불일치성이 지적될 때 우리는 그러한 행동을 합리화하려는 시도를 할 수 있거나, 혹은 그 불일치성을 받아들일 수 있다.

⑦ 자아에 관한 **인지적 평가**는 타당화와 무효화 과정을 계속적으로 밟는다(Bannister & Agnew, 1976). Buber(1957)는 모든 수준에서 사람들은 어느 정도까지는 그들의 특성에 관해서 서로 확인한다고 본다. 그리고 사회는 그 구성원들이 서로를 확인하는 정도에 따라서 의미를 부여한다고 보고 있다.

Laing은 자아이론의 기초로서 Buber의 확인과 비확인의 개념을 사용한다. 인간의 상호작용은 확인과 비확인을 의미하며, 강도, 질, 그리고 양에 있어서 다양하다. Laing은 구성원에 의하여 완전히 무시되는 것보다 더 잔인한 것은 없다고 주장한다.

⑧ 타인이 우리를 **인정하느냐 불인정하느냐** 하는 것은 자아개념에 영향을 준다. 우리는 지금까지 인정과 불인정의 중요성을 논의했다. 인정 혹은 불인정의 형태는 다양하며, 그 형태는 얼굴표정(미소), 몸의 동작 그리고 청각적인 것 등일 수도 있다. 인정의 수준도 다양하다.

Laing(1961)은 인정감이 어떻게 전달되느냐 하는 것은 정신요법에서 중요하며, 인정의 결여로 인해 한 사람의 거짓 자아는 긍정되고, 인정되지 않는 진짜 자아는 거짓된 위치에 놓이게 된다고 주장한다(Laing, 1961, p. 101).

⑨ 만약 우리가 생활의 한 측면을 중요한 것으로 간주하지 않는다면, 그때 그것은 우리의 자아개념에 거의 영향을 주지 않을 것이다. 예를 들어, 만약 내가 나의 스포츠 능력에 가치를 두지 않게 되면 그것은 나의 자아개념과 거의 관련을 갖지 않을 것이다.

이것은 내가 스포츠에 대한 능력이 있을지라도 마찬가지다. 나는 매우 우수한 스포츠맨일 수 있다. 또한 만약 내가 한국의 산들에 관해서 많이 알고 있다고 하면, 그러한 지식은 자아개념에 관련이 있을 수도 있고 없을 수도 있다. 자아개념에 관련 있는 중요한 것은 나의 능력과 지식이 아니라 우리 관심 속의 믿음이다.

⑩ 많은 연구자들은 **자아를 평가와 수용**이라는 의미에서 논의한다. 이들 용어들은 인지적 판단이며 외적 조건들에 의한 평가다. Ziller(1973, p. 8)는 "자아는 평가자 자신이 선택한 평가적인 차원에 따라 중요 타인과의 관계 속에서 자아에 관한 인지적 결정이다."라고 주장한다. 자아개념을 인지적 평가라고 하는 주장은 인간을 인식아로 보는 시각이다.

⑪ **긍정적 자아개념** 혹은 자아존중감은 자아의 한 측면으로 정의된다. 이 같은 긍정적 자아개념 혹은 자아존중감의 정의는 Rawls(1971)의 글에 기초한다. 이를 재정리하면 다음과 같다.

긍정적 자아개념 혹은 자아존중감의 출현성에서 우리의 진술들, 처방, 기대감 등은 우리의 자아개념을 형성하는 데 결정적인 역할을 한다. 이러한 평가들은 보통 위계적으로 관련되어 있으며, 지식 혹은 신념을 좌우한다. 그러나 목적은 단지 기능의 집합이 아니고 자신의 생각을 갖고 있으며, 다른 인식들에 관한 자아개념을 갖고 있다. 우리의 자아개념들은 중요하다고 생각하는 것과 관련되며, 우리의 능력 그리고/또는 지식과 반드시 관련될 필요는 없다. 여기에 자아개념과 자아존중감 사이의 관계가 있다. 다음의 두 실례를 살펴보자.

- 나는 대단히 유능한 등반가이고 밧줄, 길, 뉴질랜드 산 지형에 놀라운 지식을 갖고 있다. 이러한 등산의 기술적 특성들이 중요하지 않다면, 나의 자아존중감은 아마도 영향받지 않을 것이다. 단지 그것이 중요하다면, 등반가로서 나의 자아존중감에 관계가 있을 것이다.
- 나는 기계로 조작하는 과업, 특히 자동차에 관한 한 거의 쓸모가 없다. 이것은 나에게 중요하지 않으며, 나는 정비사로 하여금 내 자동차에 필요한 과업을 하도록 해서 몹시 기쁘다. 내 자아존중감은 전혀 영향받지 않는다.

이러한 두 가지 예에서 자아에 대한 나의 개념 수용은 내 지식이나 역량과는 관계없다. 단지 내가 자아개념의 확실한 특성들을 중요하다고 생각만 하면, 자아존중감에 대한 나의 신념에 영향을 줄 것이다.

자아존중감은 내가 가치 있다고 확신하는 나의 행동 혹은 자아특성들과 관련된 특성에 중요성을 부여하며, 우리가 그 분야에서 훌륭하다고 믿고 싶어 한다. James(1890, p. 308)는 자아존중감을 성취에 관련시키려 하였다.

$$\text{자아존중감} = \frac{\text{성공}}{\text{욕구}}$$

그러나 우리가 앞에서 보아 왔듯이 자아존중감은 상대적 의미를 갖는다. 높은 자아존중감은 우리가 우리 삶의 다양한 측면을 중요하게 여기고, 우리 기대를 달성할 수 있다는 자신감을 갖는 것을 말한다. 그러므로 자아존중감은 James가 주장했듯이, 우리가 '존재하고 무언가를 하도록 우리 자신을 지지하는 것' 과 관련하여, 요구를 포기하는 것은 그 요구들을 만족시키는 것만큼이나 구원의 은총을 입는 것이다.

더 나아가 자아개념의 다면성에 이를 적용시킬 수 있다. 우리는 우리의 자아에 대한 모든 특성을 모든 상황에 적용할 수는 없다. 예를 들면, 등산을 논의할 때, 나는 내 학문적 혹은 도덕적 자아개념을 생각하는 것이 아니라, 신체적 자아개념을 좀 더 강조한다. Gergen(1971)이 논평했듯이, "어느 순간에 하나의 개념은 개인마다 다를지 모르며, 그 개념은 다양한 요인들에 좌우될지 모른다." (p. 31)

첫 번째 요인은 학습, 훈련 혹은 주어진 개념에의 친밀함의 양이다. 목사는 운동선수보다 더 분명하게 묘사되고 훨씬 더 풍부한 도덕적 자아개념을 가질 것 같다. 운동선수는 보다 분명한 신체적 자아개념을 가질지도 모른다. 두 번째 요인은 동기다. 동료로부터 인정받고자 하는 욕구의 출현은 동료 자아개념의 출현을 증가시킨다. 세 번째 요인은 능력과 관계가 있다. 어느 한 특성에서 개인의 능력이 많으면 많을수록, 그 특성의 출현은 더 많아질 것이다. 네 번째 요인은 사회적 상황이 자아개념의 어떤 양상들을 다른 특성들보다 더 출현시킬지 모른다는 것이다. 몇몇 집단에서 동료 자아개념과 성 자아개념이 학문 자아개념보다 더 출현할지 모른다. 다섯 번째 요인은 자아개념 차원들의 출현성이 다른 사람들로부터 유도될 수 있다는 것이다. 만약 다른 사람들이 우리의 자아개념의 한 특성을 평가한다면, 이 특성은 좀 더 출현할지도 모른다(Videbeck, 1960).

또한 Gergen(1971)은 출현성이 사회적 관계에 미치는 영향에 대한 중요한 논의를 지적했다.

> 어떤 남자들은 여성의 애정을 얻기 위해 그들 자신을 '강한' '신체적으로 매력 있는' '장난을 좋아하는' 사람으로 규정해야 한다고 배운다. 만약 자아개념을 사용하는 것이 성공을 초래한다면, 그 개념들은 구애 시에 출현성의 정도가 높게 나타날 것이다. 그러나 문제발생은 출현하는 개념들이 더 이상 기능적인 가치가 없을 때 나타난다. 예를 들면, 애정을 품는 즐거움의 성공은 결혼관계에서의 성공과 거의 관계가 없다. 신체적 외모와 용감한 행위는, 우선적 관심으로 경제적 문제를 제기하는 아내를 상대하는 데 불행한 결과를 가져올지 모른다. 아내는 그녀의 남편의 행동이 그 상황에 부적합하기 때문에 불행할지 모르며, 남편은 아내가 그 자신에 대한 개념에 대해 타당성을 제공하지 않기 때문에 노엽게 생각할지 모른다. 그녀는 어쨌든 '중요한' 일에 등을 돌리는 것처럼 보일지 모른다(p. 33).

그러므로 자아존중감은 차원들의 출현성과 관계하며, 우리의 가치감과 얽히게 된다. 개인의 가치의식은 다양한 분야에 있을지 모른다. 즉, 신체(아름다운)는 어떤 사람들에게는 최고로 중요하지만, 다른 사람들에게는 학문적으로 다른 사람으로부터 존경을 얻을 수 있거나, 혹은 바람직한 인성을 갖는 것이 더 중요할지 모른다. Aristoteles의 원리는 각 사람의 능력들이 상대적 의미를 갖는다고 말한다. 결과적으로 사회가 활동에 따라 가치를 달리 두기 때문에 분명치는 않지만, 모든 사람들은 상대적으로 높은 자아존중감을 가질 수 있다.

5. 자아개념의 인식론

자아개념의 존재

인간이 과거의 비물리적 존재에 대한 사고의 획기적인 전환을 가져온 것은 1644년

Descartes가 『철학의 법칙(*Principles of Philosophy*)』에서 "만약 그가 의심하면 그는 생각하는 것이며, 그러므로 그는 존재한다."라는 유명한 철학적 명제를 남김으로써 시작되었다고 할 수 있다. 그 후 James는 자아를 의식경험의 대상으로 보았다. 자아(self)에 대해 James(1890)는, 그의 저서 『심리학의 원리(*Principles of Psychology*)』 중 '자아의 의식세계' 라는 장에서 처음으로 '자아' 를 언급했다. 자연과 같은 물리적 현상에 대하여 관찰하다가 비물리적 · 비자연적 현상에 대한 질문들이 제기되었다. 이것이 영혼, 마음, 정신이란 말로 표현되고, 영혼의 개념을 확대 · 계발시킨 계기가 되었다. 이때 자아의 모든 측면은 삶의 의미를 고양시키거나 혹은 감소시키는 촉매 역할을 한다고 보았다. 자아를 이렇게 파악하기 시작한 James의 가장 큰 공적은 지금까지 형이상학적인 개념으로만 취급되어 오던 자아를 경험과학적인 차원으로 보았다는 데 있다.

Cooley(1902)는 자아를 '나' '나를' '나의' '나의 것' '나 자신' 과 같은 일인칭 단수 대명사의 형태로 보았다. 그는 한 개인에 의해 자아로 명명된 것은 바로 비자아로 명명된 것보다 더 강한 감정을 형성하여 주관적인 느낌을 통해서만 존재한다는 점을 주장한다. 그는 타인이 그를 지각하는 방법으로 그 자신을 지각한다는 면경자아(the looking-glass self) 개념을 소개했다. 이는 사회적 자아로서, 자아의 개념은 타인의 마음 속에 있다고 생각되는 자신의 상에 대한 타인의 태도에 의해 결정되는 것을 의미한다.

Cooley의 반사적 자아이론을 확장시킨 Mead(1934)는, 자아개념은 타인이 그에게 어떻게 반응하느냐의 산물인 사회적 상호작용 과정에서 결정된다는 것을 주장했다. Mead에 따르면, 사회적 역할만큼 많은 자아가 있다는 것이다. Mead는 자아를 과정의 체제보다는 인식의 대상으로 보았다. 이렇게 Mead에게 있어서 자아는 필연적으로 타인들과의 관계를 포함하기 때문에 사회적으로 형성된 자아개념이라고 할 수 있다.

Cooley나 Mead와 마찬가지로 Sullivan(1953)은 자아가 사회적 상호작용으로부터 형성된다고 보았으나, Cooley와 Mead와는 다르게 중요 타인, 특히 어머니와 아동의 상호작용을 강조했다. 이에 더하여 그는 중요 타인에게 인정을 받음으로써 얻은 만족과 성취를 촉구하는 가치의 내재화를 지적했다.

Lecky(1945)는 자아개념을 인성의 핵심부문으로 보면서 인성을 일관성 있는 가치의 조직으로 정의하고, 인성의 조직은 새로운 개념의 계속적인 동화와 오래된 개념의 수정을 포함한다고 하였다. Snygg와 Combs(1949)는 자아개념을 안정적인 인성특성을 포함하는 보다 큰 조직의 핵으로 보고 있다.

Rogers(1951)는 자아를 조직적이고 유동적이나 일관적이며, '나' 또는 '나를' 에 대한 지각, '나' 또는 '나를' 과 다른 사람의 다양한 측면과의 관계에 대한 지각, 그리고 이러한 지각에 부합되는 하나의 조직된 개념으로 본다.

Allport(1961)는 자아 없는 심리학의 모순을 신랄하게 비판하면서 고유자아라는 용어를 사용했다. 고유자아는 개인에게 있어서 독특한 것을 가리키며, 개인의 성장과정에서 갖게 되는 주위와의 상호작용의 질에 따라 소유하게 되는 자아개념으로 본다. 고유자아는 유아기로부터 청년기까지 단계를 거쳐 발달한다. 후기 단계의 발달은 이전 단계에서 발달하기 시작한 여러 측면들이 보다 강화되어 나감을 암시하고 있다.

Sarbin(1952)은 행동은 인지적 구조로 조직되었음을 주장했다. 그러한 중요한 구조는 자아다. 다른 구조와 마찬가지로 자아는 위계적으로 조직되었고 하위위계로부터 상위위계로 변한다.

위와 같은 자아개념에 대한 접근은 세 가지로 구분할 수 있다. Felker(1974) 같은 학자는 정신분석학적 접근, 인본주의적 접근, 인지주의적 접근으로 구분하고 있으나, 대부분의 학자들은 정신분석학적 접근, 사회심리학적 접근, 현상학적 접근으로 구분한다.

정신분석학적 접근에서 자아는 인성을 형성하는 id, ego, superego의 역동성 속에서 개체가 출생하여 외부와 접촉하면서 발달하기 시작한다. 또한 자아를 현실을 정확히 지각하며 합리적 사고방식을 하는 이차적 사고과정이라고 보았다.

사회심리학적 접근에서 자아는 대상으로서의 자아, 즉 인지되고 경험되는 것으로서의 자아를 뜻한다. 따라서 자아개념이란 타인이 자기에게 어떻게 반영되느냐에 따른 사회적 상호작용에 의해 생기는 것이다. 이 접근에서 자아개념은 타인의 반응을 인지함으로써 형성되는 것으로 개인과 사회의 연관성을 강조하고 있다.

현상학적 접근에서 자아는 대상인 동시에 과정이며, 자아개념은 환경과의 상호작용, 즉 경험에 의하여 형성되는 것으로 보고, 환경과 자신에 대한 인지적 지각을 강조하고 있다. 인간 행동은 유기체의 현상학적 장에 의해 결정되며, 이때 현상학적 장이란 사람이 행동하는 순간에 인식하는 경험의 총체로 구성된다. 이러한 자아는 경험의 주체가 된다. 또한 지금 그대로의 자아를 실제자아, 되고자 하는 자아를 이상자아라 하는데, 실제자아와 이상자아와의 차이가 크면 클수록 인간은 만족감을 갖지 못하고 부적응 현상을 나타낸다.

자아개념의 위계적 모형

자아개념의 모형을 통해서 자아개념의 다면적이고 위계적인 특성을 알 수 있었다. 자아개념의 중요한 특성들을 정교화하기 위하여 주로 Shavelson 등(1976), Song(1982), Song과 Hattie(1985), 송인섭(1989a) 등에서 추론했던 다양한 측면들이 논의된다(Hattie, 1992).

자아개념은 나이에 따라 위계특성이 다르다. 그래서 어린 아동들보다 청소년들은 좀 더 다면적이고 위계적이다. 어린 아동들은 하나의 일반적인 고차원 요인만을 가지고 있는 반면, 청소년들은 보다 많은 고차원 요인들을 가지고 있다.

자아개념은 일반적인 의미를 가지면서, 학문 자아개념, 사회 자아개념, 정서 자아개념, 그리고 좀 더 구체적인 특성들이 있다. 그러나 일반 자아개념은 저차원 특성들의 단순한 합체가 아니다. "본질적으로, 우리는 추상화의 사다리를 올라가서 더 많은 이러한 유추 수준들을 끌어올려, 세부사항들보다 더 고차원적인 추상개념들을 형성한다."(송인섭, 1989a, p. 14)

위계적 모형에서 고차원으로 올라가면 올라갈수록, 자아개념들 간에는 일치성이 있다. 위계구조에서 저차원 구조들 간에는 모순성이 있을지도 모른다. 예를 들면, '나는 대퇴부가 굵다' 그러나 '나는 멋진 이두근을 가지고 있다' 고 말할 수 있다. 이 두 진술이 고차원 수준에서는 '나는 내 신체에 대해 만족한다' 라고 말할 수 있다. 고차원 수준에서는 속성들이 통합되어 좋고 나쁜, 수용할 만하고 수용할 수 없는 등의 전반적인 평가를 한다. 분명히 개인의 고차원 구인들에 대한 지식은 좀 더 신뢰할 수 있는 예언을 할 수 있다. 고차원 수준 개념들은 저차원 수준 개념들보다는 좀 더 안정적이고 시간과 상황 전반에 걸쳐 일관된 것 같다. 이러한 고차원의 의미들은 Mischel과 Peake(1983)에 의해 논의되었던 원형과 관계한다. 전형적으로 고차원은 좀 더 추상적이며, 저차원은 기초적 요소다.

자아개념의 인식론적 특성

다면적 특성 자아개념 이론은 자아개념의 다양한 국면들이 위계모형의 저차원에서 분화되고 있음을 말한다. 상호관련성 혹은 자아의 다양한 특성이 있다. 한 예로 Goldstein(1939), Rogers(1934, 1951, 1954), Murphy(1947) 등은 자아개념의 부분들이 얽혀 있어 잠재적으로 어느 주어진 순간에 서로 영향을 주는 전체적인 형태라는 자아개념 이론을 만들었다. 다른 한편으로, Freud는 원초아, 자아, 초자아의 세 가지 구조개념을 구분했지만, Jung(1933)는 후기 작가들보다 이 세 부분의 균형에는 관심이 덜한 것 같았다. 예를 들어, Jung은 자아는 의식이 무의식에 대하여 균형을 이룰 때만 단일체로서 나타난다고 주장했다.

자아개념들의 다양성을 주장했던 연구자들은 아마도 '기능' 심리학자들일 것이다. 19세기에 주류를 이루었던 이 기능심리학자들은 별개의 정신기능들이 있는 수만큼 별개의 대뇌기관이 있다고 주장하고, 다수의 독립적인 뇌 부분들로 이루어져 있다. 우리가 뇌에 좌우반구를 갖고 있으며, 이 두 부분이 각기 다른 기능을 수행한다. 그래서 자아의 단일성만을 이야기하는 것은 잘못되었다는 것이다. Sperry(1968)는 '분리된 뇌' 연구를 요약하면서 다음과 같이 논평했다.

> 대부분의 의식적인 자각영역에는 분명한 중복이 있다. 정상적으로 통일된 의식의 흐름 대신, 횡연합신경을 절제한 환자들은 각 반구에 하나씩, 두 개의 독립된 의식적인 지각의 흐름을 가지고 있어서, 각각의 흐름은 나머지의 정신적인 경험으로부터 단절되고 접촉하지 못한 것처럼 여러 방식으로 행동한다.

Sperry가 주장하듯이, 두 개의 '자아들' 간에 갈등이 없는 이유는 이 두 정신적 영역들이 오직 한 개의 몸체를 가지기 때문이다. 그래서 그 영역들은 항상 "동일한 장소로 끌려가, 동일한 사람들을 만나고, 항상 동일한 것들을 하고, 그래서 공통의, 거의 똑같은 경험을 중복해서 하도록 되어 있다."(p. 724)

자아개념의 다면성들의 통합에는 큰 개인차가 있다. Ryle(1949)은 어떤 사람들은 타인들 속에서 관계를 좀 더 잘 알 수 있는 반면, 다른 사람들은 부분들을 좀 더 알 수 있다고 주장했다(Witkin, 1950, 1965). 상호관련성이 통일체, 핵, 혹은 심리측정적 언어에 공통요인이 틀림없이 있다는 뜻은 아니다(Sherif, 1967). 묘사들의 상호관련 특성, 처방들, 그리고 자아에 대한 기대의 상호관련 특성 때문에, 자아개념 요소 부분의 특성들 간에 갈등이 있을지도 모른다.

Hegel(1817, 1990)의 철학은 이러한 갈등들에 기초하였다. 그는 '한 사람'의 하나의 몫 혹은 여러 가지 몫들이 개체 내 다른 몫들과 반대될지도 모른다고 했다. 이 반대의 결과는 긴장과 갈등이며, 변화를 야기하거나 새로운 질서를 야기하여 자아에 대한 새로운 이해를 낳는다. Hegel은 이러한 과정을 '정 · 반 · 합'이라고 불렀다. 이러한 Hegel적 구조로 볼 때, 지식은 사회적 맥락 내에, 그리고 사회적 맥락과 뒤엉켜져 있는 것으로 보일 수 있다. 정신은 정보의 선택과 처리, 그리고 평가의 구성과 사용에 있어 능동적이다. 이 평가들은 논리적일 뿐만 아니라 실용적이다. 그 평가들은 수정되고, 변형되고, 거부되며, 때로는 이전 평가에 동화될 수 있다. 다른 사람들의 영향을 받아 개인은 인식아가 그들과 진실로 일치한다는 느낌을 받지 않을 때조차도 평가를 수용할지 모른다. Rogers(1981)는 이 무언의 승낙 과정을 '왜곡된 상징화'라고 불렀다. 비록 자아개념 모형의 다양한 특성들이 구분 가능하다고 하지만, 이것이 상호관련성이 없다는 것을 의미하지는 않는다.

일반 자아개념의 잠재적 특성 자아개념이 사람 속에 존재하는 실재가 아니라는 것은 강조되어야 한다. 자아개념은 우리 자신에 대해 가지는 단지 신념의 집합일 뿐이며, 이 신념들 간의 관계들의 집합이다. 자아개념의 잠재성은 우선적으로 이 관계들과 관련이 있으며, 그래서 자아개념은 우리 모형의 저수준에서보다 정상에서 더 잠재적이다. 자아개념은 사람이 가지는 하나의 국면에 불과하며, 그 출현성과 유의미는 사람들마다 다르다. 자아개념은 사람, 인성, 성격 등과 동의어가 아니다.

'일반' 자아개념의 본질에 대한 논의에서 Marsh(1986c)는 일반 자아개념에 대해 다섯 가지로 정의했다. ① 위계적 일반 자아개념은 정상에 나타난다. ② 하위 특성들의 범위에서 폭넓게 표집된 자아 참조 항목들의 총점이다. ③ 비교적 단일차원적 일반 자아존중감과 많은 구체적 영역들에 적용될 수 있는 자아가치 혹은 자기확신에 관련하는 내용이다. ④ 불일치 일반 자아개념(예: 실제적-이상적)이다. ⑤ 출현성, 가치, 중요성에 따라 가중된 평균 일반 자아개념이다.

Harter(1985a)는 적합성과 중요성 판단 간의 불일치가 결정적으로 작용한다고 제안했고, Pelham과 Swann(1989)은 개개인들이 자신들의 자아관점들을 얼마나 확신하는가에 의한 가중화를 주장했다.

'일반' 자아개념은 자아의 다양한 차원들에 대한 반응의 가중체제에 좀 더 관련되어 있으며, 개개인에 따라 상당히 다른 것이 사실이다. 이러한 가중체제는 개개인의 '일반' 자아개념을 이해할 때 중요한 결정인자다.

유일무이한 특성 Calkins(1910)는 각 개인의 자아개념이 독특하기 때문에 대체할 수 없다고 했다. 모든 사람이 각기 다른 환경 속에서 살았고 시간과 공간에서 다른 위치에 있으며, 세상을 보는 각기 다른 신념체계를 발달시켜 왔기 때문에 모든 사람이 유일무이한 자아개념을 가지고 있다. 사람마다 각기 다른 방식으로 세상을 발견하고 본다. Rosenberg(1979)는 다른 사람의 시각보다 더 혹은 덜 정확할 수는 있으나 각 개인 자신의 시각이 독특하다고 덧붙였다. 비록 한 사람이 자신을 또 다른 사람이 자신을 보듯이 볼지도 모르고, 그 사람과 유사한 신념체계를 수용하는 것이 당연하다고 할지라도, 첫 번째 사람은 두 번째 사람과 똑같은 자아개념을 모두 나누지는 않는다. 개개인에 걸쳐 특징이 있으며, 이것들은 자아개념의 구조와 과정들에 관련이 있다.

많은 사람들은 자신을 구별하기에 충분히 다른 특징들을 갖고 있다. 키가 크거나 작은 사람은 평균 키의 사람보다 키를 자아개념에의 출현으로 더 간주할 것 같다. 집안일에서 여성들의 몫이 증가하는 것처럼, 남자아이들은 남자다움이라는 관점에서 자신들을 묘사하고, 여자아이는 여자다움에 대한 감각을 더 중시한다(McGuire, 1984; McGuire & McGuire, 1982).

Marsh(1984, 1987a, 1990b; Marsh & Parker, 1984)는 큰 연못 속의 작은 물고기와 작은 연못 속의 큰 물고기의 은유를 사용해서 자아개념의 독특성을 강조하였다. 개개인의 자아개념은 자신이 표준으로서 사용하고 있는 집단에 관련이 있다. 그들이 비유하는 집단과 관련하여 머리가 좋은 학생들은 아마도 다른 사람들과 비교할 때 보다 더 높은 자아개념을 가지고 있을 것이다. 만약 그때 학교에서 가장 잘하는 농구선수가 재능에 관해서는 거의 밑바닥인 엘리트 농구 팀에 배치된다면, 더 낮은 자아개념을 가질지도 모른다.

행동의 결정자 자아개념은 행동을 안내하고, 중재하고, 조절하지만, 행동은 아니다. 자아개념은 우리가 어떻게 행동하는지에 영향을 줄 수 있지만, 그 개념들이 우리의 행동을 지배하지는 않는다(Ryle, 1949). 우리는 '나는 누구인가?' 하고 좀처럼 묻지 않으며, 우리의 행동을 수정하지 않는다. 그러나 우리의 자아개념과 조화를 이루어 행동할지 모른다(Erikson, 1959).

그래서 자아개념은 "능동적이고, 힘이 있고, 변화할 수 있는 것, 즉 역동적인 것으로 간주될 수 있다. 그것은 자아개념과 관련된 행위들과 경험들을 해석하고 조직한다. 행동을 위한 표준들, 계획들, 규칙들, 동기적 중요성을 지닌다. 그리고 그것은 사회적 환경으로부터 도전에 반응하여 적응한다." (Markus & Wurf, 1987, pp. 299-300).

우리의 자아개념이 출현해서 행동에 좀 더 직접적으로 관련되어 있는 상황들이 있다. 자아개념은 개인과 한 집단의 조화가 깨졌을 때와 같은 사회적으로 붕괴된 상황에서 우리의 행동을 좀 더 잘 안내한다. 자아개념의 1차 요인들 간의 불일치는 개인으로 하여금 자아명상에 잠기도록 할지도 모르며, 어쩌면 자아개념에 변화가 있을지도 모른다. 자아개념에 대한 인지적 평가와 행동 간에 불일치가 있을 때, 과거 행동들이 의문시될 때, 새로운 처방들이 있을 때, 타인의 평가가 고려 중일 때, 부당성이 증명될 때, 혹은 행동이 중요할 때, 자아개념은 연속되는 행동결과들 혹은 행동의 변화를 낳을 가능성이 있다. 이러한 추측에 대한 증거는 자아효능감에 대한 Bandura의 연구가 제공하고 있다(Bandura, 1982, 1986).

Snyder(1974, 1987)는 개개인의 높고 낮은 자아충고에 근거한 이론을 정교화했다. 높은 자아충고들은 그들의 자아표현을 상당한 정도로 감시하거나 통제하며, 다른 사람들을 이해하는 데 좀 더 많은 노력을 기울이고 나서 그들 자신의 자아표현들을 선택한다. 낮은 자아충고들은 그들 주변의 사회적인 분위기를 계속해서 평가하는 데 그다지 관심이 없으며, 자신의 신념에 좀 더 맞게 행동하고 그들이 믿고 행동하는 것 사이의 일치를 긍정적으로 본다. 낮은 자아충고자들은 그래서 경우마다 좀 더 일관적이고, 아마도 그들의 자아에 대한 다양한 관념들을 보다 잘 종합하는 것 같다. 높은 자아충고자들은 좀 더 특수 상황적이고, 아마도 상황 '읽기' 를 시도함으로써 통합의식을 얻는다.

자아개념과 행동의 관계에 포함된 요인들이 많이 있으며, 그 상관은 상황에 따라 변할 수 있고, 자아개념의 변화가 다른 행동들의 변화를 초래할 수 있다.

암시적 특성 인성에 대한 암시적 이론들은 특성 간 가정된 관계들을 묘사하는 데 관심이 있었지만(예: Bruner & Tagiuri, 1954), 이들은 또한 사람들이 왜 그들이 하는 방식대로 행동하는지에 대한 가정에도 관심을 갖게 되었다(Schneider, 1973 참조). 그들은 인성에 대한 좀 더 고양되고 의식적으로 개발된 심리학 이론들과 대조적으로 '암시적' 이라는 표현을 사용했다. 대부분의 개인들은 그들 자신과 행동에 대한 암시적 심리학 이론을 사용해서 경험의 뜻을 이해하고, 발생하는 사건들을 설명한다. 그들은 또한 이 암시적 이론들을 사용하여 그들의 행동과 사고를 설명한다(Kahnemann, Slovic, & Tversky, 1982; Kahnemann & Tversky, 1972). 이 암시적 이론들은 우리 자아개념에 핵심 역할을 한다. 예를 들면, Ross(1989)는 사람들이 자아개념에 대한 암시적 이론들을 사용하여 그들의 개인사를 구성하며, 필요하다면 그들은 자아존중감을 위해 실재적 관점을 왜곡시킬 수 있다고 주장했다. 그는 Nietzche(1911)가 " '나는 그것을 했었다' 라고 나의 기억은 말한다. '나는 그것을 할 수 없었을 것이다' 라고 나의 자존심은 말하며, 움직일 수 없는 상태로 있다. 결국, 기억이 굴복한다." 라고 하였다.

암시적 이론들에 관해 가장 분명하게 진술한 학자 중 하나는 G. A. Kelly(1955)다. Kelly는 우리들 각자가 인생경험들의 독특한 산물인 개인 구성체제를 통해 인생을 바라본다고 주장했다. 이 개인적인 구성은 우리가 자라면서 수정을 필요로 하며, 합리적으로 잘 작용하는 범위를 갖는다. Kelly의 근본적인 가정은 한 개인의 과정들이 자신이 사건에 참여하는 방식에 의해 심리적으로 일정한 방향으로 이끌린다는 것이다. 그래서 Kelly는 정적인 존재가 아닌, 과정으로서의 개체에 대해 가정한다. 그의 중요한 추론은 선택이다. 한 개인이 자신을 위해 개인의 참여가 자신의 자아에의 확대와 정의에 대한 보다 큰 가능성을 야기시킬 것이라는 대안을 선택한다. 그래서 한 개인은 자신이 이미 사용하는 체제에 대해 이해를 좀 더 폭넓게 하거나 보다 잘 정의할 것 같다.

결과적으로 한 사람의 구인들(자아)에 대한 프로필을 구축하고, 이 구인들이 한 개인이 어떻게 행동하기로 '선택하는지'에 얼마나 영향을 주는지 아는 것이 가능하다. 대안적 절차는 학생들에게 자아개념이라는 용어로 그들이 의미하는 것을 묻는 것이다. 이것은 지능과 같은 심리학적 구인들에 대한 비전문가적 인식의 연구에서 사용되는 평범한 접근법이다(Neisser, 1979).

또 다른 접근법은 행동 목록을 제시하고 높은 자아개념을 가진 개인을 정의하는 데 각각의 행동의 중요성을 평정하도록 요구하는 것이다. 예를 들면, 지능이라는 말이 나왔으니 말인데, Sternberg, Conway, Ketron 및 Bernstein(1981)이 비전문가와 전문가에게 지능과 연관된 행동 목록을 제시했다. 이 사람들은 250개의 행동 각각이 이상적으로 지적인 사람 안에서 어떤 특성을 지니는지를 평정하도록 요구받았다. 비전문가의 평정에 대한 주요한 요인분석으로부터, 그들은 세 가지 요인을 보고했다. 그것은 실제적인 문제해결, 언어력, 그리고 사회적 능력이다. 사회적 능력은 심리학자들의 명시적 이론들에서는 거의 항상 부재한 것이지만, 비전문가들의 암시적 이론 세우기에서 나타난 요인이라고 말했다. 이 연구와 다른 연구들로부터, Sternberg와 동료들은 "사람들은 더할 나위 없이 지적인 사람에 대한 원형을 가지는 듯하며, 이 원형에 대한 그들의 자아인식 대응들은 측정된 지능뿐만 아니라 이 지능에 대한 그들의 평가들과 연관되어 있다."(p. 50)라고 주장했다.

위의 방법론과 관련된 하나의 문제는 개개인의 암시적 이론보다 오히려 예상되는 자아개념의 의미들이 보고될지 모른다는 것이다. 개개인들은 심리학적인 의미에 대한 암묵적인 이해를 많이 갖고 있으며, 그러한 암묵적 지식의 출현을 고려하는 개별사례법이 자아개념과 같은 덜 사용되는 용어들에 대해 좀 더 타당한 것 같다.

상황과 중요 타인과의 상호작용 자아개념에 대한 논쟁 중 하나는 자아개념에 대한 개인 특성에 영향을 주는 상황, 환경, 중요 타인들에 관한 것이다. 이들은 개인이 자유로이 선택한다고 주장하는 사람들이 있는가 하면, 반대로 이 선택이 예정되어 있다고 주장하는 사람들도 있다는 점에서, 철학적으로 보면 고전적인 자유의지 대 결정주의 논쟁이 된다. 심리학에서 두 개의 극단은 기계론적인 관점과 구성주의적인 관점으로 명명되었다(Lewis & Brooks-Gunn, 1979; Loevinger, 1976; Reese & Overton, 1970). 기계론은 정보는 자극이며(예를 들면, 환경 혹은 타인들로부터 나오는), 정보를 재구성하는 데 개개인의 행위들보다 전체적인 환경이 더 중요하다고 주장했다. 행동의 조직과 통제는 환경에 의해 중재되는 것이지 개인에 의해서 조정되는 것은 아니다. 이 모형에 의하면 자아개념은 외부 영향들에 대한 반응이며, 행동주의학자, Mead, Cooley 등의 참조집단 이론가들과 Goffman이 가장 일치했던 관점이다. 다른 관점은 구성주의자들의 관점인데, 개개인은 능동적으로 환경을 해석하며, 그의 또는 그녀의 행위들이 환경에 의해 영향을 받을 뿐만 아니라 환경에 영향을 주고 환경을 조직한다고 주장했다. 이 관점은 Rogers(1951), Kelly(1955), Piaget(1973)에 의해 제안되었다.

그러나 어떠한 관점도 환경만이 혹은 개인만이 자아개념의 근원이라고 주장하지는 않는다. Heider는 개인이 행동결과들을 능력 정도, 노력의 양, 곤란 정도 혹은 환경 내 통제 불가능한 우연적 요인들의 탓으로 돌린다고 했다. 통제의 내적 소재와 외적 소재의 구별은 DeCharms(1968)와 Weiner(1972, 1977)와 같은 귀인이론가들에 의해 광범위하게 수행되었다.

DeCharms는 사람들은 아주 어렸을 때에 동기화된다는 것을 배운다. 그러나 인과관계의 소재는 개인 내에 있다고 보는 사람들이 있는가 하면, 소재가 개인 밖에 있다는 사람들도 있다. DeCharms는 이를 내적 소재, 외적 소재로 명명했다. 사람들은 원인의 행위자가 되기 위해 노력하며, 인과관계의 일차적 소재가 되려고 노력한다. 즉, 운명의 정복자, 행동의 근원이 되려고 한다. 그리고 이것을 DeCharms가 개인적 인과관계라고 명명했다. 행동은 자신의 선택에 의해 결정된 것이라는 인식을 '근원' 이라 부른다. 행동이 통제를 초월한 외적인 힘에 의해 결정된다고 인식하는 사람은 '앞잡이' 라고 불리운다. DeCharms는 개인은 어떤 상황들하에서는 좀 더 근원처럼, 다른 상황에서는 좀 더 앞잡이처럼 느낀다고 했다. "근원은 개인적 인과관계에 대한 강한 느낌을 갖고 있는데, 인과관계 소재가 그 자신 내에 있다는 느낌이다. …… 앞잡이는 그의 통제를 초월한 인과적 힘, 혹은 다른 사람들에 귀속하는 개인적인 힘, 혹은 물질적 환경에 귀속하는 힘이 그의 행동을 결정하는 느낌이다. 이것은 무력함 혹은 무능함을 구성한다." (p. 274)

이 차이들은 내적 강화와 외적 강화에 대해 썼던 Rotter(1954, 1966), 책임의 내적 · 외적 소재를 사용했던 Weiner(1974, 1977), 객관적 · 주관적 자기자각을 사용했던 Duval과 Wicklund(1972), 실용적 · 원리적 자아를 사용한 Snyder와 Campbell(1982), 심리학적 · 물질적 자아를 사용한 Anderson(1952), 내재적 동기와 외재적 동기를 사용한 Deci(1975), 자유와 구속을 사용한 Brehm(1966)과 Steiner(1970)와 같은 사람들에 의해 사용되었다.

Rotter(1954, 1966, 1975)는 특별한 강화와 그 강화의 가치를 야기시킬 것이라는 '기대의 기능'이 행동이라고 주장했다. 두 종류의 기대가 있다. 하나는 성취, 의존, 확증, 그리고 사회적 승인과 같은 특별한 종류의 강화에 대한 기대를 포함한다. 다른 하나는 강화의 본질이 다를지 모르는 상황들의 다른 국면들로부터 일반화한 기대들을 다룬다.

통제의 높은 내적 소재를 가진 사람들은 통제의 높은 외적 소재를 지닌 사람들보다 더 높은 자아개념을 갖고 있을 것이라고 예상된다. 이것은 내적 소재를 지닌 사람들이 성공을 그의 능력과 노력에 기인하는 것으로 인식하기 때문이다. 외적 소재를 지닌 사람들은 그러한 강한 유대를 보지 않고, 성공을 운에 더 기인하는 것으로 보며, 인과관계를 그들의 통제가 아닌 요인들에 기인하는 것으로 반응하는 것 같다. 외적 소재를 지닌 사람들은 부당성을 외적 요인의 탓으로 돌리는 반면, 내적 소재를 지닌 사람들은 부당성을 그들 자신과 외적 요인들의 탓으로 돌린다(Coopersmith, 1967, p. 43).

Weiner(1986)는 통제의 내적 소재와 외적 소재의 차이가 행동을 설명하는 데 불충분하다고 생각했다. 그는 두 가지 차원을 덧붙였다. 하나는 상대적인 지속성이다. 예를 들면, 능력이 노력보다는 좀 더 지속하는 것으로서 인식되기 때문에, 능력의 탓으로 돌려진 앞선 결과들은 노력의 탓으로 돌려진 결과들보다 미래에 대해 좀 더 예언적이다. 두 번째 차원은 지배성이다. 능력은 내적, 안정적, 통제 불가능한 것인 반면에, 노력은 내적, 불안정적, 통제 가능한 것이다. 또한 Weiner는 의도성 혹은 전체성(원인의 보편성)과 같은 다른 차원들을 제시했다.

Weiner는 높은 내적 점수를 가진 사람들이 실패의 좌절을 좀 더 견딜 수 있다고 한다. 즉, 노력은 증대시킬 수 있는 불안정한 원인이기 때문에, 그들은 실패 후에 수행 증진을 나타내고 목표 관련 시도를 밀고 나간다. 높은 내적 소재를 지닌 사람들은 그들의 성취에의 자부심이 증가된다. 외적 소재를 지닌 사람들은 실패에 의해 좀 더 방해받으며, 목표가 달성되지 않으면, 목표지향적 활동들을 그만두기 쉽다. 이것은 외적 소재를 지닌 사람들은 운을 주원인으로 여기기 때문이다.

높은 외적 소재를 지닌 사람은 상황적으로 영향을 받고, 그래서 좀 더 분화되고, 덜 위계적인 자아개념을 갖는다. 이것은 외적 소재를 지닌 사람들은 다른 사람들의 행동에 좀 더 주의를 기울이기 때문이다.

문화의 영향 문화가 자아개념에 주는 영향에 대해서는 최소한 두 가지 관점이 있다. 첫 번째 관점은 자아개념이 개인보다는 문화에 좀 더 관련되어 있다는 것이다. Snygg와 Combs(1949)는 "우리의 문화는 구성원들에 의해 발달되는 현상적 자아를 결정하는 데 중요한 부분"(p. 87)이라는 접근법을 따랐다. 자아개념의 문화적 의존에 대한 또 다른 설명은 어느 한 문화권 출신으로 새로운 문화에의 동화다. 호주 원주민들은 전형적으로 인간의 자아개념을 문화와 관련시킨다. Puntipi 원주민 문화에서 자아개념은 다른 사람들과 사물들의 망과 광범위하게 연결되어 있다(Myers, 1979).

문화의 영향에 대한 두 번째 관점은 자아개념에 대한 공통의 요소들이 있으며, 이 공통 요소가 문화로 정의된다는 것이다. 그래서 자아개념의 가장 중요한 근원은 개인과 문화로부터 많이 나온다. 그러나 공통의 사회를 창조할 공통 근원들이 있을 수 있다. Levi-Strauss(1963, 1966)는 이것을 '브리콜라주(bricolage)' 라고 불렀으며, 각기 다른 문화가 요소들의 다양성을 가질지도 모르지만 공통점도 있다고 주장했다. 그는 문화에 걸쳐 요소들의 배열에 많은 차이가 있음을 지적했으며, 특히 가족과 관련된 진술들의 주 역할에 주목했다.

서구문화에서 Geertz(1973, 1979)는 자율, 완전통합, 통제와 지배에 대한 연구가 있다고 한다(Storr, 1988). 서구사회는 1차적 통제를 가치화하는 경향이 있고 실재에 영향을 주며, 반면 일본과 같은 다른 문화들은 그 자신들의 모양을 바꾸려 하기보다는 오히려 실재에 그 자신들을 맞춘다(Shweder & Bourne, 1982). 일본에서는 "완전히 환경으로부터 독립된 자아개념은 아주 이국적이다. …… 일본 사람들은 자아와 완전히 분리된 환경에 대한 통제를 가하는 것으로 생각하지 않으며, 환경과 분리되어 있는 자아에 대한 통제를 한다고 생각하지도 않는다."(p. 973; Marsella, DeVos, & Hsu, 1985; Stevenson, Azuma, & Hakuta, 1986)

문화 간, 문화 내 모두 자아개념의 의미에 차이가 있다는 것은 분명하다. 몇몇 사회에서는 자아개념이 문화의 사회적 관행에 의해 아주 많이 결정되고 영향을 받는 반면에, 다른 사회에서는 그러한 개념들이 문화 내 개개인들의 위치를 통제한다고 정의된다(Sampson, 1985; Storr, 1988 참조). 자아개념의 위계적 다면 모형에 대한 지지가 더 많은 다른 문화에서 연구되어 왔다(Song, 1982; Watkins, Fleming, & Alfon, 1989; Watkins, Kai, & Regmi, 1991).

자아관념에 대한 가중치의 변화 위에 제시된 위계모형에서 특성들(동료, 가족, 신체 자아개념과 같은)은 총망라를 나타내지 않으며, 더욱이 그 특성들은 발달을 통해, 그리고 문화에 걸쳐 변할 수 있다. 내용 또한 세대에 걸쳐 변할지 모른다. Zurcher(1977)는 '나는 누구지?' 라는 질문에 20개의 진술들을 답해야 하는 20개 진술검사(twenty statements test: Kuhn & McPartland, 1954; McPartland, 1965)를 사용했다. 그 후 답안들은 네 개 범주로 부호화된다.

① 범주 '가' 는 신분증명서에서 발견되는 물질적 속성들과 기타 정보를 포함한다. 자아개념에 대한 이 정보는 표준척도로 볼 수 있다. 즉, 사회적 상호작용이 없다.
② 범주 '나' 는 사회적으로 정의되고, 사회적 관계가 포함된다. 예를 들면, '나는 아버지다' 혹은 '나는 등반가다.' 이 진술들은 정의된 사회적 맥락 속에서 수행에 의존하며, 행동에 대한 규준을 가지고 있으며, 사회적 행동에 대한 구체적인 예언들이다.
③ 범주 '다' 반응들은 사회적 상황들을 초월할 만큼 추상적이다. 그 반응들은 '나는 행복한 사람이다' 와 '나는 좋은 음악을 좋아한다' 와 같은 행동양식들을 묘사한다.
④ 범주 '라' 반응들은 너무 포괄적이어서 사회적으로 의미 있는 차이가 없다. 이러한 진술들은 '나는 살아 있는 개체다' 와 '나는 모든 사람이 가장 잘되기를 원하는 사람이다' 로 예시된다(McPartland, 1965로부터 발췌한 기술들).

'가' 양식은 신체적 자아로 명명되며, '나' 양식은 사회적 자아, '다' 양식은 반성적 자아, '라' 양식은 대양 자아로 명명된다. 1950년대 중반에 '나는 누구지?' 라는 질문은 1차적으로 양식 '나' (사회적 자아)로서 범주화된 반응들을 얻었다(Hartley, 1957). 그러나 Zurcher는 대부분의 사람들이 양식 '다' 인 반성적 자아로의 변화를 수십 년 후 보고했다. Zurcher(1977)는 다른 연구자들이 과거 몇 세대에 걸쳐 '나' 양식에서 '다' 양식으로 점진적이지만 뚜렷한 이동을 했었다고 보고했다(예: Gordon, 1968; Sheinberg, 1973; Spitzer & Parker, 1976; Turner, 1971).

이 변화의 소용돌이 속에서 인성은 변화지향적이 되기 시작할 것이다. 사회적인 '나' 양식 자아개념은 심각하게 도전받을 것이며, 반성적 '다' 양식은 고통스럽게 널리 보급될 것이고, 그 불쾌함을 경험하는 사람들은 스트레스를 해소하는 방법, 적합한 자아개념들을 형성하는 방법을 찾으려 할 것이다. 개개인의 시간 전망은 구체적으로 현재를 향해 이동하도록 도전받을 것이다.

안정성 자아개념은 안정적인 것으로 보인다. 자아개념은 문화에 걸쳐, 세대에 걸쳐, 연령에 걸쳐, 상황에 걸쳐 변화하며, 또한 교육 프로그램에 의해서도 변화될 수 있다. 그러나 Erikson(1968)이 주장했듯이, 우리는 매일 아침 잠에서 깨어나 우리가 우리 자신에게 이방인임을 발견하지는 않는다. 자아개념은 안정적이고 지속적이며, 변화할 뿐만 아니라 변화를 막기도 한다. 이 안정성의 근거는 개개인들이 자아일관성, 자아향상, 자기검증을 통해 자아개념에 대한 그들의 관념을 이해한다. 위계모형은 위계구조의 상위 끝에서보다는 오히려 더 낮은 수준에서(시간과 경우를 막론하고) 변화가 발생할 가능성이 더 크다. 자아개념은 위계구조의 정상에서 꽤 안정적이다.

모형의 좀 더 낮은 수준에서, 자아개념은 좀 더 상황적으로 영향을 받는다. 반대로, 다른 사람들은 자아개념의 안정성이 사회적 환경의 일관성에 좌우된다고 주장한다(Gergen, 1982). 그러나 개인차가 두드러지지만, 양 관점은 너무 단순하다. 어떤 사람들은 다른 사람들보다 훨씬 더 많이 상황적으로 영향을 받는다. 예를 들면, 통제의 낮은 내적 소재를 가진 사람들, 혹은 더 많은 자아복잡성을 견딜 수 없는 사람들은 통제의 높은 내적 소재 혹은 복잡성에 대한 높은 관용을 지닌 사람들보다 상황적인 것에 좌우되는 자아개념을 더 가질 것 같다.

반면 Gergen(1982)은 자아개념을 유동적이거나 덧없다고 간주했다. 그는 자아관념들을 순간적인 동요의 네 가지 근원들을 가지는 것으로 보았다. Gergen은 안정화된 자아개념들에 대한 전통적인 관점에 심각한 결점이 있다고 주장했다. 그는 자아개념이 타인의 사회적 평가(Cooley, 1902; Gergen, 1965), 자아관찰 혹은 역할놀이(Gergen & Taylor, 1969), 사회적 비교(Morse & Gergen, 1970), 그리고 기억주사 혹은 자신에 대한 과거 기억 재고(Gergen & Taylor, 1969) 때문에 변할 수 있다고 주장했다.

자아개념에 충격을 가하는 인생사건들이 아마도 많이 있을 것이다. 예를 들면, 임신 중과 후 모성 자아개념(Leifer, 1980), 일상생활에서 엄마의 자아개념, 특히 아동들과의 상호작용(Patterson, 1980; Wells, 1988) 등이 있다. 그러나 비록 변동이 있음에도 불구하고, 전반적인 자아개념의 평균수준들은 비교적 안정되어 있다.

6. 결 론

자아개념은 유용한 설명구인일 뿐만 아니라 필요한 구인이라고 주장하는 학자로는 James, Cooley, Mead, Leeley, Sullivan, Hilgard, Snygg와 Combs, Rogers 등이 있다. 현상학자들로 간주되는 자아이론가들은, 심리학의 모든 영역 중 자아개념을 개인의 행동을 이해할 수 있는 유일한 심리적 특성인 가장 핵심 개념으로 간주한다. 설명개념으로서 자아개념에 대해서는 의견일치를 볼 수는 없지만, 자아가 한 개인의 주관적 느낌상태라는 점은 이론이 있을 수 없다. 여기서의 느낌은 정신활동의 한 측면으로서의 자아활동이다. 이 같은 느낌은 자아개념에서 현재와 과거를 연결시켜 주는 심리적 기제의 기능을 의미한다. 이의 중요한 기능은 자아개념의 방향을 잡아주는 조화적 역할이다. 이는 흔히 '감' 이라고 하는 것으로 바로 이런 것으로부터 자아개념이 형성된다. 자아개념은 최상에 일반적 자아개념을 두고 하위에 다양하고 특별한 자아개념으로 형성된 하나의 심리적 구인이다. 연구는 점차로 일반 자아개념을 특별히 유용한 구인이 아니라는 결론으로 이끌어 갔다. 일반 자아개념은 분명히 구체적 자아특성들의 다양성을 충분히 반영할 수 없다. 만약 자아개념 연구의 역할이 각기 다른 맥락 내에서 자아의 복잡성을 더 잘 이해하고, 널리 다양한 행동들을 예측하고, 다양한 중재에 대한 결과 척도들을 제공하고, 자아개념과 다른 구인들을 관련시키는 것이라면, 자아개념의 구체적 특성들은 일반적인 특성보다 더 유용하다. 인간의 한 행동은 전체적인 자아개념에 의해서 결정되지만 역시 특별한 행동에 대해서 특수한 자아개념의 영향을 받는다. 한 예로, 가정 자아개념은 한 개인이 가정에 관련된 다양한 행동을 할 때 여타의 하위 자아개념보다 행동에 크게 영향을 준다. 즉, 총체적인 자아개념이 존재하지만 특별한 행동에 관련된 특수 자아개념은 특별한 행동에 더 영향을 준다.

청소년들에게는 자아개념의 위계모형, 좀 더 나이 어린 아동에게는 좀 더 단일한 구조에 대한 지지가 있다. Shavelson 등(1976)과 Song과 Hattie(1985) 모형 간 차이는 작고, 아마도 사소할 것이다. Marsh, Byrne 및 Shavelson(1988)과 Marsh(1989b)는 최소한 언어와 수학 두 개의 학문적 요인들이 최초의 Shavelson 등의 모형에 첨가될 필요가 있다고 주장했다. 이 필요성에 대한 증거는 미약하며, Marsh 도구를 기초로 하는 자아개념 모형은 자아에 대한 관념들보다는 능력과 성취에 더 관련되어 나타난다.

우리는 통합과정들에 대해서는 아주 조금밖에는 알지 못하나 자아에 대한 정보를 동화하고 축적하기 위해 사용되는 네 개의 과정들이 있다. 즉, ① 자기검증, ② 자아향상, ③ 자아일관성, ④ 자아복잡성이다. 하나의 과정에 좌우되는 사람들이 있는가 하면, 네 가지 과정들 모두 합체한 것에 좌우될지 모르는 사람들도 있다. 이것은 훨씬 흥미있는 연구를 위한 주제다.

자아개념은 인지적 평가자, 정보에 대한 평가자로서의 사람의 개념에 기초하고 있다. 인지에서의 이 근거는 전혀 새로운 것이 아니다. 이 속성들은 우리가 우리의 세계를 해석하는 방식에 영향을 줄 수 있으며, 사회적 상황에서 우리 자신들, 그리고 우리가 이러한 사건들을 해석하는 방법들에 영향을 줄 수 있다. 그 속성들은 각기 다른 출현 정도를 가지고 있으며, 각기 다른 정도로 통합된다. 분명히 개인차에 대한 여지가 많이 있고, 이 개인차들은 개개인이 작용하는 방법, 작용, 출현성에서 발생한다.

중요한 것은 자아의 내용이나 혹은 범주가 아니라, 어떻게 그 내용이 인식되고, 조직되고, 가중되는가 하는 것이다. 다면분석은 타인들의 속성들, 우리가 다른 사람들을 보는 방법, 그리고 단순히 인지처리에 근거한 모형들을 배제한다. 그러나 이 정보는 자신에 대한 정보를 처리하는 참조체제로써 사용될지 모른다. 정적인 자아모형들은 우리가 어떤 역할 혹은 자아를 필요로 하거나 혹은 계획하는지를 결정하면서 상황에서 상황으로 이동하지 않을 때는 거부된다. 자아는 좀 더 능동적이다.

송인섭이 제시한 3차원 자아개념 모형에서 우리가 얻을 수 있는 이점은 다음과 같다. 첫째는 넓은 관점의 자아개념이다. 다면적 구조분석을 통한 자아개념 접근은 자아개념의 종합적인 모습을 전체적인 구조 속에서 볼 수 있다. 과거에 간과되어 온 정신적인 요인은 그 대표적인 예가 될 수 있다. 자아개념 연구의 역사를 살펴볼 때 많은 연구들이 제한된 관점을 가짐으로써 인간능력의 이해에 진전을 가져오지 못한 점이 이 같은 구조분석을 통해 해결될 가능성이 있다. 물론 각 구조 요인의 특성이 독립적 기능이 있음을 이론적 혹은 경험적으로 정리할 수 있느냐의 문제가 남아 있다. 이 문제는 내용타당도, 논리적 타당도의 과정을 통해서 계속적으로 해결할 문제다.

둘째는 정보량의 증가다. 자아개념 검사를 통해 얻게 되는 개인의 자아개념에 대한 정보량의 증가를 의미한다. 일례로, 하나의 요인에는 높은 점수를 나타냈으나, 다른 요인에서는 낮은 점수를 나타냈다고 하는 것과 같이 개인을 이해하는 데 도움을 주는 정보의 양이 증가한다.

셋째는 준거체제의 제공이다. 요인구조분석을 이용한 자아개념 연구는 자아개념에 대한 준거체제를 제공해 준다. 서로 다른 자아개념 요인들 간의 관계를 확인하고 상호비교는 물론, 상이한 자아개념 요인들을 포함할 수 있는 길을 제공해 준다.

다음으로 자아개념에 대한 구조적 접근이 교육에 주는 시사점을 몇 가지 살펴보면, 첫째, 자아개념의 구조적 접근은 자아개념 검사 전반에 다양한 자료를 제공할 것으로 보인다. 지금까지 개발한 자아개념 검사가 내용 차원에 의해서 논의되는 일곱 개의 요인을 크게 벗어나지 못하고 있는 점에 비추어 볼 때, 자아개념의 구조적 접근은 다양한 정보를 위한 검사의 개발에 도움을 줄 수 있을 것이다. 만약 여기에서 논의되는 요소가 밝혀진다고 하면, 자아개념에 대한 종합적 이해의 길이 열릴 것이며, 이는 곧바로 자아개념 검사를 다양하고 풍부한 도구가 되게 해 줄 것이다.

둘째, 자아개념 연구에서 자아개념 구조는 인간의 자아에 대한 종합적 이해에 한발 더 내딛는 효과를 가질 수 있을 것이다.

셋째, 협의의 상황적 개념연구에 제한되었던 연구의 폭을 확대시켜 줄 것이다. 자아개념을 구성하는 각각의 요인에 대해 요인 그 자체에 해당하는 문항을 개발하거나 그 문항의 신뢰도, 타당도를 검증하는 문제가 필요하며, 이는 문항 형성과 검사를 실시한 결과를 요인분석함으로써 새로운 요인을 계속 확장함을 의미한다.

자아(self)에 대해 James(1890)는, 그의 저서 『심리학의 원리(*Principles of Psychology*)』 중 '자아의 의식세계' 라는 장에서 처음으로 '자아' 를 언급했다. 이 같은 자아개념의 인식은 다양하다. 우선 다면적 특성을 들 수 있다. 자아개념 이론은 자아개념의 다양한 국면들이 위계모형의 저차원에서 분화되고 있음을 말한다. 상호관련성 혹은 다른 한편으로는 자아의 다양한 특성이 있고, 일반 자아개념은 잠재적 특성을 갖는다. 자아개념이 사람 속에 존재하는 실재가 아니라는 것은 강조되어야 한다. 자아개념은 우리 자신에 대해 가지는 단지 신념의 집합일 뿐이며, 이 신념들 간의 관계들의 집합이다.

또한 자아개념은 행동의 결정자다. 자아개념은 행동을 안내하고, 중재하고, 조절하지만, 행동은 아니다. 자아개념은 우리가 어떻게 행동하는지에 영향을 줄 수 있지만, 그 개념들이 우리의 행동을 지배하지는 않는다.

자아개념은 암시적 특성을 가지며, 인성에 대한 암시적 이론들은 특성 간 가정된 관계들을 묘사하는 데 관심이 있었지만(예: Bruner & Tagiuri, 1954), 또한 이들은 사람들이 왜 그들이 하는 방식대로 행동하는지에 대한 가정에도 관심을 갖게 되었다.

자아개념은 상황과 중요 타인과의 상호작용을 통해 더욱 형성된다. 자아개념에 대한 논쟁 중 하나는 자아개념에 대한 개인 특성에 영향을 주는 상황, 환경, 중요 타인이다. 이들은 개인이 자유로이 선택한다고 주장하는 사람들이 있는가 하면, 반대로 이 선택이 예정되어 있다고 주장하는 사람들도 있다는 점에서, 철학적으로 보면 고전적인 자유의지 대 결정주의 논쟁이 된다.

자아개념은 안정적인 것으로 보인다. 자아개념은 문화에 걸쳐, 세대에 걸쳐, 연령에 걸쳐, 상황에 걸쳐 변화하며, 또한 교육 프로그램에 의해서도 변화될 수 있다. 그러나 Erikson(1968)이 주장했듯이, 우리는 매일 아침 잠에서 깨어나 우리가 우리 자신에게 이방인임을 발견하지는 않는다. 자아개념은 안정적이고 지속적이며, 변화할 뿐만 아니라 변화를 막기도 한다. 이 안정성의 근거는 개개인들이 자아일관성, 자아향상, 자기검증을 통해 자아개념에 대한 그들의 관념을 이해한다. 위계모형은 위계구조의 상위 끝에서보다는 오히려 더 낮은 수준에서(시간과 경우를 막론하고) 변화가 발생할 가능성이 더 크다. 자아개념은 위계구조의 정상에서 꽤 안정적이다. 어찌 보면 사람의 모습 그 자체는 일반 자아개념 그 자체일 것이다. 사람은 일반 자아개념이다.

제 3 장

자아개념과 성취

1. 학업성취 예언변인으로서의 자아개념

자아개념은 학생의 학업성취를 예언하는 중요한 변인이다. 일반적으로 지능은 학업성취를 설명하는 중요한 변인이라는 이론과 실제적인 결과는 교육심리학에 입증된 결과다. 그러나 최근에 자아개념이 지능 못지않게 학업성취에 크게 영향을 준다는 사실은 우리들의 관심을 크게 증대시킨다. 자아개념이 학업성취를 어느 정도 설명하느냐에 대한 설명 지수에는 분명히 차이가 있지만 정의적인 특성 중 어느 변인 못지않게 크게 영향을 주고 있다.

많은 연구들에서 자아개념과 학업성취 간에 긍정적인 관계가 있음이 제시되었고 (Coopersmith, 1959; Piers & Harris, 1964), 학업부진은 낮은 자아개념과 관계가 있다 (Black, 1974). 그러나 이러한 증거들은 항상 명확하고 일관되지는 않고, 특히 자아개념의 측정도구에 따라 그 차이가 크다. 그 관계는 정상분포를 만들 정도로 그 관계를 설명하는 지수에서 큰 차이를 나타내고 있다. Thomas(1971)는 자아개념과 성취 간의 관계가 작다고 밝힌 반면, Bledsoe(1964)는 그 관계가 꽤 깊음을 제시했다. Phillips(1964)는 대학생의 높은 성취감과 높은 자아영상 사이에 관계가 있음을 밝혔고, Hishiki(1969)는 자아개념과 성취감 사이에는 낮지만 꽤 긍정적인 관계가 있다는 증거를 제시했다. 학업에 대한 낮은 자아개념과 낮은 학업성취 간의 관계는 Torshen(1971)에 의해 설명되고, 높은 학문적 성취에 관련된 긍정적인 자아개념은 Caplin(1966)의 연구에서 볼 수 있다. 능력 자아개념은 지능지수보다 학업성취에 더 좋은 예언지수라는 증거들이 제시되고 있다(Stenner & Katzenmeyer, 1976). 이러한 결과로 유추해 볼 때, 자아개념이 학업성취의 중요한 예언변인이라는 사실은 이론적으로나 경험적으로 틀림없는 사실이다.

Zimmerman과 Allebrand(1965)는 초등학교 4학년과 5학년 학생들의 성취에 대한 인성 특성과 태도를 알아보기 위해 이들을 독해능력에 따라 두 집단으로 분류했다. 이 연구에서 피험자는 71명의 열등 독해자와 82명의 우수 독해자이며, 이들은 연령, 성, 인종적 분포, 지능 면에서 동질성을 이루었다. 열등 독해자에 비해 우수 독해자는 자신의 적응력과 성공에 대한 동기가 있었다. 이것은 열등 독해자가 낙담적이고, 부적절하고, 신경증적이고, 자신의 목표를 일순간적이고 덧없는 것이라고 느끼는 것과는 대조적이다.

Jones와 Grieneeks(1970)는 8,177명의 대학생을 대상으로 자아개념과 학업성취의 관계를 연구했다. 자아개념의 측정은 자아기대 척도(self-expectation inventory), 능력 자아개념 척도(self-concept of ability scale)를 사용했다. 학업성취의 측정은 학년평균과 SAT(scholastic aptitude test)를 사용했다. 이 연구의 목적은 자아개념이 학업성취를 예언하는 데 있어 정확한 지표인가, 그리고 자아개념의 어느 도구가 타당성이 있는가를 알아보기 위한 것이다. 그 결과, 모든 자아개념 측정과 학업성취 사이에 정적 상관이 있는 것으로 나타났다. James는 능력 자아개념 척도(self-concept of ability scale)가 학업성취의 가장 적절한 예언적 역할을 하고 있음을 밝혔다. 10세 아동을 표본으로 한 Simon과 Simon(1975)의 연구에서는, Coopersmith의 자아존중감 척도(self-esteem inventory)와 학업성취도(achievement series)가 각각 사용되었다. 결과는 남녀 모두에게 두 변인 사이에 유의미한 상관이 있는 것으로 나타났다.

자아개념은 아주 어릴 때에도 성취에 영향을 미친다는 사실이 Wattenberg와 Clifford(1964)의 연구에서 밝혀졌다. 이들은 많은 아동들의 경우 입학하기 전에 부정적 자아개념과 성취의 관계가 이미 형성되어 있음을 밝혔다. 이들은 낮은 계층과 중류 계층의 두 학교에서 128명의 아동을 선발하여 유치원 시절과 초등학교 2학년을 끝냈을 때, 두 번에 걸쳐 지능, 자아개념, 자아강도, 독해능력을 측정했다. 그 결과, 유치원 입학 초에 이루어진 자아개념과 자아강도의 측정이 2년 6개월 후의 이들의 독해 능력을 예언하는 데 있어 IQ 측정보다 더 적절한 지수임이 드러났다. 이 결과는 자아개념이 지능 못지않게 학업성취에 영향을 준다는 사실을 확인한 것이다. 즉, 아동의 지능지수보다는 자아개념이 잠재적 독해능력을 더 정확히 예언한다는 점을 시사하고 있다. Smith(1969)에 의해 이루어진 더 방대한 규모의 문화교차적 연구에서도, 학업성취에 대한 자아개념의 예언 역할이 뚜렷하게 제시되었다. 37개 표본의 9~11세 아동 5,777명을 연구한 결과, Smith는 학업성취와 높은 상관이 있는 변인들이 자아개념과 동기임을 밝혀냈다. 이러한 자아개념 요인들을 사용해 Smith는 자신이 피험자로 사용한 학생들의 수행과 수업 태만자를 정확히 예언할 수 있었다.

Stenner와 Katzenmeyer(1976)는 웨스트버지니아 주 농촌의 11세 학생 225명을 대상으로 두 가지의 능력검사, 여섯 가지의 성취도 검사, 자아관찰 척도(self-observation scale: SOS) 등 총 아홉 가지 도구를 사용하여 자아개념, 능력과 학업성취의 상관관계를 연구했다. 그 결과, SOS 점수와 성취의 상관계수가 SOS와 IQ의 상관계수보다 유의미하게 컸다. 따라서 자아개념이 학업성취 예언에 중요한 역할을 한다는 결과를 뒷받침해 주었다.

위에서 인용한 연구들은 수많은 연구의 일부일 뿐이고, 자아개념과 학업성취의 긍정적 관계에 대해서는 무수한 실험결과가 있다. 많은 연구들을 종합 정리해 보면, 능력이나 학교생활에서 성공하지 못한 아동들의 낮은 자아존중감과 자아개념은 성취를 낮게 하고 학문 활동의 위축을 가져온다. 동시에 긍정적 자아개념을 지닌 아동들은 자신들의 수행능력에 대해 더 긍정적이고 분명한 평가를 하며, 결국 부정적이고 불확실한 자아상을 지닌 학생들보다 우수한 학업성취를 이룬다는 사실도 인정되었다. 그러나 여러 연구결과를 통해 볼 때, 자아개념과 학업성취의 관계에 대한 일반적 경향에는 몇 가지 제한점이 있다.

첫째, 자아개념 수준과 성취를 연결시키는 상관계수 정도가 긍정적이고 통계적 유의미성을 띠고는 있지만 그 지수는 .20에서 .40 수준에 맴돌고 있고, 자아개념 수준으로 학업성취 변인을 설명할 수 있는 정도는 4%에서 16% 정도이므로 현저한 수준이라고는 할 수 없다. 그러나 위의 설명은 자아개념이 학업성취에 영향을 주는 변인들 중 하나라는 점을 암시하고 있다. 보통 정도의 상관밖에 산출되지 않는 중요한 이유는 표집의 범위가 너무 넓고, 교육과는 별로 상관이 없는 문항으로 구성되어 있는 자아개념 척도를 빈번히 사용하기 때문이다. 따라서 특별한 상황에서 자신을 어떻게 느끼는가 하는 것은 그 상황과 관련된 문항들로 이루어진 자아개념 측정을 통해 평가되어야 한다. 이것이 바로 Brookover, Thomas 및 Paterson(1964)의 측정이 다른 일반 자아개념 척도보다 학업성취와의 관계에서 높은 상관을 나타내는 이유다. 일반적 측정 문항보다는 학업성취와 관련 있는 자아개념 문항을 포함한 측정도구가 필요하다.

둘째, 높은 성취와 성공이 높은 자아존중감과 연결되는 것보다, 낮은 성취와 실패가 낮은 자아존중감과 더 잘 예언적으로 연결된다는 사실이다. 따라서 학업성취에 대한 낮은 자아존중감의 무기력성이나 자아존중감에 대한 낮은 학업성취의 무기력성은, 높은 자아존중감이나 학업성취가 상호촉진적 중요성을 갖는 것에 비해 더 효과적인 영향력을 지니고 있다. 결과적으로 자아개념에 우리가 관심을 높여야 하는 이유 중에 하나는 학습자에게 긍정적인 면보다 부정적인 영향을 더 줄 수 있다는 사실 때문이다.

셋째, 상관연구는 인과성을 결정할 수 없다는 점이다. 긍정적 자아개념이 학업적 성공을 이끌었는가, 아니면 학업적 성공이 긍정적 자아개념을 유발했는가에 대한 이론적 분석에 따르면, 양자는 상호 인과관계를 갖고 있어 상대를 향상시킨다고 한다. 위의 두 변인 중 하나를 독립변인으로 규정하려 했던 의도는 상충된 결과를 낳았다.

양자의 인과관계 해결을 위한 한 시도에서, Caslyn과 Kenny(1977)는 556명의 성인을 대상으로 한 종단연구에서 자아강화(self-enhancement) 모델과 기술개발(skill-development) 접근을 비교했다. 자아강화이론은 자아개념 변인이 학업성취 수준에 영향을 주므로, 학업성취를 향상시키기 위해서는 상담이나 강화 등의 다양한 송환체제를 사용해 더 긍정적인 자아개념을 형성할 필요가 있음을 시사한다. 기술개발 모델의 주창자들은 학문 자아개념 수준이 학업성취의 결과임을 내세운다. 이 교수법에 의하면, 개인교수와 교과구성이 자아개념 수준 향상에 있어 관건이 된다. Caslyn과 Kenny의 연구결과는 학업성취가 능력 자아개념의 원인이 된다는 모델을 명백히 지지한다.

Gabbler와 Gibby(1967)는 실패와 성공이 개인의 자아평가에 영향을 미친다는 사실을 입증했다. 그들은 실패로부터 오는 압박감 중 첫째, 자아개념에 미치는 영향, 둘째, 지적 생산성에 미치는 영향 등 두 분야에 대해서 광범위하게 연구했다. 피험자는 학교에서 실패해 본 적이 없는 사람들이었다. 실험집단과 통제집단은 모두 영어문법시험, Gibby의 지능척도검사(Gibby intelligence rating schedule), 그리고 단어 유창성 등 세 가지 시험을 치렀다. 3일 후 두 집단 모두 단어 유창성 검사를 다시 받았는데, 시험에 들어가기 전 실험집단은 사전검사 중 틀린 부분이 지적된 종이조각을 받았다. 두 집단의 점수를 비교한 결과, 상당한 능력을 지닌 학생조차도 실패의 압박감이 있을 때는 능력발휘가 저하되었다. 실험집단의 아동은 자신을 덜 높이고, 중요 타인에게도 귀중하게 여겨지지 못한다고 느끼며, 지적 생산성에서도 감소를 보였다.

성취수준이 자아개념에 미치는 영향은 대학생 집단에서도 같은 결과를 나타내고 있다. 대학 입학은 대부분의 학생들에게 새로운 교우관계의 형성, 고차원적 학습 등의 새롭고 다양한 경험에 대해 걱정하게 한다. 각자는 자신을 증명해 보이고 자아존중감을 유지해야 한다. 소수의 학생만이 높은 점수를 받기 때문에 우수한 학생들이라도 중간점수를 받기도 한다. 이 상황에서 어떤 학생은 노력에 상관없이 자신을 더 이상 성공적인 학생으로 지각하지 않는다. 그들은 자아존중감의 상실과 학업 열등감으로 고통받는다. 이 열등감은 학업능력을 저하시키거나 동료관계에 영향을 줄 수도 있다. 자아존중감을 보존키 위해 학생들은 자신의 낮은 학업성취를 합리화하는 여러 방법을 모색한다. 한 가지 방법으로, 운동, 팝음악, 방랑적 생활 등으로 대치하여 자아존중감을 유지할 수도 있다. 그러나 다른 연구자들은 자아개념이 학업성취에 영향을 주고 자아개념의 강화가 학업성취의 향상을 야기한다는 반대 주장을 하기도 한다. 그들은 학생에 대한 부모의 평가를 향상시키고, 자신의 능력에 대해서 전문적 지식을 갖게 하며, 상담자와 같은 중요 타인의 높은 학업기대와 평가가 학생에게 내면화되도록 하는 방법을 통한 강화를 시행했다. 학생에 대한 부모의 지각이 긍정적인 방향으로 전환되면, 학생의 자기지각도 같은 반응을 보였다. 그런 치료가 중단되었을 때는 학생의 자기지각의 향상도 유지되지 않았다.

자아개념과 학업성취의 관계는 일방적이 아닌 상호 영향을 준다고 하는 것이 합당하다. 자아개념이 기대, 기준, 개인적 역량과 높은 동기를 부여함으로써 학업성취에 영향을 주고, 학업적 성공은 자아개념을 고양 · 유지시키는 과정에서 계속적인 상호작용이 있게 된다. 이는 양쪽 또는 한쪽만이라도 긍정적인 성향을 띨 경우 유익한 순환체계가 이루어지는 것이 분명하다. 그러나 한쪽이라도 수준이 낮을 경우에는 낮은 자아개념이 자신감과 기대를 저하시키고, 낮은 성취가 자아개념을 축소시키는 파괴적 순환이 된다.

자아개념과 학업성취 수준의 상호영향력을 분리하기가 어려우므로 많은 학자들은 각 변인의 관계를 하나하나 생각한다. 이것은 상호영향력의 본질적인 이해에 대한 결여라기보다는 연구방법의 취약성 때문으로 보이며, 한 변인이 독립변인이고 다른 변인은 종속변인이라고 묘사되는 현 상황에 연구자들이 만족해하고 있음을 뜻한다. 예를 들면, 학습장면에서 학습경험이 어떻게 자아개념에 영향을 주는가를 연구할 수 있고, 같은 연구에서 일반적 학습과 지각, 선택적 회상, 그리고 동기 등의 특별한 후속 학습장면에서 자아개념이 어떻게 하나의 요인이 되었는지를 따로 연구할 수도 있다.

Coopersmith(1967)는 자아존중감이 낮은 소년의 두 유형을 설명했다. 첫 번째 유형의 집단원들은 그들 자신의 가치를 의심할 뿐만 아니라 친구나 선생님들에 의해서도 관심을 적게 받고 있다. Maracek와 Mettee(1972)는 이런 집단의 소년들은 다른 소년들이 그것을 확인해 주기 때문에 그들의 부정적 자아평가의 타당성을 확신한다고 본다. 그들은 부정적 자아개념에 사로잡히게 되고, 가치 있다는 감정을 유지하려는 노력을 포기한다. Coopersmith에 의해 제시된 두 번째 유형의 집단은 낮은 자아존중감을 가지고 있으나 친구나 교사들에게 매우 인정받는 집단이다. 이들은 그들의 잠재능력에 대해 덜 확신하나 자신과 다른 사람들에게 그들의 가치를 증명시키기 위해 열심히 일함으로써, 이 같은 확신성을 높이려 하기 때문에 학교에서 훨씬 더 성공적이다. 이 같은 연구결과는 부모와 교사가 아동의 학교에서 실패가 깊어져 하나의 정의적 모형으로 되기 전에 빨리 개입해야 할 필요가 있다는 것을 시사한다. 자아개념에 중요 타인이 주는 영향이 지대하다는 점은 이미 확인된 이론이다. 특히 객관적 자아개념을 형성하는 데 중요 타인의 영향이 크다는 사실을 다시 한 번 확인해 준 결과다. 그러므로 다양한 교육 상황에서 중요 타인인 교사와 학생과의 상호작용에서 교사는 자신의 행동이 학생에게 어떠한 영향을 준다는 측면을 고려하여 행동할 필요가 있다. 일반적으로 교사는 무심코 던진 다양한 자극이 학생에게 영향을 준다는 사실을 망각하는 경우가 많이 있다.

성취특성에 따른 분류를 종합해 보면, 성취 지향적인 사람들은 야망, 능력, 확신, 결단력, 진취, 상상력, 독립, 근면의 특성을 가지고 긍정적인 말을 사용하는 반면, 성취 정도가 낮은 사람들은 느리고 복종적이며, 자신을 부정적으로 본다고 했다. 높은 성취도를 가진 졸업생들은 낮은 성취도를 가진 졸업생들보다 그들 자신을 더 유능하고 사교적으로 보는 경향이 있다. 성취 지향적인 사람들은 사교성, 적응성, 지적 능력, 감정적 안정성, 그리고 지도성과 같은 면에 대한 자기의 견해에 큰 안정감을 보여 주는 경향이 있다.

성공적인 사람들은 일반적으로 성공의 경험을 했다. 그들은 가정과 학교에서 그들을 위한 높은 기준을 설명하도록 격려받았으며, 성공을 그들의 능력의 증거로 해석하는 데 익숙해져 있다. 성공적인 사람들이 실패할 때 그들은 비성공적인 사람들에 비해 그 원인을 자신들의 능력 부족 탓으로 돌리기보다는 노력 부족에서 온 실패라고 보고, 그 실패를 극복하는 데 도움이 될 방법을 찾고자 한다고 볼 수 있다.

2. Brookover와 동료들의 연구

Brookover와 미시건 주립대학의 여러 연구자들은 엄청난 양의 연구를 통해 자아개념과 성취의 관계에 큰 기여를 했다. 이러한 연구들이 갖는 중요한 가치는 자아개념과 학업성취 간에 있을 수 있는 인과관계에 대한 설명에서 찾을 수 있다. 결론은 학문적 능력에 대한 자아개념은 변하기 쉽고, 사회경제적 지위가 낮은 학생들이 중류와 상류계층의 아동보다 학교에서 열등하지 않다는 것이다.

Brookover의 업적은 자아개념을 사회계층과 성취의 관계를 변하게 할 수 있는 매개변인으로 보았다는 사실에 있다. 그에 의하면, 자아개념이 식역점(識閾點, threshold point) 이하일 경우 중간 계층의 아동일지라도 높은 성취를 하지 못한다는 것이다. 이 주장은 환경적 · 인구학적 변인에 근시안적 관심을 갖는 사회학자들이 빈민가의 아동들도 어떤 분야에서는 높은 성취를 보일 수 있다는 점을 발견한 것에 대한 설명이 될 수 있다. Brookover

는 자아개념이 사회계층과 학업성취 사이에 매개된 식역변인이라는 개념을 도입했다.

학문 자아개념에 대해 12세 아동 1,000명을 대상으로 한 Brookover, Thomas 및 Paterson(1964)의 연구에서 더 자세히 드러난 결과는 다음과 같다. 첫째, 자아개념과 학업성취 간에는 유의미한 정적 상관이 있으며, 이 관계는 IQ가 통제된다 하더라도 마찬가지다. 둘째, 특별한 학문적 역할수행에서는 능력에 대한 일반 자아개념과 다른 특별한 자아개념이 존재한다. 셋째, 자아개념은 중요 타인이 학생에게 갖고 있는 인지된 평가와 의미 있는 긍정적 관계를 갖는다. Brookover 등의 기념비적인 종단연구가 갖는 의미는 능력 자아개념이 전 연령대에 걸쳐 성취의 주요 요소라는 점이다. 다음으로 학생들이 17세가 되었을 때 "능력 자아개념과 학년 평균점수의 상관관계는 6년 동안 .48~.63에 걸쳐 분포되었다. 12학년 학생에게만 .50 이하로 떨어졌다. 또 지각된 평가와 자아개념 사이의 상관이 높다는 사실은 '능력 자아개념의 정적 성장에 있어 지각된 평가는 필요충분조건이고, 긍정적 자아개념은 성취에 있어 필요조건이기는 하나 충분조건은 아니다' 는 이론을 뒷받침한다. 높은 능력 자아개념을 가진 학생의 상당수가 실질적으로 낮은 성취를 보였으나, 낮은 능력 자아개념을 가진 학생 중 누구도 높은 성취를 보이지 않았다." (pp. 142-143)라고 기술했다.

Brookover의 언급은 비록 긍정적 자아개념이 중요하지만, 긍정적 자아개념 자체만으로는 성공이 보장되지 않음을 암시한다. 이 연구에서 상관들은 보통 얻을 수 있는 수치보다 더 높은데, 그것은 척도 자체가 학업관련 자아개념 연구를 시도하기 위해 특별히 설계되었기 때문이다. Nash(1976)에 따르면, 긍정적 자아개념을 가진 아이들은 그것을 유지하기를 원할 것이고, 교사를 중요한 존재로 간주할 것이며, 교사의 눈에 좋게 보이기를 원할 것이고, 교사의 기대에 따라 살기를 원할 것이며, 그리고 그 아동에 대한 교사의 반응은 보다 호의적일 것이다. 반대로, 학업능력이 낮은 소년 소녀들은 교실에서 서투르게 행동하는 경향이 있는데, 거기에는 두 개의 가능성이 있다. 아동은 자신의 낮은 능력을 부끄러워하고, 심지어 절망하거나 혹은 낮은 학문 자아개념을 유지하고, 교사의 견해를 무시하며, 그리고 학교에서 열심히 공부하지 않는다는 교사의 인식을 강화함으로써 보다 큰 비난으로부터 자신을 보호하기를 원할지도 모른다. 이런 아동의 부모들은 학교에 대해 거의 관심이 없고, 적대적이기까지 할 수도 있으며, 그 아동은 그와 같은 정도의 낮은 성취자들과 교우관계를 맺게 될 것이다. 우리가 일찍이 알아본 것처럼 이런 모든 연쇄적 관계는 연구에 의해 지지될 수 있다. 이것들은 단순히 접합된 순환과정이며, 사람들은 자신들의 실제 행동에 의한 것만큼이나 서로에 대해 갖고 있는 인식과 기대에 따라 좌우되는 듯하다.

3. 자아개념의 위계모형과 학업성취

Song(1982), Song과 Hattie(1985)는 자아개념의 다면적이며 위계적인 모형을 기초로 하여 자아개념과 학업성취의 관계를 탐구했다. Song과 Hattie(1984)는 Shavelson, Hubner 및 Stanton(1976)에 의해 제안된 것과 유사한 자아개념의 위계모형을 제시했다. 일반 자아개념은 2차원적 요인인 학문 자아개념, 사회 자아개념, 자아의 표현을 나타내는 위계의 정점에 있다는 모형을 근거로 한다.

```
-.7  7
-.6  3
-.5  75330
-.4  986552
-.3  998763100
-.2  65532110
-.1  998766654433332221100000
-.0  99877776665555444333222221111100000
 .0  000001112222333333344444445555555666666666677777888888899999999999
 .1  000000000111111122222222223333333333333444444455555555555556666666666677777777778888888
 .2  00000000000111111111112222222222233333334444444444445555555555555666666666666677777777888888888888899999999999
 .3  0000000000000000011111111122222222223333333333333344444444444455555556666666677777888888888899999999
 .4  00000011111111122222222233333444455555566666677778888899
 .5  0000011112222222223333444555666777889
 .6  01222233477899
 .7  018
 .8  67
 .9  06
```

[그림 3-1] 자아측정과 성취 간의 상관관계의 줄기 및 도표

출처: Hansford & Hattie(1982).

일반 자아개념과 학업성취의 낮은 상관을 보고한 연구가 많이 있다(송인섭, 1978; 황정규, 1977; Perkins & Shannon, 1975). Hansford와 Hattie(1982)는 메타분석을 통해 자아개념은 성취와 .18의, 자아존중감은 성취와 .22의 상관이 있음을 발견했다. 이 메타분석은 자아개념에 대한 728개의 상관계수(71개 연구)와 자아존중감에 대한 187개의 상관계수(31개 연구)를 기초로 했다([그림 3-1]).

Marsh, Relich 및 Smith(1983)는 영어, 수학, 과학 성취점수와 상응하는 자아개념의 관계가 일반 자아개념의 관계보다 더 높은 상관이 있음을 보고했다. 즉, 일반 자아개념과 수학과의 관계는 수학 자아개념과 수학과의 관계보다 낮다는 이론적 · 경험적 결과를 말해 준다. 후속연구에서 Marsh, Smith, Barnes 및 Butler(1983)는 학업능력은 같은 영역의 자아개념과 보다 높은 상관이 있으며, 다른 학문 자아개념과는 상관을 덜 나타내며, 비학문 자아개념과는 가장 낮은 상관이 있다는 결과를 제시했다. Marsh와 O'Neill(1984)은 비록 상응하는 영역의 성취가 실제로 상관이 있을지라도, 언어적이며 수학적인 자아개념은 서로 상관이 없음을 기술했다. 자아개념과 성취의 관계는 지금까지 자아개념의 통합적 의미와 성취와의 관계에 주로 관심을 두었다. 그러나 앞의 다양한 연구에서 보듯이 통합적 자아개념보다는 특성화된 자아개념이 성취에 크게 영향을 준다는 사실을 확인할 수 있었다. 그러므로 자아개념과 성취와의 관계에 대한 논의에서 그 자아개념이 어떠한 요인에 대한 측정인지를 분명히 확인할 필요가 있다. 이러한 논의를 전제로 할 때만이 자아개념과 성취와의 관계를 정확히 제시할 수 있다.

Hansford와 Hattie(1982)의 메타분석에서 능력 자아개념과 성취의 상관은 .42였다. 이는 20개의 연구에서 나온 130개의 상관계수를 근거로 했다. 연구들의 대부분은 Brookover 등이 행한 연구로 능력에 대한 자아평가와 관련된 검사를 근거로 했으며, 이들의 척도에서는 능력 자아개념과 성취 자아개념의 서로 관련된 문항들이 함께 포함되어 있다(Song, 1982). 측정방법에 따라, 즉 측정도구가 무엇을 측정했느냐에 따라 결과는 자아개념과 학업성취와의 관계의 설명을 상이하게 제시하고 있다. 자아개념의 측정방법이 무엇이냐와 그 측정 속에 있는 구인이 어떠하냐에 따라 자아개념과 성취와의 관계는 다양할 수밖에 없다.

능력 자아개념, 성취 자아개념, 학급 자아개념, 학과목 자아개념에 대한 문항들의 변별력 분화가 Song(1982)에 의해 시도되었다. 능력 자아개념 척도에서 문항들은, '나는 학업성적에서 좋은 점수를 얻을 수 있는 능력을 가졌다고 생각한다' '나는 학업성적에서 달성하고자 하는 결과를 얻을 수 있다고 생각한다'를 포함했다. 성취 자아개념 척도의 문항들은 '나는 나의 성적표에 대해 자랑스럽게 여긴다' '나는 학업성적에 만족한다' 등을 포함했다. 학과목 자아개념 문항들은 '수학에서 나의 능력은 훌륭하다고 느낀다' '수학에서 내 능력은 내 친한 친구들보다 더 우수하다' '나는 수학에서 달성하고자 하는 결과를 얻을 수 있다고 생각한다' 등을 포함했다.

이 연구의 목적은 자아개념의 다양한 측면과 학업성취의 관계를 보고자 했다. 그 결과, 학업성취와의 상관은 학문 자아개념이 가장 컸으며, 그다음으로 학급, 성취와 능력 자아개념, 그리고 자아의 표현과 사회적 자아개념이 가장 낮은 상관을 나타냈다. 이것은 자아개념의 안정성을 갖는 14~15세를 대상으로 서울에서 실시되었으며, 표집의 크기는 2,297명이었다. 사용된 도구는 Song(1982)의 다원적 특성을 측정하기 위한 척도였으며, 학업성취는 수학, 어학, 사회, 과학의 학년 평균점수로부터 얻었다. 이 연구결과를 통한 학업성취 점수와 자아개념의 상관은 〈표 3-1〉에 제시되었다.

학과목 자아개념과 학업성취의 상관은 척도 간에 변별되고 있음을 나타낸다. 예를 들어, 수학성적과 수학 자아개념의 상관은 수학과 다른 과목 자아개념의 상관과 비교될 수 있다. 즉, .38의 값은 다른 세 가지 상관보다 크며, 이와 유사한 경향은 다른 과목에서도 나타난다. 척도 간의 변별이 가능하나, 기대한 바와 같이 많이 중복된다. 학업성취 점수와 학업성취 자아개념, 그리고 능력 자아개념 간의 상관은 매우 유사하다. 학업성취와 능력 자아개념에는 50%의 공변량이 있다. 따라서 이러한 자아개념의 두 측면들은 약간의 독특한 변량이 공헌하나 공통된 부분이 많다. 예상된 바처럼, 학문 자아개념들과의 상관은 비학문 자아개념들의 상관보다 더 크다. 학업성취와 가장 높은 관계를 가지는 자아개념 구인은 학문 자아개념이다. 자아개념의 다른 2차원 요인—자아표현과 사회 자아개념—과의 관계는 극히 낮다. 이러한 결과는 자아개념 모형의 구인타당도를 지지한다는 증거다. 기대했던 바처럼, 학과목 자아개념과 각각의 학업성취 점수 간의 상관은 학과목 자아개념과 다른 성취점수 간의 상관보다 더 높다. 이런 상관계수는 비학문 자아개념 척도와 성취 간의 상관보다 더 크다.

표 3-1 자아개념 척도와 학업성취 간의 단순상관(지수에 소수점을 생략했음)

자아개념 척도	
학급	100
학업성취	59 100
능력	49 71 100
수학	36 52 61 100
언어	37 51 58 54 100
사회과학	34 43 50 43 48 100
과학	34 49 57 59 47 56 100
동료	50 25 28 19 21 21 19 100
가족	45 37 33 26 23 22 22 38 100
신념	50 35 37 25 26 28 28 51 48 100
신체	28 19 19 13 15 15 15 30 29 46 100
학업성취 척도	
수학	15 36 27 38 22 07 12 -01 15 01 -07 100
언어	17 33 27 22 34 13 14 01 12 05 -04 62 100
사회과학	15 34 30 23 22 28 20 01 12 04 -04 50 51 100
과학	16 33 28 24 23 18 26 00 15 05 -04 58 53 65 100

본 연구에서 학과목 자아개념과 그 해당되는 과목의 학업성취의 관계는 타 과목의 관계와는 변별적 의미를 나타냈다. 자아개념의 다면적 측면이 설명되지 못한다면, 자아개념과 학업성취 간의 관계를 시도한 연구들은 다른 결론을 내릴 가능성이 있다. 그 예가 Purkey(1970)에 의해 제시되었다. "자아개념과 각 학년 수준의 학업성취에는 지속적이며 유의한 상관이 있으며, 하나의 변화는 다른 것의 변화와 연관된다." (p. 27) 자아개념과 성취와의 관계는 앞에서 이미 논의된 바와 같이 자아개념 특성의 구인, 즉 특성화된 구인일수록 그 관계가 높으며, 관련 있는 요인일수록 설명력이 증대된다. 한 예로 성취 자아개념과 학업성적의 관계는 가족 자아개념과 학업성적과의 관계보다 그 관계가 높음을 확인할 수 있다. 즉, 특성화된 자아개념과 관련 성취와의 관계는 최대의 설명력을 서로 공유하는 반면에, 일반 자아개념과 성취 자아개념 간의 관계는 그 설명 정도가 낮다.

4. 다양한 자아개념 측정도구와 성취와의 관계

자아개념과 학업성취 및 능력

학업성취, 능력 그리고 자아개념의 관계를 자아개념의 일반성, 특수성, 각 도구의 특징에 따라 알아보고 그 문제점들을 정리하고자 한다. 많은 연구자들은 한 개인의 학업성취와 능력 정도는 학업성취 자아개념, 능력 자아개념, 일반 자아개념과 관련이 있다는 주장과 함께 실제 경험적인 결과에서도 이 같은 주장을 확인하고 있다. 학교생활에서 학업적 성공은 중요 타인으로부터 받는 인정 혹은 불인정과 깊은 관계가 있다. 그런데 학업적 성공은 자아를 긍정적인 방향으로 증진시켜 역량을 증가시킬 수 있는 반면에, 실패는 반대의 영향을 미칠 수 있다.

학업성취와 능력은 자아개념과 경험적으로 관련성이 높다. 첫째, 자아개념과 성취와 능력 사이의 상관관계 지수의 크기는 성취 그리고 능력의 순서로 나타난다. 둘째, 성취가 여러 자아개념과 관련되었을 때 학업성취 자아개념의 관계가 가장 높고, 다음이 능력의 관계 그리고 일반 자아개념의 관계가 가장 낮을 것이다. 셋째, 성취지수가 여러 성취 자아개념 지수와 관련되었을 때 그 지수의 크기는 자아평가된 성취 자아개념, 자아평가된 능력 자아개념, 그리고 일반 자아개념 순서로 나타난다.

학업성취와 상이한 자아개념 도구(능력이 통제되지 않음)

방법론적 문제에는 몇 가지가 있다. 첫째, 학업성취 측정의 방법은 무엇인가? 즉, 연구자들은 필요한 심리측정의 충분한 정보를 가졌는지의 여부, 심리측정 정보가 주어지지 않은 단순한 검사도구의 사용 여부 등에 관련된 것을 첫 번째 준거로 한다. 둘째, 능력측정의 방법은 무엇인가? 즉, 결과 해석에 필요한 충분한 심리측정의 정보가 주어졌는지의 여부에 두 번째 준거를 둔다. 셋째, 능력과 성취 자아개념 사이의 관계를 나타내는 신뢰할 수 있는 정보의 제공 여부 등이다.

학업성취와 일반 자아개념 많은 연구들은 지능지수와 능력을 통제하지 않고 학업성취와 자아개념의 관계에 관심을 두었다. 여기서는 학업성취의 검사를 평균성취(GPA) 표준화 검사로 나누어 논의한다.

GPA와 일반 자아개념의 관계는 검토된 연구 중 상당 부분은 자아개념 측정검사의 타당도가 충분히 검토되지 않았지만, GPA와 일반 자아개념의 상관계수는 약 .30으로 보고하고 있다. Coopersmith의 자아존중감 검사(SEI)는 학업성취와 관계있는 것으로 보고되고 있다. Coopersmith(1967)는 10~12세를 대상으로 GPA와 SEI 사이에 5% 수준에서 의의 있는 .30의 상관계수 결과를 제시했다.

자아 사회존중 척도(self-social esteem scale: SSE)와 학업성취의 관계는 Morrison, Thomas 및 Weaver(1973) 그리고 Morrison과 Thomas(1975)에 의한 연구에서 보고되었다. 객관적 검사 점수나 토론에 의한 GPA와 SSE에는 의미 있는 관계가 나타나지 않았다.

표준화된 학업성취 검사와 일반 자아개념의 관계는 .10~.50 사이를 나타내고 있다. 24개의 형용사 검사(ACL) 척도와 속도, 이해력 관계의 검토에서 Brunkan과 Shen(1966)은 24개의 ACL 중에서 9개가 독서검사와 관련 있는 것을 발견했다. Coopersmith(1959)는 SEI 점수와 아이오와 학업성취 검사 사이에 .36의 상관관계를, 그리고 SEI 점수와 사회측정 사이에 .30의 상관관계를 보고한다. 두 개의 상관관계는 1% 수준에서 의미 있다. Simon과 Simon(1975)은 남녀 대학생을 연구대상으로 하여 SEI 점수와 학업성취 검사(과학연합: SRA) 사이에 .33의 의미 있는 상관관계를 얻었다. 그러나 Terkin과 Shannon(1965)의 연구에서는 개정판 자아 존중감과 사회적으로 중간 계층인 초등학교 6학년 78명의 학업성취 검사에 어떠한 의미 있는 관계도 얻지 못하였다. 표준화된 학업성취 검사를 통한 학업성취와 일반 자아개념의 관계 정도는 GPA를 통한 학업성취와 비슷한 경향을 보이고 있다. 이는 표준화된 측정결과와 GPA의 측정결과가 크지 않음에서 나온 경우다.

학업성취와 자아개념의 특성화된 측면 GPA를 사용한 많은 연구들은 자아개념의 특별한 측면, 즉 성취 자아개념, 능력 자아개념, 사회 자아개념과 GPA와의 관계에 관심을 가지고 있다. 일반적으로 학업성취 자아개념과 능력 자아개념은 일반 자아개념보다 GPA와 더욱 관계가 있다.

학업성취와 능력 자아개념의 관계의 연구를 보면, Rosenberg(1965)는 뉴욕 주립고등학교 학생들을 대상으로 좋은 점수를 얻은 학생은 학교에서 좋은 학생이 될 수 있다는 보고를 하고 있다. Brookover, Lepere, Hamachek, Thomas 및 Erikson(1965)은 GPA와 능력 자아개념의 관계에서 .56~.65의 상관계수를 고등학교 1학년 학생을 대상으로 얻었다. 능력 자아개념의 수학, 영어, 사회, 과학, 자연과학 등과 관련된 자아개념과 각 과목 학업성취의 관계는 .30~.60으로 나타났다. 114명의 멕시코계 미국인과 49명의 백인과 고등학교 3학년 학생들을 포함한 Anderson과 Johnson의 연구에서, 학생의 영어와 수학의 최근 점수를 예언하는 데 능력 자아개념의 점수를 사용하였다. 능력 자아개념과 일곱 개의 가정배경 변인의 단계중다회귀분석에서 능력 자아개념과 영어, 수학과의 베타(β)지수는 각각 .30이었다. 능력 자아개념은 여덟 개의 예언지수 중에서 가장 중요한 것으로 나타났다. Joiner, Erikson, Crittenden 및 Stevenson(1970)은 세 개의 다른 학교에서 일반 능력 자아개념과 GPA 사이의 상관관계를 얻었다. 그 관계지수는 인디애나 학교에서 .51, 미시건 학교에서 .31, 공립학교에서 .53이었다.

학업성취와 능력 자아개념 이외의 자아개념 측면을 보면, Davidson과 Long(1960)은 초등학교 4, 5, 6학년 203명의 어린이에 대한 교사의 지각과 학업성취의 긍정적 관계를 보고했다. 교사가 높은 성취를 하는 것으로 평가한 학생들은 교사에 대한 느낌에 긍정적인 지각을 가지고 있었다. 114명의 고등학교 3학년 학생을 대상으로 Sims(1952)는 사회계층 동일시 척도 점수와 학업성취 사이에 .25의 상관관계를 얻었다. 그 연구에서 이 같은 비교적 낮은 계수는 성취점수의 불확실성 때문인 것으로 보인다. 단지 소수의 연구만 표준화된 학업성취 검사와 자아개념의 특별한 측면 사이의 관계를 고려했다. Caplin(1969)의 연구에서, 아이오와의 기본능력 검사와 그가 제작한 자아개념 검사 사이의 상관관계는 .45를, 아이오와 검사와 자아개념의 학교관련 문항 사이의 관계는 .58을 얻었다. 이들 상관계수는 각각 의미 있는 결과였다. 결과적으로 학업성취와 일반 자아개념의 상관 정도는 학업성취와 학업성취 자아개념의 상관보다 낮다.

능력과 자아개념 지능지수 혹은 다른 지능점수에 관한 구인타당도, 변별타당도에 관련된 정보의 대부분은 자아개념 검사, 혹은 자아보고 인성검사를 위한 소개서에서 찾아볼 수 있다.

자아개념과 지능과의 관계는 일반적으로 낮다. 이들 관계 연구에서, Gough와 Heilbrun (1965)은 ACL 검사의 Fav와 Unfav 척도를 포함하는 네 개의 척도 중에서 가장 크고 의미 있는 관계는 .20이었다고 보고했다. 많은 상관계수는 Coopersmith의 자아존중감 검사(SEI)에서 평균 .136이고, .10~.15의 관계를 나타냈다.

능력과 자아개념의 특별한 측면 간의 관계를 보면, 일반적으로 지능지수와 일반 자아개념의 관계보다 지능지수와 능력 자아개념의 관계가 더 높다. Brookover 등(1965)은 학업성취 자아개념과 캘리포니아 정신성숙검사(California test of mental maturity: CTMM)로부터의 지능지수와의 관계는 여덟 개의 집단(중등학교 남녀) 각각에 대해 .44~.54의 상관계수를, Brookover, Erikson 및 Joiner(1967)는 SCA와 CTMM 지능지수 간에 .51~.59 상관계수를, 그리고 Joiner, Erikson, Crittenden 및 Stevenson(1970)은 스스로 만든 자아개념 검사와 지능검사 사이에 .46의 관계를 얻었다.

이상에서 볼 때, 여러 방법으로 측정된 능력과 자아개념의 관계 정도는 낮지만, 의미 있는 긍정적 상관계수의 결과가 전형적인 흐름이다. 그러나 이들 관계지수 중의 어떤 것도 성취 정도가 통제되지 않았기 때문에 능력 차원의 자아개념 사이에 의미 있는 관계를 나타내는 것은 잠정적인 해석이다.

자아개념과 능력 및 성취 자아개념과의 관계 다른 변인은 통제하고 지능과 성취와 자아개념의 관계를 동시에 고려한 연구를 살펴보고자 한다. 어떤 연구들은 지능지수를 통제하고 성취와 자아개념 사이의 부분상관계수를, 그리고 어떤 연구들은 성취를 통제하고 지능과 학업성취의 부분상관계수를 산출한다. 또한 다른 연구들은 지능이 자아개념과 학업성취의 관계에 의미 있는 증가를 보여주고 있는지를 보기 위해 중다회귀 방법을 사용했고, 다른 연구들은 소위 우수자와 열등자를 비교하는 방법을 썼다. 그리고 어떤 연구에서는 집단들을 IQ에 따라서 짝을 맞추고, 자아개념 점수의 변별을 가져오는 정도를 보기 위해 집단 간의 성취점수 차이를 본다.

일반 자아개념과 학업성취(능력이 통제됨)의 관계 연구에서, 능력을 통제하면서 일반 자아개념과 학업성취의 관계를 다룬 연구를 검토해 보면, 이들 연구 중 어떤 것도 방법론적인 준거를 엄격히 하지 못했음을 알 수 있다. 한 예로, 평균점수가 사용될 때 그들에 관한 측정학적 정보가 빠져 있고, 자아개념의 측정에 관련된 측정학적 정보가 미약하며 대부분의 연구는 불확실하고 잘못된 보고들을 단순히 나열하고 있다.

Coopersmith의 자아존중감 척도(SEI)를 사용한 Campbell(1967)의 연구는 아이오와 성취검사의 한 예언변인으로 Coopersmith의 자아개념검사와 IQ 검사의 공헌도를 검토하기 위해서 중다회귀 방법을 사용했다. 여기서 보고된 몇 가지 연구는 능력을 통제했을 때 일반 자아개념과 학업성취의 의미 있는 결과를 보고했으나, 어떤 연구에서는 이 같은 경향성이 없었다. 남녀 자료를 나누어 분석한 연구에서 남성에게서 두 가지 의미 있는 결과를 얻었으나 여성에게서는 의미 있는 결과를 얻지 못했다. 그 연구들 중 어떤 것에서도 학업성취와 일반 자아개념 사이의 역관계는 나타나지 않았다.

자아개념 측정형태는 연구결과에 중요한 요인으로 작용할 가능성이 있다. 잘 알려진 검사를 사용한 연구의 대부분은 최소한 하나 이상의 의미 있는 긍정적인 경향을 보고하고 있는 반면, 측정학적 정보가 충분치 않은 자아개념 도구를 사용한 연구에서는 긍정적인 경향이 드물게 나타난다.

일반 자아개념과 능력(학업성취가 통제됨) 연구에서 일반 자아개념과 지능의 관계는 그 정도가 더 낮은 것도 있지만 위에서 .20～.30의 결과를 제시했다. 문제는 그러한 단순 상관계수가 학업성취 수준이 통제되었을 때도 지능과 일반 자아개념 사이에 의미 있는 상관계수를 얻을 수 있는지의 문제다. 연구자들은 능력수준이 통제된 가운데서 성취수준과 자아개념 사이의 관계보다는, 능력과 자아개념이 학업성취가 통제된 가운데서 관계가 있는지의 문제를 다루고 있다.

특수한 능력 차원의 자아개념 Brookover와 그의 동료들은 위에서 언급된 학업성취 자아개념 도구뿐 아니라 수학, 영어, 사회과학, 자연과학의 능력 자아개념을 측정하기 위한 도구를 만들었다. 중학교 1학년 남녀 513명을 대상으로 자아개념과 상응하는 학업성취 사이에서 다음과 같은 부분상관계수를 얻었다. 수학과 수학 자아개념은 남자에게서 .46, 여자에게서 .44, 그리고 영어는 .31, .34, 사회과학은 .46, .44, 자연과학은 .49, .38을 각각 얻었다. 학업능력의 특별한 측면을 포함하는 이들 관계는 흥미 있는 결과다.

Brookover, Thomas 및 Paterson(1964, p. 109)에서 주어진 단순 상관들을 비교해 볼 때, 과목영역(예: 수학능력 자아개념과 수학 성취점수)을 포함하는 상관계수의 경향은 상응하는 교차상관계수(예: 수학능력 자아개념과 영어 학업성취)보다 크다는 것을 알 수 있다.

자아개념과 성취 및 능력과의 관계 논의 분명히 자아개념과 성취는 관계가 있다. 자아개념의 일반성 또는 특수성에 따라 성취와의 관계는 다르다. 학업성취 수준과 자아개념의 관계를 볼 때 학업성취 자아개념과의 관계가 가장 크고, 그다음이 능력의 자아개념이며 일반 자아개념과의 관계는 가장 약한 것으로 보았다(아마도 '0' 에 가까운 지수다). 학업성취 수준과 능력 자아개념의 관계는 학업성취 수준과 일반 자아개념보다 좀 더 강하다. 그래서 자아개념과 성취와의 관계를 설명할 때는 자아개념의 측정도구와 성취의 특성을 설명한 뒤에, 두 변인과의 관계를 설명하는 것이 타당하다.

5. 자아개념의 다원성과 학업성취 간의 관계

Wylie는 "성취와 능력이 성취 자아개념과 능력 자아개념 그리고 일반 존중감과도 강하게 관계될 것" 이라고 보았다(1979, p. 355). 이 절의 목적은 이러한 연구를 간략하게 논평하고자 하는 것이다.

Shavelson과 송인섭의 모형에서 학문 자아개념은 일반 자아개념의 한 요소이며, 수학과 언어와 같은 특정내용 분야의 자아개념으로 나눈다. SDQ 해석에 대한 구인타당도와 Shavelson 등의 모형의 구인타당도에 대한 지지는 다음과 같다. ① 학업성취가 비학문 혹은 일반 자아개념보다는 긍정적으로 학문 자아개념과 상관된다. 그리고 ② 언어와 수학 성취들은 자아개념의 다른 특성보다 그 분야의 자아개념과 더 높게 상관되어 있다.

가장 광범위한 성취와 자아개념 관계의 메타분석에서 Hansford와 Hattie(1982)는 능력과 성취의 상관이 평균적으로 약 .2이지만, 학문 자아개념 척도와는 약 .4로 상관이 있다는 것을 발견했다. 유사하게, Shavelson과 Bolus(1982)는 영어, 수학, 과학 성적이 일반 자아개념보다 그 분야의 자아개념과 더 높게 상관한다는 것을 알았고, Bachman

(1970)은 IQ가 학문 자아개념과는 .46인 데 반해, 일반 자아개념과는 불과 .14의 상관이 있다고 보고했다. 또한 자아개념과 학업성취의 관계 연구에 대한 논평에서 Byrne(1984)은 거의 모든 연구들이 자아개념이 성취와 긍정적 상관이 있는 반면, 많은 다른 연구들은 성취가 일반 자아개념보다 학문 자아개념과 더 강하게 상관된다고 보여 준다. SDQ 연구는 언어와 수학에서 자아개념의 변별성을 강조해 왔다. 예를 들면, Marsh, Relich 및 Smith(1983)는 수학성취가 실질적으로 수학 자아개념과 상관(.55)이 있고, 다른 학문 분야의 자아개념과는 덜 상관이 있으며(언어 .21, 그리고 일반학교 .43), 비학문 자아개념과는 거의 상관이 없다고 하였다. 이 결과들은 학문 자아개념과 비학문 그리고 일반 자아개념을 구별할 것을 지적하며, 학문 자아개념의 구체적인 요소들을 구별할 필요가 있음을 지적한다. 유사하게, Shavelson 등(1976)은 학업성취와 학문 자아개념이 분명히 변별 가능한 구인들이라고 단정했다.

성취와 다원성 자아개념 간의 상관

자아개념과 성취 관계에 대한 대부분의 SDQ 연구들은 사춘기 이전(9~12세)의 SDQ I 반응들에 기초한다(Marsh, 1988a). 11개의 각기 다른 연구에서 언어, 수학, 일반 학업의 성취는 객관적 검사, 교사평정, 혹은 둘 다에 의해 평가되었다. 학업성취와 4개의 비학문 SDQ 특성들 간 136개의 상관이 있었다. 이 상관들은 거의 통계적 유의성이 없었고, 대부분이 부정적이었으며, 단지 하나의 상관만이 긍정적 유의성을 지녔다.

이 연구들에서 언어 혹은 수학 성취들은 자아개념과 체계적으로 관련되어 있다. 언어 자아개념과 언어성취 사이에 16개의 상관들이 있었다. 이것들은 .13에서 .57(중앙치=.39)로 다양했고, 그것들은 모두 통계적으로 유의했다. 또한 언어성취와 수학 자아개념 간 중앙치 상관계수는 .04이며, 단지 16개의 상관 중 4개만 통계적으로 유의했다. 읽기 성취와 일반학교 간의 16개의 상관들은 −.04에서 .52(중앙치=.21)로 다양했고, 11개는 통계적으로 유의했다. 수학성적과 수학 자아개념 사이에 총 12개의 상관이 있었다. 이 상관들은 .17에서 .66(중앙치=.33)으로 다양했고, 모두 통계적으로 유의했다. 수학성적과 언어 자아개념 간 12개의 상관들은 −.01에서 .36(중앙치=.10)으로 다양했고, 5개는 통계적으로 유의했다. 수학성적과 일반학교 자아개념 간 12개의 상관들은 −.02와 .59(중앙치=.26) 사이였으며, 10개는 통계적으로 유의했다.

11학년 혹은 12학년 고등학생들에 의한 SDQ III 반응들은 두 개의 다른 연구에서 수학과 영어 성적과 관련되어 있다. 가톨릭 여자학교의 296명 학생에 의한 첫 번째(Marsh & O'Neill, 1984) 반응들을 보면 수학성적은 수학 자아개념과 .58의 상관이 있었고, 영어 성적은 언어 자아개념과 .42의 상관이 있었다(〈표 3-2〉). 각기 다른 자아개념 특성들과 두 개의 성취점수 관계의 유형은 SDQ I 연구에서보다 자아개념과 성취관계의 특수한 내용에 대한 훨씬 더 강력한 지지를 제공한다. 일반 자아개념이 수학 혹은 영어 성취와 유의하게 관계하지 않는다는 것도 흥미롭다.

두 번째 연구에서 11학년과 12학년 캐나다 학생들에 의한 네 개의 SDQ III 척도들(수학, 언어, 일반학교, 일반자아)에 대한 반응들은(Marsh, Byrne, & Shavelson, 1988) 수학, 영어, 그리고 모든 학교과목들과 관계가 있었다. 모든 학교과목들의 평균점수는 일반학교

표 3-2 자아개념과 영어 · 수학 성취 간의 관계(Marsh, Byrne, & Shavelson, 1988)

	Marsh과 O'Neill의 연구(1984)				Marsh, Byrne 및 Shavelson의 연구(1988)			
	상관관계		β		상관관계		β	
자아개념	수학	영어	수학	영어	수학	영어	수학	영어
수학	.58**	.19**	.72**	−.24**	.55**	.20**	.61**	−.12**
언어	.11	.42**	−.25**	.55**	.20**	.24**	−.14**	.31**
학문	.27**	.24**	.14	.19**	.34**	.47**	.40**	.13**
문제해결	.03	.17**	−.11	.24**				
신체능력	.02	−.11	.13	−.19*				
외모	.05	.02	.06	−.02				
동성	−.04	−.01	−.05	.02				
이성	−.08	−.03	−.10	.04				
부모	−.08	−.12	−.01	−.12				
종교	.00	.00	.01	.00				
정직	−.08	−.09	−.04	−.07				
정서	.08	.06	.07	.02				
일반	.02	.06	−.08	.10	−.04	−.04	−.02	−.03

* 0.05% 수준의 의의도.
** 0.01% 수준의 의의도.

자아개념과 .53(〈표 3-2〉에는 나와 있지 않음)의 상관이 있었고, 수학점수는 수학 자아개념과 .55의 상관, 영어점수는 언어 자아개념과 .24의 상관이 있었다. 수학과 모든 학과목들의 점수는 수학과 일반학교 자아개념과 각각 아주 높게 상관하고 있지만, 영어점수는 언어 자아개념보다 일반학교 자아개념과 보다 높게 상관된다. 그 밖에 일반 자아개념은 성취지표들 중 어느 것과도 유의하게 관계하지 않았다.

요약하면, SDQ 척도들과 학업성취 간 상관은 학문 · 비학문 자아개념의 국면들의 극적인 변별성을 나타내고 있으며, 또한 수학 자아개념과 언어 자아개념의 분명한 분리를 보였다.

언어 자아개념과 수학 자아개념: 내적/외적 참조체제 모형

개개인들이 학업능력 혹은 학업성취 수준에 대한 여러 정보들은 어떤 기준 혹은 참조체제와 비교된다. 개개인들이 각기 다른 참조체제를 가지고 있기 때문에 동일한 객관적 지표들이 각기 다른 학문 자아개념을 형성한다. 학생들은 사회적 비교과정을 통해 다른 사람들의 결과로써 자신의 결과를 평가한다(Marsh, 1987a; Marsh & Parker, 1984). 그러나 그러한 제안들은 왜 학문 자아개념들이 그렇게 특수한 내용인가를 설명하지 못한다. 이 현상을 설명하기 위해서 내적/외적 참조체제 모형(I/E 모형)이 개발되었다(Marsh, 1986b; Marsh, Byrne, & Shavelson, 1988).

언어성적과 수학성적은 전형적으로 .5에서 .8 정도의 상관이 있다. 그러므로 언어 자아개념과 수학 자아개념은 실질적으로 상관될 것으로 기대할 수 있다. 이 기대는 특정과목의 학문 자아개념들이 일반 학문 자아개념을 형성하기 위해 제안되었던 Shavelson 등에 의한 모형에서 설명되었다. 그러나 수학 자아개념과 언어 자아개념이 서로 약하게 상관되는 것은 놀라운 일이다.

수학 자아개념과 언어 자아개념의 예기치 않은 낮은 상관은 다양한 SDQ 도구를 사용한 많은 연구에서 관찰되었으며, Marsh(1986a)는 상관결핍 발생을 설명하기 위해 I/E(내적 · 외적) 모형을 제안했다. 그 결과는 또한 이 장의 초반부에 기술했던 최초 Shavelson 등의 모형의 수정모형을 낳았다(Marsh & Shavelson, 1985; Shavelson & Marsh, 1986). I/E

모형에 따라 언어 자아개념과 수학 자아개념은 다음과 같은 특성을 지닌 외적 · 내적 비교—혹은 참조체제—와 관계된다.

외적 비교과정에서 학생들은 수학과 읽기에서 자신의 능력에 대한 지각을 학급 또는 학년의 다른 학생들과 같은 참조체제 내에서 다른 학생들에 대해 지각된 능력과 비교한다. 이때 이 외적 · 상대론적 생각은 두 분야 각각에서 그들의 자아개념에 대한 하나의 근거로서 사용된다.

내적 비교과정에서 학생들은 그들의 수학에서 자기지각된 능력들을 읽기에서 자기지각된 능력과 비교하고, 이 내적 · 상대론적 생각들을 두 분야 각각에서 그들의 자아개념에 이르는 2차적 근거로서 사용한다.

이 두 과정들이 어떻게 조작되는가를 명확하게 하기 위해 자신을 수학과 읽기 기능이 평균 이하라고 지각하는 학생을 예로 들어 보자. 그 학생은 수학을 읽기와 다른 학과목보다 더 잘할지도 모른다. 이 학생의 수학기능은 다른 학생들의 기능과 관련하여 평균 이하이나(외적 비교), 다른 학문 분야에서 자신의 기능들에 대한 평균보다는 더 높다(내적 비교). 이 두 요소들이 어떻게 가중되느냐에 따라, 이 학생은 자신의 빈약한 수학기능에도 불구하고 수학에 대해 평균 또는 평균 이상의 자아개념을 가지고 있을지도 모른다.

사회적 · 외적 비교에서 추론되었듯이, 이 같은 논의는 많은 연구들에서 지지되었다(Marsh, 1987a; Marsh & Parker, 1984). 언어성취와 수학성취가 실질적으로 상관되어 있기 때문에, 외적 비교과정은 언어 자아개념과 수학 자아개념의 긍정적 상관을 낳는다. 그러나 내적 비교과정은 언어 자아개념과 수학 자아개념의 부적 상관을 나타냈다. 왜냐하면 한 분야나 다른 분야에서 더 높은 자아개념에 기여하는 수학기능과 언어기능 사이에 차이가 있기 때문이다.

외적 비교과정은 언어 자아개념과 수학 자아개념 사이의 긍정적 상관관계를 가져왔다. 내적 비교과정은 부정적 상관을 가져왔다. 그러므로 양 과정들의 상대적인 강도에 의존하는 경험연구에서 관찰되었던 언어 자아개념과 수학 자아개념의 상관은 거의 제로에 가깝게 나타났다. 언어성취 수준과 수학성취 수준 사이의 관계는 전형적으로 더 작을 뿐이다.

내적/외적 참조체제 모형(I/E 모형)은 또한 언어 자아개념에 대한 수학성취와 수학 자아개념에 대한 읽기성취의 직접적인 영향은 부정적이다. 예를 들면, 수학성적이 좋을 때 수학 자아개념이 더 높은 것 같고(외적 비교), 수학성적이 읽기기능보다 더 나을 때 수학 자아개념이 더 높을 것 같다(내적 비교). 그러므로 일단 수학성적이 통제되면, 수학 자아개념을 예언하는 수학기능과 읽기기능에 차이가 있으며, 높은 읽기기능이 사실상 높은 수학 자아개념을 떨어뜨릴 것이다.

I/E 모형은 언어 자아개념, 수학 자아개념, 언어성취와 수학성취([그림 3-2])를 나타내는 변인들 간 특수하고 아마도 예기치 않은 관계 유형을 생성한다. 이 모형에서 학업성취는 학문 자아개념의 한 인과적 결정요소로 가정되지만, 이 모형은 학업성취와 자아개념의 후속 수준들이 성취와 자아개념의 이전 수준들에 의해 각각 결정되는 좀 더 역동적인 모형을 반박하지 못한다.

회로분석 모형에 따라 수학 자아개념과 언어 자아개념이 약하게 상관되어 있는 반면에, 수학기능과 읽기기능은 서로 높게 상관되어 있다. 언어성취는 언어 자아개념에 강하고 긍정적인 직접적 영향을 주지만, 수학 자아개념에는 작고 부정적인 직접적 영향을 준다. 유사하게, 수학성취는 수학 자아개념에 강하고 긍정적인 영향을 주지만, 언어 자아

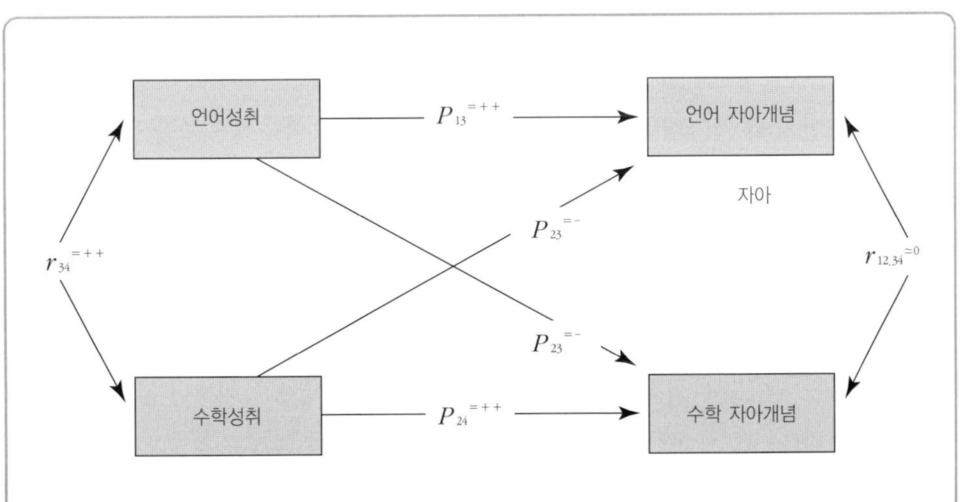

[그림 3-2] 성취, 읽기 그리고 수학 자아개념의 회로 모형: I/E 참조모형

출처: Marsh(1986c), p. 134에서 인용.

개념에는 좀 더 약하고 부정적인 영향을 준다. 그러므로 I/E 모형은 언어 자아개념과 수학 자아개념 간 상관의 결핍 외에도 많은 검토를 가능하게 한다.

수학 자아개념과 언어 자아개념 간 상관의 결핍 Marsh(1986a)는 모든 이전 SDQ 연구들에서 수학 자아개념과 언어 자아개념의 상관관계 결과를 요약했다. 사춘기 이전 학생들의 모든 SDQ I 연구들을 보면, 수학과 언어 자아개념의 관계는 제로에 가깝다(.06). 그리고 개별적 연구들에 기초한 12개의 상관 중 세 개만 통계적 유의성이 있었다. 그러나 2학년 학생들의 한 개 표집의 상관들(.49)과 3학년 학생들의 한 개 표집의 상관(.46)은 가치 있지만 4, 5, 6학년 학생들에 의한 상관은 10개의 표집에서 −.13에서 +.17 사이로 다양했다. 이 결과들은 가장 나이 어린 아동들은 제외하고, 수학과 언어에 대한 자아개념이 사춘기 이전 학생들에 의한 SDQ I의 반응을 보면 상관이 없다는 것을 증명한다.

SDQ II는 7학년부터 12학년 학생들에게 실시되었다. 언어와 수학 자아개념 상관들은 어느 학년 수준에서도 통계적 유의성에 도달하지 못했고, 모든 응답자에 걸쳐 상관은 거의 정확하게 0이었다(-.0002). SDQ III는 11학년 학생들과 대학생, 그리고 Outward Bound Study(해외 프로그램)에 참여했던 젊은이들 중 비학생인구가 세 가지 연구에 이용되었다. 또다시 다섯 개의 언어와 수학 상관들이 시종일관 0에 가까울 것이며(-.03에서 .03), 어느 연구에서도 통계적 유의성에 도달하지 못했다.

앞서 논의한 수학 자아개념과 언어 자아개념의 상관들은 학문적 결과를 갖고 있는 학생들에 의해 이루어진 반응들에 근거했다. 내적 비교과정(수학과 읽기에서 자기지각된 기능들이 서로 비교된다)의 중요성과 두 개의 학문 자아개념의 변별성은 학문적 결과의 배경에서 과장되었을지 모른다. 그러므로 Outward Bound Study의 연구에 근거한 결과들은 특히 중요하다. 이 연구는 우선 학생이 아니고, 1차적으로 신체적 옥외활동과 학문적 기능보다는 아마도 사회적 관계기능을 강조했던 프로그램에 참여했던 젊은이들의 반응에 기초한다(16~31세, 중앙치=21세). 현저하게 비학문적 배경을 갖고 SDQ III를 완성하는 비학생들의 표집에서조차 언어 자아개념과 수학 자아개념 간 상관의 상대적인 결핍이 강했다.

광범위하고 다양한 연구의 결과들—사춘기 이전, 사춘기, 청년기로부터 반응들에 기초한—은 언어 자아개념과 수학 자아개념 사이에 거의 상관이 없음을 일관되게 증명했으며, 이러한 수학과 언어 상관의 부족이 연령(3학년 이상)과 성, 학문적·비학문적 배경에 걸쳐 일치한다. 이 결과는 반직관적이며, 언어 자아개념과 수학 자아개념이 합쳐져 단일한 고차원적 학문 자아개념을 형성한다고 단정했던 최초 Shavelson 등의 모형에 반대된다. 그러나 결과들은 I/E 모형과 Shavelson 등의 수정모형과 일치하며, I/E 모형에 근거한 해석의 타당성에 대한 증거를 제공한다.

흥미롭지만 아직 미해결된 문제는 왜 수학 자아개념과 언어 자아개념이 실질적으로 2학년과 3학년 아동들에게만 상관이 있고, 좀 더 나이가 많은 피험자들에게는 상관이 없는 것인가 하는 문제다. 이러한 결과들은 Shavelson과 동료들 그리고 다른 사람들(Silon & Harter, 1985)에 의해 가정된 연령에 따른 자아개념의 증가된 분화이론을 반영할지도 모른다. 그것은 아주 어린 아동용 평정척도 도구에 반응하는 데 어려움을 나타낼지도 모른다. 앞으로 연구에 대한 관련 분야는 어느 연령에서 아동들이 수학 자아개념과 언어 자아개념 간에 분명하게 분화가 시작되는지 결정하기 위한 대안적 실행절차들을 조사하는 것이다.

I/E 모형에 대한 경험적 지지: 언어점수와 수학점수에 대한 성취/자아개념 관계 I/E 모형([그림 3-2 참조])에 의해 예언된 바, 언어와 수학 성취의 지표 간의 $r=.34$ 상관들은 .42~.94 범위로 가치 있는 반면, 언어 자아개념과 수학 자아개념의 잔여척도 간 $r=.12$ 상관은 $-.10$부터 $+.19$ 범위로 더 작았다. 언어 자아개념과 언어성취(P_{13})와 수학 자아개념과 수학성취($P=24$) 사이의 관계를 나타내는 경로계수들은 13개 분석 모두에서 긍정적이고 통계적으로 유의했다.

요약하면, 이러한 모수치 평가들은 I/E 모형에 강한 지지를 제공한다. 예언에 대한 지지는 연령이 사실상 다르며, 학업성취의 광범한 지표들과 각기 다른 자아개념 도구들이 사용되었고, 연구를 초월하여 일치하고 있어서 영향의 보편성을 증명한다(Marsh, Byrne, & Shavelson, 1988).

I/E 모형에 대한 논의 I/E 모형은 언어 자아개념과 수학 자아개념, 학업성취의 지표

들 간 어떠한 역설적인 관계를 설명할 수 있다. 원래 I/E 모형은 비록 언어와 수학 성취들이 사실상 서로 상관이 있을지라도 최소 상관을 갖고 있다. 더욱이 수학 자아개념에 대한 읽기성취의 직접적인 영향과 수학성취의 언어 자아개념에 대한 직접적인 영향은 각기 부정적으로 유의미했다. 그러나 이 결과의 유형은 I/E 모형으로부터 나온 예언과 일치했다. I/E 모형과 관련연구에 기초한 결과들은 또 다른 많은 흥미로운 함의를 제시한다.

① 상응하는 성취점수들이 실제로 상관되어 있는 반면에, 수학 자아개념과 언어 자아개념이 최소 상관되어 있다는 결과는, 학문 자아개념들은 그것들이 반영하는 학문 분야에서의 성취척도들보다 각기 다른 과정들에 의해 영향을 받는다는 것을 증명한다.

② I/E 모형들을 이해하는 것은 교사들의 학생들에 대한 이해와 적절한 피드백을 제공하는 방법을 용이하게 한다. 다른 연구는, 교사들이 학생들의 자아개념을 추론하라고 요청받을 때, 그들의 평정이 우선 학생능력을 반영하고, 내적 비교과정을 통합하지 않는다는 것을 지적한다. 그러나 내적 비교과정에 따라 가장 적은 능력의 학생들조차 다른 학교 학생들보다 몇 가지는 상대적으로 잘할 것이다. 그들이 가장 잘하는 과목에서, 그들은 그들의 기능이 평균 이하일지라도 평균 또는 평균 이상의 학문 자아개념을 가질지도 모른다. 교사들은 이 정보를 학생들을 신뢰할 수 있는 긍정적인 강화를 제공하는 데 사용할 수 있다. 유사하게, 가장 뛰어난 학생들일지라도 몇몇 학과목에서 상대적으로 더 못할 것이다. 그들의 가장 취약한 과목에서, 그들은 그들의 기능이 평균 이상임에도 불구하고 평균 또는 평균 이하인 학문 자아개념을 가질지도 모른다. 이 관찰은 또한 교사들을 도와 최상의 능력을 지닌 학생들의 자기지각을 보다 잘 이해하게 할지도 모른다.

③ 수학 자아개념과 언어 자아개념의 독립성은 일반학문 자아개념의 역할과 유용성에 이의를 제기한다. 일반학문 자아개념은 분명히 구체적 학문 자아특성들의 다양성을 충분히 반영할 수 없다. 만약 학문적 자아개념 연구가 학문적 맥락에서 자아의 복잡성을 더 잘 이해하며, 학문적 행동과 성취들을 예언하고, 학문 자아개념과

다른 구인들을 관련시키는 것이라면, 학문 자아개념의 구체적인 특성들은 일반 학문적 특성보다 더 유용하다. 그러므로 우리의 연구가 일반(우선 비학문적인) 자아개념의 유용성을 문제시하듯이 이 연구 또한 우리를 일반학문 자아개념의 유용성을 문제시하도록 이끈다.

④ 앞으로의 연구는 I/E 모형에 삽입된 내적 비교과정이 어떻게 자아개념의 다른 특성들로 일반화되는지를 조사할 필요가 있다. 그러므로 자기 자신을 특별히 학문적으로 유능하다고 여기는 학생들은 자기 자신을 비학문 분야에서는 덜 유능하다고 여길지도 모른다. 사실, 만약 개인이 어느 구체적인 시도에 특별히 잘한다면, 그 사람은 그 자신 혹은 그녀 자신을 다른 영역에서는 상대적으로 덜 유능하다고 간주할 것이다. 이 과정은 각기 다른 척도들 간 평균 상관이 아주 낮은 이유를 설명해 줄 것이다.

현재의 연구결과로 보아 자아개념과 학업성취의 관계가 일방적이 아니라 상호영향적이라는 것을 가정하는 것이 합당하다. 자아개념이 기대, 개인적 역량과 높은 동기를 부여함으로써 학업성취에 영향을 주고, 학업적 성공은 자아개념을 고양 · 유지시키는 과정에서 계속적인 상호작용이 있다.

6. 결 론

지금까지는 학업성취의 예언변인을 지능에 두었으므로 학교성적과 지능의 관계에 대한 연구의 수가 상당히 많으나 자아개념에 대한 관심은 상대적으로 적었다. 그러나 교육자들이 자아개념을 교육과 관련시켜 보기 시작하면서 학교성적과 자아개념 간의 연구가 점차 증가하고 있다.

이 장에서 논의한 자아개념과 학교성적의 관계를 보면 그 관계 정도가 어느 정도라고 한마디로 말하기 힘들 만큼 다양하다. 어떠한 자아개념 측정도구가 사용되었느냐에 따라, 그리고 어떠한 방법으로 학교 성적이 측정되었느냐에 따라 그 관계 정도가 다르기 때문이다. 그러나 자아개념이 성적의 중요한 설명변인이라는 사실은 어느 연구도 부정하지 않고 있다.

몇 가지 중요한 점을 정리해 보면 첫째, 자아개념과 학업성적 관계의 설명력은 일반적으로 4%에서 16% 정도이고, 긍정적이며 통계적 유의미성을 띠고 있다. 그러나 그 관계 정도는 자아개념 검사에서 사용된 자아개념 구인의 개념화와 사용된 문항들에 따라 상이한 지수를 나타낸다. 한 예로 Brookover, Thomas 및 Paterson(1964)의 측정은 다른 일반적인 자아개념 척도보다 학업성취와의 관계에서 높은 상관을 나타내고 있다. 그 지수는 $r=5$이 답이다.

둘째, 높은 성취와 성공이 높은 자아개념과 연결되는 것보다, 낮은 성취와 실패가 낮은 자아개념과 더 잘 예언적으로 연결된다. 그래서 학업성취에 대한 낮은 자아개념의 무기력성이나 자아개념에 대한 낮은 학업성취의 무기력성은 높은 자아개념이나 학업성취가 상호촉진적 중요성을 갖는 것에 비해 더 효과적인 상호영향력을 지니고 있다. 이는 교육현장에서 유념해야 될 사안이다.

셋째, 상관연구는 인과성을 결정할 수 없다는 점이다. 긍정적 자아개념이 학업적 성공을 이끌었는가, 아니면 학업적 성공이 긍정적 자아개념을 유발했는가에 대한 이론적 분석에 따르면, 양자는 상호 인과관계를 갖고 있어 상대를 향상시킨다고 한다. 위의 두 변인 중 하나를 독립변인으로 규정하려 했던 의도는 상충된 결과를 낳았다.

양자의 인과관계 해결을 위한 한 시도에서, Caslyn과 Kenny(1971)는 자아강화이론에서 자아개념 변인이 학업성취 수준에 영향을 주므로, 학업성취를 향상시키기 위해서는 상담이나 강화 등의 다양한 송환체제를 사용해 더 긍정적인 자아개념을 형성할 필요가 있음을 시사한다. 기술개발 모델의 주창자들은 학문 자아개념 수준이 학업성취의 결과임을 내세운다. 이 교수법에 의하면, 개인교수와 교과구성이 자아개념 수준 향상에 있어 관건이 된다는 것이다. Caslyn과 Kenny의 연구결과는 학업성취가 능력 자아개념의 원인이 된다는 모델을 명백히 지지한다. 때로는 경험적으로 인과를 규정할 수 있지만, 경험적 확인보다는 서로 상호 인과관계로 보는 것이 의미가 있다.

또한 Brookover의 업적은 자아개념을 사회계층과 성취 사이의 관계를 변하게 할 수 있는 매개변인으로 보고 있다. 그의 주장에 의하면, 자아개념이 식역점 이하일 경우 중간계층의 아동일지라도 높은 성취를 하지 못한다는 것이다. 이 주장은 환경적 · 인구학적 변인에 근시안적 관심을 갖는 사회학자들이 빈민가의 아동들도 어떤 분야에서는 높은 성취를 보일 수 있다는 점을 발견한 것에 대한 설명이 될 수 있다. Brookover는 자아개념이 사회계층과 학업성취 사이에 개재된 식역변인이라는 개념을 도입했다.

넷째, 성취수준이 자아개념에 미치는 영향은 대학생 집단에서도 같은 결과를 나타내고 있다. 대학 입학은 대부분의 학생들에게 새로운 교우관계의 형성, 고차원적 학습 등의 새롭고 다양한 경험에 대해 우려하게 한다. 각자는 자신을 증명해 보이고 자아존중감을 유지해야 한다. 소수의 학생만이 높은 점수를 받기 때문에 우수한 학생들이라도 중간점수를 받기도 한다. 이 상황에서 어떤 학생은 노력에 상관없이 자신을 더 이상 성공적인 학생으로 지각하지 않는다. 그들은 자아존중감의 상실과 학업 열등감으로 고통받는다. 이 열등감은 학업능력을 저하시키거나 동료관계에 영향을 줄 수도 있다. 자아존중감을 보존하기 위해 학생들은 자신의 낮은 학업성취를 합리화시키기 위한 여러 방법을 모색한다. 한 방법으로 운동, 팝음악, 방랑적 생활 등으로 대치하여 자아존중감을 유지할 수도 있다.

다섯째, I/E 모형은 언어 자아개념과 수학 자아개념, 학업성취의 지표들 간의 관계를 설명할 수 있다. 원래 I/E 모형은 비록 언어와 수학 성취들이 상관할지라도 최소 상관을 갖고 있다. 더욱이 수학 자아개념에 대한 읽기성취의 직접적인 영향과 수학성취의 언어 자아개념에 대한 직접적인 영향은 각기 부정적으로 유의미했다. 그러나 이 결과의 유형은 I/E 모형으로부터 나온 예언과 일치했다. I/E 모형과 관련 연구에 기초한 결과들은 또 다른 흥미로운 함의를 많이 제시한다.

교육이나 심리학에서 갖는 자아개념에 대한 관심은 자아개념이 교육학의 핵심영역인 학업성취 혹은 성취에 주는 영향에 대한 관심의 역사이다. 지금까지의 이론과 경험적 결과에 의하면 자아개념이 학업성취에 영향을 준다는 것은 분명하다. 그러나 그 관계를 좀 더 분석해 보면 몇 가지 논의점이 있다. 첫째, 자아개념의 특성이 일반적이냐 아니면 성취의 특별한 영역과의 관계가 있는 구인화의 개념화냐에 따라 그 관계는 큰 차이가 있다. 일반적 자아개념과 학업성적과의 정도는 그 관계가 4%의 설명력을 가지고 있다. 그러나 자아개념의 특수한 영역인 성취 자아개념과 학업성적과의 관계는 16% 이상을 설명한다. 다음으로 측정도구가 어떠한 특성을 측정하는 문항으로 구성되었느냐에 따라 성취에 대한 영향은 상당한 차이를 만든다. 한 예로 Brookover 등이 만든 측정도구는 성취설명력이 가장 높다. 그 이유는 이 도구가 성취 혹은 능력에 관련된 문항들로 구성되어 있기 때문이다. 또 하나의 관심은 자아개념과 학업성취와의 영향이 어떤 변인이 먼저냐, 즉 원인이냐에 대한 논의가 되고 있다. 이 문제는 닭이 먼저냐 병아리가 먼저냐의 문제와 같이 상호영향을 주고 있다. 즉, 자아개념이 높은 사람은 학업성취 증가에 영향을 주고, 학업성취가 높은 사람은 자아개념에 긍정적 영향을 준다. 서로 상호영향력을 준다는 주장이 그 설득력을 갖고 있다. 자아개념은 성취의 가장 중요한 설명지표다.

제 4 장

자아개념의 변화와 발달

1. 자아개념의 변화에 영향을 주는 변인

자아개념의 변화를 보면 신체 자아가 우선 발달하고 난 후 추론된 내적 자아가 발달한다. 분명히 이 같은 추상적 사고는 침팬지 수준의 능력에서도 찾아볼 수 있다. Gallup (1968)의 실험에 의하면, 침팬지는 자기를 거울에 비춘 후에 거울에 비친 모습이 자기 자신을 나타낸다는 것을 아는 것처럼 행동하고, 다른 침팬지가 아니라는 것을 아는 것처럼 반응한다고 한다. 물론 신체 자아는 직접적 훈련에 의해서만 학습되는 것이 아니다. 한 사람은 다른 사람과 같은 신체를 지니고 있다는 증거 이외에, 한 사람의 신체는 특유한 자신의 것이다.

신체 자아는 다양한 단서에서뿐만 아니라 또한 그 개념을 형성하기 위한 강한 강화에서 찾을 수 있다. 우선 사회적인 인정과 비인정이 있고, 다음은 경험이 인정되고 예측적인 조직으로 융합될 수 있는 자아와 비자아로 구별된다.

아동의 자아개념 발달을 가장 광범위하게 다루어 온 Baldwin, Cooley, Kohlberg,

Mead, Piaget, Sullivan 등과 같은 이론가들은 자아개념 발달에 상호작용 및 인지발달 등의 관점을 받아들인다. Denzin(1972)은 Mead, Cooley, Piaget의 관점을 비교분석하고 있다.

첫째, 자아발달의 정서적 · 인지적 과정의 중요성을 강조한다. 둘째, 그들은 발달의 각 단계를 그 이전 단계와 질적으로 구별된 것으로 본다. 셋째, 그들은 인지발달과 상호작용 과정의 역할을 강조한다. 넷째, 그들은 연합주의나 S-R 학습이론을 거부한다. 다섯째, 그들은 경험에 의한 자아학습을 강조한다.

Denzin은 Mead와 Cooley가 인지발달을 연속적 단계로 본 반면, Piaget는 일정한 연령수준의 경향성으로 보았다는 점에서 중요한 차이가 있다고 보았다. Denzin의 지적처럼, 비록 몇몇 경험적 관찰이 이론가에 의해 만들어졌다 해도 그들의 이론적 주장을 검증하기 위한 과학적 연구는 제한되었었다.

Erikson을 제외하고 체계적으로 중년기와 노년기에 관해 저술한 인성이론가는 없다. 노년기에 관한 많은 이론은 희귀하고 비체계적이지만, 노인의 자아개념에서 연령과 사회적인 고정관념의 관계, 역할상실과 자아개념의 변화에서 역할의 모호성, 그리고 노인의 자아개념과 물리적 힘의 감퇴의 관계를 강조하는 경향이 있다.

사람은 독특하고 창조적인 산물이다. 갓 태어난 신생아들은 자아지각이 결여되어 있지만 자아지각을 배울 준비가 되어 있다. 자아개념은 선천적인 것이 아니라 분화되고, '나' '나를' '나의 것' 의 경험 축적으로부터 발달된다. Sherif와 Cantril(1947)은 처음에 어린이들이 '자아' 를 구성하는 것과 '자아가 아닌 것' 을 명백히 구별하지 못한다는 결론을 내렸다. 그러나 점차적으로 사람과 대상의 상호작용 과정에 의해 자아개념을 형성하게 된다.

Piaget(1954)는 유아들은 처음에 신체와 다른 물체 사이에 경계가 없고, 현실과 환상 사이에 구분이 없는 '미분화된 독립상태' 에 있다고 지적했다. 그러나 점차적으로 유아들은 그 자신이 어떤 존재이며, 자아가 아닌 것을 구별할 수 있게 되어, 외부세계로부터 유아 자신을 분리시킬 수 있게 된다. 유아가 외부세계로부터 자신을 분리하게 되는 시기는 감각운동기다. 어린 시절에 있어서 자아개념의 발달과 본질을 직접적으로 평가한다는 것은 불가능하고, 어린이들이 그 자신을 지각하는 과정들은 추론에 의해서만 평가될 수 있다.

몇몇 감각은 유아 자신의 신체 내에서 발생하는데, 그 예는 배고픔과 같은 것이다. 반면 다른 감각들은 신체의 주변에서 발생하는데, 그 예는 젖을 먹거나 목욕하는 동안 어머니와의 신체접촉을 통한 상호작용이다. 초기의 많은 자아탐색은 만지고, 빨고, 당기고, 보고, 듣는 것을 통해서 진행된다. 모든 감각들은 신체 각 부분의 역할을 규정짓는데 중요한 역할을 하는데, 신체의 일부가 그들 자신의 일부가 아니라고 여기기 때문에 손가락을 깨물고는 왜 그 고통을 느끼게 되는지를 이상하게 생각한다. 그러나 Murphy, Murphy 및 Newcomb(1937)은 이러한 구별(신체와 신체가 아닌 것의 구별)은 6개월이 되어도 명확하게 형성되지 않는다고 한다. 이런 과정을 통해 유아들은 자신의 존재를 만들어 가고 그 결과 자신만의 자아개념을 형성한다. 한 개인이 자신의 신체에 대해서 어떠한 느낌을 갖고 특히 외부적인 자극을 긍정 혹은 부정으로 받느냐에 따라 내면적인 자아가 형성된다.

자아지각은 유아가 그의 환경을 이용하고, 환경에 대해 행동할 때 천천히 나타난다. 유아들은 세계관을 형성하기 위한 탐색을 하며, 이를 통해 사물을 알고, 조작할 수 있다. 처음에 유아들은 대부분 우연히 진전되는 것 같지만, 나중에는 계획과 스스로 만들어 가는 설계에 의해 그렇게 행한다. 처음에 물체가 유아들의 손에 놓여 있을 때 유아들은 그 물체를 손에 움켜쥘 수 있다. 그러나 물체를 들어 올리거나, 던지거나, 또는 움직이지는 못한다. 그렇지만 곧 물건을 꽉 움켜쥐고 들어 올리며, 사물에 다가가고, 어떤 지점에 물체를 놓을 수 있게 된다. 실례로, 유아들이 자기 침대에 매달려 있는 모빌을 흔드는 것은 모빌이 되풀이하여 달랑달랑 소리를 내게 하기 위해서다. 활동을 통한 자아의 발견은 감각기관을 통한 자아발견의 중요한 수단과 동등하게 연관되어 있다. 그러나 이러한 감각과 활동은 단순하다.

자아개념은 한 시기에 갑자기 전체 혹은 전무 형식으로 발달하는 것이 아니다. 앞에서 주장한 것처럼, 개개의 사람들은 다양한 자아개념을 소유하고 있으며, 자아개념의 변화와 발전의 과정은 결코 끝날 수가 없고 계속된다. 자아개념은 개인이 '되어지는' 과정에서 새로운 잠재력을 계속해서 발견하는 것처럼 출생에서 죽음에 이르기까지 진행되고 있다.

요약해 보면, 자아개념을 형성하기 위해서 어린이들은 자기 자신을 구별되는 대상으로 보는 견해에 도달해야만 하고, 다른 대상들로부터 유아 자신을 구별할 수 있어야 한다. 그래서 자신에 대한 다른 사람들의 평가를 지각할 수 있을 때에야 비로소 다른 환경을 지각할 수 있다. 자아개념의 다양한 자원 중에 다섯 가지 중요한 점들은 신체영상, 언어, 송환작용, 성 역할 모형, 어린이 양육방법 등이다.

신체영상은 구별되는 대상으로서 자아의 평가다. 언어는 자아와 다른 것들에 대한 차별화를 만드는 능력이다. 다른 사람들이 그 사람에 대해 갖는 견해가 얼마나 의미 있느냐 그리고 그 사람이 다양한 사회적 규준과 가치에 얼마나 관련되어 있느냐에 대한 환경으로부터, 특히 중요 타인으로부터의 자극과 인정, 그리고 평가의 송환작용이 중요하다. 이 다섯 가지의 근원은 사회생활의 다양한 자극의 섬유질 속에 섞여 밀접하게 짜여 있다. 공급되는 대부분의 외부 자극인 송환작용은 각 개인의 주체에 의해 주관적으로 해석된다.

한 개인은 태어나서 무한한 외부 자극을 받는 과정을 통해 나름대로의 지각의 틀을 형성한다. 무한한 자극을 통해 형성된 지각의 틀 중 어떤 것을 선택하느냐는 것은 개인의 선택적 의미가 있다. 그 선택의 결과가 한 개인의 자아개념을 형성하는 기초가 된다. 이 상황에서 한 개인이 선택한 자극은 현재 개인이 갖고 있는 개념적인 틀 안에서의 선택이다. 이 개념적인 틀은 곧 한 개인의 자아개념의 역사라고 볼 수 있다. 이 상황에서 분명한 것은 무한한 외부 자극을 통하여 개인은 지각의 틀을 형성하지만, 그 주체는 역시 그 개인이라는 사실이다.

신체 자아개념 형성과 신체영상

자아개념의 발달 자아개념 형성의 출발인 신체 자아개념을 학습하는 것은 자신의 신체를 타인과 비교하는 과정에서 출발한다. 분명히 이 같은 추상적 사고는 침팬지 수준의 능력에서도 찾아볼 수 있다. Gallup(1968)의 실험에 의하면, 침팬지는 자기를 거울에 비춘 후에 거울에 비친 모습이 자신을 나타낸다는 것을 아는 것처럼 행동하고, 곧 다른 침팬지가 아니라는 것을 아는 것처럼 반응한다고 한다. 이것이 곧 신체에 대한 외부적인 자극을 통해 신체 자아개념을 형성하는 하나의 중요한 예다. 물론 신체 자아개념이 직접적 훈련에 의해서만 학습되는 것은 아니다. 한 사람은 다른 사람과 같은 신체를 지니고 있다는 증거 이외에, 한 사람의 신체는 자신의 특유한 것이라는 증거가 곧 신체 자아개념을 만드는 과정이다.

신체 자아개념은 다양한 사회적 자극의 단서뿐만 아니라 그 개념을 형성하기 위한 강화에서도 찾을 수 있다. 첫째, 사회적인 인정과 비인정이 있다. 둘째, 경험이 인정되고 예측적인 조직으로 융합될 수 있다면 자아와 비자아의 구별은 필요하다. 특히 중요 타인인 부모는 유아의 자아형성에 핵심적인 영향을 주며, 유아가 부모와 어떤 상호작용을 하느냐 자체가 한 개인의 자아개념을 형성하게 하는 근원적인 변인이다. 무수히 많은 자극 중에 유아가 생각하는 중요 타인은 교사, 부모가 우선이다. 학교에서 교사가 학생과의 상호작용을 어떻게 하느냐는 결국 개인의 자아개념을 형성하고, 가정에서 부모와 자녀가 어떻게 상호작용하느냐 자체는 어린 시절에 특히 유아의 자아개념에 결정적인 역할을 한다. 부모의 행동 하나하나 그리고 교사의 행동 하나하나가 유아의 자아개념 형성에 크게 영향을 준다는 사실을 부인할 수 없다.

신체 자아개념이 발전되고 형성되면, 추론된 내적 자아개념이 형성된다. 내적 자아개념을 추론하는 방법은 경험의 계속성, 위험에 대해서 보호할 필요, 자신을 평가하는 방법과 자아존중감과 연합된 감정의 인식을 포함한다. 이들 모두는 다른 사람이 지각하지 못하는, 그러나 존재하는 신체 자아개념과는 다른 내적 자아개념의 존재를 의미한다. 이같이 자아개념의 형성과정은 신체적인 평가를 통하여 그 시작은 되나, 신체적 평가를 통한 자아개념 형성은 곧 내적 자아개념의 출발이 되며 주관적 자아개념을 형성하게 된다.

한 개인이 그가 자신을 나타내기를 원하는 사람들 앞에서 인신공격을 받아 그의 자아개념이 심하게 상처받는 경험을 생각해 보자. 그러한 경험에 의한 마음의 상처는 일생 동안 지속될 가능성이 있다. 신체에서 그와 같은 상처는 어디에 존재하는가 하는 문제가 있다. 그것은 신체 자아에 위치할 수 없기 때문에 그와 같은 경우에는 신체 자아보다 비신체 자아인 내적 자아개념에 존재하게 될 것이다.

'신체영상' 이나 '신체 쉐마' 라는 용어는 각 개인이 소유하고 있는 신체적 개념을 뜻하는데, 인생의 자아개념 형성의 항로에서 첫 번째 단계다. 어린이들이 성장하고 발달함에 따라 그들의 신체 능력을 알게 되고, 그들 신체의 각 부분을 발견하며, 그들 신체의 각 부분을 사용하는 것에 대해 배우게 된다. 마찬가지로, 청소년의 신체 변화는 자아개념을 설명하는 변량원의 중요 요소가 된다. 청소년은 다른 사람의 신체를 관찰하고, 그들 자신의 이상적인 신체에 비추어 그들을 평가한다. 신체 자아에 대한 만족감은 청소년기의 주 발달과제인 자아존중감의 형성에 영향을 주고, 신체적 특성에 대한 문제를 크게 느낄수록 신체적 부분과 자아에 대한 부정적 느낌들은 더 커진다. 청소년기의 자아개념에서 신체지각은 성 역할의 발달에 따라 더욱 복잡해진다. 이 같은 현상은 여학생이 일기에 쓴 "나는 요즘 우울하다. 나는 남자친구가 필요하다고 생각한다. 그러나 누가 나를 좋아할까? 키도 작고 뚱뚱하고 못생겼는데……" 에 대한 Crow(1962)의 설명에 잘 제시되어 있다. 신체에 대해 한 개인이 갖고 있는 느낌은 곧 신체 쉐마를 형성하게 되고, 이 신체 자아개념은 내적 자아개념의 기초가 된다.

신체영상과 자아개념 형성 신체영상과 자아개념의 관계는 성격이론(Fisher, 1970; Fisher & Cleveland, 1958)에 의해서 논의되고, 아동과 청소년의 연구에서도 나타난다. 10~11세의 아동들이 자아개념에 대해 작문한 자료들을 토대로 만든 2,000개가 넘는 자료 중 27%는 신체적 외모에 관련된 것이었다(Thomas, 1974). Staffieri(1972)는 남학생들에게서 발달하고 있는 신체영상에 대한 사회적 고정관념을 제시하면서, 체격이 중간인 사람의 신체유형이 이상적인 남자체격을 대표하는 것으로 보인다고 하였다. 체격이 중간인 사람에 대한 호의적인 고정관념은 6세 때 잘 나타난다. 체격이 중간인 사람에 대한 편애는 7세에 나타나고, 8세 정도 이상의 소년은 아주 정확히 자아지각을 하는데, 보다 분명히 중간체격인 영상을 좋아하는 것은 8세 때다. 신체영상에 대해 정확히 지각함으로써 자신의 신체에 대한 불만을 갖기 시작하고, 이 불만의 정도는 자신의 신체를 중간체격 영상과는 다르다고 보는 정도에 비례한다. 비슷하게 Elder(1968)는 부모, 친구, 대중매체에 의해서 전달된 이상적인 영상을 갖게 되는 신체영상에 대한 문화적인 영향을 강조한다. Secord와 Jourard(1953)는 신체 부분—즉, 신장, 몸무게, 근육—에 대한 만족은 그 개인이 속한 문화가치에 일치하는 정도에 따라 다르다고 보고 있다. 각 사회가 갖고 있는 문화의 준거에서의 지위위계는 신체영상에 영향을 주고 있다.

신체 쉐마는 신체적 존재로서, 어린이 스스로가 가지고 있는 인간의 영상인 신체상의 발달에 있어 기본적인 요소다. 또한 이 신체영상은 사회적 규준과 다른 사람으로부터 받는 다양한 자극인 송환작용의 평가를 통해서 형성된다. 신체 쉐마는 신경심리학의 영역에 포함되고, 신체영상은 발달심리학의 영역에 속한다. 어린 시절과 청년기에 개인의 신체적 특성은 강하게 설명되고, 이러한 기간들이 신체적으로 기여하며, 이러한 기간에 신체의 부분에 대한 부족함을 느끼는 것은 그 사람의 전반적 자아개념의 발달에 영향을 끼친다. 개인은 그의 신체를 지각하고 평가한다. 신체상의 느낌과 신체영상은 인생의 처음 얼마간은 자아개념의 핵심이 된다.

어린이는 자기 자신에 대해 많은 상충적인 지각을 가지고 있기 때문에 자아개념을 잘 통합하지 못한다. 출생 시 처음으로 성 유형이 결정된 후에, 신체의 크기와 모양은 어린 시절의 가장 뚜렷한 신체적 특징이다. 대부분의 문화는 신체적 크기에서 키가 큰 사람을 더 선호한다. 신체적 크기가 클수록 남성에게 명성과 권력의 길이 제공된다. 물론 아주 큰 키는 키다리 소녀와 키다리 소년이라는 말처럼 그 사람에게 도움이 되지 않을 수도 있다. 그러나 분명한 것은 그 규준이 남성에 대해서는 평균 이상의 키이며, 여성에게 있어서는 평균 이상의 흉부 크기와 평균 이하의 키와 몸무게다. 요구되는 규준이 다르기 때문에 한 사람의 육체에 대한 견해는 혼란스럽기까지 하다. 남성은 그들의 키가 클 때 그들의 신체에 만족해했고, 여성들은 그들의 키가 보통보다 작을 때 신체에 만족해했다. 우리 개개인은 '그는 그의 피부와 골격을 많이 걱정해야만 한다' 또는 '살찐 어린이는 게으르다' 라는 진술을 할 수 있다. 남학생들은 운동경기와 소녀에 대한 매력을 강조한 반면, 여학생들은 외모가 매력적이고, 몸차림이 단정하고, 말을 잘하면 지위를 얻을 수 있다는 사실을 발견했다.

한 사람의 신체에 대한 타인의 시각 한 사람의 키, 몸무게, 안색, 눈 크기, 신체비율은 그 자신에 대한 그의 태도와 개인의 감정, 그리고 만족과 너무나 밀접하게 연관되어 있다. 자아개념의 다른 모든 요소들처럼 신체영상은 주관적이다. 신체는 가장 눈에 잘 보이고 느낄 수 있는 개인의 부분이다. 우리는 우리 자신을 많이 보고, 느끼고, 듣는다. 신체는 자아개념의 중심적 특징이다.

신체적 연구와 심리적 요소, 그리고 성격 변인에 대한 신체적 연구와 심리적 요소의 관계는 히포크라테스 시대부터 관심을 가져왔다. 신체구조와 성격의 관계는 Kretschmer(1925), Shelden과 Stevens(1942)의 시도를 제외하면 드문 편이다. 신체구조와 성격 간의 많은 연구는 사회적 학습, 고정관념 유형, 기대효과의 영역을 포함한다. 사람들은 다른 사람의 기대에 따라서 행동하는 경향이 있으며, 그 기대와 일치하는 행동을 기대할 수 있다. 강하고 강건한 타잔과 같은 것에 대한 문화적 고정관념 유형은 개인이 상호작용하는 다른 사람들의 행동에 대한 특수한 기대를 설정한다.

Brodsky(1954)는 실험상황에서 다양한 신체구조에 따라 나타나는 다른 반응을 연구하였다. Brodsky는 백인과 흑인 남학생을 피험자로 하여, 키가 15인치인 다섯 명의 남성에게 다섯 개의 신체구조의 영상을 보여 주고, 그 속성을 물었다. 그 영상은, 즉 ① 지나치게 살찐(endomorph), ② 탄탄하고 무겁고 강건한(endo-mesomorph), ③ 근육이 잘 발달되고 강건한(mesomorph), ④ 키가 크고, 야위고, 근육이 잘 발달된(ectomesomorph), ⑤ 키가 크고 야윈(ectomorph) 등이었다. 인종적인 집단에 상관없이, 모든 피험자들은 같은 방향으로 응답했다. 즉, 피험자들은 각 신체구조에 대한 독특한 반응과 '문화적 고정관념 유형' 의 개념을 믿었다. 그중 지나치게 살찐 'endomorph' 는 일관되게 부정적으로 나타났고, 키가 작고 살찐 사람들도 다음과 같은 사람들로 간주되었다.

> 가장 나쁜 군인, 가장 가난한 사람, 가장 가난한 철학교수, 고통을 잘 견뎌 내지 못하는 사람 그리고 성공적이지 못한 육군 지도자가 되고, 지도자로 선택될 확률이 적고, 가장 초라한 대학 학장이 되고, 덜 공격적이고, 술을 많이 마신다. 개인적 친구로서 별로 좋아하지 않는다. 그러나 반대로 많은 친구를 가진다. 그리고 키가 작고 살찐 사람은 가장 초라한 의사로 간주된다(Brodsky, 1954, p. 15).

반대로 근육이 잘 발달되고 강건한 'mesomorph' 는 매우 긍정적인 성격으로 간주되었다.

> 응답자들은 mesomorph를 가장 강건하고 가장 성공적인 육군 지도자, 가장 우수

한 군인이라고 하였다. 그들은 'mesomorph' 를 지도자로 선출된 사람처럼 지도자적 기질을 가지고 있는 사람으로 선택했다. 'mesomorph' 는 금연가이고, 충분한 자아가 있고, 친구를 별로 필요로 하지 않는다. 그러나 그는 한 친구를 가장 좋아하고, 또한 그는 많은 친구를 가지고 있다고 판단된다. 응답자들은 'mesomorph' 는 가장 공격적이고, 고통을 잘 참아 내며, 별로 신경을 잘 해치지 않으며, 아마도 술을 별로 마시지 않는다고 말했다(Brodsky, 1954, p. 18).

키가 크고 야윈 'ectomorph' 는 'mesomorph' 보다는 덜 좋아하고, 'endomorph' 한 사람들만큼은 얕보지 않는 고정관념의 유형화된 특성으로 위의 두 가지 신체구조의 중간 위치를 차지한다.

'ectomorph' (키가 크고 야윈) 사람은 30세가 되기 전에 건강을 해치기 쉽고, 조금밖에 안 먹고, 담배를 많이 피우며, 자아에 충분히 만족하지 않으며, 친구를 가장 많이 필요로 하며(그러나 불행하게도 친구가 별로 없다), 술을 많이 마시며, 불쌍한 아버지가 되고, 육군 지도자로서 가장 커다란 감정적 근심으로 자기 자신을 희생하기 쉬운 사람으로 간주된다(Brodsky, 1954, p. 21).

Staffieri(1957)는 6살 된 어린 소년들을 대상으로 실험한 결과, 행동의 고정관념 유형은 신체적 유형과 결합된다는 사실을 검증했다. 이 소년들은 살이 찌고 무거운 형(endomorphic)을 사회적으로 불쾌하고 게으르다고 묘사했다. 강건하고 근육이 발달된 형(mesomorphic)은 공격적이고, 사교성이 풍부하고, 활동적이며, 지도자적인 기술을 가지고 있다고 묘사했다. 이 실험은 또한 'ectomorphs' 와 'mesomorphs' 가 가장 인기 있는 사람으로 뽑히기가 더 쉬우며, 'endomorphic' 한 어린이는 덜 인기 있는 경향으로 나타났으나, 그들의 뚱뚱한 신체에 대해 부정적이고 거부적인 감정을 가진 사람들 사이에서 종종 더 그렇게 나타났다. 'mesomorphic' 형은 어린 사람들에게 가장 인기 있으며, 이상적인 남성체격으로 간주되었다. 따라서 피험자들은 'mesomorphic' 같이 보이는 것을 더 좋아했다. 피험자들은 6살의 그들 자신의 신체유형을 합리적으로 정확하게 나타냈다.

학령 전 어린이를 대상으로 Walker(1962)는 Brodsky와 Staffieri의 연구와 유사한 결과를 제시했다. 결과에 의하면 'mesomorphic' 어린이는 심지어 교사들로부터도 많은 호의를 받는다는 것이다. 체격에 관련된 기대와 고정관념 유형은 남성에 대해서 더욱 확고하게 확립되는 것으로 나타난다. 근육이 잘 발달되고 강건한 신체구조는 행동의 평가와 강하게 연합되는 것을 보여 준다. Walker는 여성과 남성의 'mesomorphs'가 다음과 같이 특성화된다고 지적했다.

> 지배적인 주장을 하고(놀이에서 지도자가 되고, 경쟁적이고, 자기 주장적이고, 쉽게 화를 내고, 다른 사람을 공격하는 등), 많은 에너지를 생산하며, 표현의 개방성과 겁이 없는 것으로 특징지어진다. 소년들의 문항은 적의(싸움을 좋아하고, 복수심에 불타고, 지각이 없음)와 활동 시 행동적이고 사나운 속성을 암시해 준다(Walker, 1962, p. 78).

어깨가 넓게 벌어진 건장한 소년과 균형이 잘 잡힌 젊은 소녀는 다른 사람들보다 그들의 신체구조로 인하여 사회적 칭찬을 얻기가 쉽기 때문에, 그들의 자아개념은 긍정적이 되기 쉽다. Mead(1934)는 성인들이 자주 크기가 다른 신체적인 속성 그리고 성역할에 대해서 어린이의 주의를 끌려고 한다는 것을 지적했다.

그러나 어린이의 자아개념은 다양한 신체유형에 의해 발생하는 것이 아니다. 자아개념은 어린이의 신체적 모습이 그가 획득한 송환의 내용과 관계되는 한 중요한 역할을 한다고 말할 수 있다. 많은 송환은 모든 연령수준에 따라 신체적 모습에 근거해서 주어진다. 그러나 자아개념의 형성에서 송환의 효과는 어린 시절에 가장 강하다. 어린이들은 대개가 신체적인 용모에 따라 서로에게 별명을 붙인다. 어린이들은 신체적 특징을 지나치게 강조한다. 이러한 별명은 다른 사람들에 의해 불릴 때 신체적 묘사뿐만 아니라 개인 전체를 정의하기 위한 일반성을 만든다. 초등학교 어린이는 또래와 성인들의 생각을 극단적으로 잘 받아들여서, 그의 사람됨이나 작업에 관련된 것을 입력시킨다.

당신은 학교에서 여러분의 별명을 기억하는가? 다른 사람이나 또래집단의 일원으로서, 또는 선생님에게 불리는 자신의 별명을 생각해 보라. 그 별명이 당신 자신에 대한 감정에 어떻게 영향을 미쳤는가? 당신 친구들은 그들이 부르고 있는 별명이 함축하고 있는 행동적 의미에 따라 행동하였는가? 당신은 '뚱뚱한' '야윈' '반점투성이' 와 같이 서술된 별명이 긍정적인 자아개념을 발달시키는 데 도움이 되지 않는다는 사실을 이해하기 어렵지 않을 것이다.

별명은 기본적으로 신체적인 용모를 묘사하는 데 사용하므로 그 개인 전체를 쉽게 정의할 수 있다. 심지어는 진짜 이름도 효과가 있을 수 있다. 많은 사람들이 성인이 되어서 그들의 이름이 비웃음의 대상이 되고, 농담과 좌절 그리고 자기를 싫어하는 감정과 연합될 때 그들의 이름을 바꾼다.

Mahoney와 Finch(1976)는 98명의 남학생과 129명의 여학생들을 표집하여, 자아개념을 결정하는 데 신체의 선택된 측면이 어떤 기여를 하는지 알아보고자 했다. 남성과 여성의 자아존중감에 있어서 '얼굴이 그 차이를 만든다. 얼굴의 특징과 중요한 신체적 요소가 자아존중감에 가장 큰 기여를 한다는 뚜렷한 경향을 나타낸다. 남성들의 경우에는 목소리, 가슴, 그리고 얼굴의 특징이 대부분의 자아존중감의 변량을 설명한다'. 여성에게 있어서는 전반적인 신체적 매력이 대부분의 변량을 설명하고, 목소리, 힙, 그리고 키가 조금 기여를 한다. 일반적으로 이러한 자료가 앞으로 신체적 매력과 자아개념 사이의 연결을 확실하게 해 줄 것이다. 한 개인이 갖는 자아개념 형성의 출발은 신체에 대한 타인의 평가다. 한 개인에 대한 타인의 평가가 그 개인에게 주는 영향은 물론 적지 않다. 그러나 중요한 것은 이와 같은 외부적인 자극에 대해 한 개인이 어떤 해석을 하고 무엇을 느끼느냐다. 그러므로 한 개인의 자아개념은 다양한 과정을 통해서 형성되지만 개인의 선택 과정을 통해 한 개인이 형성하는 독특한 특성이다.

신체에 대한 문화적 규준 이상적 신체영상은 문화적 규준과 고정관념 유형을 근거로 한다. 실제 신체영상과 개인이 가지고 있는 이상적 신체영상이 결합되면 될수록, 그의 모습에 대한 긍정적 느낌과 마찬가지로 개인은 일반적으로 높은 자아존중감을 가지는 것이 명백하다.

이를 토대로 여학생들이 좋아하는 이상적인 신체비율을 얻을 수 있다. 여학생들은 이상적인 신체비율에서 빗나갈수록 그에 비례해서 그들 자신의 신체 크기를 점점 더 싫어했다. 더 나아가 Calden, Lundy 및 Schlafer(1959)는 남성은 몸무게가 더 나가고 키가 더 크기를 바라는 반면에, 여성은 좀 더 가볍고 키가 작은 것을 좋아한다는 증거를 제공했다. 그들의 몸무게에 만족하지 못한 여성 피험자들은 몸무게가 덜 나가기를 바랐다. 그러나 여성 피험자들은 남성 피험자들보다는 그들의 키에 만족하는 것으로 나타났다. 일반적으로 사람들은 허리 윗부분에 대해서 만족하지 못한다. 반면에 여성들은 주로 허리 아래의 신체 변화를 원한다. 공통적인 것은 남성과 여성 모두가 '지나치게 살찐 체격' 을 매력적인 신체형이라고 판단하지는 않는다는 점이다. 우리가 이미 지적했듯이, '지나치게 살찐 체격' 을 싫어하는 것은 심지어 어린이들에게서조차 발견된다. 그리고 Lerner, Karabenick 및 Meisels(1975)는 4세에서 8세까지의 어린이가 살찐 형태를 싫어한다는 결과를 보고했다.

연령에 따라 다른 체격에 대한 차별적인 반응이 더욱 명백해진다. 신체 자아는 일찍이 1890년에 James에 의해 자아개념의 한 요소로서 받아들여졌다. 그는 신체 자아를 자아의 세 가지 구성요소 중 하나로 보았다. 어떤 객관적인 사실에 상관없이, 한 개인은 주관적으로 그의 신체적 용모를 잘못 해석할 수 있다. 비록 다른 관찰자들이 그렇게 살찌지 않았다고 주장을 하고, 그것을 증명하기 위해 측정치를 사용한다 하더라도 몇몇 소녀들은 그들이 살쪘다고 믿기 때문에 지나칠 정도로 다이어트를 한다. 그러나 신체적 무능력을 소유한 사람은 아마도 신체 자아의 불만족과 거부를 낳게 할 것이다.

언어와 자아개념의 발달

언어의 발달은 분명히 자아개념에 영향을 준다. 사람들은 '나를' '그는' '그들' 을 사용하여 자아와 다른 것들을 구별한다. 또한 언어는 자아에 대한 개념과 평가를 기초로 한다. 다른 사람들로부터의 송환은 종종 본질적으로 언어에 의해서 이루어진다. 자아개념은 언어의 형태로 이해되고, 그 발달은 언어에 의해서 촉진된다. 대부분의 어린이들은 2세경에 가끔 부정확하게나마 '나' '너의 것' '내 것' 등과 같은 대명사를 사용한다. 그리고 2세 정도부터 언어가 서서히 발달하기 시작한다(Gesell & Ilg, 1949). Sherif와 Cantril(1947)은 대명사의 사용이 자아와 다른 것들의 개념화를 도와준다고 주장했다.

많은 어린이들의 경우 인칭 대명사의 정확한 사용을 학습하는 데 특히 힘든 시기가 있다. 어린이들이 '나' '나를' '내 것' '너' 를 처음으로 사용할 때는 혼동하거나 부정확하게 사용한다. 어린이들은 엄마가 자신에게 '너' 라는 단어를 사용하는 소리를 듣고는 자기 자신에게 '나' 라는 단어 대신에 '너' 라는 단어를 사용한다. 어린이들은 1인칭 대신에 3인칭으로 자기 자신을 말할지도 모른다. 예를 들어, '철수는 배가 고파요' 와 같이 어린이들은 1인칭, 2인칭, 3인칭을 동시에 사용할 수 있다.

Cooley(1912)는 어린이들이 대명사를 함부로 사용한다고 하였다. '사과' 또는 '인형' 과 같이 일상적으로 사용하는 단어는 쉽게 모방할 수 있으나, 반면에 '너' 또는 '나' 같은 단어들은 직접적으로 모방하기보다는 어린이들에 의해 재해석되어야 한다. 그러나 어린이들은 초기 자아중심적인 시기에 자신 이외의 다른 사람들을 지각하지 못했기 때문에 '형제' '아버지' '나' '너' 와 같은 관계를 나타내는 용어를 아주 어려워한다.

어린이들이 대명사를 점점 더 정확하게 사용한다는 것은 어린이 자신의 존재와 성숙을 보여 주는 것이다. 이것은 새로운 대명사의 습득에 의해서도 나타난다. 5세 이전에는 어린이들의 단어 속에 1인칭 대명사의 복수형태가 매우 드물게 나타난다. 대명사의 복수형태는 어린이가 성장함에 따라 증가하고, 어린이에게 집단 참여를 더욱 의식하게 한다.

대명사의 사용과 정확성의 증가는 감정, 욕구와 속성을 가진 자기 자신을 생각하는 능력이 증가했음을 나타낸다. 그러나 대명사는 자아와 타인들 사이에 분화가 형성된다는 증거일 뿐이다. 그렇다고 대명사 사용의 결여가 반드시 미분화를 의미하는 것은 아니다. 예를 들어, Cooley(1912)는 비록 나이 먹은 아들이 대명사를 늦게 사용함에도 불구하고, 자아를 다른 사람들로부터 구별하려고 하는 행위에 몰두한다고 지적했다.

어린이들은 그 자신에 대한 감정과 신념을 나타내는 특유한 몸짓, 행동, 그리고 말로써 그것을 덧붙이는 타인들에 의해 그의 이름이 반복되어 불리는 것을 듣는다. 그러한 지시어들은 연합과 조건화 과정에 의해 그의 이름에 붙어 다니고, 그의 이름만큼이나 그를 동일시하고 범주화하게 된다. 어린이들은 타인들이 그에 대해 가지는 관념과 유사한 선상에서 그 자신을 생각하기 시작한다. 그리하여 자아개념은 많은 유아들에게 자신들이 하나의 이름을 가진다는 사실을 아는 시점에 생기게 된다.

자아개념에 대한 어린이들의 지식은 타인들로부터 자아를 분리할 것을 조건으로 한다. 사회적 대상으로서 자아의 창조는 자아라고 불릴 대상에 대한 동일시다. 이 동일시는 명명화다. 그러나 일단 대상에게 이름을 붙이고, 대상과 동일시되면 행동은 그것에 따른다. 가장 중요한 언어는 이름이다. 어린이들이 말하고 있는 동안의 대명사 사용은 자아감정의 발달을 의미한다. 그리고 개인 이름의 사용은 독특한 대상으로서 자아를 인지하게 되었다는 것을 뜻한다. 그렇게 해서 어린이는 첫 번째로 자아를 구별하고, 두 번째로 타인을 구별할지도 모른다.

Allport(1961)는 다음과 같은 결론을 내렸다. 비록 현존하는 자료가 없을지라도, 그의 이름을 반복해서 들음으로써 어린이들은 점차 반복해서 독특한 참조체제로서 자기 자신을 알게 된다. 보통 생후 2년 사이에 이름에 대한 의미를 획득하게 되며, 이름에 대한 의미는 사회집단 안에서 자신의 지위를 자각함으로써 생긴다. Wolfenstein(1968)은 어린 시절의 이름 게임에 대한 토의를 통해, 3세까지 자아정체 불확실성에 대한 결론을 상세히 설명한다. Wolfenstein은 이름 바꾸기, 이름 부르기, 그리고 이름 상실과 같은 게임을 연구했다. 이로써 Wolfenstein은 이름을 가지고 있지 않은 어린이나 다른 이름으로 불리는 어린이는 자아혼동을 느낀다는 것을 발견했다. 그러한 어린이들은 아직까지 충분하게 그들 자신의 개인적 동일시가 이루어지지 않았다고 말할 수 있다. 그 결과 독특한 개인으로서의 생후 자아를 부정하게 된다. 이와 같은 기준을 상실하게 되면 자아영상을 만들 수가 없고 결국에는 자아개념을 만드는 데 상당히 어려움을 갖게 된다. 그래서 어린이가 자기 자신을 형상할 수 있는 자기의 이름을 분명히 사용할 수 있도록 하는 과정이 요구된다.

신체언어나 비언어적인 대화는 자아에 대하여 타인들에게 정보를 전달하고, 타인들이 생각하는 것을 반영한다. Argyle(1967) 등은 신체언어의 연구에서 단어보다 더 크게 말하는 암호나 신호가 있다고 말했다. 우리는 입으로 말을 한다. 그러나 Abercrombie (1968)는 우리가 온몸으로 대화를 한다고 강력하게 주장한다. 예를 들어, 눈살을 찌푸리거나, 고개를 끄덕이거나, 웃음을 짓는 것 그리고 팔의 공격적인 움직임 등은 자기 자신이나 타인에 대한 자신의 감정과 태도를 언어만큼이나 강력하게 전달하는 비언어적인 대화의 예다. 몇몇 사람은 비언어적 신체언어가 언어보다 더욱 경이로운 존재라고 했다. 언어를 통해 한 개인의 자아개념이 형성된다는 이론은 이미 자아개념 이론에서도 받아들여지고 있다. 이 과정을 자세히 살펴보면 중요한 것은 자신의 명칭과 타인의 명칭을 구별하는, 즉 '나' 와 '나를' 그리고 '너를' 과 같은 다양한 명칭과 자신의 이름을 통한 자아를 형성하는 과정이, 곧 자아개념이라는 자신의 특징을 만든다. 우리가 쓰는 다양한 언어는 한 개인의 자아를 형성하는 과정에서 중요한 자극적인 요소임이 틀림없다. 한 예로 자녀의 개인적인 특성을 강화하기 위해서는 '너' 라는 표현보다는 자녀의 이름을 부를 때 그 자녀가 자신에 대한 자아의 의미를 견고히 할 수 있고, 자신의 가치를 높일 수 있다. 이와 같이 우리가 사용하는 다양한 언어가 한 개인의 자아를 형성하는 과정에서 중요한 역할을 하고 있음을 우리는 받아들일 필요가 있다.

중요 타인으로부터의 송환작용의 영향

신체영상과 언어진술 이외에 자아개념의 다른 주요한 원천은 아동과 상호작용하는 '중요 타인' 이다. '중요 타인' 이란 용어는 어린이에게 중요하고 또한 의미를 가지는 사람들을 의미한다. 즉, 의미 있는 타인들은 어린이들의 감각 불안이나 무력함, 그리고 가치의 증가나 감소에 중요하게 영향을 끼치는 사람들이다. 중요 타인들은 자아개념을 형성하는 데 확고한 역할을 한다. 물론 부모들은 어린이들의 환경에서 가장 의미 있는 타인이라고 가정할 수 있다.

신생아는 자아지각을 갖고 있지 않다. 왜냐하면 모든 신생아들의 행동은 자아와 관련해서 지배받는 것이 아니라, 신체적 욕구를 만족시킬 필요에 의해 지배받기 때문이다. 그러므로 사람들이 유아에 대해 어떻게 느끼는가에 대한 가장 초기의 송환은 심리적 욕구의 감소에 있다. 유아들이 젖을 먹고, 움직이고, 목욕을 할 때, 유아들은 자신이 가치 있게 받아들여진다는 것을 알게 된다. 귀여워하고, 껴안아 주는 것과 같은 '유아언어' 는 유아가 존중받는다는 것을 나타내는 대화다. 유아들은 이러한 과정을 통하여 타인들에 의해 평가된 감정을 알아내는 것을 학습한다. 그것은 심리적 불만족의 감소와 과거 경험과 연합된다.

모든 인간들은 사랑과 수용 그리고 안전을 필요로 한다. 대부분의 어린이들도 마찬가지이다. 사랑과 수용을 받는 것은 매우 만족스럽다. 사랑이나 거부의 경험, 타인으로부터의 승인과 거부에 대한 경험은 어린이에게 그 자신에 대한 관점을 가지게 하고, 그의 행동을 형성하게 한다. 아동 초기 동안 어린이들은 그 자신에 대한 지각을 신체 자아와 그에 대한 중요 타인, 특히 부모들의 반응과 같은 직접적인 경험에 고정시킨다. 대부분의 성격이론가들과 연구자들은 중요 타인들, 특히 부모들의 역할이 어린이들 자신에 대한 정보를 제공해 주는 원천이 된다는 데에 동의한다.

Snygg와 Combs(1949)는 중요 타인들이 어린이를 어떻게 평가하느냐가 중요한 영향을 미친다고 강조했다.

> 어린이들은 사랑받거나 거절당할 때, 칭찬받거나 벌을 받을 때, 그리고 실패하거나 경쟁할 수 있을 때, 자기 자신을 중요하게 또는 중요하지 않게 간주한다. 그리고 점차적으로 적당하거나 또는 부적당하다고, 잘생겼거나 또는 못생겼다고, 그리고 정직하거나 또는 부정직하다고 자기 자신을 생각하게 된다. 심지어 어린이는 그를 둘러싸고 있는 사람들의 말로 인해 그 자신을 묘사한다. 그러므로 어린이는 다른 사람들에 의해 영향을 받기 쉽다(p. 83).

초등학교 고학년 어린이의 자아개념은 사회적 환경의 영향을 받아 계속해서 변화한다. 학식과 능력의 새로운 수준, 교과 외의 활동, 그리고 복잡한 집단활동은 점차적으로 자아존중감에 영향을 준다. 보통 능력과 재능은 학교 표준, 동료들의 승인, 운동선수 그리고 인기 등에 의해서 평가된다. 개개인은 그들의 용맹을 시험하는 활동을 좋아하므로, 이 시기의 자아개념은 확장된 사회적 관계의 틀과 성취에 근거한다. 어린이는 중요 타인들의 승인과 거부에 대해서 감수성을 가진다. 어떤 특별한 흥미(기술, 음악, 스포츠 등)의 발달과 그에 대한 격려는 사회화와 성숙을 도와준다. 그러므로 학교는 새로운 기술의 발달을 인정하고, 그에 대한 타인들의 평가를 지각하게 하고, 자기 자신과 타인을 비교하는 평가관계를 제공한다. Staines(1958)의 연구를 보면 학교의 선생님들은 언어와 비언어적 대화를 통해서 학생들에게 상당한 영향을 준다. 선생님들이 하루에 사용하는 언어들은 결국 학생들의 평가, 학생들에 대한 내면적인 판단 등을 부여하기 때문에 학생들의 자아개념에 크게 영향을 준다.

부모나 선생님들에 의해 설정된 기준은 자아존중감의 발달에 매우 중요하다. 왜냐하면 이들에 의해 설정된 준거는 자아성숙과 타당한 능력에 대한 자신의 성숙 정도가 어느 정도인가를 판단케 해 주며, 타인들이 그 개인에게 관심을 가지고 있다는 것을 보여 주기 때문이다(Coopersmith, 1967).

부모, 어린이, 청년들, 학생들이 서로에게 행하는 아주 직접적인 송환작용은 송환이 개인의 자아개념에 미치는 영향을 알아보기 위한 Videbeck(1960) 등의 몇 가지 연구에서 나타난다. 이러한 연구의 한 예가 Guthrie(1938)에 의해 기술되었다. 한 남학생 집단으로 하여금 둔하고 애교 없는 여학생들에게 농담을 하도록 했다. 남학생들은 한 시간 동안 여학생들을 매우 인기 있고 애교 있는 여학생으로 취급했다. 충격을 받은 여학생들은 1년 내에 예절 바르고, 믿을 수 있고, 인기 있는 여학생으로 발전했다. 그러한 방법으로 타인들로부터 긍정적이고 강화된 반응을 끄집어내는 것을 증가시켰다.

또래집단이 청소년기 자아개념을 형성하는 데 아주 큰 영향을 미치고 있다는 것은 틀림없는 사실이다. 왜냐하면 송환의 주요 근원으로서 가족을 대신하기 때문이다. 또한 또래집단은 자아존중감, 참가할 기회 그리고 청년기를 위한 리허설과 준비과제를 제공한다. 또래집단은 동일시가 안전하게 이루어질 수 있는 환경을 제공한다. 왜냐하면 성장하는 어린이는 그의 부모보다는 또래를 더 닮아 가기 때문이다. 자아개념의 변화는 인간 상호관계적 환경을 변화시킬지도 모른다. 따라서 개인은 중요 타인이 될 수 있는 사람들이나 관심과 능력을 가진 사람들과 연합할 수 있는 많은 기회를 가질 것이다. 개인은 새로운 관심을 발달시키는 데 필요한 사람, 기술을 가지고 있는 사람, 배경이 유사한 사람들을 기꺼이 친구로 만들려고 하는 것이다. 이같이 중요 타인이 아동의 자아개념 형성에 주는 영향은 중요하다. 학교현장과 가정에서 학생으로서 또는 자녀로서 받는 무한한 자극은 외부의 어떤 자극보다도 아동의 자아개념에 크게 영향을 준다. 아동과의 상호작용에서 가능하면 긍정적인 표현을 많이 사용하여 자녀가 자신감을 갖고 긍정적인 자아개념을 형성하게 할 필요가 있다. 이와 같은 결과는 곧 자아존중감을 긍정적인 결과로 만들 가능성을 높인다.

자아개념과 사회경제적 지위와의 관계

자아개념과 사회경제적 지위 간의 관계에 대한 조사연구들이 증가하고 있다. 그러나 전체적인 연구결과의 흐름은 일관성을 보여 주지 못하고 있다. Trowbridge(1972a)는 낮은 사회경제적 계층의 아이들이 그들이 가진 부정적인 사회상을 반영하는 것을 보여 준다고 지적하는 반면, 다른 몇 가지 연구들은 낮은 사회경제적 계층 아이들의 자아개념이 중류계층 아이들의 자아개념보다 더 긍정적일 수 있음을 지적하였다. 이것은 사회계층이 낮으면 낮을수록 낮은 자아개념을 가질 수 있다는 명제가 허구일 수 있다는 것을 보여 준다.

이 같은 결과는 단순히 사회경제적 지위의 높고 낮음 그 자체보다도 자녀와의 상호작용에서 나타나는 다양한 작용 변인이 무엇이냐가 중요하다는 것을 의미한다. 일반적으로 사회경제적 지위가 자아개념에 영향을 준다는 연구결과가 그 반대보다는 많은 것으로 보인다. 그러나 일관된 결과를 보이지 못하는 중요한 이유는 사회경제적 지위의 상하보다 가정에서 자녀와 부모와의 상호작용이 어떻게 이루어지냐가 더 영향을 주고 있기 때문이다. 자아개념에서 부모와 아동의 관계가 매우 중요한 결정요인이라는 점에 대해서는 일관성이 있는 듯하다. Mistry(1960)는 부모의 정서적인 보호가 긍정적인 자아개념 발달에 중요한 역할을 하고 있다는 연구결과를 제시했다. 가정의 분위기가 온화하고 가족 간에 서로 존경하면 아동들은 그들 자신에 관한 현실적인 개념을 발달시킨다. Rosenberg(1963)는 부모가 자녀에 대해 무관심했을 때 자녀들이 낮은 수준의 자아존중감을 보여 주고 있음을 지적했다. Washburn(1962)은 부모가 너무 엄격하고 부적당하게 보호하거나, 혹은 과비판적일 때 그들의 자녀들이 성숙된 자아개념에 도달하는 데 어려움이 있다고 말한다. 자아개념의 결정요인으로서 가정의 분위기를 강조하는 연구 분야에서 가장 잘 알려진 것은 아마 Coopersmith(1967)의 연구일 것이다. Coopersmith는 그의 연구에서, 자아존중감의 결정요인은 다음 조건들, 즉 "어린이가 느끼는 부모에 의해서 받아들여진 인정 정도, 허용행동의 명백한 한계, 개인의 행동에 대한 존중과 관용도, 부모의 높은 자아존중감" 의 조합이라고 결론을 내리고 있다.

이들 조건들 중 하나인 가족관계는 부모의 규칙이 긍정적인 자아개념을 조성하기 쉽고, 그런 한계 내에서 부모의 행동이 절도 있고, 관대하며, 또 일반적으로 자녀들이 커다란 애정과 존경을 가지고 그들의 부모를 바라봄으로써 발달되고 있음을 보여 준다.

가정생활과 자아개념의 연구들은 자녀들의 사회화 모델로 부모의 중요성을 강조하고 있는 듯하다. 부모의 주의 부족, 애정의 결핍, 규칙의 부족, 엄한 벌 그리고 가족의 긴장이 자아개념 발달에 부정적인 영향을 주고, 자아존중감의 정도를 저하시키고 있음을 보여 준다.

그러므로 지금까지의 연구는 일반적으로 아버지의 역할보다 어머니의 역할에 초점을 맞추고 있으나, 앞으로의 연구는 아버지와 어머니를 포함하는 부모의 관계와 그들의 복합적인 영향에 관심을 둘 필요가 있고, 부모의 행동에 대한 지각, 부모 자신들의 자아개념이 아이들의 자아개념에 미치는 정도에 대한 연구가 필요하다. 학교가 자아수용과 자아거부에 대한 개인의 자아개념을 결정하는 데 중요한 영향을 주고 있음은 이미 널리 논의되고 있다. 일단 어린이들이 학교를 더 이상 그를 위한 곳이 아니고, 그의 자아정체감에 불안과 위협을 주는 곳으로 확신하면, 그런 상황으로부터 학생의 희생을 막기는 대단히 어렵다. Carlson(1965)은 자아개념과 또래에 대한 영상 사이에 정적 상관관계가 있음을 밝혔다. Archer(1974)는 집단 내의 구성원들에 대한 상대적인 힘은 자아개념이 변화하는 방향으로의 예언적 의미를 나타내고 있음을 밝혔다. 힘이 강한 사람은 더욱 긍정적인 자아개념으로 변화하고, 힘이 약한 사람은 더욱 부정적인 자아개념으로 변화한다.

Wessman과 Ricks(1966)는 자아개념이 의기양양한 감정과 의기소침한 감정의 두 가지 정서상태 사이에서 어떻게 변화하는지를 보여 주고 있다. 의기소침한 상태에서 자아개념은 타인으로부터의 고립으로 인해 자아의 가치를 손상당하게 된다. 인식된 자아와 이상적 자아 사이의 불일치, 그리고 학문적 목표에 관한 이상을 실현하는 데 실패한 자아는 의기소침해 있는 기간 동안 더욱 큰 충격을 경험하게 된다. 학교생활에 만족하는 사람들은 존경받고 가치 있는 역할모델과 자기 자신을 동일시하면서 자아를 발전시켜 나가며, 따라서 가치 있는 자아지각을 형성하여 나간다. 가정에서 시작하여 학교를 통하여 자아가 형성되는 과정은 보다 넓은 사회와 세계 속으로 자아를 이동시키면서 평생 동안 진행하게 된다. 따라서 자아개념에는 사회경제적 지위보다는 중요 타인인 부모의 외적 자극이 어떠하냐가 중요하다는 점이 다시 한 번 강조되고 있다.

2. 이상적 자아의 형성

나이가 많은 어린이들과 성인들이 그들 자신에 대해 묘사하라고 요구받았을 때, 그들 대부분은 자신들의 존재를 생각하는 것과 '나는 이렇게 될 것 같다', 또는 '나는 이렇게 되어야만 한다'는 것 사이를 구별할 수 있었다. 한 인간은 성장하는 과정에서 그 나름대로의 이상적 자아개념을 형성한다. '이렇게 되었으면 하는' 열망 또는 '이렇게 되어야만 한다'는 신념에 대한 한 개인의 견해를 '이상적 자아개념'이라고 한다. 대부분의 사람에게서는, 현재 존재하는 자아개념과 이상적 자아개념 사이에 불일치가 일어난다. 예를 들어, 학교에서 열심히 공부를 하지 않는 한 어린이가 있다고 가정해 보자. 항상 학교에서 공부를 열심히 해야만 한다고 말할 때, 또는 종종 기운이 없지만 그는 결코 기운이 없어 하면 안 된다고 이야기할 때 그러한 불일치가 발생한다. 그들이 현재 말한 것과 그들이 해야만 할 것들 사이에는 현저한 차이가 나타난다. 현존하는 자아 그림과 이상적 그림 사이에 두드러진 차이가 있을 때, 그 자신의 눈 속에 비추어진 어린이는 삶에 있어 실패를 경험하게 되고, 그런 경우에 그는 자아를 거부하는 사람의 모습을 만든다. 이 같은 불일치의 증가는 부적응의 증가를 의미하기도 하지만, 한편으로는 나이가 많은 어린이들의 인지능력의 증가를 의미한다는 것이 고전적 Rogers 학파의 견해다.

이상적 자아는 일단 어린이가 그의 동일시 모델들의 가치를 내면화하는 과정이 필요하다. Jorensen과 Howell(1969)은 8세부터 13세 사이에 어린이가 잠재적 · 사회적 기준을 더욱 지각하게 됨에 따라 자아와 이상적 자아 사이의 불일치가 증가한다고 지적했다. Havighurst, Robinson 및 Dorr(1946)는 이상적 자아의 발달은 부모의 모습과 동일시함으로써 시작한다고 보았다. 그리고 아동 중기 동안의 낭만적이고 매력적인 단계를 통해 청년 초기에 발달하여, 청년 후기에 매력적인 젊은 성인들에 의해 상징화된 특성들을 형성하게 되면서 최고점에 달한다.

어린이의 환경은 그의 이상적 자아에 커다란 영향을 미친다. 사회경제적 지위가 낮은 가정에서 자란 어린이와 청년은 이상적 자아로의 발달단계에서, 사회경제적 지위가 중간인 가정의 어린이와 청년에 비해 떨어진다. 특히, 그들이 젊은 성인들이라면 더욱 그렇다. 그러므로 보통 매혹적인 사람에 의해 지배받는 연령 기간 동안, 특히 애정적인 선생님이나 혹은 젊은 집단지도자는 이상적 자아를 상징화한다.

어린이들이나 청년들이 그들보다 나이가 많고, 힘이 세며, 명성을 얻은 사람들과 결합함에 따라 그들의 이상적 자아가 깊은 영향을 받는다는 증거가 많이 있다. Havighurst와 McDonald(1955)의 뉴질랜드 아동에 대한 횡단적 연구와 Olasehinde(1972)의 미국 내 흑인 어린이의 이상적 자아에 관한 연구에서 발전적 경향이 발견되었다. 어린이의 나이가 어릴수록 처음에는 가정에 있는 사람들, 즉 부모와 동일시를 보여 주지만 나이를 먹을수록 힘, 사랑 그리고 정서를 인격화한 실제 사람으로부터 이상적 자아를 선택함에 따라 부모의 역할은 감소된다는 것이다.

이상적 자아는 분명히 현실적 자아와 차이를 갖는다. 이와 같은 차이를 어떻게 극복하느냐 하는 것은 자아개념 형성에 중요한 의미를 부여한다. 한 개인이 이상적 자아를 향해서 접근한다면 현실적 자아도 긍정적인 방향으로 형성될 수 있고, 현실적 자아개념과 이상적 자아개념의 차이는 그만큼 줄어들 수 있다. 인간은 사는 동안에 이상적 자아를 형성하기 위한 과정을 계속하며, 현실적 자아를 이상적 자아로 어떻게 이끌 것이냐에 질문을 계속하면서 삶을 영위한다고 볼 수 있다.

3. 자아개념과 장애아동

장애아동의 자아개념에 대한 연구결과는 일관성이 없고, 어떠한 결론에도 도달하지 못한 연구들이 대부분이다. 그러나 연구와 자아의 특성에 따라 연구결과는 차이가 많다. Thomas(1978)는 신체적으로 장애가 있는 어린이들의 연구 중 혈우병, 뇌성소아마비, 시각장애를 가진 아동들에 대한 연구결과는 일관성 있게 나오고 있다고 보고한다. 또한 자아개념은 신체와 스트레스의 지각 사이에 중재변인으로 작용하고 있고, 자아개념에 대한 부모의 영향이 중요하며, 장애아동들은 사회참여와 밀접한 관계를 갖지 못하므로 자신을 신체적으로 부적당한 것으로 본다.

Richardson, Hastorf 및 Dornsbusch(1964)는 신체적 무능력이 어린이의 자아개념을 손상시키는 데 어떻게 영향을 미치는지 실험하기 위하여 신체장애아와 정상아에게 자아에 대한 서술적인 묘사를 하도록 하였다. 장애가 없는 어린이의 자아묘사와 비교해서, 장애아동의 자아묘사로부터의 신체의 기능적 제한이 심리적 충돌, 사회적 경험에 한계를 준다.

이들은 사회적 경험부족으로 상호 인간관계에 필요한 상호작용이 부족하게 된다. 이 같은 현상은 10세나 11세경에 나타난다. 장애아동은 신체적 활동에 높은 가치를 부여하기를 거부하며, 기대에 따라 행동하지 않는다. 장애가 있는 소년들은 장애가 있는 소녀들보다 더 공격적으로 표현한다. 장애가 있는 소년과 소녀는 장애가 없는 소년과 소녀보다 과거에 더 집착하는 것을 볼 수 있다. 아마도 이것은 현재에 대한 불확실성과 위협 때문일 것이다.

장애아동을 비장애아동과 함께 교육함으로써 심리적으로 이득이 되는지 아닌지에 관한 논의는 계속되고 있다. 장애아동을 일반학교에 입학시켜 장애아동과 장애가 없는 아동을 구별하지 않기 위한 시도가 있는데, 이 분야에 관한 중요한 논문으로 Warnock Report (1978)가 있다. 많은 연구들이 특수반에 있는 장애아동의 자아개념을 낮은 학업능력을 갖고 있는 일반학생의 자아개념과 비교하려는 시도를 해 왔다. 증거는 확실치 않으나, Robinson과 Robinson(1976)에 의한 연구 결과, 특수한 아동들이 낮은 자아개념을 갖고 있음이 관찰되었다. 그러나 몇 가지 연구들은 아무런 차이도 보이지 않았고, 심지어 어떤 연구는 특수반 학생들에게서 자아개념이 높게 나타나는 결과가 제시되는 등 일관성이 없었다.

장애아가 장애로 인해 부정적 자아개념을 형성할 가능성은 정상적인 아이보다 크다고 볼 수 있다. 그러나 자아개념은 외적인 자극을 통하여 형성된다고 볼 때, 장애아일지라도 중요 타인이 계속적으로 긍정적인 평가를 하게 되면 자아존중감을 높일 수 있다.

4. 청소년의 자아개념과 안정성

Erikson 이론의 핵심은 자아정체감이다. 청소년기의 과업은 확고한 자아정체감을 수립하고 정체혼란을 피하려는 것으로 본다. Erikson(1968)은 주로 임상적 사례에 근거하여 치료의 원인을 찾았다. Erikson은 그의 임상적 증거가 일반 청소년들에게 일반화할 수 있는지의 여부에 대해서는 확신할 수 없다는 것을 인정했다.

Erikson의 견해는 청소년기가 어떻게 설명될 수 있는가에 상당한 영향을 미치고, 인생의 주기가 개개인 그리고 모든 십대들에게 어떤 의미를 갖는지에 상당한 영향을 미친다. 특히 '정체위기'와 '청소년기의 정신병리학'과 같은 혼란은 청소년기의 특징으로 보았다. 그 정체위기는 청소년기 말에 더 발생하기 쉽다. 그러므로 Erikson은 청소년기의 혼란이 잘못된 것이 아니라는 전통적인 견해에 상당한 가치를 부여했다. 전통적인 관점에서 볼 때, 청소년기는 그와 밀접한 사람들과의 관계에서, 그리고 일반적으로 사회와의 관계에서 그 자신을 신체적 · 사회적 · 정서적으로 재검토하고 재평가할 필요가 있는 시기로 받아들여진다. 자아개념의 수정은 표면상으로 나타난다. Erikson(1968)은 다음과 같이 주장했다.

> 생리적 성숙에 의한 심리적 갈등과 앞으로 성인 역할의 불확실성을 고민하는 청소년은 초기에 형성된 정체감이 아닌 최종적으로 형성된 정체감으로 청소년기의 소문화 집단을 형성하기 위해서 여러 가지를 시도하려는 것 같다. 청소년들은 때때로 병적이고, 종종 호기심에 차 있으며, 그들이 자신에 대해 느끼는 것과 타인들의 눈속에 비쳐진 것을 비교하는 데 몰두해 있으며, 역할과 과업을 어떻게 연결하여 생활의 이상적 모형으로 양성하는지의 문제에 몰두해 있다. 새로운 감각의 연속성과 동일성에 대한 그들의 연구에서 새로운 감각의 연속성과 동일성은 성적 성숙을 포함한다(p. 25).

이 자아검토는 절대적이고 명백하게 자아개인성을 발견하려는 것과 표현하려는 것을 목적으로 하고 있다. 청소년기의 선택은 종종 부적당한 지식과 경험, 경력, 가치, 생활 방식의 선택에 근거하며, 그러한 선택이 형성될 때 '심리적 활동정지' 로서 나타난다. 그러한 선택은 불안하고 불확실한 사회환경과 가치와 자신이 충돌하는 측면에서 취해진다. 이러한 가치들의 혼란 속에서 청년들에게는 불안과 정체감 위기의 교란 현상이 나타난다.

이 발달단계의 위험은 Erikson이 설명한 것처럼 자아혼란이다. 『세일즈맨의 죽음』에서 "엄마! 나는 할 수가 없어요, 나는 몇 가지 유형의 인생을 살 수가 없어요." 라고 자아혼란을 표현한 것처럼, 소년 소녀들은 신체의 크기나 모양에서 변화가 빠를 때, 신체가 생리적으로 성숙할 때, 금지된 소망을 상상할 때, 성인생활이 갈등을 가질 수 있는 가능성과 선택의 다양성 속에 계속 놓여 있을 때 이런 혼란스러운 기분을 가까스로 덜 수 있다. 자아혼란의 감정을 정리할 때는 전에 행했던 것들에 상당히 의존하게 되며, 혼란된 감정 정리의 여하에 따라 극단적으로는 자아혼란을 태만, 신경증 또는 정신병으로 이끌게 된다. 만일 인성발달의 과정이 건강하게 이루어진다면, 자아존중감은 성공의 경험으로부터 형성된다. 이에 따라 어린이는 그가 놀이에서 명확한 역할을 하게 될 미래를 향해 활동한다는 신념을 갖게 된다. 청소년기에는 새로운 인격의 통합이 이루어지고, 어린이는 그 새로운 인격의 통합 속에서 그가 속해 있는 것을 보고, 다시 그의 방식대로 바꾸어 생각한다.

어린이들이 성인들과 동일시하는 것은 중요하다. 왜냐하면 심리적 동일시는 어린이들이 할 수 있는 모든 동일시 과정을 점점 통합해 나감으로써 발달하기 때문이다. 그러나 어린이가 표출하기 위해 동일시할 모델들 사이에는 갈등이 있을 수 있다. 예를 들어, 흑인 아동이 백인 사회에 살게 될 때, 또는 미션스쿨에 다니면서 그리스도교의 신념을 배운 어린이가 범죄의 예를 보여 주는 아버지와 같이 살 때에는 문제가 생긴다. 동일시는 자기가 인정한 자아와 '너는 이러이러한 사람이다' 와 같이 타인들에 의해 인정된 자아를 포함하는 것이다.

Piers와 Harris(1964)는 8세, 10세, 15세 사이의 아동들에게 4개월에 걸쳐 자아개념의 안정성을 비교한 결과, 연령에 의한 차이가 없음을 발견하였다. Engel의 연구처럼, Piers와 Harris가 세 연령 수준에 대한 연구에서 얻은 상관계수는 .70을 초과한다.

Coopersmith(1967)는 자아개념을 3년간 연구한 끝에 "자아개념은 상대적으로 변화에 대항하고 있다."는 진술을 했다. 일단 확립된 자아개념은 명백하게 시간과 공간을 초월한 인성적 연속성을 갖는다.

고등학교에 입학한 학생들은 초등학교의 또래집단보다 더 혼란을 느낀다. 혼란의 발생은 Erikson의 가설처럼 청년 후기에 나타나는 것이 아니라 청년 초기에 발생한다. 그리고 혼란의 발생은 사춘기 동안의 학교생활과 관련된다.

초등학교에서 계속된 또래집단은 자아영상에 있어 혼란을 나타내지 않는다. 11세에 해당하는 초등학교로부터 중·고등학교에 이르는 동안의 변화에 대한 연구(Alban Metcalfe, 1978)에서, 초등학교의 최고학년에 학생들의 자아개념을 검사했다. 그리고 1년 후에 중·고등학교에서 재검사했다. 검사로는 Piers-Harris 자아개념 척도를 사용했다. 이 결과, 자아개념에서 남녀 학생들로부터 찾아낸 차이는 없었다. 그러나 초등학교의 첫 번째 검사에서 높거나 또는 낮은 자아개념 점수(상위 25%와 하위 25%)를 두 번째 검사와 비교한 결과, 높은 자아개념 점수를 가진 학생에게서는 의미 있게 감소했으나(소년 소녀 모두 $P<.01$ 수준에서), 낮은 점수를 가진 학생에게서는 의미 있는 차이가 나타나지 않았다. 이 결과는 높은 자아개념을 가진 학생들이 변화한 학교환경에서 자아개념을 대부분 잃었다는 것을 제시한다. 낮은 자아개념을 가진 학생들은 상처받기 쉽다. 그러나 낮은 자아개념을 가진 학생은 자아개념이 더 낮은 상태로 되지는 않는 것 같다.

Coleman(1974)에 의한 연구결과는 자아개념이 청년기에 상대적으로 안정성을 유지한다는 것이다. Coleman의 횡단적 연구에서 혼란에 빠진 청년들의 비율은 각 연령에 따라 일정하게 남아 있으며, 또한 각 연령수준에 대한 성차는 없었다. Coleman은 정체감을 현재와 미래의 두 가지 형태로 구분했다. 각 청년들은 그 자신에 대해 그가 존재하는 것과 그가 존재할 것으로 보고 있다. 그림에 대한 투사적 반응들의 분석으로부터 Coleman은 미래의 정체감 혼란은 연령에 따라 증가하고 있으나, 현재의 자아개념은 그렇지 않다고 보고 있다. 그러므로 '나는 어떻게 될까?' 에 대한 혼란은 정상적 비율로 증가한다.

결론적으로, 자아개념의 안정성에 관련된 연구와 청년기의 자아개념 형성의 교란요인을 탐색하기 위한 연구가 필요하다. 청소년기에 발달하는 자아개념 형성에 대한 방해의 유형이나 정도가 성인기 생활 속에도 지속되는지의 여부는 확실하게 말할 수 없지만, 어떤 이론가들은 성인의 정서적 문제들이 청소년기 동안 해결할 수 없었던 정체감 위기에 의해 설명될 수 있다고 보고 있다.

안정된 자아개념을 가진 사람들은 불안정한 자아개념을 가진 사람들보다 잘 적응하고, 보다 높은 수준의 자아존중감을 가지며 열등감이나 신경증, 방어적 행동이 적고 두드러진 사회적 용인과 사회적 참여라는 특성을 가지고 있다고 보는 이론적 예측을 지지하는 Brownfain(1952)의 연구가 있다.

청소년들이 자아개념을 형성하는 과정은 바로 자아정체성의 정립이다. 정체성 정립 과정에서 무한히 많은 자아혼란과 자아이탈을 경험한다. 이런 과정에서 청소년은 자신을 만드는 과정을 통하여 자아정체성이라는 안정된 자아개념을 형성하게 된다. 이렇게 형성된 자아개념은 그때그때 변하는 불안정성보다는 상당히 지속력 있는 안정성을 유지한다.

5. 자아개념의 변화와 연령

자아개념이 어떻게 변하고 어떤 과정을 통해 발달하느냐에 관한 문헌들은 상당히 많다. 대부분은 아동 초기와 사회적 상호작용의 영향들을 지적한다. 그러나 종단적 연구가 거의 없기 때문에 어떻게 자아개념이 발달하는지에 대한 많은 주장들의 정확도는 거의 알려지지 않고 있다. 앞으로의 연구에서는 종단적 연구에 관심을 두어 발달경향을 좀 더 분명히 정리할 필요가 있다.

많은 연구자들은 자아개념이 아동의 아주 초기에 발달된다고 주장했으며, 일단 성립되면 지속된다고 보았다. 예를 들어, Rosenberg(1979)는 "생애 초기에 자아상을 발달시킨 사람들은 자아가 급진적으로 변화된 후에도 오랫동안 이 자아관점들을 계속 유지한다."고 주장했다(p. 58). Anderson(1952)은 첫해가 자아개념 발달에 가장 중요하며, "청소년기 이전에 영상이 본질적으로 완성될 때까지, 매해 중요성이 점차 감소한다."(p. 224)고 주장했다. 또한 프로이트 학파들은 아동 초기를 자아개념이 형성되고 안정화되는 시기로 보았다. 자라나는 어린이의 환경이 확장됨에 따라 자아개념의 내용 또한 확장된다. 가장 많이 사용되는 범주는 신체적 · 물리적 역할, 가치, 흥미, 소망, 목표 등이다 (Gesell & Ilg, 1949; Jersild, 1952; Staines, 1958).

Jersild(1952)는 자아개념 연구에서 '나는 내 자신의 어떤 부분이 마음에 드는가?' '나 자신의 어떤 부분을 싫어하는가?' 에 대한 주제에 대해서 초등학생, 중학생, 고등학생, 대학생에 의해 작성된 3,000여 개의 작문을 분석했다. 이 분석에서 가장 중요한 점은 심리적 성숙의 발달로 신체적 특징, 옷과 몸치장, 건강과 신체적 조건, 물질의 소유와 그에 대한 소유권, 동물과 애완동물에 대한 태도, 가정과 가족관계, 운동, 학교, 지적인 지위, 특별한 재능과 능력 또는 관심, 기질, 성질 등의 인성적 특성, 사회적 태도와 관계, 종교적 이데아, 관심, 신념 그리고 독립과 자주 등을 묘사하고 있다는 것이다.

Jersild(1952)는 어린 아이일수록 신체적 특징과 몸치장과 같은 외적 기준에 영향을 받는 반면에, 좀 더 나이 많은 아이들은 타인과의 관계를 중시한다는 것을 발견했다. 그러나 자아개념의 범주는 어린이에게서도 나타나, 나이가 많은 어린아이의 수준에서는 현저하게 나타난다. 또한 자아묘사의 실제적 세부사항은 연령에 따라 변화되는 것으로 나타났다.

어린이의 대인지각에 대한 연구에서 Livesiey와 Bromley(1973)는 7~14세의 320명의 피험자들에게 '나 자신' 에 대하여 묘사하라고 요구했다. 그 결과, 생활연령의 30개 범주 중에서 16개 범주가 통계적으로 의미 있는 영향을 나타낸다. 신체적 외모, 일반적인 정보와 동일시, 우정과 친구, 가족과 혈족관계, 소유물 등에 대한 진술은 연령이 증가함에 따라 감소한다. 반면에 자신에 대한 관심영역은 증가하는 경향이 있다.

일반적인 인성 특성, 특수한 행동의 일관성, 성향, 흥미와 취미, 신념, 태도와 가치, 자아에 대한 태도, 이성과의 관계, 타인과의 비교, 부수적인 사실과 같은 범주들은 연령이 증가함에 따라 진술의 빈도 면에서 증가를 보인다.

연령은 인성적 태도, 기본 철학 그리고 자아와 타인들에 대한 범주들의 사용과 관련된다. 일반적인 인성적 태도는 7세 어린이의 진술내용 중 4%를 차지한다. 그러나 14세 어린이의 진술내용에서는 35%를 차지한다. 자아와 타인에 대한 관심의 증가는 사회적 관계와 개인적 동일시가 청소년기에서 중요하다는 것을 말해 준다. 그러나 그 증가는

Erikson과 같은 많은 심리학자들의 저서에서 기대했던 것만큼 크지는 않다. 나이가 든 피험자들은 자아에 대한 태도에 사심이 없고 공평하게 진술했다. 반면에 나이 어린 학생들은 부끄러워함이 없이 자기중심적인 말을 사용하는 것으로 나타났다. 모든 연령에서 가장 빈번하게 사용되는 범주는 '좋아하는 마음과 싫어하는 마음' 이었다. 연령이 증가함에 따라 관심영역이 자기중심적인 경향에서 좀 더 객관화의 특징을 보인다.

Erikson(1963)은 성공적으로 경험하게 되고 자아개념의 발달 내내 지속하게 되는 8단계를 가정했다. 그것은 ① 신뢰 대 불신, ② 자율 대 수치와 의심, ③ 주도성 대 죄의식, ④ 근면 대 열등감, ⑤ 정체감 대 역할 혼미, ⑥ 친밀 대 고립감, ⑦ 생산성 대 침체, ⑧ 자아통제 대 절망감이다. 각 단계마다 완수해야 할 구체적 과업이 있으며, 그 과업은 다음 단계가 실시되기 전에 만족스럽게 완성될 필요가 있다. 다른 단계이론가에는 Jacobson (1964), Mead(1934), Dickstein(1977) 등이 있다. '단계' 모형들, 특히 Erikson에 의해 제시된 모형에 반대하는 많은 주장들이 있다(McCall, 1977; Wohlwill, 1973).

이 장에서 지지하는 주장은 단계가 있다는 것이 아니고, 개인이 순서대로 각 국면을 겪어야 한다는 것도 아니며, 개개인이 모든 국면들을 경험한다는 것도 아니다. 오히려 여기서 주장하는 것은 자아개념 발달에 연령 간의 느슨한 관계가 있다는 것이다. 자아의 발달은 좀 더 병렬적인 발달과정이다. 이 장은 자아개념이 다양한 요인들의 기능으로서 발달하고 변화한다는 증거를 상술한다.

표 4-1 자아개념 발달 과정

	과 정	연 령				
		0~2	3~9	9~17	17~25	25+
1.	자아와 타인의 구별	xx	xx	xx	x	
2.	자아와 환경의 구별	xx	x			
3.	중요 참조집단의 변화		xx	x	x	
4.	개인적 인과에 대한 변화	xx	x	xx		x
5.	재인지 발달의 변화	xx	x	xxx		
6.	문화적 가치의 변화		xx	x	x	
7.	인정과 불인정의 변화		xx		x	

개념형성과 2세까지의 발달

Harre(1979)는 아동이 빈 배처럼 세상에 태어나서 결국 사회적인 지식과 능력들을 조금씩 기능별로 배운다고 했다. Lovlie(1982)는 신생아가 미분화된 상태에 있다고 주장했다. 즉, 유아는 자아에 대해 자각하지 못하며, 결과적으로 감정을 경험하지 못한다. 점차로 아동이 외부환경을 구별하기 시작함으로써 자아지각 의식은 발달한다. 이 같은 분화는 환경이 자신의 욕구에 반응하지 않는다는 것을 아동이 경험할 때 발생한다. 환경적인 저항을 느낄 때 자신의 적응을 위해 점차적으로 자신을 분화한다. 예를 들면, 아동이 의지대로 다른 사람들을 조작할 수 없을 때 분화가 발생한다. 또한 아기는 공간에서 위치가 있고 움직임이 있다는 것을 경험할 때 행위자로서 자아 그 자체를 경험하기 시작한다. 점차로 유아는 자신을 행위자로 관련시킴으로써 자신을 보거나 행위를 하게 된다. 상대방에 대한 아동의 자각은 자신에 대해 심사숙고하는 능력뿐만 아니라 자신의 묘사와도 관련이 있다. 이 재귀성은 인간을 다른 동물들과 구별하는 것의 시작이다.

1~2세의 유아기 동안의 자아개념 발달에 관한 논의에서, Lewis와 Brooks(1974, 1975)는 기본적으로 "실존적 자아…… 다른 것과는 분리된 실재의 기본적 개념"과 "외적 세계에 대한 것으로 유아기에 의해 유형화된 자아"를 구별한다(1975, p. 20). 유아는 1세 때 그들의 상상에 따라 행동한다는 것이 Dixon에 의해 연구되었고, 반면 Amsterdam의 연구에서는 유아는 1세 때 상상으로부터 자신을 알아 가기 시작하고, 18개월이 되어서야 비로소 스스로에 반응한다.

Lewis와 동료들에 의한 연구들(Lewis, 1969; Lewis & Brooks-Gunn, 1974, 1975, 1978, 1979)은 자아개념의 초기 발달에 관하여 가장 믿을 만하고 광범위한 주장들을 기록하고 있다. 이 연구들의 목적은 어떻게 어린 아동이 자아에 대한 관념을 구성하는가에 대한 이해를 돕는다(발달과정에 대한 참고자료는 〈표 4-1〉에 제시되어 있음).

의도적 행동의 발달과 개인적 인과관계 최초 몇 달 후 아기는 직관의식을 나타낼 수 있다. 아기는 행동계획을 형성하고, 이 계획들을 기억하는 것같이 보인다. 자아의식의 시작은 이러한 내적 과정들로 시작된다. "Lewis와 Brooks-Gunn은 자아의 요소들에 대한

최초의 정의가 행위와 결과의 동시성과 정체성이라고 주장했다." (p. 224)

자아와 타인 간 구별하기 두 번째 발달은 자아와 타인 간 구별하기다. Lewis와 Brooks-Gunn은 3개월 된 유아조차도 다양한 행위들에 대한 통제력을 갖고 있으며(바라보기와 손과 손가락을 움직이기와 같은), "대상을 바라보려고 돌리거나 대상을 시야 안으로 옮겨 오게도 할 수 있다. 이 주체와 객체의 이중성은 다른 사람과 구별되는 자아의 시작을 나타내는 것임에 틀림없고, 각기 다른 부류의 사건들에 대한 지식, 자아의 내부에 있는 사건들, 공간 어느 지점 '여기' 로 지정된, 그리고 자아의 밖에 있는 공간에서는 '거기' 에 위치한, 그리고 자아를 공간에서 구체적인 위치를 가진 것으로 지각하는 것을 나타낸다." (p. 3)

Lewis와 Goldberg(1969)는 유아는 자신이 환경에 영향을 줄 수 있는 일반화된 기대감을 발달시킨다고 주장했다(Watson, 1966). 이러한 기대감은 자아에 대해 긍정적인 느낌을 야기시킨다. 또한 Lovlie(1982)는 유아가 자신과 타인을 구별할 때 관계가 성립되며, 유아는 자신의 대상이 된다고 주장했다. 그것은 내가 나의 '것' 을 아는 한에서만, 혹은 내가 나 자신을 분리시키는 한에서만 다른 사람들을 단지 나의 욕구라는 점에서라기보다 그들이 '실제로' 존재하는 것으로 인식할 수 있다. 반사작용과 분화는 변증법적이다. 내가 분화할 때 나는 숙고하고, 내가 숙고할 때 나는 분화하고, ……총체적인 자아는 그때 '나' - '나를' 과 관련된 자아의 국면과 '나를' — 의미들의 적립된 저장소 — 로 이루어져 있다(pp. 99-100).

Lewis와 Brooks-Gunn은 아동의 타인에 대한 지식이 타인들과 아동의 상호작용을 통해 발달된다고 주장했다. 유아의 초기 단계에서 자아에 대한 자각과 자아의 타인과의 구별이 자아개념 발달에 결정적인 근거로서의 역할을 하는 것은 거의 틀림없다.

자아와 환경 간 구별하기 세 번째 발달은 아동의 대상영속성이다. 8개월까지 많은 유아들은 대상이 인식자와는 독립적으로 존재하고, 대상들이 그들의 감각경험과는 독립하는 영속성을 지니는 지식을 습득하게 된다. 아마도 영속하는 최초 대상은 엄마의 '상' 일 것이다. Bell(1970)은 엄마에 애착하게 된 아기는 사물들에 대한 영속성에 앞서 사람들에 대한 대상영속성을 발달시켰다고 보고했다.

이 모든 요인들에도 불구하고 연령을 결정하기는 어렵다. 예를 들면, Piaget(1952)는 대상영속성 혹은 탈중심화가 10개월까지는 일어나지 않는다고 제안했으나, 반면 Bower(1975)와 Gardner(1971)는 5개월에서 7개월까지의 유아들이 대상영속성의 습득을 증명할 수 있다고 주장했다. 최소한 대상영속성이 아동의 아주 초기에 발달한다고 주장하는 것은 합리적인 것 같다. 대상영속성 개념을 통해 자아개념을 형성하게 되고 점차적으로 자아개념의 안정성을 갖게 된다.

인지발달 네 번째 발달은 자아와 인지에 관련된다. Lewis와 Brooks-Gunn(1979)는 9개월에서 24개월 사이의 유아 930명을 관찰했는데, 다양한 인지척도들이 자아인식 척도들과 상관이 있었다. 그 결론은 자아재인의 인지척도들, 특히 대상영속성이 인지척도와 관련되어 있다는 것이다. 자아재인을 보여 준 유아들은 환경의 변화에 반응하는 능력이 자아재인과 관계된다는 것을 지적하면서, 또한 반응정도를 회복하는 것으로 보인다. 이 연구의 증거와 Merleau-Ponty(1963), Sigel과 Cocking(1977)의 증거를 이용하여, Lewis와 Brooks-Gunn은 자아재인과 인지능력이 관련되어 있다고 주장했다.

아동은 경험을 어디에 배치할 것인지 배치해야 할 다양한 범주를 발달시키기 시작한다. 영속성을 성취한 후, 아동은 그 후의 자아의 특성 혹은 범주에 대해 깨달을 수 있다. 예를 들면, 유아에게 자신들의 사진과 성인의 사진이 주어졌을 때, 그들은 두 사진을 구별할 수 있을 뿐만 아니라, 그들 자신의 사진을 바라보기를 선호한다. 또한 유아는 원인과 결과를 배우며, 특별히 하나의 원인과 결과, 행동과 결과로서 자아의 원인과 결과를 배운다. 그 후 유아는 시간을 초월하여 대상의 존재에 대한 지속되는 신념을 수용하는 능력을 습득한다. 유아는 또한 자아범주들을 습득하기 시작한다. 이 범주적 자아는 특징들에 근거하여 자신을 인지하는 아동의 능력으로 나타난다. 초기 범주적 자아의 차원들은 성, 연령 그리고 효능감을 포함한다. 말로 표현하는 능력은 보다 풍성한 자아와 타인 간 관계 패턴들을 야기시키며, 또한 보다 분명한 자아에 대한 지식의 묘사를 낳는다.

개념형성과 2년까지의 발달에 관한 논의 자아의 발견은 순간적인 것이 아니며, 덧없는 것도 아니고, 혹은 특별한 원인들로 인해 퇴보되는 것도 아니다. 그것은 점진적인 자각이다. 존재는 본질에 앞서며, '사람'은 자아에 앞서고, 아마도 자아와는 다른 것이 분명하다(Strawson, 1959). Lewis와 Brooks-Gunn(1979)은 유아들은 분명히 목적-수단 관계들을 학습함으로써, 그리고 그 관계들이 행위의 근원임을 깨달음으로써 '자아의 발견'을 시작한다는 것을 증명했었다. '타인들'에 의한 대우는 그 자체만으로는 자아에 대한 우리의 개념을 발달시키지 못한다. 우리가 다른 사람들과 다르다는 것을 깨달을 때만 다른 사람들이 자아개념들에서 역할을 하기 시작한다. 이 깨달음은 격리와 분리 같은 인지기능의 발달을 예측한다.

유아가 처음 영속성의 개념을 획득하기 시작하여, 그 후 자아, 타아, 환경의 범주를 형성할 수 있는 것은 인지기능의 발달로 인한 것이다. 대상영속성의 발달은 어느 정도의 기억을 요구한다. 이 대상영속성이 자아의 발달과 관련 있지만, 그것이 자아재인을 앞서지는 않는다. Lewis와 Brooks-Gunn에 의하면 아동의 타인에 대한 개념은 인지기능에 좌우된다. 그 후 유아는 타인들을 자신과 다르게 보지 않을 수 없고, 오히려 자신과 분리된 것으로 본다.

반면, 자아에 대한 지식은 상당히 사회적 경험에 좌우되고, 아동은 자아개념을 단지 "자신의 특별한 수행을 묘사하고 판단하기 위한 표준들을 제공하는 어떤 사회적 구조에서의 하나의 역할"로 생각한다. 사람은 규칙적으로 자신의 행위를 관찰하고 평가하는데 공평하고 일반적인 관점을 결코 가지지 못한다(Lewis & Brooks-Gunn, 1979, p. 182). Kagan(1989)은 이 기간의 후반부를 자아지각 국면이라고 명명했다. 이 국면에서 아동은 그의 적절한 행동의 표준을 평가할 뿐만 아니라 행위와 의도, 상태와 능력들에 대해 자각하게 된다.

반사성과 인칭대명사의 사용은 아동이 자아의 개념을 형성하기 시작한 지 오랜 시간이 지난 후에 일어난다. 아동은 자신을 행위자로 의식함으로써 이를 시작한다. 개인은 반사적 인간 그 이상이며, 인간과 동물의 차이는 Fromm(1976)이 주장했듯이, 단지 인간이 '나는'이라 말할 수 있을 뿐만 아니라 자신을 분리된 실체로서 자각할 수 있다는 점이다.

아마도 Lewis와 Brooks-Gunn의 연구에서 가장 중요한 결과는 이 초기 몇 년 내 자아의 개념 발달 '단계' 과정이 아니라, 다양한 기능들, 특히 인지기능들의 발달이 이루어진다는 점일 것이다.

3세와 9세 사이의 발달

이 시기에는 언어기능의 급격한 발달과 그 언어발달의 내용이 자아개념에 큰 영향을 준다.

자아와 타인들 3세까지 많은 아동들이 타인들의 문제와 관련하여 그들 자신의 문제를 동일시하기 시작했다. 처음에 이 타인들은 가족이지만, 곧 또래와 유치원 혹은 학교 또래들을 포함한다. 사회정체감에 대한 Guardo 연구는 아동의 성적 정체감에 대한 개념이며, 이는 대개 '성 동일시'로 불린다. Kohlberg(1966)는 "성 동일시는 아마도 모든 사회적 동일시 중 가장 안정적이다"(p. 92) 그리고 "인지발달 관점에서 성 동일시 개념의 안정감은 3~7세 사이에 발생하는 한 측면이다. 그러한 개념발달을 Piaget는 물체의 보존개념으로 논의했다."(p. 96)라고 했다.

더 나아가 성 정체감의 첫 단계는 자신의 성 명칭을 학습하는 단계인데, Gesell (Kohlberg, 1966의 재인용)에 따르면 2세 후반기에 일어나기 시작한다. Rabban에 따르면, 자아와 옷을 입은 인형에 대한 성 표시의 정확한 일반화는 아이들에게 "인형이 너와 가장 닮은 점이 무엇이지?" "인형이 남자니, 여자니?"라는 물음에 대한 결과에서 알 수 있으며, 48개월이 되어야 비로소 완전해진다. 그러나 Kohlberg는 5~7세가 되어야 완전해진다고 본다. Katcher(1955)가 시행한 다른 방법에 의한 결과도 5~7세가 되어야 성 정체감이 완전해진다는 Kohlberg의 해석에 동의한다.

대부분의 연구들은 자아개념 발달의 핵심 요소를 타인으로부터의 인정감이라고 가정하기 때문에, Kirchner와 Vondracek(1975)은 탁아소에서 3, 4, 5세 어린이의 인정감 인식에 관련된 문제에 관심을 가졌다. 그들은 282명의 피험자를 대상으로, "누가 너를 좋아하는지를 말해 보아라" 그리고 "너를 좋아하는 사람 수를 나에게 말하라"라고 했다.

아동의 자아수용과 자아존중감의 발달은 사회생활에서의 타인과의 상호작용의 다면성에 의존한다. 이 가운데에는 감정이입, 신뢰, 양육 그리고 기대가 있다. 많은 연구자들은 감정이입이 사회적 행동의 일부이며, 타인들과 상호작용하는 데 중요한 부분이라고 주장했다(Kuhmerker, 1975). 이것은 감정이입이 타인에 대한 느낌과 반응들의 자각을 포함하기 때문이다. Hogan(1973)은 혼자서 또 다른 정신상태를 구성하는 행위로서 감정이입을 정의했다(Borke, 1971; Dymond, 1949).

그러므로 감정이입을 위해서는 사람이 타인을 자아와 구별되는 것으로 자각해야 한다. 비록 유아들이 전형적으로 타인들의 느낌이 그들 자신의 느낌과 동일하다고 가정함에도 불구하고, 이것은 유아에 대한 경우다. Hoffman(1975)은 감정이입의 발달에 세 가지 1차적인 단계들이 있다고 주장했다. 첫 번째 단계는 최초 2년 내에 발생하는데, 이때 아기는 타인들의 불안에 관심을 가지고 반응한다. 두 번째 단계는 아동이 타인들이 그들 자신의 관점을 가질 수 있다는 것을 깨달을 때인 약 2세에서 3세에 시작한다. 그들은 타인을 물질적 실체로 보며, 자신의 욕구와 사건들에 대한 해석이 다른 사람, 즉, 자신과는 다른 내적 상태를 지닌 사람들로서 간주한다(p. 616). 아동은 타인들의 전망이 무엇인지를 모르며, 여전히 자신의 느낌을 상대방의 탓으로 돌리는 경향이 있는지도 모른다. 그러나 이 단계에서 아동은 좀 더 자신을 타인들의 위치에 놓고 행동의 근원을 찾으려는 능동적인 노력을 하는 것 같다. 세 번째 단계는 전형적으로 약 6세에서 9세 사이에 발생하며, 이 시기에 아동은 타인들 자신의 역사와 정체성이라는 점에서 좀 더 많이 타인들의 반응을 생각하기 시작한다. 이때는 아동이 덜 자기중심적이 될 때다.

신뢰감은 일반적으로 일찍 발달하지만, 그것은 3세 이상의 연령집단이 되어서야 중요하게 된다. 신뢰감의 발달이 없으면 아동은 감정이입이나 상호관계를 효과적으로 배우지 못한다.

분명히 아동이 받는 양육의 질은 자아개념 발달에 영향을 준다. 불행하게도 가장 좋은 양육의 질을 위한 비결은 없다. Baumrind(1967, 1973)는 세 가지 주요 양육패턴이 있다고 주장했다.

① 첫 번째는 독재적인 부모다. 이 부모들은 통제가 강하고(그들은 능동적으로 아동의

행동에 영향을 주려고 하여 그들의 부모의 기준에 따르도록 한다), 부모-아동 간의 의사소통이 적고, 성숙요건들이 높다(잘 수행하도록 요구하는 부모의 기대). 독재적인 부모들의 아동은 움츠러들고 부끄러워하며, 불안해하고 열정과 활력이 없다.

② 두 번째는 권위주의적인 부모다. 통제가 강하고, 의사소통이 많으며, 성숙요건들이 높고, 양육에 대한 의지가 강하다. 권위주의적인 부모는 자기주장적이고 독립적이며, 달성하려는 동기가 높은 아동들을 가지는 경향이 있다.

③ 세 번째는 허용적인 부모다. 통제가 약하고 의사소통이 많으며, 성숙요건들이 낮다. 허용적인 부모의 아동은 사회적으로 부끄러워하고 자기신뢰와 자기통제가 부족하다. 그러나 그 아동들은 자신의 행동을 스스로 결정할 수 있는 자아중심적 분위기에서 좀 더 적극적이며, 독재적인 부모들의 아동보다 활력이 더 많다.

이 차이들은 독재적인 부모와 허용적인 부모가 아동들을 과잉보호하고 스트레스로부터 막아 주는 경향이 있기 때문에 발생한다. 독재적인 부모는 주도성에 대한 아동의 기회를 제한하는 반면, 허용적인 부모는 아동들이 행위의 결과에 맞추도록 강요하지 않는다. 반대로, 권위주의적인 부모는 "자기주장, 외고집, 독립성을 존중하고, 능동적이고 이성적인 부모의 역할을 가정함으로써 아동이 이 목표들을 달성하는 것을 용이하게 하려고 한다." (p. 21)

Coopersmith(1967)도 아동들의 보다 높은 자아개념은 '권위주의적인' 부모와 관련되어 있다는 것을 발견했다. 그는 높은 자아존중감을 가진 소년들의 부모가 조심스럽고 일관성 있게 규칙들을 강행하고, 높은 통제 수준을 연습시키고, 비강제적인 종류의 통제를 선호하고, 아동들이 그들 자신의 관점을 표현하지 못하게 하지 않으며, 자주 아동들에 대한 애정을 표시한다고 했다. 또한 그는 권위주의적인 부모가 아동의 더 높은 자아개념과 관련 있는 이유는 이 유형이 아동이 내적 통제를 발달시키고, 보다 분명한 자기정의를 발달시키도록 돕기 때문이라고 주장했다.

자아와 환경 3세까지 아동은 전형적으로 대상영속성 의식을 발달시켰으며, 그로 인해 자신과 환경 내 다른 대상을 의미 있게 구별할 수 있다. 이 연령기에 아동은 그들

환경에 대한 인지도를 갖기 시작한다.

Piaget(1975, 1985)는 이 발달들을 "구체적 조작단계"라고 명명하였고, 자아중심성으로 보았다. 그는 "자아중심성이 자아와 외부세계 간에 분화의 결핍을 초래하고, 어린 아동의 생기 없는 신체에 생기를 주고, 정신의 세계를 물질화한다."(p. 27)라고 주장했다. 자아개념은 아동이 처한 환경의 다른 많은 국면들을 통합하는 고차구인이다.

이 자아중심성의 발달은 다양한 활동기회를 통하여 얻어진다. 그러한 '놀이'는 다른 사람들의 태도를 취하기, 다른 사람들의 사고와 느낌을 자각하기, 그리고 상대방의 위치에 자신을 놓기 등을 포함한다.

기대의 변화 아동이 타인에 의해 좀 더 영향을 받고 타인의 영향을 이해하기 시작함에 따라 기대가 나타나게 될 것이다. 유아가 좀 더 복잡한 사회상황에 진입함에 따라 행동에 대한 다양한 기대를 배운다. 유아는 타인들의 행동을 예측하기 시작하고, 또한 이러한 예측들의 국면들을 검증하기 시작한다. 이 예측과 기대들은 사회적 관계에 안정성을 낳고, 사회적 자아를 만든다. 아동들이 사회망에 좀 더 매이게 됨에 따라, 아동들은 자신들을 좀 더 독특하고 다른 존재로서 자각하게 된다. 이 자아의 연계와 개별성의 조화는 후기 사회적 통합을 위해 중요하다.

발달의 초기에 아동들은 사회적 비교보다는 '절대적인 기준들'을 좀 더 고려한다. 보통 부모와 교사와 같은 외적 권위들로부터 나온 이 규칙들은 변경할 수 없고 그래서 의문시되지도 않는다. Piaget(1964)가 주장했듯이, 도덕적인 절대론이 우세하다. "아동의 최초 교훈은 복종이며, 훌륭한 것에 대한 최초 기준은 부모의 뜻이다."(p. 36)

인지변화 언어는 아동의 자아개념에 깊은 영향을 준다. 이것은 아동의 사회화를 넓혀 주고, 상호 감정의 발달을 향상시키며, 말의 내재화를 고무시킨다. 또한 약 3, 4세 어린이들은 '자아를 위한 말'과 '타인들을 위한 말'을 구분하기 시작한다(Vygotsky, 1962). 아동들이 말을 배울 때 그들은 그들 자신에게 큰 소리로 말하는 경향이 있다. 그러나 나이를 먹음에 따라 이 말은 내재적이 된다. Vygotsky는 자아를 위한 이 말이 사상이 된다고 한다. 이 말의 내재화는 사적인 자아와 공적인 자아의 분리의 일면이다.

이러한 발달은 그들 자신에 관한 많은 속성들, 그들 자신과 타인들의 관계에 대한 속성들에 대한 인지도식을 형성한다. 인지적 · 지적 능력은 아동의 다른 것들(예: 감정이입, 신뢰)의 발달에 기초가 되는 경향이 있다. 지적 능력은 타인들에 대한 판단 시 아동들에 의해 다루어질 수 있는 정보의 복잡성과 서로 관련되어 있다(Mischel & Mischel, 1976).

자아중심주의는 자기모순 행위들을 지각할 수 없음과 관련 있다. 3~6세 아동은 전형적으로 자아중심적인 반면, 전적으로 그렇지는 않은 면도 있다. 아동은 자신을 초월하여 보기 시작하고, 다른 사람들의 세계를 이해하기 시작한다. 어린 아동이 감정이입을 발달시키기 시작한다. 예를 들면, Selman(1980)은 이 연령기에는 사람들에 대한 심리학적인 특성과 물질적인 특성들 간에 보다 분명한 분화의 발달이 있다는 것을 설명했다. 비록 이것들이 보통 관찰로부터 추론되는 것이지만('그는 슬프게 보이기 때문에 행복하지 않다'), 아동들은 다른 사람들이 그들 자신의 (각기 다른) 사고들을 가지고 있다는 것을 자각할 수 있다.

개인적 인과관계 아동들이 이 기간을 통해 신체와 지적 능력이 모두 발달함에 따라, 그들 자신의 힘이 증가한다는 의식을 발달시킨다. 그들은 자신이 어떤 일을 일어나게 할 수 있다는 것을 자각하게 된다. Erikson(1968)은 이 발달들을 주도성이라고 불렀다.

한 가지 문제는 아동의 주도성이 죄의식을 느끼도록 행동하게 하거나, 또는 행동하기를 원할지도 모른다는 점이다. Erikson은 아동의 주도성에 대한 죄의식의 도전을 조화시켜야 한다고 주장했다. 이 위기는 가능성의 세계를 상상하고 자신의 능력에 대한 의식을 발달시킨다. 아동은 행동을 효능감과 통제의식의 탓으로 돌리는데, 이것은 무엇인가를 작동하게 한다. 아동들은 분명히 그들이 그들 자신의 행동을 통제해야 한다는 것과 만약 그들이 그렇게 하지 못한다면 죄의식을 느낄 것임을 자각할 것이다.

9세와 십 대 후반 사이의 발달

8세 혹은 9세부터 아동들은 그들의 자아개념에 변화를 야기시키는 어떤 일들에 직면한다. 약 8세 혹은 9세에 뇌세포의 발달이 뚜렷이 증가하는데, 특히 전두엽에서 그러하며, 좀 더 계획적이고 의도적이고 추상적인 행동을 발달시킨다(Luria, 1973, p. 87). Piaget는 이러한 행동들의 깨달음을 형식적 조작단계라고 불렀다. 학생들에 대한 교사들, 가족 그리고 동료들에 의한 기대에 변화가 있다. 청소년들은 그들이 다르게 보고 느끼는 것과 타인들이 그들에게 다르게 반응하고 다르게 행동하기를 기대하고 있음을 발견한다. 이것은 Erikson(1950)이 말한 소위 정체위기를 말한다.

다양한 문헌에도 불구하고 청소년들은 전형적으로 위기를 겪지 않으며, 그들의 연장자들에 대해 반항하고, 동요하고, 청소년기 동안에 열정적인 시간을 갖게 된다는 증거가 있다.

Rosenberg(1979)와 같은 몇몇 연구자들은, 자아의식의 뚜렷한 상승과 자아개념의 불안정성을 보고했지만, 일반 자아존중감에는 쇠퇴가 없음을 보고했다. 그러나 다른 사람들은 그러한 쇠퇴 혹은 상승을 보고하지 않았다(Engel, 1959). Protinsky와 Farrier(1980)는 청소년기 이전(9~11), 청소년기 초기(12~14), 청소년기 중기(15~16) 그리고 청소년기 후기(17~18)에 있는 210명 학생들의 횡단면 표집을 이용했다. 그들은 자아개념이 청소년기 이전과 청소년기 초기에 가장 불안하며, 그 후 나이가 들게 됨에 따라 더 안정적이 되었다고 보고했다.

아동은 또한 가족의 영향보다는 오히려 또래집단의 영향을 더 강조하기 시작하며, 부모와의 결속이 완화(때때로 고통스러운)된다.

인지처리에서의 변화 보다 나이 어린 아동들은 근본적으로 자아중심적이며, 반면 좀 더 나이 든 아동들은 사적인 세계에 덜 싸여 있고, 외적 실재에 더 잘 적응한다(Rosenberg, 1979). 또한 좀 더 나이 든 아동들은 더 객관적이고 편견 없는 관점을 채택할 수 있다.

게다가 청소년은 개념화할 수 있는 더 큰 능력을 가지고 있다. 청소년은 자아에 대한 다양한 관점을 바꾸기 시작한다. 단순히 새로운 전망을 첨가하기보다는 오히려 이러한 전망들을 고차 자아개념으로 재개념화하다.

또 다른 변화는 학교교육이 좀 더 절박하게 되고, 좀 더 분명해지며, 부모의 성취압력은 더 강해진다는 것이다. 학교교육에 대해 질문 받았을 때 청소년들은 전형적으로 교우관계와 그들 또래들로부터의 지위에 대해 이야기한다. 몇몇 청소년들에게는 교사와의 관계가 더 중요하게 된다.

자아와 타인들 9세 이후에 아동들은 점차로 또래의 수행에 대한 정보를 이용하여 그들 자신의 수행과 자발적인 비교를 종종 한다(Bubin, Parsons, & Ross, 1977; Vernoff, 1969). 이것은 많은 상관요인들에 의해 설명된다. 개인은 새로운 또래집단, 다수의 교사들과 직면한다. 개인은 그 또는 그녀 자신을 타인의 관찰대상으로서 날카롭게 자각하게 되며, 그 자신을 타인의 눈을 통해 보려고 시도하므로 복잡성의 새로운 차원이 도입된다. 청소년은 타인들이 기대하는 것을 배우고, 그의 또는 그녀의 감정과 약함에 대해 새로운 관점을 확립하며, 자아에 대한 새로운 평가를 얻는다. Elkind(1971)는 전망의 이러한 변화에 대해 논평했고, 청소년기에 '자아에 대한 참의식의 발달' 이 있다는 것에 주목했다. "청소년들은 이것을 할 수 있고, 상당한 정도로 그러한 자기경계에 참여할 수 있다. 사실, 청소년의 특징적인 '자아의식' 은 청소년이 다른 사람들이 그에게 어떻게 반응하는가에 훨씬 더 많은 관심이 있다는 바로 그 사실로부터 기인한다. 이것은 아동기에는 대개 없는 관심사다." (p. 111)

기대와 참조집단 Rosenberg는 청소년들이 자신들을 성인이 어떻게 지각하는가를 통하여 그들의 자아개념을 변화시킨다고 하였다. 청소년들은 성인의 권위에의 두려움 때문에 그들에 대한 성인들의 관점을 받아들이기보다는 오히려 그들에 대한 성인들의 관점에 좀 더 제한을 두게 된다. 아마도 청소년기에 근접해서는, "아동도 자신과 그가 선택하지 않은 부모들과 형제들을 한데 묶는 결속에 반항한다. 그는 아버지의 아들, 혹은 누나의 남동생으로서 규정되기를 원치 않는다." (Laing, 1961, p. 86) 청소년은 사회집단, 또래와 가족 간 선택을 강요하는 상황에 들어가고, 이것은 내적 갈등을 야기할 수 있다. 또래와 가족 중 또래를 선택하는 일은 더 많은 또래집단으로부터 지지를 요구한다. 그러한 지지 없이는 자아개념이 부정적일 수 있다(Berndt, 1979; Bronfenbrenner, 1970, 1975; Devereux, 1970; Piaget, 1977). McGuire와 McGuire(1982)는 청소년들에게 "너의 자아에 대해 말하라" 라고 요구했다. 그들은 전체(30,603명) 응답자 중 23%인 7,039명의 초등학생, 중학생, 고등학생들이 '중요 타인들' 이라고 말했음을 발견했다. 보다 나이 어린 아동들과 비교해 볼 때, 가족으로부터 멀리 이동이 있었다. 즉, 부모로부터 교사들에게로, 형제들로부터 친구들과 친한 학생들에게로, 확대가족 구성원들로부터 친족이 아닌 타인들에게로 이동이 있었다.

십대 후반에서 성인기까지 십대 후반에서 성인기까지 자아개념 발달은 비교적 연구되지 않았다. 이 시기의 자아개념 차원들은 성욕, 직업, 성인기, 노화하는 자아개념, 그리고 자아실현을 포함한다. 십대 후반과 초기 성인기 사이에 자아개념 변화에 대한 가장 광범한 연구들은 Mortimer, Finch 및 Kumka(1982), 그리고 Bachman, O' Malley 및 Johnston(1978)에 의해 완성되었다.

Mortimer, Finch 및 Kumka(1982)는 368명의 대학교 1학년 남학생들을 이용해 10년 넘게 자아개념의 네 가지 유형 변화를 조사했다. 학생들은 분명히 학문적이고 전문적인 사람들이었고, 반 이상이 가장 높은 학업성적을 받았다. 그들은 어의적 차이검사를 받았고, 반응들은 네 가지 요인들에 대해 점수화되었다. 즉, ① 복지(행복하고, 편안하고, 확신이 있는 자아), ② 사교성(사회적, 타인들에 관심 있고, 개방적이며, 따뜻한), ③ 능력(능동적, 강하고, 능력 있고, 성공적인 자아) 그리고 ④ 독창성(사회적 압력과 실제적인 관심으로부터의 독립) 등이다.

10년에 걸쳐 패턴들을 비교한 결과, 그들은 자아개념의 네 가지 차원들의 구조적 불변을 발견했다. 자아개념 차원 간 공분산은 거의 예외 없이 각 시기마다 같았다. 세 번의 실행에서 개인들의 상대적인 순서화는 네 가지 요인들마다 높게 상관되어 있었다.

그러나 네 가지 요인들의 평균은 몇 가지 변화를 나타냈다. 복지와 능력은 대학 재학 동안 감소했지만, 졸업 후에 증가했다. 사교성은 대학 재학 동안 감소했고, 이후에도 계속 감소했지만, 졸업 후에는 그렇게 뚜렷하지 않았다. 그러나 독창성은 대학 재학 동안 아주 조금 증가했고, 졸업 후에는 감소했다. 이 학생들이 경쟁적인 대학 생활을 하는 동안 진보함에 따라, 이들은 자신들의 졸업 후에 복지와 능력 면을 중시했다.

Bachman, O'Malley 및 Johnston(1978)은 10학년 2,213명의 집단을 대상으로 연구했다. 그들은 10학년에서 8년에 걸쳐 일련의 검사들을 실시했다. 그들은 일반 자아존중감(Rosenberg 척도를 사용하는)의 변화에 관심이 있었다. 자아존중감 점수들의 평균들은 최초 검사와 비교하여 볼 때, 마지막 검사에서는 표준편차의 1 정도가 상승했다. 안정성에 대한 평가들은 두 개 자아개념 척도들 간의 시간 간격이 더 길어짐에 따라 감소되었지만, 일반적으로 꽤 높았다. 안정성 계수(Heise, 1969)는 .40, .54, .61, .69였다. 고용된 사람들은 비고용된 사람보다 더 높은 자아개념 평균을 지녔으며, 실직이 자아개념에 미치는 부정적 영향은 고등학교 졸업자(체제를 비난하는 경향이 있는)보다 고등학교 탈락자(스스로를 비난하는 경향이 있는) 사이에 더 나타났다. 직업적 지위는 자아존중감에 직접적인 영향이 적었다. 연구로부터 나타나는 지배적인 그림은 변화가 아니라 안정성이다(pp. 220-221). Finn(1985)의 종단적 분석에서 일단의 17세부터 53세 성인들에 대한 30년에 걸친 자아개념이 안정성을 나타냈다.

성인기 자아개념은 일반적으로 보다 낮은 연령집단보다 성인기에 훨씬 더 안정적이다. 현대의 삶의 압력, 특히 실직, 해고, 업무 재훈련은 자아개념들에 영향을 줄 수 있다. 그러나 자아개념은 상당히 안정적이다(McCrae & Costa, 1982; Mortimer, Finch, & Kumka, 1982). 자아가 30세까지 "회반죽처럼 응고된다."라는 James의 논평도 있다. 최소한 이것은 대부분 그렇다.

몇몇 연구자들은 중년 초에 생과 자아의 가치에 대한 주요 재평가가 있다고 주장했다(Butler, 1974; Greenleigh, 1970; Marmor, 1968; Neugarten & Datan, 1974). 이전의 주장들은 생의 스트레스의 영향에 관해 다른 의견을 제시하고 있다. 생의 스트레스들은 과거 주장했던 만큼 중요한 것 같지는 않다. Pearlin(1980)은 결과들이 "일관성 있게 주요 과도기적 사건들, 즉 '결혼하고, 아이를 갖고, 아이들의 삶이 다양한 교육체제를 통해 진보하는 것을 보고, 아이가 집을 떠나게 되고, 부모가 죽고, 그리고 할아버지가 되는 것' 처럼, 안정적인 정서적 변화로 보여지는 것들이 거의 혹은 전혀 없게 된다." (p. 352)고 썼다. 변화는 고통의 근원으로서 과대평가되어 있다(Costa & McCrae, 1978, 1980). Levinson(1978)은 재규정되어야 하고 성인기 동안 통합되어야 하는 네 가지 특성들이 있다고 주장했다. 즉, ① 젊음과 나이 듦, ② 파괴와 창조, ③ 남성과 여성, ④ 애착과 격리 등이다.

Costa와 McCrae(1980)는 인성이 성인기에 상당히 안정적이라고 주장했다. 그들은 인성이 연령별로 변하는 장치를 찾기보다는 오히려 안정성이 유지되는 수단들을 찾는 것이 더 유익할지도 모른다.

50세 이상에 관한 연구

Adler(Ansbacher & Ansbacher, 1956에서 재인용)는 노년기의 자아개념 감소에 관한 이론을 제기했다. 그러나 어느 연구도 분명히 이 같은 이론을 확증하지는 않은 것 같다. 자아개념은 노년기에 감소한다는 Adler 등의 일반적 견해와는 대조적으로 Back와 Gergen(1968)은 50세 이후에도 연령과 더불어 증가하고 있음을 보고하였다. Back와 Gergen(1968)과 같이 Reichard, Livson 및 Peterson(1962)은 퇴직한 후에 자아인정이 증가되는 여러 이유를 제시하는데, 퇴직자는 더 많이 생활의 여유를 갖고, 혹은 이미 성취된 것들을 재정의한다는 데서 그 예를 찾고 있다. 노인의 자아정체감 증가에 대한 특별한 연구는 찾아볼 수 없으나 노인의 자아개념과 관련된 사회학적 분석은 두 가지로 요약된다.

사회에 대한 견해 많은 사람들은 노인의 구체적 특징에 관한 전형적인 관점을 가정하는데, 노인의 사회적 인습은 어느 정도 퇴보적이고, 그의 자존감은 다른 연령집단보다 낮을 것이다. 예를 들면, Rose(1965)는 미국 사회에서 노인의 자아개념과 역할에 관련된 변화의 대부분은 부정적으로 평가되고, 다른 사회에서와 같이 보상에 대한 만족감을 느끼지 못한다고 주장한다. Hickey와 Kalish(1968)는 노인의 자신에 대한 견해는 다른 사람의 관점이나 그의 현재 역할에 대한 것보다 이전의 학습에 의해 결정됨을 주장한다.

노인이 보다 낮은 자아개념을 갖게 되는 사회적 요인은 젊은이에게 경제적 · 심리적 부담을 주고, 그들의 현재 모습이 환영받지 못한다는 생각들이 그들을 엄습하기 때문이라고 본다. 그러나 노인의 자아개념은 전 생애를 통해서 성취되었다는 측면에서 안정되어 있으며, 또한 즉각적인 영향에 상대적으로 덜 민감하다고 볼 수 있다. Rose(1965)는 건강상태, 노인의 자기비하를 포함하는 여러 가지 요인을 하부문화의 특성으로 본다.

역할변화의 효과 사회학자들(Cavan, 1963; Rosow, 1967)은 역할변화가 연령에 따라 나타나며, 또한 이 변화가 노인의 자아개념에 중요한 영향을 미친다는 것을 강조한다. 예를 들어, 부모나 고용인과 같은 역할로부터 변화를 강조한다. 또한 수입이 낮아지고 나이를 먹은 사람은 전형적인 역할을 잃고, 사회와의 관계에서 역할을 잃어감을 의미한다.

SDQ 측정도구와 자아개념 발달 및 성

Song(1982)과 Shavelson, Hubner 및 Stonton(1976)의 모형은 근본적으로 발달적 모형이 아니다. 그러나 가정 중 하나는 개개인이 유아에서 성인으로 성장함에 따라 자아개념이 점차로 다면화된다는 것이다. 앞서 말했듯이, 자아개념 차원의 수와 다양성은 사춘기 이전, 사춘기, 사춘기 이후 그리고 청년기(성인)를 위해 설계된 세 개의 SDQ 도구들에서 나타난다. Shavelson 등의 모형과 SDQ 도구들을 검사하기 위해 설계된 후속연구에서 세 개의 발전적인 관련 문제들이 연구되었다.

연령에 따른 분화 증가 Song(1982)과 Shavelson 등(1976)은 자아개념이 연령 증가에 따라 더 분화된다고 단정했지만(Werner, 1957), 이 가정을 검증하기 위한 명확한 원리는 제공하지 못했다. Markus와 Wurf(1987)는 자아개념의 구조가 개인에게 유용한 정보와 이 정보를 작용시킬 인지능력에 의존한다고 말했다. Harter(1983, 1985)는 자아개념이 연령별로 점차 추상화되는 모형을 제안했다. 이전 연구에 대한 그녀의 논평은 자아개념이 아동 초기에 행동에 대한 구체적인 묘사로부터, 아동 중기에는 사회적인 인정을 받는 심리적 구인을 형성하고, 사춘기에는 좀 더 추상적인 구인으로 이동한다는 것을 제안한다.

Harter(1985)에 따르면, 일반적인 자아가치에 대한 개념은 약 8세 이전에는 발달하지 않는다고 한다. 이러한 주장과 일치하여 Harter와 Pike(1984)는 8세 이전에 아동들이 일반적 자아가치 문항들을 이해하지 못하거나 신뢰할 수 없는 반응들을 나타낸다고 하였다. 후속연구는 정신연령이 생활연령보다 더 중요할지도 모른다는 것을 암시했다(Silon & Harter, 1985).

연령에 따라 분화가 증가한다는 가설에 대한 한 가지 가능한 검사는 SDQ 척도들 간 상관이 연령 증가에 따라 더 작아질 것에 대한 것이다. 이것은 각각의 SDQ 도구들의 반응들에 대한 세 개 세트의 상관으로 검사되었다.

2학년부터 3학년까지 상관의 크기에서 실질적인 감소가 있고, 3학년과 4학년 사이에 그리고 4학년과 5학년 사이에 좀 더 작은 감소가 있다. 그러나 사춘기 이전(SDQ I) 자료의 나머지에 대한 척도 간 평균상관에 좀 더 감소가 있을 것이란 지지는 없으며, 사춘기 초기(SDQ II)와 사춘기 후기(SDQ III) 자료에서도 마찬가지다. 요약하면, 자료는 자아개념이 사춘기 이전을 지나 연령이 증가하면서 점차로 분화된다는 가정의 검증에 대한 지지를 제공하지 못한다.

분화 증가의 가정에 대한 대안적인 검증은 동일한 사람에 대한 척도점수의 차이가 연령에 따라 더 커진다는 것이다. 즉, 나이 어린 피험자일수록 모든 분야에서 자아개념이 한결같이 높거나 혹은 한결같이 낮은 것 같다. 반면에 나이 든 피험자는 어떤 분야에서는 상대적으로 자아개념이 높은 것 같고, 다른 분야에서는 상대적으로 자아개념이 낮은 것 같다. 각기 다른 연령에서 피험자 내 표준편차들을 비교할 때 주의가 필요한 반면, 현 비교들은 초기 사춘기 이후에는 자아개념의 분화 증가에 대한 지지를 제공하지 못한다.

6. 송인섭의 자아개념 발달 연구

자아개념 구조의 발달경향

문 제

자아개념의 구인적 특성에 관한 논의는 자아개념 연구가들의 관심의 초점이 되어 오고 있다. 송인섭(1984, 1988), Song과 Hattie(1984) 등은 자아개념이 3차원 위계적 특성이라는 결과를 제시하였고, 학문 자아개념은 2차원 위계적 모형이라는 점을 이론적 · 경험적으로 검증했다. 그러나 아직 자아개념은 상황적 특성과 관련이 있는 요인들로 구성되고 형성된다는 이론적 시각에서 볼 때 발달단계에 따라 자아개념의 구인적 모형이 다를 수 있다는 가설을 상정할 필요가 있다. 그런데 지금까지 자아개념의 내적 구조를 다루는 연구들은 자아개념의 구조가 연령, 성장발달에 따라 그 분화 정도가 다르다는 문제를 다루지 못하고 있다. 따라서 자아개념의 구조 발달이 연령에 따라 어떻게 이루어지고 있는가를 규명하는 일이 본 연구의 문제다.

이론구성

자아개념은 철학, 심리학 그리고 심리요법 등의 많은 이론에서 핵심 개념이다. 철학적 시각에서는 자아개념을 영혼과 같게 본다. Platon은 영혼은 진 자아이고, 실제의 사람이라고 생각했기 때문에 영혼을 다루는 것을 곧 우리 자신에 대한 관심으로 보았다. 영혼은 인간 형태를 취하기 전에 이미 존재하여 지혜를 소유하고 있다. Platon은 자아의 핵심인 영혼을 지혜가 추구되는 지성, 이성, 사고, 재능과 같게 보고 있다. Aristoteles는 영혼과 육체 이외에 또 하나의 요인인 마음을 소개했다.

Cooley(1902)는 면경자아이론과 원초집단 등의 주요 개념을 통해서 널리 알려졌지만, 인간 행동을 이해하는 데 있어서 심리학이나 철학보다는 주로 사회학적인 시각에서 규명하려 했다. Mead(1934)는 Cooley의 이론에 크게 영향을 받았으나, Cooley가 자아를 반성적 사고로 충분히 고려치 못한 데 비해, 자아이론의 핵심은 반성적 사고, 즉 다른 사람의 관점으로부터 대상 그 자체를 취하는 능력으로 보았다. Mead에 의하면 인간 행동은 '나' 의 형태에서 출발하여 '나를' 의 형태로 끝난다고 말하고 있는데, 이는 어떤 행동이든 '나' 의 충동에 의해서 시작되었다가 남들의 기대라는 관점에서 조정된다는 점을 말한다. 자아 속의 '나' 와 '나를' 의 관계는 곧 개인과 사회와의 관계이기도 하다. Allport (1937, 1943)는 자아 혹은 자아상상, 자아실현, 자아주장 같은 자아보존 개념을 사용하기보다는 내재적 실체를 향하는 인성의 모든 측면, 즉 고유자아를 사용했다.

행동주의 시각에서 본 자아개념은 '자아' 의 이해에 크게 도움을 주지 못했다는 점이 많은 사람들에 의해서 인정되고 있다. Skinner는 자아에 관하여 상당히 많이 논의하였고, 자아는 심리학에 있어서 중요한 역할을 한다는 것을 부정하지 않았다. 또 Skinner는 인간은 그 자신의 존재를 인식하기 때문에 다른 동물과 구별될 수 있다는 점을 강조한다. James와 같이 Skinner는 사회적으로 뜻하지 않은 결과인 자아 인식아와 다른 출처로부터 나오는 객관적 자아를 구별한다.

실존주의 시각에서 Sartre는 ego 혹은 자아개념은 우리의 성향, 사고에 대한 책임을 지워 일반적으로 받아들여지고 있는 우리의 의식을 결정한다는 견해에 반대되는 입장이다. 실재는 그 반대라는 주장, 즉 의식은 국가를 만들고, 그 국가는 ego를 만든다는 주장을 한다. 의식이 없다면 어떠한 세계도 있을 수 없고, '무(無)' 자체도 없는 것이다. 의식은 그 자체가 무(無)를 의미하기 때문에 존재의 원인이 된다. 의식을 통해서만이 존재를 위한 분화의 의미가 있는 것이다. 의식은 인간에 있어 핵심적인 것이며, 인간은 향상되는 과정에 있는 것이고, 이를 위한 존재다. 자아의 본질은 미래의 가능성을 향해 자아를 방출하기 위해서 지속적으로 선택하고 있는 과정이다. 이 같은 자아특성 때문에 자아는 실체보다는 차라리 과정이며, 따라서 결코 자아와 하나가 될 수 없다. 자아가 주체와 객체와의 관계 앞에 존재한다는 것은 자아를 하나의 구인으로 추론하는 Kelly(1955)의 해석과 유사하다. Laing(1967)은 자아는 우리들의 의식에 관한 발견이고, '나'는 대리인이라는 것을 의미한다고 본다. Sartre와 Laing의 사상에 대해 많은 사람들이 분석을 하였지만, 그중에서도 잘 알려진 것이 Maslow다. Maslow는 인간은 태어날 때부터 생존성과 현실성의 두 경향성을 가지고 있음을 상정하고 있다. 생존성은 욕구동기라고도 하는데 여기에는 생리적 욕구, 안전의 욕구, 그리고 소속과 애정의 욕구 등이 포함된다. 이러한 욕구들이 충족된 후에 인간의 실현적 경향이 나타난다. 이 실현적 경향은 성장동기라고도 하는데, 여기에는 인간이 소질을 계발시키려고 하는 자아실현적 욕구와 정보나 자극을 구하는 인지 이해적 욕구가 포함된다는 것이다.

이상의 논의에서 보면 자아 혹은 자아개념의 발달과정은 어떠한 관점에서 보느냐에 따라 다른 해석, 다른 논의를 하고 있음을 알 수 있다. 그 다른 해석의 의미는 자아개념이라는 심리적 구인을 보는 가정에서부터 큰 차이들을 나타내고 있음을 알 수 있다. 이와 같은 개념 틀을 근거로 하여 다음에서는 자아개념의 본질, 발달과 형성에 관한 발전배경을 논의하고자 한다.

자아개념의 본질은 유용한 설명구인일 뿐 아니라 필요한 구인이라고 주장하고 있으나 설명개념으로서 자아개념의 가치에 대한 의견일치를 볼 수는 없는 듯하다. 우선 타인이 갖는 시각을 자아개념 형성의 본질로 보는 입장을 보면 이는 합성된 사진을 만드는 과정으로 심리학에서 최초로 논의한 사람은 Freud, James다. 자연과 같은 물리적 현상에 대하여 관찰하다가 비물리적 · 비자연적 현상에 대한 질문들이 제기되었다. 이것이 영혼, 마음, 정신이라는 말로 표현되고 영혼의 개념을 확대, 개발시킨 계기가 되었다

자아개념의 본질에 대한 다양한 입장을 다음과 같이 요약하여 그 특성을 찾을 수 있을 것이다. 첫째, 자아개념은 하나의 개념적 조직 내에서 내적으로 일관성이 있고, 위계적이며, 조직적인 하위개념이다. 둘째, 자아개념은 상이한 경험적 자아들, 즉 신체적, 정신적, 사회적 자아 등을 포함한다. 셋째, 자아개념은 경험과 함께 변하는 역동적 조직이다. 넷째, 자아개념은 중요 타인과의 사회적 상호작용으로부터의 경험으로 발생한다. 다섯째, 자아개념은 최소한 두 가지의 기본 기능이 있다. 우선 그것은 경험적 자료, 즉 행동 반응의 예언적 연속으로 사회적 상호작용을 포함하는 경험을 조작한다. 다음으로, 자아개념은 불안정과 불안을 피하는 반면, 욕구를 충족시키는 시도를 촉진한다. 여섯째, 자아개념은 조직의 유지기능을 가지고 있다. 자아개념 조직이 위협을 받을 때 개인은 불안을 경험한다. 그리고 그 위협에 대해 자신을 방어한다. 만약 그 방어가 실패하면 스트레스가 쌓이고 전체적 조직이 붕괴한다.

자아개념 발달은 한 어린이가 신체 자아개념을 학습하는 것이 자신의 신체를 타인과 비교하는 하나의 하부 모형이라는 것을 인식하는 단순한 행동으로부터 출발한다. 그것은 한 사람이 다른 사람과의 공통 특성을 가지고 있다는 것을 나타낼 수 있는 많은 단서로부터 추론되며 서로에게서 그 차이점을 찾아내기도 한다.

다음으로, 자아개념은 전체적 자아조직에 관계되는 어떤 일반적인 가정의 구조를 생각할 수 있다. 그러나 자아개념은 통합뿐만 아니라 분화도 된다. 구조를 고려하는 데 있어서 하부적인 조직 혹은 상이한 경험적 자아특성을 고려하는 것이 필요하다. 경험적인 자아특성들은 일반적인 자아개념 조직에 영향을 줄 뿐 아니라 영향을 받음으로써 독립성을 유지한다. 더 나아가 자아개념 구조의 발달을 검증하기 위하여 신체 자아개념, 추론된 내적 자아개념, 도덕적 자아개념과 같은 하위 구성요소를 고려할 필요가 있다. 신체 자아개념은 개인들의 생리적인 자아, 그의 소유물, 그가 동일시하는 집단과 상징을 의미한다. 추론된 내적 자아는 자아이론의 대부분을 구성한다. 그 개인에 관한 전체적인 평가, 즉 가치 있는 인간 존재의 문제뿐만 아니라 자신에 관한 개인의 여러 측면을 평가하는 반응을 포함하는 것으로써 그 하부영역으로 그 개인에 대한 자아평가적 반응을 포

함한다.

그다음으로, 자아개념의 발달에 영향을 주는 요인을 보면, 자아개념은 '되어 가는' 과정에서 새로운 잠재력을 계속해서 발견하는 것처럼 출생에서 죽음에 이르기까지 진행되고 있다. 자아개념을 형성하기 위해서 어린이들은 자기 자신을 구별되는 대상으로 보는 견해에 도달해야만 하고, 다른 대상들로부터 유아 자신을 구별할 수 있어야 한다. 그래서 유아들은 자신에 대한 다른 사람들의 평가를 지각할 수 있을 때에야 비로소 다른 배경을 지각할 수 있게 된다.

이상적 신체영상은 문화적 규준과 고정관념 유형을 근거로 한다. 실제의 신체영상과 개인이 가지고 있는 이상적 신체영상이 결합되면 될수록, 그의 모습에 대한 긍정적 느낌과 마찬가지로 개인은 일반적으로 높은 자아존중감을 가지는 것이 명백하다. 언어의 발달은 분명히 자아개념의 발달을 도와준다. '나를' '그는' '그들' 을 사용하여 자아와 다른 것들을 구별하게 한다. 또한 언어라는 상징은 자아에 대한 개념과 평가를 기초로 한 형태다. 다른 사람들로부터의 송환은 종종 본질적으로 언어에 의해서 이루어진다. 자아개념은 언어의 형태로 이해되고 그 발달은 언어에 의해 촉진된다.

신체영상과 언어진술 이외에 자아개념의 다른 주요한 원천은 '중요 타인들' 로부터의 송환이다. '중요 타인들' 이란 용어는 어린이들에게 중요하고 의미를 가지는 사람들을 의미한다. 중요 타인들은 자아를 정의하는 데 확고한 역할을 한다. 어린이들은 중요 타인인 부모의 얼굴, 몸짓, 언어 그리고 다른 상징들이 자기들에게 어떻게 부여되는지를 알기 위하여 관찰한다. 아동 초기 어린이들은 자신에 대한 지각을 신체 자아와 그에 대한 중요 타인, 특히 부모의 반응과 같은 직접적인 경험에 고정시킨다. 대부분의 자아개념 이론과 연구들은 중요 타인들, 특히 부모의 역할이 어린이들 자신에 대한 정보를 제공해 주는 원천이 된다는 데에 동의한다.

연구문제 연구문제 1은 자아개념의 하위구인별 긍정성 정도의 측정치는 연령에 따라 증가 또는 감소 현상을 보일 것인가다. 이 가설의 가정은 초등학교, 중학교, 고등학교, 대학에 걸쳐 하위구인별 자아개념의 형성, 발달이 연령 증가에 따라 어떻게 달라지며 어느 연령층에서 긍정적 자아개념의 형성, 발달이 결정적으로 이루어지는지를 알아보기 위한 것이다. 따라서 이 문제는 자아개념이 어떻게 형성, 변화해 가는지를 탐구한다.

연구문제 2는 연령 증가에 따라 자아개념의 위계적 구조모형은 다를 것인가다. 자아개념의 하위 구성요소가 특수상황과의 상호작용을 통하여 현상적으로 형성된다는 사실을 근거로 하여 연령에 따라 지각상황에 차이가 있다는 가정은 받아들일 수 있다. 이렇게 지각된 생활에 차이가 있다면 지각상황을 통하여 자아개념 하위구인도 역시 차이가 있을 것이다.

연구문제 3은 3차원 일반 자아개념을 설명하는 1차원과 2차원, 하위차원 간의 설명정도는 연령에 따라 다를 것인가다. 연령에 따라서 상호작용하는 상황변인의 차이로 인하여 그들이 형성하는 하위구인에 차이가 있다는 가정은 이미 논의되었다. 그렇다면 하위차원의 상위차원, 즉 통합된 일반 자아개념에 대한 설명력은 그 설명력의 순서와 크기가 상이할 것이며 하위구인별 차이를 알 수 있을 것이다.

연구설계 및 표본 표본은 서울 시내에 소재한 초등학교, 중학교, 고등학교, 대학교를 대상으로 했다. 학년 및 성별에 따른 연구대상자 수와 평균연령의 구체적인 내용은 초등학교 197명, 중학교 196명, 고등학교 195명, 대학교 187명 등 합계 777명이었다.

이 연구에서 측정해야 할 변인은 자아개념 구인이다(Song, 1982 참조). 다음 두 가지 준거에 의해서 측정요인을 선정한다. 첫째, 현재 측정학적 문제를 다룬 도구들에서 주로 사용되는 요인들, 둘째, 실제 연구에서 널리 사용되는 문항화된 하위요인들을 선정한다. 이와 같은 선별준거를 충족시키는 하위영역을 결정하기 위하여, 이 연구에서는 James의 철학적 사고에 근거하여 Song(1982)이 분류한 범주를 배경으로 역할상황에 따라 세분화된 3차원 위계모형을 그 연구배경으로 한다.

구체적 요인으로는 학문 자아개념에서 학급 자아개념, 능력 자아개념, 성취 자아개념을 측정하였고, 중요 타인 자아개념에서 사회 자아개념과 가족 자아개념을 측정하였으며, 그리고 정의 자아개념에서 정서 자아개념과 신체 자아개념을 측정하였다.

타당화 과정은 신뢰도를 검증하기 위해서 하위요인의 내적 합치도를 보기 위한 Cronbach α 계수를 산출했다. α 계수는 측정 가능한 모든 반분신뢰도 계수의 평균이며, 반분신뢰도가 갖는 단점을 보완한 것이다. 그 결과의 지수는 α 계수가 .67부터 .91 사이로 자아개념 검사의 각 하위척도는 비교적 높은 신뢰도를 보이고 있어 그 오차의 범위가 작은 것을 짐작할 수 있다.

연구결과

본 연구에서 설정한 세 가지 중요한 연구문제는 첫째, 자아개념의 하위구인별 긍정성 정도의 측정치는 연령에 따라 다를 것인가, 둘째, 연령 증가에 따라 자아개념의 위계적 구조모형은 다를 것인가, 셋째, 3차원 일반 자아개념을 설명하는 1차원과 2차원 하위차원 간의 설명 정도는 연령에 따라 다를 것인가를 알아보고자 하는 일이다. 여기서는 이러한 연구문제들의 검증 결과를 제시하고자 한다.

연구문제 1은 자아개념의 하위구인별 긍정성 정도의 측정치는 연령에 따라 다를 것인가다. 그 결과를 보면, 1차원 하위요인들의 초등학교, 중학교, 고등학교, 대학교의 연령에 따른 발달특성은 첫째, 정서 자아개념의 하위요인인 정서 자아개념, 신체 자아개념은 증가 경향을 보이고 있으나, 정서 자아개념은 초등학교에서 중학교로 가면서 감소현상을 보이다 중학교에서 대학교로 가면서는 증가현상을 보이고 있다. 신체 자아개념은 초등학교에서 고등학교까지 증가를 보이고 있다가, 고등학교에서 대학교까지는 약간의 감소를 보이고 있다. 둘째, 중요 타인 자아개념의 하위요인인 가족 자아개념은 초등학교에서부터 대학까지 증가를 보이나, 사회 자아개념은 감소현상을 보이고 있다. 학문 자아개념을 구성하고 있는 학업에 관련된 성취 자아개념은 초등학교에서 고등학교까지 증가를 보이다 대학으로 가면서 약간 감소를 보이고 있는데, 이 같은 현상은 그 정도의 차이는 있으나 학업에 관련된 능력 자아개념도 같은 경향을 보이고 있다. 학급 자아개념은 초등학교에서 중학교까지는 심한 감소를 보이다, 중학교에서 대학에 이르는 동안 증가를 보이고 있다.

구체적인 결과를 보면, 앞의 자아개념의 연령에 따라 증가 및 감소 현상을 나타내는 평균치의 유의도를 알 수 있다. 첫째, 학업에 관련된 성취 자아개념은 연령차의 주효과에서 1% 수준에서 유의한 차이를 나타내고 있으며, 성과 연령차의 상호작용 효과에서는 5% 수준에서 유의한 차이를 나타내고 있다. 둘째, 학업에 관련된 능력 자아개념에서는 학력에 따라 감소현상을 나타내고 있었는데, 5% 수준에서 의미 있는 차이를 나타내고 있으며, 성의 주효과와 성과 연령차와의 상호작용 효과에서는 유의한 차를 보이지 않고 있다. 셋째, 사회 자아개념은 초등학교에서 고등학교까지는 증가를 보이나, 고등학교에서 대학교까지는 감소현상을 보여 왔는데, 연령차 효과에서는 1% 수준에서 유의한 차이를 보이고 있다. 넷째, 신체 자아개념은 다른 하위변인에서 볼 수 없는 특이한 현상으로, 연령차에서는 유의한 차이를 보이지 않았으나, 성차에서는 1% 수준에서 유의한 차이를 나타내고 있다. 다섯째, 나머지 학급 자아개념, 가족 자아개념, 정서 자아개념에서는 성과 연령차의 주효과는 물론, 성과 연령차의 상호작용 효과에서 유의한 차이를 보이지 않고 있다.

연구문제 2는 연령 증가에 따라 자아개념의 위계적 구조모형은 다를 것인가다. 이 연구문제를 검증하기 위해서 요인구조분석을 시도하였다. 요인분석의 요인부하량, 공통성, 고유값 통계치를 통하여 초등학생, 중학생, 고등학생, 대학생의 연령에 따른 자아개념 구조분석을 시도했다.

첫 번째로, 요인 수를 학문 자아개념에서는 1~4, 비학문 자아개념에서는 1~5까지 주었을 때, 요인부하량이 .30 이상인 문항 수를 통하여 요인구조의 분화를 보고자 시도했다. 그 결과를 보면, 학문 자아개념의 경우 요인 수를 하나로 고정시켰을 때 각 문항의 요인부하량 .30 이상인 문항 수는 어떠한 경향성을 찾아보기 힘들다. 이와 같은 경향은 비학문 자아개념에서도 같게 나타났다. 그러나 학문 자아개념에서 문항을 4개로 고정시켰을 때 초등학교에서부터 대학교까지 요인부하량이 .30 이상인 문항 수가 증가하고 있다. 이 같은 증가의 두드러진 경향은 초등학교에서 중학교 사이에 크게 나타나고 있다. 그래서 초등학교에서 중학교로 가는 과정에서 학문 자아개념의 구조가 분화됨을 알 수 있다. 전체적으로 볼 때 이는 각 문항의 기능이 연령이 증가함에 따라 독립적 의미로, 즉 차원성의 의미를 나타내고 있는 것으로 볼 수 있다. 다음으로, 비학문 자아개념에 속한 사회 자아개념, 가족 자아개념, 정서 자아개념, 신체 자아개념에서도 연령이 증가함에 따라 문항 수를 크게 하면 할수록 요인부하량이 .30 이상인 문항 수가 증가하고 있는 경향을 알 수 있다. 물론 증가함에 따라 독립의 경향이 다른 요인보다 뚜렷하지 않고 거의 같은 수를 나타내고 있기도 하다. 그러나 전체적으로 볼 때 연령 증가에 따른 차원의 분화기능이 증가하고 있는 경향을 볼 수 있다.

두 번째로, 각 요인의 변량 크기를 나타내는 고유값과 각 변인의 설명변량을 나타내는 공통성을 통해 연령에 따른 분화를 검증하고자 한다. 그 결과를 보면, 그 증가 정도가 일정하지는 않으나 초등학교에서 대학교까지의 고유값은 증가하고 있다. 그 증가경향이 변인마다 차이가 있으나, 초등학교에서 중학교까지가 비교적 크게 변하고, 고등학교에서는 조금 감소하는 경향을 보이다, 대학에서는 다시 증가하는 경향을 보이고 있다. 이 같은 경향은 한 예로, 학문 자아개념에서 요인 수를 3으로 고정시켰을 때, 초등학교에서는 2.08, 중학교에서는 2.19, 고등학교에서는 2.10, 대학에서는 2.36으로 그 정도는 크지 않으나 그 증가 경향을 추론할 수 있다. 비학문 자아개념에서 요인 수를 4로 고정시켰을 때, 초등학교에서는 2.49, 중학교에서는 2.57, 고등학교에서는 2.64, 대학교에서는 2.57로 초등학교에서 고등학교까지는 증가를, 고등학교에서 대학교까지는 감소를 보여 증감현상은 일정치 않으나, 전반적으로는 증가를 보이고 있다.

연구문제 3은 총체적인 3차원 일반 자아개념을 설명하는 1차원과 2차원 하위차원 간의 설명정도의 크기와 순서가 연령 정도에 따라 다를 것인가다. 이 연구문제는 연령에 따라 경험하는 상황이 다르기 때문에 총체적 자아개념을 설명하는 하위영역의 설명 정도가 연령에 따라 다르다는 가정 위에서 논의될 수 있는 문제다. 이를 검증하기 위해서 중다회귀분석을 통하여 일반적 자아개념을 종속변인으로 두고, 1차원적인 여러 하위변인을 독립변인으로 하여 각 학년 수준에 따라 자아개념을 이루는 각 하위차원들의 설명력을 알아보고자 하는 것이다.

결과에 따르면 총체적 구인인 일반 자아개념을 설명하는 1차원 하위 자아개념의 영향 정도의 순위는 초등학교에서 신체, 가족, 학업에 대한 성취, 정서, 사회, 학업에 대한 능력의 순이고, 중학교는 가족, 성취, 능력, 신체, 정서 등의 순서를 나타내고 있다. 고등학교, 대학교에서도 영향 정도는 학급, 정서, 학업에 대한 성취는 같으나 그 나머지 하위 자아개념에서는 다르게 나타나고 있다.

다음으로 하위변인들의 일반 자아개념을 설명하는 설명력을 보면, 초등학교에서는 7개의 하위변인이 46%의 설명력을 지니고, 중학교에서는 52%, 고등학교는 54%의 설명력으로 증가현상을 보이고 있고, 대학교에서는 고등학교보다는 감소하고 있으나 초등학교와 중학교보다는 설명력이 크게 나타나고 있다.

이 결과에 따르면 초등학교, 중학교, 대학교 수준에서는 공통적으로 설명력이 큰 변인은 성취 자아개념이다. 그러나 그다음에 설명하는 하위변인들의 순서는 네 집단 간에 차이가 있음을 나타내고 있다.

이는 총체적 의미를 갖고 있는 자아개념을 설명하는 하위구인들의 형성시기가 연령들 간에 차이가 있음을 말해 주고 있다. 또한 이 결과로 추론할 수 있는 것은 연령에 따라 환경과 상호작용하는 상황이 차이가 있음을 가정할 때, 이 같은 결과는 기대된 논의와 일치된다고 할 수 있다. 특히 자아개념의 형성은 중요 타인 혹은 중요하게 인식되는 환경자극에 의해서 형성된다는 상호주의 이론가들의 주장을 뒷받침하는 연구결과로 볼 수 있다.

그래서 이 연구에서 세웠던 연령에 따라 하위차원이 상위차원을 설명하는 크기와 순서는 차이가 있을 것이라는 연구문제는 옳은 것으로 밝혀졌다.

연구의 통합 및 결론 이 연구의 핵심적인 문제는 자아개념의 위계적 구조모형이 연령에 따라서 변하는 경향을 살펴보고자 하는 데 있었다. 자아개념형성은 환경과의 상호작용을 통하여 형성되고 한 개인이 경험하는 상황을 통하여 독립적 자아구인이 형성된다는 일반적 논의를 받아들일 수 있다. 이러한 맥락에서 연령에 따라 상이한 독립된 자아개념의 하위구인을 형성하고, 그에 따라 자아개념의 위계적 모형이 연령에 따라 상이하다는 점을 검증하고자 하는 데 연구의 목적이 있다. 연구에서 밝혀진 결과를 기초로 몇 가지 논의를 나누어 다루고자 한다.

자아개념의 하위구인별 특성이 연령에 따라 증가한다는 현상을 보기 위한 첫 번째 연구문제를 검증하기 위하여 평균과 표준편차를 산출하였다. 이 연구문제를 검토한 결과에 따라 초등학교, 중학교, 고등학교, 대학교의 연령에 따른 자아개념의 발달특성을 보면 초등학교부터 대학교까지 일직선의 발달경향을 볼 수는 없으나, 연령에 따라서 증가현상은 보이고 있다. 초등학교에서 중학교까지는 증가현상이 뚜렷한 편이나 중학교에서 고등학교까지는 감소하는 경향을 보이다가 다시 고등학교에서 대학교까지는 증가현상을 보이고 있다.

구체적으로 이 같은 현상을 보면, 자아개념은 초등학교에서 대학교까지 일반적으로 증가현상을 보이고, 학문 자아개념은 초등학교에서 중학교로 가면서 감소하다 중학교에서 대학교까지 증가현상을 보이고 있다. 사회 자아개념은 초등학교까지 증가현상을 보이고 고등학교에서 대학교까지는 감소현상을 보이고 있다.

이 결과에 따르면, 중학교에서 대학교에 이르는 동안 대부분의 자아개념 하위영역은 비교적 상승곡선을 보이고 있음을 알 수 있다. 구체적인 하위특성의 발달은 고등학교 시절에 비교적 감소현상을 보이고 있는데 이는 고등학교 시절에 대학입학이라는 심리적 압박, 학업성취의 강요 등으로 정의적인 특성인 자아개념이 감소되고 있다는, 즉 긍정적 성숙이 이루어지지 못하고 있다는 추론이 가능하다.

이 같은 연구결과는 Piers와 Harris(1964), Muller와 Leonetti(1973), 김형태(1989)의 자아개념 발달에 관한 연구에서 찾아볼 수 있다.

'연령 증가에 따라 자아개념의 위계적 구조모형은 다를 것인가' 가 이 연구의 두 번째 주제였다. 이 문제분석을 위한 시도는 요인분석의 요인부하량, 공통성 그리고 고유값을 통하여 자아개념 요인분석을 시도했다. 이 결과에 따르면, 판에 박힌 듯이 연령 증가에 따른 위계적 구조모형의 차이는 확인할 수는 없었다. 그러나 각 문항의 요인부하량을 .30으로 고정시켰을 때 연령이 증가하면서 .30 이상인 문항 수가 증가하고 있는 경향은 볼 수 있었다. 특히 이러한 증가 경향은 초등학교와 중학교 사이에 두드러지게 나타나고 있다. 그래서 초등학교에서 중학교로 가는 사이에 학문 자아개념의 구조가 분화된다는 추론이 가능하다.

다음으로 비학문 자아개념에 대한 분화현상은 초등학교에서부터 대학교까지를 볼 때 고등학교에서 약간 감소현상을 보이나 대체로 증가현상을 보인다. 이 같은 부분적인 증가 경향은 한 개인에게 자아개념의 분화는 그 개인에게 주어지는 다양한 역할 속에서 의미를 찾고 새로운 자아개념의 문화적 특성을 형성한다는 일반적 논의를 지지하고 있다. 역할상황의 맥락 위에서 자아개념의 적용은 다원적 의미를 가지고 있고 자아개념의 측정을 위하여 평가활동, 잠재력의 차원을 사용한다. Schwartz와 Stryke(1970), Gordon(1968), Song(1986)의 자아개념은 한 역할 내에서의 사회적 행동 사이에 구분되는 의미를 반영한다는 주장과 맥을 함께하고 있다.

세 번째는 3차원 일반 자아개념을 설명하는 1차원과 2차원 하위 차원 간의 설명 정도는 연령에 따라 다를 것인가라는 문제를 제기하였다. 종속변인을 일반 자아개념으로 하고 1차원, 2차원 요인들이 설명하는 정도를 알아본 결과, 고차원 자아개념 형성에 기여하는 하위 자아개념들이 설명하는 정도와 순서는 차이가 있었다. 또한 하위변인들이 설명하는 설명력도 연령에 따라 역시 차이가 있었다.

이 같은 결과는 자아개념 형성이 환경과의 상호작용을 통하여 이루어진다는 일반적 사실의 근거하에서 설명이 가능하다. 연령에 따라 상호작용하는 상황에 차이가 있고, 같은 상황의 자극을 받는다 하더라도 중요성을 달리 인식하고 있기 때문에 총체적 자아개념에 기여, 설명하는 정도가 차이가 있다는 추론이 가능하다.

이 연구는 앞에서 논의한 바와 같이, 중요한 명제인 자아개념의 발달과 분화가 연령에 따라서 차이가 있으리라는 것에 대한 것이었다. 연구의 결과에 따르면 연령에 따라서 일직선의 발달경향을 보이지 않고 증가와 감소의 현상을 보이고 있으나, 전체적으로는 분화 증가현상을 볼 수 있었다.

이 같은 연구결과를 토대로 하여 이 연구의 결론은 이론, 연구방법, 실제적 측면에서 논의될 수 있다. 첫째로, 이 연구의 이론적 기여는 지금까지 자아개념의 구인적 특성이 모든 연령에 걸쳐 단일구조적 특성으로 믿어지고 있으나, 이 연구에서는 연령에 따른 분화과정을 이론적으로 규명하고자 시도한 것이었다. 자아개념이 한 역할 내에서의 사회적 행동 사이에 구별되는 의미를 반영하는 만큼의 하위특성을 가지고 있다는 시각에서 볼 때, 이 연구를 통한 이 같은 가정에 대한 확인은 자아개념의 하위구조에 대한 새로운 시각의 가능성을 넓혀 주었다. 그래서 자아개념은 모든 연령에 대한 단일구조의 개념에서 연령에 따른 상이한 구조로 그 이론적 틀을 부여하였다는 데에 이 연구의 이론적 기여가 있다.

둘째로, 방법론적 기여에 대한 논의가 필요하다. 우선 이 연구는 발달적 특성의 분화에 관한 검증방법을 요인분석의 공통성과 고유값을 통하여 시도하였다는 점이다. 연령에 따른 하위구인별 변량의 차이를 통하여 그 구인의 독립적 의미를 요인분석을 통하여 시도하였다는 데에 그 기여점을 찾을 수 있다. 그러나 이 연구를 통해서 언급될 수 있는 점은 인간심리에 대한 어떤 현상 규명이 경험적인 자료를 통해서 확인하고자 할 때 그 감각자료의 한계성을 또다시 느꼈다. 인간특성의 변화라는 것이 연령 간에 중복되고, 그 차이가 아주 극소이기 때문에 '이렇다' 할 정도의 경험적인 자료를 제시할 수 없는 것은 경험적 연구가 갖는 한계점으로 볼 수 있다. 이러한 문제를 위해서는 반복연구를 통한 탐색과 확인이 필요하다.

이 연구의 실제적 이용 가능한 시사점은 우리나라 학생의 정의적 행동특성 중 핵심적인 구인이라 볼 수 있는 자아개념이 비교적 중학교에서 안정적인 특성을 보이다 고등학교에서 감소를 보이고, 대학교에 가서 다시 증가현상을 보인다는 사실이다. 이는 우리나라의 고등학생이 대학 입학이라는 큰 목표를 두고 갖는 심리적 위축, 특히 자아개념의 부정화 현상을 말해 준다. 그렇기 때문에 고등학교에서는 학생의 이 같은 심리적 성향에 관심을 둘 필요가 있다.

끝으로, 이 연구가 갖는 제한점의 논의를 통하여 다음 연구의 가능성을 열어 놓을 필요가 있다. 현재의 연구는 서울 지역을 중심으로 한 집단을 대상으로 실시하였다. 다음 연구는 다른 지역까지 이 연구의 결과를 확대할 필요가 있다. 또 하나는 접근방법에 대한 제한점을 들 수 있다.

자아개념의 발달경향 분석

문 제 자아개념은 인간에 관련된 이론과 연구주제에서 중요한 특성으로 다루어지고 있고 자아개념의 본질적인 특성과 타 변인과의 관계에 대한 상당한 양의 연구가 이루어지고 있다. 자아개념의 중요성에 관한 이론적 가정과 실증적 결과는 심리학, 사회학, 교육학의 다양한 이론 속에서 논의되며, 그들의 대부분은 인간 행동의 원인으로서 주관적인 자아개념을 강조한다. 이렇게 자아개념에 관한 많은 이론과 연구들이 이루어지고 있지만 아직 연구결과의 이론과 실제는 많은 논의의 여지를 남기고 있다. 그 문제들 중의 하나는 그 구인의 타당성에 관련된 문제다.

자아개념의 구인적 특성에 관한 논의는 자아개념 연구가들의 관심의 초점이 되어 오고 있다. 송인섭(1984, 1989), Marsh(1990c), Song과 Hattie(1984) 등은 자아개념이 3차원 위계적 특성이라는 결과를 제시하였고, 학문 자아개념은 2차원 위계적 모형이라는 점을 이론적·경험적으로 검증했다.

그러나 자아개념의 발달이 연령에 따라 어떻게 이루어지고 있는가를 규명하는 일이 이 연구의 질문이다. 그리고 남녀 간 자아개념의 특성에서의 차이를 보고자 한다.

이 연구를 통해서 밝히고자 하는 목적은 자아개념의 특성을 발달적 시각에서 분석하고자 하는 데 있다. 이와 같은 연구목적을 달성하기 위한 구체적인 연구내용은 다음과 같다.

첫째, 발달적 측면에서 자아개념의 긍정적 · 부정적 경향성을 분석하고자 한다. 둘째, 남학생과 여학생 간의 자아개념 차이를 분석한다. Kohlberg는 성별에 따라 정의적 특성에서 차이가 나타나는 것은 대부분의 문화에서 남아와 여아가 성에 대한 상이한 행동을 하도록 많은 압력을 받았기 때문이다. 그러나 이와 같은 발달에 관한 경험적인 연구들은 부족한 실정이므로 이 연구에서는 남학생과 여학생 간의 자아개념의 차이를 분석하고자 한다. 셋째, 자아개념이 성과 학년의 상호작용 효과를 알아보고자 한다. 이 연구는 이러한 목적을 통해서 자아개념 형성과정, 그리고 연령과의 관계를 분석하고자 한다.

이론 모형 자아개념의 모형은 어느 관점에서 보느냐에 따라 다양하다. 이 연구의 관심은 자아개념 특성에서의 발달적 측면에 있기 때문에, 위계적 모형의 시각에서 자아개념의 이론적 모형을 보고자 한다. 이 같은 접근에서, 우선 첫 번째 질문은 '이론적으로 어떻게 구성되었느냐' 하는 문제다. 방법론적인 용어의 표현으로는 내적 구조분석이 타당한지의 문제다. 이러한 개념 모형에서의 첫 번째 특징은 다면적이라는 것이다.

이 같은 자아개념의 내적 구조에 관한 견해 중 첫 번째 견해는 일반 자아개념에 이론적 근거를 두고 있다는 입장이다. 즉, 자아개념 구조는 개인의 일반 자아개념이라는 일반성을 주장하고 있다. 두 번째 견해는 자아개념을 일련의 구분된 특수한 구인들의 총합으로 보는 입장이다. 세 번째 견해는 다특성 · 다방법의 분석연구들에서 볼 수 있는 접근으로, 자아개념의 하위요인들 사이의 관계를 통하여 자아개념의 일반적이고 위계적인 모형으로 그 구인의 타당화를 시도하는 입장이다.

Shavelson, Hubner 및 Stanton(1976)은 자아개념을 자신에 대한 개인의 지각과 평가로 정의하였는데, 이와 같은 지각은 환경 내에서 경험을 통해서 형성되고 특히 환경적 강화와 중요 타인에 의해서 영향을 받게 된다. 이들은 이 책의 제2장과 같은 자아개념 구조를 제시했다. 그러나 이론적 · 경험적으로 그 이론들의 타당성 검증을 위한 제시에 한계를 갖고 있었다. 첫 번째 속성은, 자아개념은 3차원적이며 위계적인 구조를 형성하고 있다. 그래서 Song(1982)은 자아개념의 구조에 관한 한 연구결과를 제시하였다. 그 결과에 따르면, 3차원적 위계요인모형이 자아개념의 내적 구조를 설명하는 타당한 모형임이 검증됐다. 이 같은 연구결과의 함축적 · 이론적 의미는 James(1890)의 '복합적 나'와, 개인은 역할과 외적 · 심리적 환경의 수만큼 많은 자아를 가지고 있다는 주장의 맥락 위에 놓일 수 있다.

자아개념의 두 번째 속성은 비교적 영속적이라는 점이다. 일반 자아개념은 장기간 쉽게 변화되지 않는다. 일단 어떠한 자아개념이 형성되면 그러한 자아개념은 주어진 환경과의 일반적인 상호작용에 의해서는 변화되기 힘들다는 것이다.

자아개념의 세 번째 속성은 발달적 측면에서 분화적이라는 점이다. 유아기에는 자기와 환경을 분화하지 못한다. 그러나 성장함에 따라 경험이 누적되어 자아를 환경에서 분화시키기 시작한다.

자아개념의 네 번째 속성은 기술적이고 평가적이라는 점이다. 인간은 어떤 주어진 상황에서 어떠한 기대나 중요 타인의 기대에 따라 자신의 행동이나 신체적 특성을 평가하게 된다. 이 평가는 어떤 이상적 표준에 비추어 내려지기도 하고, 그렇지 않으면 자기 또래나 중요 타인의 지각된 평가에 의존하는 경우도 있다. 자아개념의 이러한 평가적인 차원은 바로 자아존중감에 반영된다.

자아개념의 다섯 번째 속성은 독립적이라는 점이다. 한 영역의 자아개념은 이론적으로 관련이 있는 구성요소들을 서로 구별할 수 있는 속성을 가진다는 것이다. 예를 들어, 학문 자아개념은 사회적 혹은 신체적 능력보다 학업성취와 관련 정도가 더 높으며, 과학과목에 대한 학문 자아개념은 언어과목의 성취보다 과학과목의 성취와 보다 관련이 높다. 이러한 관련성의 분석은 자아개념의 내적 구조에 잘 나타나 있다.

자아개념의 이론적 발달과정과 그 정의에서 찾을 수 있는 공통적인 특성은 자기 자신에 대한 지각, 감정 및 의미내용으로 볼 수 있다. 이를 현대심리학의 시각에서 보면, 자아개념은 대상으로서의 자아(self-as-object)로, 자신에 대한 각 개인의 정의적 특성을 의미하는 것으로 사용된다.

자아개념이론의 발전과정을 보면, 자아개념은 철학, 심리학 그리고 심리요법 등의 많은 이론에서 핵심 개념이다. 현재 사용하고 있는 자아개념이라는 용어는 불분명하게 개념화되고 있다.

이상의 논의에서 보면 자아 혹은 자아개념의 발달과정은 어떠한 관점에서 보느냐에 따라 다른 해석, 다른 논의를 하고 있음을 알 수 있다. 그 다른 해석의 의미는 자아개념이라는 심리적 구인을 보는 가정에서부터 큰 차이들을 나타내고 있음을 알 수 있다. 이 연구에서 그 견해들 각각을 논의하거나 의미의 가치를 논하는 것은 이 연구의 목적을 넘는다. 그래서 이 연구에서는 상기와 같은 다양한 시각을 본 연구의 개념적 배경으로 하여 심리학적 시각에서 보는 대상으로서의 자아를 본 연구의 자아에 대한 개념 틀로 보고자 한다.

자아개념의 발달은 과정인 신체 자아개념, 추론된 자아개념, 그리고 경험적 자아개념의 몇 단계 순서를 거친다(송인섭, 1989; 제4장의 앞부분 참조).

연구가설 연구의 목적과 이론적 배경을 근거로 하여 다음과 같은 연구가설을 설정하였다.

- 연구가설 1: 자아개념 특성은 연령이 증가함에 따라 부정적인 경향을 보일 것이다. 이 연구문제는 학년이 높아짐에 따라 자아개념이 어떻게 변하는지를 알아보고자 하는 것이다. 일반적으로 학생들은 학년이 높아짐에 따라 현재 한국 사회가 직면하고 있는 학업에 대한 직·간접의 압력 때문에 부정적이고 소극적인 경향을 보일 것이라는 가정이다.
- 연구가설 2: 자아개념의 특성은 남학생과 여학생 간에 차이가 있을 것이다. 이 연구문제는 남녀 간에 성장과정에서 사회와의 상호작용과 사회적 기대가 다르기 때문에 긍정과 부정 그리고 한 특성의 높낮이에 차이가 있을 것이라는 가정 위에서 설정된 연구문제다.
- 연구가설 3: 자아개념 형성은 성과 학년의 상호작용 효과의 영향을 받을 것이다. 이 가설은 남·여라는 성의 특성은 주효과뿐만이 아니라 학년과 상호작용을 통해서 자아개념에 영향을 준다는 가정이다.

연구설계 이 연구의 측정도구는 자아개념 특성척도(송인섭, 1989)다. 자아개념 특성의 척도는 신체 자아개념, 정서 자아개념 , 정체 자아개념, 가족 자아개념, 학문 자아개념 등이다. 표본설계는 전국 초등학교와 중학교를 대상으로 하였다. 이 검사에 사용된 연구대상은 전국의 대도시, 중도시, 소도시에서 무작위로 표집된 남녀 초등학생과 중학생들이며, 전국에서 대표성 있는 표집을 하도록 시도했다. 전체 표집 수는 2,654명이다.

연구결과

신뢰도 추정결과의 신뢰도 지수에서 탐색지수는 신체 자아개념 변인이 $\alpha=.8618$, 정서 자아개념 변인이 $\alpha=.8813$, 정체 자아개념 변인이 $\alpha=.8547$, 가족 자아개념 변인이 $\alpha=.8717$, 학문 자아개념 변인이 $\alpha=.8477$이었다. 따라서 자아개념 특성척도의 4개 변인 55개 문항의 신뢰도 추정범위는 .8477～.8813으로서, 각 차원의 자아개념 특성을 측정하기에 신뢰할 수 있는 것으로 추론된다.

연구문제 검증에서 연구가설 1은 자아개념 특성이 연령에 따라 차이가 있고 연령이 증가함에 따라 부정적인 경향을 보일 거라는 것이다. 연령수준에 따라 자아개념 특성의 경향이 다르게 나타나는가를 보기 위해서 학년별로 변량분석을 실시하였다. 그 결과는 다음과 같다(〈표 4-2〉).

첫째, 발달적인 측면에서 학년에 따른 자아개념 하위특성이 각각 1% 수준에서 의미 있는 차이가 있음이 〈표 4-2〉에 제시되어 있다. 각 차원별 긍정과 부정의 경향성을 보면, 자아개념은 저학년일수록 긍정적인 경향을 나타내고 있다. 이는 한국 사회의 공부에 대한 압력으로 인한 부정적인 자극의 결과로 보인다.

둘째, 자아개념 하위특성에서의 차이는 어떠한지를 미시적으로 보기 위하여 우선 〈표 4-2〉를 보면, 자아정체 자아개념, 가족 자아개념 그리고 학문 자아개념에서 의미 있는 차이를 보이고 있다. 가족 자아개념과 학문 자아개념은 학년이 높아갈수록 부적 직선적 관계의 경향을 나타내고 있다. 정체 자아개념도 5 · 6학년에서 조금 높으나 중학교에서 가장 부정적 자아개념을 갖고 있다. 이는 한국 사회에서 학년이 높아갈수록 학교에서 받는 학업성취에 대한 압력으로 인해서 자아개념 특성이 부정적인 경향으로 변하고 있음

표 4-2 학년에 따른 자아개념의 평균, 표준편차

	신 체		정 서		정 체	
	평 균	표준편차	평 균	표준편차	평 균	표준편차
3 · 4학년	7.01	2.11	6.52	3.17	7.00	2.16
5 · 6학년	7.07	2.04	6.79	2.88	7.09	2.17
중학생	6.96	2.03	6.58	2.97	6.63	2.10
F	.586		2.016		11.082***	

	가 족		학 문		전 체	
	평 균	표준편차	평 균	표준편차	평 균	표준편차
3 · 4학년	9.14	1.86	6.71	2.88	36.386	9.37
5 · 6학년	8.92	1.88	6.44	2.57	36.313	8.29
중학생	8.36	2.23	5.88	2.13	34.409	8.14
F	34.392***		23.022***		14.404***	

*** $P < .001$

을 시사하고 있다([그림 4-1]).

학년에 따른 자아개념 차원의 특성 변화의 차이를 비교하기 위해서 T점수화한 결과가 〈표 4-3〉에 제시되었다. 이와 같은 결과를 종합해 볼 때, 자아개념 특성은 연령에 따라 차이가 있고, 연령이 증가할수록 부정적인 경향을 보일 것이라는 '연구가설 1' 은 긍정임이 밝혀졌다.

연구가설 2는 자아개념의 특성은 남녀 성에 따라 다를 거라는 것이다. 연구가설 2를 검증하기 위하여 평균과 표준편차를 산출하고, 이 기초 자료를 토대로 가비교성을 위하

표 4-3 학년에 따른 자아개념 T점수(집단 간)

	신 체	정 서	정 체	가 족	학 문
3 · 4학년	50.00	49.65	50.42	50.00	51.28
5 · 6학년	50.29	50.56	50.83	48.83	50.39
중학생	49.75	49.83	48.67	46.50	47.84

표 4-4 성별에 따른 자아개념의 평균, 표준편차

	신 체		정 서		정 체	
	평 균	표준편차	평 균	표준편차	평 균	표준편차
남	7.09	2.12	6.56	2.97	7.10	2.14
여	6.94	2.01	6.71	3.04	6.73	2.17
t	1.80		-1.33		4.23***	

	가 족		학 문		정 체	
	평 균	표준편차	평 균	표준편차	평 균	표준편차
남	9.01	1.86	6.52	2.62	36.27	8.55
여	8.62	2.15	6.19	2.57	35.20	8.76
t	5.00***		3.30***		3.20***	

*** P <.001

표 4-5 성별에 따른 자아개념 T점수

	신 체	정 서	정 체	가 족	학 문
남	50.33	47.62	50.84	51.02	50.61
여	49.60	50.23	49.12	49.07	49.48

여 평균, 표준편차 그리고 T점수를 구하였다. 또한 자아개념 하위척도에 따른 전체 피험자의 성별 획득 점수에 차이가 있는가를 확인해 보기 위해 t검증을 실시하였다. 〈표 4-4〉는 성별에 따른 자아개념의 평균과 표준편차를 제시하고 있다. 그 결과, 성별에 따라 자아개념 특성의 점수가 다르게 나타났다. 이 같은 경험적 결과는 227쪽에 제시한다.

'연구가설 3' 은 자아개념 형성은 성과 학년의 상호작용 효과의 영향을 받을 거라는 것이다. 성과 학년에 따라 각 자아개념 특성의 경향은 어떤지를 나타내는 것이 〈표 4-6〉에 제시되어 있다.

자아개념 차원별로 성과 학년과의 상호작용 효과를 보기 위한 결과가 〈표 4-6〉에 제시되어 있다. 〈표 4-6〉에서 자아개념을 보면 정서 자아개념, 정체 자아개념, 가족 자아개념에서 상호작용을 보이고 있다. 평균과 표준편차에서 보듯이 상호작용 효과가 크지

표 4-6 성별과 학년에 따른 자아개념의 평균, 표준편차

		신체		정서		정체	
		평균	표준편차	평균	표준편차	평균	표준편차
남	3 · 4학년	7.01	2.11	6.19	3.09	6.97	2.17
	5 · 6학년	7.16	2.12	6.84	2.88	7.35	2.14
	중학생	7.09	2.15	6.63	2.91	6.93	2.06
여	3 · 4학년	7.02	2.14	6.87	3.16	7.04	2.22
	5 · 6학년	6.96	1.95	6.74	2.93	6.80	2.13
	중학생	6.84	1.92	6.53	3.03	6.35	2.10
상호작용	F			5.023**		6.528***	

**P＜.01 ***P＜.001

		가족		학문	
		평균	표준편차	평균	표준편차
남	3 · 4학년	9.15	1.86	6.78	2.95
	5 · 6학년	9.05	1.83	6.60	2.60
	중학생	8.79	1.89	6.13	2.15
여	3 · 4학년	9.12	1.91	6.65	2.91
	5 · 6학년	8.77	1.92	6.27	2.56
	중학생	7.96	2.44	5.66	2.08
상호작용	F	9.259***			

***P＜.001

는 않으나 자아개념이라는 구인을 형성하는 데 성과 학년이라는 연령변인은 상호작용하고 있음을 시사하고 있다. 신체 자아개념과 학문 자아개념에 성과 연령과의 상호작용이 있을 것으로 생각되었으나 이 부분에서는 나타나지 않았다.

연구결과의 통합 및 결론 앞에서 분석된 자료와 그 결과 해석을 기초로 하여 다음과 같은 점들을 논의하고 결론을 내리고자 한다. 이 연구의 핵심문제는 자아개념의 특성이 연령에 따라서 변하는 경향을 살펴보고자 하는 데 있었다. 자아개념은 환경과의 상호작

용을 통하여 형성되고 한 개인이 경험하는 상황을 통하여 자아개념이 형성된다는 일반적 논의를 받아들일 수 있다. 이러한 맥락에서 본 연구에서 밝혀진 결과를 기초로 몇 가지 논의를 다루고자 한다.

첫째, 자아개념과 연령과의 관계에서 자아개념의 하위특성은 연령이 증가함에 따라 부정적 발달현상을 나타낼 것이라는 연구문제를 검증하기 위하여 평균과 표준편차를 산출하였다. 이 가설을 검토한 결과에 따르면 자아개념은 연령이 증가할수록 부정적인 경향을 보이고 있음을 알 수 있었다. 전체적인 경향은 저학년일수록 긍정적인 경향을 보이고 있다. 이는 학년이 높아갈수록 자아개념에서 부정적인 경향을 나타내고 있음을 시사하고 있다. 이와 같은 결과를 종합해 볼 때, 자아개념 특성은 연령에 따라 차이가 있고, 연령이 증가할수록 부정적인 경향을 보이고 있다.

이 같은 연구결과는 Piers와 Harris(1964), Muller와 Leonetti(1973), 김형태(1989)의 자아개념 발달에 관한 연구결과에서 찾아볼 수 있다.

둘째, 자아개념의 하위특성에서의 연령에 따른 차이가 어떠한지를 미시적으로 보면, 정체 자아개념, 가족 자아개념, 학문 자아개념에서 연령에 따라 의미 있는 차이를 보이고 있다. 가족과 학문 자아개념은 학년이 높아갈수록 부적 직선적 관계의 경향을 나타내고 있다. 정체 자아개념도 5 · 6학년에서 조금 높으나 중학교에서 가장 부정적이었다. 이는 한국 사회에서 학년이 높을수록 학교에서 받는 학업성취에 대한 압력으로 인해서 자아개념 특성이 부정적인 경향으로 변하고 있음을 생각할 수 있다. 학년에 따른 자아개념의 평균과 표준편차가 〈표 4-2〉에 제시되어 있다.

셋째, 성과 자아개념과의 관계에서 남자와 여자는 긍정 · 부정의 경향성에서 차이를 나타내고 있다. 남성은 여성에 비해서 모든 자아개념 특성에서 긍정적인 경향을 나타내고 있다. 이는 우리 사회가 일반적으로 남성성 개념이 사회적으로 더 가치 있는 것으로 인정받기 때문이라고 설명할 수 있다. William, Bennett 및 Best(1975)에 의한 연구에서도 일치된 결과를 보고하였고 Bryan과 Luria(1978)에서도 이러한 결과를 지지해 주고 있다. 다음으로 각 특성의 하위차원의 경향을 하나하나 정리해 보면, 자아개념에서 정서 자아개념을 제외하고 다른 하위 자아개념에서 남자가 여자보다 긍정적인 결과를 보이고 있다.

이 결과는 한국 사회가 남자 위주의 사회구조를 갖고 있어 여학생보다 남학생이 긍정적 자아개념을 나타내고 있음을 시사하고 있다. 그러나 정서 자아개념에서는 남학생보다 여학생이 긍정적으로 생각하고 있다. 이상의 결과로 볼 때, 이 연구의 가설로 세웠던 자아개념 특성에 성차가 나타날 것이라는 연구가설 2는 긍정임이 밝혀졌다.

넷째, 자아개념에서 성과 학년의 상호작용 효과를 보기 위한 결과가 〈표 4-6〉에 제시되어 있다. 평균과 표준편차에서 보듯이 상호작용 효과가 크지는 않으나 자아개념이라는 구인을 형성하는 데 성과 학년이라는 연령변인은 상호작용하고 있음을 시사하고 있다. 성과 학년의 자아개념 형성에 대한 상호작용 효과가 모든 하위특성에서 나타나지는 않았으나 많은 특성에서 상호작용이 나타난 결과로 볼 때 발달 성향과 성과는 자아개념 형성에 상호영향을 주고 있음을 시사한다.

결론적으로, 이 연구의 중요한 명제는 자아개념의 발달과 형성이 연령에 따라서 차이가 생기는 경향성을 보인다는 가정이다. 이 같은 연구결과를 토대로 하여 이 연구는 이론, 실제적 측면에서 논의될 수 있다. 이 연구의 이론적 기여는 자아개념의 구인적 특성을 연령 증가에 따른 긍정 · 부정의 발달경향으로서 규명한 데 있다. 또한 이 연구는 이론적 측면에서 자아개념에 대한 이론적 개념 틀을 형성하고, 이론적 배경을 통해 측정도구를 형성하였다. 또한 인간의 자아개념과 성 역할 간의 관계를 규명하고, 성 역할과 자아개념과의 발달 측면을 분석했다는 의미에서 이 연구의 이론적 기여를 들 수 있다.

이 연구에서 실제적으로 이용 가능한 시사점은 우리나라 학생의 정의적 행동특성 중 핵심적인 구인이라 볼 수 있는 자아개념은 연령이 증가함에 따라 부정의 경향성이 있다는 것이다.

그리고 이 연구의 결과를 토대로 성차를 강조하기보다는 우리 사회의 남녀가 동등한 사회인으로서의 행동과 다원적인 경험을 할 수 있도록 다양한 역할을 허용하고 개인차를 존중할 수 있는 역할관으로 변화해야 한다고 보여지며, 가정, 학교, 사회가 삼위일체가 되어 보다 개방적이고 유연한 역할관을 갖도록 교육적인 노력을 강구해야 한다고 본다.

7. 결 론

지금까지 자아개념의 발달을 보면, 자아개념은 많은 외적 자극으로부터 발달된다는 것이 사실이다. 이를 요약해 보면 다음과 같다. 첫째, 감각지각을 통해서 자극되는 신체 인식과 신체영상은 자아개념과 자아정체가 형성되는 기본적 핵심이다. 둘째, 언어는 많은 송환작용의 이해를 촉진할 뿐 아니라 자아와 타인의 분화과정을 돕는다. 셋째, 동료집단과 부모는 중요하고 의미 있는 자아개념의 자원이다. 넷째, 자아존중감은 칭찬을 통하여 긍정적으로 점차 발달한다.

이 모든 것은 한 개인이 누구이며 무엇인가를 점진적이고, 분명하게 정의할 수 있게 한다. 이와 같은 발달적 출현은 반복되는 경험에 의하여 나타나는 한 개인의 개인적 구인이다. 발달에 대한 이와 같은 영상은 개인의 참조체제를 통한 현상학적 접근과 일치한다. 자아개념의 내용은 성, 연령 등의 일반적인 정보에 의해 지배받는 경향이 있고, 청소년들은 개인적 태도, 자아평가와 사회적 상호작용을 강조한다.

한 인간이 무엇인가를 받아들이고, 인정하며, 그리고 그가 이것을 인식하게 되면, 그때 긍정적 자아개념이 형성된다. 만약 중요 타인, 즉 부모, 동료, 친구 등이 그의 행동과 심리적 태도 등에 대해 조롱하고 그를 비판하면, 그때 결과적으로 부정적 자아개념이 형성된다. 한 인간은 그가 타인에 의하여 판단되는 대로 그 자신을 판단한다.

끝으로 자아개념과 연령, 그리고 성 효과를 보면 자아개념이 연령이 증가함에 따라 변하지 않는다는 주장에도 불구하고, 자아개념 반응에 체계적인 연령효과가 있는 것 같다 (Wylie, 1979). SDQ 반응들은 자아개념이 사춘기 이전에 감소하고, 사춘기 초기에 계속해서 감소하지만 사춘기 중기부터 성인 초기까지 증가한다고 한다. SDQ 결과들은 각기 다른 연구들로부터 종합된 자아개념의 연령효과에 대한 지지를 제공하기 때문에, 이 효과가 잘 분화된 자아개념 척도들에 걸쳐, 그리고 소년 소녀들에 의한 반응에서 상당히 일관성 있게 나타나고, 잘 표준화된 다차원적 도구에 대한 반응에 근거하였기 때문에 중요하다.

Shavelson과 동료들은 자아개념이 연령에 따라 점차 분화되어 갈 것이라고 단정했다.

이 가정의 검증과 관련된 중요한 문제는 분화 증가의 의미가 주는 시사점이다. 여기에서는 두 개의 대안적 해석이 고려되었으며, 각각의 자아개념이 사춘기 초기 이전에 점차 분화될지도 모른다고 제안하였다. 그러나 결과들은 사춘기 이전을 지나서도 계속 증가함을 입증하지 못했다.

사실, 어린 아동들의 아주 높은 자아개념은 비현실적이다. 아동이 나이를 먹게 됨에 따라 그들의 상대적인 강함과 약함에 대해 좀 더 사실적인 평가를 얻으며, 이 정보는 분명히 그들의 자아개념으로 통합된다(Marsh, Barnes et al., 1984; Nicholls, 1979; Ruble, 1983; Stipek, 1981, 1984).

자아개념의 발달은 많은 요인들의 중복을 포함한다. 그것은 감정이입, 욕구충족의 지연, 그리고 학습자 통제와 같은 요인들을 통해서 학습된다. 공통 요인들이 있고, 어떤 요인들은 다양한 연령에 더 많은 영향을 준다.

보다 나이 어린 아동들은 좀 더 상황특수적이고, 그들 자아의 다양한 국면들을 배우고 있는데, 가장 결정적인 국면은 감정이입, 자아와 환경 그리고 개인적 인과관계다. 청소년들에게는 인지발달(특히 통합), 자기확신, 돌출성 그리고 고차 개념들이 중요하다.

여기에서 논의된 경험적 결과들에 대해 그 의미를 찾아보고자 한다.

첫째, 자아개념 도구는 그 보고된 결과를 신뢰하면서 평가할 수 있도록 잘 알려진 연구에서 사용된 적이 있는지의 여부, 혹은 만약 잘 알려지지 않은 즉각적인 연구도구가 사용되었다면 그 보고된 결과를 해석하는 데 심리측정의 특성을 충분히 부여하고 있는가라는 문제가 제기될 수 있다.

둘째, 만약에 종단적 연구방법을 사용했다면, 다른 연령집단의 자아개념과 관련된 것으로 보여지는 다른 변인과 비교될 수 있는지의 여부에 관해 어떤 충분한 정보가 있는가? 대부분의 연구가 타 변인을 통한 관계를 거의 보고하고 있지 않았다.

다음으로 이론적 측면에서 보면, 어떤 연구자들(예: Long, Henderson, & Ziller, 1967a)은 어린이에게 능력 증가와 신체 성장은 자아개념의 증가를 낳는다고 주장했다. 다른 사람들은 자아와 이상의 불일치, 실제적 자아점수, 혹은 자아인정에 의해 측정되든지 안 되든지 간에, 왜 자아개념이 연령에 따라 감소하고 있는지에 대해 여러 이유를 제안하고 있다. Zigler, Balla 및 Watson(1972)은 개인의 발달과 성장이 그의 현실 자아개념과 이상적 자아개념의 평가 사이에서 나타나는 불균형의 증가에 의존한다고 했다. 자아개념은 인간의 학업이며 발달과정을 갖는 심리적 구인이다.

제 5 장

자아개념과 환경

1. 자아개념과 환경

자아개념은 교육적 맥락에서 활발히 논의되어 왔으며, 교육환경적 맥락에서 자아개념 연구는 주로 다음 네 가지 문제를 다루어 왔다. 첫째, 자아개념과 성취환경 및 창의성의 관계는 어떠한가? 둘째, 송환작용 및 강화 그리고 기대는 자아개념의 변화에 어떠한 역할을 하는가? 셋째, 교사의 자아개념과 그의 학급운영 형태는 어떠한 관계가 있는가? 넷째, 학교조직 체제가 자아개념에 미치는 영향은 무엇인가?

교육학과 심리학의 중요한 명제들 중의 하나는 인간 행동을 설명하는 환경 변량이다. 인간 행동특성에 대한 이론적 정의, 조작적 정의, 측정기술의 발달은 개인차 변산의 실제 원인을 탐색하는 데는 큰 도움을 주지 못했다. 지금까지 유전과 환경 요인의 상호작용 혹은 그중에 하나만이 작용한다는 논의는 '인간 행동특성이 어떻게 발달하는가?'라는 본질적인 문제에 대한 해답에 큰 도움을 주지 못했다.

이러한 관점에서 이 장에서는 자아개념 변산의 원인을 가정환경의 다양한 접근에서 찾고자 한다. 환경의 일반적인 정의는 '개인에게 영향을 주는 조건, 작용하는 힘 등의 외적인 자극' 이다. 자아개념이 환경에 의해서 영향을 받고 환경과 상호작용하면서 발달한다는 주장은 일반적으로 받아들여진 명제다. 그러나 가정환경 접근의 방법에는 차이가 있고 자아개념을 설명하기 위한 가정환경 묘사방법은 다양하다.

전통적으로 가정환경은 두 개의 시각에 초점을 두고 있다. 첫 번째 시각은 총체적 개념이다. 이 접근은 인간 행동특성에 대한 가정환경의 영향이 기본적으로 유사한 것으로 간주한다. 이 같은 가정환경의 개념은 측정에 있어서 시각적 사실을 강조한다. 두 번째 시각은 가정환경이 다양한 인간 특성을 위해 특유한 힘을 제공한다는 개념화다(송인섭, 1983). 여기에서는 전자를 중심으로 한 사회경제적인 지위 환경변인과 자아개념의 관계를 다루고, 그다음 후자인 과정과 자아개념의 관계를 다루고자 한다.

교육의 관심이 인지적 영역에만 있는 것으로 보이지만, 학업성취가 비인지적 특성을 포함한 여러 변인들과 함수 관계에 있다는 것은 이미 주지의 사실이다. 부모들은 '철수는 학교성적이 좋지 않고 IQ가 낮다' 는 말을 자주 듣고, 또한 가정환경, 이웃, 사회계층 등과 같이 환경을 나타내는 다양한 자극에 관해서 많은 이야기를 듣고 있다.

이 변인들 외에도 자아개념과 같은 동기변인들이 포함되어야 한다는 점이 분명해졌다. 학생들은 성취에 영향을 주는 자아개념을 가질 것이다. 자아개념과 성취의 관계에 관한 문제는 학자들에 의해 검토되었으며, Nash(1976)와 Burns(1977)에 의해 강화되었다. 자아개념이 중요하게 부각되는 또 다른 이유는 교육이 다양한 목적을 지녔기 때문이다. 이제까지의 연구들은 비균형적인 교육을 낳았다는 비판을 받아 오고 있는데, 교육받은 사람은 단순히 학문적 사실을 기억하기만 하는 저장고가 아니기 때문에, 신체적 · 사회적 · 정서적 발달 모두를 학교교육의 목표로 포함시켜야 한다는 주장이 일고 있다. 이 같은 학교교육 목적의 확충은 자아개념을 주요 과제로 등장시켰다.

자아개념과 성취환경

자아개념과 학업성취가 밀접히 관련되어 있다는 것은 탁상공론적으로 분석해도 알 수 있다. 타인들의 평가가 곧 자신에 대한 평가가 되므로, 성공한 학생은 자신이 유능하다고 느끼며, 실패한 학생은 무능력과 열등감을 느낀다. 아동의 세계는 학교이고, 학교는 그의 인생에 있어 중요한 영역이고 더욱이 공적 장소이므로 중요 타인에게 개방되어 있다. 학업 추구와 더불어 성공에 대한 문화적 강요, 산재되어 있는 학교생활에 대한 평가와 경쟁이 자아개념에 영향을 준다는 것은 의심할 여지도 없다. 아이들은 부모들이 그들에게 베푼 관심, 사랑, 수용에 의해서 형성된 성공과 실패에 대한 경험을 가지고 학교에 첫발을 내딛게 된다. 아이들이 입학할 쯤에는 이미 자아개념이 형성되어 있으나, 변화 가능성은 있다. 교사와 또래집단은 부모를 대신해서 정보의 중요 출처원이 된다. 그들의 전문가적 분위기, 권위, 평가 등으로 인해 교사는 중요 타인으로 대두되어 긍정적·중립적·부정적 강화라는 다양한 메뉴로 아동의 자아개념을 키워 주며, 하나의 정신적 관계를 창출하게 된다. 이 관계는 아동의 학업성취를 고무시킬 수도 있고 저하시킬 수도 있다. 학교는 아동이 가정에서 이미 겪어 왔던 것 이상의 평가를 내린다. 학생은 학업성취, 운동능력, 사회적 행동에 대해 평가를 피할 수 없다. 대부분의 학생들은 그들의 잠재력과 한계에 대한 매일매일의 조언을 받게 되는데, 여기에는 상, 벌, 성공, 실패 등의 형태가 있다.

Coleman(1966), Paschal(1968), Epps(1969)와 같은 많은 연구자들은 장애인과 소수 민족 학생들에게서도 자아개념과 학업성취 사이에 긍정적인 관계가 있음을 밝혔다. 인습적으로 유색 인종이 낮은 자아개념을 지니고 있다고 인정되는 것처럼, 많은 교육자들도 유색 인종 학생들이 학업성취를 방해하는 부정적 자아개념을 지니고 있다고 믿고 있다. 다양한 사회경제적·문화적·언어적 이유 등으로 장애인과 소수 민족 학생들이 일반적으로 낮은 성취를 기록하지만 많은 연구들(Deblaissie & Healy, 1970; Gibby & Gabler, 1967; Louden, 1977; Renberger, 1969; Verma & Bagley, 1975; Zirkel & Moses, 1971)의 결과에 의하면, 이들의 자아개념 수준은 사회적으로 혜택을 입고 있는 집단과 현저한 차이가 없다고 한다. 따라서 이러한 학생들이 부정적 자아개념을 가졌을 것이라는 개념적 가정은 다수 민족인들의 고정관념에 불과하다.

많은 교육적 결정이 정치적 토대 위에서 내려지듯이, 1954년 미국의 차별대우 폐지 결정도 경험적 증거보다는 이론에 바탕을 두고 행해졌다. 차별적 교육과정을 통한 열등감과 부정적 자아존중감이 유색 인종 학생들에게 심리적 손상을 입혔을 것이라는 가정은 Scott(1969), Zirkel과 Moses(1971), Zirkel과 Greene(1971), Rosenberg와 Simmons(1973) 등의 연구결과에 비추어 볼 때, 더 이상 지지받을 수 없다. 흥미롭게도 또 다른 미국의 연구결과들을 보면, 도시에 사는 유색 인종 학생들이 통합학교에 보내졌을 경우, 낮은 자아상을 갖는다고 한다. 학생들은 더 경쟁적인 중류계층 환경에서 학업성취와 사회적 성공의 어려움을 느꼈을지도 모른다(LeVine, 1968). Frerichs(1971)는 유색 인종 중 IQ가 높은 집단과 낮은 집단 간에는 자아존중감의 차이에 통계적 유의성이 없다고 하더라도, 이들의 독해와 시험점수에 의해 높고 낮은 집단으로 재분리될 때는 차이가 있다고 언급했다.

이런 관점에서 Rosenberg와 Simmons(1973)가 언급한 것처럼, 흑인들에게 있어서 가난, 균열된 가정, 낮은 지위, 낮은 학업성취, 사회적 거부 등은 일반적으로 생각되는 것처럼 부정적 결과를 초래하지는 않는다. 이러한 환경에서 자아존중감에 명백한 영향을 주는 것은 자신에 대한 타인의 평가를 어떻게 받아들이느냐 하는 점이다. "아동의 일상적 대인관계 교류 중 많은 부분이 부모, 친구, 교사들과의 교류를 통해서 이루어진다. 이러한 중요 타인들이 친애적인 견해를 갖고 아동을 좋아한다면 아동들은 건강한 자아개념의 기반을 형성할 것이다." (p. 144)

학교학습과 자아개념

학생들이 교과목을 공부하는 과정에서 만일 어떤 사람이 자신에게 주어진 과목을 가치 있는 것으로 여겼는데 그 과목에서 실패한다면, 그 분야에서 그의 능력에 대한 평가는 저하될 것이다. 그러한 실패는 다른 능력에 대한 평가도 낮게 하는 경향으로 나타나게 될 것이며, 결국 그의 자아개념에 상처를 주게 될지도 모른다. 중요하지 않다고 여겨진 과목에서의 실패는 중요하다고 생각한 과목에서의 실패와 달리, 자아평가에 절대적인 영향을 주지 않는 듯하다. 학생들의 자아개념은 성공과 실패에 대한 그들의 반응과 관련이 있는 것으로 보인다. 특히 일반적으로 자기 자신에 대해 낮은 자아존중감을 가진 아동들은 자신에 대해 높은 자아존중감을 가지고 있는 아동들보다 실패하거나 스트레스를 주는 학업에 대해 크게 걱정하는 듯하다. 이러한 견해에 대한 이론적인 연구는

Diggory와 Magaziner(1959)의 연구에 잘 명시되어 있고, Solley와 Stagner(1956)는 자아존중감이 낮은 학생들은 문제해결에서 정확성이 적고, 속도가 느리며, 불안을 나타내고, 일에 실패했을 때 그 원인을 일보다는 자신의 탓으로 돌린다는 연구결과를 제시한다.

Fitch(1970)는 자아존중감이 낮은 학생들은 성공과 실패를 내면화시키려는 경향이 있지만, 자아존중감이 높은 학생들은 성공을 내면화하고 실패를 내면화하지 않는다고 하였다. 실패에 대한 두려움이 성취동기와는 독립적이라는 점은 논란의 대상이 되지만, 실패에 대한 두려움 그 자체가 성취의 동기적 요소 중 하나라는 점은 중요한 사실이다. 자아존중감이 높은 사람들은 그러한 자아존중감을 위협하는 경험들을 피한다. 또한 사람들은 여러 가지 이유로 성공을 두려워한다. 이는 성공에 대한 노력이 보상보다 더 크다는 것을 알거나, 성공한 사람들이 행복하지 않고 사회적으로 받아들여지고 있지 않다는 것을 알고 있기 때문이다. 그들 자신이 타인보다 좀 더 훌륭한 일을 할 때 행복을 느끼는 사람들은 그들의 노력으로 높은 가치의 지위를 얻고, 그러한 성취가 존경을 받는다고 믿어 성공에 대해 긍정적인 태도를 보인다.

이러한 분야에서 연구가 주는 암시는 성공과 내재적 동기를 극대화시키는 수월성 표준은 긍정적 자아를 낳고, 새로운 학습경험에 도전하도록 한다는 점이다. 이런 교육의 목적 달성은 학생들로 하여금 목적들을 성취하는 자신의 능력에 대해 개인적 만족감을 가지게 하며, 그들의 참조집단에 의해 보상을 얻게 한다.

2. 자아개념과 창의성

방법론적인 타당성을 충분히 갖고 있는 연구는 극히 드물다. 연구들은 기본적으로 평정법 검사, 자아보고활동 등에 의해 측정되고 있다. 창의성 점수와 자아개념의 관계에 대한 대부분의 연구들에서 자주 사용된 검사는 Torrance(1966a, 1966b), Guilford (Guilford, 1957; Wilson, Guilford, & Christensen, 1953), Welsh(1959), 및 Barron의 검사가 있다.

Torrance 검사는 상당히 많이 사용되었는데, Torrance(1967)는 이들 검사의 신뢰도와 타당도에 관한 300개의 참고문헌에서 결과를 간단히 요약했다. 변별타당도에 관한 문제에서 지능, 창의성 간의 178개 상관계수를 추출해서 그 범위를 .60～－.30으로 보고하고, 중앙치를 .20으로 보고하고 있다. 또한 Torrance 점수와 학업성취의 상관관계는 .70～－.20이고, 중앙치는 .29를 나타낸다. Torrance는 표본집단, 지능 혹은 성취검사의 형태, 피험자의 연령에 관해서는 어떤 보고도 하지 않았기 때문에 이들 상관계수에 대해 평가하기는 어렵다. 그럼에도 자아개념과 창의성의 관계를 살펴보고자 할 때, IQ와 성취검사 점수를 통제할 필요가 있다는 것을 암시하고 있다.

Wright, Fox 및 Noppe(1975)는 Tennessee 자아개념 척도와 Torrance 검사 사이에는 어떤 관계도 없음을 보고한다. Phillips(1973)는 Torrance 창의성검사와 측정학적인 정보가 분명치 않은 자아개념의 관계를 검토했다.

캘리포니아 심리검사(Gough, 1969), 형용사 목록척도(Gough & Heilbrun, 1965)와 Guilford 창의성검사의 관계는 해석하기에 어려움이 있다. 그 이유는 표본대상에 관한 정보가 없으며, Guilford 창의성검사의 정확한 구상에 관한 논의가 없고, 다중의미검사가 교차타당도 없이 제시되었기 때문이다. 자아개념과 창의성검사에 관한 보고들은 대부분 사용된 창의성검사에 대한 충분한 정보가 없고, 지능과 학업성취를 통제하기 위한 시도가 없기 때문에 현재 상태로 충분히 논의하기에는 어려운 점이 있다.

Maw는 호기심 수준이 높은 소년들과 낮은 소년들의 자아개념에 주목한다. 호기심은 창의성의 한 요소이며, 중간 정도의 호기심이 제외되었다는 것이 이 연구의 한계점이지만, 반복 연구될 가치가 있다. 호기심이 높은 소년들은 자립, 개인의 가치, 개인의 자유, 소속감, 강한 자아감정, 강한 자아의 적응에 대한 검사에서 유의미하게 높은 점수를 얻었다. 호기심이 낮은 소년들은 호기심이 높은 소년들보다 더 편견을 보이고, 사회적 책임이 낮으며, 타인에 대해 지나치게 편협하다. 낮은 자아개념을 가진 소년들은 실패를 예상하고, 실패가 일어날 환경에서 호기심을 피하려고 한다.

앞에서 다루어진 연구들에서는 다양한 방법의 창의성검사들이 소개되었지만, 그 검사들의 정확한 정보는 거의 제공되지 못했다. 대부분의 연구에서는 캘리포니아 심리검사와 Gough의 형용사 목록척도가 사용되었다. 한두 도구의 이 같은 반복 사용은 연구들 사이의 비교를 가능하게 하는 이점이 있고, 일반화가 넓어질 수 있다. 불행히도 많은 방법론적인 한계점들 중 특히 교차타당도의 실패, 지능과 성취검사의 통제 실패 등이 있다. 아마도 일반 자아개념과 창의성과 관계는 뚜렷한 경향을 보이고 있지 않다는 점이다. 좀 더 특수화된 인성특성과 자아개념에 시각을 맞추어 보면, 창의성과 일관된 관계가 있는 어떤 CPI(California Personality Test) 검사도 없는 것같이 보인다. 대부분의 연구들은 창의성과 CPI 검사와는 의미 있는 관련이 없다고 보고하고 있으며, 창의성과 의미있게 관련 있는 것으로 보고 있는 연구가 한두 개 있다 할지라도 교차타당도를 위한 어떤 일반성도 제시하지 못하고 있다.

3. 자아개념과 교사

교사의 자아개념

학생의 행동은 교사행동에서 비롯된 결과라고 할 수 있다. 왜냐하면 교사는 학생의 성취에 충분조건은 아닐지라도 필요조건이며, 학생의 행동은 교사가 학생 위주의 수업환경을 조성하는 방법에 대한 응답이기 때문이다(Ryans, 1961). 예를 들면, Ryans(1961)의 연구에서 민첩성, 참여성, 자신감, 책임감 등의 생산적 학생행동과 이해, 감정이입, 온정, 친애 등의 교사행동 간에는 높은 긍정적 상관관계가 있음이 밝혀졌다. Spaulding (1963)은 교사가 학습자를 지지하는 학급에서 학생의 자아개념이 더 긍정적이라고 했다. 따라서 긍정적인 교사는 더 유연하며 감정이입 능력이 있고, 학생이 도움을 필요로 할 때 민감하고, 개별화 교수가 가능하고, 비형식적이며 따뜻하고, 이야기하는 듯한 교수방법 그리고 정서적 적응 등과 같은 면에서 무능한 교사와는 다른 학습환경을 창출한다.

그러면 이러한 개인적 교수의 차이를 유발시키는 원인은 무엇인가? 그리고 원인이 규명될 수 있다면, 그 원인은 생산적 교사가 학생들을 발전시키는 원인이 될 수 있는가? 실질적인 단서는 문헌에서 찾을 수 있다. 예를 들면, Ryans는 정서적 안정성이 높은 교사들의 특징으로 자신감을 들고 있다. 또한 그들은 사람들과의 활발한 접촉을 좋아한다. 정서적 안정성이 낮은 교사들은 타인과의 접촉을 좋아하지 않고 자신감도 낮으며, 권위주의적인 성향이 짙다. Combs(1965)는 여러 연구를 검토한 후 좋은 교사로 평가된 사람들은 자신을 타인과 분리하지 않고, 그들과 제휴하며, 우발적 사건에 적절히 대처하고, 신뢰할 수 있고 의지할 만하며, 무시되거나 거부되지 않고, 중요하고, 품위 있고, 가치 있게 여겨지는 특징을 보이고 있음을 밝혔다. 무능한 교사와 유능한 교사를 구별하기 위해 사용되는 위의 인성특징들은 자아개념과 명백히 관련되어 있다.

교사 자신과 타인을 향한 태도는 교실 내에서 대인관계 행동과 수업형태에 중요한 영향을 미친다. 긍정적 자아개념과 타인에 대한 긍정적 개념은 상관이 있다. 긍정적 자아개념은 타인과 친애적이고, 지지적인 관계형성을 촉진한다. Davidson과 Long(1960)은 학생들이 그들을 향한 교사의 느낌을 정확히 평가할 수 있고, 교사를 친애적으로 평가한 학생들은 긍정적 자아개념을 형성한 학생들임을 증명했다. Staines(1958)는 교사의 언어사용이 학생의 자아개념을 고양시킬 수 있음을 나타냈다. Combs(1965)는 유능한 교사들은 무능한 교사들에 비해 자아개념이 긍정적임을 지적했다.

교수의 실제 수업상황에서 높은 점수를 기록한 교사는 낮은 점수를 기록한 교사보다 자아개념이 현저히 높다. 교수에서의 성공은 긍정적 자아개념, 자신감, 적응과 확실히 밀접한 관계가 있다. Crane(1974)은 영국의 학생과 교사들의 연구에서 움츠림이 전혀 없이 잘 적응하는 학생, 심하게 움츠리는 학생, 적응할 능력이 없는 학생 간에는 자신과 타인에 대한 개념에서 확실한 구분이 있음을 밝혀냈다. 교사 가치관에 대한 Rosenberg (1955)의 2년 동안의 연구에서 인간지향적(people oriented) 교사들의 57%가 교직을 지키고 있는 반면, 비인간지향적(non-people oriented) 교사들은 2%만이 교직을 지킨 것으로 나타났다.

Simpson(1966)은 교사의 자아개념의 중요성에 대해서 강조했다. 교사의 자아개념은 그의 수업 태도와 행동을 결정하는 데 강력한 영향을 준다는 것을 강조하지만, 그의 분석에서는 자아개념에 직접 관련된 경험적인 문제를 적게 다루었고, 교사의 자아개념에 관한 문제를 심리학보다는 교육철학 쪽으로 강조했다.

Cohen 등(1973)은 520명의 대학생을 대상으로 자아상의 의미분석척도와 성취필요척도의 관계를 연구했다. 성취의 필요성을 높게 인식하고 있는 남녀 학생들은 전문적이고 학구적으로 성공하려는 의욕과 함께 야심, 근면, 개인주의 등의 자아상을 갖고 있는 것으로 나타났다. Crane(1974)의 연구는 자아수용과 타인수용이 높은 사람은 성공적으로 가르칠 가능성이 있음을 암시하고 있다.

교사의 자아개념과 교사의 건강 간의 관계에 대한 탐구는 앞으로의 연구에서 훌륭한 주제가 될 것이다. 그런 연구에서 기대되는 것은 긍정적인 시각에서 그들 자신을 평가할 때, 사람들은 더 행복하고, 더 생산적이고, 더 효과적이며, 정서적으로 더 균형 있게 된다는 사실을 확인하는 것이다. Trowbridge(1972) 역시 교수실습과 자아개념을 연관시키려고 시도했다. 그녀는 낮은 자아개념을 가진 교사가 더 말이 많고, 학생들로 하여금 말을 덜하게 하며, 높은 자아개념을 가진 교사들이 하는 것보다 일상적인 문제에 거의 두 배나 많은 시간을 소비한다는 것을 보여 준다. 높은 자아개념을 가진 교사는 학생들 개개인에게 일상적인 문제를 위임하여, 수업을 떠나서 활동적인 학습과 사고를 하도록 자유를 준다.

높은 자아개념을 가진 교사는 발산적이며 평가적인 사고를 하도록 하는 반면, 그렇지 않은 교사는 학급에서 수렴적 사고를 하도록 하고 암기만을 강조한다. 교사의 자아개념은 교실에서 창의적인 교수와 연관이 되며, 이를 강화하려고 타고난 재능을 고무하기 위한 교수방법을 시도한다. 이 같은 것은 교사의 자아개념과 태도에서의 연령과 성차를 고려해서 교수방법을 선정할 때 중요하게 나타난다. 예를 들면, 젊은 여교사와 나이 든 남자 교사가 보다 덜 긍정적인 지각을 한다는 것을 발견한 Kniveton(1976)은 교사 효능성이라는 시각에서 교수에 대한 이러한 결과가 주의 깊게 고려되기를 기대하고 있다.

정서장애인들에 대한 연구에서 Benne(1969)은 교사의 자아개념과 학생의 자아지각 사이에 높은 상관이 있음을 증명했고, Edeburn과 Landry(1974)도 자아수용적인 교사가 그렇지 않은 교사보다 학생의 긍정적인 자아개념을 더 유발한다는 연구결과를 보고했다. Mason과 Blumberg(1969)에 의하면 우수한 학습자라고 평가받은 학생들은 열등한 학습자라고 평가받은 학생들에 비해서 자신들에 대한 교사의 수용 정도가 훨씬 높다고 평가했다.

연구결과들을 종합해 볼 때, 교사의 긍정적인 자아개념은 자신 있고 평온하며, 훌륭한 학습지도자로서의 태도를 갖게 해 주고, 학생들의 능력을 믿어 주는 인간관계를 맺을 때 모든 측면을 활성화시켜 학생들의 성취도가 촉진되며, 이러한 친애적이고 지지적인 분위기는 가치 있는 사람으로서의 학생들의 자아관을 고취시킨다. 또한 이러한 교사들의 기대감은 학생들에게 더 높은 자아존중감과 성취를 유도한다.

교사의 자아개념과 교수방법

상이한 교수방법은 개인의 자아개념에서 차이를 낳게 한다. 그것은 자아개념이 낮은 사람은 인간관계의 필요성을 감소시키고, 전통적인 교수법을 선호하기 때문이다. 교사의 역할과 지위가 명백한 전통적 교수법에서, 교사는 인간 중심이기보다는 과제 중심의 비개인적 관계를 추구한다. 전통적 접근에서는 부정적 자아, 순종과 엄격성, 그리고 지위가 필요하다. 그러나 긍정적인 자아개념을 지닌 사람들은 자신을 방어할 필요가 없다. 비구조적이고 인간적인 접촉은 그들에게 아무런 위협이 되지 않는다. 그들은 성격 특성과 행동에 관계없이 다른 모든 학생들과 관계를 맺고 그들을 수용할 수 있다.

Burns(1976b)는 이러한 관계를 선명하게 입증했다. 아동 중심의 교수법을 선호하는 학생과 교사들은 지시적인 교수법을 선호하는 사람들보다 훨씬 높은 긍정적 자아개념을 소유하고 있다. 자아개념이 낮은 교사들은 전통적 교수법의 평가와 시험을 선호하고, 이러한 낮은 자아개념은 친애적 인간관계를 위축시킬 뿐만 아니라, 경쟁적이고 비개인적인 경직된 분위기의 학생들에게 덜 긍정적인 자아개념을 발전시키게 한다.

Trowbridge(1973)는 교사의 자아개념과 교수방법 간의 관계를 조사했다. Tennessee 자아개념 척도(Fitts, 1965)를 사용하여 학생들의 경제 정도와 인종을 포괄적으로 나타낼 수 있도록, 도시와 농촌의 초등학교 교사 302명과 중학교 교사 56명의 자아개념을 조사했다. 교수방법과 사고과정은 Guilford(1965)의 사고분류에 기초를 두어 언어 상호과정을 측정했다. 교사들의 수업장면 행동이 테이프로 방영되었고, 기억, 인지, 수렴적 · 발산적 평가로 교사의 언행을 기록했다. 그 결과, 낮은 자아개념을 가진 교사들이 더 말이 많아서 자연히 그들의 책임에 대해 말할 기회는 적었다. 수업시간에 교사의 말과 자아개념 간의 상관관계는 .62였다. 자아개념이 높은 교사들은 낮은 교사들에 비해서 틀에 박힌 비사고적 행동에 시간을 소비하지 않았다. 자아개념과 발산적 · 평가적 사고 사이에도 정적이고 유의미한 상관이 있었다. 낮은 자아개념의 교사들은 수렴적이고 기억에 의존하는 사고를 많이 하는 경향이 있다.

Trowbridge가 결론지었듯이 발산적이고 평가적인 교수방법은 자아개념을 더 긍정적인 방향으로 유도할 것이다. 이상과 같은 결과들은 긍정적 자아개념을 가진 교사들이 발산적이고 평가적인 방향으로의 학생 발전에 대해 허용적이라는 이론적 해석을 뒷받침해준다. 자신에 대해 확신이 없는 교사들은 기억, 옳은 답, 수렴적 사고를 포함하는 판에 박힌 형식적 수업에 집착한다.

Stern(1942)은 비지시적 수업과 지시적 수업의 결과를 비교하기 위해 34개 연구를 종합했다. Stern의 결론에서는 연구자들이 문화적 소외집단에 대한 태도, 학급 내 다른 성원에 대한 태도, 자아에 대한 태도 중 어디에 관심을 두느냐에 관계없이 조금씩 다르긴 하지만, 결과적으로 비지시적 수업에서 더 바람직하고 수용적인 방향으로 태도 변화가 일어났다. 비지시적이고 비형식적인 수업분위기 조성을 위해 노력하는 사람은 긍정적 자아개념을 가진 교사이고, 이러한 교사만이 자아태도와 타인에 대한 태도를 바람직한 방향으로 변화시킬 수 있다. 그러나 아동 중심 대 교사 중심, 민주적 대 전제적, 형식적 대 비형식적이라는 용어는 교수접근, 교육과정에 아동이 참여하는 정도, 교수방법에 대한 정확한 명명 등에 관해 막연하게 양분한 것일 뿐 부정확한 유사어로 쓰이는 경향이 있다. 엄격하고 경직되어 있으며 안일한 기술에 연연해 하는 교사들의 대부분은 낮은 자아개념을 지닌 사람들이다.

이러한 시각들에서 볼 때, 교육체제에서 교사 선발과정 중에 자아개념이 하나의 지표로 들어가야 한다. 즉, 자아개념의 정도를 측정할 수 있는 신뢰할 수 있고 타당한 도구가 고안될 필요가 있다. 만약 비형식적이고, 개인적이며, 비구조적인 교수방법이 요구된다면 자아수용 정도가 낮은 교사보다는 자아가치를 지니고 있는 교사들이 유용할 것이다. 자아수용 정도가 낮은 교사들은 형식적이고 비개인적 관계의 교수법에만 효율적인 것이다. 교사와 교수법 유형에 대한 이러한 양분은 막연한 것이지만, 이에 대한 함축적 의미는 확실하다. 낮은 자아개념은 렌즈와 같아서 그것을 통해 보면 교사의 역할이 제한되어 보인다. 따라서 자아평가가 낮은 교사는 다른 유형의 역할수행을 어려워한다.

교육의 성과는 무엇보다도 안정된 인간의 육성에 있다. 만약 자기 자신을 이해하려는 노력을 하지 않는다면, 타인에 대한 이해와 타인을 이해하기 위한 노력은 별로 진전되지 않을 것이다. 자아평가가 낮은 사람은 그 자신의 요구, 두려움, 불안 때문에 편견과 왜곡으로 타인을 바라본다. 교사가 자아지각과 자아존중감을 충분히 지니고 있을 때만이 교사 자신의 요구가 줄어들고 학생들의 요구에 기초한 수업이 가능하다.

교사의 자아개념 변화

Perkins(1958a)는 9~11세 아동의 연구에서 Q분류법을 실시했다. 그 결과는 아동의 자아개념에 대한 교사의 지각이 일반적으로 아동이 표현한 자아개념과 긍정적이고 유의미한 상관을 보인다고 한다. 즉, 교사들은 아동의 자아개념에 대해 정확하게 지각하고 있음을 나타냈다. 그러나 아동이 표현한 자아개념을 정확히 지각하는 정도는 다양했다. 3년 이상 현직에 있었고, 시간제로 아동학습 프로그램에 참여한 교사의 경우는 이러한 프로그램에 전혀 참여하지 않는 교사보다 아동의 자아개념과 그것에 대한 교사 지각 간에 더 큰 일치를 보였다. Perkins는 이러한 이유를 전자의 교사가 후자의 경우보다 아동의 요구에 훨씬 더 민감하게 대비할 자세가 되어 있었기 때문인 것으로 풀이했다.

Rogers(1956)는 하나의 인간이 성장하는 계속적인 과정에는 거듭되는 변화를 위한 의지가 포함되어야 한다고 주장한다. 학습과정 중의 약간의 실수는 불가피한 것이며, 발산적인 사람은 낙담적인 상황을 극복하고 경험으로부터 무엇인가를 배우는 사람이다.

교사 자신은 자아확신에 있어 유연성이 있는가? 효과적 교수법에 대한 연구결과에서는 성공적인 교수방법이란 정서적 성숙과 자아확신이 관련되어 있음을 제시한다. 이러한 교사들은 더 자발적이고 솔선적이며, 감정이입적이고, 타인과의 갈등 같은 부정적 속성이나 냉정함, 행동의 경직성이 적다.

교사는 당면한 견해들을 포용할 수 있는가? 학생이 교사 자신에 대한 문제점을 제기했을 때 이를 편히 받아들일 수 있는가? 교사 자신이 개인적·직업적 발전의 일환으로 긍정적 비판을 수용할 수 있으며, 개인적·직업적 문제를 개방적으로 토의할 수 있는가? 이 질문은 집단치료가 긍정적 자아개념의 발전을 도와주어야 한다는 시사점과 관련이 있다. 학생에 대한 교사 자신의 지각을 위해서 떠올려 보아야 할 문제들은 다음과 같다.

첫째, 교사 자신의 환경에 대한 학생의 지각, 특히 교사에 대한 느낌, 태도, 신념, 지각에 관해서 알고 있는가? 교사는 학생의 눈을 통해 교사 자신을 보고 있는가?

둘째, 교사가 일 중심이기보다는 인간지향적인가? 학생들과의 인간적 관계 형성을 좋아하고 그들과 함께하는가, 아니면 비인간적이고 무관심하며 거리감을 가지고 있는가? 학생들의 요구와 지각보다는 학과목에 더 관심을 두고 있는가?

셋째, 단순히 학생의 무능력을 단정하기보다 학생의 애로사항을 파악해 보는가? 낙오학생의 성공과 성취를 돕기 위해 프로그램을 구조적으로 변경시켜 보았는가? 일방적인 규준에 의해서가 아니라 학생의 능력에 따라 성취가 기대되는 교실환경에서 개인차를 인정하는가?

넷째, 가르치는 학과목에 사랑을 느끼며 학생들이 흥미를 가질 수 있게 수업하는가?

이 같은 질문이나 이와 유사한 물음을 던져 봄으로써 교사는 자신의 수업행동에 대해 더 많은 통찰을 얻어야 한다. 즉, 그는 사고하고 반성함으로써 자신과 타인의 발견과 이해를 위한 기본적인 출발을 이룰 것이다. 자신에 대한 이해는 타인에 대한 이해도 증진시킨다. 직업상 타인과의 관계를 매일 기록해야 하는 사람들은 자신을 이해하려고 노력해야 하는 부담감이 따른다. 하지만 Jersild(1955)가 지적한 대로, 자신을 이해하려면 자발적 의지와 겸손한 수용이 필요하다. 학습의 기본요소가 되는 자아이해를 간과해서는 안 되며, 이는 전인교육을 위한 목적의 하나로 포함되어야 한다.

자아개념과 교사의 송환작용

송환효과의 역할은 이론과 실제적인 측면에서 계속 논의되는 주제다. 언어적 · 비언어적 소통으로 전달되는 송환은 자아개념에 영향을 주는 행동에 대한 강화, 자신에 대한 정보, 타인이 그에 거는 기대, 자신에 대해 갖는 기대 등을 제공한다. 교사, 부모, 또래집단이 아동의 중요 타인들인데도 대부분의 연구들이 앞의 두 범주가 주는 영향에 집중되어 있다.

이 장의 초기에 논의된 자아개념과 학업성취 간의 상호영향은 송환작용과 기대가 중재됨으로써 더 복잡해진 순환효과 과정이 산출된다. 이 과정이 [그림 5-1]에 도해되어 있다.

[그림 5-1]에 제시된 관계의 진행은 다음과 같다. 자신을 높게 평가하는 아동은 당연히 높은 성취를 할 것이고, 교사도 그 학생을 긍정적으로 지각할 것이다. 교사의 긍정적 지각과 기대는 학생의 자아에 자신감을 줄 것이다. 학생은 자신의 일을 계속 진행시킬 것이고 순환은 계속된다. 실패했던 아동들은 자신이 학교에서 부적합하고 열등하다고 느끼게 되며, 이 느낌에 맞추어 수행할 것이다. 교사도 부정적으로 그 학생을 인식하고, 이 느낌은 아동으로 하여금 실패와 낮은 자아존중감의 나락으로 치닫게 한다. 이러한 아동들은 위축되고, 교사와 교육을 평가절하하는 친구들과의 관계를 유지하려고 노력하거나 부끄러워하고, 죄책감과 신경증을 가질지도 모른다. 양쪽 가능성 모두 학교에 대한 회피, 고의적 결석, 낮은 동기, 태만까지도 낳게 한다.

위의 순환과정 중 어느 변인이 1차적인 역할을 하는지는 확실치 않으나, 서로 다른 하나를 강화하는 것은 명백하다. Davidson과 Long(1960)이 지적한 대로, 이에 대한 시사점

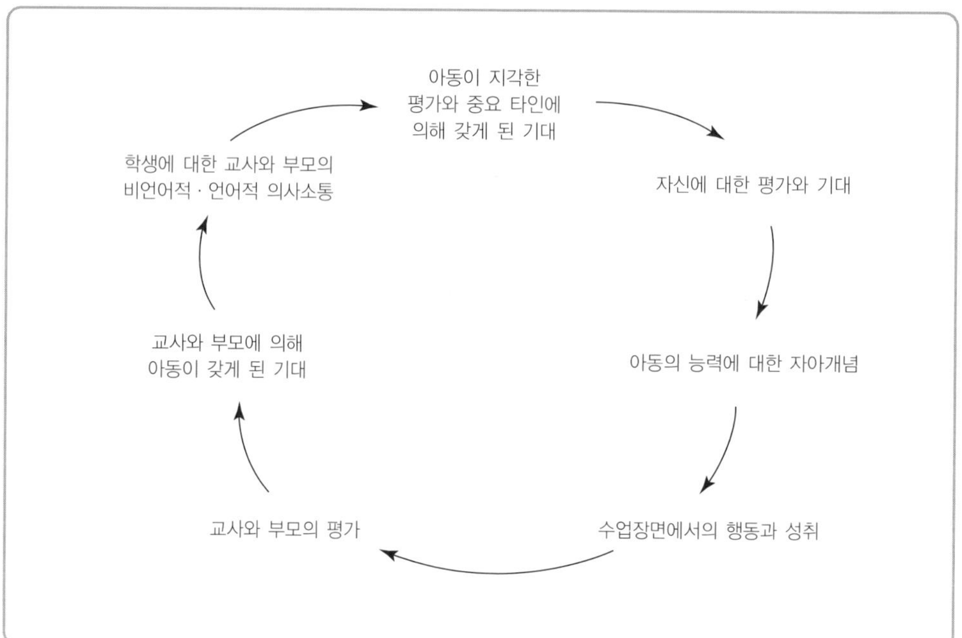

[그림 5-1] 자아개념과 행동, 송환작용의 순환과정

출처: Burns(1979). p. 287.

은 분명하다. "교사가 아동과 긍정적 감정으로 교류함으로써 아동 스스로의 자아평가를 긍정적으로 강화시킬 뿐만 아니라, 대인적 · 학문적 성장을 촉진시킬 수 있다."(p. 112) 취학 전인 5세경에 지니는 자아개념은 이론적으로 우선 가정에서 발달적 학업과제의 완성과 실패에 대한 부모의 태도로부터 야기된 태아기적 자아개념의 요소를 어느 정도 포함하고 있다. 아동의 행동은 어린 시절 학교에서의 경험과 교사의 강화, 교사의 기대를 반영한다. 교사와 부모 중 어느 쪽이 결정적인 중요 타인인지에 관한 일관성 있는 실험결과는 없다. 교사는 아동의 자아개념, 학업성취, 행동에 상당한 영향력을 미칠 것이다.

Staines(1958)는 일상 학습장면에서 학생의 성취, 지위, 가능성, 자신감 등에 관한 긍정적 · 부정적 언급의 빈도와 종류에 관해서 교사들 간 차이가 있음을 밝혔다. 또한 그는 수업에서 실험집단의 교사들은 작은 영향을 주지만 학생에 대한 자아관련 언급을 세심하게 변형시킴으로써 그의 자아상을 고차원으로 승화시킨다. Staines(1958)는 "교사들이 자아상과 관련된 폭넓은 교육목표를 구상하면 필요한 학문적 규준을 성취할 수 있다."(p. 422)라고 결론지었다. 얼마나 많은 교사들이 다음과 같은 속박을 가하는가.

"철수야, 네가 제일 작으니까 앞으로 오렴."

"영희는 한 번도 제대로 이해하지 못하는구나."

"넌 정말 멍청한 아이로구나!"

다른 아동들은 다음과 같은 긍정적인 언급을 듣기도 한다.

"갑돌아, 이 전달문을 교장선생님께 전해 드려라. 네가 기억할 줄 믿는다."

"참 착하구나. 다들 갑돌이가 한 일을 보렴."

'갑돌아, 너는 힘이 세니, 나와서 책상 움직이는 것을 도와주렴."

교사들의 언어사용은 학생들의 평가와 기대를 낳는 원천이 되지만 소수의 교사들만이 그 의미를 깨닫고 있다. Ensor(1976)는 네 개의 교실에서 교사와 학생 간의 역동적 상호작용을 기록하는 간단한 관찰을 실시했다. 각 교실에서 능력 자아개념이 높거나 낮은 두 집단이 선정되었다. 능력 자아개념이 높은 학생들은 교사로부터 친애적 의사소통을 더 잘 받아들이고, 수용적 태도로 행동하며, 교사에게 더 친애적으로 평가되었다. 반면에 능력 자아개념이 낮은 학생들은 교사로부터 행동에 관한 비난을 더 많이 듣고, 수용됨직한 행동도 별로 취하지 않으며, 교사에게 별로 좋은 평가를 얻지 못했다.

Staines의 연구가 초등학교에서 교사의 언어가 주는 영향을 설명한 반면, Palfrey(1973)는 중·고등학교에서 학교장의 태도와 기대가 학생의 자아개념에 어떻게 영향을 미치는가를 조사했다. 여학교의 여교장은 학생에 대한 긍정적 기대를 보였고, 남학교의 남자교장은 부정적 기대를 보였다. 초등학교 4학년 남녀 학생들의 반응을 질문지로 검사해 본 결과, 여학생들의 자아평가가 더 긍정적이었다. Palfrey(1973)는 교장들이 학생과 직원들과의 계속적인 의사소통을 통해서 아동의 자아평가를 강화하거나 감소시킬 수 있으며, 학생에 대해 환자로서 또는 건전한 인격자로서 평하는 교장의 주관적 평가가 학생의 자아상과 중요한 관계가 있다고 하였다. 그러나 이 결과는 표본집단이 작고 엄격한 통계적 검증을 거친 것이 아니므로 해석에 주의를 기울여야 한다.

Davidson과 Long(1960)은 초등학교 아동 가운데 자신에 대한 교사의 평가를 지각하는 것과 자아지각 사이에 긍정적 관계가 있다는 것, 즉 긍정적인 교사의 느낌과 학업성취 간의, 그리고 긍정적 교사의 느낌과 수업장면에서의 행동 간의 긍정적 관계가 있음을 증명했다. Wash(1973)도 학생에 대한 교사의 지각과 학생의 자아지각 사이에 긍정적 상관관계가 있음을 보고했다. 경험적 연구결과는 학교생활에서 교사가 중요 타인이라는 점을 뒷받침했다(〈표 5-1〉).

그러나 어떤 연구들은 교사보다 부모가 더 의미 있는 중요 타인이라고 주장한다. 이 장에서 논의되었던 Brookover, Thomas 및 Paterson(1965)에서 성취수준이 낮은 학생들의 학문 자아개념 고취를 위한 특별한 시도가 그중의 하나다. 부모들은 아동의 능력에 대한 부정적 언급은 피하고 긍정적 언급으로 강화를 주도록 훈련받았다. 다른 두 실험에서는 완전한 자격을 갖춘 상담원과의 상담과 대학에서 전문가를 초빙해서 학생들과 교실에서 직접적이고 공식적으로 접촉하도록 하며, 높은 수준의 학업성취를 이룰 수 있는 학업적 능력이 있다는 정보를 첨가시켰다. 유일하게 성공한 실험은 부모들이 참여한 것뿐이었다. 그러나 부모의 평가에 교사의 보고와 행동이 기초를 제공하는 것은 사실일 것이다.

Kleinfeld(1972)는 백인과 흑인 청소년들을 연구한 결과, 학문 자아개념에 미치는 영향에서 교사가 주요한 송환의 근원임을 제시한다.

자아개념의 변화에서 중요 타인으로부터 송환이 중요한 이유는 우리 자신에 대한 타

표 5-1 **교사의 학생에 대한 평가***

구분＼학년	1	2	3	학 년	특기사항
근면성	㉮ 나 다	가 ㉯ 다	가 나 다	1	차분하고 성실하며 지도력이 강함. (1, 2학기 정 · 부반장)
책임감	㉮ 나 다	㉮ 나 다	가 나 다		
협동성	㉮ 나 다	가 ㉯ 다	가 나 다	2	교우관계 원만하나 다소 이기주의적이며 책임감이 결여.
자주성	㉮ 나 다	㉮ 나 다	가 나 다		
준법성	㉮ 나 다	㉮ 나 다	가 나 다	3	

학 년	종합란
1	차분하고 성실하며 지도력이 강하고 학습의욕이 강하며 모범적임.
2	성적 양호하며 명랑 · 쾌활하다.
3	

* 중요 타인으로서 교사의 학생에 대한 평가는 학생의 자아개념 형성에 영향을 준다.

인의 정의와 기대가 자아개념 변화에 작용하기 때문이다. 우리들은 그들의 판단을 받아들이고 정의에 걸맞게 행동하는데, 이 과정은 자아충족예언의 효과를 갖는다. Rosenthal과 Jacobson(1968)은 자아충족예언이 교육에 미치는 영향에 관한 연구에서, 타인의 행동에 대한 기대는 부지불식간에 정확한 예측이 된다고 하였다. 이 사실은 성취가 다음의 성취에 대한 기대를 고취시키지만, 자아개념에 미치는 성취의 영향보다 성취에 미치는 자아개념의 영향이 더 크다는 것을 말해 준다. Rosenthal과 Jacobson(1968)은 캘리포니아 지역학교에서 무작위로 학생을 선발해서 그들에 대해 교사가 '지적 분출(intellectual spurts)'을 야기시켰을 경우, 다음 번 IQ 검사에서 동료들보다 월등한 향상을 가져왔음을 발견했다.

Parlady(1969), Rubovits와 Maehr(1973) 등의 연구들에서도 기대효과를 확인했으며, Coopersmith(1967)도 자녀들이 그들의 규준에 맞게 생활하기를 기대하는 부모들은 그렇지 않은 부모들보다 자녀들의 건전한 자아개념을 고취시킨다고 하였다. Shaw와 Dutton(1962)의 연구에서 성취수준이 낮은 자녀의 부모들은 자녀에 대해 더 강한 부정적 태도를 지닌다는 것이 밝혀졌다.

이 발견은 특히 소년들에게 현저히 나타난다. 즉, 많은 열등 성취자들은 불리함을 가지고 학교생활을 시작한다. 계속되는 비하의 압력은 자신감과 자아가치의 최후의 일부까지도 고갈되게 한다. 기대는 학생의 능력과 가능성에 대한 믿음을 보여 준다. 적절한 수준에서 기대가 이루어질 때 긍정적 자아존중감이 성장할 수 있는 자신감이 생긴다. 교사들은 분명히 더 명석한 학생들과 긍정적이고 우호적인 교류를 가지려 하며, 이 학생들은 더 유능한 학생이 되어 교사의 기대와 맞아떨어진다. 학생에 대한 평판은 교사들의 입을 통해 전해지며 학생의 수행경향을 더 증가시킨다.

"장난꾸러기! 등을 돌리지 말아라." "그는 열심히 공부하는 학생이니 좋은 결과가 있을 거야." 등은 어느 학교의 교무실에서나 쉽게 들을 수 있는 말이다. 얼굴 표정, 억양, 응시방향 등의 비언어적 의사소통도 기대에 영향을 준다.

교사가 작성한 성적표는 학생에 대한 교사지각에 관해 아동이 인지하는 내용과 일치하기도 한다. 낮은 평가는 성공적인 잠재력을 지닌 학생을 자극하고 독려하기도 하지만, 계속적인 실패는 '무엇 때문에 노력하나' '나는 학교에는 적합하지 않다' 등의 부정적 자아개념의 늪 속으로 몰아간다(〈표 5-2〉).

[그림 5-1]에 나타난 관계의 약점은 학업수행이 학생의 능력 내에서 실제적 과제와 기대를 부과하는 교사에 의해 조정된다는 것이다. 그러나 성공은 단순히 일을 끝마치고 높은 점수나 바른 답을 얻는 것과 동일시될 수 없다. 쉽고 적은 노력으로 반복할 수 있는 일은 지루하고 불만스러우며, 긍정적 경험을 제공하지 못한다. 비슷하게 학생의 능력을 초월하는 어려운 과제 역시 좌절과 신경증을 유발한다. 따라서 성공경험은 학생들의 견해에 따라 현상학적이다.

표 5-2 교사의 학생에 대한 평가*

구분 \ 학년	1	2	3	학 년	특기사항
근면성	㉮ 나 다	㉮ 나 다	가 나 다	1	책임감이 강하고 매사에 열심히 노력하고 있음.
책임감	㉮ 나 다	㉮ 나 다	가 나 다		
협동성	㉮ 나 다	㉮ 나 다	가 나 다	2	책임감이 강하고 성실하나 신체가 허약함.
자주성	㉮ 나 다	㉮ 나 다	가 나 다		
준법성	㉮ 나 다	㉮ 나 다	가 나 다	3	

학 년	종합란
1	자신의 행동에 신중을 기하며 매사에 열심히 노력한다.
2	매사에 열심히 노력하며 차분함.
3	

* 교사로부터 학생에 대한 평가가 긍정적이며, 가능성에 대해 강화할 때 자아개념에 도움을 줄 수 있다.

긍정적 자아개념 형성을 위한 새로운 제도가 학교에서 시도되었지만, 이들 중 다수가 이론적 · 실험적 지지를 얻지 못한 채 효과 없이 끝났다. 예를 들면, 아동에게 성공적이라는 정보를 주고, 지속되도록 격려하고, 비위를 맞추고, 상을 주어도 자아존중감이 증가되지는 않았다(Brookover, Paterson, & Thomas, 1965; Weiner, 1971).

학생들은 그들이 행한 바를 잘 알고 있다. 사탕발림식의 잘못된 친절은 학생들이 결국 실제 경험을 통해 자신을 검증하게 되므로 불친절이라는 것이 밝혀진다. 가장 친밀한 접근은 학생에게 솔직히 대하는 것으로, 학생은 안전감과 확실성을 갖고 교사로부터 수용되어야 한다. 이러한 분위기 속에서 학생들은 사실에서 이득을 얻을 수 있고, 미래를 위한 계획설계에 자신의 감정과 약점을 반영할 수 있다. 이 원리는 교실에서도 적용될 수 있다. 강화는 개인에게 적합한 프로그램을 통해서 요구에 맞게 배치함으로써 모든 학생에게 제공될 수 있다. 따라서 과제가 너무 쉬우면 만족이 없어서 안 되고, 너무 어려우면 불안과 실패를 야기하므로 이 역시 적당하지 않다. 현재의 성취와 성공을 위한 요구 사이에는 약간의 차이가 있어야 한다.

Hunt(1971)가 내세운 내적 동기에 관한 제안이 여기에 꼭 들어맞는다. 교사들은 학생들이 같은 기간에 같은 수준의 성취를 이룰 수 있다고 생각하지 말고 이들의 개인차를 받아들여야 한다. 아동들이 그들의 성취가 우연에 의한 것이 아니라 자신에 의한 것이라고 믿을 때, 자아개념의 긍정적 향상을 가져오고 열심히 공부한다는 연구들도 많이 있다.

상담과 아동의 자아개념

다수의 학자들이 아동의 자아개념과 성취에 미치는 상담효과를 평가하려 했다. Bruce(1958)는 자신의 행동과 주위 사람들의 행동에 대한 통찰을 개발할 수 있는 프로그램을 제공받은 학생들은 통제집단보다 자아이해와 자아수용이 증가되었다고 보고했다. 실험집단에서는 자아와 이상적 자아 사이에 여전히 불일치가 있었지만, 그들은 불안감이 별로 없었고 이러한 불일치에 대해서도 더 여유 있게 생각했다. Rogers가 주장한 대로, 중요한 것은 불일치 그 자체의 크기가 아니라 그것에 대해 갖는 느낌이다.

Pigge(1970)는 텍사스의 9~10세 아동을 대상으로, 자아개념에 영향을 주는 집단상담효과를 연구했다. 10명씩 세 집단에 학교상담원이 배치되고, 1주일에 한 번씩 18~50분간의 상담을 가졌다. 집단상담 활동에 참여치 않은 사람들을 통제집단으로 했다. 토론을 시작하기 위해 다원매체 접근이 이루어져 상담자의 지시 없이 자유롭게 말할 수 있는 분위기가 형성되었다. 의미변별, 사전 · 사후상담을 사용한 결과, 참가자들의 자아개념이 향상되었지만 통제집단 수준을 현저히 넘어선 것은 아니었다.

상담경험을 통해 가장 긍정적으로 영향을 받는 부분은 대인관계 측면이다. Lawrence

(1971, 1972)는 독서장애인들을 위한 효과적인 접근은 개인적 상담을 통해 자아개념을 북돋아 주는 것이라 했다. 그 근거는 지진아들이 다양한 이유로 좌절되고 자신감을 상실한다는 것이다. 이러한 경험은 부정적 자아상과 성공할 수 없다는 믿음을 갖게 하여 자아완성의 노력 부족을 낳게 하며, 위축감은 실패를 기대하게끔 한다. 상담을 통해 아동의 정서적 문제를 표현케 하고, 성취를 고무하며, 자신감의 발전과 자아상의 개선을 가져온다. 당연한 결과로, 상담받은 학생들은 독서력이 향상되었다.

교사가 실제적인 방법으로 학생의 자아존중감을 고취시킬 수 있는 여러 실험적 프로그램이 몇몇 미국 학교에 도입되었다. 예를 들면, 캘리포니아의 한 지역학교에 자아강화교육계획안(self-enhancing education scheme)이 도입되었다. 자아와 개인적 수행에 관한 토론이 학급 크기 집단으로 시행되었다. 상담자는 교사와 부모집단에 대해 집단상담을 실시한다. 이 계획은 아동이 무엇을 할 수 있는가뿐 아니라, 자신에 대한 의심에서 벗어났을 때 그의 잠재 가능성이 무엇인가도 알아본다. 아동과 교사는 학습과제조직의 결정에 함께 참여함으로써 아동 각자는 개인적 목표와 성공 가능성에 도전한다.

대학생 집단연구에서 Cooper(1974)는 집단상담으로 만난 경험이 교사와 학생의 관계 개선에 이바지한다는 가설을 시험했다. Rogers(1970)는 이러한 집단상담법으로 교사-학생 관계를 촉진시키고 효과적인 학습으로 유도한다는 주장을 지지하는 연구자료는 그다지 많지 않다고 본다. 그러나 Cooper의 실험 결과, 그들의 교사와 함께 집단에 참여했던 학생들은 교사에 대한 지각과 감정이입적 측면에서 상당한 증가를 보였다. 반면, 통제집단의 학생들은 아무 변화가 없었다. 따라서 학생-교사의 관계 개선이 이러한 집단경험을 통해 유출되고, 이렇게 수용된 감정이입적 관계는 더 좋은 학습환경을 조성한다는 논지를 지지한 것이다.

4. 자아개념과 학교조직

분위기 및 교풍

Barker Lunn(1970)은 36개 온건주의 학교와 36개 강경주의 학교의 5,500명을 대상으로 온건주의 대 강경주의 간의 비교연구를 실시했다. 그 결과, 학교조직과 교사의 유형은 중간 이하의 능력을 가진 학생들의 자아개념에만 영향을 미친다는 결과를 제시했다. 온건주의자인 제1유형의 교사들은 성취가 느린 아동에게도 우호적이며, 관대하고, 소음에 대해서도 참을성 있고, 체벌을 지양하면서 전통적 수업방식을 거부한다. 반대로 강경주의자인 제2유형의 교사들은 학생들을 수용하는 태도가 강경하고, 성취가 느린 아동을 별로 좋아하지 않으며, 덜 관대하고, 소음과 잡담에 대해서도 참을성이 적고, 체벌과 전통적 수업방식을 지향한다. 중간 이상의 능력을 가진 학생들의 학문 자아개념은 학교유형, 교사에 따라 차이가 없었다.

교사유형은 강경한 분위기의 학교보다 온건한 분위기의 학교에서 온건한 교사의 가르침을 받는 평균능력 학생의 자아개념에 더 긍정적인 영향을 미친다. 평균능력 학생들에게 가장 낮은 자아개념이 나타나는 경우는 온건한 분위기의 학교에서 강경한 유형의 교사들에게 가르침을 받는 경우다. 교사의 강경성은 평균 이하 소년들의 자아개념에 유용한 효과를 갖지만, 소녀들에게는 확인되지 않았다.

그러나 Ferri(1971)의 추수연구에서는 성취가 느린 남녀 중학생 모두에게 더 긍정적인 자아개념의 발달이 있었다. Ferri는 이 변화의 원인으로 낮은 능력을 가진 학생들이 다양한 능력을 지닌 학생들과 접할 기회가 적고, 따라서 비슷한 능력의 학생들과 비교해서 능력을 발휘할 수 있었던 것으로 보았다. Lunn과 Ferri의 연구에서 집단상담 과정이 성취가 높은 학생보다는 성취가 낮은 학생에게 효과가 많다는 점을 시사하고 있다. Wiseman(1973)이 말했듯이, 교사들에게는 조직구조보다는 그들의 태도와 기대가 훨씬 더 중요하다. Emmett(1959)와 Thomas(1974)는 교사-학생 관계의 중요성에 대해 일치된 견해를 보였다.

5. 자아개념과 가정의 사회경제적 · 심리 및 과정

자아개념은 사회경제적 지위로 인해 차이가 나는가? 이 같은 질문에 대한 대답이 이 논의의 초점이다. 여기서는 부모의 가치관, 육아방법 그리고 부모의 자아존중감을 다루고자 한다.

우선 부모의 가치관 측면에서 보면, 서로 다른 사회경제적 지위 집단에 따른 부모들은 그들 자신과 자녀들에 대해 각기 다른 가치들을 지니고 있다(Langer & Michael, 1963; Pearlin & Kohn, 1966). 한 예로, Kohn(1963)은 중간계층 부모들은 자녀들에 대해 자아통제를 강조하는 반면, 노동계층 부모들은 외적인 법칙이나 규범에 대한 순응에 더 강조점을 두어, 중간계층의 부모보다 어린이의 내적 감정에 관심이 덜하다고 보고한다. 따라서 부모들은 이러한 가치를 그들의 자녀들에 주입하며 그들의 가치체계에 따라 어린이들의 행동을 강화시킨다.

다음으로 육아방법 측면에서 보면, 사회경제적 차이에 따라 부모들은 어린이를 양육하는 데도 처벌에 대한 의존성, 강화, 애정의 철회 등과 같은 서로 다른 방법들을 사용한다는 것이 가정되고 있다.

자아개념과 육아방법에 관한 논의에서 Langer와 Michael(1963)은 육아방법이 어린이의 '개체성과 정체성' 에 영향을 미칠 것을 가정했다. 예를 들어, "중류층과 상류층 집단의 어린이들은 스크랩 북, 어린이 책, 가족앨범, 생일 파티 등을 통해 여러 경험에 보다 잘 적응한다. 반면, 하위계층의 가정에서는 역할의 상호교환성이 강조되며, 옷과 장난감들을 넘겨주려 한다." (pp. 469-470)

더 나아가 만일 어린이들이 부모와 자신들을 동일시한다면, 어린이의 자아개념은 부모들의 자아개념 수준으로 발전될 가능성이 있다. 그래서 부모의 사회경제적 수준이 어린이의 총체적 자아개념 수준을 결정할 것이라는 가정하에서, 중류층과 상류층 집단의 부모는 더욱 만족스럽거나 우월감을 느끼는 반면, 하류층 집단의 부모들은 열등감을 더 느낄 것이다.

육아방법과 가치체계

첫째, 상이한 사회경제적 계층에 따라 부모들은 다른 육아방법을 사용하는데, 이 육아방법은 사회경제적 집단의 한 기능으로서 자아평가에 차이점을 가져올 것이다. 이러한 가정을 전제로 하여 많은 연구가 시도됐으나 이들 연구에 대한 다양한 검토는 부정적인 결론을 이끌어 왔다. 예를 들어, Sewell(1961)은 그의 회고에서 이렇게 결론짓고 있다. "시카고학파의 육아에 관한 연구들은, 유아훈련에서 지위로 인한 차이점들이 기대한 것보다 더 적다는 것을 발견했다. 그리고 발견된 그러한 차이점들은 하류층 집단의 어머니들보다도 중류층 어머니들이 음식을 주고 대소변 가리기를 훈련시키는 데 더 많이 허용적인 것으로 나타났다."(p. 350)

Hess(1970)는 부모의 행동과 부모 행동에 대한 연구자의 직접적 관찰결과를 다음과 같이 진술하고 있다. "연구들이 부모의 사회화 과정 행동에 쏟은 노력에 비하여, 부모들에 관하여 수집된 자료의 예언적 힘은 실망스러울 만큼 낮거나 일정하지 않았다. 부모의 가치들과 관련시키려 했던 연구들의 결과나 자녀들에 대한 부모의 육아행동의 결과들은 변화가 심하고 상충된 결과를 보여 준다."(p. 48) 사회경제적 지위에 따른 부모의 육아방법과 어린이의 자아개념 관계에 관한 연구는 Hess의 보고 이후 어떤 것도 출판되지 않았다. 따라서 위에서 요약된 가설적 연계성을 추적할 수 없다.

둘째, 부모의 사회경제적 지위의 한 기능으로서 가치체계는 자녀들의 자아개념과 행동에 영향을 주는 것으로 보인다. 아마도 부모태도 척도(the parent attitude research instrument: PARI)의 항목들은 부모의 가치들을 포함시킨 듯하다. 교육적 혹은 직업적 수준과 어떤 PARI 점수들 사이의 관계는 위에 진술된 가설의 맨 처음 부분을 지지하는 것으로 해석될 것이다. 그러나 Becker와 Krug(1965)는 "몇 가지 증거를 통해 볼 때 교육수준과 PARI 점수들 사이에서 보이는 상관은 부분적으로 질문형식에 따른 인위적 보고다."(p. 329)라고 결론짓고 있다. 요약컨대, 서로 다른 사회집단 내에서 많은 차이점들이 발생한다는 결론을 지지할 수 있는 증거는 없다.

사회경제적 지위와 일반 자아개념

비교적 널리 알려진 자아존중감 척도 중에서 Rosenberg(1965a)의 자아존중감 척도나 이것을 수정한 척도들은 사회경제적 지위와 관련되어 빈번하게 연구되었다(Wylie, 1974, pp. 180-189). 뉴욕 주의 고등학교 학생 5,024명을 대상으로 한 Rosenberg의 개인 연구에서 SES와 아버지의 직업, 교육수준 그리고 수입 간에 의미 있는 정적 관계가 나타났다. 성별분석에서, 소년들에게서만 의미 있는 정적 관계가 얻어졌다. Rosenberg는 소년들을 통해 가치화된 사회에서 자아평가는 중요한 기능을 할 뿐만 아니라, 상층 집단 소년들이 아버지들과 보다 친밀한 관계를 맺고 있는 경향이 있다고 보고했다. 87개의 미국 공립고등학교들로부터 2,213명의 1학년 소년들의 대표 표집에 의한 연구에서 Bachman(1970)은 제시된 네 개의 항목을 사용했다. 이 자아존중 점수와 여섯 개 구인에 기초를 둔 사회경제적 수준에 대한 검증되지 않은 측정 간의 η 계수는 .15였다(표준오차는 .03). 사회경제적 수준 사이의 독특한 관계에 대한 β 계수는 .10이다(표준오차는 .02).

회로분석에서 가정의 사회경제적 수준과 고등학교에서 학업능력, 학업성취, 자아존중감, 그리고 1974년의 교육적 성취를 고려하였는데, 1974년 직업의 지위와 자아존중감의 표준화된 부분 상관계수는 .143($P < .05$)이었다. 이 결과에 따라 연구자들은 이 계수가 1974년의 자아존중감에 대한 직업 지위의 예언적인 '직접적이며 긍정적인 영향'이 될 수 있음을 강조한다.

보다 설득력 있는 종단적 연구로 Edwards(1974)는 디트로이트 지역의 여러 중학교에서 흑인과 백인 2학년 소년들 750명에 대한 자아존중과 사회경제적 지위의 관계를 조사했다. Bachman의 자아존중 방법이 사용됐고, 자아존중과 사회경제적 지위 사이에는 아무런 의의 있는 상관도 나타나지 않았다.

Wegner(1973)는 하와이 대학 전체 학생 중에서 무작위 표집한 1,588명의 재학생을 대상으로 연구했다. 미국의 Census의 분류는 아버지의 직업을, 그리고 SES는 자아존중을 분류하는 데 사용되었다. 전체 표집을 다시 인도 · 유럽인 대 일본인, 1학년 대 4학년, 가족과 동거 대 별거 등의 방법으로 분류했다. 피험자는 하위집단들 중 하나의 분류 내에서 각각 네 개의 서로 다른 사회경제적 수준에 따라 세분화했다. 그 결과, SES 점수들이 한 하위집단 내에서 사회경제적 수준에 따라 하나의 역할을 하고 있는 것 같지는 않았다. 사실, 여러 비교가 가능한 집단들 중 단 하나에서만 '의의'가 있었다. 경험적 결과들은 단지 남자들에 대해서만 두드러졌고, 여자들에 대해서는 비교 가능한 정도로서만 보고되었다.

3,100명의 성인 남자를 대상으로 한 면접연구에서, Kohn(1969)은 자기확신요인 점수(세 개의 SES와 다른 두 개를 합하여 구성된)와 자기비난요인 점수(세 개의 SES 항목에 두 개의 다른 항목을 합하여 구성된)를 포함시켰다. 이 연구결과에서 사회경제적 지위와 자아존중 점수들 간의 관계는 곡선형이거나 또는 곡선화의 경향을 보인다고 보고되었다. 사회경제적 지위와 자기확신의 η 계수는 .10이고, 사회경제적 지위와 자기비하의 η 계수 역시 .10이다. 지금까지 사회경제적 지위에 대한 여러 측정과 Rosenberg 자아존중감 척도(SES) 또는 그것에 대한 몇 가지 수정안들 간의 관계를 다룬 연구를 살펴보았다. 청소년, 대학생, 대학생 정도의 나이에 해당하는 사람들, 성인들을 연구대상으로 하면서, 자아존중의 변량에 대한 사회경제적 수준의 기여점을 찾고, 다른 변인들을 통제하려는 시도 속에 다변인 방법들이 사용되었다. 이들 대다수의 연구들은 무의미한 결과와 다변인 접근에서 의미 있을 것으로 보고된 부분 상관계수를 제시하고 있다.

요약컨대, 사회경제적 수준과 자아개념의 긍정적 관계는 잘 알려진 자아개념 검사와 그것들의 수정안을 포함하는 연구들에 의해 잘 뒷받침되지 않았다. 그러나 사회경제적 차원의 여러 단계를 고려하여 사회경제적 수준과 서로 관련된 다른 변인들의 상호작용을 찾는 방향에서 의미 있는 결과들이 나왔을 가능성이 있다.

사회경제적 지위와 특수 자아개념

학습능력 자아개념과 사회경제적 수준 간의 관계를 찾고자 할 때 능력변인을 상수화하는 것이 중요하다. 왜냐하면 IQ 점수와 사회경제적 수준들 사이에 의미 있는 관계가 있다는 것이 보고되기 때문이다. 예를 들어 Brookover, Lepere, Hamachck, Thomas 및 Erickson(1965, p. 182)은 평균성적(GPA)과 사회경제적 지위 간에는 .25에서 .32의 의미 있는 상관이 있고, 중학교 1학년에서 고등학교 1학년 사이의 피험자들에 대한 IQ와 사회경제적 지위 간에는 .26의 상관이 있음을 보고하고 있다. 평균성적을 상수로 하여 각 집단을 비교해 볼 때, 높은 사회경제적 집단의 일반 능력 자아개념은 낮은 사회경제적 집단의 일반 능력 자아개념보다 의미 있게 더 높았다.

Brookover, Paterson 및 Thomas(1962), 그리고 Brookover(1965) 등이 능력 자아개념과 사회경제적 지위의 관계를 다루었지만, IQ나 성취의 어떤 것도 상수로 취급하지는 않았다. Epps(1969)는 Brookover의 능력 자아개념의 수정안을 사용한 흑인 청소년들에 관한 연구에서 남부여자들, 남부남자들, 북부여자, 북부남자들에 대해 .09에서 .16에 해당하는 단순 상관계수를 보고했다. 이들 상관관계의 크기에서 IQ나 학업성취를 통제하려는 시도는 없었다. Bachman(1970)이 2,213명의 10학년 소년들을 대상으로 학습능력에 대한 자아개념과 사회경제적 수준의 상관을 연구하였다. 이 연구에서 사회경제적 수준과 학습능력 자아개념의 상관관계 지수는 .33이며, 사회경제적 수준과 일곱 개의 가정배경 요인들, 그리고 통제된 지능검사로 된 학습능력 자아개념 간의 관계를 측정하기 위해 계산된 β 계수는 .16이다. 그러나 그것의 통계적 의의도에 대한 평가는 없었다.

St. John(1971)은 사회경제적 수준에 관한 연구에서 학문 자아개념과 Hollingshead의 직업척도 관계는 백인들에게서 .07 그리고 흑인들에게서 .02의 단순상관을 얻었다. 전체 피험자 957명은 모두 초등학교 6학년들이었다. 전체적으로 St. John의 연구는 중다회귀분석을 사용했으나, 이 분석은 통제된 다른 변인과 함께 사회경제적 수준 대 능력 자아개념을 포함시키지 않았다. 이들 두 변인을 고려하는 St. John의 의미 없는 결과들은 해결되지 않은 채 남아 있다. 능력 자아개념의 또 다른 연구가 Walberg(1967)에 의해 행해졌다. 그는 교사가 되려고 준비하고 있는 965명의 여대생들에게 자아개념과 사회경제적 변인을 관련시켰으나 두 변인들 사이에서는 어떠한 관계도 발견되지 않았다.

요약해 보면, 연구들은 학습능력 자아개념을 측정하기 위해 서로 다른 도구들을 사용했고, 사회경제적 수준과 능력 자아개념 사이의 관계들을 탐색할 때 능력이나 성취에 대한 통제를 하지 않았다. 세 개의 척도연구에서 능력이나 성취에 대한 통제가 시도되지 않았으나, 사회경제적 수준과 능력 자아개념 사이에서는 긍정적 관계들이 나타났다. 통제된 연구 중 어떤 것도 무가치한 결과를 낳은 것은 없었다. 그리고 여러 통제되지 않은 연구 중 어느 것도 사회경제적 수준과 능력 자아개념 사이에 의미 있는 역관계를 보고한 것은 없었고, 능력 자아개념과 사회경제적 수준 간에 긍정적 관계가 있음을 보여 주고 있다.

6. 자아개념과 가정의 과정 및 구조환경

가정환경 변인이 아동의 자아개념 발달에서 중요한 역할을 한다는 것은 심리학에서 받아들여지는 일반적인 전제다. 이러한 가정 속에서 많은 심리학자들은 부모들이 어린이의 학습에 대해서 강화할 수 있는 기회를 갖고 있으며, 또한 어린이가 자신에 대해 갖는 일반적 지각과 그가 달성해야만 하는 결과의 기준 또한 그의 자아수용(자신의 부정적인 감정들과 한계를 수용하면서)에 영향을 준다고 말한다. 부모는 직접적인 강화와 모델로서 역할을 하는데, 그 보상 가치는 어린이들의 실제적인 특성과 행동들을 형성하는 데 중요한 역할을 수행하게 될 수 있다. 그럼으로써 자아개념은 중요 타인들, 특히 부모로부터의 무조건적인 인정에 부분적으로 의존하게 된다. 아마도 어린이들의 가치(이상적인 자아의 개발) 학습 또한 직접적인 부모의 강화와 부모라는 모델에 대한 가치를 모방함으로써 영향을 받을 것이다.

Parsons(1953)는 정체감이라는 개념이 핵가족의 영향뿐 아니라 보다 광범위한 사회적 상황을 포함해야 한다고 생각했다. 그리고 Sanford(1955)는 동일시에 대한 명확한 행동양상에 초점을 두면서, 이것이 벌과 보상이라는 강화를 통하여 학습에 관련된 모델로 사용될 때 설명될 수 있음을 제시했다. Bandura는 동일시에 대해 비록 성격이론가들의 견해차가 있지만 동일시가 한 사람의 사고력, 감정을 형성하거나 그 자신이 하나의 모델로서 다른 사람에게 영향을 미친 이후에 행동을 형성하는 하나의 과정임을 언급하는 데 일반적으로 동의한다고 하였다.

그러나 어린이의 자아개념에 영향을 주는 독립변인으로 위에서 언급된 부모로부터 학습과 동일시를 탐색하는 문제는 경험적 연구에서 난점이 있다. 이론적인 모호성은 검증 가능한 가설들을 제한할 뿐 아니라 난해한 도구를 개발하도록 하고 있다. 또한 어린이들의 자아개념에 영향을 미치는 부모, 가정에 대한 이론적 또는 일반적 가설들이 검증될 가능성은 있으나, Wylie(1961)는 부모의 영향력과 어린이의 자아개념 발달 사이에서 어떤 인과적 관계를 분명히 설정할 수 없다는 것을 지적했다. 이 두 변인들 사이에서 다방면으로 지각할 수 있는 반응–반응(R–R) 관계들에 대한 몇 가지 탐색만을 제외하고는 연구설계에서 한계점은 결코 감소되지 않았다.

일반적 연구결과

지금까지 수행된 경험적 연구들을 검토하면서, 앞에서 제시한 한계점들을 고려해 볼 수 있다. 어린이의 자아개념에 영향을 주는 가정의 구조변인으로 우선 결손가정을 생각할 수 있다. 지금까지 연구는 이 두 관계에 대한 분명한 제의를 못하고 있으나, 어린이의 자아존중감을 손상시키는 가정적 파탄은 부모의 죽음으로 인한 것보다 이혼 · 별거와 같은 요인들 때문이라는 것에 일치를 보인다(Bachman, 1970; Rosenberg, 1965).

몇몇 연구자들은 이 결손가정과 자아존중감 사이의 관계들을 탐색했다. 예를 들어, Thomas(1968)는 사회경제적 수준은 유사하나 아버지가 있는 경우와 이혼이나 별거로 인하여 아버지가 없는 경우의 두 어린이 집단을 비교했다. 아버지가 없는 가정의 피험자들은 다음과 같은 준거에 따라 분류되었다. 첫째, 적어도 9～10세의 어린이, 둘째, 아버지가 최소한 2년 동안 집에 있지 않았던 어린이, 셋째, 결혼에 의해 출생한 아이 등이다. 아버지 부재집단의 아동들은 47명이었고, 아버지만 있는 가정의 표집 인원은 36명이었다. 모든 어린이는 부모가 참석하지 않은 가운데 각 가정에서 개인적으로 면담을 했는데, 연구변인들은 어린이의 자아개념, 부모의 역할에 대한 어린이의 개념, 그들의 태도와 가족 성원들을 생각하는 감정 그리고 또래와의 관계 등이었다.

어린이의 자아개념은 서로 다른 세 가지 도구들을 사용하여 측정했다. 이 연구를 위해서 부분적으로 개발된 첫 번째 도구는 32개의 개인특성들에 관한 문항이었다(이들 중 17개는 바람직한 특성들이고, 나머지 것들은 바람직하지 않은 특성들이다). 무엇이 바람직하고, 바람직하지 않은가에 대해서는 아무런 보기도 주어지지 않았다. 각 어린이들에게는 네 번씩 단어 세트가 주어졌고 다음의 것들을 표시하도록 지시받았다. 첫째, 현재의 자신을 기술하라. 둘째, 되고자 하는 자신을 기술하라. 셋째, 대부분의 아버지들에 대해서 기술하

라. 넷째, 대부분의 어머니들에 대해서 기술하라. 점수는 바람직한 특성들에 표시된 수에서 바람직하지 않은 특성의 수를 뺀 것이다.

자아개념에 대한 두 번째 측정은 캘리포니아 인성검사(California test of personality: Thrope, Clark, & Tiegs, 1953)로부터 두 개의 척도를 사용했다. 그 척도들은 소속감(belonging)과 자기신뢰(self-reliance)로 명명된다. 문항들은 자신의 습관, 가족, 친구, 그리고 어떤 과업에 대한 관계의 느낌을 기술하도록 어린이들에게 제시된다.

세 번째 측정은 자기 자신을 묘사한 진술문을 다루는 Bene-Anthchy의 가족관계검사(Bene-Anthchy family relations test, 1957)의 한 부분이다. 이 검사에서 어린이는 그 자신을 표현하여 여러 가족들에 대한 애정과 좋지 않은 감정들에 대한 진술문들을 각각 분석해서 적도록 했다.

Thomas(1968)는 다음과 같은 결과를 보고하고 있다. "세 도구들에서 가정에 아버지가 없는 어린이와 부모가 있는 어린이들 사이에는 어떤 의미 있는 차이점도 없었다. 그리고 이러한 유사성은 자신의 어떤 측면을 의식적으로 지각하는 어린이들 집단에서는 큰 차이점이 없다는 것을 제시해 준다." (p. 95) 상기 세 측정에서 이러한 결과를 보인 이유는 첫째, 9~11세 사이의 어린이들이 자아개념 발달에서 거의 변동이 없고, 둘째, 최소한 2년에 걸친 아버지의 부재 이후 그에 따른 적응의 적정기가 지나가 버렸기 때문이라는 점을 추론할 수 있다. 이와 유사하게 미국 2,213명의 고등학교 1학년 소년들을 대상으로 Bachman(1970)이 중다분석을 한 결과, 의미 없는 결과들이 얻어졌다. 몇몇 연구자들은 출생순위나 가족의 크기와 같은 가정변인이 어린이의 자아개념과 관련된 것으로 취급했다.

Kohn과 Schooler(1969)는 가정 내의 출생순위가 아동의 자아개념과 어떤 다양한 관계가 있는지를 알아내기 위해서 국립직업연구(National occupation study)로부터 자료를 분석했다. 이 분석에 사용된 자료는 직업경험에 대한 사회심리학적 결과들의 광범위한 연구의 한 부분이었다. 미국 전역을 통해서 도시지역 직업에 종사한 3,101명의 남자들을 대상으로 한 출생순위의 차이점들을 다음 다섯 개 집단으로 나눠 조사하였다. 이들은 ① 첫째, ② 첫째에 가까운 그리고 막내로 태어나지 않은 경우, ③ 홀수 명의 형제 중에 가장 중간, ④ 막내에 가까운 그리고 막내로 태어나지 않은 경우, ⑤ 막내로 태어난 경우

등이다. 가족 수에 따른 효과들은 공변량에 의해 통제되었고 어린이들만이 제외되었다. 종속변인들은 평균 2시간의 면담 중 피험자 반응들을 요인분석한 것에 기초했다. 그 연구에서 21개의 종속변인들 사이에 있었던 자아개념의 특징들은 ① 자기확신, ② 자기비난, ③ 운명에 대한 통제감, ④ 불안, ⑤ 자신이 속한 집단원들에 순종, ⑥ 충동성 등(Schooler, 1972)이다.

이 연구에 대해 Schooler는 이 종속변인들에서 어떤 의미 있는 출생순위 효과도 발견되지 않았다고 했다. 그리고 "사실, 너무 많은 수의 사례와 종속변인들의 상대적인 변별적 힘에 의해 이렇게 미흡한 결과들이 나타나게 되었고, 전체 자료와 함께 다른 모든 분석들은 독립변인들이 직업적 상황이나 배경요인들, 그리고 가족의 수나 직업을 가진 어머니 등과 같은 가족구조 측면들을 나타내고 있었는지는 상관하지 않고 몇몇 의미 있는 결과를 산출했다." (p. 179)라고 말한다. 다시 말해서 출생순위는 이들 자아개념 종속변인들에 대한 독립변인이 아니었다. 이와 관련해서 Schooler(1972)는 "3세에서 15세까지 어린이 1,516명에 대한 반응분석에서 애정이나 분노를 보인 것과 어린이의 출생순위 간에 연관된 아무런 차이점도 나타나지 않았다." (p. 171)라고 언급한다.

이런 무의미한 연구들은 앞에서 언급했던 2,213명의 고등학교 1학년 남학생들을 대상으로 한 Bachman의 연구결과와 일치하며, Rosenberg의 자아존중감 척도(self-esteem scale: SES)를 사용하여 5,024명의 뉴욕 주립고등학교 학생들을 대상으로 한 Rosenberg의 조사 연구결과 역시 일치를 보인다.

Schooler(1972)는 자신의 연구결과와 출생순위에 관련된 다른 연구결과들에 동의하면서, "광범위한 연구로부터 몇 가지 유사한 결과만을 볼 수 있음에도 불구하고" 출생순위에 대한 분석이 30년에 걸쳐 왜 그렇게 연구자들에게 매력 있는 것이었는지에 대한 물음을 제기한다. 그는 출생순위가 사실은 그렇지 않은데도 그럴듯한 하나의 단순 독립변인처럼 생각되었기 때문이라고 그 이유를 설명했다. 그리고 "출생순위에 대한 연구가 생산적인 것이 되기 위해서는 형제자매의 성, 가족의 밀도 등을 다루는 것이 필요하다." (p. 174)라고 제시하면서 결론을 맺었다.

결손 가정과 출생순위 그리고 가족의 크기 등과 같은 가정의 구조변인들과 더불어 부모의 관심, 온정, 주시, 통제와 같은 변인들이 연구되었다. Coopersmith(1967)는 부모

특성과 10~12세 소년집단의 자아존중감의 관계를 연구했다. 모두 도시 중간계층의 정상적 가정에 속한 소년들을 대상으로 했다. 참여한 82명의 어머니들 각각에 대해 약 2시간의 면담을 하였다. 면담에 사용된 질문들은 여섯 개의 가정 영역이었는데, 이들은 ① 사회적 배경과 역사, ② 임신과 유년기, ③ 어린이의 성장 역사, ④ 부모-자녀의 관계들, ⑤ 어린이에 대한 부모의 평가, ⑥ 어머니에 대한 면담자의 평가다. 직접적인 답변을 요구하는 것이 116개, 66개는 개방적인 질문들이었다. 이에 덧붙여 어머니들은 80개 문항으로 구성된 부모태도 척도(parent attitude research instrument)에 답하였다(Coopersmith, 1967, pp. 269-273). 이 척도는 ① 민주-지배, ② 수용-거절, ③ 관대-자주성과 같은 세 개의 분리된 표제 아래 14개의 하위척도들로 구성되어 있다. 예를 들어, "만일 어린이들이 그들 자신의 생각이 더 좋은 것이라고 느낀다면 그들이 부모의 의견을 거부하는 것에 동의하는가?" 와 같은 질문들에 대해서 어머니들로 하여금 '동의한다' 와 '동의하지 않는다' 로 나타내도록 했다.

어린이들에 대한 정보는 Rosenberg의 자아상상 질문척도(Rosenberg self-image questionnaire; Rosenberg, 1965a)에 대한 반응과 주제통각척도(thematic apperception test)로부터 얻었다. 또한 부모-자녀 간의 상호작용에 관한 정보는 어머니와 아동 양쪽에서 얻었으며, 여기에는 태도와 행동을 고려하는 정보도 포함시켰다. 피험자의 견해로부터 어린이의 자아존중감은 특별히 구조화된 50개 문항의 자아존중 목록인 Coopersmith의 자아존중감 척도(self-esteem inventory: SEI)를 사용했다(Coopersmith, 1967, pp. 265-266). 어린이들에게 각 문항마다 '그렇다' 인지 '그렇지 않다' 인지를 표시하도록 했다. SEI 자료에 기초하여 소년들은 세 집단(높은 자아존중감, 중간, 낮은 자아존중감)으로 분리되었고, 소년들의 자아존중감에 대한 수준과 부모-자녀의 태도, 행동 변인들 사이의 관계들이 통계적으로 탐색되었다. 자아존중감과 58개의 가정변인들 사이의 관계에 대한 통계치들은 높거나 중간이거나 낮은 자아존중감을 갖는 아동들에 따른 부모들의 특징적 반응비율로서 나타났으며, 세 집단 간 부모들의 차가 통계적으로 의미 있는지 여부가 제시되었다.

Coopersmith의 연구에서 객관적 변인의 예로는, 가정 외의 다른 곳에서 일하는 어머니, 그리고 부모가 없는 가정의 수와 같은 것들이다. 그러나 많은 유의도 검사들은 어머니 역할에 대한 어머니 자신의 수용, 자녀의 권리를 고려하는 어머니의 개념들과 같이 어머니가 생각하고 있는 것에 의해 만들어진 진술문들에 기초했다. 이것들이 확실히 주관적 보고들이라는 점에서, Coopersmith의 연구는 어린이의 자아존중감에 영향을 주는 객관적 요인들에 대한 연구라기보다는 자기 자신과 자녀에 대한 부모들의 지각 그리고 부모들에 의한 지각에 관한 연구로 보인다. 이 연구에서 58개의 가정변인 중 38개가 5% 수준에서 의미가 있었으며, 13개는 별로 의미가 없었다. 그리고 남은 7개의 변인들에 대한 유의도는 보고되지 않았다.

연구의 결과들을 요약하면서 Coopersmith는 자아존중감의 선행조건들에 대한 가장 일반적 진술은 세 가지 조건들, 즉 부모들에 의한 어린이의 수용, 명백하게 정의되고 강화된 제한점들 그리고 존경과 제한된 개인적 행동의 범위로 보인다고 했다. Coopersmith의 연구가 시간과 노력 면에서 상당히 광범위한 것이라는 사실에도 불구하고 몇 가지 의문점을 제기할 수 있다. 예를 들어, 폭넓은 통계적 분석을 시도했지만 표집이 너무 작았다는 것과 측정도구에 문제가 있다는 것이다. SEI 사용에 관하여 Wylie는 "이러한 문항의 개발과 그것에 유용한 정보량에 관한 진술 면에서 볼 때, 그것이 어린이 피험자들의 자아개념 연구를 위해 선택할 수 있는 도구로 만들어지진 못했다." (p. 174)라고 진술하고 있다.

정의적 행동특성, 사회계층, 학업성적에 대한 인과관계 연구에서 황정규(1977)는 가정의 작용환경을 성취압력, 학업지도, 가정의 활동성, 가정의 정의적 태도 및 보상, 그리고 부모의 가치관으로 개념화하고, 그 작용환경과 자아개념 간의 중다상관이 .150~.33으로 깊은 관계가 있음을 제시했다. 이 결과는 자아개념에 미치는 환경원으로서 부모가 자녀에게 어떻게 자아개념 형성을 위해 작용하는가 하는 작용형태가 중요하다는 것을 시사하고 있다. 자아개념 형성에 영향을 주는 환경원의 변인들을 탐색한 Song(1982)의 연구결과를 보면, 그는 가정환경 요인을 통한 자아개념의 형성에 대한 접근을, 첫째, 자아개념 형성은 학습을 통한 결과의 총체이며, 둘째, 이 같은 학습의 대부분은 중요 타인에게서 얻어진다는 가정하에서 시도했다. 유아기 어린이는 두세 살이 되면 비로소 자기 자신을 의식의 대상으로 간주하면서 타인이 그에 대해서 반응하는 것을 인지하기 시작한다. 어린이 자신에 대한 타인의 자극은 어린이 자신이 자기 스스로를 보는 하나의 개념을 형성한다. 이 같은 가정은 두 개의 변인에 의하여 측정될 수 있다. 즉, '부모의 인정'과 '어린이에 대한 부모의 평가'다. 어린이의 행동에 대한 부모의 인정과 관심은 어린이의 자아개념 형성에 영향을 준다. 어린이에 대한 부모의 관심과 인정은 부모가 어린이에 대하여 갖는 정적인 애착을 의미한다. 어린이는 정적인 애착을 자신에 대한 부모의 반응으로 인지한다. 따라서 부모의 극단적인 차별, 어린이의 행동에 대한 무관심은 어린이의 자아개념을 부정적이고 낮게 만들 가능성이 있다.

가정환경의 다른 차원은 아동에 대한 부모들의 '보상과 벌' 을 들 수 있다. 좀 더 일반적인 표현을 빌리자면, 자아개념의 형성에 중요 타인에게서 얻는 보상과 벌이 관련된다는 것을 의미한다. 보상과 벌에 관해서는 그 자체가 보상이냐 벌이냐가 중요하기보다는 보상과 벌의 본질이 무엇이냐가 중요한 문제다. 그 예로, 벌을 가하더라도 그것이 사랑지향적이라면 긍정적 자아개념을 형성시킬 수 있다. 보상도 역시 맹목적인 보상보다는 아동 편에서 그것에 의미를 부여할 때 부정적이 아닌 긍정적 자아개념을 형성할 가능성이 높다. 더 나아가서 사랑을 통한 접근은 강압적인 지도보다 어린이 자신에게 자아책임성을 더 고양시킬 수 있다. 자아책임성의 수용은 어린이가 자신의 능력에 대해 긍정적인 느낌을 소유하게 한다.

또한 부모의 자기 자신에 대한 수용 정도가 어린이의 자아개념에 영향을 준다. 연구결과에 따르면, 첫째, 부모의 자아개념과 자녀의 자아개념 사이의 상관계수는 .48 정도다. 만약 부모가 자기 자신을 수용하지 않으면 타인을 수용할 가능성 역시 희박하다. 이는 자기 자신을 수용할 때 타인에 대해 보다 나은 이해심을 갖게 되고, 더 나아가 타인을 수용하게 된다는 것이다. 요컨대, 어린이의 자아개념에 영향을 주는 중요한 변인들은 부모의 어린이에 대한 '관심과 인정' '보상과 벌의 질과 양' '부모 자신의 수용' 등이다.

둘째, 어린이에 대한 '부모의 평가' 는 부모의 수용과 밀접히 관련되는 변인이다. 어린이 스스로에 대한 평가는 그에 대한 중요 타인의 평가에 의해서 형성된다. 평가의 대상은 지적·학문적인 기술, 사회활동, 심리행동능력, 신체특성, 인성특성 등이다. 이 변인들에 대한 중요 타인의 평가는 자아개념 형성에 영향을 준다.

셋째, 또 하나의 중요한 변인은 어린이에 대한 '부모의 기대' 다. 부모들은 자기 자신의 과거 행동에 비추어, 또한 어린이 자신의 과거 성취에 따른 기대수준에 맞추어 어린이를 평가한다. 종종 이 기대는 어떤 이상적인 모형을 그리면서, 이 모형에 대비시켜 어린이를 평가하기 때문에 부정적인 평가가 이루어질 가능성이 높다.

넷째, 자아개념 발달을 위한 또 하나의 측정변인은 '긍정적 자아개념 증진을 위해 부모가 부여한 기회의 제공' 이다. 아동에게 자아솔선의 기회를 주는 것이 중요하다는 지적이다. 가정환경의 상당 부분은 주로 부모의 뜻에 따라 이루어진다. 그러나 어린이의 자아개념 형성 발달을 촉진하기 위해서 어린이 스스로가 가정 내의 일을 처리할 수 있는 기회를 주어야 한다. 이는 어린이 자신에게 환경을 탐색할 기회를 부여하여 어린이가 새로운 상황에 적응하면서 실험할 수 있는 요건을 만들어 주는 것이다. 또한 직 · 간접으로 긴장을 가져올 상황을 만들어 주고 그것들에 대한 책임을 지도록 함이 중요하다. 그 예로, 어린이의 생활 중에 자신의 옷, 책, 게임, 장난감의 선택, TV를 보는 양, 침대생활 규칙의 결정 등에서 스스로 처리할 수 있는 기회를 주는 것이다. 이러한 행동의 결과에 대해 행동적 보상을 주면, 자신의 행동을 긍정적으로 받아들이게 된다. 이 같은 결과는 긍정적 자아개념을 형성할 가능성을 높일 수 있다.

다섯째, 가정에서 사생활에 대한 허락 정도가 자아개념 형성에 영향을 준다. 집안의 물리적인 조건이 덜 복잡할수록 자신의 사생활은 보장받게 된다. 형제와 공용하는 물건들이 적을수록 그의 환경, 소유에 대한 통제의 느낌을 덜 갖게 되며 이 같은 느낌은 긍정적 자아개념 형성에 영향을 준다.

여섯째, 가정환경의 측정변인 중 아동의 학업성취에 대한 '부모의 기대표준' 에 따른 격려가 아동의 자아개념 형성에 영향을 미친다. 이 학업성취에 대한 부모의 기대는 부모 자신의 과거 학업성취에 근거를 두고 아동에 대한 기대수준을 형성하게 된다. 그래서 이 기대수준은 국부적 의미를 갖는다. 절대적 의미를 갖지 못하는 이 기대수준은 부모 자신이 재고하여 적절히 조정한다면 어린이가 부모의 기대수준에 미치지 못할 때에도 긍정적 자아개념을 형성하는 데에 도움을 준다. 그러나 부모의 기대수준이 아동이 자신에 대해 갖는 기대수준에 미치지 못할 때 역시 긍정적 자아개념을 형성할 가능성이 희박하다. 그러므로 아동과 부모의 상호작용을 통한 상호이해가 중요하다.

지금까지의 논의에서 자아개념 형성에 중요한 영향을 미치는 것으로 하부환경 개념화의 예들을 제시했다. 많은 환경적인 변인이 논의될 수 있으나 자아개념은 아동기에 주로 발달된다는 이론을 근거로 어린이의 조기발달에 크게 기여하는 가정환경의 분석에 초점을 두었다. 이러한 형태의 정보는 어린이 교육에 좀 더 효과적인 모형의 현실화를 이룰 가능성을 준다.

7. 송인섭의 환경 · 자아개념 · 학교성적 간의 인과연구

한 연구를 통하여 가정환경, 자아개념 및 학업성취에 대한 인과적 접근을 시도한 연구를 제시한다(Song, 1982; Song & Hattie, 1984). 자아개념이 가정환경과 학교성적을 매개하는 중개변인이라는 결과를 서울 소재 고등학교의 2,297명 학생을 대상으로 한 구조적 모형의 연구에서 보고한다.

자아개념과 학업성취에 관련된 수많은 참고문헌들은 이 두 변인 간의 관계를 분명하게 하려는 시도가 끊임없이 증가하고 있음을 말해 준다. 메타분석을 한 Hansford와 Hattie(1982)는 자아개념과 학업성취 사이에는 많은 관련이 있음을 주장하면서, −.77에서 +.96으로 나타나는 상관계수를 제시했다. 그러나 대표적인 수치는 +.21에 근접되어 있거나 혹은 자아개념과 학업성취 간의 공변량은 흔히 4~7%였다. 관계가 이같이 낮음에도 불구하고, Caslyn과 Kenny 및 몇몇 학자들은 계속하여 학업성취에 미치는 자아개념과 자아개념에 미치는 학업성취의 영향을 탐구하였다(Caslyn & Kenny, 1977; Scheirer & Kraut, 1979; Shavelson & Bolus, 1982). 그 외의 연구자들도 지금까지의 연구에 포함시키지는 못했지만, 자아개념과 성적의 관계는 밝혀지지 않았을지도 모를 강력한 제3의 중개변인을 포함시킬 때 그 인과가 분명해진다는 것을 말하고 있다. 예컨대, Shavelson과 Bolus(1982)는 자아개념과 학업성취의 관계 연구에서 부모의 영향과 같은 인과변인 혹은 중개변인으로서 환경변인을 포함할 수 있다고 주장했다. 또한 Getzels(1969)와 Marjoribanks(1979)도 환경변인이 매개변인으로서 사용된다면 자아개념과 학업을 연결하는 정의적 변인에 대한 연구가 보다 분명해질 수 있다고 주장하였다.

Shavelson과 Bolus(1982)가 지적한 또 하나의 문제는 이론적 모형을 근거로 한 연구가 거의 전무하다는 점이다. 이 연구는 가정환경 및 자아개념에 관한 이론적 모형을 제시하고, 이 변인들이 서로 어떻게 관련되며, 학업과 관련되는가 하는 여러 가지 가설적 모형을 제시한다.

가정환경의 개념화

Song(1982)은 가정환경을 세 가지 차원으로 나누어 가족구조, 사회적 지위, 가족의 심리 및 과정 특성으로 개념화했다. 가족구조는 출생순위 및 그 가정의 자녀 수라는 두 가지 주요 변인을 가지며, 사회적 지위 변인은 부모의 직업, 부모의 교육수준, 교육을 계속 받을 수 있는 경제수준을 하위변인으로 한다. 가족의 심리 및 과정 특성은 격려와 기대, 가정의 교육활동, 교육적 관심, 자녀의 지적 수준에 대한 부모의 평가, 상과 벌을 그 하위변인으로 하고 있다. 고차원 요인분석(higher-order factor analysis)을 통하여 볼 때, 가정환경은 하위요인으로서 사회적 지위, 가족구조, 가족의 심리 및 과정 특성을 갖는다는 점이 입증되었다. 그 모형은 [그림 5-2]에 제시되었다.

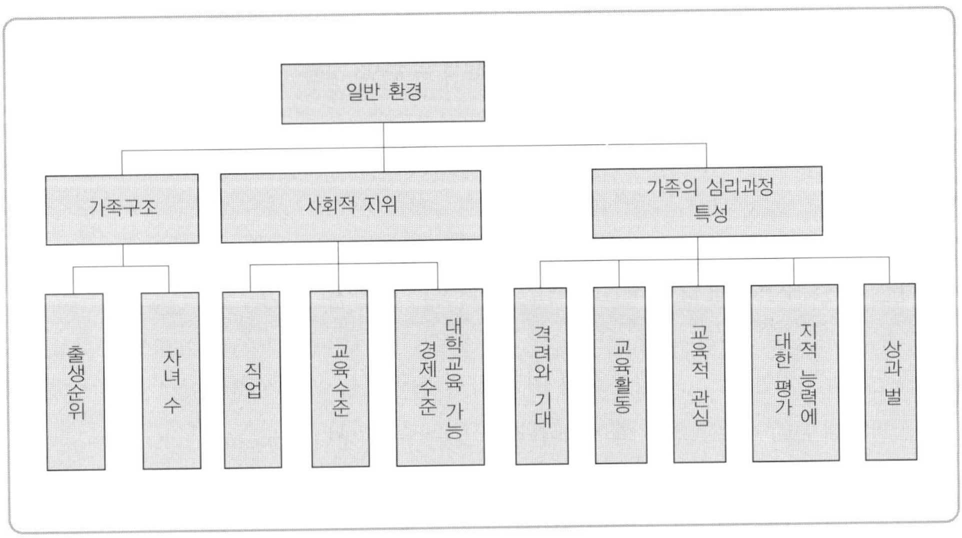

[그림 5-2] 가정환경의 위계구조

자아개념의 구조

이 책의 제2장에서 제시된 것을 반복하면 [그림 5-3]과 같다. [그림 5-3]은 Shavelson, Hubner 및 Stanton의 논문(1976)에 기초하여 Song(1982)의 연구에서 재개념화하여 확

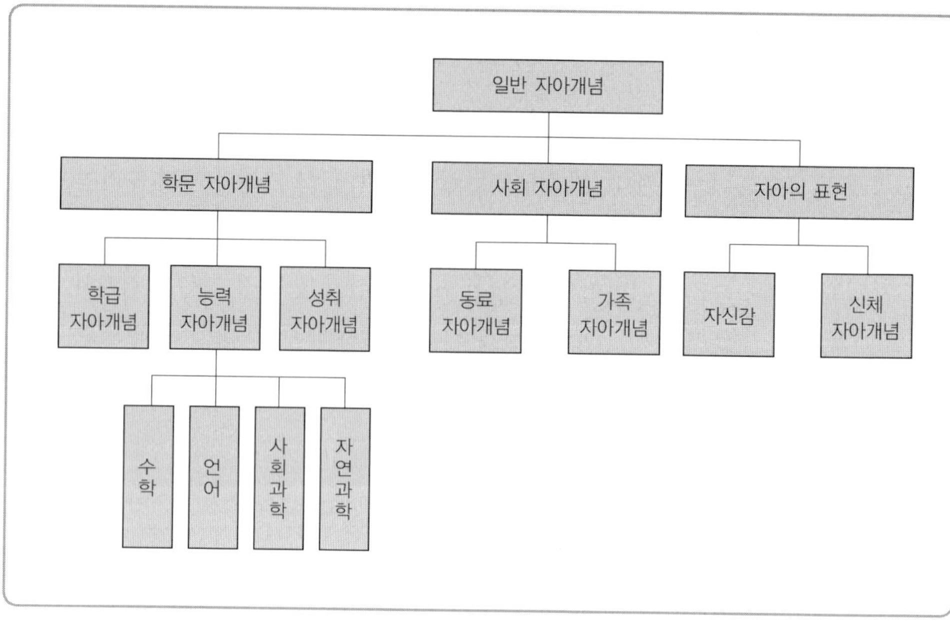

[그림 5-3] 자아개념의 위계구조 모형

증된 모형이다.

가정환경, 자아개념 그리고 학업성취 간의 모형 형성

가정환경과 학업성취 가정환경의 여러 차원과 학업을 관련시키는 연구는 상당히 많으나, 전통적으로 가족구조와 학업의 관련 정도는 극히 낮다(Dave, 1963; Knief & Stroud, 1959; Majoribanks, 1979; Plowden, 1967). 가족의 심리 및 과정 특성과 학업의 관계는 일반적으로 상술한 것들보다는 훨씬 높으며(Bloom, 1964; Dave, 1963; Mosychuk, 1969; Wolf, 1964), 이 두 변인 간의 공변량은 약 50%이다.

가정환경이 학업성취에 미치는 직접적 영향의 유무보다 근본적인 문제는, 가정환경이 학업에 미치는 간접적인 영향의 정도에 대한 고려가 필요하다는 것이다. Cennell (1972, 1974)과 Halsey(1975)의 연구는 가족구조와 사회적 지위는 가족의 심리 및 과정 특성에 영향을 미침으로써 학업성취와 관계가 있을 것이라고 시사한 바 있다. 많은 연구에서 가족의 심리적 특성이 중개되어 가족구조와 사회적 지위가 학업성취에 영향을 미치게 되는지를 평가하려 했다(Haller & Portes, 1973; Majoribanks & Walberg, 1975). 발견된 사실을 요약하면 다음과 같이 제시될 수 있다.[1)]

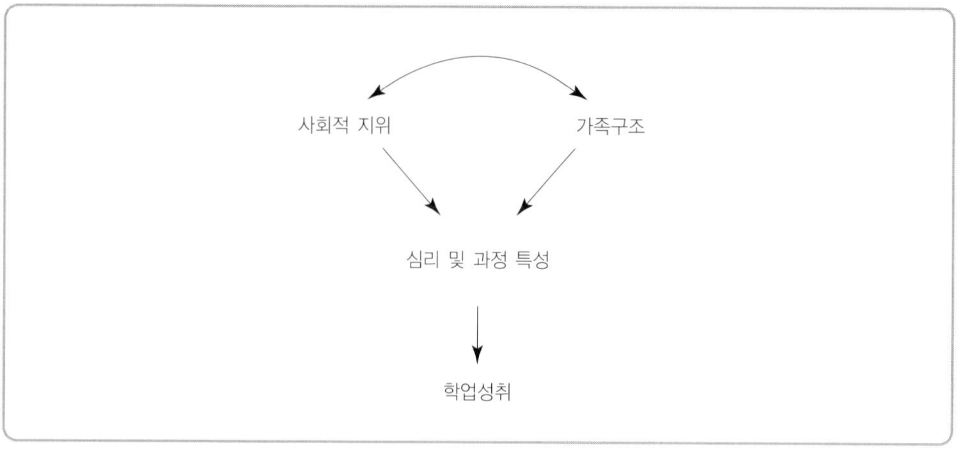

[그림 5-4] 가정환경과 학업성취와의 기본적 관계 구조

가정환경과 자아개념 Edwards(1974)와 Hulbary(1975)의 연구에서는 자아개념과 가족구조 혹은 자아개념과 사회적 지위 간에 의미 있는 관계가 발견되지 않았다. 가족구조, 사회적 지위와 학문 자아개념은 상관관계가 낮은 것으로 알려졌다(Bachman, 1970; Epps, 1969; Wylie, 1963). 그러므로 가족의 심리 특성이 일반 자아개념보다는 학문 자아개념과 한층 더 관련되어 있다는 점은 분명한 것 같다(Brookover et al., 1965; Coopersmith, 1967; Helper, 1958; Weiss, 1974).

가족구조와 사회적 지위가 독립적으로 자아개념에 영향을 미치는지, 아니면 그것들이 가족의 심리 및 과정 특성을 통해 단지 간접적으로만 자아개념에 영향을 미치는지는 의문의 여지가 있다(Wylie, 1979). 그래서 본 연구에서는 다음과 같은 환경변인과 자아개

---

1) 회로분석(path analysis)에서 그러하듯이, 한쪽 방향의 화살표(→)는 직접적 영향을 나타내고, 양쪽의 화살표(↔)는 상호 영향을 나타낸다.

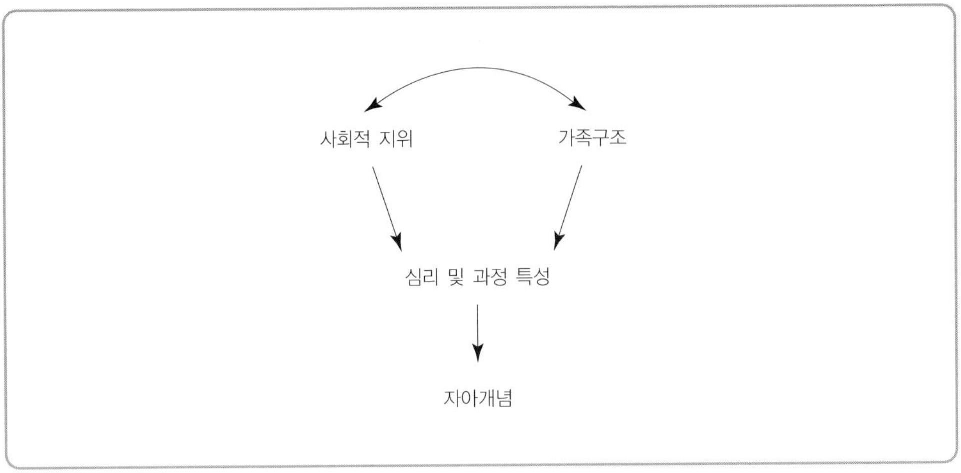

[그림 5-5] 가정환경과 자아개념과의 기본적 관계 구조

념의 관계유형을 제안한다.

더 나아가 자아개념을 몇 가지 요인으로 분류할 수 있다는 점에 주목할 필요가 있다. Song과 Hattie가 학문 자아개념, 자아의 표현, 사회 자아개념을 사용할 것을 제안하는 반면, Shavelson과 그의 동료 몇 사람은 학문 자아개념과 비학문 자아개념을 사용할 것을 제안한다.

가정환경, 자아개념, 학업성취 가족의 심리 특성과 학업성취의 중개변인으로 자아개념을 포함시킴으로써, 자아개념에 의해 그 두 변인의 영향이 매개되는 정도를 평가할 수 있게 되었다(Anderson & Evans, 1976 참조).

앞에서 논의된 기본적 모형을 기초로 하여 이 연구에서 검증하고자 하는 모형은 네 개의 경쟁적 모형이다. 어떤 구조모형이 수집된 자료에 적합한가를 평가하기 위해서는 여러 경쟁적 모형들이 분명하게 제시되어야 한다. 이 연구에서 개념화되고 검증된 모형들은 가정환경, 자아개념, 학업성취 세 변인의 관계를 제시하여 과정모형을 형성하고, 이 변인들의 인과적 관계를 상정한다. 이 변인들의 관계가 현재까지의 문헌에서는 분명하지 못했기 때문에 일련의 다양한 경쟁적 모형이 검증된다.

모형 1은 Shavelson 등(1976)이 제시하였듯이 학문 및 비학문 자아개념으로 분류된

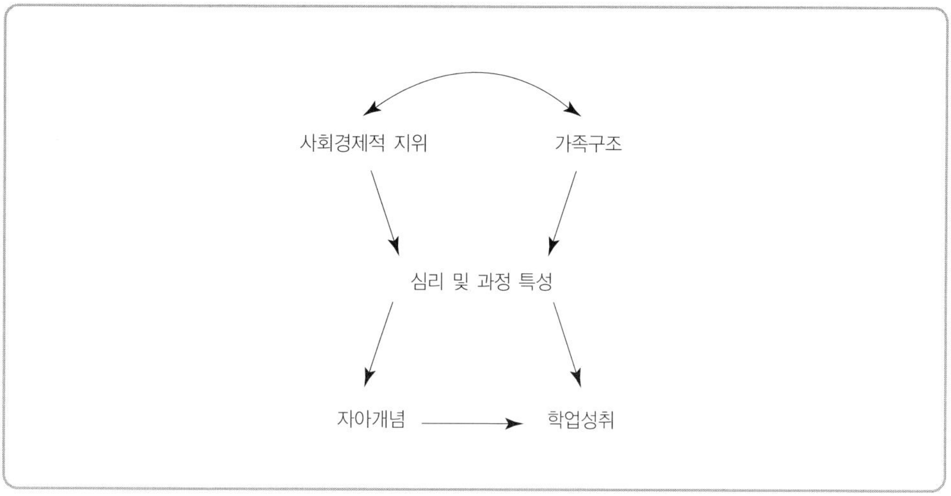

[그림 5-6] 가정환경, 자아개념, 학업성취 간의 관계

자아개념을 포함하고 있다([그림 5-7]). 모형 2와 3은 모형 1과 비슷하다. 그러나 비학문 자아개념은 각기 다른 사회 자아개념과 자아의 표현으로 개념화했다([그림 5-8]과 [그림 5-9]).

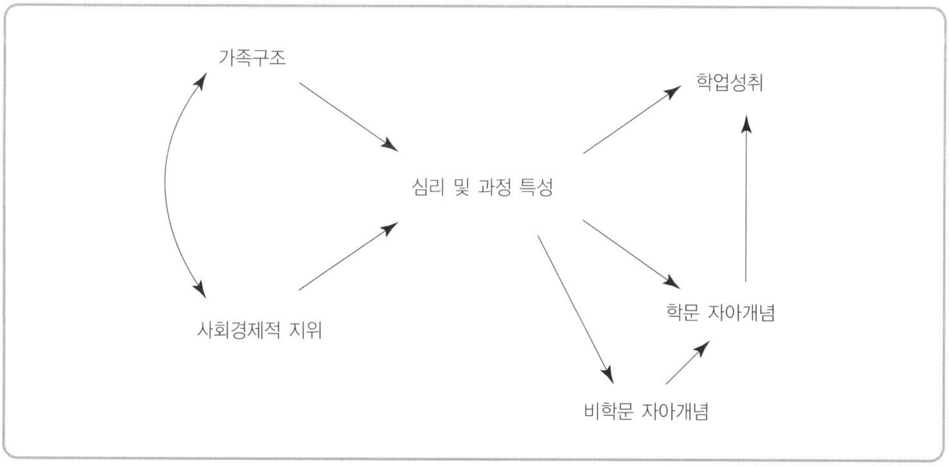

[그림 5-7] 가정환경, 자아개념, 학업성취 간의 인과모형 1

또한 모형 3은 두 개의 비학문 자아개념들의 상호관계를 가정한다. 마지막으로 모형 4는 가족의 심리 및 과정 특성이 학업성취에 미치는 직접적 효과가 영점에 고정되고, 두 개의 비학문 자아개념 간에 상호관계가 존재한다는 점을 보여 준다.

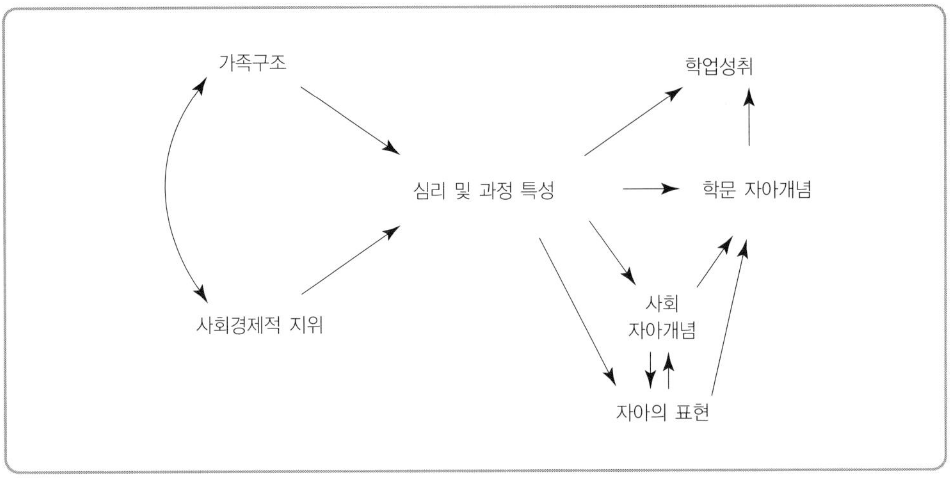

[그림 5-8] 가정환경, 자아개념, 학업성취 간의 인과모형 2

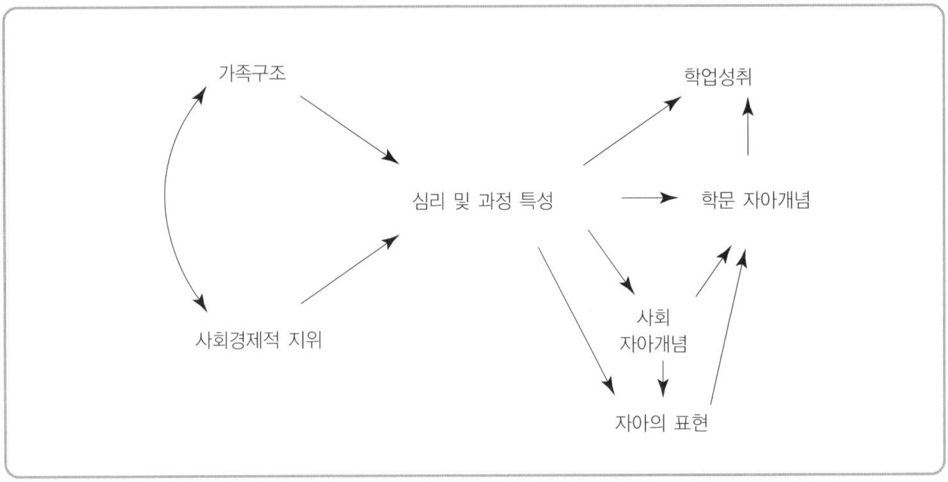

[그림 5-9] 가정환경, 자아개념, 학업성취 간의 인과모형 3

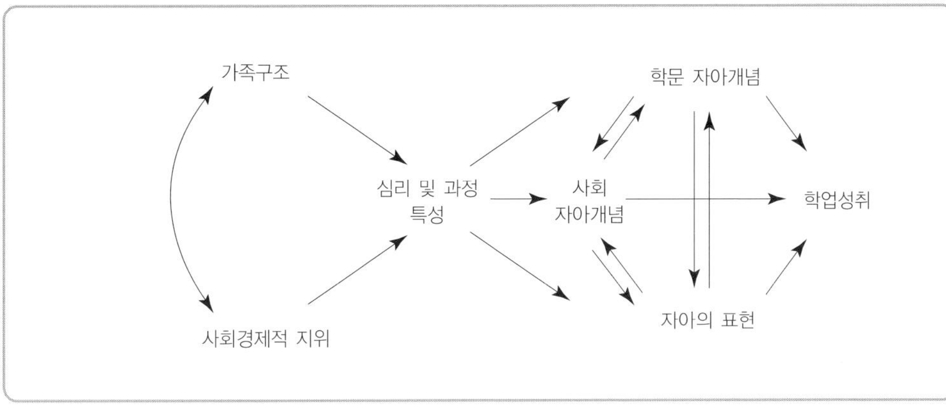

[그림 5-10] 가정환경, 자아개념, 학업성취 간의 인과모형 4

이 연구의 표본

이 연구의 표본은 서울 소재 고등학교 1학년 수준의 14~15세의 청소년들로 구성되었다. 이 연령을 선정한 이유는 자아개념의 발달에 대한 연구에서, 14~15세에 자아개념의 안정성이 있다고 지적되고 있기 때문이다(Bloom, 1964; Sanford, 1962 참조). 최초 표본은 2,530명이었으나 최소한 한 가지 검사에 응하지 않은 233명을 제외했기 때문에, 최후의 표본 크기는 2,297명이었다. 이 논문에서 제안된 모형을 검증하기 위하여 표본을 남녀 두 집단으로 나누었고, 그런 다음 이들을 다시 우선적으로 각각 반분하였다. 네 개의 표본집단, 즉 537명의 남학생(남학생 I), 537명의 남학생(남학생 II), 611명의 여학생(여학생 I), 612명의 여학생(여학생 II)이 이용되었다. 이같이 하위집단으로 나눈 이유는 교차타당도를 통해 결과의 일반화를 높이기 위해서다.

측정도구

가정환경 척도는 선행연구(Bing, 1963; Bloom, 1964; Wiseman & Wolf, 1964)와 저자가 만든 문항으로부터 개발되었다. 모든 문항은 87명의 오스트레일리아 청소년 집단에서 측정학적 검증을 하였다. 척도는 출생순위, 형제자매의 수, 부모의 직업, 부모의 교육 정도, 대학교육의 경제적 가능 여부, 부모의 격려와 기대, 가정의 교육활동, 부모의 자녀교육에 대한 관심, 자녀의 지적 자질에 대한 부모의 평가, 가정에서 사용된 상과 벌의 체제 등을 포함했다.

자아개념 도구는 척도로 11개 변인을 측정하도록 개발되었다. 그것은 학급, 학업성취, 능력, 또래, 가족, 자아표현, 신체, 영어, 수학, 사회, 과학 교과목에 대한 자아개념을 측정하도록 되어 있다. 다시 이 문항들은 오스트레일리아 집단에 의해 사전 검사를 하였다.

통계적 분석방법

인과적 모형은 주어진 일련의 변인들 간의 구조적 관계를 나타내는 방정식으로 기술되며, 그 모형의 모수치를 평가하기 위한 통계적 분석은 표준 연구방법론으로 발전되었다(Blalock, 1967; Bentler, 1980). 일단 한 모형이 이론적 근거로부터 검증되고 관련 자료가 수집되면, 가설 모형들을 비교하는 것이 가능하다. 상관 정도의 추정치는 부분 회귀계수에 의해 제시된다. 그러나 회로분석에 대한 통상적인 회귀적 접근은 너무 제한되어, 어느 것이 가장 좋은 모형인가를 평가하기에는 그다지 충분한 기초를 제공해 주지 못한다. 회귀분석을 사용해서는 잘못된 모형이 판정되지 않기 때문에 여기서 필요한 접근은 상당히 복잡한 모형을 다룰 수 있는 일반적인 방법을 요구한다. 그런 기초는 공변량구조 접근 분석방법이다(Jöreskog, 1974; McDonald, 1978, 1980; Wylie, 1973).

이 연구에서 가설모형들의 모수치는 공변량구조접근 분석에 의해 추정되었다. 이 계산을 하기 위해 가장 널리 사용된 프로그램인 LISREL(Jöreskog & Sorbom, 1978)은 음값(−)을 다루지 못하는 단점이 있다. 그런 값은 그 모형의 접근을 불가능하게 하고, 흔히 'Heywood 경우' 라고 불린다(Van Driel, 1978). COSAN 프로그램은 McDonald에 의해 제기된 공변량구조 모형을 기초로 한 것이며, 음값의 처리가 가능하다. Fraser(1982)가 만든 이 프로그램이 이 연구의 통계적 기법에 사용되었다. COSAN은 이 모수치와 관련하여 정보의 손실을 극소화함으로써 모수치를 추정한다. 그것은 정보의 손실이 최소가 되는 것을 보증하기 위하여 가장 유용한 해결인 최소자승화의 원리를 사용한다. COSAN은 'x^2' 의 통계치를 통하여 모형의 전체적 적합성에 관한 정보를 제공한다. 'x^2' 의 사용에 관하여, Olsson과 Bergman(1977)은 표본 크기에 영향을 크게 받는 'x^2' 은 여러 모형을 비교하는 데 유용하지 못하다고 주장했다.

더 나아가 단순 모형은 모집단의 진정한 징표로서 확증될 수 없고, 오히려 그것은 그럴듯한 많은 모형 중의 하나인 것이다(Bentler, 1980; Hattie, 1981; Kenny, 1979). 어떤 주어진 모형의 적합여부를 말해 주는 지수는 자유도 대 'x^2' 의 비율로서 표시될 수 있다(Bentler & Bonett, 1980; Schmitt, 1978; Shavelson & Bolus, 1982; Wolfle, 1981 참조). Schmitt (1978)는 자유도 대 'x^2' 의 비율이 10 이상이면 부적절한 적합성을 나타내는 데 반해, 그 비율이 1 미만이면 그 모형이 상당히 적합함을 보여 준다고 하였다. 따라서 모델 간의 차는 'x^2' 의 차를 사용하여 평가될 수 있다(Bentler & Bonett, 1980).

이 연구의 결과

가정환경 척도의 신뢰도 추정치(Cronbach의 α)는 +.63에서 +.90으로 나타나 전체적으로 신뢰성 있는 척도임이 확인되었다. 또한 잠재적 구인을 개념화한 후의 각 척도에 대한 요인분석 결과는 각 척도 내의 대부분의 문항은 단일변인에 대한 배타적인 부하량을 가지고 있었고(.30 이상), 잔여변량 또한 크지 않았다. 이 같은 결과에 따르면 가정환경 척도는 충분히 신뢰할 수 있고, 각 차원은 단일변인인 것으로 보인다.

다음으로 이 연구에서 제시된 경쟁적 모형을 검증하는 통계치의 적합성이 〈표 5-3〉에 제시되어 있다. 이에 따르면, 모형 4를 가장 적합한 모형으로 받아들이고 있다. 첫째, 모형 4와 관련해 볼 때, 자유도 대 'x^2' 의 비율이 최소이고, 그 비율은 4.08에서 5.85의

표 5-3 가정환경, 자아개념과 학업성취 간의 제4모형에 대한 타당도 검증

통계치 / 모 형	자유도	남자1(537) $x^2(x^2/df)$	남자1(537) $x^2(x^2/df)$	여자1(611) $x^2(x^2/df)$	여자1(612) $x^2(x^2/df)$
모형 1	267	1150.62(4.31)	1562.57(5.85)	1797.76(6.73)	1814.87(6.79)
모형 2	264	1098.48(4.16)	1516.02(5.74)	1477.52(5.60)	1660.23(6.29)
모형 3	263	1098.49(4.17)	1516.03(5.76)	1478.50(5.62)	1661.23(6.32)
모형 4	260	1061.03(4.08)	1489.04(5.73)	1450.70(5.58)	1521.80(5.85)

범위로 나타났다. 이 비율은 개념화된 모형과 관찰된 공변량 간에 양호한 적합성이 있음을 보여 준다.

둘째, 모형들 간의 'x^2' 값의 차는 모형 4를 지지해 준다(〈표 5-4〉). 분명히 모형 4는 네 개의 표본집단 어느 곳에서나 가장 좋은 적합성을 가지고 있음을 알 수 있다.

표 5-4 모형들 간의 차이의 유의도 검증

비교된 모형들	Δdf	남자1 Δx^2	남자2 Δx^2	여자1 Δx^2	여자2 Δx^2	1%의 유의도
1과 4	7	89.59	73.53	347.06	293.07	유의
2와 4	4	37.45	26.98	26.82	138.43	유의
3과 4	3	37.46	26.99	27.80	139.43	유의

'남학생 I' 에 관한 모형 4의 추정치는 [그림 5-11]에 제시되어 있다. 척도화 문제 때문에 각 잠재구인에 대한 측정변인 중 하나를 1.0의 부하량으로 고정시켰다. 가족의 심리 및 과정 특성 중 격려와 기대, 학업성취 중 학급 자아개념, 사회 자아개념 중 동료 자아개념, 자아표현 중 자신감, 학업성취 중 수학을 1.0으로 고정시켰다. 수학, 언어, 사회, 과학에 관한 요인부하치는 각각 1.00, .73, .84, .76이다. U^2는 각각 .44, .58, .60, .67이다.

연구결과의 통합

계속적인 교육을 위한 학비부담 능력은 부모의 직업 혹은 교육 정도보다 더 좋은 사회경제적 지위의 예측 지수다. 학문 자아개념이 학업성취에 미치는 영향은 자아표현 자아개념과 사회 자아개념의 영향보다 훨씬 크다는 점을 [그림 5-11]에서 알 수 있다. 여학생 집단에서 나온 결과도 이와 유사한 유형을 제시하고 있지만 구조 계수의 크기에서 차이를 보여 준다. 특히 남학생 집단의 학문 자아개념이 학업성취에 미치는 영향은 여학생보다 크다. 그러나 서열로 보았을 때 세 개의 하위 자아개념 구인의 영향은 남학생과 여학생에게서 동일하게 나타났다. 학문 자아개념이 가장 중요하고, 그다음이 자아표현이고, 사회 자아개념이 중요성 면에서 가장 낮다.

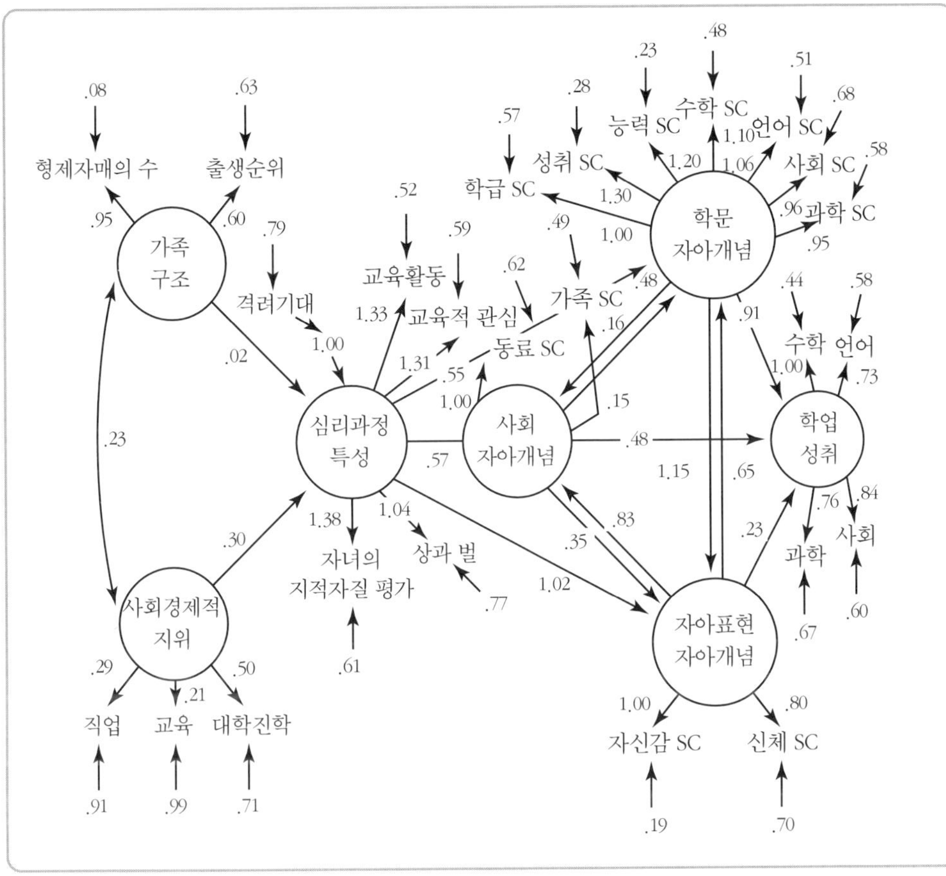

[그림 5-11] 모형 4에 대한 구조적 가중치(영향 정도)

이와 같이 학문 자아개념의 영향은 자아표현과 사회 자아개념의 영향보다 훨씬 크다. 이런 사실에서 볼 때, 개인의 행동에 대한 자아개념의 영향은 일반화될 수 없고, 오히려 자아개념의 영역별 특수모형의 기능일 것이라는 주장이 가능하다. 즉, 학문 자아개념과 학업성취의 관계는 비학문 자아개념과 학업성취의 관계보다 훨씬 크다.

자아개념 구인 간의 관계 구조모형들은 남녀를 막론하고 학문 자아개념, 사회 자아개념, 자아표현의 상호 간에 영향을 미친다. 자아표현과 사회 자아개념은 학문 자아개념에 큰 영향을 미치는 것 같다(각각 1.75와 .48). 학문 자아개념을 직접적으로 자아의 표현과 사회 자아개념에 연결하는 구조적 계수는 각각 .66과 .16으로 나타났다. 덧붙여서 사회 자아개념과 자아표현을 연결하는 상호관계의 비중은 .35인 데 반하여, 자아표현과 사회 자아개념의 직접적인 관계 정도는 .83을 보여 주고 있다. 이 사실로 미루어 볼 때 사회 자아개념이 자아표현에 미치는 영향보다 자아표현이 훨씬 강력하게 사회 자아개념에 영향을 미친다는 것을 알 수 있다. 이와 동일한 결과가 나머지 세 집단에서도 반복된다.

비록 자아개념의 세 구인 간의 관계가 상호적 인과성을 가지고 있는 듯이 보이지만, 사회 자아개념이나 자아표현이 학문 자아개념에 미치는 영향은 학문 자아개념이 사회 자아개념과 자아표현에 미치는 영향보다 우세하다는 점에 주목해야 한다. 이 관계들의 인과적 방향은 사회 자아개념과 자아표현에서 학문 자아개념으로 연결되는 것 같다.

또한 학문 자아개념에 대한 '자아표현과 사회 자아개념'의 직접적인 영향은 학업성취에 미치는 직접적 영향보다 훨씬 크다는 점에도 주목해야 한다. 이런 사실은 이 자아개념 구인들이 학문 자아개념에 의해 중개되어 학업성취에 간접적으로 영향을 미친다는 것을 말해 준다. 이처럼 이 자아개념 구인들은 학업성취에 직접적이고 간접적인 영향을 미친다고 결론지을 수 있다. 간접적인 영향은 직접적인 영향보다 크다.

가족의 심리 및 과정 특성이 자아개념에 미치는 영향 가족의 심리 및 과정 특성과 학문 자아개념의 관계는 .55이며 자아표현과 사회 자아개념의 구조적 지수는 각각 1.02와 .57로 관련되어 있다. 예상한 바와 같이, 가족의 심리 및 과정 특성은 자아개념 구인에 직접적인 영향을 미친다. 자아개념에 대해 직접 영향을 주는 것은 물론, 이 결과가 학업성취에 간접적인 영향을 미친다는 점을 나타내 주는 것 같다. 그러나 직접 영향을 미치기는 하나 학문 자아개념에 영향을 미치는 정도는 극히 적다(여학생 1은 .02, 여학생 2는 .21). 자아표현에 미치는 가족의 심리 및 과정 특성의 영향은 여학생보다는 남학생에게서 더 크다. 이 결과는 특히 남학생에게서 가족의 심리 및 과정 특성이 사회 자아개념 및 자아표현 자아개념에 의해 중개되어, 학업성취에 미치는 직접적인 영향은 학문 자아개념을 통해 학업성취에 미치는 간접적 영향보다 크다는 점을 지적한다.

각각의 자아개념 구인에 의해 중개되어, 학업성취에 미치는 가족의 심리 및 과정 특성의 간접적 효과를 보았으므로, 이제는 학업성취에 미치는 2단계 간접효과(two-stageindirect effects)라 불리는 다른 간접적 영향을 검토할 차례다. 이 효과는 세 개의 자아개념 구인의 상호관계에 의해 중개된다. 예컨대, 가족의 심리 및 과정 특성에 의해 영향을 받은 자아표현 자아개념은 학문 자아개념 및 중요한 다른 자아개념에 의해 학업성취에 간접적 영향을 미친다. 이 결과로 인하여 가족의 심리 및 과정 특성은 자아개념의 세 개 구인들의 상호관계를 통해 학업성취에 더 많은 간접적인 영향을 미치는 반면에, 가족의 심리과정 특성은 각각의 자아개념 구인을 통해 학업성취에 간접적인 영향을 미친다는 것을 알 수 있다. 가족의 심리과정 특성이 자아개념 구인을 통해 영향을 중개한다는 점은 자아개념의 전체 효과를 직접적 효과와 간접적 효과로 나누어 볼 때 한층 더 설명력이 있을 듯하다.

위의 논의는 학업성취에 미치는 가족의 심리과정 특성의 간접적 효과는 두 가지 유형이 있음을 말해 준다. 먼저 1단계 효과(one-stage effects)는 세 개의 자아개념 구인에 의한 가족의 심리과정 특성의 영향을 말한다. 두 번째 유형은 2단계 간접 효과를 들 수 있는데, 이것은 자아개념 구인들의 상호관계에 의해 중개되어 학업성적에 미치는 간접적 영향에 의해 평가된다. 따라서 가족의 심리과정 특성은 각각의 자아개념 구인을 통해 단일 단계의 간접적 영향뿐만 아니라, 자아개념 구인의 상호관계를 통해 쌍방이 직접적 영향도 갖는다고 볼 수 있다.

가정환경 구인 간의 관계 남녀를 막론하고, 사회경제적 지위 변인은 가족의 심리 및 과정 특성과 정적인 관계가 있다. 그 결과는 사회경제적 지위 변인이 가족의 심리과정 특성에 의해 중개되어, 자아개념에 대한 간접적 효과를 갖는다. 이것은 아마도 가족의 심리과정 특성이 가정지위 변량인 자아개념으로 전환시키는 중개적 기능을 수행한다고 볼 수 있다. 그러나 가족구조와 가족의 심리과정 특성의 관계는 무시할 수 있는 정도다(.02). 이처럼 가족구조가 가족의 심리과정 특성에 직접적인 영향이 남녀 모두에게 주는지 여부에는 의문의 여지가 있다. 첨가해 보면, 가족구조와 사회경제적 지위 변인의 관계는 남학생에게서는 .23과 .22이고, 여학생에게서는 .31과 .28로 나왔다. 이렇게 볼 때 가족구조는 가족의 심리 및 과정 특성에 직접적인 영향을 준다기보다는 사회경제적 지위 변인을 통해 간접적인 영향을 미치고 있음을 알 수 있다.

대체로 사회적 지위 변인이 가족이 심리과정 특성에 의해서 중개되어, 자아개념에 간접적인 영향을 미친다는 것이 확증되었다. 그러나 가족구조는 가족의 심리과정 특성에 직접적인 영향을 미치지는 않는다.

이 연구를 통해서 볼 때, 구조 방정식 모형접근은 많은 이점을 갖고 있다는 것을 명백하게 알 수 있다. 즉, 경쟁적인 여러 모형을 비교할 수 있게 해 주고, 학업성취에 미치는 여러 구인들의 상대적 영향을 말해 준다. 그러나 여기에서 채택된 모형이 확실하게 최상의 것이라고는 할 수 없다. 단지 여러 경쟁적인 모형들 중에서 최선의 것일 뿐이다. 그러나 채택된 모형은 확고한 이론적 기초를 가지고 있으며, 잠재변인을 측정하기 위해 사용된 척도는 신뢰할 수 있고, 단일요인의 성격을 가지고 있으며, 그 결과는 표집집단들(네 개 집단)에 의해서 타당화되었다.

가정환경과 자아개념의 모형은 다면적이고 위계적이다. 가정환경은 사회적 지위, 가족구조, 가족의 심리과정 특성 변인으로 나누어지며, 이 하위요인들은 다시 그 하위요인들로 나누어질 수 있다([그림 5-11] 참조). 자아개념은 하위요인으로 자아표현, 학문 자아개념, 사회 자아개념을 갖는다. 또다시 이 하위요인들은 다른 하위요인들로 분류될 수 있다([그림 5-11] 참조). 이 모형들을 뒷받침해 주는 다른 연구도 있다(Song, 1982).

가정환경 변인과 관련하여, 사회경제적 지위는 가족들이 계속 교육받을 수 있는 경제력이 있는가의 여부에 의해 나누어질 수 있다. 지위는 한 가정 내에서 작용하는 심리과정 특성에 중요한 영향을 미친다. 그러나 가족구조는 가족의 심리과정 특성에 직접적인 영향을 거의 미치지 못한다. 이 심리과정은 자아표현 자아개념에 가장 큰 영향을 준다. 자신감과 신체 자아개념은 비록 사회 자아개념이나 학문 자아개념에 대한 영향이 적다 하더라도, 사회 자아개념이나 학문 자아개념보다 가정의 풍토에 의해 영향받는 바는 아주 크다. 학문 자아개념은 학업성취에 가장 큰 영향을 미친다. 자아개념의 제2 하위구인의 학업성취에 대한 영향은 학문 자아개념에 간접적으로 영향을 미친다. 학업성적의 변화 혹은 사회 자아개념과 자아표현 자아개념의 변화는 다른 것에 영향을 미칠 듯하지는 않다. 자아개념의 인과적 모형을 탐구하는 연구자들은 자아개념의 다양한 구인들의 차이를 이해하여야 한다.

전체적인 설명에 대한 이해를 돕기 위해 간단히 언급해 보면, 주로 가족의 지위에 의해 영향받는 가족의 심리과정 특성은 자아표현 자아개념에 미치는 영향을 통하여 학업성취에 간접적 영향력을 행사한다. 자아개념의 세 개 구인은 모두 학업성취에 관련되어 있지만, 최대로 영향을 미칠 수 있는 것은 학문 자아개념을 통해서만 가능하므로, 학문 자아개념을 매개로 하여 관련된다고 해야 할 것이다.

이 결과는 한국 청소년을 기초로 한다는 점에 주의하여야만 한다. 이 결과가 타 문화, 다른 연령에까지 일반화할 수 있는지는 분명하지 않다. 오스트레일리아의 선행연구 결과를 보건대, 이 연구의 결과가 서구문화에 의미 있게 적용될 수 있지만, 다른 연령에 적용할 수 있는가의 문제는 문화에서보다 그 확실성이 훨씬 낮다.

8. 결론

인간의 모든 행동을 설명할 때 두 가지 접근이 가능하다. 하나는 유전성에 대한 논의이다. 인간 행동의 상당 부분을 유전적인 원인으로 보는 것은 누구나 부인할 수 없다. 다른 한편 인간 행동을 결정하는 중요한 요소로 환경적인 요인을 받아들일 수 있다. 유전과 환경 중 어느 것이 인간 행동에 더 영향을 주느냐는 문제는 심리학사만큼 큰 논쟁의 시간이 있었다. 이러한 논쟁은 이제는 거의 의미 없는 논쟁으로 되었고 그보다는 어떠한 상호작용이 이루어지느냐, 즉 인간과 유전 그리고 환경 간에 서로 어떠한 영향을 줄 수 있는 상호작용이 이루어지느냐에 관심이 모아진다.

이 장에서는 인간 행동의 핵심적인 심리적 특성인 자아개념에 환경적 변인이 주는 영향을 논의하였다. 그 답은 간단하지 않다. 왜냐하면 환경을 어떻게 개념화하느냐 또는 환경 중에 어떤 변인이 연구에 포함되느냐에 따라 너무나 다양할 뿐만 아니라 연구설계에 따라 그 차이 또한 크다. 그러나 이 장의 결론은 환경은 자아개념에 크게 영향을 준다는 것이다. 한 예로, 사회경제적 지위가 한 개인의 자아개념에 영향을 주는 결과는 다양하다. 이와 같이 다양한 이유는 똑같은 사회경제적 지위라도 가정에서 이루어지는 부모와의 상호작용이 상이하기 때문이다. 그러나 그 영향을 부인할 수는 없다. 이 장에서 특히 송인섭의 환경과 자아개념 그리고 학업성취와의 관계 연구에서 환경을 가정환경으로 그 개념을 줄이고, 그 가정환경을 지위환경, 구조환경, 그리고 사회심리적 환경으로 개념화하였을 때 자아개념에 영향을 주는 사실을 분명히 확인할 수 있었다. 그러나 가장 영향을 많이 주는 변인은 사회심리적 환경이었다. 이는 곧 사회경제적 지위가 아동의 자아개념에 영향을 주지만 가정에서 이루어지고 있는 아동과 부모의 상호작용이 더 크게 영향을 준다는 점을 확인할 수 있게 한다. 이를 구체적으로 정리하고자 한다.

이 장은 우선 성취, 창의성, 교사, 교수방법 그리고 학교조직과 자아개념의 관계에 대해 살펴보았다. 창의성과 자아개념의 관계를 조사해 보면 방법론적인 타당성을 충분히 갖고 있는 연구는 극히 드물다. 연구들은 기본적으로 평정법 검사, 자아보고활동 등에 의해 측정되고 있다. 창의성과 자아개념의 관계에 대한 대부분의 연구들에서 자주 사용된 검사는 Torrance(1966a, 1966b), Guilford(Guilford, 1957; Wilson, Guilford, & Christensen, 1953), Welsh(1959) 및 Barron의 검사가 있다.

더 나아가 가정환경 변인이 어린이 자아개념 발달에서 중요한 역할을 하고 있다는 심리학 문헌 내에 있는 명제들을 수용할 수 있다고 논의하고 있다. 어린이들이 그들 자신에 대한 생각과 느낌을 발전시키는 것은 부분적으로 보상과 벌을 통한 학습과 부모와의 동일시의 결과에 의한 것임을 가정했다. 동일시라는 말에 대한 정의는 혼란과 어려움이 있어 조작적인 정의로 그 개념을 전환시킴으로써 경험적인 탐색의 가능성을 주었다.

자아개념의 연구영역에서 내포된 한계점은 실험설계와 측정도구상의 문제점들이다. 이렇게 볼 때, 가정변인들과 어린이의 자아개념 사이에 인과관계가 명백하게 설정될 수 있는 경험적 연구의 설계는 어려워 보인다. 또한 현재의 연구는 상대적으로 제한된 수의 반응-반응(R-R) 관계를 탐색하며, 그들로부터 원인과 결과 관계를 언급하는 것을 포함하고 있다. 어린이의 자아존중감 수준이 부모의 자아존중감 수준과 관련되었을 것이라는 점과 그 부모의 관심도와 친밀도가 어린이의 자아존중감 수준과 관련된다는 증거가 있다. 출생순위가 어린이의 자아개념에 중요한 결정인자라거나, 혹은 가정에서 부모의 부재가 어린이의 자아존중감을 낮춘다는 것은 어떠한 증거도 없다. 또한 가족의 크기와 어린이의 자아존중감 간의 관계에서, 오직 남자아이들의 자아존중감만이 특별히 높다는 가능성에 대한 증거도 없다.

수년에 걸쳐 가정변인이 어린이의 자아개념에 중요한 요인이라는 시도가 얼마만큼 문헌 속에서 제시되었는지를 고려해 볼 때, 현존 연구가 어느 정도이고, 대답해야 할, 그리고 제기되어야 할 문제들이 얼마나 많이 남아 있는가에 주목해야 할 것이다.

특히 가정환경과 학업성적의 구조적 모형접근의 결과는 가정환경이 학업성적에 직접적으로 영향을 미친다는 견해를 지지하지 않는다. 사회경제적 지위 변인은 가족의 심리과정 특성을 통해 자아개념에 간접적인 영향을 준다. 자아개념과 관련해 볼 때 학문 자아개념은 비학문 자아개념보다 학업성적에 더 크게 영향을 미친다. 인간의 자아개념은 환경을 통해 형성된다.

제 6 장

자아개념 측정

1. 자아개념 측정의 의미

자! 처음 만나는 어떤 사람을 당신이 알고자 한다고 상상해 보자. 당신은 어떻게 그 사람에 대해서 알 수 있겠는가? 하나의 접근은 그 사람을 관찰한 자료를 종합해서 결론을 내리는 것이다. 그다음 접근은 그 사람을 아는 다른 사람으로부터 얻은 정보에 의지하는 방법이다. 좀 더 직접적인 방법은 말로 혹은 비형식적인 방법으로 그 사람에게 직접 자신을 기술하라고 요구하거나 그 사람과 상호작용하는 과정을 통해서 결론에 도달하는 것이다. 또 다른 대안적인 방법은 그 사람이 인쇄된 질문지에 답하게 함으로써 어떤 정보를 얻는 것이다.

이러한 접근방법들 중에서 어떤 것이 가장 정확하고 믿을 수 있는가? 어떤 접근방법이 그 사람을 정확히 말해 줄 수 있는가? 위에 논의한 상이한 방법들은 당신에게 똑같은 정보를 부여하는가? 당신은 어떤 방법을 사용하고 그 이유는 무엇인가?

지금 당신은 자아개념을 측정하는 상황을 생각해 보자. 당신은 피험자를 알기 위해 어떤 방법으로 접근할 것인가? 이제까지 제안된 접근방법은 이 같은 질문과 관계가 있다. 실제로 모르는 사람의 자아개념을 알고자 할 때, 자아개념을 연구하는 학자들은 위에서 논의한 것과 같은 접근방법을 사용한다(말하자면 행동관찰법, 타인을 통한 접근, 직접적인 상호작용, 면접이나 질문지 등을 통한 자아보고 등이다).

이들 중에 어떤 것이 자아개념을 연구하는 데 가장 정확하고 신뢰할 수 있는 방법인가? 실제로 어떤 접근방법이 한 사람의 자아개념을 이야기해 줄 수 있는가? 다른 접근방법을 통해서 얻은 결과와 어떻게 비교될 수 있는가? 자아개념을 연구하는 학자들은 어떤 접근방법을 가장 많이 사용하는가? 이들 질문의 첫 번째 세 개에 대한 대답은 비슷하고, 이 문제는 이 장의 다음 절 '자아개념 측정의 문제' 에서 다루어질 것이다. 마지막 질문에 대한 대답은 자아개념을 측정하고자 하는 사람들에게 적용되는 문제다.

일반적으로 직접적인 행동관찰은 타인에 의한 평정방법보다 선호된다. 왜냐하면 후자는 덜 신뢰할 수 있고 덜 타당한 자아개념의 측정방법으로 생각되기 때문에 그렇다. 그러나 교사, 부모, 친구와 같은 자료제공자의 보고에 관한 연구는 다른 사람의 평정방법이 만약에 다원적이라면 신뢰할 수 있고 타당하다고 한다.

자아보고, 행동관찰, 타인의 평정방법을 상호 비교하면서 Moskowitz(1986)는 각각 그 나름대로 문제가 있다고 했다. 한 사람이 자신에 대해서 보고하는 상황이 생길 때 어떤 심리적인 상황이 내적으로 일어나는지를 논의할 필요가 있다. 다양한 자아보고 접근방법이 있지만, 질문지 접근방법이 뚜렷한 이유도 없이 가장 널리 사용된다.

자아개념 보고 과정

어떤 사람이 질문지를 통해 자신을 기술하거나 평정하거나 또는 보고를 요구할 때, 그 사람은 어떻게 그와 같은 것을 하는가? 자아보고 과정에서 어떤 것들이 포함되나? 자아개념에 관한 보고에 영향을 주는 세 가지 중요한 요소가 있다. 첫째, 자아보고는 기억 속에 있는 자아관련 지식의 조직과 접근에 의해서 영향을 받는다. 둘째, 자아보고는 특별한 배경, 상황과 문화와 관련된 많은 기대와 단서에 의해서 영향을 받는다. 셋째, 자아보고는 개인적이고 발달적인 차이에 의해서 많은 영향을 받는다.

자아개념 관련 지식의 접근과 조직 자아보고 과정은 기억의 작용에 의한 것이다. 자신을 기술하기 위해서 혹은 자신의 특성에 관한 어떤 결정을 하기 위해서 어떤 사람은 기억의 정보에 접근한다(Rogers, 1974). Ericsson과 Simon(1980)은 변별학습과 문제해결학습과 같은 인지적인 과정에 관한 정보의 보고는 단기기억이라고 하였다. Ericsson과 Simon (1980)은 한 사람의 감정, 계획, 평가에 관한 정보를 정상적으로 단기기억에서 얻게 된다는 것을 주장하고, 자아보고 방법이 유용하다고 하였다.

사회인지 심리학자들은 자아보고 과정에 중요한 의미를 부과하는 기억에서 자아의 다양한 특성에 초점을 맞추었다. 예를 들어, Wyer과 Srull(1986)은 자아관련 정보탐색이 장기기억 속에 있는 자아 저장통으로부터 얻은 정보의 획득 결과라고 주장한다. 이 저장통은 일반성의 수준에 따라 정도의 차이가 있고, 기억장치를 통해서 상이한 상황과 역할 그리고 다른 사람들과의 관계를 거쳐 자아의 다양한 국면에 관련된다.

자아관련 정보는 정신도식이라는 의미에서 구조화된 개념을 근거로 해서, 자아가 자기 자신과 타인에 관한 정보의 과정에 영향을 준다고 한다. 실제로 연구자들은 자아도식이 기억에 강한 영향을 주고 있다고 보고한다(Fiske & Taylor, 1984; Kihlstrom et al., 1988).

예를 들어, 자아에 주는 영향에서 자신의 자아에 관련 있는 것은 관련 없는 것에 비하여 우리의 기억 속에 오래 남아 있다. 그러나 이 같은 연구는 자아와 타아에 관한 정보의 저장이라기보다는 정보의 해석과 획득이다. 자아보고 과정을 기술하는 데 대부분의 인지학자와 사회인지 심리학자들은 이 과정에 영향을 주는 편파성에 관심을 둔다. 만약 가장 자아보고가 잘되는 것이 현재 접근이 되는 것이고 현재 얻어지는 것이라면, 그때 접근과 회상에 영향을 주는 것은 자아보고에 편파적일 수 있다.

요약컨대, 자아에 관한 기억정보의 접근과 조직은 개인이 자신에 관한 정보를 보고할 때 중요한 역할을 한다. 정보는 쉽게 접근되고 관여되며, 과거에 자아에 포함되었던 것들은 보고된다. 그러나 많은 이유 때문에 자아의 어떤 측면은 보고될 수 없고 보고가 되지 않을 것이다.

배경, 상황, 문화적인 요인 자아보고에 대한 과정은 배경, 상황, 문화에 의해서 영향을 받는다. 많은 연구자들은 자아가 배경의 효과에 민감하다고 한다. 실제 자아의 어떤 개념은 상황에 변하는 자아라고 볼 수 있다(Stryker, 1980, 1987). 이와 같은 논의에 따르면 배경, 상황 요인은 자아관련 정보를 얻고 거르는 데 영향을 준다. 예를 들어, Markus와 Nurius(1986, 1987)는 한 개인의 자아지식의 유일한 하위개념이 경우에 따라서는 강하게 나타날 수 있다는 것을 이야기하고 있다. 이는 자아개념의 기능을 의미한다(Gibbons, 1990; Hewitt, 1979). 어떤 연구자들은 욕구와 같은 동기가 자아기술 접근에 영향을 줄 뿐만 아니라, 한 개인들이 특별한 시점에 자기 자신을 어떻게 기술할 것인지에 영향을 준다고 한다(Kunda & Sanitioso, 1989).

McGuire 등(1988)은 한 개인의 현상적인 자아감각은 다른 사람에 의해서 경험되는 자아를 나타내는데 이는 사회적인 상황에 따라 상이하다. 예를 들어, 그들이 학교에 관한 것보다 가족 상황에 대해서 질문을 받았을 때 어린이들은 동사보다는 상태라는 의미에서 자신을 수동적으로 기술한다. McGuire 등(1986)은 이 같은 것을 전자는 후자보다 덜 작용하고 있다고 한다. 자아표현에 관한 연구는 많은 방법으로 자아표현이 자아보고에 영향을 줄 수 있다고 한다. Schlenker(1980, 1986)는 상이한 상황은 상이한 자아관련 동기를 야기할 뿐만 아니라, 상이한 청중은 개인들이 어떻게 자신에 관해 생각하고 표현하는가에 영향을 준다.

좀 더 즉각적이고 특별한 배경상황을 첨가해서 그 보고 과정에 문화적인 영향이 있다. 자아에 관한 보고에 중요한 영향을 주는 자아와 문화분석에서 Andersen(1987)과 Cousins(1989)는 다양한 가정을 하고 있는데, 개인은 집단 속에서 문화의 영향을 받아 자아보고를 하게 된다. 요약컨대, 즉각적인 배경, 상황적인 단서, 문화적인 요소 등은 한 개인이 자신에 대해서 보고할 때 영향을 줄 수 있다. 그래서 특별한 배경과 문화에서 상이하게 인식된 욕구는 자아의 상이한 측면이라는 것이 고려되어야 할 것이다. 덧붙여서 문화적인 규준은 개인이 어떻게 자신에 관해서 보고하는지뿐만 아니라, 그들이 실제로 자신에 대해서 어떻게 생각하고 있는지에 영향을 준다.

개인차 자아에 관한 보고 과정에 영향을 주는 세 번째 요인은 개인차와 발달 변량이다. 많은 연구자들과 분석가들은 자아보고의 과정에서 이 요인들의 영향을 중시하고 있다. 자아에 관한 보고에 가장 관련 있는 개인발달 변인들 중에는 자아통제, 자아인식, 특이성 그리고 이전 자아 보고경험 등이 있다. 자아통제에 의한 한 개인의 자아표현은 자신의 내적인 상태와 특성이 일치한다. 그래서 낮은 자아통제의 보고는 높은 자아통제자보다 상황과 배경 요인에서 덜 영향을 받는다. 자아발달차에 대한 연구는 유아와 청년에서, 특히 자아보고의 내용이 연령 변화에 따라 차이를 나타내고 있음을 제시할 수 있다(Harter, 1983; Montemayor & Eisen, 1977). 예를 들어, 나이가 들면 들수록 어린이들의 자아보고는 특별하고 구체적인 행동과 신체적인 특성으로부터 일반적이고 추상적이며 심리학적인 특성으로 변화하고 있음을 볼 수 있다.

요약컨대, 다양한 개인차와 발달은 자아에 관한 보고 과정에 영향을 주고 내적 · 외적 자아관련 단서에 대한 개인의 관심뿐만 아니라, 그들의 과거 자아보고 경험에서의 차이도 그 과정에 영향을 준다. 덧붙여서 발달적인 변화는 질적인 자아보고와 관련된다.

자아보고와 생의 과정

자아개념 보고 형식에서 영향을 주는 세 조건에 대해서 생각해 보았다. 결론적으로 우리는 세 요소로 돌아가 생의 과정에 걸친 자아보고 과정에 대한 문제를 생각해 볼 필요가 있다. 자아관련 지식의 접근과 조직을 통한 자아보고 과정은 반응자의 연령이라는 측면에서 상이할 것이다. 예를 들어, 어린이들은 잘 정의되고 잘 정교화된 자아기제를 갖고 있지 않아, 그들의 자아보고는 어른의 자아보고보다 자아에 대한 관련성과 조직성이 적을 가능성이 있다.

대안으로 만약에 장년과 관련된 기억인자가 있다면 장년의 자아보고는 소년들의 자아보고와는 다를 것이다. 인지 왜곡은 연령에 따라 달리 작용할 것이다. 예를 들어, 청소년은 자아에 관한 어떤 자료가 성인이나 아동에 비해 아주 다르게 나타날 가능성이 있다.

비슷하게 성인의 자아보고는 경력과 직업을 포함하고 있다. 반면에 어린이의 자아보고는 학교와 학업성취에 관련된 차원을 포함하고 있다. 상이한 연령집단은 상이한 배경, 상황, 문화적인 요인에 따라 실제 생에 걸쳐 다른 자아보고 과정이 보일 것이다. 이 요인들은 생의 다른 연령에서 달리 작용할 가능성이 있다. 예를 들어, 성인들은 어린이들이 학교상황에 자아보고를 하는 것에 비해 가족에게 자아보고를 할 것이다. 청소년은 발달한 후에 배경적이고 상황적인 요인의 영향이 극소화될 가능성이 있다. 그러나 이 요인들은 성인에게서도 중요하다. 물론 문화는 개인이 삶을 통해서 지날 때 정체되어 있지 않다. 그리고 문화의 변화는 자아가 특별한 상황에서 어떻게 정의되고 이해되는지의 변화를 포함할 수 있다. 문화 요인은 어떤 연령에서는 다른 연령보다 좀 더 크게 작용할 가능성이 있다.

개인차와 발달에 관한 세 번째 요인은 삶을 통한 자아보고 과정이다. 예를 들어, 대부분의 개인차 요인들은 발달적인 상황에 영향을 받는다. 연령은 이전 자아보고 경험과 긍정적인 결과를 낳고, 나이가 증가하면서 좀 더 합리적으로 변하고 정보과정 능력을 갖는다.

2. 자아개념 측정상의 문제

측정도구의 신뢰도

타당도와 신뢰도는 측정을 위해서 기본적으로 떼어 놓을 수 없는 문제들이다. 사실상 그들은 동전의 양면과 같다. 한 측정의 반응변량의 구성변량은 오차와 비오차로 분화할 수 있다. 즉, 신뢰도는 한 측정이 가질 수 있는 타당도 범위 내에서 논의될 수 있다. 제한된 의미로, 만약 모든 점수변량이 타당하다면 타당도는 신뢰도의 제곱근과 같게 된다.

조작적으로 볼 때 신뢰도는 두 개의 특성으로 나누어진다. 첫째는 일관성이고, 둘째는 안정성이다. 그러나 최근 이 같은 개념화는 어느 정도 단순화되었다는 점과 경험적인 의미에서 좀 문제가 있는 것으로 지적되고 있다(American Psychological Association, 1966; Lord & Novick, 1968; Stanley, 1971).

행동의 한 형태로서 사회적 · 심리적 측정에 초점을 맞춤으로써 한 측정도구에 대한 반응변량의 다양한 출처인 측정도구의 특별한 특성, 특성의 상황이 측정되는 역사적인 맥락, 피험자의 특성, 그리고 의도되지 않은 잔여변량들이 다루어질 수 있다. 측정도구에 대한 변량이 오차변량의 부분으로 간주될 수 있는지, 혹은 조직적이고 신뢰할 수 있는 변량 내에 포함될 수 있는지의 여부는 연구자가 그의 해석적 상황 안에서 가정하고 만드는 정의의 문제다.

한 중요한 조작적 단계는 변량의 정의와 일관된 경험적 절차의 적용이다. 그러한 절차는 측정 특성의 다원적인 예와 형태를 사용하고, 상이한 형태들 사이의 공변량을 관찰함으로써 특성에 포함된 비신뢰성을 일반적으로 추정하는 것이다. 이 같은 논리성을 사용하는 전통적 신뢰도 추정방법에는 동형검사, 반분검사, 내적 합치도, 검사 · 재검사 신뢰도의 방법 등이 있다. 각 방법은 단일 차원만을 취급한다. 최근의 신뢰도에 대한 접근방향은 반응 출처에 초점을 맞춤으로써 오차에 대한 좀 더 자세한 분석을 시도하는 것으로, 이 방법은 변량분석 방법에 의하여 오차를 구성하는 분자의 분석을 추구한다. 이 접근은 상이한 상황, 상이한 측정도구 형태, 상이한 검사자 등의 직교조합을 시도함으로써 측정변량의 상이한 원칙을 추정하는 것이다(Cronbach, 1972; Fiske, 1971; Stanley, 1971).

자아개념 측정에 대한 신뢰도의 어떤 계수는 설명적인 자료가 될 수 있지만, 연구자 혹은 그 사용자에게 자아개념의 구인에 대해서는 일관성 혹은 일반성이 중요한 관심사가 될 수는 없다. 특히 중요한 문제는 자아개념 측정도구의 신뢰도 보고에서 내적으로 일관된 안정성 계수가 제시되는데, 내적 일관성 계수(KR-20, α계수)는 문항의 일관성 집합을 나타낼 뿐이다. 그래서 연구자는 측정을 완전하게 하고 있다는 생각은 말아야 한다.

내적 일관성 측정절차는 문항집합 내의 동질성이라는 가정을 요구한다. Lord와 Novick(1968)은 신뢰도 추정치로서 α계수가 문항들이 동질적인 정도를 포함한다고 하였으며, Nunnally(1967)는 대안적인 접근방법으로 문항집합은 공변량의 어떤 공통된 부분을 내포하고 있어야 한다는 점을 지적했다. 만약 문항집합체가 이질적이고 문항들이 이질적인 특성에 따라 나뉘어야 한다면, 내적 일관성의 계수는 그렇게 유익한 방법이 아닐 것이다. 그래서 다른 추정접근이 요구된다. 문항집합의 개개 계수가 합리적으로 계산될 수 있는 동질적인 하위문항으로 나뉘어야 한다(Stanley, 1971). 만약 문항군이 단일 지수를 형성하고 있다면, 오차 형태에 따라 반분 신뢰도, 동형검사 신뢰도 혹은 재검사 신뢰도

과정이 진행될 수도 있다.

안정성 계수의 사용은 실제적 가정을 한다. 자아개념의 측정 상황에서 일시적 비안정성은 비신뢰성의 원인이 되는 비조직적 오차를 반영한다(적당한 시간차를 두지 않은 재검사 신뢰도 검사 과정의 경우). 예를 들어, Coopersmith(1967)의 관심은 좀 더 특수화되고 일시적인 변화보다는 일반화된 자아개념의 추정에 있다. 이 결과로 그는 실제적인 시간 간격을 두고 실시한 검사 · 재검사 신뢰도 계수의 결과를 보고했다. 안정성이 없는 상황에서 자아개념의 타당도와 신뢰도는 혼동될 수 있다. 이 같은 경우 안정성 계수는 신뢰도 계수로 이용될 수 없다.

자아개념 연구자들은 신뢰도 추정절차의 선택은 이론적 구인 혹은 측정된 변량을 포함해서 측정에 깔려 있는 과정의 본질에 관한 함축적 의미를 포함한다는 점을 인식해야만 한다. 이상적으로 자아개념 연구자는 조직적 측정변량의 상이한 부분을 반영하면서 다양한 지수를 보고하고, 혹은 다원적 추정절차를 사용해야 한다. 이 같은 것이 현실화될 수 없을 때, 연구자는 측정도구의 개발과 사용이라는 맥락에서 가장 해석적으로 의미 있는 지수를 제시해야 한다.

Wylie(1979)는 신뢰도 계수를 계산할 수 있는 비교적 용이한 사용법들이 있음에도 불구하고, 자아개념 연구에서 사용되는 측정은 그러한 정보를 제시하지 못한다고 지적한다. 그래서 그녀는 신뢰도 추정이 실제 연구에서 항시 보고되어야 함을 주장한다. 그러한 정보는 의미 없는 수치의 보고를 말하는 것이 아니라, 해석에서의 유용함을 의미한다. 신뢰도는 개념을 고려하지 않은 기술적 과정이 아니다. 그것은 항시 일관성이 있어야 하는 이론적 · 해석적 맥락 위에서 다루어질 문제다.

측정도구의 타당도

자아개념 측정에서 타당도의 문제는 개념적으로나 경험적으로 신뢰도 문제보다 더 복잡하고 난해하다. 많은 접근방법들이 있기 때문에 타당도라는 용어는 다양한 종류의 의미를 내포하고 있다. 전통적으로 심리검사에서, 첫째는 예언 혹은 준거타당도, 둘째는 내용타당도, 셋째는 구인타당도 등의 세 종류의 개념으로 나누고 있다(American Psychological

Association, 1966; Cronbach, 1971).

준거타당도는 반응자들에 대한 의사결정, 즉 인사 혹은 장학금 선정기준 등을 정하는 것을 돕도록 구성된 검사다. 그러한 경우에 관심의 대상이 되는 준거는 구체화된 행동, 혹은 사건을 의미한다. 그래서 그 측정은 그 준거를 구성한 행동을 예언하고 나타내는 데 의도가 있다. 준거타당도(종종 실제적 타당도로 간주됨)는 경험적인 준거와 예언준거로서 지표 사이의 상관관계에 의해 추정된다.

이 같은 개념은 아주 직설적인 의미를 갖지만, 사회심리적 측정에 적용하기에는 한계점이 있다. 한 준거의 선택과 측정은 아주 어려운 과정이기 때문이다. 자아개념은 여러 행동으로부터 추론되고 요약되는 특성이기 때문에 특별한 행동이나 관찰된 특징은 포함하지 않는다. 즉, 자아개념은 관찰될 수 없다. 자아개념의 구인에 포함되는 심리적인 경험은 사적이며 공개되지 않은 개인적인 현상이기 때문에, 직접적으로 관찰자에게 나타나지 않고, 관찰된 행동으로부터 단순하게 예언될 수 없는 것이다. 결국 자아개념의 특성을 완전하게 지시하고 자아개념의 준거타당도 측정을 위해서 사용될 수 있는 행동들을 단일하게 표현한 분류는 없다. 이 때문에 전통적 시각에서 준거타당도는 자아개념 측정에 부적당하고, 준거에 관련된 타당도가 의미하는 어떤 관련된 접근이 구인타당도의 한 부분으로 논의될 수 있을 뿐이다.

APA(American Psychological Association, 1966)의 기준에 따르면 내용타당도는 검사의 내용이 결론으로 추론되는 상황, 혹은 분류를 얼마나 잘 표집하느냐로 보고 있다. 내용타당도에 대한 개념은 자아개념을 포함해서 적성과 인성 특성연구의 모든 면에 적용될 수 있다. 측정문항이 의미와 내용을 포함하는 정도에 따라 그들은 어느 정도까지는 한계성과 특수성이 있을 것이다. 언어와 문항이 하나의 특별한 의미를 나타낼 수 있기 때문에, 어떤 단일한 문항 혹은 문항집합의 한 구인이 의도하는 의미를 완전하게 나타낼 수는 없다. 이러한 맥락에서 볼 때, 하나의 특별한 도구는 내용의 일반적인 영역으로부터 행동, 언어 혹은 무엇이든지 간에 어떤 한 부분만을 나타낸다. 그리고 중요한 특징은 특수하게 분화된 그 부분이 영역의 대표로서 얼마나 기능을 잘하느냐의 문제에 있다. 확실히 내용타당도는 자아개념 측정에 중요하고, 측정도구 구성에서 핵심적 역할을 하고 있음을 볼 수 있다.

구인타당도는 어떤 설명개념, 혹은 구인이 검사에 나타나는 정도를 설명력으로 정의할 수 있다(American Psychological Association, 1966). 내용타당도는 한 도구에서 행동의 표본을 강조하는 반면에, 구인타당도는 한 개념적 모형을 참고해서 이들 반응을 설명하고 해석하는 데 강조를 둔다. 한 구인이 한 도구에서 개인차를 설명하는 정도에 따라, 그 측정은 구인관련 점수변량을 나타내는 정도와 그 구인의 타당한 지표를 구성하는 것으로 고려할 수 있다. 많은 관점에서 구인타당도는 예언·준거타당도와 내용타당도보다 더 중요하다.

타당도의 네 번째 형태인 안면타당도는 심리측정 이론가들이 타당도에서 중시하지 않는 방법이다. 그러나 자아개념 측정에서 타당한 형태로 사용될 수 있는 안면타당도는, 연구자가 실제 경험 자료를 분석하지 않고도 측정도구의 양호도를 가정하고, '충분히 좋은 것처럼 보인다' 고 대변할 수 있는 방법이다. 안면타당도는 내용타당도보다 덜 정교한 방법이다(Fiske, 1971). 그러나 그것은 구인타당화 과정에서 중요한 역할을 한다. 그 용어는 상이한 연구 접근방법의 여러 의미를 포함한다(Mosier, 1947). 자아개념 측정에서 가장 주요한 것은 Mosier(1947)의 '가정에 의한 타당도' 와 '가설에 의한 타당도' 다. 이 둘은 측정이 갖는 '외견' 에 기초를 둔 질적 판단을 포함하나, 그 둘이 갖는 함축적 의미는 다르다.

안면타당도의 두 번째 형태는 실제로 모든 타당화 절차에서 출발 역할을 한다. 하나의 해석, 혹은 구인과 측정의 연결은 연구가 수행되기 전에 필요하고, 이 같은 연결은 주관적 혹은 판단적 근거 위에 만들어질 수 있다. 그러나 심리적 측정의 타당화는 이 같은 출발점을 도외시하고 진행하는 데서 문제가 발생한다.

Wylie(1974)가 보고한 것처럼, 자아개념 측정의 대부분은 좀 더 조직적인 타당화 과정이 필요한 상태로 사용되고 있다. 이 같은 문제는 자아개념 척도가 타당한 측정도구를 발전시키지 않은 데에 부분적 원인이 있다. 또한 반복연구가 되지 않는 데에도 문제가 있다. 덧붙여서, 자아개념 구인의 명료성은 절실히 필요하지만, 가정에 의한 타당화 과정은 문제시될 수 없는 것이다. 문제는 이 같은 논의가 지지될 수 없다는 점이다. 특히 자아개념과 같은 난해한 구인에 있어, 그 구인의 명료한 자료가 없기 때문에 어떠한 자아개념 도구에 대해서도 타당화에 대한 가정이 쉽게 받아들여질 수 없다.

과학적 탐구의 장점은 절차, 발견, 해석의 의사소통과 재적용에 있다. 반면에 안면타당도는 기본적으로 사적이며 전문가에 의거한 과정이다. 측정들의 해석적 목적을 위해서 받아들일 수 있는 절차는 구인타당도 범주 안에서 논의될 수 있다.

자아개념 측정도구의 타당도 타당도는 한 측정치가 가지고 있는 어떤 것이 아니라, 연구 · 탐색 · 설득의 과정을 통하여 측정에 부여된 질적인 판단이다. 타당도는 고립된 상태로 측정에 의미를 부여하는 것이 아니라, 특별한 해석적 맥락 안에서 측정에 의미를 부여하는 과정이다. Cronbach(1971)가 지적한 것처럼 우리는 도구를 타당화하는 것이 아니라 검사도구의 특수한 사용 혹은 해석에 관심을 둔다.

타당도는 논리적이고 경험적인 요소를 포함하고 있다. 따라서 타당도의 두 가지 중요한 동의어는 '그럴듯함' 과 '실용성' 이다. 그러나 과학적인 행위의 타당도는 역시 수사적인 실제 그 이상의 것이고, 주장을 지지하고 확인하는 사실들을 수집하고 발전시키는 탐구의 과정이다. 이러한 관점에서 볼 때, 타당화는 측정검사와 특별한 이론적 구인 사이의 관계에 관한 가설에 초점을 둔 가설 검증의 형태다(Cronbach, 1971; Peak, 1953).

타당도의 과정적인 특성은 역시 귀납적인 과정이기 때문에 타당도는 가능한 한 많은 자료로부터 증거를 요구한다. 그래서 단 하나의 증거는 충분한 설득력을 갖지 못한다. 그러나 자료의 다원성은 논의의 과정에서 종합된다. 더욱이 타당화는 시안적이고, 역동적이며, 계속적인 과정이다. 한 측정의 타당도는 결코 증명될 수 없고, 어떤 특별한 시간에 다소 그럴듯한 특성을 나타낼 뿐이다. 새로운 증거는 계속적으로 유용할 뿐 아니라 낡은 증거에 대한 새로운 해석으로도 이용된다. 때로는 타당도 증거의 축적은 별로 공헌을 하지 못한다는 지적이 있을 수 있다. 측정에 대한 확신을 위해 조금도 새로운 정보를 제공해 주지 못할 수도 있다. 그러나 자아개념을 포함한 거의 모든 심리적 · 사회학적 구인의 측정을 위해서 이 같은 것은 실제적 가능성이라기보다는 가설적 이상이다.

앞에서 언급한 것처럼 특별한 자아개념 측정도구가 그것이 사용되는 연구의 맥락, 다양한 상황과 동떨어진 상태로 타당하다 혹은 타당하지 않다는 것은 결코 있을 수 없는 일이다. 왜냐하면 그러한 진술은 의미가 없기 때문이다.

내용타당도 내용타당도와 구인타당도를 구별하면서 Loevinger(1957)는 심리적 측정문항을 신호와 표집으로 간주할 수 있다고 보았다. 어떤 가설적 구인을 지표로 사용할 때, 어휘적 자아의 진술은 구인과 관련된 과정을 구성하고 있는 행동의 형태에 신호를 부과하는 것이다. 이 같은 맥락에서 각 문항 혹은 문항군은 측정을 위해서 선택될 수 있는 어휘에 의한 자아진술의 모집단으로부터 표집된다. 구인타당도는 심리적 특성으로서 측정개념에 관련된 것이고, 반면에 내용타당도는 표집으로서 측정에 관련된다.

그러나 자아개념 측정도구에서 개념적으로 구별할 수는 있지만, 구인타당도와 내용타당도는 실제적인 관련을 갖고 있다. 만약 구인타당도가 한 구인의 측정에 원인이 될 수 있는 정도라고 한다면, 내용타당도는 역으로 그 구인을 나타내는 대표성과 관련을 갖게 된다. 이 같은 상호 관련성 때문에 구인타당도에 관한 결정은 내용타당도에 관한 결정에 의존한다. 경험적인 타당화 과정은 분명히 이 같은 독립성을 반영하고, 구인타당도 연구물의 대부분은 합리적인 내용타당도를 갖고 있다는 것을 가정한다.

구인타당도 우리는 자아개념과 같은 특별한 구인과 경험적인 관찰 혹은 측정을 위한 특별한 절차 사이의 관계를 만드는 과정으로 구인타당도를 볼 수 있다. Fiske(1971)가 지적한 바와 같이, 구인타당화 과정에서 한 연구자는 한 측정 혹은 한 구인만을 타당화하는 것이 아니라, 구인과 측정을 함께 타당화하는 것이다. 만약에 타당화가 실패하면 측정은 부당하고 그 구인의 설명은 정확하지 않게 된다. 그러나 측정은 고립된 측정도구와 상응하는 구인뿐만 아니라, 구인조직(그 구인의 설명, 구성분자, 구성분자의 차원, 다른 구인과의 관계)과 측정조직(관찰된 점수군) 사이에 가정된 구조 동일성을 포함한다. 구인타당도는 이 같은 가정을 만들기 위한 경험적 근거를 탐구하기 때문에, 그 관계의 부분들을 포함하는 다원적 자료를 필요로 한다. 여기서는 두 부분으로 나누어 논의하고자 한다.

첫 번째 부분은 내적 구조분석에 초점을 둔다. 이는 구인 안에 포함된 변인들의 관계에 관심을 둔 것이다. 두 번째 부분은 다른 다양한 경험적 현상과 그 구인과의 관계적 맥락에서, 그리고 다른 구인과 행동의 관계에서 타당도의 외적 관계에 관심을 둔다. 이러한 문제를 Cronbach와 Meehl(1955)은 '내외 간 관계분석(nomological network)' 이란 용어로 설명했다. 이 같은 구조 타당화는 한 구인 내의 측정치의 관계와 그 구인과 다른 관찰한 구인의 관계 간의 탐구를 포함한다.

자아개념의 내적 준거분석에 대한 논의

대안적 반응해석 한 구인에 대한 측정의 점수로부터 내적 개인변량을 설명하기 위해 요구되는 조건은 경쟁적 설명이나 가설에 의해서 결정된다. 그러므로 타당도는 연구자가 제안한 구인과 측정의 관계가 다른 해석과 측정의 관계보다 더 합당하다는 것을 보여 줄 것을 요구한다. 심리학에서 측정의 세분화는 지각, 인식, 동기화의 내면적 · 외면적 역동성을 포함하는 행동의 이론이다.

결과적으로 사회과학 분야에서 자아개념의 측정에 대해 다양한 해석을 할 수 있으므로, 경쟁적 해석의 문제를 해결한다는 것은 해석의 상대적 우선성을 결정한다는 것을 말한다. 일반적으로 이 같은 결정의 준거는 개념적인 단순성과 간결성이다. 그렇다면 좀 더 단순하고, 좀 더 기본적으로 측정의 변량을 설명한다는 것이 가능한가? 구인타당도의 한 부분은 일반적으로 측정의 외생적 영향, 혹은 관련되지 않은 반응 결정인자의 점수변량이 최소화되므로, 그렇게 중요하지 않다(Wylie, 1974).

우선 자아개념 측정에 대한 반응들(혹은 심리적 측정의 어떤 종류)은 측정행동을 대표한다. 그러므로 설명의 우선성 문제가 제기된다. 그 예로는 인성특성에 대한 생각이나 한 특별한 반응을 설명하기 위해 가설적 구인을 포함시킬 필요가 있는가, 한 사람의 자아개념에 높은 점수를 할당할 수 있는 이유가 그 사람이 그 측정상황이 아닌 다른 상황에서 높은 수준의 어떠한 특징에 의해서 결정되는가 등이다.

자아개념에 관련된 외생적 영향은 일반적으로 편파반응이라고 간주되는 반응세트, 반응형태, 반응경향과 같은 요인을 포함한다. 측정의 특징 그 자체가 자동적으로 타당도를 위협하는 요소가 아니라, 그들이 어떠한 방법으로 개인 점수변량을 증진 · 감소하느냐에 관련된다.

사회적 호감도 심리측정 문헌은 반응세트와 반응형태의 자료들을 다루고 있다. 일반적인 인성검사에 관한 자료는 많지만, 자아개념 검사에 대한 자료는 많지 않다. 기본적으로 사회적 호감반응은 개인차라기보다는 사회적으로 받아들여지고 가치 있게 여기는 것을 반영하는 상투적인 반응으로 간주된다. 자아개념 측정에서는 이런 사회적인 호감이 매우 심각하게 타당도를 위협하는 요인으로 본다. 그래서 반응에 일관성 결여가 나타난다.

그러나 자아개념 측정을 위한 사회적 호감도 타당도 주장은 잘못되고 있는 듯하다. 과연 사회적 호감도라는 것은 정확히 무엇을 말하는가? 그 용어에는 익숙하지만 사회적 호감도는 단순히 동의어적 개념으로 사용해서는 안 된다. 중요한 구별은 문항내용과 반응습관 차이로 구분된다(Crowne & Marlowe, 1960; Pervin & Lilly, 1967). 전자는 상투적으로 양호한 반응을 끌어내는 측정절차의 능력에 대한 관심으로, 사회적 호감도에 관한 Edwards(1957)의 연구를 반영한다. 검사문항이 갖는 사회적 호감도는 상대적으로 그 문항의 객관적 특징과 상이한 개인과 집단에 있다는 것을 의미한다. 사회적 호감도에 대한 후자의 접근은 개인특성으로 본다. 문항내용 중 사회적으로 바람직한 내용에 반응을 하는 반응자의 경향으로 본다. 이 같은 접근은 Crowne과 Marlowe(1960, 1964)의 연구에서 충분히 논의되었는데, 사회적 호감도는 인정을 위해 동기화된 행동과 문화적으로 인정된 습관에 따라 행동하려는 특징으로 보인다. 실제로 동기에 관한 Crowne과 Marlowe의 연구는 행동의 특별한 형태로서 심리검사 상황에 응용되는 인성의 사회학습이론이고, Edwards(1967)의 연구는 사회적 호감도를 넓은 인성행동으로 보고 있다.

이 같은 맥락에서 볼 때, 인성형태로서 해석된 사회적 호감도는 외생적 원인으로 볼 수 없고, 대신 인간의 행동이론 내에 포함될 수 있는 대안적 구인이 될 수 있다. 이처럼 사회적 호감도를 무조건 자아개념 반응변량의 원인으로 볼 수는 없다. 왜냐하면 그것은 이론적 혹은 가설적으로 해석된 자아개념 점수가 아니기 때문이다.

사회적 호감도와 자아개념의 관계에 관한 경험적 증거를 통해 사회적 호감도의 영향을 시정하기 위한 다양하고 상이한 방법들이 있다. 첫 번째 방법은 Thurstone 척도의 절차와 평가자 집단을 사용하며, 객관적 호감도 값을 위한 검사문항을 척도화하는 것이고, 그때 이들 사회 문항 값은 각 체크리스트에서 자아진술을 위한 문항을 사람들이 선택하도록 하거나, 어떤 평균점수 척도의 한 문항에 대해 시인한 확률과 상관관계를 나타내는 것이다. 이 상관관계가 높으면 높을수록 측정문항에 대한 사회적 호감도의 영향은 크다.

Kenny는 .63부터 .82까지의 상관관계를 보고하고 있는 반면에, Cowen과 Tongas는 .90 이상의 관계를 제시하고 있다. 그래서 그들은 자아개념과 자아측정이 사회적 호감도를 너무나 크게 포함하기 때문에, 후자 변인은 독립적 의미를 상실하는 것으로 보인다는 결론을 내렸다.

그러나 이러한 결론은 의문시되며 사회적 호감도 척도가 '시인한 빈도' 보다 중요하다고 가정할 만한 이유는 없다. 사실상, 사회적 호감도 값은 승인 혹은 시인의 확률과 혼용된다. 왜냐하면 후자는 인지된 사회적 호감도의 중요인자 혹은 결정인자이기도 하기 때문이다. 첨가해서 척도화된 문항 호감도 값과 승인확률은 개인차를 무시한 집단특성이며, 그들은 내적 개인변량이 아니라 집단평균을 포함한다. 문항의 호감성에 대한 지각 정도는 개인별 변산을 가지고 있다. 즉, 사회적으로 바람직한 척도 가치를 가지고 있는 문항에는 진반응을, 사회적으로 바람직하지 않은 척도 값을 가지고 있는 문항에는 거짓반응을 할 가능성이 있다(Edwards, 1957).

이 접근은 그 문항의 사회적 호감 정도에 대한 반응자의 지각, 반응 순간의 그 호감성에 대한 인식 그리고 반응을 하고자 하는 동기화(그 반응이 집단 특수화 특성에 관계없이 정직성이 있든지 없든지 간에)를 고려하지 않는다. 결과적으로 Cowen과 Tongas의 강력한 주장에도 불구하고, 그러한 절차는 자아개념 측정에 관한 변량을 설명할 수 없다.

사회적 호감도의 영향을 추정하기 위한 두 번째 방법은 피험자가 자신을 좋게 보일 수 있도록 지시하는 지시상황을 들 수 있다. 그러한 상황 밑에서 얻어진 자아평정은 '정직'이라는 지시를 통해서 수행된 평정척도와 비교될 수 있다.

세 번째 방법은 자아개념 측정과 사회적 호감도 반응경향 사이의 관계에 대한 접근이다(Edwards, 1957; Ford, 1964; Marlowe & Crowne, 1960). 보고된 상관관계는 0에서부터 .5의 지수를 나타내고 있다. Marlowe와 Crowne(1960)의 사회적 호감 척도(social desirability scale: SDS) 그리고 Ford의 사회적 호감 척도의 경우에 자아개념의 상관은 사회적 호감 척도값과 승인집단 확률, 혹은 평균집단 척도 사이에 일찍이 보고된 상관관계보다 실제로 훨씬 작은 지수를 나타내고 있다. 실제로 사회적 호감 척도가 타당하고 사회적 호감 척도와 자아개념의 상관이 .40이라고 한다면, 사회적 호감 척도는 자아개념 변량의 16%만을 설명하고 있다. 이 같은 상관의 해석은 이론적인 전제에 근거를 둔다. Lowe(1961)

는 일반적으로 자아개념과 사회적 호감 척도 사이의 의미 있는 상관에 관한 연구가 의미가 없으므로 이러한 연구들을 제외시켜야 하며, 구인들의 이름에 특히 주의를 기울여야 한다고 주장한다.

자아개념 측정에 사회적 호감도가 미치는 영향은 우려할 만하다는 것이다. 측정된 인성의 사회적 호감도는 꼭 자아개념의 타당도에서만 위협을 끼치는 존재는 아니다. 사회적 호감도는 일반적인 사회적 가치에 의해서 결정되는 문항의 특성으로 아마 더 유용할 것이다. 왜냐하면 그것은 우리에게 개인반응이 왜 다른지를 말해 주지 못하기 때문이다. 따라서 Wylie의 논의처럼 실제로 좀 더 많은 연구에서 사회적인 호감행동은 자아개념 척도에 영향을 주고 있다는 점을 지적할 필요가 있다고 본다.

자아개념 측정에서 중립적으로 사용되는 문항, 혹은 사회적 호감 가치에 균형성을 갖는 선택식 문항 등을 사용하여 사회적 호감의 영향을 감소시키기 위한 문제가 제기된다. 결론적으로 사회적 호감도 평가, 경험적 타당성 평가 등을 통해 이것의 영향 정도를 추정하여 자아개념의 결과 해석에 활용되도록 해야 할 것이다.

응답자의 묵인 심리측정 문헌에서 취급되는 반응에 대한 편견은 묵인반응인데, 이는 그 내용에 관계없이 긍정적인 심리검사 문항에 동의하는 경향성을 의미한다(Cronbach, 1946). 이 같은 오차에 대한 논의는 대부분 MMPI(multiphasic personality inventory) 검사와 관련되어 있을 뿐, 자아개념 측정과 관련된 개념적 논의 혹은 경험적 연구는 거의 없다. 사회적 호감도와 마찬가지로 응답자의 묵인반응도 고려해야 한다.

묵인반응을 바라보는 시각을 몇 가지 소개하고자 한다. 첫 번째 시각은 묵인반응이 사용된 문항 성질이 갖는 반응세트에 대한 관심이라는 것이다(Cronbach, 1946). 측정은 피험자가 자아기술적 문항에 대해 동의를 표하는 것을 의미하는데, 어떤 문항에 대한 점수는 기계적인 반응을 나타낸다. 이는 문항의 내용보다는 긍정이냐 부정이냐의 방향으로 인해 긍정적으로 진술된 문항에 반응하는 것을 뜻한다. 두 번째 시각은 묵인반응을 반응경향의 개인차로 보는 입장이다(Jackson & Messick, 1958). 문항유형이 특별한 문항내용과는 별개인 반응경향으로서 개념화되기 때문에 점수변량을 낳는 문항형태에 관심의 초점을 맞추는 것이다.

세 번째 시각은 묵인반응을 외생적 편견이라기보다는 인성의 역동성 문제로 보는 입장이다. 그 기본적인 가정은 반응자세를 동의 혹은 묵인을 설명하기 위한 중요 역할을 할 수 있는 인성증후군의 표현이라는 것이다(Cronbach & Keniston, 1960). 묵인점수는 문항보다는 개개인에 그 원인이 있기 때문에, 묵인은 동의경향의 탈내용측정에 의해서 지수화된다. Eisenman과 Townsand(1970)는 자아개념과 묵인측정 사이에 부정적인 관계를 보고하는데, 그러한 정보가 꼭 자아개념 측정의 타당성에 대한 설명적 의미를 갖는 것은 아니다.

의식적인 편견은 검사의 모든 문항이 동일 방향으로 표현될 때 위협적인 요소가 된다. 이 문제를 해결하기 위해서는 찬성-반대의 자아개념 문항 수를 같게 하고, 문항의 순서를 무작위로 배열하고, 도구를 간소화해서 문항을 명료하게 하는 것이 필요하다. 왜냐하면 문항들은 내용 특징에 따라 다르기 때문에 결과적으로 묵인반응이 나온다고 보고 있다.

자아개념 측정에 관련된 다른 형태의 묵인반응은 수락, 묵인 혹은 문항 시인이다. Morf와 Jackson(1972)에 따르면, 문항의 내용이나 방향과 무관하게 인성특성에 원인을 돌리는 수락 · 인정 · 묵인반응은 인지과정으로 설명될 수 있다. 반응은 문항방향에 독립성을 가지고 있기 때문에 긍정적 · 부정적인 문항을 같은 수로 사용하는 것은 대안으로서 탐탁지 않다. Jackson(1967)은 강제적 선택 혹은 다원 선택의 문항을 제안한다. 그러나 이 절차는 자아개념 측정에는 적합하지 않으며, Taylor(1972)에 의해 사용된 자아개념의 '보기 제시 검사' 를 제외하고는 거의 응용된 적이 없다.

측정상황 한 개인의 자아개념은 반사적 경향성을 나타내고, 사회적 경험을 반영한다. 자아평가의 본질은 그것이 일어나는 상황과 더불어 변화를 가져온다. 측정상황의 특성들은 자아평가를 하는 데 사용되어 어떤 준거를 제시하거나 모형을 암시함으로써 자아개념을 변화시킬 수 있다. 한 사람의 자아개념에서 사회적인 상황이 일관성이 있을 때, 단일 항상성이 있는 진 자아개념으로 이들을 개념화한다는 것은 어렵다. 결과적으로 측정상의 영향을 고려한다는 것은 단순한 질문의 문제가 아니며, 자아개념은 행동상의 정지된 측면이라기보다는 과정적인 것으로 보인다. 상황적인 영향은 타당성을 위협하는 인자이고, 특별한 자아개념 측정을 타당화하는 데서 논의되어야만 한다.

의미변산 자아개념 측정 문항에서는 잘 논의되지 않고 있지만 변량은 크게 두 가지 중요한 요소로 나누어진다. 하나는 형용사와 부사에 관련된 것으로, 예를 들어 '매우 동의한다' '조금 동의한다' 등등이고, 또 하나는 빈도, 응용 등 기술적 문항에 관련된 변량으로, '나는 성공할 수 있다' '나는 나 자신을 좋아하지 않는다' '나는 집단 속에서 불안함을 느낀다'로 표현될 수 있다.

많은 연구들(Hakel, 1968; Simpson, 1944; Strahan & Gerbasi, 1973)은 '항상' '대부분' '때때로' 등과 같은 수식어구가 사람에 따라서 비일관된 양적 의미를 준다는 사실을 연구결과에서 제시하고 있다. Cronbach(1950)는 수식어구에 의한 이 같은 외생적, 혹은 구인에 무관한 변량 구성요소는 이원분류 선택 평정척도를 사용함으로써 제거될 수 있다는 것을 암시한다. Strahan과 Gerbasi(1973)는 묵인편견과 유사한 자아기술 점수를 수정하기 위한 분화형태와 방향에서 균형 잡힌 척도를 제안하였다. 여러 연구자들(Simpson, 1941; Strahan & Gerbasi, 1973; Wylie, 1974)은 어휘적 수식어구가 분명한 양적 표현으로 대치될 수 있다고 주장한다. 이것이 합리적인 듯 보이지만 동의어와 빈도문항을 제외시킨다는 점에서 그것의 적용은 한계점을 갖는다.

Wylie(1974)에 의해서 제안된 마지막 대안책은 모호성이 적고 내적 피험자 의견일치를 가져올 수 있는 평정 수식어구들만 사용하는 것이다. Wylie(1974)는 일련의 평정척도 수식어구를 개발하고, 가능한 척도 명칭의 사전연구를 위한 심리적인 척도화 절차의 사용을 제안한다. 척도화 절차의 사용에서 중요한 점은 문항을 척도화하는 것이지 사람을 척도화하는 것이 아니라는 사실이다.

최소한 표준화된 자아개념 검사에서 어의적으로 개인적 해석을 줄이고, 개인의 의미 변량을 감소시킴으로써 기술적 문항을 정하게 된다. 그 절차는 문항 자체, 혹은 보충된 정보로서 문항에 관한 좀 더 완전한 정보와 상세한 의미를 부여하는 문항의 모호성을 감소시키고자 하는 것이다. Loehlin의 연구(1967)는 하나 혹은 몇 개의 형용사들의 기술이 충분한 의미를 제공하지 못한다는 것과, 형용사에 의거한 단순한 형태의 체크리스트는 모든 상황에 적합하지 못한다고 보고한다.

구조분석 자아개념 연구에서 구조를 분석하는 데에는 보통 요인분석을 이용한다. 요인분석의 사용은 세 가지 방법으로 나눠질 수 있다. 첫째는 확인적 요인분석으로, 이론에 의해서 제안된 차원성의 합당성에 관한 증거를 제공하는 접근이다. 둘째는 생산적 요인분석으로, 비효과적인 문항을 제거함으로써 구인을 재개념화하는 접근이다. 셋째는 탐색적 요인분석으로, 이론 형성을 위해 가능한 방법을 제안한 접근이다. 이들 중 구인타당도를 위한 처음 두 가지 방법은 그들의 개념(측정 이전에 존재하는 이론)과 그 구인을 측정하기 위해서 의도된 측정방법 사이의 관계를 포함한다.

극소수의 자아개념 연구(Bailey, 1970; Vacchino & Strauss, 1968)에서 확인적 요인분석을 시도했지만, 그 구인의 특성에 적당하지 않은 분석절차를 사용하기 때문에 도움을 주지 못했다. 자아개념 구조에 관한 확인적 요인분석 연구들이 갖는 문제점 중의 하나는 얼마나 많은 기본적인 특성의 차원이 있고, 혹은 그들의 내용이 무엇이어야만 하느냐의 차원 특수성의 개념화가 결여된 데 그 원인이 있다. 대부분의 요인분석 연구들은 탐색적 수준에 머무르고 있다. 말하자면 그 분석들은 정교화되지 않은 경험적 결과에 대한 설명이 가능한 사후 해석의 상황에서만 함축적 개념구조에 토대를 두고 있는 듯하다.

의미 검사가 아닌 자아개념 측정절차들 중에 단일 자아개념 구성인자는 드물다. 여러 연구들(Berger, 1968; Kohn & Schooler, 1969)은 단일차원이라기보다는 차라리 두 개의 차원(긍정적인 자아평가와 부정적인 자아평가)으로 자아개념을 기술한다. 그러한 결과들은 자아비판과 자아칭찬이 질적으로 별개의 과정이라는 개념적 입장을 취하는 경향이 있다(Cowen, 1954). 그래서 자아개념을 보는 시각은 다음 세 가지로 정리될 수 있다(Song, 1982).

자아개념의 내적 구조에 대한 견해 중 그 첫 번째는 일반 자아개념에 이론적 근거를 두고 있다는 것이다. 일반 자아개념 측정에 관해, 연구자들은 자아개념의 개인차가 일반 자아개념에 있다고 보고, 개인의 일반 자아개념을 측정할 것을 주장하고 있다. 일반 자아개념은 외적 조건에 의해서 거의 변하지 않는 항상성을 갖는 구인으로 보고 있다.

두 번째 견해는 자아개념을 조직적 · 위계적이 아닌 일련의 구분된 특수한 구인들의 종합으로 보는 입장이다. 즉, 세분화된 특수기능들의 합으로 보는 바, 이는 서로 독립적인 기능을 갖는 구인들의 집합으로 본다. 이 개념 모형에 관한 많은 경험적인 시도들은 아직 그 주장의 타당성을 위한 증거를 제시하지 못하고 있다.

자아개념의 내적 구조에 관한 세 번째 견해는 중다특성-중다방법(multitrait-multimethod)의 분석연구들에서 볼 수 있는 것처럼, 성질을 달리하는 여러 도구를 사용하여 자아개념의 하부요인들 사이의 관계를 통해 자아개념의 일반적이고 위계적인 모형으로 그 구인의 타당성을 제시하려는 시도다. 더욱이 이들은 자아개념의 구조모형을 조직적 · 다원적 · 위계적인 구인으로 보고, 상부에는(위계적 모형에서) 하부 특수 자아개념을 포함하는 자아개념이 있다고 주장한다. 상부에 있는 구성요인일수록 안정성은 증가하고, 하부에 있는 구성요인일수록 환경의 영향을 받는다고 주장한다.

자아개념이 복잡한 과정으로서 개념화된다 하더라도, 한 측정의 모든 문항을 합산해서 자아개념 점수를 내는 방법은 지금까지 가장 일반적인 방법이다. 그러나 한 측정에 대한 다원적 요인의 가정은 이 같은 절차를 문제시한다. 왜냐하면 하나의 전체점수(점수의 합산)는 그 문항들 사이에 단일차원성을 가정하기 때문이다. 단일차원이 아니고 차라리 다원적인 차원이라 하더라도 합산된 전체점수는 하나의 단순한 합산일 뿐이고(Combs, 1969), 상이한 내용에서 얻어진 점수는 서로 비교될 수 없다(사과와 배를 합해서 전체를 세는 문제와 같다). Berger(1968)가 암시한 바와 같이, 단일 자아개념 점수는 이 단일점수로 피험자의 자아개념을 높고 낮게 분류하기 위해서 사용될 때 특히 오용될 가능성이 높다. 자아개념은 다원적 자아개념이 2차원 특성으로 기술된다 하더라도, 단순한 합계점수는 그들의 정보를 상실하기 때문에 타당하지 못하다.

생산적 요인분석(generative factor analysis)은 경험적 구조를 가진 점수 혹은 문항군을 만들고자 하는 목적을 가질 때 적용되는 구인타당화 접근이다. 이론적인 개념화와 일치하는 문항들을 집단화하고 조합하는 이 요인분석은, 단일차원의 구성 점수를 만들 수 있는 비교적 동질적인 하위집단으로 문항들을 집단화하는 방법을 사용하므로 탐색적 · 실용적인 특성을 지니고 있다. 그들은 최소한 내적인 일관성과 재개념화를 시도할 수 있기 때문에 구인타당화 과정에서 중요하다. 요인분석에 대한 하나의 대안은 문항선택 혹은 문항분석이다. 요인분석은 여러 상이한 구성분자를 형성하기보다는 차라리 한 자아평가 차원을 정하여 이 차원에 속해 있지 않은 것처럼 보이는 문항을 제거하는 데 이용된다.

요인분석에 관련된 연구를 검토해 보면, 이론적인 특성과 측정방법 사이에 논쟁적이고 해석적인 관계가 거의 고려되지 않았다는 문제점을 발견할 수 있다. 종종 타당도를 위해 요인분석을 사용할 때, 요인타당화와 구인타당화를 분석적으로 대등한 것으로 보는 경향이 있다. 한 잠재적 요인과 구인, 이 둘은 관찰되지 않는 실제이기 때문에, 그들을 단순히 동등하게 취급하려는 시도가 있다. 그러나 한 요인은 통계적인 구성분자인 반면에, 한 구인은 개념적이고 해석적인 구성분자다. 요인분석은(구조분석을 위한 다른 기술도 마찬가지지만) 기술적이고 정교한 절차인 반면, 구인타당화에 충분한 증거를 제공하지는 못하기 때문에 다른 접근을 통한 결과 및 증거와 함께 고려되어야 한다.

자아개념의 요인은 '신호' 와 '표집' 을 나타낸다. 즉, 그 성취에 대한 추론을 하면서, 이러한 특징들을 마음속에 간직한다는 것은 중요하다. 우선 자아보고는 분명히 자아개념 혹은 자아존중과 같지 않고, 자아개념의 조작적 정의는 언어적 행동이다.

요인분석과 같은 통계적인 절차는 문항의 내용, 혹은 그들 관계의 실제적 크기가 아닌 경험적인 상관관계의 형태다. 요인분석에서 구조적 기술은 사용되는 문항군에서만 관련된다. 그래서 만약에 다른 문항들이 제시되거나 첨가되면 실제로 바뀌게 된다. 문항표집의 문제는 구조분석에서 아주 중요하게 다루어져야 할 문제인데도 자아개념 요인분석에서는 항상 무시되고 있다.

자아개념 연구에서 구조분석 타당도를 위한 접근 중 단일차원 요인은 '하나의 특정 도구를 구성하고 있는 문항세트는 오직 하나의 특성만을 측정해야 한다' 는 가정에서 출발한다. 수리적 측정모형의 기본개념을 제외하더라도, 단일차원 요인이 측정의 이론과 실제에서 중요한 이유는 측정의 시발이 측정 속성의 단일특성에 근거를 두어야 하기 때문이다(물론 한 개 이상의 잠재적 특성을 측정하는 검사문항의 가정도 가능하다). 더 나아가 측정도구의 한 차원이 단일특성을 가정했을 때 단일차원성이 결여된다면, 측정의 목적이 상실되기 때문이다. 그래서 단일속성의 심리적 특성에 의미를 부여하기 위해서는 어떤 특성에 관련된 여러 단일차원성의 속성을 갖고 있어야 한다(Song, 1986).

이 같은 논리는 McNemar의 "측정이라는 것은 한 번에 한 특성이 양화되는 것을 의미한다." 에서 집약될 수 있다. 하나의 자아개념 척도점수는 한 연속선에 문항들이 포함되는 것이 확인될 때 가장 의미 있다는 주장에서도 찾아볼 수 있다. 그러나 아직 단일차원의 지표, 혹은 단일차원 문항들의 세트를 탐색 · 확인한다는 것을 비현실적인 것으로 보는 듯하다. 그래서 일부 사람들은 자아개념 연구에서 단일차원 요인을 무시하고, 다른 바람직한 질적인 접근방법을 찾아내야 한다는 주장도 한다.

신뢰도는 관찰점수 변량에 대한 진점수 변량으로 정의될 수 있다. 문항의 내적 합치도는 신뢰도를 추정하기 위한 하나의 접근방법이다. 이들 방법들은 검사문항의 변량과 공변량에 기초하고 있다. 어떤 의미에서 문항의 동질성은 단일차원 요인과 동의어인 듯하다. 그러나 동질성은 문항 상관의 유사성에 강조를 둔 개념이다. 상기 용어들과 구별되어, 단일차원 요인은 한 자료의 기초가 되는 '하나의 잠재특성의 실재' 로서 정의될 수 있다. 통계적 표현에 의하면, 양화를 위한 검사에서 단일공통요인(one common factor)은 1차원 요인의 합리적인 표현이다. 그래서 단일차원 요인은 한 도구의 첫 구성요인에 의하여 설명되는 변량의 백분율, 상관 그 자체로 정의되지 않는다. 이들은 단일차원 요인의 정의가 아니다. 어떤 단일차원 검사는 꼭 신뢰할 수 있고, 내적 합치성 내지는 일관성 등이 포함되어야 하는 것은 아니다. 단일차원 요인검사는 선형공통모형이라는 점에서는 요인적 복합성을 나타낸다. 국부 독립성의 원칙은 잠재특성의 정의, 더 나아가 차원성 정의에 기본이 되지만, 단일차원 요인 그 자체는 문항들의 세트에 기초가 되는 '유일 잠재특성의 실재' 로서 정의될 수 있다.

이 같은 의미를 갖고 있는 단일차원 요인을 확인하기 위한 결정기준 지수 중 하나는 선형단일요인 모형(linear single factor model)이다. 즉, 한 검사가 단일요인 모형에 적합하면 그 전체 검사는 1차원성 특성을 가졌다고 할 수 있다. 그러나 선형공통요인분석(linear common factor analysis)은 이원, 이항식 문항을 취급할 때 문제성을 갖고 있어 선형단일요인 모형의 적용이 불가능하다. 이때 사용되는 지수는 '비선형 요인분석모형(nonlinear factor analysis model)으로부터 잔여변량의 합이다.' 비선형 요인분석의 해결 접근으로부터 잔여변량의 합은 요인의 수가 증가될 때 증가한다.

자아개념 측정에 대해 지금까지 어떤 도구에서도 측정학적인 문제를 적용하고 논의한 연구들이 거의 없다. 앞으로의 자아개념 연구에서는 위에서 논의된 측정학적 문제들이 실제로 다루어져야 한다.

자아개념의 외적 준거분석에 대한 논의

지금까지 검사점수의 직접적 원인, 내적인 측정과정과 구조에만 관심을 두었다. 자아개념과 같은 구인은 이론 속에서 논의될 수 있다. 이는 다른 구인(추상적 개념체계의 다양한 수준)뿐만 아니라 관찰적 사건의 다양한 측면(이 구인에 첨가된 경험적 지표를 포함하면서)의 관계를 보는 방법이다. 사실, 구인은 이들 상호관계라는 측면에서 정의되고, 그것의 상호작용으로부터 갖는 과학적인 실용성을 유도하는 경향성이 있다. 구인의 설명은 개념적인 틀의 어떤 형태 혹은 내외 간 관계분석 속에서 그것의 의미를 포함하기 때문에 (Cronbach & Meehl, 1955) 구인의 한 지표로서 특별한 측정절차의 제시는 경험적인 함축성을 갖는다.

그러므로 구인의 한 지표로서 측정을 타당화하는 방법은 이론에 의해서 나타난 현상들의 관계를 각각 예측하는 정도다. Loevinger(1957)는 이것을 타당도의 외적 준거로 보았고, Nunnally(1967)는 측정의 경험적 확인이 갖는 교차구조 특성이라고 불렀다. 타당도에서 이 둘은 다른 관찰된 현상과 그 측정의 경험적 관계를 포함하기 때문에 준거타당도 과정과 분명한 관계를 가지고 있다. 교차구조 타당화에서 한 측정치와 경험적 준거 사이의 관계는 균형 잡힌 대칭적 현상이다.

만약에 우리가 타당한 측정을 가정할 수 있다면 우리는 그 이론을 검사할 수 있고, 혹은 만약 우리가 타당한 이론을 가정할 수 있다면 그 측정을 타당화할 수 있다. 분명히 실제는 이론적인 틀을 전제로 한다. 그렇지 않으면 우리는 경험적 관계가 기대되고 논리적으로 논의하고자 하는 것이 어떤 것인지를 알 수 있는 방법이 없다. Cronbach와 Meehl (1955)에 따르면, 구인타당도는 이론적인 개념화만이 아니고 그 이론을 실제로 설명하거나 수정하는 데에 이용된다.

구인타당도에 대한 행동주의자와 조작주의자의 비판에 대한 반응에서 Campbell (1960)은 구인타당도에 두 종류가 있다는 것을 암시했다. 첫째는 대부분 검사 발전과정의 수준에서 응용되는 특성타당도로서, 어떤 이론이 가설적인 특성, 혹은 인성 차원을 넘지 못하는 접근방법이다. 그리고 둘째는 내외관계 분석타당도다. 이는 이론이 발전되고 세분화되며 형성되는 측정상황에 이용되는 접근방법으로, 다른 경험적 예견을 가능케 하는 타당화 방법이다. Campbell이 암시한 것처럼 심리학에서 거의 모든 실제적 측정상황은 첫 번째 범주에 속한다.

이 같은 특성타당도 접근이 갖는 난점은 일반적인 이론적 설명의 결여로 인해서 실제로 그 같은 설명이 꼭 필요하지 않다는 믿음으로 쉽게 바뀐다는 것이다. 특성타당도는 마치 이론적인 세분화보다는 차라리 방법적인 모형에 의존하는 것처럼 수행되고 있다. 그러한 접근은 현명한 방법이 아니다. 측정과 이론은 떼어 놓을 수 없는 관계에 있다. 결국 특성타당도는 이론적인 전제로부터 독립적으로 일어날 수 없다. 측정의 질을 높이기 위한 노력은 그 사실이 무엇이냐에 대해 개념화하기 위한 우리의 노력만큼 성공적이고 정확할 수 있다.

자아개념의 교차구조타당도의 준거로 사용되는 경험적인 정보에는 일반적으로 두 개의 기본적 형태가 있다. 그중 하나는 정적인 관계로, 한 변인이 측정된 자아개념과 통계적으로 관계를 갖는 것을 말한다. 다른 하나는 역동적인 관계로, 어떤 변인의 변화가 자아개념의 변화를 나타내는 증거라는 것이다. 둘 중의 첫 번째 것은 보다 일반적이고, 주로 상관관계를 포함한다. 결과적으로, 측정타당도를 위해서 발전되는 방법론적 전략의 대부분은 같은 형태로 관련되어 있다.

상관관계 연구 한 구인의 요인들 사이의 상관관계는 요인들이 독립적인 의미를 갖는지에 관한 증거를 제시한다. 한 요인과 또 다른 요인의 상관관계는 한 구인이 다른 요인과 다른 해석을 할 수 있는지의 여부를 말해 준다. 검사점수를 어떻게 해석할 것인가를 결정하는 상관관계를 분석하는 데는 두 가지의 접근방법이 있다. 첫째는 한 검사의 검사문항 사이 혹은 검사들 사이의 수렴 정도를 보는 요인분석 방법이다. 둘째는 중다특성-중다방법이 있다. 중다특성-중다방법 접근은 상이한 방법(자아보고식, 동료평가 등)들에 의해 측정된 상이한 특성들 사이의 상호관계 정도를 검증하는 것이다. 중다특성-중다방법 접근은, 첫째는 같은 측정방법에 의해서 얻어진 상이한 특성에 대한 점수, 둘째는 상이한 측정방법에 의해서 얻어진 같은 특성에 대한 점수, 그리고 셋째는 상이한 측정방법에 의해 얻어진 상이한 특성에 대한 점수 사이의 상관관계로부터 얻어진다 (Campbell & Fiske, 1959, p. 81).

중다특성-중다방법에 의한 타당도는 상이한 방법들을 통해 동일한 특성을 측정하는 두 시도들 사이의 일치성으로 나타내진다. 특성들은 수렴과 변별타당도 계수가 영과 실제적 의미 수준보다 의미 있게 커야 한다. 변별타당도의 타당도 계수는 같은 측정도구에서 얻어진 상이한 특성 사이의 관계보다 높아야 한다. 특성들 사이의 상호관계 모형은 같거나, 혹은 상이한 방법에 의해서 얻어진 상관관계에서 관찰되어야 한다.

그 전략은 실제로 여러 중요한 가정에 토대를 둔다. 첫 번째, 심리측정에서 점수변량의 원천은 분명한 두 개의 집단으로 나누어질 수 있다는 가정이다. 우선 특별한 측정형태에 기인하는 방법변량과 심리적인 과정에서 개인 차이에 기인하는 특성변량으로 나누어질 수 있다는 가정이다(Campbell & Fiske, 1959).

두 번째, 중다특성-중다방법(MTMM)의 접근은 점수변량의 두 차원이 합산될 수 있다는 가정이다. 실험설계에서 직교요인과 유사한 것으로 각 측정은 변량특성의 특수한 결합을 나타낸다. 이 같은 요건을 충족할 수 없다면 상이한 변량원의 독립적인 효과를 분화한다는 것은 어렵다. 그 방법의 원본에서 Campbell과 Fiske는 두 변량원이 독립적이라는 것을 가정했다. 계속된 많은 접근방법들은 상관의 정도를 확인함으로써 이 같은 가정을 탈피하려는 시도를 한다. MTMM 전략은 방법효과와 특성효과 사이의 관계가 상호작용일 가능성을 성공적으로 취급하지 못하였다.

세 번째, MTMM 접근은 특성과 방법요인들이 동질적이거나 일차원적이라는 가정을 한다. 이것은 두 개의 동질특성에 대한 두 측정이 두 개의 이질특성에 대한 두 측정보다 더 높은 상관이 있어야만 한다는 전략의 기본적인 가정에 반영된다. 암시된 것처럼, 구인들은 종종 다원적인 현상이고, 상이한 구인의 타당한 측정은 꼭 필수적인 상관이 있는 것이 아닐 것이다. 이러한 기본적인 가정은, 만약에 측정치들이 의미 있는 특성타당도를 갖게 되면, 같은 특성에 대한 상이한 측정방법들 사이의 상관은 상이한 특성에 대한 측정 사이의 관계로 이질특성과 단일방법의 상관보다 높아야 한다는 것이다.

Campbell과 Fiske는 꽤 단순한 방법적 용어로서 그 전략의 분석적인 접근을 제시한다. 어느 정도 수정된 것은 요인분석, 회로분석, 변량분석을 사용하면서 특성과 방법적 영향의 크기를 추정하기 위한 정교화 계산절차를 사용한다. 그러한 절차들은 그 측정을 위한 양적인 특성타당도 지표를 제공할 뿐만 아니라, 그 전략의 기본적인 가정을 종종

이탈하려는 시도다. 개념적으로 이 절차들은 이 구성분자를 요인적 용어로 전환한다. 또 하나의 결과는 실제적 이론과 분석적 대안으로부터 방법적 기술로서 MTMM의 전략 변화다.

MTMM 절차의 논리성은 강한 흥미를 돋운다. 그것은 경험적인 타당도 전략으로 넓게 받아들여지는 방법이다. 그럼에도 자아개념 측정에 대한 접근으로 거의 응용되지 않았다는 점은 매우 놀랍다. 극소수의 연구에서 자아평가 측정에 MTMM 기술을 적용하려는 시도를 했다. 그러나 극소수만이 그 접근의 가능성에 대해 인식을 하고 있는 듯하다. 자아개념 측정에 MTMM 분석을 응용하는 대부분의 시도는 그 접근의 기본적인 분석적 요구사항을 충족시키는 데 실패했다.

만족스럽지는 않지만 자아개념 측정에서 MTMM 분석을 적용하려는 시도가 있다. 이들 노력은 수렴 및 변별 타당도의 하나의 보기로서 자아개념 문헌에서 인용되고, MTMM 접근이 이 분야에서 어떻게 적용될 수 있는지를 예시한다. Omwake(1954)에 의한 첫 연구는 실제로 Campbell과 Fiske 이전에 보고되었는데, 결과적으로 그것은 그들 접근의 요구조건을 충족시키지는 못했다. Omwake 연구는 자아긍정의 세 개의 다른 측정(Berger, 1952; Bills, 1951; Phillips, 1952)과 두 개의 다른 구인(자아긍정과 타인긍정)을 사용했다.

Omwake(1954)는 자아긍정 타당도(단일특성 상관계수)가 이질적 상관계수보다 실제로 더 높다는 것을 보고했다. 그러나 그 세 가지 측정도구는 형태상 매우 유사하기 때문에 상이한 방법으로 해석될 수 없다. 그 논문은 측정의 수렴성에 관한 의미 있고 자주 이용되는 어떤 정보를 제공하지만, 공변량원 사이의 변별에 관해서는 거의 정보를 주지 못한다.

Spifjer 등(1966)은 네 개의 자아개념 도구(예: the twenty statements test, Gough's adjective checklist, Bills's IAV, the Fiedler semantic differential scale)와 각 측정도구의 여러 상이한 구인 사이의 상관을 검토했다.

첫째로, 그것은 중다적 방법을 사용하지 않고 차라리 중다적 측정을 사용했다. 사용된 모든 도구는 피험자가 제공하고 표시하도록 일련의 형용사, 명사 혹은 진술문으로 구성되어 있는 지필검사다. 더 나아가 모든 측정은 어휘적 자아기술방법이다.

둘째로, 한 측정도구에 대한 상이한 특성이 다른 도구에 대해 똑같은 특성과 상관될 수 있도록 충분하게 교차된 설계를 하지 못했다. 이상적으로는 실험연구에서와 같이, MTMM 연구에서 각 측정방법은 측정되는 모든 특성에 사용되고, 각 특성은 모든 측정방법에 의하여 지표화되어야 한다. 그러나 Spifjer 연구에서 특성들의 변인 수는 각 측정에 의해서 만들어졌고, 한 특성의 지표화된 특성은 다른 특성에 균등성을 가지지 못한다.

셋째로, 그 연구는 각 측정에 대해서 상이한 구인을 갖고 있지 않다. 단지 내재적 구인에 관계없는 단순하고 상이한 부호를 갖고 있을 뿐이다. 만약에 그 결과가 이들 자료에서 타당한 것이라고 하더라도 Campbell과 Fiske의 시각에서 볼 때는 문제점이 있다. 왜냐하면 그것은 그 결과가 무엇을 말하고 있는지를 찾기 어렵기 때문이다.

Hamilton(1971)에 의한 연구는 그 자체의 약점을 가지고 있지만, MTMM 전략에 가장 접근된 방법이다. Hamilton은 세 개의 상이한 측정인 자아존중감, 자아독립, 자아통제를 측정하고자 했다. 그리고 다섯 가지의 상이한 방법(California personality inventory, Rokeach's ethnocentrism scale, Leary interpersonal checklist, self-ratings, peer nominations)을 사용했다. Hamilton은 그들의 상관관계가 단순한 형태가 아니라고 지적했지만, 최소한 세 개의 의미를 가지고 있는 세 개의 구인을 측정했다는 데 이 연구의 의의가 있다. 그의 논의는 상이한 측정을 위해 특별한 이름을 사용하는 이론적인 개념의 중요성을 지적했다. 어떤 이론에서는 자아개념과 자아우세를 거의 동일한 개념으로 취급한다. 그러나 다른 이론에서는 이를 별개의 개념으로 다루고 있다. 이 예에서, 한 연구자가 예견하는 결과와 그가 만들어 낸 결론은 그가 검사 명칭에 부여한 이론적 의미와 검사도구의 의도를 해석하는 방법에 의존한다.

Hamilton 연구의 특징은 상이한 측정방법을 사용하였다는 점이다. Hamilton은 다섯 가지 방법을 사용하고 있다는 것을 주장하면서, 중다적 방법의 요구를 중다적 측정 사용과 혼동하고 있지만, 최소한 두 개의 상이한 방법인 지필 자아평정과 또래 평정방법을 사용하고 있다. 이 연구에서 사용된 설계는 완전하게 교차되지는 않았다. 왜냐하면 모든 측정도구가 각각의 구인을 평가하고 있지 않기 때문이다. 그러나 그것이 중요한 약점이 될 수는 없다.

자아개념 측정에 대한 MTMM의 다양한 적용이 갖는 중요성에 대한 첫 번째 문제는 특성과 방법의 구별이다. 이미 언급한 것처럼 이 문제는 종종 무시된다. 두 번째 문제는 다양한 측정형태를 취하는 특성의 동질성이다. 이는 그 절차가 똑같은 이름을 공유하기 때문에 같은 것을 측정한다고 가정할 수 있느냐의 문제다. 이것은 측정방법이 구별될 때 증가하는 문제다. 방법적 다양성이 크면 클수록 측정치들은 공통성이 감소하고 그들의 동등성은 분명히 감소된다. 하나의 첨가된 의미는 동등성을 높일 필요가 있다. 특히 구인의 차원적 특성은 중요하다. 같은 구인의 다른 측정은 꼭 상관이 있어야 하느냐, 혹은 그 관계는 더 복잡해야 하느냐 하는 문제가 있다. 이들 문제들은 MTMM 분석을 시도하기 위한 조직적이고 분명한 하나의 개념적 틀의 중요성을 다시 강조하게 한다. MTMM 분석방법은 구인타당도에서 사용되는 증거에 대한 단 하나의 형태다. 정보의 다른 종류는 연구자가 구인화한 특성을 확인하고 해석하는 데 필요하다.

다음은 준거 · 의거타당도를 들 수 있다. 이것은 MTMM 접근을 일반적으로 받아들임에도 불구하고, 자아개념 측정의 타당도를 위한 상관관계의 적용이 많다. 이미 암시한 것처럼, 이러한 종류의 타당도는 사용되는 변인, 혹은 다른 변인들이 타당한 준거가 아니라는 고전적 타당도 혹은 예언타당도와는 다른 의미를 갖는다. 대신에 타당도는 그 측정과 많은 다른 변인 사이에 존재하는 일련의 관계에 의해 판단된다고 보는 입장이다.

MTMM의 전략은 특히 동일한 특성의 상이한 측정 사이에 있는 측정구조 분석을 포함하는 반면에, 준거타당도는 원인적, 혹은 이론적 구조의 분석을 포함한다. 그것은 보다 넓은 실제적인 틀 속에 그 구인을 포함시키는 동시에 자아개념에 인과적으로 관련된 것으로 생각되는 다른 구인의 지표(불안의 지표, 방어의 측정, 열망 측정의 수준)와 자아개념의 직접적 지표로서 관찰되지는 않지만 인과적 결과로 추측되는 것과 상관관계를 포함한다. 엄격한 의미에서 준거관련 분석은 수렴과 변별적인 정보를 포함해야 한다. 이런 분석의 실제적 조건은 수렴, 즉 이론적 혹은 직관적으로 기대되는 관계의 관찰과 관련된다.

자아개념 측정에서 준거타당도에 관련된 준거는 많다. 자아존중, 자아평가, 자아인정 같은 변인들은 자아개념과 상관된다. 일반적으로 준거타당도의 지수로서 상관관계를 이용하지만, 집단 간의 평균 차이를 이용하는 경우도 있다. 이 같은 접근은 특별한 특성을 가진 집단분류를 통해서 집단성원의 자아개념 수준에 차이가 있는지를 보는 것이다. 다시 말하면 도구가 측정하려고 하는 측정치가 정말 차이가 있느냐를 확인하는 과정이다.

준거타당도에서도 타당도는 단일 연구만으로 해석하기보다는 다양한 결과로서 해석되어야 할 필요가 있다. 타당도는 최소한 여러 연구를 통한 다양한 증거의 축적을 포함하는 누적과정이다. 결과적으로, 준거타당도는 일회 측정이 아닌 공통적이고 반복된 측정에 속한다. 이 같은 종류의 축적과 반복을 통한 자아개념 연구의 한 보기는 Fitts(1972a, 1972b, 1972c) 등에 의해서 개발된 Tennessee 자아개념 척도(Tennessee self-concept scale: TSCS)다. 그 TSCS 도구로 많은 연구가 이루어졌는데, 이들 대부분은 Fitts와 그의 동료에 의해서 수행된 일련의 연구들이다.

자아개념 측정도구에 관련된 준거타당도의 연구 예는 위에서 논의된 수준이다. 더욱이 연구 자체를 위하여 억지로 시도된 비일관된 단일 연구가 대부분이다. 그러한 증거는 설득력이 적고, 일시적이며 비결론적이다.

실험방법에 의한 접근 실험은 대안적 가설을 내세워 요인의 내적 관계를 검증할 수 있다. 그러한 실험은 검사점수의 영향 정도를 보는 것이다. 특별한 처치를 통해 자아개념에 변화를 가져온 실험연구들은 자아개념의 내적 구인의 타당도에 증거를 제시하는 것이다. 예를 들어, Ludwig와 Maehr(1967)는 체육에서 실패와 성공이 자아개념에 미치는 영향을 보았다.

자아개념 검사에 영향을 줄 수 있는 다른 변인을 조작함으로써 자아개념 변화에 대한 가정을 하는 실험에 의한 접근이다. 이 같은 접근은 하나의 이론적 틀에 의해서 기대되는 경험적 결과를 확인하는 것이기 때문에 준거타당도와 기본적으로 유사하다. 그러나 많은 관점에서 그것은 교차자료로부터 결과를 직접 관찰하여 얻을 수 있기 때문에, 그러한 변화에 의거한 증거는 보다 설득력이 있는 것처럼 보인다. 그럼에도 자아개념 측정의 타당도를 위한 이 같은 접근은 매우 드물다. 이 같은 희소성의 이유는 확실치 않다.

실험적 조직은 실험요인뿐만 아니라 외재적 변인에 대한 실제적인 통제를 전제로 한다. 그러한 통제는 자아개념과 다른 변인의 변화에 관련된 다양한 영향에 관한 사전지식을 가정하는 것이다. 좀 더 중요한 전제는 자아개념이 짧은 조작 상황에서 변화될 수 있으리라는 기대다.

조작은 자아개념 변화에 영향을 주는 요인에 주어진 하나의 측정을 타당화하기 위한 실험적 변화 전략을 수행할 수 있다. 그 절차에 의해 타당화되는 것은 이전에 형성된 이론적 가정 위에 그 토대를 두어야 한다. 실험적 타당도의 전제로서 자아개념이 측정되거나 조작되는 연구 상황에서, 연구자의 관심은 대부분 실험 가능 조작을 타당화하기 위한 자아개념 측정을 사용하는 데 있다.

자아개념의 타당도에 대한 논의

중요한 관점 중의 하나는 구인타당도의 증거와 분석은 문을 개방한 상태로 계속적이고 누적적인 과정임을 강조하는 것이다. 연구자가 매우 제한된 결과를 제시함으로써 한 도구의 구인타당도 연구를 단순히 끝낼 수는 없다. 구인타당도는 한 측정이 가지고 있거나 가지고 있지 않은 이원적 논리의 관심이 아니기 때문에, 그 타당화의 과정은 연역적이라기보다는 귀납적이다. 구인타당도는 측정결과의 적당한 해석에 관한 질적 주장이다. 한 구인타당도가 갖는 설득력과 실용적인 특성은 그 구인에 의해서 추상적으로 요약되는 경험적 결과의 지표일 뿐만 아니라, 지표로서 측정의 합당성과 실제적이고 이론적인 적용을 촉진하는 데 있다.

앞 장에서 논의된 것처럼 한 측정치가 타당한지 어떤지를 묻는 것은 완전치 않은 질문이다. 즉, 어떤 상황의 타당도인가와 어떤 타당도를 사용할 것인가를 묻는 것이 좀 더 타당하다. 우리가 논의한 것처럼 타당화된 측정도구는 없지만, 어떤 상황에서 그것의 응용을 위한 타당도는 있다. 타당도 연구의 몇 가지 접근은 수행상의 본질을 강조하는 방향에서 방법론적인 노력뿐만 아니라 전체적인 진행(방법론적 혹은 기술적 고려를 포함)에 관한 언급이 필요하다.

타당도는 MTMM 분석에서 다른 자아개념 측정과의 수렴성, 이론적인 준거와의 상관관계, 측정된 변인의 성취에 관한 상관관계에서 확신할 수 있도록 반응 편견(사회적 호감)의 측정과 낮은 상관관계를 보임으로써 일반적으로 지지될 수 있다.

연구의 일반적인 모집단 내에서 특별한 하위집단 혹은 개인에 관한 질문을 하기 전에 좀 더 특수화되고 결정적인 정보를 수집할 필요가 있다. 이러한 관점에서 표집은 구인타당도에 영향을 주나, 일반적으로 자아개념 측정에서는 무시된다. 특별한 상황은 그것이 나오는 반응에 실제로 영향을 미친다. 한 측정값은 특별한 집단을 위한 타당화이므로 다른 집단에서의 적용은 시안적이고 불확실할 수 있다.

자아개념 검사점수 해석에 대한 타당도 검증을 위해서 상관관계 그리고 실험설계 방법들이 있다. 각 방법은 검사점수 해석에서 고유한 의미를 제시한다. 대부분의 자아개념 검사도구들은 그것의 타당도 검증이 잘 이루어지지 않고 있다. 그래서 자아개념 타당도 검증은 자아개념 정의, 자아개념 특성의 해석에 대한 타당도 문제에 초점을 맞춰야 한다.

3. 결 론

측정의 문제는 신뢰도와 타당도라는 주제에 관계된 방법론적 문제로 다음 두 가지 질문으로 대변될 수 있다. 그것은 측정절차에 의해서 나온 점수 혹은 분류가 얼마나 조직적이며 일관성이 있고 반복 가능한가, 그리고 점수변량 중 어느 정도가 의미 있는 진변량, 혹은 구인에 관련된 변량인가 하는 것이다.

한 사람이 자신에 대해서 보고할 때 자아보고 과정에 영향을 주는 요인은 무엇인가의 문제를 논의할 것이다. 다양한 자아보고 접근방법이 있지만, 질문지 접근방법이 뚜렷한 이유도 없이 가장 널리 사용된다. 어떤 사람이 질문지를 통해서 자신을 기술하거나 평정하거나 또는 보고를 요구할 때, 그 사람은 어떻게 그와 같은 것을 하는가? 자아보고 과정에서 어떤 것들이 포함되나? 자아개념에 관한 보고에 영향을 주는 세 가지 중요한 요소가 있다. 첫째, 자아보고는 기억 속에 있는 자아관련 지식의 조직과 접근에 의해서 영향을 받는다. 둘째, 자아보고는 특별한 배경, 상황과 문화와 관련된 많은 기대와 단서에 의해서 영향을 받는다. 셋째, 자아보고는 많은 개인적이고 발달적인 차이에서 영향을 받는다.

많은 연구자들은 자아가 배경적인 효과에 대해서 민감하다고 한다. 실제 자아의 어떤 개념은 상황에 의해서 상이하게 논의되는 자아라고 볼 수 있다(Stryker, 1980, 1987). 이 같은 논의에 따르면 배경과 상황 요인은 자아관련 정보를 얻고 거르는 데 영향을 준다. 예를 들어, Markus와 Nurius(1986, 1987)는 한 개인의 자아지식의 유일한 어떤 하위개념이 한때에는 강하게 나타날 수 있다는 것을 이야기하고 있다. 이는 자아개념의 기능을 의미한다(Gibbons, 1990; Hewitt, 1979).

전통적으로 신뢰도는 두 개의 특성으로 나누어질 수 있다. 첫째는 일관성이고, 둘째는 안정성이다. 그러나 최근 이 같은 개념화는 어느 정도 단순화되었다는 점과 경험적인 의미에서 좀 문제가 있는 것으로 지적되고 있다(American Psychological Association, 1966; Lord & Novick, 1968; Stanley, 1971).

자아개념 측정에서 타당도의 문제는 개념적으로나 경험적으로 신뢰도 문제보다 더 복잡하고 난해하다. 피상적으로 그 난해성은 타당도가 일반적으로 하나의 통계적 지수(혹은 일련의 지수라 하더라도)로 표현될 수 없다는 점이고, 실제로도 그 문제는 좀 더 복잡하다. 타당도는 사회과학적 사실들이 의도하고 있는 것을 확인할 수 있도록 경험적인 사실을 추상적인 의도와 어떻게 조합시키느냐의 문제를 포함한다.

타당도는 한 측정치가 가지고 있는 어떤 것이 아니라, 연구 · 탐색 · 설득의 과정을 통하여 측정에 부여된 질적인 판단이다. 이를 통해 고립된 상태로 측정에 의미를 부여하는 것이 아니라, 특별한 해석적 맥락 안에서 측정에 의미를 부여하는 것이다. Cronbach(1971)가 지적한 바처럼 우리는 도구를 타당화하는 것이 아니라 검사도구의 특수한 사용 혹은 해석에 관심을 두는 것이다. 자아개념과 같은 명칭의 부여가 측정도구에 관한 내용의 함축적 의미라는 점을 인식할 때, 만약에 자아개념이라는 명칭이 측정상황에서 의미하는 것을 분명히 개념화하지 않는다고 한다면, 우리들은 자아개념 측정이 타당한지의 여부를 결정할 수 없다. 요약하면 타당도는 측정 혹은 관찰 방법, 해석적 개념 구성, 과학적 관심이 결합된 속성이다.

따라서 정의와 내적 구인 해석에 자신이 있을 때까지 자아개념과 다른 구인 간의 관계에 대한 증거를 해석하는 문제는 유보되어야 한다. 자아개념의 측정에서는 그 무엇보다 타당도가 중요하다.

제2부

실제편

제7장 자아개념 증진 프로그램

제8장 잃어버린 나를 찾아서

제9장 자아존중감과 함께하는 삶

제10장 행복하고 생산적인 삶을 위하여

제 7 장

자아개념 증진 프로그램[1)]

1. 자아개념 증진 프로그램

이 장에서는 자아개념이 향상될 수 있을 것인지, 어떤 프로그램들이 좀 더 효과적인지, 그리고 다양한 프로그램들의 효과에 가장 큰 영향을 미치는 중요한 변인이 무엇인지를 논의한다. 어떤 연구자들은 개인이 아주 안정적이고 지속적인 자아를 지니고 있으며, 일단 형성되면 변화가 불가능하다고 한다(Maslow, 1954; Rosenberg, 1979). 다른 사람들은 자아개념을 일련의 단계를 통해 발전하는 것으로 간주한다(Erikson, 1950; Kohut, 1971). 대조적으로 자아개념은 유동적이며, 사회적으로 순응하며, '올바른' 상황에서 변할 수 있다는 관점이 있다(Rhodewalt & Agustsdottir, 1986; Rogers, 1981).

자아를 향상시키기 위한 많은 프로그램들은 심리요법에 기초를 두고 있지만, 심리요법의 효과는 분명치 않다. Smith, Glass 및 Miller(1980)는 심리요법의 효과와 몇 개의

1) 이 장은 송인섭(1998). 『인간의 자아개념 탐구』를 참고한다.

'통제' 집단을 비교한 475개의 연구들을 찾아내었다. 이러한 연구들 중 많은 부분이 한 가지 이상을 비교했기 때문에 1,766개의 효과크기를 얻었다. 하나의 효과크기는 효과, 예를 들면, 심리치료를 받음 대 심리치료를 받지 않음에 대한 통계적으로 표준화된 평가다. 모든 연구 전반에 걸쳐 평균 효과크기는 .68이었는데, 이는 심리치료를 받은 사람들 중 약 80%가 심리치료를 받지 않은 사람들보다 좋아졌다는 것이다(즉, 다양한 결과 척도들에 비해 더 높다). 비록 극소수의 연구만이 이 주제에 대해 분석했지만, 자아개념 척도들에 대한 최소한의 변화가 보고되었다. Casey와 Berman(1985)은 아동을 대상으로 하는 심리치료의 효과에 대한 메타분석을 제시하였고, 전반적인 효과크기(z = .71)는 성인을 대상으로 하는 심리치료와 유사했다.

자아개념을 향상시키기 위해 사용된 교육 프로그램들은 중재변인이다. 이 중재변인들은 종종 자아개념 향상이 학업성취 증가시키기, 행동문제들 제거하기, 문화예술 파괴 줄이기 등과 같은 학교상황에서 많은 문제들을 해결할 것이라는 강한 믿음에 기초를 두고 있다. 그래서 어느 프로그램들이 효과적인지 혹은 학교상황에서 자아개념을 변화시키는 것이 가능한지에 대한 이해가 부족함에도 불구하고, 교사들에게 자아개념을 향상시키는 과제가 주어진다. 자아개념이 변화될 수 있는지에 대한 문제는 결론에 이르지 못한 채 남아 있다.

다양한 자아개념 증진 프로그램들에 대한 방향을 갖기 위해 프로그램들을 연속선상에 놓을 수 있다. 이것은 심리요법 프로그램을 통합시키려는 이전의 시도들에 기초를 두고 있다. 예를 들어, Patterson(1966)은 기존 이론들을 인지적인 것에서부터 정의적인 범위에 이르기까지 다섯 개의 범주로 분류하였다. 연속선의 인지적인 끝은 합리적-정서적 치료와 같은 합리적 · 논리적 · 지적인 이론들이다. 연속선을 따라 좀 더 가 보면 학습이론을 포함하는 심리학적인 접근들이 있다. 그 가운데에는 심리분석적 접근, 정의적 영역의 끝을 향해서는 현상학적 접근, 그리고 연속선의 가장 극단에는 실존주의가 있다. 이 구별은 인지 지향 프로그램들이 감정 혹은 정서를 무시한다는 의미가 아니라, 이러한 현상들이 사고, 개념, 과정 등과 같은 인지적인 상태에 집중하는 것과 좀 더 관련 있다는 것을 의미한다.

Smith, Glass 및 Miller(1980)는 치료범주를 만들었다. 치료의 네 가지 유목은 인지적,

역동적, 행동적, 인간주의적 치료다. 그들은 이러한 네 가지 유목들을 행동치료 대 언어치료의 연속선에 놓았다. 이 연속선을 사용하기 위해, 다음은 자아개념 프로그램들에 대한 논평을 인지적인 것(인지적, 인지행동적, 행동적, 개인발달, 의사소통기술, 교류분석)으로부터 정의적인 것(애들러학파, 내담자 중심, 형태주의, 자아자각 집단들)까지를 조직하는 근거로 제안된 것이다.

인지적 프로그램

인지치료는 내담자가 부적응적인 사고를 현실적인 사고로 바꾸도록 도와주며, 보통 우울증 치료에 관한 것으로 우울증은 낮은 자아존중감과 밀접하게 관련되어 있다고 Beck은 주장했다. Beck은 "우울이란 인지적인 3박자에 의한 것으로 하나는 부정적 자아개념, 다른 하나는 생활 경험의 부정적인 해석, 마지막 하나는 미래에 대한 허무적인 관점" 이라고 믿었다.

인지적 행동치료는 부정적 자기진술이 낮은 자아존중감과 걱정 혹은 우울을 초래하기 때문에, 사고를 변화시키는 것은 종종 느낌과 행동을 변화시키는 것이라는 전제에 기초를 두고 있다. Meichenbaum(1977)은 인지적 행동치료를 '자발적인 건강한 이야기' (p. 15)를 가르치는 것으로 불렀다. Ellis(1973)에 의하면, 갈등 혹은 정서 문제들은 비합리적인 사고에 근거하고 있으며, 자아 내 완벽주의와 같은 이러한 생각들은 보다 낮은 자아존중감을 야기시킬 수 있다. 합리적-정서적 치료(rational emotive therapy: RET)는 내담자가 자기패배감과 비합리적 신념들을 재고하기를 배운다면, 그것은 스스로를 변화시킬 수 있다는 전제에 기초된 인지적 행동치료 체제다.

행동적 치료접근의 기본 가정은 사람들이 학습과정을 통해 현재의 그들이 된다는 것이다. 문제행동들은 정의적이건 인지적이건, 외적 그리고 내적 자극에 대한 반응이며, 행동치료에서 학습원리들은 이러한 반응들을 변경시키기 위해 사용된다. 그 과정은 전형적으로 작고 다루기 쉬운 단계들로 분류된다. 행동치료에 대한 비평이 많이 있으며, 많은 사람들이 행동치료가 자아에 거의 효과가 없다고 믿는다.

개인발전 프로그램은 많은 중등학교 교육과정의 일부분이다. 이러한 프로그램들은 훈련하기(Stoner & Fiorillo, 1976), 사회생활기술, 직업훈련(Perovich & Mierzwa, 1980; Super, 1951, 1963), 성교육, 가치정화(Howe & Howe, 1975) 등과 같은 문제들을 다룬다.

의사소통기술은 종종 자아개념을 향상시키는 효과적인 수단으로 인용된다. 이 과정들은 의사소통에 대한 구체적인 정보를 가르치는 것부터 모델링까지 다양하다. 한 가지 효과적인 방법은 체계적 · 경험적 의사소통 기술훈련에 의존하는 것이다(Carkhuff, 1964). 이 모형을 수행함으로써 자아개념이 변화된다고 증명되어 왔다(Clifton & Covert, 1977; West & Ray, 1977).

교류분석은 모든 신념, 인식, 행동의 자아상태가 부모, 성인, 아동의 통제하에 있다고 생각하기 때문에 Smith, Glass 및 Miller(1980)는 부모와 자녀의 관계를 자아치료로 보았다. 이 치료는 Berne(1964)의 저서에 기초하고 있으며, 일반적으로 집단활동, 의사소통, 해석에 의존한다. Brown(1974)은 자아개념에 대한 교류분석의 효과를 조사했으며, 긍정적인 효과를 발견했다.

정의적 프로그램

자아개념을 변화시키기 위한 정의적 접근은 상황을 자각하게 되는 내담자의 능력에 의존하며, 치료자가 인지적 본성보다는 정의적 본성을 통해서 수행할 수 있다. 인간이 현상학적 장내의 목표를 향해 이동하는 책임감 있고 창조적인 개체들이라는 생각은 Adler 심리학의 근본이다. Adler(1963)는 많은 부모교육 집단들의 기초를 형성했으며, 아동의 자아개념을 향상시키는 데 목적을 두었다(Hinkle, Arnold, Croake, & Keller, 1980).

내담자 중심치료의 가정은 개인의 성장 잠재력에 대해 조력자가 사실을 경험하고 의사소통하며 돌봐 주고, 이해하는 관계에 있다는 것이다. 내담자 중심이론은 각각의 사람이 자아실현을 하려는 경향이 있다고 전제한다. 즉, "사람을 유지하고 향상시키도록 돕는 방법으로 모든 능력들을 발달시키는 선천적인 경향이 있다." (Rogers, 1959, p. 196) 경험들을 평가하고, 그것에 의해서 그 또는 그녀가 느낌을 분명하게 통찰하고 허용하도록 내담자의 잠재력을 방출시킴으로써 변화가 이루어진다. 그러한 재정의에 의해 개인은 자아수용과 자아존중감을 얻고, 타인을 수용하기를 배우며, 좀 더 완전한 기능인이 될 수 있다.

형태치료는 해석을 위한 것이 아니라 실존주의에 근거한 심리치료 체제로 Perls(1971)에 의해 확립되었다. 근본적인 문제는 현재의 경험들에 대한 자각이며, 반면 원인이나 목적에 대한 인지적 설명 혹은 해석은 거의 중요하지 않다. 오히려 치료자와 환자 상호작용이 강조되며, 내담자는 치료자와 함께 경험을 다루는 방법을 재현하도록 되어 있다. 형태치료자들은 개인이 자신들을 자각하고 자신들의 중심을 발견할 수 있도록 함으로써 변화를 낳는다고 주장한다.

집단 감수성훈련 집단 같은 자아지각 집단들은 "최대의 피드백으로 집단 상호작용을 강조하는 상호 간 탐색"(Finando, Croteau, Sanz, & Woodson, 1977, p. 125)으로 정의된다. 집단 감수성훈련 집단 배경의 수많은 기법들은 자아성장을 촉진시키기 위해 개발되었다(Alperson, Alperson, & Levine, 1971; Foulds, 1970; Liebermann, Yalom, & Miles, 1973; Speer, 1970; Ware & Barr, 1977).

인지적 · 정의적 지향이 아닌 프로그램

인지적이거나 정의적인 프로그램 이외에도 몇 가지 프로그램들이 있다. 여기에는 학문적 프로그램, 물질적 적합성, 환경 프로그램들이 포함된다. 이 범주에 있는 많은 프로그램들은 거의 자아와 직접 관련이 없다. 그들은 연속선의 중간에 자리 잡는데, 이는 인지적 · 정의적 입력의 균형을 이루기 때문이며, 혹은 인지적이거나 정의적인 입력이 거의 없기 때문이다.

학문적 프로그램은 인지적인 입력을 향해 더 많이 기울어져 있다. 이 프로그램에서는 내담자의 책임감을 학업성취로부터 자아개념에 이르기까지 일반화한다. 몇몇 연구에서는 성취와 자아개념 간 높은 정적 상관관계가 발견되었지만(예: Brookover, Thomas, & Paterson, 1964), Hansford와 Hattie(1982)의 포괄적인 메타분석에서는 자아개념과 성취 간 평균 이하의 상관관계가 보고되었다($r = .22$). 이 상관관계는 사회경제적 지위, 인종, 피험자 능력과 같은 많은 변인들에 의해 조정된다. 몇몇 연구자와 많은 교사들은 성취와 자아개념의 상관관계가 .22보다 훨씬 크다고 믿어 왔기 때문에, 많은 학문 중재 프로그램들이 고안되었다. Scheirer와 Kraut(1979)는 자아향상을 목표로 했던 학문적 프로그램들을 재검토하여 자아개념과 성취의 인과관계가 있다고 제안할 실질적인 증거가 없음을 발견했다.

물질적 적합성에 초점을 맞춘 프로그램들에서는 물질적 자각과 옥외활동이 자아개념을 향상시키기 위해 사용된다. 가장 대중적이고 잘 연구되었던 프로그램 중 하나가 Outward Bound 프로그램이다. Richards(1977)는 이 프로그램의 목적을 "사람이 자신의 약점, 강점을 인식하고 이해하여, 자신 안에서 어렵고 친밀하지 않은 것을 정복해 낼 수단을 찾아내도록 환경을 제공하는 것"이라고 진술했다. Marsh와 Richards(1988)는 이 프로그램이 자아개념의 다차원에 영향을 주며, 단지 물질적 자아개념이 아니라고 지적했다. 이 영역에서 많은 연구들은 긍정적인 결과를 보여 주었는데, 아직까지 방법론적으로 매우 취약한 연구들이 많다(Store, 1977).

환경 프로그램은 전형적으로 환경이 자아개념을 변화시키기를 '기다린다'. 이러한 연구들은 자아개념상의 종단적 변화를 조사했으며, 어떤 특별한 중재를 도입하지는 않았지만, 오히려 직업상의 변화와 같은 변화의 효과를 설명한다.

2. 부모를 통한 자아개념 증진 프로그램

상호작용을 통한 증진

우리는 아동들이 훌륭하게 성장하기를 원하며, 성공적이고 행복하고 능력 있는 사람이 되기를 바란다. 아동들이 긍정적 자아개념을 지니고 성장하도록 도와주는 것이 부모의 역할 중에서 가장 중요한 것이다.

부모의 힘 현재 당신이 어떤 사람이든 부모는 당신의 생애에서 가장 중요한 사람이며, 당신 자신에 대해 가장 강한 영향을 미쳤다. 자신을 유능하거나 무능하게, 어리석거나 똘똘하게, 유력하거나 무기력하게 보도록 이끌었던 사람은 부모다. 그들은 누구였던가? 그들의 용서, 인식, 칭찬을 원했는가? 아마도 당신은 부모의 인정을 통해서 자신을 수용하는 법을 배웠을 것이다. 아동에게 수용의 선물을 줄 때, 당신이 정말로 아동을 바라보고 가치를 부여하고 인정할 때, 당신은 그들에게 일생 동안 자신을 보호하게 될 정신적 갑옷을 제공한다.

당신의 자녀를 정확히 이해하는 것은 어렵다. 그러나 아동을 정확하게 알 수 있을 때 더욱 만족할 수 있다. 그리고 아동의 자아개념을 키워 줄 것이다. 아동을 정확하게 아는 네 가지 방법을 생각할 수 있고, 이것은 강한 자아개념을 키워 줄 수 있을 것이다.

첫째, 아동들의 독특한 재능과 능력을 인식해야 한다. 그러한 재능을 강화시키고 고양시키며, 스스로에 대해 특별하다고 생각하도록 도와준다. 둘째, 아동들의 현재 모습과 현재 행동을 이해해야 한다. 타고난 부끄러움을 불친절하다거나 프라이버시 욕구를 거절하는 것이라고 잘못 해석해서는 안 된다. 전후 맥락을 주의 깊게 살펴보면 부정적인 행동을 더욱 이해할 수 있고 예측할 수 있다. 셋째, 아동을 정확하게 아는 것은 중요한 행동을 변화시키는 데 초점을 맞추도록 도와준다. 그들에게 해로운 행동, 즉 그들을 사회적으로 소외시키는 행동, 가족에게 파괴적인 행동 등을 바꾸게 만든다. 넷째, 부모에게 이해받고 있다고 느끼는 아동은 믿을 만하다. 그런 아동은 거절될 것이 두려워 자신의 역할들을 감추지는 않는다. 그러므로 만일 당신이 선한 것과 악한 것 등 아동의 모든 것을 받아들일 수 있다면, 아동도 스스로를 받아들일 수 있다. 이것이 훌륭한 자아개념의 초석이다.

긍정적인 특성 살피기 긍정적인 자질들을 적은 목록을 살펴보고 당신이 곧 강화하고 싶은 두세 가지 항목을 선별한다. 당신이 이 행동을 강화할 때마다 당신은 아동이 다시 그것을 하고 싶어 할 것이라는 믿음을 갖게 될 것이다. 자아개념을 지니게 하는 중요한 전략은 긍정적인 자질들을 강화하는 것이다. 여기에 긍정적인 자질들을 강화하기 위해 행할 방법이 있다.

첫째, 재주, 기술과 같은 능력을 다른 상황에서 주시한다. 아동이 학교에서는 그 능력을 어떻게 나타내는가. 아동이 집에서는 그 능력을 어떻게 드러내는가. 둘째, 그 아동에게 그것을 지적해 준다. "넌 확실히 훌륭한 문제 해결사야." "넌 진짜 예술가처럼 꽃꽂이를 잘하는구나. 정말 아름다운데……" "여러 사람과 협조해서 나무에 올라가 연을 잘 풀어 내게 했구나." 아동을 자주 칭찬하고 다른 사람들 앞에서 그 아동의 능력을 칭찬하는 것도 잊지 않는다. 아동이 만든 작품, 성적 우수 상장, 트로피, 작문, 조각품 등을 진열해 놓는다. 궁지에 빠진 이야기와 함께 그 아동이 그 문제를 어떻게 해결했는가를 말한다. 그 아동이 얼마나 참을성 있고 창의적이며, 결단성 있고 혁신적인가를 이야기한다. 그리고 아동을 이야기의 영웅으로 만든다. **셋째, 아동에게 자신의 능력을 발휘하도록 기회를 자주 부여한다.** 아동은 그것을 발전시키고 증명하며 강하게 하고 생각할 수많은 기회가 필요하다. 어떤 능력을 발전시키려면 많은 연습이 필요하다. 수영하면서, 독서하면서, 생각하면서 훈련해야 한다.

이러한 세 단계들은 긍정적인 행동을 강화하게 될 것이다. 2주 동안 이러한 행동들을 강화한 후에는 목록으로 다시 돌아와 두세 가지를 또 골라서 똑같이 그것을 강화한다. 곧 일상생활에서도 아동의 특별하고 긍정적인 자질들을 발견하곤 할 것이다. 사람은 누구에게나 그 나름대로의 특성과 장점이 있다. 이 장점을 가능한 한 강화하도록 해 주어야 한다. 그럴 때 아동은 자신의 자아개념을 기르는 능력을 발전시킬 수 있다.

부정적인 특성 살피기 아동이 하는 모든 행동은 그들의 욕구를 충족하려는 시도다. 이것은 그 행동이 그들의 욕구를 충족시키는 데 성공하느냐의 여부와 관계없이, 그리고 그 행동이 받아들여질 수 있는지의 여부와 관계없이 행해진다.

사소한 말로 싸움을 걸고, 밉살스럽게 굴고, 어린애처럼 말하고, 어리광을 피우는 아동은 뭔가를 필요로 하기 때문이다. 그것은 더 관심을 끌고 조금이라도 고통을 덜거나 더 저항하려고 하는 것일는지 모른다. 그러나 반항적인 자녀의 행동에 대해 당신은 계속적인 제재를 가하거나 자신의 생활에서 더 다양하게 선택할 수 있도록 배려해 주어야 한다. 많은 경우 무엇이 필요한지 정확하게 안다면, 당신은 더 적절한 방법으로 아동의 욕구를 충족시키도록 도울 수 있다.

독특한 특성을 가진 아동에 대한 도전 당신은 아동이 유별나다는 느낌을 가졌을지도 모른다. '저런 아이가 어디서 태어났담?'이라고 스스로에게 묻는다. 그 아동이 어떤 아동인지 아닌지로 당신의 아동을 보는 것은 실제적인 도전이다. 만약 그 아동을 '틀에 맞추려'고 한다면, 당신의 아이는 좌절과 불행을 느끼고 결국에는 자기가 잘못되었다고 믿게 될 것이다. 만약 그 아동의 독특한 재주를 인식하고 가치 있게 생각해 준다면 어울리지 못하던 아동도 자신에 대해 좋게 느낄 수 있고 높은 자아개념을 가질 수 있다.

만약 당신 자녀의 장점들이 실제로 가족의 기준과 다르다면, 당신이 그 장점들을 인식하기 어려울지 모른다. 사람이 갖고 있는 자신의 특성을 다른 사람의 기준에 맞추려는 것은 부작용을 낳고 자아개념을 낮추는 결과를 낳는다.

경청하기 "전 어머니에게 아무것도 말하지 않아요."라고 16세 된 성철이는 말한다. "어머니에게는 아무것도 기대할 수 없기 때문이죠. 내가 학교에서 돌아와 보면 어머니는 신문을 읽고 있거나 잡지를 보고 계세요. 어머니는 물론 오늘 하루를 어떻게 보냈냐고 물어보시지만 정말로 듣고 싶어하는 눈치는 아니에요."

비단 성철이의 어머니만 그런 것은 아니다. 대다수의 다정한 부모들도 아이들의 이야기를 한 귀로 듣고 한 귀로 흘려 버린다. 당신이 일을 마치고 귀가하면 아동들의 뒤치다꺼리, 전화 받기, 애완동물 돌보기 등 신경 쓸 일이 너무나도 많다. 그 때문에 당신은 너무 지쳐서 아동들의 이야기를 잘 들어 주지 못할 수도 있다. 그러나 당신이 아동들에 대한 관심을 표명하고 시간을 쪼개서 그들의 이야기를 들어 주는 것은 아동들의 자아개념을 높이는 데 아주 중요하다. 당신이 하던 일을 그만두고 아동의 이야기를 들어 준다는 것은 바로 그 아동에게 다음과 같이 말하는 것이다. '넌 중요한 사람이야. 네가 하는 얘기는 나에게도 중요하단다. 넌 나에게 아주 소중한 사람이거든.' 다른 사람에 대한 인정은 그의 말을 경청하는 데서부터 시작된다. 자녀의 이야기를 심사숙고하며 듣는 태도는 그 자녀를 인정하고 받아들인다는 것을 의미한다.

아동의 이야기를 듣는 방법 이야기를 들어 줄 준비를 한다. 퇴근 후 30분 정도 자신을 가다듬는다. 무엇을 먹을지 걱정도 하고, 정신없이 신문의 스포츠난을 읽기도 하고, 마지막 남은 몇 분 동안 당신이 즐겨 보는 텔레비전 프로그램을 보기도 한다. 아동의 이야기를 잘 들어 주기 위해서는 당신 자신의 욕구도 소홀히 해서는 안 되기 때문이다.

아동에게 모든 관심을 쏟는다. 아동이 학교에서 돌아와 놀러 나가기 전까지 단 5분이라도 신문을 접고, 텔레비전을 끄고 앉아 있는다. 아동이 이야기할 수 있도록 그곳에 있는다. 그리고 능동적인 자세로 듣는다. 아이를 바라보면서 질문도 하고, 상황을 분석해 주기도 하고, 반응을 보인다. 자녀의 이야기에 관심이 있음을 보여 주어라. 자녀의 친구들의 이름과 용모나 신체의 특징을 기억해 둔다. 그리고 지난번의 문제가 어떻게 해결되었는지를 물어본다. 그러면 자녀는 당신이 자신의 이야기를 들어 주고, 자신의 문제를 기억해 주고 있음을 알아차리고 자부심을 느낄 것이다.

아동들이 이야기하도록 유도한다. 어떤 아동들은 당신이 문을 열고 들어설 때부터 와락 덤벼들어 이야기를 한다. 아동들은 끝없이 새로운 화젯거리를 떠벌린다. 그러나 대가족에서는 대화에 끼지 못하는 아동이 최소한 한 명은 있다. 비록 이 아동이 당신에게 관심을 가져 달라고 요구하지 않는다 해도 마음속으로는 원하고 있다. 그러므로 모든 사람들이 그 아동만을 위한 시간을 만들어라. 자유롭게 생각하고 대답할 수 있는 질문을 던짐으로써 그 아동이 이야기를 이끌어 나갈 수 있도록 한다.

경청하기 위한 필요사항 이야기의 요점을 듣는다. 당신 자녀가 이야기할 때, 자신에게 다음과 같은 질문을 던진다. '이것이 왜 아이에게 중요한가. 저 아이는 무엇을 말하고 싶은 걸까. 자신의 계획을 말하고 있는가. 아니면 문제를 성공적으로 해결했다고 말하는 건가.' 이야기의 요점을 파악하고 샛길로 빠지지 않도록 한다.

이야기를 듣다 보면 요점이 무엇인지 놓치기가 쉽다. 당신이 문제를 해결해야 한다고 생각해서는 안 된다. 아동의 이야기를 들을 때 가장 어려운 일은 문제해결의 대안을 마련한다거나 충고를 한다거나 당신이 문제를 해결하려는 태도를 참는 것이다. 당신도 이야기 도중에 '해결책' 을 제시하면서 간섭하는 것이 얼마나 짜증 나고 기분 나쁜 일인지 경험했을 것이다. 갑자기 대화가 어색해지고 자신의 감정을 상대방에게 묻거나 자신의 사소한 문제를 상대방과 같이 느낄 수 없다. 뿐만 아니라 스스로 해결책을 강구할 기회를 잃게 만든다. 그러나 아동들에게 문제가 생겼을 때 부모들은 아주 빨리 문제를 해결하려 든다. 당신이 문제를 해결하려고 하거나 당신 자녀들이 그들의 문제를 해결하기에는 너무 어리다거나 경험이 없다고 걱정한다. 그러나 당신의 자녀는 해결책보다는 자신의 경험을 공유하고 싶어 한다.

아동 스스로 충분히 해결할 만한 시간을 갖게 한 후 문제를 풀도록 당신이 도와주는 것이 좋다. 만약 그 아동 스스로 문제를 해결한다면 그것은 당신이 대안을 제시해 주는 것보다 더 높은 자아개념을 갖게 한다. 그 외에도 아이가 그렇게 많이 화가 나거나 실망하기 전에 해결책이 더 분명해질 수도 있으며 여전히 해결하지 못할 때도 있다.

듣고 상대방의 기분에 반응한다. 자녀가 이야기할 때 당신은 말뿐만 아니라 감정도 살펴야 한다. 자녀의 몸짓이나 목소리까지도 자세히 보고 들어라. 일어나서 걷는다거나 팔짝팔짝 뛰어다니는가? 의자에 뽀로통해서 누워 있는가? 듣고 있는 이야기뿐만 아니라 보이는 모든 감정에도 반응해야 한다.

아동의 부정적인 감정을 수용하기　자녀가 당신에게 불만을 터뜨리면 매우 화가 날 것이다. 아동이 강하게 반발할 때 아동들의 그런 행동을 저지시키는 일은 무모한 일이며 부글부글 끓는 감정에 부채질을 할 뿐이다. 아동은 종종 자신의 솟구치는 감정 때문에 어쩔 줄을 모른다. 그 아동의 감정이 '나쁘다' 고 주위에서 단정해 버리거나 아동이 자신의 감정을 억누르고 부정하고 감춘다면, 자아개념을 잃게 되거나(이런 식으로 느끼는 것은 정말 나쁘다) 의존적인 행동을 하는(나는 부모가 수긍할 수 있는 행동을 해야 한다. 만약 그들이 내가 어떤 느낌을 갖고 있는지 안다면 다시는 나를 보지 않을지도 모른다) 결과를 낳는다.

긍정적이든 부정적이든 간에 모든 감정에 무감각해진다. 감정은 필요하면 생기고 불필요하면 생기지 않는 것이 아님을 알아야 한다. 아주 부정적인 생각이라도 어느 한도 내에서 그런 생각을 표출할 기회를 부여한다면 필경 그러한 감정을 조절할 수 있다.

아동이 매우 강하게 반발할 때 취하면 도움이 되는 몇 가지 방안이 있다. 먼저 주위 여건을 살펴보고 해가 없는 한도 내에서 아동들이 진심을 털어놓도록 한다. 그 아동이 당신에게 자신이 얼마나 화가 나고 속상하며 좌절감을 느끼고 있는지 말하게 하고 비밀을 지켜 준다.

아동들이 이야기를 다른 방식으로 전개하도록 유도한다. 나이가 어린 아동들에게 화가 나면 투덜거리거나 베개를 집어던지고, 발을 쿵쾅거리라고 알려 준다. 어떤 아동은 종종 감정을 정화시키기 위해 한 이야기를 여러 번 반복해서 말하기도 한다. 나이가 조금 많은 아동은 그림을 그리거나 편지를 쓰고, 친한 친구에게 전화로 하소연하기도 한다. 때때로 운동이나 격렬한 신체활동이 그런 감정을 풀어 버리는 데 도움이 될 때도 있다.

아동이 상상력을 이용해 자신의 감정을 표현하도록 도와준다. 당신의 경험담을 들려준다. "내가 너만 했을 때 언니가 내 서랍을 몰래 뒤져서 물건을 가져가곤 했단다. 난 화가 나서 미칠 지경이었어." 그러면 아동은 혼자만이 겪는 감정이 아니라는 것을 알게 되고, 당신이 자신을 이해하고 있음을 알고는 만족해할 것이다. 당신은 강한 감정을 어떻게 다루는지 좋은 본보기를 보인다. 여러 가지 다양한 방법을 사용한다.

아동이 좌절하거나 실망하는 경우에도 좋은 감정을 갖도록 도와준다. "이번 경기에서 이기지는 못했다만 네 접영 솜씨는 놀랄 만큼 향상되었어. 조금만 더 속도를 낸다면 틀림없이 네가 이길 거야." "비록 네가 그 물건을 잃어버려서 놀라긴 했어도 그 판매원 아가씨에게 어떠한 도움을 청할 생각을 했니? 장하구나."

자신에게 가치를 두는 자아개념은 청소년에게 중요한 특성이다. 부모가 청소년에게 하는 여러 가지 행동과 말은 그 자체가 크고 작은 영향을 청소년들에게 주어 그들의 자아개념 형성에 기여한다.

언어를 통한 증진

자녀와 부모의 의사소통은 당연히 언어를 통해서 이루어진다. 부모가 사용하는 다양한 언어 자극은 아동들의 자아개념에 크게 영향을 줄 수 있다. 높은 자아개념을 갖게 하기 위해 부모로서 쓸 수 있는 가장 강력한 무기는 언어다. 매일 아이들을 상대하기 때문에 당신이 바로 아동의 거울이 된다. 당신의 말과 어조는 아동의 자아를 형성하게 한다. 그 때문에 칭찬과 질책의 피드백 과정은 높은 자아개념을 갖는 데 아주 중요하다. 자아개념을 강화시키는 피드백에는 다음 5가지 요소가 있다.

행동에 대한 반응 자아개념의 언어는 자기 자신에 관한 무엇인가를 나누어 주는 언어여야 한다. 당신은 감사, 즐거움, 기쁨 또는 성가심 등을 함께 나누어야 한다. 아동들은 주위 어른들이 자신의 행동에 대해 왜 그렇게 반응하는가를 알았을 때만 싸움도 덜하고 기대에 맞게 행동하려 한다.

아동의 감정에 대한 인정 자녀의 노력은 일의 성패와 관계없이 인정받아야 하며 당신은 또한 자녀의 동기, 부주의함도 알아야 한다. 자녀는 그 일이 제대로 성취되었을 때 비로소 이해받고 있다고 느낀다.

칭 찬 당신이 아동을 칭찬하면 아동은 자신이 제대로 행동했고, 자신의 행동이 주위 어른들에게 인정받았다고 생각한다. 아동을 칭찬할 때 자아개념의 언어를 사용하면 인정하는 것 이상의 효과가 있다. 이것은 그 아동이 하지 말아야 할 것도 알려 주기 때문이다. 아동은 특별한 것과 자부심을 가질 만한 일이 무엇인지 알게 된다. 그들은 스스로를 칭찬하고 자신의 노력과 능력을 인정하며 가치를 두는 일을 배우게 된다.

아동의 잘못 바로잡기 아동의 문제되는 행동을 바로잡을 때는 어떤 때보다 가장 주의해서 말을 해야 한다. 아무런 생각 없이 아동을 야단치는 것은 비효과적이다. 아동은 자신의 노력을 인정받지 못하면 '오해받고 있다' 고 깨닫고 분개한다. 또한 자신들에게 무엇을 기대하고 있는지 정확하게 듣지 못하면 좌절감을 느끼고 불안해한다.

만일 다른 사람이 그 아동의 행동 때문에 화를 내거나 귀찮아한다면 아동의 진정한 가치를 개발시키기는 어렵다. 부모는 자녀들의 거울일 뿐만 아니라 선생님이다. 그러므로 아동이 충동을 억제하고, 책임감 있고, 압박에 저항하고, 다른 사람을 이해하도록 가르쳐야 한다. 이 학습과정의 성패는 모든 강화과정에서처럼 자아개념의 언어를 사용하는 당신의 능력에 달려 있다. 그러므로 잘못을 바로잡느라 야단을 칠 때 자아개념의 언어를 사용한다면, 아동으로 하여금 행동을 고칠 계기를 만들어 주고 나쁜 사람이라는 생각을 하지 않고서도 행동을 바꾸게 한다.

피해야 할 언어 스타일 첫 번째는 지나친 비화다. "너는 항상 그것을 틀리게 하는구나." "행동하기 이전에 절대로 생각하는 법이 없어." "네가 중요하게 생각하는 것은 오로지 친구들뿐일 거야." 지나친 비화는 부정적인 행동을 강조하고 긍정적인 것은 무시하므로 사실이 아닌 것을 전달하게 된다.

두 번째는 침묵이다. 만일 당신이 매우 화가 나거나 혼란스럽다면 아동과의 대화를 연기하는 것이 유용할 수 있다. 그러나 당신의 아동과 그 문제를 이야기할 시간을 분명히 따로 잡아야 한다. "내가 지금 너무 화가 나서 잠시 혼자 있어야겠다. 내가 다시 돌아오면 그때 이야기하자꾸나."

세 번째는 폭력적 위협이나 위협을 암시하는 것이다. "내가 집에 도착할 때까지 기다려라." "다시 한 번 해 봐. 그러면 어떤 일이 일어날지 알게 될 거야." "네가 다시 그 짓을 하는 걸 잡기만 하면 네 목을 부러뜨려 놓겠어." "일주일간 앉지도 못할 정도로 엉덩이를 갈겨 주겠어." 아동은 이런 종류의 위협들을 무시무시하게 느낀다. 그리고 나이가 적은 아동은 자신이 그런 벌을 받아야 할 만큼 매우 나쁜 아이임에 틀림이 없다고 단정짓는다. 나이가 많은 아동은 당신의 그런 위협을 진정으로 믿지 않고 스스로 새겨서 듣는다. 그러나 두 경우 모두에서 아동은 당신이 화가 나 있다는 것과 자신들이 나쁘다는 것 이외에는 아무것도 배우지 못한다. 아동을 올바르게 가르치기 위해 기존에 사용하던 수정법을 바꾸기란 쉽지 않다.

훈육을 통한 증진

규칙들이 임의적이고 일관성 없이 강요된다면 또 당신의 아동이 부끄럽다거나, 꾸중을 들었다거나, 압도당했다거나 혹은 모욕을 당했다고 느낀다면 아동은 자신이 무가치하다고 생각할 것이다. 그리고 어떤 일이든 제대로 하지 못할 것이라고 생각하면서 아동은 자신감을 잃게 될 것이다. 아동은 선생님으로부터 꾸중을 듣거나 또래들로부터 잔혹한 대우를 받았을 때, 이 세상은 불행한 일로 가득 차 있다고 생각한다. 아동은 한계가 정확히 어디인지, 또 언제 그가 사고를 일으키게 될지 몰라서 더욱 안달하는 경향이 있다(그것은 아무리 낙천적인 부모라 할지라도 결국에는 참지 못하기 때문이다). 이런 아동은 신체적으로나 정서적으로 보호받을 수 있는 규칙과 한계가 없기 때문에 종종 사랑받지 못한다고 느낀다.

'내가 무엇을 하든 상관하지 않는 것은 틀림없이 부모님이 나를 사랑하지 않기 때문일 거야.'

버릇을 들이기 위해 자아개념을 해칠 필요는 없다. 당신의 아동과 원만한 관계를 이루는 것부터 시작해서 아동으로 하여금 부모가 자신들에게 무엇을 기대하는지 알게 하고, 또 잘못 행동한 결과를 예측하게 하는 합리적이고도 공평한 관계이기도 하다.

체벌에 관한 문제 체벌은 '순종이나 질서를 강요하는 것'이며 힘이나 억압에 의해 어떤 사람을 외적으로 통제하는 것을 말한다.

훈육을 통해 버릇 길들이기에 문제가 생겼을 때 해결책으로 체벌을 가할 수도 있다. 그러나 체벌보다 더 많은 생각과 계획이 준비되어야 한다. 그 결과는 당신과 가족 모두에게 크게 영향을 미칠 것이다. 그러므로 어떤 잘못이 발생하기 이전에, 또 버릇 들이기 훈련이 필요하기 전에 시작해야 한다. 우선 아동과 좋은 관계를 이루고 지속시켜 나간다. 이러한 관계는 당신이 아동의 행동을 변화하도록 동기를 부여할 수 있는 가장 강력한 도구다.

아동이 당신을 즐겁게 해 주고 싶어 한다면, 또 당신에게 인정받고 싶어 한다면, 잘못을 덜 저지르게 될 것이기 때문이다. 그러나 당신이 아동의 잘못을 바로잡고, 제약을 가하며, 버릇을 길들일 때 어떻게 좋은 관계를 유지할 것인가? 때로는 성인들 중에 자신의 자녀를 자신의 부속물 중 하나로 착각하고, 자신의 감정에 따라 체벌을 가하는 경우가 종종 있다. 체벌은 결코 자녀에게 긍정적인 영향을 줄 수 없다는 것을 인식하여 체벌보다는 이해하는 입장에서 자녀와 대화하는 것이 필요하다. 그것은 갈등을 일으키는 다른 사람을 상대할 때 당신이 사용하는 것과 같은 대화 기술을 사용하는 것이다.

바른 행동을 하도록 여건 조성해 주기 아동으로 하여금 잘 행동하도록 여건을 조성해 주면 그들의 자아개념은 성장한다. 아동은 협조적이고 도움을 줄 수 있는 긍정적인 면으로 자신을 보는 방법을 배울 것이고, 당신을 즐겁게 할 수 있다는 성공감을 맛볼 것이다. 여기에 아동이 당신의 기대에 쉽게 부응하도록 만드는 몇 가지 제안사항이 있다.

첫째, 당신이 아동에게 기대하는 것이 아동의 수준에 맞고 합리적이어야만 한다. 당신의 세 살 된 딸에게 음료수를 흘리지 않고 마시기를 기대하는 것은 비합리적이다. 아동의 근육이 아직 그만큼 잘 발달되지 못했기 때문이다. 또한 열두 살 된 아들을 주말 내내 혼자만 집에 있게 하는 것도 그러하다.

둘째, 미리 계획한다. 상황이 당신의 아동에게 힘들 것이라는 생각이 들면 아동이 대처할 수 있도록 당신이 도와줄 수 있는 일을 한다. 예를 들어, 장거리 여행을 떠날 때 당신이 장난감 몇 개와 간식을 준비해 간다면 모든 이에게 즐거운 여행이 될 수 있다.

셋째, 당신의 기대사항을 분명하게 전한다. 당신이 "할머니 댁에서는 말을 잘 들어야 해."라고 하며 당신이 의도하는 것을 분명히 말해 주면 아동은 당신의 기대를 만족시킬 것이다. 아동에게 가구 위에서 뛰지 말라거나, 장난감을 만지지 말라거나, 또는 형제끼리 싸워서는 안 된다는 등 구체적으로 말해 주어야 한다.

넷째, 긍정적인 것에 초점을 맞춘다. '좋은 행동'과 노력을 칭찬하고 강화시킬 수 있는 기회를 모두 사용한다. 아동의 잘못을 바로잡기 위해 꾸중할 때도 나쁜 점만큼이나 좋은 점도 지적한다. 당신 아들이 계속해야 할 필요성을 느낄 수 있게끔 아동이 잘했다는 것을 인정한다.

다섯째, 가능하다면 선택의 여지를 남긴다. 선택의 여지를 남기면 아동은 자신이 통제한다는 느낌을 갖게 된다. 그 때문에 그들은 덜 반항한다. "우리는 집에 도착하기 이전에 한 번 더 탈 시간이 있어. 어떤 것을 탈지 네가 결정하려무나."

여섯째, 보상을 준비한다. 잠자리에 조금 늦게 들어가도록 허용하거나 특별 휴식을 취하기 위해 외식을 하는 등은 아동으로 하여금 옛 습관을 변화시키는 데 도움을 줄 부가적인 자극제가 될 수 있다. "네가 이번 학기에 학과점수가 좋다면 성탄절에 네 스키 여행의 비용 중 반을 부담하마." 아동이 노력하는 목표는 합당한 노력으로 성취되어야만 한다. 보상은 지나치게 클 필요는 없다. 점수가 좋은 과목 시험지 위에 칭찬의 표시를 해 주는 것도 효과적인 자극제가 될 수 있다.

문제해결에 당신의 자녀를 참여시키기 당신 가족의 고질적인 문제나 갈등이 무엇인가. 어떤 가정에서는 아침마다 아동을 깨우고, 옷 입히고, 먹이고, 학교에 보내는 일상적인 일들이 일어난다. 어떤 가정에서는 자녀들의 숙제 때문에 어려움을 겪고 있다. 가끔씩 당신은 자녀들에게 어떻게 하면 문제를 풀 수 있을지에 대한 좋은 생각이 있는지를 간단히 물어볼 수도 있다. 당신은 그들의 독창적인 해결책에 놀랄지도 모른다.

아동이 문제해결 과정에 관여하게 하는 또 다른 방법은 가족의 '자유사고회의' 를 통한 것이다. 이 회의의 목적은 모든 사람이 함께 살 수 있는 해결책을 찾는 것이기 때문에 당신이 주체가 되어서 법을 규정하고 만드는 모임이 되어서는 안 된다. 어린 아동조차도 이 과정에서 좋은 해결책을 찾기 위해 적극적으로 관여할 수 있어야 한다.

먼저 당신이 문제를 토론하고 싶은 시간을 가족 모두에게 알리고 모두가 참석할 수 있는 시간으로 정한다. 가족 구성원 각자가 회의 이전에 그 문제에 대하여 생각할 시간을 갖고 해결책을 찾도록 준비하라고 이른다. 회의에서는 당신 자신을 포함하여 모든 요구사항을 제시할 수 있도록 충분한 시간을 갖는다. 해결책만을 찾느라 너무 성급하게 진행해서는 안 된다. 모두가 말할 기회를 갖는다는 것을 확실히 하고, 쉽게 판단하지 말고 모든 제안들을 받아 적는다. 최종계획에서 무엇을, 언제, 어디서, 어떻게 그리고 누가 결론을 냈느냐 등등 결정된 모든 것이 빠짐없이 적혀 있는지를 확인한다. 이때 누군가가 그 계획을 따르지 않으면 어떻게 할 것인가 하는 것도 포함시켜야 한다. 당신이 회의를 끝마치기 전에 그 계획이 얼마나 잘 진행되고 있으며, 어떤 변화가 필요한지를 평가하기 위해 시간을 정해서 다시 모일 계획을 잡는다.

자율적 행동을 통한 증진

자율성은 훌륭한 자아개념의 본질인 것이다. 당신이 유아들과 시간을 보낸다면 가장 미숙한 형태로 자율성을 성취하려는 본능적인 힘을 볼 것이다.

아동의 자율성을 촉진시키는 과정은 계속된다. 당신은 탐구할 기회와 당신의 안전성 간의 균형을 마련해야 한다. 이 안전성과 성장의 균형은 지속적으로 변한다. 그러나 그 변동에도 불구하고 그 방향은 항상 자율성으로 향하고 있다. 그것은 밀물이 들어오는 것을 보는 것과도 같다. 썰물로 해변이 드러난 바닷가에서 밀물로 인해 시간이 지날수록 해변에 깔았던 자리를 치워야 되는 경우를 볼 수 있다. 자녀들의 성장에 따라 더 많은 도전거리들을 제공하고 더 많은 선택을 허용하고, 또 더 많은 책임감을 기대함으로써 당신은 그들의 자아개념을 구축하는 데 긍정적인 거울 노릇을 해야 한다. 자신의 행동을 스스로 결정하는 것은 우선 큰 자신감을 갖게 하는 것이다. 때로는 아동의 행동이 문제가 있을 수 있지만 그들의 행동을 이해하는 방향으로 인정하는 것이 필요하다.

자신감 키워 주기 독립성에 필요한 행동들을 가르친다. 아동의 구두끈을 매고, 옷을 입는 것으로부터 자동차를 고치고 저녁 요리를 할 수 있도록 한다. 아동이 독립적으로 행동할 수 있도록 배운 모든 것들은 자신이 유능하며 세상에 나가서도 해낼 수 있다는 자신감을 증진시킬 것이다.

아동의 성장사를 기록한다. 당신 자녀의 키를 벽에 있는 성장도에 재어 놓듯이 아동의 다른 분야의 성장도 기록한다. 지난달(혹은 지난해)에 비해 재능이 얼마나 더 많아졌으며, 재주가 늘고 더 이해심이 깊어졌는지 아동에게 상기시킨다. 그것은 아동으로 하여금 자신의 발전을 인식하고 신뢰하게 만든다.

자녀에게 가족 간의 연대 의식을 갖게 한다. 아동이 얼마나 어리건 간에 자신이 가족에게 기여할 수 있다고 느끼는 것은 자아개념을 크게 북돋우는 것이다. 어린 아동도 식탁을 차리고, 장난감을 치우고, 정원에 물 주는 호스를 틀고, 개에게 물을 줄 수 있다. 큰 아동은 필요한 것을 소유하는 것에서부터 행한 일에 책임을 지는 것까지 전체적인 계획을 책임질 수 있다.

성공감을 체험시키기 아동이 무언가 새로운 것을 해 보고 도전에 성공적으로 대처할 때 아동의 자아개념은 성장한다. 아동에게 무엇을 기대하는지 알게 한다. 아동을 처음으로 치과에 데리고 갈 때 치과의사가 하는 일이 무엇이며, 그 느낌은 어떠하고, 얼마나 걸리며, 부모는 어디에서 기다리고 있을 것인지 등을 알려 준다면 그 일은 좀 더 부드럽게 진행될 것이다.

아동이 필요한 행동을 연습하도록 한다. 예를 들어, 열 살 먹은 예련이는 아버지가 하는 화장대 칠을 돕고 싶었다. 하지만 몇 분 후에 예련이의 붓은 페인트통에서 수영을 하고 있었다. 아버지는 짜증이 나서 예련이에게 호통 치듯 명령과 지시를 내리기 시작했다. "붓을 페인트 속에 그렇게 깊이 빠뜨리지 마라. 천에다 닦아야지. 네 신 좀 봐라. 그걸 만지지 마." 마음이 상하고 축 처져서 예련이는 목욕탕에 들어가 씻으려고 한 것이 그만 세면대, 발닦이, 수건 등에 페인트를 문지르는 꼴이 되어 버렸다. 부모 모두가 예련이에게 화를 냈다. 모험으로 시작한 것이 화를 불렀다. 예련이가 만약에 붓 끝을 깡통에 담그는 것, 넘친 것을 닦아 내는 것, 닦은 천을 치우는 것, 튀는 것을 방지하기 위해 천천히 붓칠하는 것 등의 필요한 기술을 처음에 연습했더라면 아버지를 성공적으로 도울 수 있었을 것이다.

인내심을 갖는다. 가능하다면 아동이 새로운 것을 시도할 때 천천히 하도록 충분한 시간을 준다. 당신의 자녀는 새 자전거를 타고 거리로 질주해 나가기 전에 그것을 느껴 볼 필요가 있을지도 모른다. 뭔가 할 준비가 안 된 아동에게 수행하기를 원하면 부담이 되어서 앞으로 새로운 도전들로부터 돌아설 것이다.

실패해도 된다는 것을 보여 준다. 당신의 자녀가 무언가 새로운 것을 시도하고 있다는 사실은 이미 성공적으로 해내고 있다는 것을 의미한다. 그 아동이 맨 처음 시작할 때 어떤 것을 아주 잘하도록 압박하지 않는다면, 아동은 도전이나 시도를 능숙하게 해낼 때까지 다시 노력하거나 도전을 더 쉽게 받아들일 것이다. 첫 시도의 결과보다는 시도하려고 애쓰는 점을 칭찬함으로써 아동의 자아개념을 강화시켜야 할 것이다. 성공감은 성공을 낳고 실패감은 또한 다른 실패를 겁낸다. 모든 성공은 그 나름대로 실패의 경험을 한 후에 가능하다. 그래서 때로 실패는 성공을 위한 좋은 교훈이 된다.

이러한 의미에서 자녀들이 성공감을 가질 수 있도록 가능한 한 그러한 기회를 주도록 할 필요가 있다.

학교에서의 성공감 체험하기 학교에서 배우는 교육은 단지 읽기, 산수, 역사와 과학의 지식뿐만 아니라 조직하고, 미리 계획하며, 과정을 따라가고, 어느 정도 자기를 통제하는 법을 배운다.

낮은 성적, 선생님의 불만, 사회적 추방을 당할지도 모르는 고통스러운 짐들이다. 아동이 멀리, 더 뒤로 처지게 되면 아동의 자아개념은 그것들과의 싸움에서 이기기 어려워진다. 문제가 무엇이든 간에 당신은 아동이 학교생활을 시작한 초창기에 손을 써야 한다. 아동이 자신을 실패자라고 생각하기 이전에, 또 실망한 선생님들로부터 아동이 인정받지 못하고 수년간 고통받기 전에 말이다.

아동을 자세히 관찰하고 그의 행동을 점검하고 검토한다. 당신의 아동들 문제라고 여기는 것과 그것을 해결하기 위해 필요하다고 생각하는 것을 말하게 한다. 아동의 담임과도 상의를 해 본다. 그렇게 함으로써 당신은 늦기 전에 문제들을 파악하고 담임에게 당신이 관심을 갖고 있는 학부형이며 아동도 노력하고 있다는 것을 알린다.

당신과 교사는 당신의 아동이 자신에 대해 좋게 느끼며 학교생활을 성공적으로 하도록 돕는 파트너가 되어야만 한다. 이때 아동이 부정적인 평가를 받을 때 그것이 그대로 아동들의 자아개념에 반영되어 부정적인 자아를 갖게 된다. 그러므로 그 교사는 당신과 긍정적인 방법으로 일하는 데에 비협조적일 것이다. 그러면 아동을 다른 학급으로 옮기도록 노력한다.

사회성 키워 주기 당신의 자녀들이 다른 아동들과 함께 시간을 보내도록 배려해 준다. 사회성 기술은 연습을 통해서만 배울 수 있다. 아동들은 나누고 차례를 지키며, 협조하고 거래하는 법을 배워야 할 필요가 있다. 그들은 다른 아동들과 같이 지내는 법, 그리고 그들이 자신들에게 어떤 반응을 보이는지 예측하는 것을 배워야 한다. 아동은 자신들의 분노를 통제하고 타협하며, 독자적인 방법을 찾는 법 등을 연습하기 위해 다른 아동이 필요하다. 동년배들과 같이 지내는 것은 어른들과 지내는 것과는 상당히 다른 기술이며, 어린 시절의 사회적 교육은 아동이 십 대로서 또 어른으로서 사교적으로 성공하게 하는 데 필수적이다.

당신의 자녀들은 '다른 모든 사람들이 하는 것'을 하고 싶어 할 것이다. 다른 모든 사람들이 하는 것이란 각각의 공공사회마다 다른 것일 것이며, 당신이 기대했던 바와는 아주 상이할 수도 있다. 머리 모양, 옷차림, 음악 등은 청소년기 동안에 가족의 갈등을 일으키는 고전적 배경이 된다. 그러나 뚜렷이 구분되는 양식과 철학으로 특징지어지는 일단의 모임들의 한 부분이 된다는 것은 자신들이 누구며, 무엇을 원하는지 알아내려고 고투하는 동안에 십 대에게 안전성과 정체감을 준다. 이러한 생활을 통해서 사회에 잘 적응하게 되고, 그러한 긍정적 적응 속에서 긍정적 자아개념을 형성해 나가게 된다. 우리

부모들은 이러한 점을 감안하여 자녀들이 사회에서 잘 적응하도록 도울 필요가 있다.

3. 결 론

심리치료와 교육 프로그램을 통해 자아개념을 변화시키려는 수많은 노력에도 불구하고, 자아개념 증진 프로그램이 자아개념을 향상시키는 가능성에 대한 일관성 있는 답변이 없는 것 같다.

자아를 향상시키기 위한 많은 프로그램들은 심리요법에 기초를 두고 있지만, 심리요법의 효과는 분명치 않다. 치료의 네 가지 유목은 인지적, 역동적, 행동적, 인간주의적이다. 프로그램들은 이러한 네 가지 유목들을 행동치료 대 언어치료의 연속선에 놓았다. Beck(1985)은 "다양한 (심리요법) 체제의 공통적인 특징은 인지적 메커니즘이 치료적 변화과정에 기인하는 것" (p. 345)이라고 주장했다.

인지치료는 내담자가 부적응적인 사고를 하는 것을 현실적인 사고로 바꾸도록 도와주며, 보통 우울증 치료에 관한 것으로 우울증은 낮은 자아존중감과 밀접하게 관련되어 있다고 Beck는 주장했다. Beck은 "우울이란 인지적인 3박자에 의한 것으로 하나는 부정적 자아개념, 다른 하나는 생활 경험의 부정적인 해석, 마지막 하나는 미래에 대한 허무적인 관점" 이라고 믿었다.

자아개념을 변화시키기 위한 정의적 접근은 상황을 자각하게 되는 내담자의 능력에 의존하며, 치료자가 인지적 본성보다는 정의적 본성을 통해서 수행할 수 있다. 다양한 사고와 아이디어들에 대한 느낌과 반응을 강조한다. 인지적이거나 정의적인 프로그램 이외에도 몇 가지 프로그램들이 있다.

전반적으로, 프로그램을 이용하여 자아개념을 향상시키는 것은 가능하다. 현재의 메타분석에서, 평균은 .37이고, 41%에서 59%의 성공비율상의 증가다. 전반적인 효과크기 역시 다른 메타분석의 효과크기의 평균과 비교될 수 있다.

우리는 아동들이 훌륭하게 성장하기를 원하며, 성공적이고 행복하고 능력 있는 사람이 되기를 바란다. 아동들이 긍정적 자아개념을 지니고 성장해 가도록 도와주는 것이 부모의 역할 중에서 가장 중요한 것이다. 자녀와 부모의 의사소통은 당연히 언어를 통해서 이루어진다. 부모가 사용하는 언어의 다양한 자극은 아동들의 자아개념에 크게 영향을 줄 수 있다. 높은 자아개념을 갖게 하기 위해 부모로서 쓸 수 있는 가장 강력한 무기는 언어다. 매일 아이들을 상대하기 때문에 당신이 바로 아동들의 거울이 된다. 당신의 말과 어조는 아동들의 자아를 형성하게 한다. 그 때문에 칭찬과 질책의 피드백 과정은 높은 자아개념을 갖는 데 아주 중요하다.

규칙들이 임의적이고 일관성 없이 강요된다면, 또 당신의 아동이 부끄럽다거나, 꾸중을 들었다거나, 압도당했다거나 혹은 모욕을 당했다고 느낀다면 아동은 자신이 무가치하다고 생각할 것이다. 그리고 어떤 일이든 제대로 하지 못할 것이라고 생각하면서 아이들은 자신감을 잃어 갈 것이다.

아동은 선생님으로부터 꾸중을 듣거나 또래들로부터 잔혹한 대우를 받았을 때 이 세상은 불행한 일로 가득 차 있다고 생각한다. 아동은 한계가 정확히 어디인지, 또 언제 그들이 사고를 일으키게 될지 몰라서 더욱 안달하는 경향이 있다(그것은 아무리 낙천적인 부모라 할지라도 결국에는 참지 못하기 때문이다). 이런 아동은 신체적으로나 정서적으로 보호받을 수 있는 규칙과 한계가 없기 때문에 종종 사랑받지 못한다고 느낀다.

자율성은 훌륭한 자아개념의 본질인 것이다. 당신이 유아들과 시간을 보낸다면 가장 미숙한 형태로 자율성을 성취하려는 본능적인 힘을 볼 것이다. 아동의 자율성을 촉진시키는 과정은 계속된다. 당신은 탐구할 기회와 당신의 안전성 간의 균형을 마련해야 한다. 이 안전성과 성장의 균형은 지속적으로 변한다. 그러나 그 변동에도 불구하고 그 방향은 항상 자율성으로 향하고 있다. 그것은 밀물이 들어오는 것을 보는 것과도 같다. 자녀들의 성장에 따라 더 많은 도전거리들을 제공하고 더 많은 선택을 허용하고, 또 더 많은 책임감을 기대함으로써 당신은 그들의 자아개념을 구축하는 데 긍정적인 거울 노릇을 해야 한다. 자신의 행동을 스스로 결정하는 것은 우선 큰 자신감을 갖게 하는 것이다. 때로는 아동의 행동이 문제가 있을 수 있지만 그들의 행동을 이해하는 방향으로 인정하는 것이 필요하다. 자아개념 변화를 위해 프로그램은 계속 연구될 필요가 있다.

제 8 장

잃어버린 나를 찾아서

1. 나의 모습을 찾아서

우리에게 감동을 주는 책 중 자신을 찾고 있는 『딥스』라는 한 작은 소년에 관한 이야기가 있다. 딥스는 정신적으로 지진아이고 자폐증(심리적으로 자기세계 안에 틀어박혀 대인관계가 전혀 이루어지지 못하는 정신질환)을 앓고 있으며, 뇌에 치명적 손상을 입고 아이처럼 행동한다. 딥스의 행동은 책을 읽는 것같이 보였기 때문에 교사들은 그에게 책을 읽도록 도와주려 했고 또 읽도록 요구했다. 그러나 이것은 우습고 어리석은 일이었다. 자기 자신을 어휘로 표현할 수 없는 아이가 어떻게 책을 읽을 수 있을까? 교사들은 자신들과 상당히 다른 특징을 지닌 이 어린아이로 인해 좌절하고 도전을 받았다. 그러나 교사 액슬린(심리학박사, 『놀이치료의 이론과 실제』)은 딥스를 포기하지 않고 오히려 숨어 있던 딥스 자신의 모습을 찾고 천재적 능력을 발휘하도록 도와준다. 이 책은 엑슬린이 딥스에게 행했던 심리요법자로서의 그의 경험을 정리하여 딥스의 성장과정을 제시함으로써 잃어버린 자신을 되찾는 딥스의 아름다운 의지와 한 교사의 감동적인 사랑의 기록이다. 이 책은 한 인간의 성장을 위해서는 자신의 세계 밖에서가 아니라, 자신의 안에서 자신의 세계를 다루는 힘인 '나'를 발전시킬 필요와 나의 세계를 스스로 취급할 능력을 경험해야 한다는 점을 소개하고 있다.

한 사람의 정의적 행동특성 중, 중심적이며 정신의 원동력이라고 볼 수 있는 영역인 '나' 자신의 발견은 액슬린과 같은 심리요법자의 인내와 통찰만을 필요로 하는 것은 아니다. 딥스의 이야기는 자아를 잃은 하나의 특별한 경우를 말하고 있다.

그러나 우리가 자신을 객관적으로 볼 때, 그 정도에 차이는 있겠지만 우리 현대인은 정신적으로 지진아나 자폐아라고 할 수는 없으나 때때로 자신을 잃고 방황하는 존재임을 누구도 부인할 수 없다. 자신은 누구이고 어디에 있는지에 대한 구체적이고 심각한 질문을 한다.

인간이 갖는 실존의 의미는 나 자신이 누구인가를 분명히 하는 데서 출발한다고 볼 때 '나'를 잃은 나의 상태는 인간에게 있어서 가장 슬픈 모습이다. 소크라테스(B.C. 469~B.C. 399, 고대 그리스의 철학자)의 금언인 "너 자신을 알라."는 자신이 자신을 아는 것이 얼마나 중요한가에 대해 인류에게 던진 최초의 메시지다. 이 같은 메시지를 현실화시킨 대답은 데카르트(1596~1650, 프랑스의 철학자, 수학자, 물리학자)의 "나는 생각한다. 그러므로 나는 존재한다."이다. 존재하는 나는 한 인간이고, 내가 생각하고 있는 동안만 '나'라는 사실을 직시하고 있다. 자신이 자신을 얼마나 생각하고 정리했느냐 하는 것은 현대인에게 던지는 중요한 질문이다.

이러한 질문들에 답하는 방법은 여러 가지가 있을 수 있으나, 이에 접근하는 가장 좋은 방법은 여러 가지 준거에 의해서 자기 삶을 비춰 보는 것이다. 자! 이제 다음 준거에 의거해서 우리 자신을 보고 생각해 보자.

나 자신에 대한 의식

'나'를 잃은 사람일수록 사람이나 사물을 보는 시각이 좁다. 반대로 '나'를 가지고 있는 사람은 사람이나 사물을 보는 시각의 범위를 확대한다. 처음에는 단지 그 자신에게만 관심을 두지만 경험의 범위가 커지면서 추상적인 가치나 이념을 포함하는 데까지 확대한다. 다시 말해서 사람이 성숙하고 '나' 를 가지고 있는 사람은 자신 밖으로 관심을 넓혀 나를 초월해서 어떠한 내외적 상황에서도 그 상황에 직접적이고 완전한 참여자가 된다.

'나는 가정, 학교, 직장 그리고 지역사회 속에서 어떻게 참여하고 있는가?' 라는 질문을 통해서 의미 있는 참여자가 되어 있나를 생각해 볼 필요가 있다. 사람은 나 자신을 의미 있는 활동 속으로 확대시키고, 그 활동은 개인에게 어떤 의미가 있어야만 한다. 의미 있는 활동이나 이념에 우리가 충분히 관여하면 할수록 그 사람은 심리적으로 더욱더 건강해지고 나를 찾을 수 있다. 이러한 의미 있는 참여 의식은 우리가 하는 일, 가족과 친구들과의 관계, 취미, 정치적 혹은 종교적 활동에도 적용된다. 복잡한 현대를 살고 있는 우리는 크고 작은 활동들을 하고 있다. 그 활동하는 순간순간에 그 활동에서 자신의 의미에 대해 던지는 질문은 '나' 를 찾는 중요한 관건이 된다.

나의 친밀감

자기 자신을 의미 있게 관리하고 의미 있는 자신을 갖는 사람은 내 주위의 많은 사람, 부모, 자식, 배우자, 아끼는 친구들에게 친밀감을 드러내 보일 수 있다. 첫째, 이러한 친밀감은 잘 발달된 '나' 로부터 나올 수 있다. '나' 자신을 가지고 있는 사람은 사랑하는 사람과의 진실한 관계와 사랑하는 사람의 복지에 대해 관심을 갖는다. '나' 를 잃은 사람은 '나' 를 갖고 있는 사람과 애정 관계에서도 차이를 보인다. 자신을 잃은 삶은 타인이 줄 수 있는 것보다 더 많은 사랑을 받기를 원한다. 그들이 주는 사랑은 일방적으로 의무이며 조건적이다. '나' 를 갖고 있는 사람의 사랑은 무조건적이며 구속하지도 않고 건전하다.

다음으로 친밀감은 근본적인 인간의 존재에 대한 이해와 모든 사람들과의 동료관계 의식을 갖도록 한다. '나' 를 가진 사람은 인간 존재를 지우는 고통이나 정욕, 공포, 좌절 등을 이해하는 능력을 가지고 있다. 이러한 능력을 가진 사람은 다른 사람들의 행동에 아량이 있으며, 비난하지도 탓하지도 않는다. 인간의 악함을 받아들이고, 자기 자신도 마찬가지로 약점을 가지고 있음을 알고 있다. 그러나 '나' 를 잃은 사람은 기본적인 인간 경험의 보편성을 이해하는 아량을 가지고 있지 않다.

정서적 안정

우리는 자기 자신을 스스로 인정하고 받아들일 필요가 있다. '나' 를 갖고 있는 사람은 인간의 원천적인 약점과 좌절을 포함한 그들 존재의 모든 양상을 받아들일 수 있다. 한 예로 '나' 를 갖고 있는 사람은 '나' 를 잃은 사람과는 달리, 지나치게 수줍어하거나 의기소침해지지 않고 그들이 갖는 인간적인 면을 받아들일 수 있다. '나' 를 갖고 있는 사람들은 사회와의 작은 갈등과 더불어 살아갈 수 있다. 최선을 다하며 그 과정에서 자신을 찾으려고 한다. 또한 인간의 고유한 감정을 받아들일 수 있다. 감정의 포로가 아니며, 감정을 숨기려 하지 않는다. 사람과 사람과의 관계에서 일어나는 여러 가지 활동이 붕괴되지 않도록 그들의 감정을 다스리고 이러한 감정의 통제는 억압이라기보다는 오히려 감정을 보다 더 건설적인 방향으로 이끈다.

반면에 '나' 를 잃은 사람들은 자주 분노와 증오의 감정을 나타낸다. 좌절에 어떻게 반응하느냐에서 '나' 를 갖고 있는 사람은 그 좌절의 원인을 찾아내고 그 좌절을 줄이는 반면에, '나' 를 잃은 사람은 그 좌절 자체를 심화시킨다.

나 자신의 객관화

이 질문은 "너 자신을 알라" 라는 규범에서 말하듯이 객관적인 자각을 어느 정도 갖고 있느냐에 대한 질문이다. 우리는 자신을 객관적으로 통찰할 필요가 있다. 높은 수준의 자기 객관화와 자기 통찰을 갖고 있는 사람은 다른 사람에게 개인의 부정적인 특징을 쉽게 투사시키지 않는다. 또한 남을 정확히 판단하며 항상 남에게서 신뢰를 얻는다. 그러나 자기 자신을 객관화시키지 못할 때 우리는 우리 삶의 의미를 전체 상황 속에 의미 있게 놓지 못하고 자신을 잃게 된다.

통일된 삶의 철학

'나' 를 갖고 있는 사람은 미래를 내다보며 원대한 목적과 계획에 따라 행동한다. 이런 사람들은 그 삶의 초석으로서 목적의식과 일을 완수하려는 사명감을 갖는다. 이러한 통일된 삶은 방향성을 가지고 있다고 볼 수 있다. '나'를 가지고 있는 사람은 삶의 목표에 대한 이유를 가지고 있다. 분명한 목표를 위한 기본적인 것은 가치 개념의 정립이다. 가치는 통정된 생활 철학의 발달에 절대로 필요한 부분이다.

어떠한 가치를 소유하느냐 하는 것은 '나'를 가지고 있는 사람과 '나'를 잃어버린 사람과의 뚜렷한 구분을 지어 주는데, '나'를 잃어버린 사람은 어떠한 가치도 갖고 있지 않거나 혹은 단편적이고 순간적인 가치들만을 갖고 있을 것이다. 이러한 사람들의 가치는 삶의 모든 면을 연결시켜 주고 통일시키기에 충분히 강하지도, 영원하지도 않다.

소위 양심이라는 속성은 통정된 생활 철학에 기여한다. '나'를 갖고 있는 사람의 양심과 '나'를 잃어버린 사람의 양심과의 차이점은, '나'를 갖고 있는 사람의 양심은 자신의 의미와 자신의 철학 속에서 양심의 의미를 묻는 반면에 '나'를 잃어버린 사람의 양심은 순종적이고 노예근성이 있는 제한과 금지로 가득하며, 나는 이렇게 행동하지 않으면 안 된다고 말하는 것이다. 한 인간이 통일된 삶을 가질 때 자신을 찾는 것이고, 그 자신 속에서 나오는 행동은 그 자신에게 의미가 있을 수 있다.

경험에 대한 개방성

가치의 조건에 아무런 제재를 하지 않는 사람은 모든 감정과 태도를 자유로이 경험할 수 있다. 위협을 받는 것이 없기 때문에 방어해야 하는 것도 전혀 없다. 경험에 대한 개방성은 방어성과는 반대 개념이다. 그러한 사람은 자기 자신에 대해 모든 것을 알고 있고, 성격의 어떠한 면도 차단하지 않는다. 이렇게 '나'를 가지고 있는 사람은 대부분의 생활 경험을 잘 받아들일 뿐만 아니라 지각과 표현의 새로운 길을 열기 위해 그 경험들을 활용하는 데도 융통성이 있다. 이와 반대로 '나'를 잃은 사람은 가치의 조건하에서 작용하는 방어적인 사람의 성격을 가지며 정적이고 임무를 회피하는 경향이 있다.

실존적인 삶

'나' 를 갖고 있는 사람은 존재하는 어느 순간에서나 충분히 삶의 의미를 영위한다. 그들이 경험하는 모든 것은 이전에는 결코 비슷한 방법으로 존재하지 않았던 것처럼 새롭게 느껴진다. 그 결과, 각 경험을 할 때마다 흥분이 따른다. 이들은 모든 경험을 기분 좋게 받아들이고 자신의 준거에 따라 모든 경험을 새롭게 한다. 그러나 '나' 를 잃은 사람은 새로운 경험을 자아와 조화시키기 위하여 그것을 왜곡시켜야만 하며, 그는 모든 경험이 일치해야만 한다는 기대를 갖는다. '나' 를 가지고 있는 사람은 경험을 다스리거나 조정할 필요가 없고 경험에 자유롭게 참가할 수 있다.

이러한 사람은 새로운 경험에 언제나 개방되어 있기 때문에 융통성이 있다. 사실, 이런 사람은 다음번에 내가 무엇이 될 것이며, 무엇을 할 것인가 하는 것은 바로 그때가 되어야 아는 것이지 다른 사람들에 의해 예언될 수 없다고 말한다.

유기체에 대한 신뢰

우리가 하는 행동이 행할 만한 가치가 있는 것처럼 느낄 때 그 행동은 가치가 있다. 나의 유기체적인 감각 전체가 그 무엇보다 더 믿을 만한 가치가 있음을 알게 될 때 자기 자신에서 의미를 찾을 수 있다. 바꿔 말해서 옳다고 느끼는 대로 행동하는 것을 행동을 결정하는 가장 믿을 만한 지침으로 보는 것이다. '나' 를 가지고 있는 사람은 직관적으로 행동할 수 있다. 그런 행동에는 자발성과 자유가 있으나 무례하거나 또는 결과를 전혀 고려하지 않고 행동하는 것은 아니다.

'나' 를 가지고 있는 사람은 경험에 대해 완전히 개방되어 있기 때문에 결정을 내려야 하는 상황에서는 유용한 모든 정보에 접근할 수 있다. 이런 정보에는 개인의 요구, 적절한 사회적 요구, 비슷한 과거의 상황에 대한 기억, 현재의 상황에 대한 지각이 포함된다. 이러한 사람은 모든 경험에 개방적이 되고 그 경험을 충분히 활용함으로써 유기체 전체로 하여금 한 상황의 모든 측면을 고려할 수 있게 한다. 모든 관련된 요소들이 신중하게 고려되어 조화가 이루어져, 그 상황의 모든 측면을 가장 잘 만족시키는 결정에 도달한다.

오직 지적인 근거에 입각하여 행동하는 사람은 결정에 도달하는 과정에서 정서적인 요소가 무시되기 때문에 어떤 의미에서는 그릇된 입장에 놓인다. 한 결정에 도달하는 데 사용된 자료가 정확하고 결정을 내리는 과정에 자신 전체가 참여하기 때문에 '나' 를 가지고 있는 사람은 스스로 자신을 신뢰하듯이 그들의 결정도 신뢰한다.

자유의식

'나' 를 잃어버린 사람은 자신의 행동을 이끄는 금지 사항들에 따라 결정한다. 예를 들어, 이러한 사람들은 예의를 벗어났다거나 어리석게 보인다는 등 다른 사람들이 뭐라고 생각할까 하는 두려움에 입각하여 행동한다. 또한 충분한 경험을 하지 않았기 때문에 어떤 상황의 모든 국면에 대한 건전하고 정확한 자료를 갖지 못한다. 심리적으로 '나' 를 가지고 있는 사람일수록 선택과 행동에 더 많은 자유를 누린다고 볼 수 있다. 이러한 사람들은 사고와 행동의 대안들 중에서 제약이나 금지 없이 자유롭게 선택할 수 있다. 이 외에도 이 같은 사람들은 삶에 대한 개인적인 지배감을 즐기며 미래는 일시적인 생각이나 환경, 또는 과거의 사건들에 의해 결정되는 것이 아니라 자기 자신에게 달려 있다고 믿는다. 이러한 자유감과 지배감 때문에 '나' 를 가지고 있는 사람은 인생에서 매우 많은 선택을 하며 그가 하고자 하는 것은 뭐든지 할 수 있다고 느낀다.

'나' 를 잃어버린 사람은 자유에 대해 그러한 느낌을 누리지 못하며 어떤 식으로 행동할 것인지 선택을 하기는 하지만, 그런 자유로운 선택을 실제의 행동으로 옮길 수가 없다. 행동은 그 사람이 통제할 수 없는 요소들에 의해서 결정된다. 그 요소들은 결정에 필요한 모든 자료를 경험하지 못하게 하는 무력함과 방어성 등이다. 그런 사람은 삶에 대한 지배감을 갖지 못하고 선택은 제한되어 있고 미래에 대한 시야는 좁다. 자, 나는 자유의식을 갖고 있나? 이 질문에 대해서 긍정적일 때 나는 '나' 를 가지고 있음을 의미한다. 그러나 부정적일 때 나는 잃어버린 '나' 를 찾아 이제 출발해야 한다.

창조적인 사고

'나' 를 가지고 있는 사람은 창조적이다. 그들을 다른 특성을 통해서 보면 그들이 창조적일 수밖에 없다. 모든 경험에 완전히 개방적인 사람들, 그리고 그들 자신의 유기체에 대한 신념이 있는 사람들, 그리고 그들의 결정과 행동에 융통성이 있는 사람들은 그들이 존재하는 모든 영역에서 창의적인 소신과 창의적인 삶으로 스스로를 표현한다.

'나' 를 가지고 있는 사람들은 문화적인 제약에 순응하거나 수동적인 적응을 한다고 볼 수 없다. 그들은 방어성이 없기 때문에 그들이 하는 행동에 대하여 다른 사람들로부터 인정받는 데 관심이 없다. 그러나 만일 그렇게 순응하는 것이 그들의 욕구를 충족시키는 데 도움이 되고 '나' 를 최대한으로 발달시킬 수 있다면 그들은 이 특정 상황에 대한 요구에 따를 수도 있고 종종 그렇게 한다.

자유에 대한 의식이 결여되어 있고, 많은 경험에 폐쇄적이며 미리 결정된 지침에 따라 살아가는 '나' 를 잃은 사람은 창의적이지도, 자발적이지도 않다. 이러한 사람은 새로운 도전, 자극, 흥미 등을 추구하는 것보다는 삶을 안전하고 예측할 수 있게 영위하고 긴장을 최소한으로 유지하는 데에 더 많은 관심을 둔다. 이러한 고정된 생활방식은 기름진 땅에 창의성이라는 영양분을 제공하지 못한다.

나는 어디에?

나는 '나' 를 가지고 있는가, 아니면 '나' 를 잃고 있는가? 우리의 삶 속에서 갖는 인간에 대한 환희, 인간에 대한 아름다움, 인간에 대한 즐거움, 삶에 대한 고마움, 반면에 갈등, 어려움 그리고 고통 등에 어제도 오늘도 그리고 내일도 자기 나름대로의 삶의 점을 찍고 있다.

인간 삶에 대한 이와 같은 상반된 측면의 원인은 무엇이고, 어디에서 오느냐에 대한 철학적 질문은 보는 시각에 따라서 여러 측면에서 논의될 수 있다.

여기서의 관점은 '나' 를 가지고 있는 성숙된 자신, 의미 있는 자신을 가지고 있는 나, 거대한 우주 속에서 '나' 의 위치를 가지고 있는 나, 반면에 잃어버린 나, 거대한 우주의

혼미 속에 있는 나, 의미를 잃은 나라고 인간의 삶을 분류할 때 현재 나는 어디에 있느냐에 대한 질문이다.

우리 누구도 잃어버린 나보다는 '나' 를 가지고 있는 나를 원한다. 이와 같은 '나' 를 가지고 있는 나를 형성하는 것은 순간적이고 찰나적으로 이루어지기보다는 고뇌에 찬 노력을 통해서 얻을 수 있다.

자, '나' 를 찾기 시작하자.

자!

이러한 삶의 철학을 가져 보자.

우리의 삶의 과정에서 겪는 경험에 대한 책임은 100% 우리 자신에게 있다.

힘의 중심은 항상 현재의 나의 삶에 있다.

우리의 사고들이 모두 모여 우리의 미래를 창조한다.

우리는 과거에서 벗어나 모든 사람을 용서해야만 한다.

우리는 이제 기쁜 마음으로 자기 자신을 사랑하는 법을 배우기 시작해야 한다.

내가 존재하는 삶의 무한대 속에서 모든 것이 완벽하고 온전하며 완성되도록 삶은 끊임없이 변하고 있다.

순간순간이 끊임없이 새롭고 신선하다.

나는 나의 환경을 스스로 창조해 줄 수 있다.

내가 선택할 수 있는 것이면 어떤 것이라도 이용해서 마음의 힘을 갖게 하는 지식은 유용한 것.

삶의 모든 순간순간이 새로운 출발점이므로 우리는 낡은 것을 버리고 나아가야 한다.

바로 지금 바로 여기가 새로운 길을 걷기 시작할 때와 장소다.

모든 일이 잘 되어 가고 있다.

2. 나의 문제를 찾아서

신체에 관하여

몸에 생기는 병으로 정신적인 고통, 통증, 분비물의 계속적인 배설, 화상, 노화, 쇠약해지는 것 등을 들 수 있다. 그 밖에 당신이 겪고 있는 병명을 대라. 나는 거의 대부분을 들었다고 생각한다.

타인과의 관계에 관하여

질식할 것 같은 관계, 무관심, 항상 무엇인가를 요구하는 관계, 나에게 도움이 되지 않는 관계, 항상 나를 질책하고, 사랑하지 않고, 결코 혼자 놔두지 않고, 내내 못살게 굴며, 나로 인해 걱정하고 싶어 하지 않으며, 쉽사리 나를 이기려 하고, 내 말에 결코 귀를 기울이지 않는 등의 관계들이 있다. 그 밖에도 다른 관계들이 있을 것이다.

경제에 대하여

그런 문제가 전혀 없거나 거의 없거나, 혹은 충분치 않은 경우, 수입보다 지출이 더 많은 경우, 빚을 진 경우, 우연한 지출을 하는 경우들이 생길 수 있다. 그 밖에 다른 경우도 포함된다. 삶에 관하여 다음과 같은 경우가 있다.

"내가 하고 싶은 것을 결코 해 본 적이 없다."

"나는 어느 누구도 기쁘게 할 수 없다."

"내가 뭘 하고 싶은지도 잘 모르겠다."

"나를 위한 시간이 전혀 없다."

"나의 욕구와 희망이 항상 무시된다."

"나는 항상 그들을 기쁘게 하기 위해 무언가를 해야만 한다."

"단지 현관의 신발털이개에 불과하다."

"내가 무엇을 하고 싶어 하는지 아무도 관심을 갖지 않는다."

"나는 재능이 없다."

"나는 어떤 일이든 제대로 한 적이 없다."

"나는 모든 일에 꾸물거린다."

"나를 위한 일은 아무것도 하지 않는다."

그 외에 경험한 일이 있으면 더 써 넣어라. 그 모든 일을 포함시킬 것이다. 내가 살면서 경험하는 문제들이다. 나는 이런 문제들을 잘 알고 있다. 그러나 나는 이런 불평들이 단지 마음속에 잠재해 있던 사고임을 안다. 잠재해 있는 무의식 세계에서 표출된 모든 언행의 토대가 되는 또 다른 더 깊고, 더 기본적인 정신적 양상이 있다. 나는 다음과 같이 몇 가지 기본적인 질문을 하고자 한다.

"무슨 일이 생겼습니까?"

"건강은 어떠세요?"

"자신의 삶을 위해 무엇을 하십니까?"

"지금 하고 계신 일은 마음에 드십니까?"

"경제적인 문제는 어떤가요?"

"자신이 사랑하는 삶은 어떤 것입니까?

"마지막으로 맺었던 인간관계는 어떻게 끝났나요?"

"그리고 그 이전에 맺었던 관계는 어떠했습니까?"

"어린 시절에 관해 간단히 말해 주십시오."

내가 사용한 언어들을 잘 주시해 보자. 사고와 언어는 우리의 미래를 창조하기 때문이다. 그러므로 사람들이 하는 말에 주의를 기울이면 왜 그들이 이러한 특별한 문제를 갖게 되었는지 쉽사리 이해할 수 있다. 우리가 쓰는 언어 속에 우리의 잠재적 사고가 들어 있다. 때때로 사람들이 사용하는 언어가 그들이 묘사하는 경험과 같지 않을 때도 있다. 그러면 나는 그들의 말이 실제 상황과 일치하지 않거나 나에게 거짓말을 하고 있다고 추측한다.

실제 행동: 나는 해야만 한다.

다음 단계로 종이와 펜을 가지고 앞에서 본 것처럼 차례차례로 써 보자.

"나는 해야만 한다."

다섯 내지 여섯 가지 목록을 작성해 보자. 당신은 어떻게 시작해야 할지를 몰라 쓰지도 못하고, 또 너무 많아 한정된 지면 때문에 어려워할 수도 있을 것이다.

그러고 나서 목록의 각 항목을 "나는 ……해야만 한다." 라는 형식에 넣어서 읽어 보자.

한 항목씩 읽어 나가면서 당신은 자신에게 "왜 그것을 해야만 하지?" 라고 물어보자.

대답들은 다음과 같이 재미있고 암시적일 것이다.

"해야만 한다고 어머니가 말씀하셨기 때문입니다."

"두려워서요."

"완벽해지기 위해섭니다."

"글쎄요. 모든 사람이 하니까요."

"나는 너무 게으르고, 너무 작고, 너무 크고, 너무 뚱뚱하고, 너무 마르고, 너무 말을 못하고,

너무 못생기고, 너무 가치가 없기 때문입니다."

이러한 대답에서 자신이 무엇을 믿고 있고 자신의 한계가 어디라고 생각하는지를 엿볼 수 있다. 나는 그들의 대답에 관해서 아무런 평을 하지 말고, 단지 목록을 다 읽었을 때 "해야만 한다"라는 말에 다음과 같이 생각해 보자.

'해야만 한다.'라는 말이 우리가 쓰는 말 중에서 가장 손해를 끼치는 말이라고 생각해 보자. '해야만 해'라는 말을 할 때마다 '뭔가가 잘못되었다'라는 말과 같은 효과를 내기 때문이다. 우리가 잘못되거나, 잘못되었거나, 잘못되려 하는 것 중 어느 하나를 의미하는 것이다. 나는 우리가 살아가면서 더 많은 잘못을 해야 한다고는 생각하지 않는다. 우리는 보다 많은 선택의 자유를 가져야 한다. 할 수만 있다면 '해야만 한다'라는 말을 잡아서 영원히 우리가 쓰는 목록에서 지우고 싶다. 그 말 대신에 '할 수 있다'라는 말을 쓰고 싶다. '할 수 있다'라는 말은 우리에게 선택권을 줄 뿐만 아니라 결코 잘못을 저지르지 않는다는 내용을 포함하고 있기 때문이다.

그다음 단계로 나는 "만약에 내가 정말로 원했다면, 나는 ……할 수 있었다."고 시작하는 문장을 나 스스로 작성해서 한 항목씩 읽어 보자. 이러한 실제 행동은 전체적으로 나 자신의 새로운 면모를 보여 줄 것이다.

자신이 읽을 때마다 자신에게 "왜 하지 않았나요?"라고 물어보자. 각기 다른 대답이 나올 것이다.

"원하지 않았기 때문이다."

"두려웠다."

"방법을 몰랐다."

"제대로 해낼 자신이 없다."

자주 사람들이 처음에 결코 하고 싶지 않아서, 혹은 미처 생각하지 못해서 하지 않았거나 못한 일로 그들 자신을 질책할 수 있다. 그것은 대개 다른 누군가가 그들에게 해야만 한다고 말했던 것들이다. 사람들이 그것을 깨달았을 때 비로소 그들은 '해야만 한다의 목록'에서 그런 일을 제외시킬 수 있다.

얼마나 날아갈 것 같은 기분인가! 단지 치과의사나 선생님이 되어야만 한다는 부모님의 말씀 때문에 흥미 없는 분야에서 성공하고자 여러 해 동안 노력하는 사람들을 보아라. 우리는 훨씬 더 영리해야 되고, 부유해야 하며, 어떤 일에서도 더 독창적이어야 한다는 말 때문에 얼마나 많은 열등감을 느껴 왔던가.

당신이 생각하는 '해야만 한다의 목록'에서 편안한 느낌으로 제외시킬 수 있는 항목은 어떤 것들인가?

짧은 목록을 모두 작성한 후에라야 그들은 다른 방식으로 자신의 삶을 보기 시작할 수 있다. 자신들이 해야만 한다고 생각했던 많은 일들이 결코 본인 스스로 원했던 것이 아니라 단지 다른 사람을 기쁘게 하고자 노력했던 일임을 깨닫게 될 것이다. 그동안 매우 자주 '두렵다'거나 '잘못하고 있다'고 느끼곤 했기 때문이다.

그때 지금까지 문제점이라 생각했던 것들이 변하기 시작할 수 있다. 더 이상 다른 사람의 기준에 자기 자신을 맞추려고 하지 않기 때문에 '잘못되었다'는 감정에서 벗어나기 시작할 것이다.

자! 다음의 삶의 철학을 생각해 보자.

"나는 삶이란 매우 간단한 원리에 의해서 돌아가는 것이라고 믿는다. 즉, 뿌린 대로 거두게 되는 것이다. 우주의 섭리 또한 전체적으로 우리가 믿고 생각하는 대로 따라 준다고 생각한다. 어릴 때 우리는 주위 어른들 반응에 의해 삶과 자신에 관해 어떻게 느껴야 하는지를 배운다. 그러나 이러한 신념들이 어떤 것이든 우리가 어른이 된 후 스스로 경험해서 다시 체계를 세우게 된다. 이 중에서 우리는 단지 사고 유형만을 다룰 것이며 힘의 중심은 항상 현재에 있으므로 바로 지금 변화가 시작되는 것이다."

자신에 대한 사랑

사람들이 어떤 문제로 고심하든지 관계치 말고 내가 그들에게 요구하는 것은 바로 자신을 사랑하는 일이다. 사랑은 기적의 치유법이다. 즉, 자기 자신을 사랑하면 우리의 삶에 기적이 일어난다. 나는 우리가 자신을 사랑하지 않기 때문에 허영심이나 거만함, 불손함 등이 생긴다는 말을 하려는 것이 아니다. 단지 자기 자신에 대해 큰 존경심을 갖고 심신에 일어나는 기적을 감사하며 살아가는 태도에 관한 이야기를 하려고 한다.

여기서 내가 말하는 '사랑' 의 정도는 가슴이 터지고 넘칠 정도로 충만된 정도를 의미한다. 그러므로 사랑을 느끼는 대상은 어떤 것이든 관계없다. 예를 들면, 다음과 같은 것들이 있다.

삶의 과정 그 자체

살아 있는 기쁨

눈에 보이는 아름다운 것들

나 이외에 다른 사람들

지식

정신 작용

신체와 활동

동물, 새, 물고기 등

모든 종류의 식물

우주의 섭리

이런 것들 외에 무엇을 더 첨가하겠는가?

우리가 우리 자신을 사랑하지 않는 경우를 몇 가지 살펴보자.

끊임없이 우리 자신을 꾸짖고 나무란다.

음식과 술과 약으로 우리 몸을 혹사한다.

자신이 사랑스럽지 않다고 믿는다.

서비스를 받은 대가로 상당한 값을 주기 두려워한다.

신체의 고통과 질병을 유발한다.

우리에게 이익이 되는 일에도 꾸물거린다.

혼돈과 무질서 속에 산다.

빚을 지고 무거운 짐을 진다.

우리를 얕보는 연인과 친구를 사귄다.

당신은 어떤 식으로 자신을 학대하는가?

만약 우리가 어떤 식으로든 이익 있는 일을 부정한다면 그 또한 우리 자신을 사랑하지 않는 행동이다. 한 예를 들어보자. 영수는 매우 훌륭한 실내 장식가였다. 그래서 그는 자신들의 거실 벽면을 꾸며 달라는 몇몇 부유한 고객들을 유치하고 있었다. 그러나 그는 항상 어떤 이유를 대서 예정일보다 지연시키고 늦게 돈을 받곤 했다. 그의 변명은 그 일을 완성하기까지 시간이 충분치 않다는 것이었다. 일을 맡기거나 어떤 종류든 작품을 부탁한 사람은 대가를 지불하고자 한다.

부유한 사람들은 더 많은 대가를 지불하고자 한다. 그것에 더 많은 가치를 부여하고 싶기 때문이다. 더 많은 예를 들어보면, 다음과 같다.

파트너가 피곤해하고 불평을 하면 혹시 무엇을 잘못했는지 불안해한다.

남자가 한두 번 데이트하다가 다시 전화하지 않을 경우 틀림없이 뭔가를 잘못했으리라 생각한다.

이혼을 하면 실패한 것이라고 단정짓는다.

봉급인상을 요구하기가 두렵다.

몸매가 신사들 대상의 패션 잡지에서 나오는 모델들과 차이가 많이 나면 열등감을 느낀다.

'성공하지 못하거나', '일부분이라도 이루지 못하면', '가치가 없는 인간이다' 라고 믿는다.

다른 사람과 가까워져 너무 친밀한 사이가 되는 것을 두려워해서 서로를 모르는 채 관계를 맺는다.

일이 잘못될 것이라는 확신 때문에 아무것도 결정할 수 없다.

당신은 어떤 식으로 자신의 가치 인정에 인색한가?

유아들의 완전성

당신이 강보에 쌓인 아기였을 때 얼마나 완벽했던가! 아기들은 완벽하기 위해 어떤 노력도 하지 않는다. 그들은 이미 완벽하며 마치 그런 사실조차 알고 있는 것처럼 행동한다. 그들은 자신이 우주의 중심이라는 것을 안다. 또한 뭘 원하는지 물어도 두려워하지 않는다. 자유롭게 자신의 감정을 표출한다. 아기들이 화를 내면 금방 알 수 있고 실제로 이웃들도 알게 된다. 아기가 기뻐할 때도 마찬가지다. 그들의 웃음이 방을 메우기 때문에 금방 알 수 있다. 그들에게는 사랑이 가득 차 있다.

만약 아기가 사랑을 받지 못한다면 곧 죽을 것이다. 나이가 들면 들수록 사랑 없이 사는 방법을 배우지만 아기들은 그것을 견디지 못한다. 그들은 자신의 신체 구석구석을 사랑한다. 자신의 배설물까지도. 그들은 또한 엄청난 용기를 가지고 있다.

우리 모두 유아 시절에는 그와 같았을 것이다. 서서히 자라면서 공포를 아는 주위의 어른들로부터 같은 감정을 배우기 시작하고 급기야 자신의 훌륭함도 부정하기 시작했던 것이다.

실제 행동: 거울

거울 앞에 서서 거울 속에 비친 자신의 눈을 들여다보도록 하자. 그리고 자신의 이름을 부르며 "나는 지금 그대로의 너를 인정할 뿐만 아니라 사랑해." 라고 말해 보자.

그러나 이런 일은 때로 사람들을 매우 당황하게 할 수 있다. 거의 울상을 짓거나 오히려 화를 낼 수도 있다. 또 다른 이들은 "할 수 없다." 고 항의할 수도 있다.

많은 시간 동안 나는 거울을 보면서 잘못된 점만을 꼬집어 낼 수 있다. 그러나 시간이 가면서 나 자신의 벌거벗은 모습 그대로를 받아들이고자 눈썹이 뽑힐 정도로 애를 쓰며 보낼 수 있다. 이 일은 나의 즐거운 일과 중 하나가 될 수 있다.

이러한 간단한 실제 행동을 통해 나는 매우 많은 것을 알아낼 수 있다. 1시간이 채 안 되어서 바깥으로 표출된 문제 밑에 깔려 있는 핵심적인 문제들을 볼 수 있다. 그러나 밖으로 드러난 문제에만 연연한다면 문제 하나하나를 풀기 위해 끊임없이 많은 시간을 소모해야 한다. 그리고 우리가 모두 "해결되었구나."라고 안도의 한숨을 쉬는 순간 또 다른 문제가 생길지도 모르는 일이다.

위선적인 문제들

잘 아는 사람 중 용모에, 특히 치아에 지대한 관심을 쏟는 사람이 있었다. 그녀는 거울을 볼 때마다 자신의 용모가 점점 더 미워진다는 강박관념에 빠져 여러 치과의사를 찾아다녔다. 또 코도 성형했다. 그러나 불행히도 성형외과 의사들은 그녀를 만족시킬 수 없었다. 그들은 단지 자신이 못생겼다는 그녀의 신념을 반영시켰을 뿐이다. 그녀에게 진정한 문제는 용모가 아니라 무엇인가 잘못되었다고 생각하는 자기확신이었다.

매우 거칠게 숨을 쉬는 한 사람이 있었다. 거친 숨소리는 그녀의 주위를 몹시 불안하게 만들었다. 그녀는 목사가 되기 위해 공부하는 학생이었는데 언제나 경건하고 고상한 자태를 잃지 않았다. 그러나 이러한 자태 속에는 때때로 그녀의 위치를 위협하는 사람에 대한 질투와 분노가 이글거리고 있었다. 이러한 잠재의식이 호흡으로 나타났고 그녀가 사랑하는 척할 때조차도 거칠게 나왔던 것이다. 그러나 그녀 자신 이외에 아무도 그녀를 위협한 사람은 없었다.

비만은 사람들이 진정한 문제도 아닌 문제를 시정하기 위해 얼마나 많은 정력을 낭비할 수 있는지 보여 주는 또 다른 좋은 예라 할 수 있겠다. 종종 많은 사람들이 살을 빼기 위해 여러 해 동안 노력한다. 그러나 몇 년이 지난 후에도 똑같은 경우가 많다. 그들은 살이 찌게 된 원인을 자신의 탓으로 돌리고 심하게 자책한다. 그러나 비만은 깊숙이 들어 있던 내적 문제들이 단지 외부로 나타나는 현상에 불과하다. 그러므로 뭔가 두렵고 보호받고 싶을 때 혹은 놀라거나 불안하고 '뭔가 잘못하고 있다' 고 느낄 때 이를 채우기 위해 군더더기 살이 찌는 것이다.

체중이 너무 늘어난 것을 자책하는 데 시간을 다 보내거나, 음식 먹은 것을 후회하거나 하는 것 등은 시간 낭비일 뿐이다. 핵심적인 문제를 해결하고자 시도조차 하지 않았다면 20년이 지난 후에도 여전히 같은 상황일 것이다. 우리가 노력했던 것은 늘어난 체중의 원인을 모두 자기 탓으로 돌려서 자신을 불안하게 만들고 이를 보충하기 위해 체중을 더 늘리는 일이 고작이었을 테니까 말이다. 그러므로 나는 비만이나 다이어트 그 자체에 초점을 두지 않는다. 다이어트를 신체에 하는 것이 아니라 정신에 한다. 부정적인 사고를 다이어트 하는 것이다. 나는 내담자에게 "자! 우선 몇 가지 다른 일을 하는 동안 그 문제를 한쪽에 접어 둡시다." 라고 말한다. 어떤 소녀가 '두리뭉실' 한 몸매 때문이라고 말한 것처럼 자주 그들은 너무 뚱뚱하기 때문에 도저히 자신을 사랑할 수 없다고 말할 것이다. 그러나 나는 그들이 자신을 사랑하지 않기 때문에 살이 찌는 것이라고 설명한다. 자신을 인정하고 사랑하기 시작하라. 얼마나 살이 빠지는지 믿기 어려울 것이다.

진정한 문제들

작은 거울을 들고 그 속을 들여다볼 때 여자든 남자든 모두 어찌할 바를 모른다. 나는 환하게 웃으면서 말한다.

"좋아요. 지금 우리는 '진정한 문제' 가 무엇인지 보고 있습니다. 자, 이제 우리는 당신의 길에 정말로 무엇이 있는지 명확하게 알 수 있을 것입니다."

그리고 자신을 사랑하는 것과 나의 경우를 들어 이렇게 자신을 질책하거나 혹은 질책하지 않고도 사랑을 할 수 있는 것에 관해 더 많은 이야기를 한다.

또 자신을 질책한 적이 있는지 묻는다.

"물론, 있습니다."

"언제나 해요."

"그렇게 많지는 않아요."

"자신을 질책하지 않고 어떻게 변화할 수 있죠?"

"다른 사람도 그렇지 않던가요?"

나는 "우리가 지금 다른 사람에 관해 말하는 것이 아닙니다. 바로 당신에 관해 말하고 있는 거죠. 당신은 왜 자신을 비난하지요? 무엇을 잘못했나요?" 라고 말한다.

그들의 대답으로 목록을 만들어 보면 자주 언급된 사항은 '해야만 한다의 목록' 과 일치하는 것을 알 수 있다. 사람들은 자신의 키가 너무 크거나 작고, 너무 뚱뚱하거나 마르고, 너무 말을 못하고, 너무 늙거나 어리고, 너무 못생겼다고 느끼는 것이다(가장 아름답고 잘생긴 사람도 자주 이런 말을 할 것이다). 아니면 그들이 너무 늦거나, 너무 빠르다거나, 너무 게으르다는 등등의 말을 할 것이다. 어떤 일이든지 거의 '너무'라는 말을 쓴다는 것에 주목하라. 결국 우리는 맨 밑바닥까지 들여다보게 되고, 그들은 "나는 쓸모없는 인간이에요."라고 말한다.

기뻐하라!

우리는 마침내 문제의 핵심을 알아냈다. '쓸모가 없다'라고 믿도록 배웠기 때문에 자신을 비난하는 것이다. 그들은 우리가 어떻게 그렇게 빨리 이런 점을 파악하는지 감탄을 금치 못한다. 이제, 우리는 신체나 돈, 살아가면서 맺어 나가는 인간관계, 혹은 독창성의 결핍과 같은 문제 때문에 괴로움을 느낄 필요가 없다. 우리는 단지 모든 것의 원인—자신을 사랑하지 않는 것—을 용해시키기 위해 전심전력을 쏟아야 한다.

내가 존재하는 삶의 무한대 속에서
모든 것이 완벽하게 완성되어 가고 있다.
나는 나 자신을 들여다보고 과거를 살펴볼 수도 있고,
내 삶의 관점을 넓힐 수도 있다.
나는 지금 나의 성격 외에도 훨씬 더 멀리 볼 수 있다.
과거, 현재, 미래로.
이제 내 존재의 위대함을 인식하기 위해
내가 할 수 있는 理想의 문제를 생각해 본다.
나는 기꺼이 나의 온 힘을 쏟아
나 자신을 사랑하는 법을 배울 것이다.

모든 일이 잘 되어 가고 있다.

3. 문제의 원인

이제 우리는 많은 요소를 통해서 지금까지 우리가 문제라고 생각했던 것에 대한 인식을 바꿨다. 드디어 우리는 진정한 문제가 무엇인지 알아낸 것이다. 자기 자신에 대해 가치가 없다고 느끼는 것과 자기 사랑의 결핍 등이다. 문제가 생겼을 때, 자신의 삶을 돌아보는 과정에서 이러한 관점들이 고려되어야만 한다. 그러므로 이러한 신념이 어디에 원인이 있는지 살펴보기로 하자.

우리는 삶과 그 자체의 완전성을 알고 유아기부터 많은 문제를 갖고 있는 어른이 되기까지 어떻게 살아왔으며, 어느 정도로 가치가 없고, 사랑받고 있지 못하다고 느끼는가? 이미 자신을 사랑하고 있는 사람들은 훨씬 더 자신을 사랑할 수 있다.

작은 봉오리가 맺힌 장미를 보자. 활짝 피어서 마지막 꽃잎이 떨어질 때까지 항상 아름답고, 언제나 완벽하며, 끊임없이 변하지 않던가! 마찬가지다. 우리도 항상 완벽하고, 언제나 아름다우며, 끊임없이 변하고 있다. 우리가 쌓았던 지식과 인식, 이해를 이용해 할 수 있는 한 최선을 다하는 것이다. 그러므로 더 많은 지식을 쌓아서 더 깊게 이해하고 인식한다면 다른 시야를 갖게 될 것이다.

정신의 집 청소하기

지금부터 우리가 그동안 갖고 있던 신념들을 살펴보면서 과거를 조금이라도 더 많이 검토해 보기로 한다.

어떤 사람들은 청소하는 과정을 매우 고통스럽게 여기는데 그럴 필요는 없다. 왜냐하면 항상 청소를 하기 전에 무엇이 놓여 있는지 먼저 살펴보게 되기 때문이다. 만일 하루날을 잡아 방을 아주 깨끗하게 청소하고 싶다면 집 안에 모든 것들을 일일이 들어내어 청소할 것이다. 평소에 아끼던 물건을 살펴보고, 먼지도 털어 주고 새 것처럼 광도 낼 것이다. 또 끝손질이 필요하거나 수선할 것이 있으면 그것을 해야겠다고 생각할 것이다. 다시 쓰지 않을 것은 따로 보관하고 낡은 잡지나 신문, 종이들은 휴지통에 버릴 것이다.

이러한 청소 작업 때문에 화가 나는가. 물론 화를 낼 까닭이 없을 것이다.

정신의 집을 청소하는 것도 마찬가지다. 그 안에 있던 몇 가지 신념들은 이미 낡은 것이므로 버리면서 화를 낼 필요가 없다. 식사 후에 음식 찌꺼기를 쓰레기통에 밀어 넣는 것처럼 쉽게 그들을 버려라. 어제 남은 음식 찌꺼기를 오늘밤 같은 종류의 음식이라고 해서 섞을 수 있는가? 이미 낡아 버린 정신 찌꺼기를 내일 경험할 내용에 다시 쓸 수 있겠는가?

당신에게 필요치 않은 사고나 신념은 버려라. 당신이 과거에 믿었다는 이유 하나만으로 끝까지 그것을 믿어야만 한다는 법은 없다.

실제 행동: 부정적인 말

다음에 할 연습은 큰 종이 위에 부모가 당신에게 잘못했다고 지적했던 말을 기억해서 목록을 작성하는 것이다. 당신은 어떤 말을 들었었는가? 가능한 한 많이 기억할 수 있도록 충분한 시간을 가져라. 대개 30분 정도면 무난히 해낼 것이다.

부모로부터 돈과 관련해 부정적인 말을 들은 적이 있는가? 당신의 신체에 관해 뭐라고 말했던가? 사랑과 인간관계에 대해서는 어떤가? 또 당신의 독창적 재능에 관해 무엇이라고 말했던가? 그들이 당신에게 하지 말라고 제한하고 경고하던 것은 어떤 것들이었던가?

가능하다면 이러한 항목들을 객관적으로 살펴보고 자기 자신에게 그러한 신념들이 어디에서 비롯되었는지 갖게 된 근거를 말하도록 하라.

다시 새 종이를 받아서 어린 시절에 다른 사람으로부터 들었던 부정적인 말들을 적어보자. 어떤 것들이 있는가?

친척으로부터

선생님으로부터

친구로부터

권위 있는 사람으로부터

당신이 다녔던 교회로부터

충분한 시간을 갖고 하나하나 생각해서 기입하라. 그리고 어떤 느낌이 드는지 느껴 보라. 이 종이 위에 적힌 목록들이 당신의 의식 속에서 사라져야 할 사고들이다. 이러한 항목들이 당신으로 하여금 '나는 쓸모가 없다' 고 생각하도록 만드는 바로 그 신념들이기 때문이다.

가족 탓입니다

우리에게 끔찍한 경험을 하게 했던 부모들도 당신만큼이나 놀라고 겁에 질렸었을 것이다. 그들 또한 당신이 느꼈던 것과 같은 무능력함을 느꼈을 것이다. 그들이 당신에게 가르쳐 줄 수 있는 것은 그들이 배웠던 것뿐이다.

부모의 어린 시절, 특히 열 살 이전의 시기에 대해 당신은 얼마나 많이 알고 있는가? 지금이라도 알아볼 수 있다면 부모님께 여쭈어 보아라. 알고 나면 부모들이 왜 그렇게 했는가를 더 쉽게 이해할 것이고 당신도 공감하게 될 것이다.

그러나 부모의 어린 시절을 알지도 못하고 알아낼 수도 없다면 그들에게 있었을 법한 어린 시절을 상상해 보라. 어린 시절을 어떻게 경험했기에 지금과 같은 모습이 되었을까 추측해 보라. 당신이 자유로워지기 위해서는 이러한 상황을 알 필요가 있다. 왜냐하면 부모에게 모든 책임을 전가하는 한 당신은 결코 자유로워질 수 없기 때문이다.

당신이 부모를 용서하지 않는 한 당신도 용서받을 수 없다. 당신이 부모에게 완벽함을 기대한다면, 당신 자신 또한 완벽해야 하며 그렇게 되면 당신의 인생 항로는 고통으로 얼룩질 것이다.

다른 사람들 탓입니다

어린 시절에 형이나 언니는 우리에게 신과 같은 존재다. 그러나 자신들의 기분이 언짢았을 때 아마도 화풀이하곤 했을 것이다. 학교 선생님들도 자주 우리에게 큰 영향을 미친다. 나는 초등학교 때 무용가가 되는 것이 꿈이었다. 그러나 5학년 담임선생님은 무용가가 되기에는 내 키가 너무 크다고 말씀하셨다. 그 말로 인해 결국 나는 무용가의 꿈을 포기하고 말았다. 어린 시절의 친구들은 삶에 관해 잘못된 생각을 갖고 있었다. 그래서 우리를 자주 괴롭혔고 우리의 기억 속에서 영원히 잊혀지지 않는 상처를 남겨 놓았다.

이웃 사람들의 이목과 '그들이 어떻게 생각하고 있을까?' 하는 생각도 나에게 큰 영향을 미친다. 다른 권위 있는 사람들이 당신의 어린 시절에 어떤 영향을 주었는지 돌이켜 생각해 보라.

우리는 여기에서 어떤 어린 시절의 한계도 극복해야 하며 우리의 위대함과 고귀함을 인식해야 한다. 당신의 부정적인 신념들을 극복해야 하며 나 또한 나 자신의 부정적인 신념들을 극복해야 한다.

내가 존재하는 삶의 무한대 속에서
모든 것이 완벽하게 완성되어 가고 있다.
나는 기꺼이 배우고 변화하려고 하기 때문에
과거는 더 이상 나를 지배하지 않는다.
나는 지금 바로 이 자리에서 정신의 집을 청소하려고 한다.
내가 어디부터 시작해도 상관없으므로
나는 가장 작고, 편안한 느낌이 드는 방부터 시작할 것이며
그러한 마음으로 하면 빨리 끝낼 것이다.
이러한 모험을 하는 도중에 두려움도 느낄 수 있지만
이 특별한 경험을 결코 되풀이하지 않을 것을 아는 까닭에
나 자신을 자유롭게 할 것이다.

모든 일이 잘 되어 가고 있다.

4. 나에 대한 변화의 방향

지금부터 우리가 적용할 원리는 다음과 같다.

욕망에서 벗어나는 법
마음을 다스리는 법
자신과 타인을 용서함으로써 해결책을 얻을 수 있다는 깨달음

욕망에서 벗어나기

우리가 가끔 어떤 행동을 하지 않으려고 결심했을 때 얼마 동안은 상황 전체가 더 나빠진 듯한 착각에 빠질 때가 있다. 그러나 그것은 나쁜 징조가 아니고 그 상황이 진전되고 있음을 나타내는 것이다. 그러므로 우리는 자기확신을 하면서 계속 결심을 실행해야 한다. 그 예를 보면 다음과 같다.

사업이 번창하고 있을 때 지갑을 잃어버린다.
관계가 호전되어 가는 찰나에 싸움을 하게 된다.
점점 건강을 회복하고 있는 시기에 감기에 걸린다.
독창적인 재능과 능력을 발휘하는 중에 해고된다.

때때로 전혀 예상치 않았던 방향에서 문제가 발생하여 오히려 잘 이해할 수 있게 된다. 예를 들어, 당신이 금연을 결심하고 "난 담배를 끊을 작정이야."라고 만나는 사람마다 얘기를 하고 다녔다고 가정해 보자. 하루하루 시간이 흐르면서 친구들과의 관계가 아주 어색해지는 것을 깨닫게 될 것이다. 그러나 절망을 할 필요는 없다. 이것은 효과가 나타

나고 있다는 청신호이기 때문이다.

"차라리 이렇게 관계가 어색해지면 끊어 버릴까? 담배 좀 안 피웠다고 해서 이렇게 관계가 어색해지다니. 담배 연기의 효과가 그토록 대단한 것이었던가!" 하고 며칠 안 가서 자문할지도 모른다. 즉, 담배는 하나의 수단일 뿐 원인이 아니라는 것을 알게 된 것이다. 그리고 이러한 사실을 깨닫게 되면 시야를 넓혀 자신의 자유를 어디서 찾아야 할지를 이해하게 된다.

그러면 '이런 불편한 관계를 해결하고 싶다'는 생각이 들 것이고, 당신을 그토록 불편하게 한 이유가 다른 사람들이 항상 자신을 손가락질할 것 같다는 생각 때문이라는 것을 알게 될 것이다. 모든 경험은 바로 자기가 만든다는 것을 깨닫게 되면 '다른 사람의 비난에서 벗어나고 싶다'는 생각을 할 것이다.

그러면 그 점에 대해서 깊이 생각해 보고 어려서부터 주위 사람들에게 야단을 많이 듣고 자랐음을 상기한다. 그런 이유로 당신의 마음속에 잠재해 있는 조그마한 아이는 야단을 맞을 때 '편안함'을 느끼고 이것을 감추기 위해 담배 연기로 '연막'을 쳐 왔던 것이다. 다음 단계로 "나는 ＿＿＿를 용서할 거야." 라고 자기확신을 한다.

자기확신을 계속해 나가면 담배도 피우고 싶지 않을 뿐더러 주위 사람들이 당신을 비난하지 않는다는 사실도 깨닫게 된다. 서서히 자신을 옭아매고 있던 욕망에서 벗어나고 있음을 느낄 것이다.

그러나 이와 같은 효과는 대개 일시적이다. 그러므로 서두르지 말고 꾸준히 매일 조용한 시간을 내서 변화과정을 숙고해야만 그 대답을 찾아낼 수 있을 것이다. 당신의 마음속에 내재해 있는 우주는 이 지구 전체를 만들어 낸 우주와 동일한 것이다. 자신의 내부의 지시를 신뢰하고 알 필요가 있는 것이면 무엇이든 다 밝혀내도록 하라.

마음은 이용할 수 있는 도구에 불과하다

당신은 자신이 생각하고 있는 것보다 훨씬 그 이상일 수 있다. 아마도 자신의 마음은 누구도 지배할 수 없다고 생각할지도 모른다. 하지만 그것은 지금까지 그런 식으로 생각해 왔기 때문이다. 당신의 뜻에 따라 정신이라는 도구를 쓰지 않을 수도 있고 잘 손질

해 놓을 수도 있다. 마음은 자신이 원하는 방향으로 나아가기 위해 사용하는 도구에 불과하다. 당신이 이제까지 마음을 사용했던 것은 하나의 도구에 불과하다. 당신이 이제까지 마음을 사용했던 것은 하나의 습관에서 비롯된 것일 뿐이다. 그러나 어떤 습관이건 우리가 원하거나 바뀔 수 있다는 사실을 단지 알고만 있다고 해도 얼마든지 변화시킬 수 있다.

잠시 동안 마음을 가라앉히고 다음과 같은 개념을 생각해 보라.

'마음은 자신이 원하는 길로 나아가기 위해 선택해서 쓸 수 있는 도구다.'

그렇게 해서 '선택한' 사고가 당신의 경험을 만들어 내는 것이다. 만일 습관이나 생각을 바꾸는 것이 힘들고 어려운 일이라고 믿고 있다면 선택을 하는 문제에서 실제로 어려움을 많이 겪게 될 것이다. 그러나 '변하는 것이 점점 쉬워질 거야.' 라고 생각하기로 한다면 훨씬 더 쉽게 변할 수 있을 것이다. 당신의 생각과 말에 끊임없이 부응하는 엄청난 우주의 섭리가 있다. 그러므로 의식적으로 생각을 선택함으로써 마음을 통제할 때 비로소 이러한 섭리와 자신을 일치시키게 되는 것이다.

마음이 당신을 지배하는 것이 아니다. 바로 당신이 마음을 지배하는 것이고 바로 당신이 그 마음을 사용해서 낡은 사고를 중지시키는 것이다.

'변화하는 것은 참으로 어려운 일이야.' 라고 낡은 사고가 고개를 들려고 하면 통제를 해야 한다. 그리고 "변화하는 것이 점점 더 쉬워지고 있다고 믿기로 했어." 라고 자기 마음에 속삭인다. 이러한 대화를 여러 차례 마음과 주고받으면서 자신을 통제하고 자신이 말한 대로 가고 있음을 확인해야만 할 것이다.

당신이 통제할 수 있는 것은 현재 생각뿐이다

낡은 사고들은 사라졌다. 그로 인해 발생된 경험들로 기억될 뿐 그들에 대해 아무것도 할 수 없다. 앞으로의 생각도 아직 형성되지 않았고 또 어떠한 생각이 될지도 모른다. 단지 현재 생각, 즉 당신이 통제할 수 있는 것은 바로 지금 생각하고 있는 것뿐이다. 한 예를 보면, 오랫동안 자기가 자고 싶은 시간에 잠자던 아동에게 오늘부터 매일 밤 8시에 자야 한다고 말하면 그날 밤 어떨 것이라고 생각하는가?

아동은 이러한 새 규칙에 반항해서 걷어차고 소리 지르며 잠자리에서 빠져나오려고 온갖 짓을 다 할 것이다. 그러나 불쌍하게 생각되어서 "이번 한 번만이다."라고 봐 준다면 그 아동은 영원히 자기 뜻대로만 하려고 할 것이다. 반면에 흔들림 없이 이것이 새 취침 시간임을 확실하게 고수한다면 반항은 점점 더 줄어들게 되고 이삼일 밤이 지나면 새로운 습관이 생길 것이다.

당신 마음도 마찬가지다. 물론 처음에는 반발감이 일고 다시 길들여지는 것을 원치 않을 것이다. 그러나 당신이 통제하고 힘을 기울여 단호하게 지키려 한다면 매우 짧은 시간 안에 새로운 사고방식이 자리 잡게 될 것이다. 그래서 당신이 자신의 생각에 아무런 영향력도 미치지 못하는 희생자가 아니라 마음의 주인이라는 것을 깨닫게 될 것이다.

자기 자신을 옭아매는 과거는 그냥 스쳐 지나간다

많은 사람들이 내게 와서는 과거에 겪었던 일 때문에 지금도 즐겁지 못하다고 말한다. 그들은 과거에 어떤 식으로 무엇인가를 하지 않았거나 혹은 했기 때문에 지금은 완전한 생활을 할 수 없다는 것이다. 과거에 지녔던 것을 더 이상 가질 수가 없어서 기쁨을 누릴 수 없고, 과거에 받았던 상처 때문에 현재의 사랑을 받아들이려 하지 않고, 과거에 어떤 일로 즐겁지 않은 일이 발생했다면 지금도 똑같이 발생하리라고 확신한다. 그들은 과거에 저지른 잘못 때문에 지금도 자신들은 영원히 나쁜 인간이라고 확신하고 다른 사람들이 그들에게 잘못했기 때문에 자신의 삶이 원하지 않던 방향으로 흘렀다고 남을 탓한다. 그들이 과거에 있었던 어떤 상황에 화가 났었기 때문에 독선을 고집하려 하며, 그들이 좋지 않게 대우받았던 과거의 경험 때문에 결코 용서하지 않고 잊지도 않으려 한다.

"나는 고등학교 시절에 생일 파티에 초대받지 못했기 때문에 오늘날 삶을 즐길 수 없다."

"나는 첫 번째 음성 테스트를 엉망으로 치렀기 때문에 영원히 그것을 무서워할 것이다."

"결혼하지 않았기 때문에 오늘날 완전한 삶을 살 수 없다."

"첫사랑에 실패했기 때문에 아무도 사랑할 수 없다."

"과거에 혹평으로 잊지 못할 상처를 입었기 때문에 다시는 누구도 믿지 않을 것이다."

"한 번의 도둑질 때문에 영원히 나 자신을 벌주어야 한다고 생각한다."

"나는 어린아이처럼 형편없기 때문에 어느 곳에도 갈 수 없다."

대개 사람들이 인정하려 들지 않는 것은 과거에 집착하고 있다는 것이다. 그것이 어떠했고 얼마나 끔찍했든지 간에 단지 우리에게 상처를 주었다는 한 가지 이유로 말이다. '그들은' 상관하지 않고 '그들은' 보통 깨닫지도 못한다. 우리는 현재의 삶을 가장 충실하게 살지 못하고 자신에게 상처를 주고 있을 뿐이다. 과거는 이미 지나간 것이며 바꿀 수도 없다. 지금 이 순간이 우리가 경험할 수 있는 유일한 순간이다. 우리가 과거에 대해 불평할 때조차도 그것에 관한 기억에 매달려서 현재 벌어지는 상황을 진정으로 경험하지 못하게 된다.

용 서

다음 단계는 용서다. 자기 자신과 타인을 용서하는 것은 과거로부터 벗어나는 방법 중 하나다. 『기적의 과정』에서는 용서가 거의 모든 것에 대한 해결책임을 거듭해서 강조하고 있다. 우리가 상처를 받게 될 때 그것은 더 많은 용서를 해야 된다는 것을 의미한다. 현재의 삶에 자유로이 편승하지 못하는 것은 과거에 매여 있다는 증거다. 그것은 실망과 슬픔, 상처, 두려움, 죄의식, 힐난, 분노, 증오 그리고 어떤 때는 심지어 복수심까지도 유발시킬 수 있다. 이러한 상태의 감정은 하나같이 용서하지 못하고 있는 마음 한구석에서 나오는 것으로써 문제를 해결해서 현재 순간으로 돌아가는 것을 방해한다.

사랑은 항상 어떠한 종류라도 변화시킬 수 있는 열쇠다. 그리고 사랑하는 길은 바로 용서하는 것이다. 용서는 증오감을 없앤다.

당신의 가슴 속에는 삼라만상을 고칠 만한 그렇게 큰 사랑이 있다. 그러나 지금 당장은 당신을 치유하기 위해서만 이 사랑을 사용하도록 해라. 가슴 한가운데에서 나오는 따스함과 부드러움, 온유함을 느껴 보아라. 이러한 느낌들이 생각하고 말하는 대로 자기 자신을 변화시키기 시작해라.

내가 존재하는 삶의 무한대 속에서

모든 것이 완벽하게 완성되어 가고 있다.

변화는 내 삶의 자연스러운 법칙, 나는 변화를 좋아한다.

나는 기쁜 마음으로 변화할 것이다. 내 사고를 바꾸고 내가 쓰는 언어를 변화시킬 것이다.

나는 편안하고 기쁜 마음으로 낡은 것에서 새 것으로 옮겨간다.

기쁨에 가득 찬 나 자신을 더욱더 사랑하도록 배운다.

분노는 더 많이 버리고 더 많은 사랑을 나타내야 한다.

사고를 변화시킨다는 것은 즐거운 일이다.

나는 오늘 기쁨을 경험하기 위한 선택을 배운 것이다.

모든 일이 잘 되어 가고 있다.

5. 사실 그대로 받아들이자

자기비하

다른 사람과의 대화에서 우리는 행복감을 저해하는 무수히 많은 말을 사용한다. 친구들과 대화를 나누면서 '바보' '멍청이' '으스대는' '소심한' '무능력한' 이라는 말이 몇 번이나 나왔는지 세어 보면 우리는 항상 이 같은 부정적인 용어의 사용을 통해서 우리 자신을 비하하고 있다는 것을 알게 될 것이다.

우리는 무슨 일이 잘못되면 우리 자신이나 다른 사람에게 가차 없이 때로는 의미 없는 명칭을 붙이고 있다. 만일 당신이 스스로에게 '나는 실패자' 혹은 '나는 바보야' 하고 말했다면, 그것은 마치 당신 전체를 실패자이거나 바보로 느끼게 한다. 당신은 가치가 전혀 없는 사람이 되고, 항상 그렇게 느껴지면서 여기서 벗어날 길이 없어지게 되며 이러한 말들은 당신을 무너뜨리게 될 것이다.

자신에게 명칭을 붙이고 믿게 되면 당신의 자신감은 무너진다. 결국 행복감을 상실한다. 그러므로 당신은 현실적인 사실만을 고려하면 되지 명칭을 사용할 필요가 없다. 사실은 당신에게 희망을 주고 또 문제를 극복할 수 있게 할 것이다.

영수가 커피를 엎질렀고 그의 형은 화가 났다. 영철은 배우자를 잃어서 무척 상심해 있다. 이 사실들 자체만도 괴로운데 스스로 비하하는 명칭을 붙여서 자신을 더 괴롭게 만들어서 진짜 실패자나 멍청한 바보로 만들어 버린다. 사실이란 어떤 특정한 사건이 일어난 것을 의미한다. 객관적인 사실 그 자체를 의미하는 것에 그쳐야 한다. 여기서 배울 점이 있을 수도 있다. 여하튼 당신에게는 미래가 있고 희망을 가질 수 있는 것이다.

다음과 같은 점을 알아보고, 스스로 희망을 잃지 말고 자신 있게 살아 나가자. 스스로 일컫는 말을 다스리는 법, 왜 명칭은 비논리적인가, 어떻게 명칭을 사실로 바꾸는가.

스스로의 말을 다스리자

스스로의 말이란, 스스로에게 호칭을 붙여 부르거나 또는 '무엇이 사실이지? 하고 묻는 것 등이다. 스스로의 말이란 당신 머릿속에서 일어나는 생각들을 의미한다. 만일 당신 머릿속으로 '나는 커피를 엎질렀어—나는 멍청한 바보야.' 한다면 당신은 기분이 안 좋을 것이다. 만일 단지 '나는 커피를 엎질렀어.' 하면 당신의 기분은 나빠지지 않고, '정말 귀찮게 됐구나. 행주를 가지고 와서 닦아야지.' 하는 생각이 들 뿐이다.

만일 당신 머릿속에 '내 아내는 나를 떠났어—나는 실패자야.' 란 생각이 들면, 당신은 무척 상심하면서 동시에 슬프고 외롭게 느껴질 것이다. 만일 당신이 '내 아내가 나를 떠났어.' 라는 사실을 생각하는 데에만 집착한다면 당신은 단지 슬프고 외롭기만 할 것이다. 그것만으로도 충분한데 당신이 스스로 상심되는 말로써 더 나쁘게 만들 이유는 없는 것이다.

깨어 있는 많은 시간 동안에 당신의 머리는 스스로의 말이 차지하게 된다. 당신이 의식하고 조정하지 않는다면, 스스로의 말들이 당신의 기분을 저조하게 만들 수 있다. 그러나 그 말들이 논리적이고 현실적인지 확인하면서 듣는다면 당신의 기분은 훨씬 나아질 것이다. 여기서 이런 점—자신에 대해 좋게 생각하는 방법과 더 좋은 관계를 갖는 법—등을 다룰 것이다.

자, 당신은 스스로 하는 말들을 점검해 보기로 하자.

직접 자기를 비하하는 명칭들을 찾아보자. 당신 스스로 부르는 호칭이 있다면 그 이름으로 자신을 조용히 몇 번씩이고 불러 보자. 그 이름이 당신으로 하여금 '이게 나야.' 그리고 '나는 영원히 이럴 거야.' 하고 느끼게 하는가? 그렇다면 이제는 사실만을 말해 보자. 당신이 스스로 그런 이름을 붙이기 전에 무슨 일이 있었는가? 당신이 한 일은 무엇인가? "나는 내 배우자의 생일을 잊어버렸어." 무슨 일이 일어났는지 사실만을 정확하게 말해 보자. 그리고 이것이 명칭을 붙이는 것보다 얼마나 기분을 좋게 하는지 의식하여 보자. 사실에 충실한 것은 당신에게 희망과 자극을 주고, 견딜 수 있는 힘을 준다.

만일 그 사실들이 명칭을 붙인 것과 같이 느껴진다면, 당신은 아직도 조용히 자신을 그 호칭으로 부르고 있다는 것이다. 귀를 기울여서 잘 들어 보자. 당신은 "나는 중요한 일을 잊어버렸어." 하고 싶지만 실제로 "……그리고 그것은 나를 실패자로 만들었어." 하고 추가로 속삭이고 있는 것이다. 이렇게 추가로 하는 말은 곧 명칭을 붙이는 것과 마찬가지다. 스스로 일컫는 말들을 조정해 보자. 당신 머릿속에서 사실을 인지했다면 거기서 끝내거나 다시 사실로 되돌아가 보자. 스스로 하는 말에 신경을 쓰고 조정해 보자. 그 말에 의해 조정되지는 말아야 한다.

가치의 기준

대부분의 사람들은 '가치의 기준' 에 따라서 생각하고 느끼고 행동한다. '가치의 기준' 이란 '정의의 기준' 과 비슷하지만 양자 모두 정당성이 없다. 왜냐하면 인간으로서의 당신의 가치를 측정하기 때문이다. 그리고 척도의 저울을 좌우하는 것은 바로 스스로 붙이는 명칭인 것이다. 인간의 개인적 가치를 측정하는 것은 파괴적인 행위다. 당신이 다음과 같은 점을 알고 있을 때에 '가치의 기준' 에서 벗어날 수 있는 것이다. 스스로 명칭을 붙이는 것은 당신을 '가치의 기준' 상에 올려놓는다.

가치의 척도에서 벗어나자

자녀가 "난 엄마/아빠가 미워."라고 말한다면 부모는 쉽게 상처를 입게 된다. 마치 그 아동이 당신의 모든 면이 미운 것같이 느껴질 것이기 때문이다. 하지만 아동은 당신이 한 행동이 미운 것이지 당신이 미운 것은 아니다. 당신 자녀가 하고 싶은 일을 당신이 못하게 하지는 않는가? 그들의 말을 고쳐 주어야 한다. "너는 너하고 싶은 대로 엄마/아빠가 안 해줘서 싫은 거지?" 그들이 진실로 뜻하는 말을 하도록 가르쳐야 한다.

어느 엄마는 그녀의 아이가 "내 자신이 미워."라고 말하는 것을 듣고 무척 놀랐다. 그녀는 그 아동에게 "내가 한 짓이 미워."라고 가르쳤고 4살짜리 아동은 그 차이를 느꼈다! 눈물이 웃음으로 변한 것이다.

우리는 아동에게 칭찬을 해 주고 자신감을 불어넣어 주기 위해서 '착한 딸, 착한 아들' 그리고 '똑똑한 딸, 똑똑한 아들'이라고 말해 준다. 좀 더 신중히 생각해 보자. 당신은 그 아동 전체를 칭찬하고 있다. 그와 같은 좋은 명칭도 명칭은 명칭이다. 그것은 곧 가치의 기준에 아동을 올려놓는 것과 같다. 아동을 칭찬할 것이 아니라 그 아동의 행동을 칭찬해 주어야 한다.

야단을 칠 때도 마찬가지다. '못된 딸, 못된 아들' 그리고 '버릇없는 딸, 버릇없는 아들'은 그 아동의 행동을 나무라는 것이 아니라 그 아동 전체를 혼내는 일이다. 이 같은 단어들도 명칭이다. 당신은 그들의 버릇없는 행동을 고치는 동시에 그들에게 자신감을 불어넣어 주길 바란다면 그들을 가치의 척도에 올려놓지 말아야 한다. 사람을 야단칠 것이 아니라 행동을 야단쳐야 하는 것이다. 논리적인 방법으로 그들이 한 행동에 대해 이야기해 주어야 한다. 종종 부모들과 선생님들은 논리적이고 사실적인 표현이 무엇인지 물어보게 되는데, 여기서 몇 가지 예를 보면 다음과 같다.

잘했어, 그건 잘한 것이다.

좋은 점수, 좋은 작품이야.

이제 너는 숟가락질을 잘하고 있어.

네가 모든 것을 잘 정돈해서 기쁘다.

그 일은 잘 해냈어.

그것은 버릇없는 짓이야.

난 그것이 별로 안 좋은데.

너는 그 장난감을 던져서는 안 된다는 것을 잘 알 텐데.

이상과 같은 표현의 대부분은 아동에게 구체적으로 당신이 좋아하고 싫어하는 행동이 무엇인지를 가르쳐 준다. 당신이 기대하는 것과 아동의 행동에 대해 유용한 지침이 되는 것이다. 그 비난은 개인적인 것이 아니라서 그 아이로 하여금 심술이 나게 하거나 반항하기보다는 받아들이고 따르게 한다.

사람에 대해서보다 행동에 대해서 이야기하자. 그러면 당신이 아동들에게 배우기 바라는 점을 더욱 잘 이해하게 된다. 당신에게도 습관이 될 것이다. 그들이 성장하면서 고쳐라. 시작하기에 결코 늦은 것이 아니다. 당신은 아동을 껴안으며 "너는 굉장해." 혹은 "너는 멋져."라고 말하고 싶은 충동을 느낄 수 있다. 그런 충동을 억제하지 말고 그 대신 다른 말을 써 보자. "나는 네가 한 행동이 자랑스럽다." 혹은 "너는 멋진 일을 해냈어." 라고 해 보자.

6. 당신 자신을 받아들이자

자기수용

당신은 사람들 앞에서 말하기를 꺼려 하거나 당황하는가? '그들이 나를 어떻게 생각할까?' 하고 당신은 걱정할 것이며 혹은 당신은 수줍음으로 침묵하게 될 수도 있을 것이다. 이 모든 걱정은 당신의 행동과 당신이 누구냐가 가치의 기준에 의해 혼돈되어서 당신을 압박하는 것이다.

그 기준은 당신의 머리를 의심과 불안으로 가득 차게 한다. '그들이 나를 바보로 알면 어떡하지?' '그들이 내 의견에 동의하지 않는다면 어쩌지?' '그들이 나를 마음에 안 들어 하면 어쩌지?' 당신의 진짜 걱정은 당신의 행동이 아니라 가치를 잃는 데에 있다. 가치의 기준을 영원히 없애 버리고 그 자리에 자기수용을 넣어 보자.

자기수용은 당신으로 하여금 사실을 직시하게 하고 논리적 사고를 하게 한다. 당신은 말을 잘 못할 수도 있다. 하지만 그것이 당신을 바보, 얼간이 혹은 그 이외의 것으로 만들 수는 없다. 왜냐하면 당신은 그대로 당신이기 때문이다. 사실, 다른 사람들이 당신의 의견에 동의하지 않을 수도 있고 당신이 하는 말을 좋아하지 않거나 혹은 당신을 좋아하지 않을 수 있다. 당신이 당신 의견이 있듯이 그들도 그들의 의견이 있을 수 있다. 그러나 당신은 그대로 당신이고 당신은 그 사실로도 충분히 살아남을 수 있다.

자기수용의 방법

자기수용이란 '나'는 '나'라는 사실을 인정하는 것이다. 이렇게 생각해 보자. 유일무이한 당신이란 사람은 다음과 같은 것으로 이루어져 있다. 당신의 외모, 취미와 특기, 좋아하는 것과 싫어하는 것, 나이, 포부, 목표와 이상, 당신의 모든 특성, 능력과 자질, 믿음과 가치관, 필요로 하는 것들과 욕망, 버릇 등. 당신은 또한 당신의 역할로 이루어져 있다. 당신은 아들이거나 딸, 친구, 배우자, 부모, 직원, 동료직원, 소비자 그리고 그 이상이다.

당신은 당신 자신의 어떤 점은 좋아할 것이고, 어떤 점은 싫어할 것이고, 진짜 싫어하는 것은 고치려고 노력할 것이다. 그러나 첫 번째 단계는 모든 면이 당신의 부분임을 지금 인정하는 것이다. 자기수용은 당신 자신 내에서 어떠한 점을 어떻게 생각하든 간에 이 전체적인 당신을 받아들이는 일이다. 자기수용은 모든 면을 좋아하라는 것을 의미하는 것은 아니다. 또한 '내가 할 수 있는 일은 아무것도 없어.'라고 생각하는 것도 아니다. 그러나 자기수용은 모든 면이 당신이라는 사실을 받아들이는 것을 의미한다.

자기수용은 당신 자신을 인정하고 당신의 모든 면을 사실로서 인식하는 것이다. 이 사실이 당신의 시발점이고 거기서 시작하는 것이다. 자기수용으로서 당신은 당신 자신에게 이렇게 이야기할 수 있다. "내 자신 중에 내가 마음에 안 드는 부분이 있어. 내 성격 중에 내가 싫어하는 면이 있어. 하지만 나는 이런 점들을 나의 일부분으로 받아들이겠어." 여기에는 아무런 조건이 없다.

당신은 당신이 마음에 안 드는 점을 고치는 데 있어서 게으름을 피우게 될까 봐 망설이는가? 그럴 필요는 없다. 오히려 그 반대일 것이다. 당신은 그런 점들을 받아들임으로써 더 많은 에너지를 느낄 것이다. 왜냐하면 당신은 당신 자신을 비난하거나 그런 점들을 숨기는 데 에너지를 낭비하지 않기 때문이다. 그 에너지는 곧 당신에게 쓰일 것이며 당신 성격을 고치는 데 쓰일 수도 있다.

자기수용은 무슨 일이 생기든 간에 당신은 당신이며, 아무것도 그 사실을 바꿀 수가 없다는 것을 의미한다. 당신은 내적인 보호를 받게 되는 것이다.

자기수용은 곧 당신의 내적인 안정을 뜻한다. 많은 사람들은 그들의 내적인 안정을 위해 경제적인 안정을 추구하거나 온전함을 느끼기 위해 다른 사람이 사랑해 주기를 갈구한다. 진정한 마음의 평안은 내심에서 우러나오는데도 불구하고 그들은 그들 자신 밖에서 안정을 찾으려고 한다. 전체적이고 무조건적인 자기수용이야말로 심적 안정과 마음의 평화를 가져다주는 것이다. 안정된 내적 자기수용이 있는 한 당신은 가치를 잃는다거나 하는 위험에서 벗어날 수 있다. 당신은 완전하게 당신 자신이 될 수 있다. 자기수용은 당신을 스스로 떳떳하게 지내게 하는 비밀 무기인 것이다.

자기수용의 접근전략

자기수용은 당신이 원하는 바를 이루게 하는 열쇠다. 당신은 다음과 같은 방법으로 자기수용을 축적하게 된다.

당신이 자신을 받아들이는 말을 반복하는 일, 자신을 받아들이는 말을 한 가지 정해서 반복해서 자신에게 타일러 보자.

당신 삶의 대부분에서 당신은 스스로 비논리적이고 부정적인 말들을 계속해 왔다. 우리는 일반적으로 우리가 그렇게 한다는 것도 인식하지 못한다. 그중 가치에 대한 문구는 '나는 받아들여져야 한다.' 혹은 '좋아할 수 있어야 한다.' '능력이 있어야 한다.' 혹은 '유능해야 한다.' '그들에게 내가 가치 있는 사람이라는 것을 보여 줘야 한다.' 등이 있다.

당신은 당신의 이러한 구식 사고방식에서 벗어나 새롭게 자신을 받아들이는 문구를 찾아야 한다. 다음과 같은 짧고도 긍정적인 문장을 사용해 보자.

나는 나 자신 그대로의 모습을 받아들인다.

나는 내가 좋은 싫든 간에 나의 모든 면을 받아들인다.

나는 나의 노여움(문제가 되지만)도 내 자신으로 받아들인다.

생각을 더 해 보고 당신에게 의미 있는 문장을 만들어 보자.

당신의 자기수용 문구를 하루에도 수없이 속으로 혹은 크게 자신에게 되뇌어 보자. 자기수용을 터득하는 데는 시간이 걸리지만 당신이 그 반대에 쏟는 시간보다는 길지 않길 바랄 뿐이다.

개인적인 방법의 훈련

여기서 나오는 개인적 방법들은 당신을 자기수용과 더 가깝게 한다. 만일 당신이 명칭의 습관에서 벗어나고 있다면 당신은 이미 옳은 길로 접어든 것이다. 새로운 개인적 방법을 접할 때마다 그것을 열심히 받아들인다면 조금씩 자기수용이 당신 사고의 일부분이 되어 갈 것이다.

당신이 또다시 긴장하고 스트레스를 받게 되기란 힘들 것이다. 왜냐하면 당신은 다른 사람들이 뭐라고 행동하든 신경 쓰지 않기 때문이다. 당신은 뒤에 물러서서 그들의 행위를 보고 당신이 어떻게 반응해야 할지 스스로 결정하게 될 것이다. 당신이 인생의 사건들에 어떻게 반응하느냐는 당신이 확고한 자기수용을 가졌느냐 아니면 고통이 따르는 불확실한 가치의 척도를 따르느냐에 달려 있다. 우리는 그 고통으로부터 벗어나기 위해 온갖 필사적인 노력을 하게 되는 것이다.

가치에 대한 강박 관념

당신은 당신이 가치 있는 사람이 되기 위해 자기 자신이 노력해야 한다고 생각하는가? 아니면 일 때문에 무용지물임을 느껴서 자아존중감을 잃었는가? 당신의 나이 혹은 장애로 인해 유능하거나 유용하지 못해 속상하지 않은가? 당신은 원치 않았던 아이였기 때문에 스스로 '열등' 하다고 단정하고 있지는 않은가?

만일 당신이 위의 사항 중에 하나라도 예라고 끄덕였다면 당신은 "나는 가치가 있기 위해……" 혹은 "나는 …… 때문에 가치가 없어." 와 같은 평가의 함정에 걸린 것이다. 당신은 가치를 쫓는 싸움으로부터 벗어날 수가 없을 것이다.

당신은 가치를 높이기 위해 목적을 정한다. 그 목적에 도달하는 순간, 그것은 가치가 떨어져 버리고 당신은 새로운 목적을 향해 노력한다. 당신이 하는 일이나 이룩한 일은 즐길 여유가 없는 것이다. 끊임없는 추격은 당신을 긴장시키고, 불안하게 하고, 만족스럽지 못하게 한다. 당신의 모든 것을 당신 자신으로 받아들여서 마음의 긴장을 푸는 대신에 항상 당신 어깨 너머를 쳐다보고 있어야 하는 것이다.

여기에 우리들이 함정에 걸릴 수 있는 여러 사례가 있다. 한번은 여가활동에 대한 토론을 한 적이 있다. 사람들은 그들의 자유 시간을 어떻게 유용하게 쓸지를 이야기했다. 그들은 많은 일을 하고 있음에도 불구하고, 만족하지 못하고 더 유용하지 못하다고 걱정들을 했다. 우리들은 왜 우리들이 '유용해야' 한다고 생각하는지 이야기하였고, 결론은 사회적 압박감에서 비롯된다는 것이었다.

그다음에 그들은 스스로 진짜로 하고 싶은 일이 무엇인지를 물었다. 그들은 쓸모와 가치가 있어야 한다는 생각을 버렸다. 그들은 그때까지 해 왔던 일을 압박감 없이 계속하기로 결정하였다. 마지막 수업 때 그들은 편안해 보였고 그들의 활동에 대해 즐기고 있는 사실을 행복하게 이야기하였다. 가치를 얻어야 한다는 생각은 스트레스를 가져다주고 즐거움을 망쳐 버린다.

자녀를 가르침

시골에 사는 한 엄마가 그녀의 아이들의 학교 일을 가르쳐 주며 이런 이야기를 하였다. "내 아이들보다 다른 사람들의 아이들을 더 잘 가르쳐 줄 수 있겠어." 학교 가는 날 아침을 상쾌하게 만들려고 애를 써도 반드시 그녀의 인내력을 시험하는 일이 생긴다. 한 아이와의 실랑이가 다른 아이에게로 옮겨지며 하루 종일 그런 기분으로 지내게 된 것이다.

상심하지 않고 자녀를 키우는 부모는 거의 없다. 이것은 곧 평가의 함정이다. 당신의 자녀가 어떻게 하느냐에 따라 당신의 가치를 평가하기는 쉽다. 당신의 자녀가 잘하는 동안 당신은 '좋은 선생님' 이고 가치가 있다. 당신의 자녀가 정신을 딴 곳에 팔거나 잘하지 못하는 그 순간에 당신은 '나쁜 선생님' 이 되어 버리고, 당신의 가치 또한 떨어지고 여기서 상처를 받게 될 것이다. 당신은 이 상처를 덜기 위해 당신의 자녀로 하여금 잘하도록 강요하게 된다. 또한 모든 사람들은 상심하게 된다.

그러나 당신 자녀가 잘하고 못하는 것에 당신 자신이 연연해하지 않으면 당신은 그 일을 개인적으로 받아들이지 않는다. 그리고 당신을 애타게 하지도 않아서 당신은 이해심도 생기고 인내심도 더 생길 것이다.

필요에 따라 당신의 가치를 평가한다

당신은 부모나 간호사나 선생님 혹은 다른 사람들을 도와주는 입장에 있는가? 당신은 남들에게 조언을 해 주는가? 당신 자신을 시험해 보라. 당신은 스스로 하고 싶어서 다른 사람들을 도와주는가, 아니면 당신을 필요로 하는 사실이 당신을 가치 있게 만들기 때문인가? 만일 당신이 그 함정에 걸려 있다면 당신은 계속해서 당신을 필요로 하도록 해야 한다. 당신은 결국 감정의 저장고에서 너무 많이 주게 되어 당신 자신은 말라 버리게 된다. 만일 계속해서 주게 된다면 당신은 기진맥진해진다—너무 말라서 결국 당신의 감정을 조절할 수도 없게 된다.

"그녀는 더 이상 나를 필요로 하지 않아." 그리고 "그에게 더 이상 내가 해줄 수 있는 일이 없어."와 같은 말은 마음에서 나오는 말이다. 부부 상담을 해 본 사람은 이런 말을 자주 듣게 된다. 어느 한쪽은 누군가에게 필요하기를 원하고 다른 한쪽은 기댈 수 있는 누군가를 원했기 때문에 처음에 두 사람이 끌렸을지도 모른다. 예를 들어, '파티의 꽃'은 매우 수줍은 사람을 도와줄 필요가 있었다. 다른 한쪽은 알코올중독과 같은 문제를 가진 사람을 도와줄 필요가 있었다. 이와 같은 결합은 어느 기간 동안은 잘 지낼 수 있지만, 곧 변화가 생긴다. 예를 들어, 한쪽 사람이 더 이상의 도움을 필요로 하지 않게 된다면 그 관계는 끝이 나는 것이다.

당신 자신을 받아들일 때 당신은 당신을 필요로 하는 사람을 찾지 않는다. 당신은 그 자신이나 그녀 자신을 인정하는 배우자를 찾게 되고, 성격적으로 맞는 사람을 찾게 된다. 이런 관계에서 당신은 당신 자신이 될 수 있다.

정리해 보면, 가치를 얻고 평가해야 한다고 생각한다면 당신은 함정에 걸린 것이다. 스스로 가치가 있지 않다고 생각되면 당신은 전혀 가치가 없는 사람이 되는 것이다. 당신은 당신이고 당신은 항상 가치가 있다는 것을 증명할 길이 아무것도 없기 때문에 당신은 항상 언제 가치 없는 인간이 될지 모른다는 우려 속에 살게 된다. 이 함정은 끝없는 고통과 스트레스를 유발한다. 한순간의 정신적인 변화에 따라 당신은 가치의 기준상의 평가에서 벗어날 수 있다. 당신은 자기수용을 자신의 것으로 만들 수 있다.

7. 우리 자신의 것을 받아들이자

자신에 대한 인정

'그들은 나를 받아들일 거야.' 하고 생각한다

당신이 다른 사람들의 인정을 받아야만 한다면 그것은 마치 당신 주위의 사람들이 당신에게 "우리는 당신이 만일 이것을 하고 혹은 그것을 소유한다면 당신을 인정할 거야." 하고 주장하는 것과 같다. 아니면 "우리는 당신을 좋아하거나 존경할 거야. 왜냐하면 당신은 이것을 하고 혹은 저것을 소유하고 있으니까" 할지도 모른다. 그들의 인정을 필요로 한다면, 그것은 그들이 당신을 인정하는 데 조건을 붙이는 것을 뜻한다. 당신은 다음과 같은 '만일'과 '왜냐하면'에 맞추기 위해 노력할 것이다.

나는 인정을 받을 거야. 만일
내가 팀에 들어가면
내가 더 크거나, 좋거나 새로운 차이가 있다면
나의 나쁜 습관을 이겨 낸다면

나는 '나은 사람' 이다. 왜냐하면
나는 잘 차려 입었다
내 아들은 의사다
나는 좋은 동네에 살고 있다

만일 당신의 가치가 다른 사람들의 인정에 의해 좌우된다면 그들의 인정은 곧 당신이 소유하는 것과 행동하는 것에 좌우되고 당신은 쳇바퀴 같은 삶을 살게 된다. 당신은 계속해서 새로운 것을 사거나 하거나 성취하거나 부러워해야 한다. 이런 것들이 당신이 사고 싶거나 하고 싶거나 성취하고자 하는 것보다 더 중요한 것이다. 당신의 시간과 관심은 다른 사람들의 인정을 받는 데에 집중하게 된다.

감히 실수도 하지 못한다

진희는 남편의 새 차로 사고를 냈다. 그녀는 하루나 이틀 동안 화를 내다가 곧 풀어졌으나 그녀는 상심하고 떳떳하지 못했고 여기서 벗어나지를 못했다. 그녀는 자신을 집 안에 틀어박아 놓고 아무도 만나기를 원치 않았다. 너무 심각해져서 그녀는 그녀의 생각을 찬찬히 정리해 보았다. 사실은 이랬다. 그녀가 남편의 새 차로 사고를 냈다. 그다음에 그녀는 실수를 저지른 것으로 인해 다른 사람들이 자기를 좋아하지 않을 것이라고 생각한 것이다. 그래서 그녀를 좋아하지 않을 것에 대해 화가 났고 반항적인 태도를 취하게 된 것이고 스스로 보호하기 위해 벽을 쌓았던 것이다. 그녀의 가족은 그 벽을 인식하고 가까이 가지 않았고 이것으로 그들이 그녀를 좋아하지 않는다고 확신하고 더욱 상심했다. 이게 무슨 악순환인가? 진희는 그녀 자신에게 타일렀다. '나는 나 자신을 받아들이고 다른 사람들이 나를 좋아하지 않는 것을 견딜 수 있어. 내가 실수를 했다고 그들이 나를 좋아하지 않는다면 그것은 그들 문제야.' 그녀는 마음이 편해졌고 다시 남편과 가족들과 그전처럼 지낼 수 있었다.

경숙은 관리하는 입장으로서 하루에도 여러 가지 문제에 대해 결정을 내렸다. 당연히 좋은 결정 중에서 나쁜 결정도 나왔다. 그러나 경숙은 사고의 실수를 용납하지 않고 나쁜 결정에 대해 고민했다. 왜일까? 그녀는 그녀가 한 가지 실수라도 저지르면 같이 일하는 사람들이 그에 대한 존경을 잃고 좋아하지 않을 것이라고 믿고 있었기 때문이다. 이것으로 스트레스가 쌓였고 집에서 신경 쓰이는 일이 생기면 뱃속이 불편해졌다. 그는 아이들에게 신경질적이었으며 그의 남편과의 성 관계도 나빠졌다.

그런 후에야 그녀는 자기수용을 터득하고 고치려고 노력하였다. 얼마 후에 그녀는 스스로 편해지는 것을 느꼈고 뱃속도 편해졌다. 그녀가 내리는 결정들에 대한 그녀의 태도도 바뀌었다. 그 많은 결정 중에는 나쁜 것들도 생길 수 있다고 생각하도록 하였다. 전반적으로 결정들이 옳으면 그녀는 만족해하기로 하였다. 이제 그녀는 집에서 받는 스트레스도 견딜 수 있었고 그녀의 가족은 행복했으며 성생활에도 불만이 없었다.

그녀의 긴장은 완벽한 인간으로서 자신의 가치를 입증해야 한다는 잘못된 생각에서 비롯된 것이다. 자신의 생각만을 바꾸면 된다는 사실에 그녀는 굉장한 위안을 얻었다. 일단 그 자신을 받아들이는 것을 터득하고, 그녀는 다른 사람들처럼 실수도 할 수 있다고 스스로 생각하게 되었다. 나중에 그녀는 대부분의 사람들과 잘 어울릴 수 있었다고 나에게 이야기하였다. 몇 명은 우호적이지 못하다고 했지만 그녀는 마음을 놓고, "이것이 인생이야."라고 이야기했다. 그녀는 스스로 긴장을 조성하는 것을 중지하였고 그녀가 원했던 대로 나는 그녀에게 편해지는 방법을 가르쳐 주었다. 그녀는 더욱 마음이 편해졌고 생기를 얻었다.

당신이 다른 사람들의 마음에 들고, 존경받고, 수용되는 것에 의존한다면 당신의 생각은 비뚤어질 것이다. 당신은 사람들이 당신에 대해 생각하는 것을 상상하게 되고 그 상상은 일반적으로 틀리다! 설사 그것이 옳다고 해도 당신은 상심할 필요가 없다. 당신의 생각은 스트레스와 긴장을 가져다준다. 당신 자신을 받아들일 때 당신의 생각은 바른 것이다. 당신의 생각이 바를 때 당신의 결론은 정당하고 삶에서 스트레스가 줄어든다.

당신은 관계에서 끈을 매단다

상란은 그녀의 남편이 그녀를 사랑하기를 너무도 바란 나머지 항상 자신의 희망사항에 대해 조용히 하고 있었다. 그가 그녀에게 원하는 것이 무엇인지를 물으면 그녀는 그에게 원하는 것이 무엇인지를 물었다. 그들이 외출을 하게 되면 그녀는 그가 하자는 대로 하였다. 결국 남편이 모든 결정을 내렸다. 그는 두 사람의 삶을 사는 것 같았고 그래서 부담스러웠고 그녀는 그녀가 하고 싶은 일을 한 번도 할 수 없는 것과 남편이 마음대로 하는 것이 원망스러웠다. 그녀는 지배받는 것처럼 느꼈고 우울해졌다. 그녀 자신이 스스로 하지 못하는 것이 힘들었다.

친구들을 만날 때 상란은 "나는 가망 없어."와 같이 자신을 비하시키는 말을 해서 "아니야, 너는 잘났어."와 같은 칭찬을 듣도록 유도하곤 하였다. 그녀의 관계에는 보이지 않는 끈이 있었고 그것은 직접적이지 못하고 정직하지도 않았다. 상란은 온전하고 가치 있다고 느끼기 위해서는 사랑과 칭찬이 필요했던 것이다.

당신 또한 온전하게 느끼기 위해서 사랑의 증거가 있어야 할지도 모른다. 당신 또한 배우자로부터 사랑받아야 할 필요에 열중해서 당신의 배우자가 무엇을 느끼고 있는지

볼 수 없을지도 모른다. 배우자들도 인간이어서 좋고 나쁜 때가 있는 것이다. 사랑에 대한 당신의 절박함이 당신의 배우자에게는 부담이 되고 당신의 배우자로 하여금 참을성 없게 만들며 이것은 당신이 가장 원하는 것과 어긋나게 한다.

당신이 자신을 받아들이면 그와 같은 절박함은 없어진다. 당신은 당신 배우자의 좋고 나쁜 때를 견딜 수 있다. 당신은 사랑받기를 기대하기 전에 당신 사랑을 주는 데에 집중할 수 있다. 당신은 사랑을 요구하기보다는 기대할 수 있다. 이 방법이 당신이 원하는 사랑을 받을 확률이 높다.

당신의 배우자는 당신이 한 일에 대해 불만스럽고 화가 나는 동시에 당신을 사랑할 수 있다. 아동들은 잘못 이해하고 있다. 만일 부모가 기분이 좋으면 그들을 사랑한다고 생각하지만 이것은 잘못된 생각이다. 우리는 어떤 사람에 대해 사랑과 애정을 갖는 동시에 그 사람이 행한 일 때문에 상심하거나 화가 날 수 있다. 그래서 사랑 대신 화가 났을 때 자기수용을 기억해야 하는 것이다. 부정적으로 대하지 말고 대화를 나눠 보자. 사랑의 증거가 당신에게 가치를 부여한다면 당신의 지속적인 필요가 관계를 일그러뜨린다. 당신 자신을 받아들이면 대화는 직선적이고 정직하게 될 것이며 관계도 안정될 것이다.

이상을 요약해 보자. 당신은 인정을 필요로 하거나 원하지는 않는가? 이것은 중요한 질문이다. 만일 당신의 자기가치가 다른 사람들의 인정을 받는 것에 좌우된다면 당신은 그들의 인정을 받기 위해 무슨 일이든 할 것이다. 이것을 얻기 위해 당신이 하는 행동은 당신과 타인과의 대화 그리고 타인과의 공동생활에서 슬픈 결과를 가져온다.

당신이 자기가치를 자기수용으로 대신하게 되면, 당신은 내적 자아에 의존하게 될 것이다. 이것이 개인으로서 긍정적인 결과를 낳게 된다. 당신은 터놓고 다른 사람들에게 이야기를 할 수 있고, 그들과 잘 지낼 수 있는 확률도 높아진다. 당신은 인정에 의존하지 않고 또한 필요로 하지도 않는다—당신은 이것을 즐기기 때문에 원하는 것이다. 우리는 모든 사람들이 우리를 좋아하기를 바라지만 그것은 현실적으로 불가능하다. 자기수용은 당신을 강하게 만들고 다른 사람들의 인정 없이도 지낼 수 있게 해 준다.

스스로 받아들이고, 좋아하고 그리고 인정을 해 주면 당신은 더 이상 필요한 것이 없다. 당신은 항상 당신이 필요로 하는 기본적인 것을 갖고 있다.

필요한 것을 절실히 채우는 것과 보너스를 즐기는 것과는 큰 차이가 있다. 당신의 가치에 대한 좋은 느낌을 다른 사람에게 의존하는 것과 자기수용에서 오는 평화로움과 안정을 위해 스스로에게 의존하는 것의 차이다. 어느 쪽을 선택할지는 당신에게 달려 있다.

자신에 대한 격려

철현은 망사문을 서투르게 고치다가 싫증이 났다.

"나는 아무것도 제대로 하는 것이 없어!"

이렇게 스스로 이야기한 것이 철현으로 하여금 모든 것을 집어치우게 하고 다시 시도하기 싫게 만들었고 낙심하게 하였다.

"걱정 마, 다시 한 번 해 봐." 혹은 "제대로 하는 법을 찾아봐야겠어." 와 같은 말이 훨씬 나았다. 이런 말을 스스로 한 것은 철현으로 하여금 다시 시도해 볼 용기를 주었다.

당신은 아마 한 번도 스스로에게 용기를 줄 생각을 못했을 것이다. 우리는 다른 사람이 해 주기를 기다릴 뿐이다. 그러나 당신이 원하는 만큼의 용기를 북돋워 주고 언제든 원할 때 줄 수 있는 사람은 오직 당신뿐이다! 사랑하는 가족과 친구들조차도 항상 당신과 같이 있지 않고 항상 옳은 말만 해 주는 것은 아니다.

격려가 되는 말로 당신의 자신감을 높여 주어야 한다. 다른 사람들의 격려의 말도 필요하겠지만 당신에게 꼭 있어야만 하는 것은 아니다. 다른 사람들의 친절한 말이 보너스로 느껴질 때 그들과 지내는 것이 더 즐거워진다. 당신 스스로에게 격려를 해 주면 타인에게서 충분히 격려를 받지 못해도 큰 문제가 되지는 않는다. "견딜 만해." 하고 그룹의 구성원은 말한다. 자신에게 격려를 줄 수 있는 현실적인 방법은 다음과 같다.

낙심한 자신을 격려하는 말의 시도

깃털의 딱딱한 부분으로 자신의 손바닥을 찔러 보면 아플 것이다. 그러나 반대편의 부드러운 면은 편안함과 기쁨을 준다. 당신의 사고를 가지고 당신은 똑같은 일을 할 수 있다. 당신 자신을 힘들게 할 수도 있고 스스로에게 편안함과 기쁨을 줄 수도 있다.

"나는 절대 이것을 다 배우지 못할 거야." 라는 생각은 당신을 힘들게 할 것이다. 말을 바꿔서 당신 자신에게 편안함과 희망을 주도록 해 보자. "새롭지만 사리에 맞으니까 나는 해 볼 거야." 이것이 당신을 기분 좋게 만든다면 당신은 스스로를 억누르는 것에서 스스로를 격려했고, 이렇게 할 때마다 자신을 더 강하게 그리고 행복하게 만드는 것이다. 당신이 믿을 수 있는 말로 용기를 북돋워 보자. 당신이 당신 자신을 속일 수는 없다.

깃털이나 작은 붓으로 연습해 보자. 당신 자신에게 낙심되게 하는 말은 무엇인가? 딱딱한 쪽으로 당신의 손을 찌르면서 말해 보자. 이제는 부드러운 쪽으로 당신의 손을 만지며 당신을 편하고 또 희망차게 하는 단어들을 생각해 보자.

어떤 사람은 "이것은 안 돼."라고 말하던 것을 "나는 더 잘할 수 있다고 생각해. 다음번에는 다른 방법을 시도해 봐야겠어."로 바꾸었다. 다른 사람은 똑같이 스스로 낙담시키는 말을 다음과 같이 변화시켰다.

"내가 원하는 대로 되진 않았지만 내 실수로부터 나는 배웠어."

"누군가 나에게 새로운 것을 하라고 하면, 나의 첫 생각은 '나는 그것을 할 수 없어'였어요. 이제 저는 그것을 '생각해 보면 내가 할 수 있을지도 몰라'로 바꾸었어요."

다른 사람은 이렇게 결정하였다.

"한번 해 봐. 내가 실패해도 세상은 끝나지 않아."

"나는 저것을 고칠 수 없어, 어떻게 해야 할지를 모르는 걸." 하고 어떤 사람이 말하였는데, 그 사람은 생각해 보고 다음과 같은 결정을 하였다.

일반적으로 자신을 격려하는 말로써 "나는 그 당시에 할 수 있는 최대한의 일을 했어."가 있다. 부모교실에서 당신은 해야 할 말과 해야 할 행동을 배우면서 당신은 "나는 더 잘할 수 있었는데" 하고 생각하게 된다. 이렇게 자신을 억누르는 생각은 당신으로 하여금 이제껏 잘못했다는 생각을 들게 한다.

"그 당시에 내가 알고 있는 한도 내에서 최선을 다했어."라고 생각하면서 위안을 받고, 앞으로 어떻게 더욱 잘할 수 있는지에 마음을 쓰자.

만일 격려하는 말이 생각나지 않을 때는 당신이 아동에게 새로운 것을 가르쳐 준다고 가정해 보면 된다. 당신은 친절하게 도움을 줄 것이다.

"전에 해 본 적이 없으니까, 연습을 더 많이 하지 않고는 잘할 수 있다고 기대하지 마." 혹은 "걱정하지 마, 다시 한 번 해 봐."

당신 자신에게도 이만큼 친절하게 도움을 주어야 한다. 자신에게 엄하게 하면 당신은 최선을 다할 수가 없다. 당신은 긴장을 하게 되고 자신을 침울한 분위기에 넣게 된다. 자신을 격려해 주면 당신은 최선을 다할 수 있게 되고, 좀 더 쉽게 웃을 수도 있다. 이것이 당신과 주위 사람들을 더 즐겁게 할 것이다.

나는 피아노를 매우 잘 치는 사람을 알고 있다. 휴가 후에 이 피아니스트는 "이것은 충분치 않아." 하며 다시는 피아노를 칠 수가 없었다. 왜냐하면 세계적으로 유명한 피아노 연주자와 비교했기 때문이다. 이러한 낙심되는 말을 "나는 피아노 연주자가 될 계획이 없었어. 나는 나 자신의 기쁨을 위해 피아노를 치고 싶어." 라는 말이 도와줬다. 연습에 열심이던 모습으로 돌아오게 된 것이다.

"이것은 충분치 않아." 는 자기를 억누르는 가장 결정적인 말일 것이다. 나는 이 말을 듣고 묻는다.

"무엇이 충분한 것인가?"

'충분한 것' 을 잴 수 있는 자는 없다. '충분한 것' 이란 존재하지 않으며 이것을 이루는 것은 불가능하다. 만일 당신이 완벽을 목표로 한다면, 당신의 비현실적인 기준이 당신이 시작하기도 전에 이미 경쟁에서 빠지도록 만든다. 사람들이 "이것은 충분치 않아." 와 "완벽해야 돼." 를 말할 때 그들은 실제로 "나는 충분치 않아." 와 "나는 완벽해야 돼." 를 말하는 것이다—숨겨진 명칭인 셈이다. 완벽을 추구하는 것은 곧 가치를 추구하는 것이다. 가치가 있기 위해서는 이 일과 저 일을(아니면 모든 일을) 완벽히 해내야 하는 것이다. 당신은 곧 가치의 척도상에 있는 것이다.

당신의 본연의 모습을 자신으로 받아들이도록 노력해서 완벽을 추구하는 어리석음과 존재하지도 않는 가치를 찾는 것을 포기하라. 긴장을 풀고 당신이 하고 있는 일을 즐기자. 당신 머리에서 "이것은 충분치 않아." 와 같이 스스로 비난하는 말을 찾으면, "나는 그 일을 완벽하게 하지는 못했어. 나는 인간이고 따라서 나는 내가 이룰 수 있는 좀 더 현실적인 기준을 잡아야겠어." 와 같은 조리 있는 말로 바꾸자.

당신의 기준을 당신이 너무 힘들지 않게 이룰 수 있게 될 때까지 계속해서 조절하자. 나중이 되면 언제든지 당신의 눈높이를 올릴 수 있다. 완벽과 가치를 위해 일을 하지 말고 목적을 위해 하여야 한다. 당신은 그 일을 하면서 그리고 그 결과에 대해 더욱 기뻐할 수 있을 것이다.

이를 정리해 보면, 자신을 낙심하게 하는 말을 편하고 격려하는 말로 바꾸는 것은 당신의 일이다. 좀 더 현실적이고 솔직해지자. 만일 당신이 완벽을 추구한다면, 당신이 혹시 가치를 찾는 것은 아닌지 알아보자. 만일 그렇다면 자기수용의 자세로 편해져야 한다.

당신의 머리에서 스스로 억누르는 생각이 들 때마다 그것을 제지하는 것을 연습하고 스스로를 격려하는 말로 없애 버리자.

자기평가를 자기수용으로 전환

평가하는 것과 비교하는 것은 다르다. 당신이 평가를 하면 당신 전체를 저울 위에 올려놓는 것이다. 비교를 하면 특정한 면만 보게 된다. 당신은 그 점들을 살펴보고 몇 가지 배울 점을 찾을지도 모른다. 만일 당신이 다른 사람의 체격이나 신체적 건강에 감탄한다면 그들의 가치를 평가하는 덫에 빠지지는 말아야 한다. 분명히 당신보다 높을 것이다! 당신의 자기수용에 충실하고 보이는 것을 감상하기만 하라.

만일 당신이 타인의 일에 감탄하였다면 감탄한 것을 인정하고 배우자. 평가는 하지 말아야 한다. 당신이 만약 "나는 저렇게 잘하지 못하는데." "나는 도대체 능률적이지를 못해." "나는 열등해." "그는 나보다 나아." "그녀는 더 유능해." 와 같은 말을 생각하고 있다면, 당신은 지금 평가를 하고 있는 것이다. 만일 당신이 멋진 집과 특별한 차를 보고 감탄하였으면 그것을 소유하고 있는 사람을 부러워하지 말고 그 집과 차를 보고 감탄해야 하는 것이다. 그래야만 당신의 가치를 그 소유자와 비교해서 평가하는 것을 방지하게 된다.

성취하고 특별한 것을 소유하는 것은 신나게 하고 또한 즐거움을 줄 것이다. 슬프게도, 많은 사람들은 업적과 소유물들이 '나는 한동안은 가치가 더 있어.' 를 증명해 준다고 생각한다. 그러나 인간으로서 그들의 가치나 평가는 변하지 않는다. 그들은 그대로 그들인 것이다. 그들이 상상하는 가치나 평가는 잘못된 것이며 오래된 풍선처럼 바람이 빠져 버리고 말 것이다.

자기 자신에 대한 칭찬

현실적인 칭찬을 해 줘야 하는 이유

지나치게 겸손한 것은 정보를 드러내지 않게 한다. 당신이나 다른 사람들도 당신에 관한 필요한 사실을 모르게 한다. 이것은 솔직한 것이 아니다.

자신에 대한 지식은 자아정체성 확립에 도움을 주고, 그것은 또한 자신에 대한 좋은 감정을 더해 준다. 자아정체성 없이는 당신의 성격을 흐트러뜨리게 되고 자신에 대해 나쁘게 생각하게 된다. 솔직하게 스스로 칭찬하는 것은 당신의 자기정체성 확립에 도움을 주고 자기수용을 돕게 되며 자기존중 또한 높여 준다. 또한 찬사는 당신 자신에 대한 지식에 도움을 줄 수 있다.

찬사는 다른 사람으로부터 듣는 칭찬이다. 만일 당신이 당신 자신을 칭찬하는 데 익숙해 있다면, 다른 사람들의 것도 받아들일 수 있다. 열심히 듣고 만일 당신도 동의한다면 자신에 대한 지식에 추가하라. 그러나 만일 당신이 확실하지 않은 찬사를 받으면 당신이 믿을 수 있는 사람에게 물어보자.

우리 모두 칭찬이 필요하지만 만일 다른 사람에게 칭찬 받는 것에 의존한다면 당신은 '찬사를 듣기 위한' 게임을 하게 되어서 관계를 비뚤게 하고 솔직하지 않게 만들 것이다. 겸손하고 조심성 있게 노력하는 과정에서 당신 또한 작은 실수를 범하게 되고, 찬사를 들으면 오히려 불편하게 느낄 것이다. 당신이 필요한 만큼의 칭찬을 받는다면 새로운 칭찬을 들어도 기쁘게 "고맙습니다." 하며 대답할 수 있다. 당신은 "나는 좋아하는데, 당신도 좋습니까?" 라고 솔직히 물을 수 있게 될 것이고 다른 사람들도 솔직히 "예" "아니요" 로 대답할 수 있게 될 것이다. 자신의 선행을 감추지 말아야 한다. 언제든지 필요할 때에 당신 자신에게 칭찬을 해 주고 더 좋은 자아정체성과 의사소통을 즐기자.

8. 우리 자신의 성격을 받아들이자

당신의 모든 특성은 당신 자체다

당신의 특성을 스스로 받아들이면 그것들은 문제가 되지 않는다. 당신의 특성 때문에 가치가 더 있고 덜 있다고 생각하지 않는다면 그것들을 공평하고 정직하게 바라볼 수 있다. 다른 사람들로부터의 암시나 피드백 반응을 받아들일 수도 있으며 자신에 대해 좀 더 정확하게 알게 된다. 당신의 모든 특성을 받아들인다면 당신은 좀 더 편해지고 정체성이 커질 것이다.

특성을 나열할 때 좋다/나쁘다와 같은 구식 방법을 사용한다면 평가의 함정에 걸리게 된다. 선생님들은 장점을 나열하고 단점을 나열하라고 시키면서 이것이 개인의 가치를 저울질하며 자기파괴적인 개념을 조장시킨다는 사실을 모르고 있다. 더욱 문제를 심각하게 하는 것은 때때로 학생들이 몇 가지 장점밖에 생각이 안 나서 다른 친구들이 그들의 가치 없음에서 헤어나도록 도와줘야 했던 사실이다. 그러나 그중에는 반 아동들이 장점을 아무것도 찾을 수 없는 아동도 있을 것이다. 그리고 다른 사람들이 제안한 모든 긍정적인 특성을 부정해 버린 어른도 있다. 이 사람들에게 남은 것은 자신의 단점만 나열된 목록뿐이다. 특성을 나열하는 데 편안하기 때문에 더 많은 특성이 생각날 것이다. 특성을 나열한 목록이 다양해질수록 자신에 대한 인식이 깊어지며, 자신에 대한 인식이 깊어지면 곧 자기수용을 돕게 되는 것이다.

정리해 보면, 사람들의 성격적 특성을 판가름하지 말라는 것이다. 이것이 명칭이 되고 당신은 그것들로 가치를 평가하게 된다. 그 특성들을 사실로서 받아들이고 관련된 것들과 잘 맞는지를 판단하고 당신의 특성을 당신 자신으로 받아들이고, 스스로 편해진다면 자신에 대해 더 잘 알게 될 것이다.

'원칙'의 한계

친구에 의한 압력과 조작을 찾아내자. 누군가 당신을 놀리거나 창피를 줌으로써 당신이 하고 싶지 않은 일을 하게 만들지는 않았는가? "괜찮아, 한잔 더해."는 숨겨진 원칙으로써 "너는 내가 원하는 대로 해야 돼. 네가 원하는 대로가 아니고"를 의미하는 것이다. 당신은 좀 더 빠르게 운전하라고 재촉을 당한 적이 있는가? 혹은 당신이 아끼는 물건 중 빌려 달라는 부탁을 받은 것이 있는가? 당신이 담배를 끊으려고 할 때 누군가가 담배를 권하고 있지는 않은가? 혹은 당신이 보통 때 안하는 약물을 권하는 사람은 없는가? 원하지 않은 성관계를 가져 본 적이 있는가?

다른 사람들의 "너는 ……해야 해." 혹은 "괜찮아, 모두들 하는데 뭐."와 같은 말이 당신의 의지를 빼앗아 가게 하지는 말아야 한다. 그들의 원칙은 단순하게 '내가 너에게 원하는 것'을 의미하는 것이고, 그들이 당신에게 원하는 행동을 하게끔 압력을 가하는 것이다. 그들의 원칙을 알아차리고 당신이 하고 싶은 일을 결정하는 것은 당신에게 달려 있다! 당신은 특별히 어떤 음식을 좋아하는가? 당신은 체중 감소를 위해 다이어트를 하고 있거나 건강식품을 선택했을지도 모른다. 당신 친구들이 식사 초청을 해 오면 당신은 곤란할 수도 있다!

당신이 다이어트를 할 때, 담배를 끊으려고 할 때, 술을 줄이거나 멀리 하려고 할 때 당신에게 가장 큰 압력을 가하는 사람은 당신 친구다. 당신이 결정한 것으로부터 당신을 유혹하려고 하는 사람들은 바로 당신 친구들과 동료들이다. 그들은 당신의 결정을 하찮게 보거나 무시하려 들며, 마치 고려의 여지도 없는 것처럼 행동한다. "당신의 진짜 친구가 누군지 그때 알아볼 수 있어." 하고 사람들은 말한다. 당신의 진짜 친구는 당신의 뜻을 존중하는 사람이다.

친구의 압력과 조종에 저항하기 위해서는 숨겨진 원칙을 찾아내야 한다. 확고한 자기수용은 다정한 대답 혹은 농담으로 그들의 제의를 거절할 수 있게 하며 당신은 "안 돼." 하고 대답하면서도 친구관계를 유지할 수 있다.

성적 압력을 거절하는 법을 가르치자

간혹 부모나 가족의 한 사람, 친구 혹은 아는 사람이 어른의 성적 요구를 아동에게 강요할 때가 있다. 압력을 가하는 사람은 그 아동에게 그 사실을 이야기하면 어떻게 될지에 대해 겁을 주거나 협박을 하게 된다. "아무에게도 이야기하지 마라." 아니면 "너는 다른 곳으로 보내지게 될 거야." 성적 요구는 말없이도 이루어진다. 압력을 가하는 사람은 이것이 힘없는 아동들에게 주는 불행하고도 장기적인 결과를 생각하지 않는다.

당신의 아동들을 이러한 고통으로부터 보호해야 한다. 간단한 말로 당신의 딸과 아들에게 이야기해 주자. 아동의 성적 학대에 대한 도서관의 책을 사용하여 당신 아이의 나이에 맞게끔 안전하게 그 이야기를 설명하여 주어야 한다. 그들에게 어떠한 성적 압력에도 순응할 필요가 없다는 것을 가르쳐 주고 말과 행동 양쪽으로 강하게 거부하는 법을 가르쳐야 한다.

만일 당신이 아동에게 성적 압력에 대해 이야기하는 데 어려움을 느낀다면 당신의 자기수용과 그 밖의 자기기술에 노력을 기울여서 당신 자신의 힘을 키우라. 아동의 나이에 맞는 말로써 성적 압력을 설명하는 것이 중요하고, 원하지 않는 강요에 확실하게 저항하는 법을 가르치는 것도 중요하다.

당신의 원칙을 가져라

원칙은 어디에서 비롯되는가? 당신이 어렸을 때 배운 가족적 기준은 곧 "그렇게 돼야 해."가 되어 버린다. 우리는 결혼을 해서 아이를 낳아야 한다고 기대한다. 당신의 가족이 그것을 바라고, 사회가 바라고, 당신 또한 자신에게 그렇게 바라기 쉽다. 가족들이 바라는 것은 대체로 사회가 바라는 것과 일치하며 그것은 일반적으로 당신이 자신에게 바라는 것과 일치한다.

당신의 원칙 중에 당신 가족의 요구와 다른 것이 있는가? 당신 부모가 목표 없이 돌아다녔다면 당신은 열심히 일해서 야망을 가질지도 모른다. 어떤 사람들은 그들이 본 것이 마음에 안 들어서 반대의 기준을 따르게 되고 때로는 어렸을 때 어느 순간에 새로운 원칙을 얻게 되기도 하며 부모의 의도를 잘못 이해하기도 한다. "당신의 원칙이 어떻게 생겼든 간에 당신은 어느 때고 멈춰서 다시 한 번 볼 수 있습니다." 새롭게 보고 당신의 원칙을 고수할 것인지 혹은 현재에 더 맞는 규칙을 세울 것인지 새로운 결정을 내리자. 스스로에게 선택의 여지를 주어야 한다.

원칙들이 서로 충돌하면 진짜 중요한 것을 찾아라

당신이 자라면서 옳은 것이 무엇인지에 대한 생각을 갖게 되듯이 다른 사람들도 자라면서 무엇이 옳은지를 생각하게 된다. 당신이 운이 좋다면 당신 주위의 사람들은 당신과 비슷한 생각을 갖고 있을 것이고 그렇지 못하다면 충돌이 생기게 될 것이다. 당신이 당신의 기준을 다른 사람에게 강요함으로써 생긴 문제는 없는가? 만일 당신의 기준을 강요하는 것이 너무 문제가 되면 대체적인 대안방법을 사용해 보라. 대체적인 대안병법을 사용하면 누가 옳고 그른 것인지 더 이상 논쟁을 벌이지 않게 된다. 당신은 흥분을 가라앉히게 되고 다른 사람의 관점을 듣게 되고 무엇이 진짜 중요한지 해결책을 같이 찾게 되는 것이다.

어떤 사람들은 다른 사람들이 어떻게 생각할지를 걱정하기 때문에 너무 높은 기준을 세우게 된다. '만일 집이 어지럽혀 있으면 방문하는 사람들이 나를 어떻게 생각하겠어?' 이 때문에 당신의 집은 완벽하게 깨끗하고 정돈되어 있어야 하는가? 당신은 그들 머릿속에 어떤 생각이 들어 있는지 그리고 어떤 험담을 할지 너무 걱정하다 보니 그들과의 친교를 즐길 수가 없다. 당신의 상사가 당신을 더 높이 평가하기를 원하기 때문에 일을 남보다 잘해야 하는가? 인정의 함정에서 벗어나라.

만일 당신의 배우자가 완벽을 기하는 사람이라면 당신 배우자의 기준을 따르기 전에 다시 한 번 생각해 보자. 당신과 아동에게 너무 큰 부담을 줄 수 있다. 융통성 있게 하나의 원칙을 다시 고려해 보고 현실에 맞게 조정할 수 있는 자세로 지내자. 이것을 편안하게 하기 위해서 당신은 내적 안정성이 필요하며 내면의 안정은 당신의 자기수용과 자기정체성 구축에서 나온다. 따라서 당신의 자기수용을 얻도록 계속 노력하여야 한다.

사람들은 매우 다르다

간혹 두 개의 집단 구성원들이 똑같은 개인적 원칙을 갖기도 하지만 한 집단에는 긍정적인 원칙인 반면, 다른 집단에는 억압하는 원칙이 되기도 한다. 양쪽 모두 사람이 그렇게 다르다는 사실에 놀랄 것이다. 한 가족의 식구들도 그만큼 다를 수 있다.

당신의 신조는 '만일 무슨 일을 할 가치가 있다면 끝까지 잘할 가치가 있다.' 일 때 식구 중의 다른 구성원은 '거의 다해 놓은 것이 다 끝난 것이나 마찬가지다.' 라고 느끼고 있지는 않은가? 당신은 성취하고 '성공하는 것'을 열망하고 있으며 당신의 자녀도 같은 생각을 갖고 있다고 확신하는가? 나는 화랑과 전시회에 열심히 가는데 다른 사람들은 어떻게 그냥 지나치는지 의아해하지는 않는가? 음악이 당신에게 아주 중요해서 다른 사람들도 당연히 그렇게 생각하리라 느끼는가?

이와 같은 개인적인 가치관을 당신이 다른 사람에게 강요하게 되면 그것이 원칙이 되어 버리는 것이다. 틀에 박힌 생각이 되어 버리고, 압력과 문제를 야기한다. 모든 사람들이 다른 가치관을 가지고 있고 그 가치관들은 당신에 대한 사랑과는 무관한 것이다. 당신의 가치관은 당신 개인의 것이고 당신이 행동하는 양식도 당신 개인의 것이다. 당신이 이 사실을 일찍 받아들일수록 당신은 마음의 평화를 일찍 얻을 것이고 주위와 조화를 이루게 될 것이다. 자기수용과 차이를 받아들인 어느 부모는 이렇게 이야기하였다. "저는 침착해졌습니다. 전만큼 화가 나지도 않구요, 아이들과의 관계도 달라져서 설명해 주도록 합니다. 그들도 저에게 더 이야기를 잘하고 서로 싸우는 일도 줄었습니다." 당신 주위의 사람들에게 당신의 원칙들을 강요하지 말고 당신의 마음속의 형상이 아닌 그들 자신이 될 수 있게 두어야 한다. 그들과 당신 간의 차이를 받아들이고 믿는다면 당신은 좀 더 권한을 갖게 될 것이다.

당신의 기준을 현실적으로 만들어라

나는 가끔 이런 질문을 받는다. "내가 기대하는 것이 현실적인지 아닌지 어떻게 압니까?" 대답은 간단하다. 만일 기대하는 일이 일어나면 현실적인 것이고 일어나지 않거나 일어날 확률이 거의 없으면 그것은 비현실적인 것이다.

계속해서 당신의 기준을 현실에 맞게 조정한다면 당신은 불편한 압력, 불안, 초조, 노여움으로부터 자신을 보호할 수 있다. 현실의 상황에서 시작하라—비록 당신 마음에 들지 않더라도! 그러나 이것이 아무것이나 받아들이라는 것을 뜻하는 것은 아니며 당신이 이상적으로 기대하는 것과 이루어질 만한 것의 균형을 현실에 맞게 추구해야 함을 의미하는 것이다.

현실이 무엇인지 알아내기란 까다로운 일이 될 수도 있다. 당신은 당신이 할 수 있는 일이 무엇인지 시도해 보지 않고는 알 수 없다. 조금씩 목표를 올려 가면서 참고 견디자.

그러나 자신과 주위 사람에게 불편한 부담은 주지 말아야 한다. 만일 당신이 그렇다면 그 대가는 너무 클 수 있다. 당신이 기준을 현실적으로 만든다면 인생을 훨씬 더 즐길 수 있을 것이다.

완벽을 요구하지 마라

많은 집단 구성원인 당신은 다방면에 걸친 완벽한 기준을 세우는가? 그들은 남들이 감탄하도록 하기 위해 또 자신의 가치를 증명하기 위해 스스로를 지치게 만들고 자신의 의미를 잃게 된다. 자기정체성의 대가를 지불하지 말고 당신 자신을 받아들이고 스스로 인간이 되도록 내버려두어야 한다.

당신 자신을 그대로 받아들인다면 당신은 남들을 감탄하게 할 필요가 없어진다. 현실적이고 편안한 기준을 갖는 것에도 신경 쓰지 않게 되고 실수를 하는 것에도 신경 쓰지 않게 된다. 그리고 주위 사람들을 완벽을 요구하지 않고 그대로 받아들일 수 있게 된다. 이전의 완벽주의자가 웃으면서 말했다. "더 이상 완벽하지 않아도 되는 것이 다행이야—나는 훨씬 더 편해졌어." 그의 가족들도 마찬가지였다. 당신이 하는 일을 즐기면 당신 가까이에 있는 사람들도 당신 곁에 있는 것을 더 즐길 수 있다.

대부분의 아이들은 새로운 일을 시도해 보는 것을 꺼려 한다. 그들의 기준인 '나는 처음부터 잘해야 돼!'는 그들을 겁먹게 한다. 그런 부담으로는 당연한 것이다.

처음부터 잘할 필요는 없다. 처음부터 잘한다고 당신의 가치가 올라가고, 못한다고 해서 가치가 내려가는 것은 아니다. 배우는 방법은 실수를 하고 그것을 고치는 데 있다. 곧 당신은 잘하게 될 것이고 다시 실수를 할 수도 있을 것이다. 여기서 용기를 잃지 말고 다시 시도해 보자!

9. 삶을 어떻게 꾸려 나갈 것인가

삶을 꾸려 나가는 데 있어 중요한 문제는 자아와 이성적 정신이 태어난 지 얼마 되지 않은 처음 몇 년 동안 당신이 자신의 안전, 권력 요구를 발휘하도록 당신을 함정에 빠뜨리는 것이다. 당신은 고통과 쾌락 사이를 계속 왔다 갔다 하게 만드는 이러한 틀에 사로잡혀 있다.

Werner Erhard의 지적에 의하면 심지어는 쥐조차 실패로 예정된 무익한 삶의 유형의 반복에 얽매이지 않는다고 한다. 터널 일곱 개가 나란히 있고 당신은 세 개의 터널 끝에 약간의 치즈를 놓았다고 가정해 보자. 그리고는 쥐를 이 터널들의 입구에 풀어 놓아 보자. 쥐는 냄새를 맡아 보고 터널들을 들여다보면서 치즈가 있는 하나의 터널을 발견할 때까지 무작위로 터널을 탐색해 나갈 것이다. 다음번에 다시 쥐를 터널 입구에 풀어 놓으면 무작위적 행동으로부터 어떠한 모종의 결과가 나타날 것이다. 그리고 그 쥐가 세 개의 터널 끝에 있는 치즈를 찾아낼 가능성은 훨씬 더 커진다. 이런 일을 몇 번 겪은 다음에 그 쥐는 치즈를 먹을 수 있는 세 개의 터널로 즉시 달려 들어갈 것이다.

쥐의 생에 있어서의 하루는 인간의 삶에 있어서 한 달에 해당될 것이다. 쥐가 60일만에 세 번째 터널 끝에 있는 치즈를 찾았다고 가정해 보자. 인간은 인간 삶에 있어서 5년간 거의 비슷할 것이다. 그다음에 치즈를 처음 세 개의 터널로부터 다른 네 개의 터널로 옮겼다고 가정해 보자. 이제 우리가 터널 입구에 쥐를 풀어 놓으면 쥐는 치즈를 얻기 위해 다시 세 개의 터널로 달려 들어간다.

그러나 치즈는 더 이상 그곳에 있지 않다. 쥐는 터널에서 나와 터널의 위치를 다시 바라본 후 다시 세 개의 터널로 들어간다. 이것을 몇 번 되풀이할 것이다. 그러나 몇 번의 시도 후에는 치즈가 없다는 것을 깨닫게 되며, 그 쥐는 세 개의 터널로 달려 들어가던 것을 멈추고 다른 터널들을 탐색하기 시작한다.

쥐와 인간의 큰 차이점은, 쥐는 치즈가 없는 터널로 계속해서 달려 들어가지 않는 반면, 인간은 평생 동안 그곳에 없는 치즈를 발견하기 위해 계속 같은 터널에 뛰어든다는 것이다. 쥐는 세 개의 터널에 치즈가 있다는 것을 계속 분석하고, 계산하고, 증명하기 위한 이성적 정신이 없기 때문에 다소간 시간의 차이는 있지만 처음에 치즈가 있던 세 개의 터널을 포기할 것이다. 쥐는 치즈에 대한 책을 읽기 위해 도서관에 갈 수도 없고 어떻게 하면 그것을 얻을 수 있는가를 가정할 수도 없는 것이다.

쥐는 치즈가 세 개의 터널에 정말 있어야만 한다는 것을 증명하기 위해 논증을 하거나 연설을 할 수도 없다. 또 그 쥐는 동료 쥐들에게 실제로는 치즈가 거의 없음에도 불구하고 진짜 있다고 설득할 수도 없다. 쥐의 신경조직은 전에는 치즈가 거기 있었지만 지금은 없다는 사실을 신속하게 받아들이며 따라서 다른 어딘가에서 그것을 찾기 시작한다.

두 살이었을 때 당신은 아마 치즈를 얻기 위한 방법의 하나로 소리를 질러 부모의 주의를 끄는 것을 배웠을 것이다. 부모들은 세상의 모든 치즈를 통제하는 것처럼 보였다. 당신이 의식의 세 번째 영역을 이용해 울거나 귀찮게 굴면 부모들은 당신에게 사탕을 주거나, 당신 곁에 밤늦게까지 머물게 하거나, 어쨌든 당신이 원하는 것을 주었다. 당신은 대부분 전체적 상황을 의식하지 못했으며, 당신의 자아는 자각을 공포와 욕구에 집중시켰다. 당신이 삶을 바라볼 때 그것은 마치 당신이 긴 터널의 끝을 통해 바라보는 것 같았으며, 따라서 터널 끝에 있는 작은 점 같은 세상을 볼 수 있었을 뿐이다. 삶의 전체적인 모습은 터널의 양 옆에 의해 가려져 있었다. 성숙하지 못한 두뇌는 공포와 욕망이 당신의 의식 화면에 삶의 현실의 아주 적은 부분만을 투사하도록 허용했었다. 당신은 자신의 삶에 있어 참된 선택을 하지 못했다. 왜냐하면 당신은 주변의 사람과 사물들에 대한 광범위한 지각을 갖지 못했기 때문이다.

두 살 때부터 울음을 사용해서 주변의 사람과 사물들의 변화를 강요함으로써 당신은 자신을 깊이 프로그램 해 왔다. 당신 삶에서 그때 그것은 당신이 원하는 것을 꼭 얻기 위한 몇 안 되는 방법들 가운데 하나였다. 두 살 난 아동에게 하등한 의식의 세 영역은 불행을 만들어 내며 진짜로 큰 치즈덩어리는 사랑의 터널과 풍요의 터널 끝에 있다는 것을 설명하기란 매우 어렵다.

당신은 어린 아동에게 안전의 터널, 감각의 터널, 권력의 터널 끝에서 결코 충분할 수 없는 질이 낮은 치즈가 조금밖에 없다는 것을 어떻게 설명하겠는가? 당신은 우는 아동에게 현실적으로 사랑이 넘치는 것을 받아들임이야말로 삶에 지속적인 행복을 가져다주는 유일한 방법이라는 것을 어떻게 설명하겠는가?

그리고 당신 역시 치즈를 얻기 위해 안전의 터널, 감각의 터널, 권력의 터널로 달려 가는 것에 익숙해져 있다. 당신이 지금 이 글을 읽고 있다는 사실은 당신이 이제 하등한 세 개의 터널에 대해 의심을 품게 되었으며 또 사랑의 터널과 풍요의 터널을 탐구하기 시작했다는 것을 알려 준다. 당신은 지금까지 얻어 온 것보다 훨씬 많은 치즈가 분명히 인생에 존재한다는 것을 알고 있다. 당신의 삶은 본질적으로 착하고 선하며, 그것은 언제나 향상될 수 있는 것이다. 계속해서 같은 실수를 거듭 되풀이하는 것은 바로 당신의 두뇌 때문이다.

왜 삶은 당연히 그래야 하는 것처럼 진행되지 않는가? 톱니바퀴에 낀 모래는 무엇인가? 문제는 간단하다. 당신의 프로그래밍은 당신으로 하여금 삶의 에너지를 변화시킴으로써 행복을 발견하도록 감독하고 지도한다. 당신은 자신의 에너지 대부분을 삶 속의 사람들과 상황을 조작하기 위해 낭비한다. 어리고 덜 자란 시절, 당신은 하등한 세 터널의 끝에서 치즈를 찾아왔기 때문에 자아와 이성적 정신은 당신의 에너지 대부분을 주변의 삶의 에너지를 변화시켜 자신의 탐닉적인 내부 프로그래밍에 적합하게 되도록 계속적으로 감독한다.

10. 삶의 목적

사랑이 넘치는 삶의 방식의 놀라운 점은 필요하다면 당신은 '혼자' 그것을 할 수 있다는 것이다. 당신은 다른 사람들을, 당신으로 하여금 자신의 탐닉을 알아차리게 하기 위해 여기 존재하는 우주적 무대의 배우들로 생각할 수 있다. 그들은 당신의 정서가 탐닉의 은신처를 밝히는 상황을 만들어 냄으로써 당신을 돕고 있다. 그들이 당신이 수행하고 있는 내적인 작업을 알든 모르든 상관없이, 그들이 행하고 말하는 모든 것은 당신이 고등의식으로 성장하도록 도와준다.

사랑의 중추에서 살아가며 자신의 에너지를 주변 사람들의 에너지와 조화를 이루게 하는 법을 배우고 습득한 결과, 당신은 자신을 위해 얻을 수 있는 최선의 것을 주변 환경이 당신에게 주도록 한다. 이것은 당신의 삶이 자연스럽게 풍요롭고 풍부하며 놀라운 방식으로 흘러가고 있다는 것을 깊이 경험하게 해 준다. 탐닉으로부터의 점진적인 해방은 당신이 모든 사람을 무조건 사랑할 수 있게 해 준다. 그리고 당신의 사랑은 다른 사람들의 사랑을 유도한다. 서로를 돕는 에너지는 당신이 주변 사람들을 주체적인 대상으로 취급함으로써 과거에 방해했던 사랑이 넘치는 관계 속에서 자연스럽게 흘러간다.

11. 신체를 생각해 보자

바로 우리 자신이 우리 속의 각종 '병' 을 유발시킨다고 나는 믿는다. 신체는 삶 속의 다른 부분과 마찬가지로 우리의 내적 신념들과 생각들을 비춰 주는 거울과도 같다. 만일 우리가 들을 시간만 있다면 신체는 항상 우리에게 무언가를 말하고 있음을 깨닫게 될 것이다. 당신의 세포 하나하나가 당신이 생각하고 있는 개개의 생각들과 말하고 있는 개개의 단어들에 반응하고 있다.

생각과 말의 끊임없는 유형들이 외적인 행동들과 자세들, 편함과 불편함을 만들어 낸다. 항상 찡그린 얼굴을 가진 사람은 순간 즐겁고 애정 어린 생각들을 한다고 해서 그것을 만들어 낼 수는 없다. 나이 든 사람들의 얼굴과 겉모습은 정확히 그들의 평생 동안의 사고 패턴이 어떠했는가를 나타내 준다. 당신이 나이가 들게 되면 어떤 모습이 될 것 같은가?

'두통' 이란 자신이 무가치하다는 생각에서 나온다. 다음에 당신에게 두통이 있으면 잠시 멈추어서 어디서 그리고 어떻게 자신이 잘못되어 있다고 생각하고 있는지 자문해 보라. 자신을 용서하고 그쯤에서 그만두라. 그러면 두통은 그것이 발생했던 근원인 무(無)로 돌아가 없어지게 될 것이다. 편두통은 완벽하기를 원하고 자신에게 많은 압력을 주는 그런 사람들에게 잘 생긴다. 수많은 억압된 분노들도 포함되어 있다.

'위궤양'이란 단순한 두려움이나 충분치 못하다는 극도의 두려움을 의미한다. 우리는 부모나 상사에게 충분히 만족스럽게 하지 못하고 있다는 두려움을 가지고 있을 수도 있다. 우리는 있는 그대로의 우리 모습을 용납하지 못한다. 또 다른 사람을 기쁘게 하려고 속의 것을 다 꺼내 준다. 자기의 직업이 객관적으로 아무리 훌륭한 것이라 해도 내적 자존감은 매우 낮을 수 있다. 우리는 다른 사람이 우리에게서 무엇을 발견할까 조마조마해 한다. 사랑이야말로 여기에 대한 해결책이다. 사랑을 하고 자신에게 만족하는 사람들은 결코 위궤양에 걸리지 않는다. 마음속에 있는 어린아이에게 부드럽고 애정 어린 마음으로 대해 주라. 그리고 그에게 당신이 어렸을 때 받고 싶었던 모든 격려와 지지를 보내 줘라.

'대장' 은 우리를 나아가게 하고 더 이상 필요 없는 것들을 배출하는 부분이다. 신체는 완벽한 생명의 리듬과 흐름 속에서 존재하므로 받아들이고 소화하며 배설하는 데는 조화가 필요하다. 오래된 것을 배설하는 것을 막는 것은 우리의 두려움이다.

'식욕부진-과식증' 은 자기의 삶의 거부이며 극도의 자기증오를 나타낸다. 음식이란 가장 기초적인 영양공급단계다. 왜 스스로의 영양섭취를 거부하는가? 죽고 싶은 이유가 무엇인가? 완전히 제거해 버리고 싶을 만큼 그렇게 끔찍한 어떤 것이 당신에게서 일어나고 있는가? 자기증오란 단지 자기 자신에 대하여 당신이 지니고 있는 생각을 미워하는 것일 뿐이다. 당신에게서 그렇게 싫은 점이 무엇인가? 비판적인 가족들 속에서 자랐는가? 당신이 만난 교사들이 비판적인 사람들이었는가? 당신이 처음 가졌던 종교가 당신에게 '당신은 사실 좋은 사람이 아니다.' 라고 말하는가? 너무나 자주 우리들은 자신의 있는 그대로의 모습들이 사랑받고 받아들여지지 않는 당연한 이유들을 찾고자 한다.

'체중 과다' 는 보호의 결핍을 의미한다. 우리는 상처, 냉대, 비난, 모욕, 성적 행위, 성적 접근 등으로부터의 보호를, 즉 일반적인 그리고 구체적인 삶의 두려움으로부터의 보호를 구한다.

나는 마른 편이지만 수년 동안 나는 내가 불안정하고 불편할 때면 몸무게가 조금 더 나가게 되는 것을 알았다. 그런 위협들이 사라지면 저절로 정상이 되었다. 살을 빼려는 물리적 노력은 시간과 정력의 낭비다. 그만두는 그 순간부터 다시 체중이 늘어나게 될 거니까. 자신에 대한 애정과 용납, 자신 속에 존재하는 능력을 믿음으로써 안정감과 삶의 과정에 대한 신뢰를 가지는 것이 내가 알고 있는 최상의 다이어트이다. '부정적인 생각으로부터의 탈피' 라는 다이어트를 계속해 보라. 그러면 당신의 체중은 저절로 조절될 것이다. 너무나 많은 부모들이 어떤 문제가 일어나든지 간에 아이들에게 음식을 채워 넣어 주고 있다. 이런 아동은 자라서 문제에 부딪히게 되면 냉장고 문을 열고 그 앞에 서서 "내가 뭘 원하는지 모르겠어." 라고 말하게 될 것이다.

관계가 끝났다는 것이 단지 우리에게 무엇인가 잘못이 있어서라거나, 우리 자신이 가치가 줄어들어서 그렇다는 것을 의미하는 것이 아니다. 중요한 것은 무엇이 일어나는가가 아니라 우리가 어떻게 반응하는가다. 우리는 각각 우리의 모든 경험들에 대해 100% 책임이 있다. 보다 애정 어린 행동을 만들어 내기 위해 당신 자신 속에서 변화될 필요가 있는 확신들은 어떤 것인가?

내가 살고 있는 이 인생의 무한대 속에서 모든 것이 완벽하고 온전하고 또 완성되고 있다. 나는 나의 몸을 좋은 친구라 여긴다. 내 몸의 모든 세포들 각각이 신묘한 지혜를 지니고 있다. 나는 그것이 내게 하는 말에 귀 기울이며 그 충고가 매우 유용하다는 것을 깨닫는다. 나는 항상 안전하고 이제 나는 자유롭고 건강하다. 잃어버린 나는 스스로 자신의 노력에 의해 다시 찾을 수 있다.

12. 결 론

자아개념의 핵심 개념은 바로 자신을 만들고 잃어버린 나를 찾는 과정이다. 본 장에서는 자기 자신을 찾는 다양한 과정을 제시하여 우선적으로 자신에 대한 인식 전환을 통해 자신을 객관화시키고, 통일된 삶에 대한 철학을 가지며, 외적인 경험에 대해서 자신을 개방시킴으로써 환경과의 상호작용을 극대화한다. 더 나아가 자신은 누구인가와 같은 자신에 대한 실체, 나는 어디에 있느냐와 같은 자신의 위치성, 자신의 문제를 정확히 인식하는 객관적이고 다양한 과정을 통하여 나를 찾는 과정을 포함한다. 이러한 과정들은 우선 자신에 대해서 사랑하게 되며 자신의 문제점을 발견함과 동시에 자신을 완전하게 이끌려고 하는 부단한 노력이 필요하다.

우선 자신의 문제는 어디에 있으며 그 문제를 정확히 찾아 외부의 탓보다는 자신의 문제로 파악하는 과정이 요구된다. 자신의 변화의 방향은 있는 그대로의 자신을 찾으며 자신의 마음을 스스로 통제하고 자신이 가지고 있는 과거 집착적인 것을 버리며 스스로를 용서하는 일련의 과정이 필요하다. 더 중요한 것은 인간은 누구나 자기 자신은 위대하다는 생각을 가질 필요가 있으나 때론 사람들이 이를 부정하여 자기비하를 하는 경우가 있다. 이와 같은 자기비하보다는 자기 자신을 받아들이고 그 전략은 무엇이며 어떠한 방법을 사용하는지에 대한 자신의 계속적인 훈련의 과정이 필요하다. 끝으로 자기 자신에 대한 인정과 스스로에 대한 격려와 용기를 줌으로써 자신을 발견함과 아울러 자기 자신에 대한 칭찬을 하고 결국에는 자신을 받아들이는 노력을 통하여 잃어버린 나를 찾게 된다.

이 장은 이와 같은 이론뿐만 아니라 구체적으로 나를 찾는 방법에 대한 다양한 논의를 제시하고 있다. 이 장은 자기 자신과 다양한 교수학습 활동에 활용함으로써 미래를 개척하는 청소년에게 자신이 누구인가에 대한 답을 찾는 과정을 자세히 소개하고 있다.

제 9 장

자아존중감과 함께하는 삶

1. 자아존중감의 본질

사람은 누구나 자기 자신을 무엇에 비교할 수 없는 중요한 존재로 알고, 그러한 자기 자신에 의미를 부여하고자 한다. 왜냐하면 이 세상에 존재하는 그 어느 것도 자기 자신보다 더 중요하고 더 의미 있는 것은 없기 때문이다. '나는 누구냐?' 라는 질문에 대한 답을 보면 사람은 누구나 그 나름대로의 자신에 대한 중요성과 한 인간으로서의 존엄성을 갖고 있으며 이것은 한 개인의 심리적 생존감을 갖게 하고 심리적 생존감은 삶 전체에 활력을 부여한다. 자신에 대한 의미와 생존감은 자기 자신을 인정하는 정도를 나타내는 자아존중감에 의해서 생겨난다는 것을 알 수 있다. 자아존중감은 긍정적인 측면과 부정적인 측면이 있다. 긍정적인 자아존중감을 가질 때 현실을 긍정적으로 보며 생산적이고 적응하는 삶을 영위할 수 있다. 이와 반대로 부정적인 자아존중감을 가질 때 비생산적이고 부적응하는 삶을 살게 된다. 이렇게 사람은 누구나 자아존중감에 의하여 삶의 상당한 부분을 결정하게 된다.

사람을 다른 동물들과 구별하게 하는 중요한 요소 중 하나는 자아인식이라 할 수 있다. 이 같은 자아인식은 한 인간으로서의 주체를 형성해 가는 능력이다. 사람은 자신이 누구이고, 무엇을 하고, 어디로 가고 있느냐를 규정하고 또 그 자신을 긍정적으로 생각할지 부정적으로 생각할지를 결정할 수 있는 능력을 가지고 있다. 자아존중감은 한 개인이 스스로를 어떻게 생각하느냐의 문제이며 그 개인이 그 자신에 대해서 갖는 판단력이다. 한 개인이 자신을 '어떻게 보느냐' 하는 것은 '어떻게 보느냐' 그 자체로 끝나는 것이 아니라 여러 가지 행동에 크게 영향을 주게 된다.

삶의 전체 과정에서 자기 자신을 긍정적으로 보고 자신이 누구인가에 대해서 '자신은 무엇이다' 라고 자신 있게 말할 수 있는 자아존중감을 갖는 것은 그 삶 자체를 풍요롭게 할 수 있다. 이와 같은 것은 그 개인의 행동을 적극적으로 만들며 사회에 긍정적으로 적응하는 힘 있는 자세를 갖게 해 준다. 이때 그의 삶은 생산적이고 사회에 유익한 의미를 주는 모습으로 나타날 수 있다. 이와 반대로 사람이 자신을 스스로 거부할 때 혹은 비하할 때 자신도 알게 모르게 스스로 갖고 있는 여러 가지 자신의 구성요소들을 스스로 격하시키고 그 격하로 인해서 여러 가지 행동을 부정적인 방향으로 향하게 만들 수 있다. 사람이 자기 자신에 대한 판단에서 그 자신을 거부하는 것은 상당한 고통을 줄 수 있다. 그 고통은 한 개인의 가능성을 극소화시키고 자신에 대한 신념을 약화시키고 합리화라는 심리적 방어기제를 통해서 자기를 미화하는 결과를 낳을 수 있다. 이렇게 자신을 미화하는 것은 순간적으로 고통을 약화시킬 수 있으나 본질적인 면에서는 자신을 보호할 수 없다. 게다가 자신을 부정적으로 보고 자신을 비하할 때 자신을 개방하지 못하고 사회에 긍정적으로 대처하지 못하게 된다. 이러한 사람은 비생산적이고 사회에 대한 적응 능력이 부족하게 된다.

또한 자신을 타인에게 열어 보이거나 관심의 대상이 되거나, 비판의 말을 듣거나, 도움을 요청하거나, 문제를 해결하는 등의 능력을 제한시키고 자신의 활동을 폐쇄시킨다. 이러한 사람은 많은 비판과 자기거부에서 벗어나기 위해 방어벽을 세우게 된다. 그래서 역으로 비난을 퍼붓거나 화를 낼지도 모른다. 또는 완벽주의자처럼 보이게 하기 위해서 일에 몰두하거나 허풍을 떨 수도 있다. 또는 변명을 할 수도 있을 것이다. 분명히 한 사람이 자신을 긍정적으로 보느냐 부정적으로 보느냐는 그 사람의 삶의 방향을 결정지어 준다. 인간으로 태어나 한 개인이 자신의 삶의 통제권을 갖고 자신을 긍정적인 선상에 놓느냐 아니면 부정적인 선상에 놓느냐는 것은 삶의 전체 과정 속에서 한 인간으로서 삶다운 삶을 어떻게 사느냐의 문제일 뿐만 아니라 사회에 생산적인 일을 할 수 있느냐 부정적인 일을 할 수 있느냐를 결정하는 중요한 것이다.

긍정적인 삶 혹은 부정적인 삶 중에서 어느 것을 택할 것인가에 대한 대답은 분명하다. 어느 누구도 부정적인 삶을 원치 않고 긍정적인 삶을 원할 것이다. 그러나 알게 모르게 우리가 부정적인 삶의 방향으로 가는 것을 볼 수 있다. 이러한 위치에 놓여 있는 자신을 어떻게 할 것인가에 대한 대답은 그냥 그런대로 삶을 영위하는 방식이 있고, 부정적인 방향에서 긍정적인 방향으로 삶을 전환시키려고 노력을 하는 방식이 있다. 우리는 자기 자신에 대한 그러한 부정적인 사고를 긍정적인 사고로 변화시킬 수 있는 방법들에 대해 노력할 필요가 있다. 그러한 부정적인 인식과 느낌들이 긍정적인 방향으로 변화될 때 그 영향은 점차 확대되는 자유의 감정과 함께 우리들의 삶의 모든 부분에 파고들어 삶 자체가 긍정적으로 되고 생산적인 삶을 살 수 있게 되기 때문이다.

자아존중감이 높은 사람과 낮은 사람

자아존중감이 높은 사람은 자아존중감이 낮은 사람과 분명히 구별될 수 있다. 자아존중감이 높은 사람은 충분히 사랑을 하고, 창조적이고, 꽤 발달된 이성의 힘을 가지며 세상과 자아를 객관적으로 인식하며 확고한 주체의식을 가지고 세상과 관련을 맺고 정착의 끈을 가지며 자아에 대한 운명의 주체 또는 행위자가 된다. 총체적인 개념으로 이야기하면 생산지향의 특성이라고 할 수 있다. 이것은 인간에 대한 가능성의 완전한 발휘 또는 실현을 나타낸다. 여기서 생산적이라 함은 한 사람이 모든 힘과 가능성을 활용하는 것을 말한다. 우리가 물질적인 상품, 예술작품 또는 아이디어 같은 것들에 대해 생산의 의미에서만 '생산적'이라는 단어를 사용하는 경향이 있기 때문에 '생산적' 이라는 단어가 오용될 수도 있다. 그러나 여기서 '생산적' 의 의미는 완전히 기능을 하는 것, 자기실현, 사랑, 개방성 그리고 경험하는 것과 같은 의미라고 볼 수 있다.

자아존중감이 높은 사람은 경험에 대한 개방성을 갖는다. 그래서 모든 감정과 태도들을 자유로이 경험할 수 있다. 그런 사람은 자신의 근성에 대하여 모든 것을 알고 있고 성격의 어떤 면도 차단하지 않는다. 그래서 성격은 생활이 주는 경험을 잘 받아들일 뿐만 아니라 새로운 길을 열기 위해 그 경험들을 활용하는 데에도 융통성이 있다. 자아존중감이 높은 사람은 현실에 대한 실존적인 삶을 영위할 수 있다. 모든 경험은 이전에는 결코 비슷한 방법으로 존재하지 않았던 것처럼 새롭고 신선하게 느껴진다. 그 결과, 각 경험을 할 때마다 흥분이 따른다. 자아존중감이 높은 사람은 모든 경험을 기분 좋게 받아들이기 때문에 자아는 끊임없이 모든 경험에 의해 영향을 받거나 새롭게 된다.

자아존중감이 높은 사람은 자기의 유기체에 대한 신뢰를 갖는다. 어떤 행동이 행할 만한 가치가 있는 것으로 느껴질 때 그 행동은 가치가 있는 것이라고 생각한다. 바꿔 말해서 옳다고 느끼는 대로 행동하는 것이 행동을 결정하는 가장 믿을 만한 지침이다. 이들은 경험에 대해 완전히 개방되어 있기 때문에 결정을 내려야 하는 상황에서는 유용한 모든 정보에 접근할 수 있다. 이러한 정보는 개인의 욕구, 적절한 사회적 욕구, 비슷한 과거의 상황에 대한 요구, 현재의 상황에 대한 지각이 포함된다.

따라서 자아존중감이 높은 사람은 선택과 행동에 많은 자유를 누린다. 이런 사람은 삶에 대한 개인적인 지배감을 즐기며 미래는 일시적인 생각이나 환경, 또는 과거의 사건들에 의해서 결정되는 것이 아니라 자기 자신에게 달려 있다고 믿는다. 이러한 자유감과 지배감 때문에 자아존중감이 높은 사람은 인생에서 매우 많은 선택을 하며 그가 하고자 하는 것은 뭐든지 할 수 있다고 믿는다. 끝으로 이들은 창조적 사고를 한다. 이들은 사회적, 문화적인 제약에 순응하지 않으나 수동적인 적응을 피한다. 그래서 새로운 도전, 자극을 추구하는 삶을 즐기며 창조적인 생산을 해낸다.

건전하고 긍정적인 삶을 위해서는 자아존중감을 높일 필요가 있다. 위에서 본 것은 자아존중감이 높은 사람들이 갖는 일반적인 특징이라고 볼 수 있다. 이러한 자아존중감은 한 개인이 갖는 의식과 외부적인 환경을 보는 개인의 현상학적인 시각에서 비롯된다고 볼 수 있다. 우리들은 삶에서 겪는 다양한 어려움을 가지고 있어 누구에겐가 도움을 받으려 한다. 이러한 부정적인 어려움들은 긍정적인 방향으로 변화시키려는 노력에도 여전히 긍정적으로 바뀌지 않는 경우도 있으나, 일정 기간 동안 다양한 활동을 통해서 긍정적인 방향으로의 상당한 변화가 있는 경우도 있다. 우리들은 적어도 우리 자신이 시간의 변화에 따라 긍정적인 사고를 할 수 있는 기회를 가질 필요가 있다는 것이다.

자아존중감에 긍정 혹은 부정적인 영향을 주는 것들에 관련된 문제는 상황적인 것과 성격적인 것으로 나누어질 수 있다. 상황적인 문제는 낮은 자아존중감이 특별한 영역에서만 나타나는 것을 의미한다. 예를 들면, 어떤 사람은 자신이 부모로서 또는 형제로서 자신감을 가지고 있으나 자기가 일하고 있는 직업적인 상황에서는 실패감을 느낄 수 있다. 성격적으로 낮은 자아존중감은 보통 어린 시절에 겪는 학대나 방종에 그 뿌리를 둘 수 있다. 이 경우 '나는 불필요하고 잘못되었다.' 는 감정이 보다 보편적으로 작용하게 되고 삶의 많은 영역에 영향을 미친다.

상황적으로 낮은 자아존중감을 가지고 있는 사람들은 자기 스스로에 대해서는 거부하지 않기 때문에 자신이 처해 있는 상황에 변화를 주어 불합리하고 부적합한 사고의 인지구조를 바꾸어 자신감과 자아존중감을 긍정적으로 변화 혹은 증가시킬 수 있다.

그러나 성격적으로 낮은 자아존중감은 근본적으로 한 개인이 갖고 있는 자신에 관한 의식과 느낌으로부터 나오는 것이기 때문에 그런 사람들의 사고를 변화시키는 것만으로는 자아존중감을 충분히 증가시키지 못한다. 집중적으로 바꿔야 할 것은 부정적인 사고를 불러일으키는 부정적인 자아의식이며 이러한 노력을 통해서 자아존중감을 긍정적으로 변화시킬 수 있다는 것이다.

2. 자아존중감의 특성

자아존중감은 유아기로부터 청년기에 이르기까지 환경과의 상호작용을 거쳐서 발달한다. 이 같은 자아존중감은 학습 또는 외부적인 무수한 자극의 결과로서 형성된다. 성장과정에서 한 개인이 외부적인 자극과 상호작용하는 과정은 자아존중감을 발달시킬 수도 있고 손상시킬 수도 있는 중요한 역할을 한다. 긍정적인 자아존중감은 긍정적인 사고증진 활동을 통해서 이루어질 수 있다. 그렇다면 긍정적인 자아존중감을 가진 사람들의 특징은 어떠한가?

첫째, 효율적으로 현실을 지각할 수 있다. 자기 자신에 대해서 긍정적인 자아존중감을 가지고 있는 사람은 그들 주변에 있는 사람과 사물을 객관적으로 지각할 수 있다. 그들은 오직 자기 자신의 판단과 지각에 의지하고 편견이나 선입견을 갖지 않는다. 이와 반대로 자아존중감이 낮은 사람들은 세계를 자기 자신의 주관에 따라 자기의 두려움, 욕구 및 가치의 형태에 억지로 맞추어 지각한다. 그렇기 때문에 편견이나 선입관을 갖게 되고 그릇된 판단을 할 수 있다.

둘째, 본성, 다른 사람 및 자기 자신에 대해 수용적인 태도를 갖는다. 자아존중감이 높은 사람들은 자기 본성에 대해서 수용적이기 때문에 이들은 자기 자신을 왜곡시키거나 속일 필요가 없다. 일반적으로 그들은 자기 자신은 물론 그들이 알고 있는 사람들의 결점에, 그리고 모든 인류의 결점에 대해서도 관대하다. 반대로 자아존중감이 낮은 사람들은 그들의 약점과 실패에 대하여 수치 또는 죄책감을 느낌으로써 무능해진다.

셋째, 자발성, 솔직성 및 자연스러움이 있다. 삶의 모든 측면에서 자아존중감이 높은 사람들은 가식이 없이 솔직하고 직접적인 방식으로 행동한다. 자연스럽게 자기의 본성에 따라서 행동하고 다른 사람들에 대해서도 신중하고 사려 깊다. 반대로 자아존중감이 낮은 사람은 자발적으로 어떤 것도 규명할 수 없다. 이들은 수치감과 죄책감의 원인이 되는 자신의 모습을 왜곡시켜야만 한다.

넷째, 자기 밖의 문제에 몰두한다. 자아존중감이 높은 사람은 자기의 일에 대하여 책임감을 가지고 있다. 그들은 한결같이 스스로에 열중하고 자기의 모든 정열을 바칠 일에 대한 사명의식을 가지고 있으며, 자기의 일을 사랑하고 그 일이 자기에게 잘 어울린다고 믿는다. 일에 대한 몰두와 이에 대한 충분한 만족으로 인하여 자아존중감이 높은 사람들은 보통 수준의 정신건강을 가진 사람보다도 더 열심히 일을 한다. 그것은 물론 하기 귀찮은 일이 아니라 오히려 즐거운 일이다.

다섯째, 프라이버시와 독립을 중시한다. 자아존중감이 높은 사람들은 고립과 고독에 대한 강한 욕구를 가지고 있다. 그들은 자신의 만족을 위하여 다른 사람에게 의존하려 하지 않으며, 그래서 다른 사람과의 관계에 무관심하며 말이 없을지도 모른다. 그들의 행동과 감정은 상당히 자기중심적이고 자기주도적이다. 이것은 그들이 스스로 결정할 수 있는 능력을 가지고 있어 스스로 결정을 내리며 자신의 동기와 계율을 실행한다는 뜻이다. 반대로 자아존중감이 낮은 사람은 스스로 충족시킬 수 없는 것을 만족시키기 위하여 다른 사람들에게 정서적으로 많이 의존하는 것이 보통이다. 그들은 다른 사람들의 행동방식에 따라 사고하고 행동하기 때문에 기생적인 존재라고 할 수 있다.

여섯째, 자율적인 기능이 있다. 자아존중감이 높은 사람은 자기통제적이며 그들이 가지고 있는 고도의 자율성은 위기나 결핍에 무감각하도록 해 준다. 반대로 자아존중감이 낮은 사람들은 결핍동기의 만족을 위하여 현실 세계에 대단히 의존한다.

일곱째, 주위 현상과 환경에 대한 지속적인 감상의 신선함이 있다. 이렇게 항상 새롭게 모든 것을 봄으로써 자신도 새로운 감각을 가져 자아존중감이 긍정적으로 변하게 되고 그러한 자아존중감을 갖게 된다.

여덟째, 사회적 관심을 갖는다. 자아존중감이 높은 사람들은 인류를 돕고자 하는 욕망은 물론 모든 인간에 대하여 강하고 열렬한 감정이입과 애정을 가지고 있다. 그들은 한 가족의 구성원으로서 가족 구성원 모두에게 형제애를 느낀다.

아홉째, 민주적인 사고방식을 갖는다. 자아존중감이 높은 사람은 사회계층, 교육수준, 정치파벌, 종파, 인종, 혹은 피부색에 상관없이 모든 사람을 관대하게 다루고 수용한다. 또한 이들은 수단과 목적을 분명히 구별한다. 그들은 목적 혹은 목표를 도달하기 위한 수단보다도 더 중요시하며, 또한 선악을 구별할 수 있다. 자아존중감이 높은 사람들은 어떤 상황에서나 이겨 낼 수 있는 뚜렷한 윤리적, 도덕적 기준을 가지고 있다.

이렇게 자아존중감이 높은 사람들의 특성은 여러 시각, 즉 개인, 가정 혹은 사회적으로 볼 때 한 개인의 삶의 현장에서 가지고 있어야 할 것으로 보이는 그러한 특징이라고 볼 수 있다. 즉, 삶의 과정에서 긍정적이며 생산적인 자아존중감을 갖는 삶은 개인에게나 가정에게나 그리고 사회 속에서 필요한 인간의 모습이다. 그러나 반대로 부정적이고 낮은 자아존중감을 가진 사람은 사회 속에서 그 자신이 갖는 고유한 의미를 갖지 못하며 생산적인 일도 할 수 없다.

3. 자아존중감 증진 방법

영상화

영상화는 신체를 이완시켜 주고 혼란스러운 정신을 씻어 주며 긍정적 장면을 상상하게 하여 우리의 자아상을 정리해 주고 생활에 변화를 준다. 영상화는 세 가지 방법으로 당신의 자아존중감을 강화시킨다. 첫째, 자아상을 향상시키고, 타인과 갖는 교제 방식을 변화시키며, 특정한 목표를 달성하는 데 도움을 준다. 자신의 자아상을 개선시키는 것은 맨 처음에 해야 할 가장 중요한 단계다. 현재 자신을 나약하고 무가치한 사람으로 간주한다면 앞으로 자신이 강하고 재능이 풍부하다고 영상화하는 연습을 해야 할 것이다. 또 자신을 무가치하고 자격이 없다고 치부해 버리는 경향이 있다면, 자신이 속한 세상에서 혁혁한 공헌을 하는 확실히 가치 있고 중요한 인간이 되는 장면을 만들어야 할 것이다.

둘째, 자신이 다른 사람과 상호작용하는 방법을 변화시키는 데 영상화를 사용하는 것이다. 자신이 사교적이고 주관이 있으며, 우호적인 장면을 스스로 상상하고 그려 본다. 그 장면에서 당신은 가족이나 짝, 친구, 직장 동료들과 만족스러운 관계를 맺는 자신을 볼 수 있을 것이다. 그러면 다른 사람의 도움을 받지 않고도 자신을 재미있는 사람으로 보는 긍정적인 사람들과 스스로 긍정적이며 새로운 관계를 맺는 상상을 할 수 있다.

셋째, 특정한 목표들을 달성시키는 데에 영상화 기법을 사용할 수 있다. 승진하고 학위를 취득하며, 특정 이웃이 있는 곳으로 이주하고, 좋아하는 운동에 열중하며, 자신이 속한 사회에서 당신이 되고 싶고, 하고 싶고, 갖고 싶은 것을 상상하는 것이다.

영상기법의 필요성

사람들의 정신과 신체가 현실을 경험할 때도 상상적 경험에서 보이는 것과 거의 같은 방식으로 반응한다. 영상화에서 사용되는 확언들은 당신을 병적일 정도로 비난하는 사람의 부정적인 언사를 의식 있고 긍정적인 것으로 바로잡아 주는 것이어야 한다. 영상화

기술을 습득하는 것은 당신이 이미 잠재의식 속에서 하고 있는 것을 어떻게 의식적으로 할 수 있는가를 배우는 것에 불과하다. 당신은 잠재의식 속에 있는 대다수의 부정적인 내용들을 당신이 영웅이 되어 훌륭한 찬사를 듣고 유능하게 수완을 발휘하는 시각적 장면들로 대치할 수 있다. 생생한 정신명상들의 형성법을 배우는 과정에서 당신은 현실을 정확히 인식하게 되고 공정성과 객관성을 더욱 갖고 자신을 관찰하는 능력 또한 다듬게 될 것이다. 당신의 행동과 이미지를 변화시키기 위해 왜 시각화 작업이 필요한지 그 이유를 이해할 수 있는 또 다른 길이 있다. 영상화는 당신이 간단한 결정을 내리는 방식을 재편성하는 방법의 하나라고 생각하는 것이다. 매일 순간순간마다 당신은 사소하고 거의 무의식적으로 결정을 내려야 하는 상황들과 직면하게 된다. 영상화는 당신이 두 가지 중 하나를 선택할 때 좀 더 긍정적인 것을 찾아서 선택하도록 재편성한다. 시간이 흘러 수천 개의 작은 긍정적 선택들이 모이면 자아존중감을 강화시키고 더 충만한 행복감을 느끼게 한다.

연 습 영상화의 제1단계는 긴장을 푸는 것이다. 가장 효과적인 영상화는 당신의 두뇌가 알파 파장을 산출해 낼 때 이루어지며, 그것은 당신이 깊은 휴식을 취하고 있을 때에만 생기는 것이다. 영상화 연습을 하루에 두 번씩 한다. 가장 좋을 때는 저녁에 잠들기 바로 직전과 아침에 일어난 직후다. 사람들에게 있어 이 시간대가 특히 긴장이 풀려 있고 생각이 자유로울 때다.

① 제1기 첫 번째 연습기간

아무도 방해하지 않는 조용한 곳에서 머리를 받칠 수 있는 의자에 앉거나 바닥에 눕는다. 너무 덥거나 춥지 않도록 주의해야 한다. 눈을 감는다. 심호흡을 한다. 공기를 천천히 들이마시면서 흉부와 복부가 모두 부풀게 한다. 천천히 숨을 내쉬면서 다 비운다. 숨을 들이쉬면서 발이 긴장하는지 주목하고 내쉬면서 그 긴장이 날아가 버린다고 상상한다.

그러면 당신의 발은 따뜻해지고 긴장이 풀릴 것이다. 이제 장딴지, 정강이, 무릎에 집중한다. 천천히 숨을 들이쉬면서 이 부위들이 팽팽해지는 것을 주목한다. 다시 천천히 내쉬면서 이 긴장을 밀어내 버리고 휴식에 들어간다.

주의를 허벅지로 돌린다. 심호흡을 하면서 다리 상부의 큰 근육에 긴장을 느꼈다가 날숨과 함께 긴장을 몰아낸다. 숨을 들이쉬면서 다음에는 둔부와 골반부에 팽창감을 느끼고 내쉬면서 긴장을 풀어 버린다. 복부 근육이나 등 하부 쪽에 긴장된 부위가 있는지 살핀다. 심호흡을 하면서 모든 근육을 이완시킨다.

이제 흉부와 등 상부의 긴장을 주목하고 천천히 그리고 완전히 호흡에 맞춰 긴장을 푼다. 다음은 손으로 주의를 집중한다. 호흡을 하면서 손가락, 손바닥, 손목의 긴장을 느꼈다가 천천히 이완시킨다. 팔 하부에 집중한다. 숨을 들이쉬면서 팽창감을 느껴 보고 내쉬면서 서서히 풀어 버린다. 천천히 호흡을 하면서 팔 상부의 긴장을 느꼈다가 날숨에 이두박근과 그 외의 팔 상부 근육을 이완시키고 무게를 느낀다.

이제 어깨가 긴장하고 있는지 살펴본다. 숨을 들이쉬면서 긴장 부위에 집중한다. 그리고 내쉬면서 긴장을 떨려 보내듯이 위부터 천천히 이완시킨다. 어깨를 움칫거려 보고 긴장이 아직도 남아 있는 듯 싶으면 다시 한 번 호흡하면서 이완시킨다. 대개 어깨는 힘이 많이 들어가는 부위다. 목으로 올라가 숨을 들이마시면서 그 주위의 모든 부분의 긴장을 느낀다. 내쉬면서 호흡과 함께 긴장을 몰아낸다.

그래도 목이 여전히 경직된 듯하면 고개 돌리기를 두어 번 하고 심호흡을 해서 완전히 긴장을 풀어 버린다. 턱을 벌리고 숨을 들이쉬면서 턱을 얼마나 꽉 다물 수 있는지 생각해 본다. 턱을 돌려 보고 천천히 숨을 내쉬면서 긴장을 풀어 준다. 턱을 약간 벌려서 완전히 이완시킨다. 이제 호흡하면서 혀, 입, 볼, 이마, 눈 주위 등의 얼굴 근육에 집중한다. 그리고 숨을 내쉬면서 쏠리거나 찌푸려지는 듯한 모든 느낌을 없애 버린다. 마지막으로 자신의 신체 구석구석을 전부 훑어본다. 아직 긴장이 덜 풀린 부위가 있는지 알아보고 계속해서 천천히 심호흡을 하며 그것을 완전히 이완시킨다. 당신이 영상화 과정 중에 있을 때라도 언제든지 다시 긴장 풀기 단계로 돌아가 긴장하고 있는 부위를 이완시킬 수 있다.

처음으로 영상화를 시도할 때는 혼란스런 생각이 들 것이다. 그것이 정상이다. 그냥 그 이미지나 생각들이 어떤 것인지 알아보고 스쳐 지나가게 놔둔다. 훈련을 방해하는 사고의 유혹들을 물리치고 당신이 영상화하려고 계획해 왔던 소재에 다시 정신을 집중한다.

첫째, 이 연습에서 당신은 단순한 형태나 단색을 상상하면서 한 번에 하나의 감각만을 집중해야 할 것이다. 먼저 내적 시각을 연습한다. 눈을 감고 흰 바탕에 검은 원을 그려 본다. 원은 정확히 둥글고 완전해야 한다. 당신의 내적 비전을 원 주위로 움직이고, 완전히 둥근 원을 보고 검은색과 흰색 간의 뚜렷한 경계선을 본다. 이제 원의 색을 노란색으로 변화시킨다.

노란색은 당신이 상상할 수 있는 가장 환하고 맑으며 매우 생생한 원색적 노랑을 말한다. 바탕은 밝은 흰색이다. 이제 노란색 원은 사라지고 그 자리에 초록색 사각형으로 대치시킨다. 연녹색이건 진녹색이건 원하는 대로 만들어라. 단, 사각형은 직사각형이나 마름모꼴이 아닌 완전한 정사각형이어야 한다. 이제 사각형을 지우고 파란색 삼각형을 만든다. 그것은 순수하고 원초적인 파란색, 즉 초등학교 1학년 학생들에게 파란색을 가르치기 위해 교실 벽에 걸어 놓은 것과 같은 색을 지칭하는 것이다. 삼각형은 세 변이 같은 정삼각형으로 만든다.

다시 삼각형을 지우고 가늘고 빨간 선을 긋는다. 그것은 소방서에서 사용하는 밝은 빨강으로 한다. 바탕을 점검하고 여전히 흰색인지 확인한다. 잠시 동안 자유롭게 당신의 상상력을 동원해서 여러 가지 색의 모양체를 계속 만들어 본다. 바탕은 내용물에 따라 바꿀 수 있다. 상들의 완전함이나 생생함 등을 잃지 않도록 하면서 변화 속도를 높여 본다.

둘째, 연습의 다음 부분은 소리에 집중하는 것이다. 당신의 정신적 눈을 감는다. 모양체와 색들이 사라진다. 당신은 분간할 수 없는 지독한 안개 속에 있다고 상상하는 것이 도움이 될 것이다. '모든 것을 귀에 의존하는' 것이다. 먼저 종소리를 듣는다. 계속 그 소리가 울리게 하라. 어떤 종류의 종소리인가? 교회 종소리, 현관 벨소리, 저녁 식사 종소리, 배의 종소리, 호텔 프런트의 종소리, 송아지 목에 매어 놓은 종소리, 아니면 다른 것인가?

이제는 먼 곳에서 약 반 마일 밖에서 들리는 소방차 소리 같은 사이렌 소리를 듣는다. 당신이 거의 정신적 귀를 손으로 막아야 할 만큼 그 소리는 점점 가까워지고 점차 커지고 있다. 그것이 비명 지르듯 큰 소리로 당신을 지나쳐 가는 것을 듣는다. 도플러 효과처럼 소리 나는 물체가 가까이 접근함에 따라 소리가 더 높아지고, 지나감에 따라 소리가 떨어지게 한다. 멀리까지 사라지는 소리가 들리고 더 이상 들리지 않는다. 이번에는 바닷물이 암초에 부딪치는 소리를 듣는다. 파도 소리가 멀리서부터 들려온다. 흰 파도 기둥이 암초에 부딪치며 내는 출렁임과 거품을 내는 소리를 듣는다. 몇 마리의 갈매기 울음소리를 집어넣는다.

자동차의 엔진 소리를 듣는다. 엔진을 가동시키고 질주한다. 가파른 골짜기를 오르느라 엔진이 힘들어하는 소리를 듣는다. 기름이 떨어져서 탈탈 대고 퍽퍽 대는 소리를 듣는다. 지금 당신의 어머니가 당신의 이름을 부르고 있다. 주의를 기울여 그 소리를 듣는다. 처음에는 애정 어린 목소리로, 다음에는 화난 목소리로 부르는 소리를 듣는다. 분노에 찬 목소리, 행복에 겨운 목소리, 슬픈 목소리를 시도해 본다. 아버지의 음성, 애인의 음성, 당신이 살아오면서 만났던 다른 사람들의 음성에도 다양한 종류의 목소리를 시도해 본다.

셋째, 연습의 다음 부분은 촉각을 다룬다. 당신이 만든 정신적 안개가 전보다 더 짙다고 상상한다. 당신은 아무것도 볼 수 없다. 또 솜으로 귀를 막아서 아무것도 들을 수조차 없다. 당신이 할 수 있는 것은 단지 느끼는 것이다. 딱딱한 나무 의자에 앉아 있다고 상상한다. 당신의 등과 엉덩이에 닿는 압박을 느낀다. 당신 앞에 딱딱한 탁자가 있다고 상상한다. 손을 뻗어 딱딱한 감촉, 네모진 모서리, 평평한 윗면을 느낀다.

이제는 탁자 위에 몇 개의 물체가 놓여 있다고 상상한다. 손을 뻗어 첫 번째 것을 잡는다. 그것은 7센티미터 정도로 작고 거친 사각의 사포 조각이다. 거친 면과 매끄러운 면을 만진다.

다음에는 달걀 크기의 매끄러운 돌을 집어 든다. 단단하면서도 부드럽고, 차고, 무거운 느낌을 받는다. 이제 손바닥을 피고는 누군가 거기에 소량의 로션을 따랐다고 상상한다. 손을 비벼서 골고루 로션이 스미게 한다. 처음에는 미끄럽고 찬 것을 느끼고 나중에는 따뜻함과 상쾌함을 느낀다. 계속해서 감각을 느껴 본다. 흐르는 따뜻한 물에 손을 담궈 본다. 물을 더 뜨겁게 혹은 더 차게 해 본다. 따스하고 살아 있는 사람의 피부를 만진다고 상상한다. 개나 고양이를 쓰다듬어 본다. 당신이 아끼는 연장이나 조리 기구를 느껴 본다.

넷째, 다음은 미각에 초점을 맞춘다. 당신이 여전히 볼 수도 없고 이제는 아무것도 느낄 수조차 없게 되었다고 상상한다. 당신이 할 수 있는 것은 맛을 보는 것이 전부다. 혀에 약간의 소금을 떨어뜨렸다고 상상한다. 소금이 녹아 침이 나오고 삼켜서 맛을 느껴 본다. 소금을 몇 방울의 레몬 주스로 바꾼다. 신 느낌에 집중한다. 입 안 가득 시큼함을 느낀다. 이제 혀끝으로 아주 매운 고추를 대 본다. 강하고 톡 쏘는 듯한 것을 느낀다. 다음에는 달콤하고 얼얼하며 부드럽고 크림이 많은 바닐라 아이스크림 한 입을 삼킨다. 정말로 먹는다. 계속해서 당신이 좋아하는 음식을 먹는다. 수프에서 땅콩까지 상상으로 식사 때 나오는 음식을 모두 먹는다.

다섯째, 이제 당신이 집중할 감각은 후각이다. 다른 모든 감각을 폐쇄시키고 프라이드 치킨 냄새를 상상한다. 부엌으로 돌아가 오븐 문을 열어서 그 기름진 치킨의 향내를 맡는 기쁨을 재경험한다. 이제는 당신이 가장 좋아하는 향수나 화장수의 향이나 꽃내음을 맡아 본다. 향기가 당신의 상상의 코에 스며든다.

당신이 좋아하는 또는 심지어 좋아하지 않는 냄새들도 계속 시도한다. 즉, 피자, 포도주, 갓 구운 빵, 바닷바람, 새로 베어 낸 볏짚, 마르지 않은 페인트, 지금 막 깔려 아직도 뜨거운 아스팔트, 썩은 달걀 등이다. 그것으로 충분하다. 다음은 상상으로 당신이 있는 곳—방, 가구 등—을 회상한다. 준비가 되면 눈을 뜨고, 일어나기 전에 자신을 다시 한 번 가다듬는다. 이 작업이 장시간 계속되었거나 특별히 생생했다면 약간의 현기증을 느낄 수도 있다.

이제는 당신의 경험을 분석한다. 어떤 감각을 다른 것들보다 쉽게 접할 수 있었는가? 대부분의 사람들은 시각상이 가장 강렬하고 청각이 두 번째로 나타난다. 당신이 상상하기에 어느 것이 더 쉬웠는가는 별로 문제되지 않는다. '영상화' 라는 단어가 비록 시각에 관한 것만을 내포한다 하더라도 당신이 상상 속에서 만들어 낼 수 있는 감각이면 어느 것이든 작용할 수 있게 만든다.

사람들은 모두 상상적 감각 인상을 형성하는 능력을 증진시킬 수 있다. 당신이 마음속으로 감각 인상의 형성을 연습하면 더욱더 향상된다. 느낌은 더 강하고 생생해질 것이며 나아가 더 상세한 상황들도 첨가할 수 있을 것이다. 하나의 감각 특성에서 상상하는 능력을 증진시키면 다음 감각들에 대한 능력 역시 증진된다. 당신이 단지 흐릿한 그림만을 보고 어떤 소리도 들을 수 없었다면 시각표상만을 계속 연습한다. 그림을 보는 능력이 증진되면 나중에는 소리까지 들을 수 있는 능력을 끌어낼 것이다. 촉각, 미각, 후각도 서서히 명확히 느껴질 것이다.

한 번에 한 감각에만 집중하는 것이 어려웠던가? 파란 삼각형을 형성했을 때 그와 함께 당신이 초등학교 1학년 때 받은 첫 수업의 광경, 소리, 냄새를 번뜩 느꼈을지도 모른다. 당신이 '소방차의 빨간색'을 상상하려 했을 때 완전한 소방차도 같이 생각났을지도 모른다. 바닷소리를 상상할 때도 단지 소리뿐만 아니라 바닷바람의 짠 냄새도 맡고, 맛도 보고, 맨발로 모래사장에 서 있던 감촉도 함께 느꼈을지도 모른다. 그러나 이것은 좋은 징조다. 그것은 당신이 세부 감각을 완성하고 단지 하나의 감각기관보다 더 많은 것을 소화해 낼 수 있는 요령을 터득할 수 있다는 신호이기 때문이다.

이러한 과정이 지난 후 당신의 경험을 형성하는 감각들이 서로 어떻게 결합하는지 주목한다. 식당에서 식사할 때 음식 모양, 식기 소리, 음식 맛과 냄새, 음식을 입으로 삼킬 때의 느낌 등이 어떻게 복잡하게 섞이는지 주의 깊게 살핀다. 실제 상황에 더 주목할수록 그 세계는 더욱 생생하고 즐거운 것이 될 것이다. 그러므로 당신의 감각 인상을 주목하고 그것들이 당신의 의식이 있는 상태에서 어떻게 결합하는가에 주목하는 것은 효과적인 영상화를 향한 상상적 감각 결합의 훌륭한 연습이라 할 수 있다. 스스로 자신을 통제함으로써 자신의 영상을 긍정적으로 갖고 긍정적으로 사고하게 되고, 이로써 자아존중감을 증대시킬 수 있다.

② 제2기 두 번째 연습기간

이 단계에서는 오감, 즉 시각, 청각, 후각, 미각, 촉각을 다 포함한 완전하고 생생한 인상적 경험의 창조를 만들어 내는 연습을 할 것이다. 시작하기에 앞서 당신만의 조용한 장소로 가서 첫 번째 기간에서 배운 긴장 풀기 과정을 사용해 신체의 구석구석을 완전히 이완시킨다.

이제 당신은 빨갛게 익은 맛있는 사과를 먹는 경험을 할 것이다. 먼저 빨간색을 그려본다. 다음에는 대충 둥그렇고, 밑 부분이 약간 들어가고, 꼭지 부분이 불룩 튀어나온 모양으로 사과의 윤곽을 잡는다. 이제는 사과를 입체적으로 본다. 그 상을 돌려 가며 보고 밑의 옹이 부분과 위의 꼭지 부분을 본다. 이미 색칠을 하지 않았다면 명암을 두어 한편은 밝은 빨강으로 다른 한편은 짙은 빨강으로 칠한다. 맛있는 빨간 사과에 작고 하얀 반점들을 가득 넣는다. 반짝이며 빛나는 것을 본다. 그 사과상이 접시 위에 놓이게 한다.

이제는 소리를 통해서 자신을 이완시킨다. 사과를 3센티미터가량 들어 올려서 엄지손가락으로 접시에 떨어뜨린다. 접시를 나무 탁자 저쪽으로 밀어낸다. 이제는 탁자보 위로 밀어낸다. 사과를 한 입 베어 물 때 나는 아삭거리는 소리를 듣는다. 그리고 촉각을 덧붙인다. 손으로 사과를 집어서 차고 매끄럽고 무거운 것을 느낀다. 천천히 한 입 베어 물면서 이빨과 사과 껍질이 닿을 때의 저항감을 느낀다. 달콤하고 약간은 신 사과즙의 첫 맛을 느낀다. 그 달콤하고 신선한 향내를 맡는다.

계속해서 다음 감각들의 시도로는 하얀 사과의 속살을 보고, 씹으면서 섬유질을 느끼고, 껍질과 사과 살을 맛보고, 냄새를 맡고, 차고 물기 있는 느낌을 느끼며, 먹으면서 변하는 사과의 모양과 무게 등을 보고 느낀다. 다 먹고 난 후에는 사과 속만을 접시에 내려놓고, 입술과 손을 냅킨으로 닦는다.

지금 위치한 장소로 돌아옴으로써 연습을 끝낸다. 준비가 되면 눈을 뜨고 경험을 분석한다. 당신이 집 안의 특정한 방에서 상상하고 있었다는 것을 알았는가, 그 형상들 중 당신이 어렸을 때 경험으로부터 비롯된 것은 아닌가, 바보같이 느꼈는가, 사과가 먹고 싶은가, 그 후에는 포만감을 느꼈는가—긍정적인 사고과정을 통해서 여러분의 오감을 통해 형상을 만들어 자신의 자아존중감에 연결하는 과정이다.

③ 제3기 세 번째 연습기간

이 세 번째 기간의 첫 부분은 당신이 어느 때이고 할 수 있는 눈을 뜨고 하는 연습이다. 전신을 비출 수 있거나 아주 큰 거울로 당신의 얼굴을 관찰한다. 머리칼의 색깔, 스타일, 이마, 눈썹, 눈, 코, 볼, 미소, 웃을 때 생기는 선, 입, 사마귀, 털구멍, 색감의 차이 등을 본다. 웃어보기도 하고 심각한 표정도 지어 본다. 자신의 얼굴에 전문가가 된다. 미처 몰랐던 것이 얼마나 많은지 놀랄 것이다. 신체의 다른 부분에 대해서도 똑같이 행한다. 아래로 훑어 내리면서 당신의 목, 어깨, 팔, 손 등을 관찰한다. 가슴, 배, 엉덩이와 다리를 점검한다. 몸을 돌려 보아 얼마나 자신의 등을 볼 수 있는지 그 유연성을 본다. 자세를 주시한다. 똑바로 섰다가 천천히 구부려 본다. 팔을 양옆으로 휘둘러 보고 제자리에서 걸어본다. 오래된 몇 장의 스냅사진이 있다면 꺼내서 자신이 다른 사람들에게 어떻게 보여 왔는지를 본다.

다음 단계를 연습하기 위해서는 자신이 정말로 어떻게 생겼는지 확실하고 의식 있는 생각을 가질 필요가 있다. 이것이 자신을 스스로 비난하기 위한 평가가 되어서는 안 된다는 것을 기억하라. 지금은 당신이 변화시키고 싶거나 현재와 다르기를 바라는 모든 것들의 목록을 만들 때가 아니다. 당신 자신의 외모에 전문가가 되었을 때 비로소 당신은 이 세 번째 기간의 두 번째 단계로 들어갈 수 있다.

이 부분은 당신이 아침에 일어나자마자 이부자리에서 행하는 것이 좋다. 눈은 감겨 있고, 여전히 긴장이 완전히 풀린 상태에 있다는 점을 확실히 해 둔다. 아침에 일어나는 자신을 영상화한다. 따뜻한 이부자리를 느끼고 눈꺼풀 안쪽의 어두운 부분을 본다. 탁상시계가 울린다. 딱딱한 플라스틱 시계 버튼을 더듬어 꺼 버린다. 이불 속으로 다시 들어간다. 하품을 하고, 중얼거리며, 엎치락뒤치락하다가 일어난다. 마룻바닥의 차가운 감촉이 맨발에 느껴진다. 방을 둘러보고 가구, 소품들, 문, 창문 등을 관찰한다. 옷을 집어 들고 한 번에 하나씩 입으면서 당신의 몸에 천이 걸쳐지는 것을 느낀다. 색깔을 본다.

당신이 평소에 하는 손질, 즉 머리를 빗고 이를 닦는 등의 일을 한다. 치약, 화장품, 혹은 냄새가 나는 모든 것의 향에 주목한다. 몸을 움직일 때 평상시에 느껴졌던 신체 부위의 통증이나 고통을 느낀다. 가능한 한 생생하고 사실적인 장면을 만든다.

이제는 당신이 실제로 여전히 이부자리에 누워 있다는 사실을 상기한다. 눈을 뜨고 일어나면서 당신이 지금 막 영상화한 행동을 빠짐없이 그대로 실행한다. 영상화할 때의 감각과 비교해서 실제 감각들을 민감하게 느껴라. 차이가 있는 것이나 빠뜨린 것, 틀리게 한 것을 자세히 적어 놓는다.

이 연습을 일주일간 매일 아침마다 하고 그때마다 그 전날 영상화에서 빠뜨린 항목을 부가한다. 당신은 필름을 돌리기 전에 장면이 어떻게 보이는지 마음속으로 그려 보는 영화감독처럼 그와 비슷한 방법으로 이미지화하는 능력을 개발시키고 있는 것이다. 이런 종류의 연습을 체계적으로 일주일간 하면 당신이 창조해 내는 상상 장면들의 복잡성과 강도가 크게 증대될 것이다. 이러한 형태의 리허설은 당신의 개인적인 자아존중감을 강화하는 장면을 위한 훌륭한 준비과정이다.

우리는 자신이 누구인지를 상당히 많이 알고 있는 듯하다. 그런 자신을 부분 부분 자세히 관찰을 하지 않고 많은 시간을 보낸다. 또한 자신을 안다고 하더라도 부정적으로 잘못된 자아상을 가질 수 있다. 이러한 문제를 해결하기 위해서 여기서의 연습은 체계적으로 우리 자신을 긍정적으로 이해하는 노력이다.

효과적인 자아존중감의 영상화 형성을 위한 규칙

당신이 설정한 목표 달성을 위하여 매일 조금씩 한 단계 한 단계 긍정적으로 밟아 나간다.

실제 자신이 행하는 행동을 영상화한다.

자아존중감을 강화시킬 수 있는 긍정적인 결과를 상상해서 포함시킨다.

단호하고 높은 자아존중감을 나타내는 신체 언어를 포함해 본다.

단지 다른 사람들이 당신을 좋아하는 것뿐만 아니라 당신 스스로도 자신을 좋아해야 한다.

자아존중감을 당신이 가지고 있는 하나의 물건으로 생각한다. 다만, 손으로 만질 수 없는 것일 뿐이다.

영상화와 확언을 연관시키는 것은 도움이 된다.

만약에 당신이 우주에 대한 이론이나 영적 믿음에 대해 깊이 느꼈다면 당신의 영상화에서 그것들을 극화한다.

수용을 위한 자기 암시

자기 암시의 필요성

당신의 자화상, 즉 현재 당신에 대한 모습의 감각은 정말로 잠재의식이라는 저장고에 쌓여 있는 모든 요소들의 총합이다. 기억들은 가려 있다가 알게 모르게 당신에게 영향을 미치고 있다. 최면으로 들어가자. 최면이야말로 당신의 잠재의식 세계를 바깥으로 표현하게 하는 힘을 가질 수 있기 때문이다. 우리의 무의식 세계에 있는 많은 것을 의식세계로 끌어내어 재정리할 때 우리는 최면상태가 될 필요가 있다. 이러한 무의식 세계를 정리할 때 자아존중감을 증진시키기가 쉽다.

부정적 내적 사고 바꾸기

이것은 과거의 부정적인 꼬리표를 떼어 내고 당신의 실수를 용서하는 법을 배우는 것이다. 그리고 비어 있는 잠재의식 세계에 자신은 최선을 다했으며, 정당한 욕구들을 가지고 있었고 그것을 조절하기 때문에 가치가 있다고 말해야 한다. 자기 암시의 가장 기초적인 작업은 질책하는 부모의 목소리를 낮추고 조절하는 것이다. 당신이 암시와 변화에 의해 완전히 노출된 최면 상태에 있을 때조차도 과거의 내면적인 사고를 지워 버리기까지는 자기수용이 수없이 반복되어야 할 것이다.

기억을 위한 최면

최면은 당신의 기억을 강화시키는 거대한 잠재력을 가지고 있다. 그 이유는 첫째로 당신이 고도로 암시받기 쉬운 상태에 있는 동안 긍정적인 메시지를 반복하고, 둘째로 이 메시지를 당신의 잠재의식 세계로 주입하며, 셋째로 적절한 시기에 이 메시지를 당신이 사용하도록 조절할 수 있기 때문이다.

자기 암시의 단계

첫째 단계: 긴장을 풀기 위한 준비

둘째 단계: 조직적인 신체의 이완

셋째 단계: 더 깊은 이완을 위한 마음의 상의 이용

넷째 단계: 자기 암시 상태의 심화

다섯째 단계: 특별한 안식처에 도착

여섯째 단계: 부정적인 프로그램의 제거

일곱째 단계: 비판자의 무기력화

여덟째 단계: 동정심의 발생

아홉째 단계: 기존 생각의 교정

열째 단계: 실수에 대한 인정

열한째 단계: 자기 암시 직후의 암시

열두째 단계: 최면에서 깨어날 때 하는 암시

열셋째 단계: 최면을 깨기 위한 노력

최면 시에 사용하는 암시를 만들 때 필요한 몇 가지 간단한 규칙들이 있다. 간단하고 간결하게 한다. 비슷한 단어와 어구를 사용해서 적어도 세 번 이상 반복한다. 암시는 긍정적인 것이어야 하고 "난 스트레스를 느끼지 않아." 와 같은 부정적 표현을 삼간다. 가능하다면, 가시적인 이미지를 암시와 연관시킨다. 변화에 필요한 시간을 주는 암시를 한다.

스스로에게 긍정적인 암시를 주면서 자신의 무의식과 잠재의식에 있는 부정적인 내적 사고를 변형시킴으로써, 자신의 잠재의식을 긍정적으로 끌어들이는 것이다. 이 과정은 우리 자신을 스스로 이해하고 받아들이는 과정에 최면방법을 적용하는 것이다. 이것을 자아존중감에 도입하여 자신을 긍정적으로 받아들이도록 할 필요가 있다.

아직도 나에게 남은 문제

내가 받는 다양한 상처는 외부의 부정적인 자극으로부터 온다. 이 같은 부정적인 자극 자체의 뜻과 의미를 생각할 수 있는 시점이 오기까지는 상당한 시간이 걸린다. 그래서 그때 이미 우리는 깊은 상처와 더불어 자아존중감을 상실하게 된다. 그만큼 상호작용이 주는 의미를 생각해서 비난을 위한 비난은 주의해야 할 필요가 있다.

특별한 약점

당신의 사회적 가면 밑에는 정신적으로 아주 보기 흉하게 일그러져 아무도 실제의 당신을 눈 뜨고 볼 수 없는 얼굴이 숨겨져 있다는 생각을 갖게 된다. 그러므로 당신이 어떤 실수나 빈틈을 보이면 사람들은 당신의 가면 밑에 숨겨진 내면의 무가치한 모습을 알아챌 거라는 끊임없는 두려움 속에서 산다.

만약 누군가 당신에게 화내고 비난하고 떠밀면, 당신은 그가 당신 내면의 인간을 보고, 그 모습을 거부하기 때문일 거라고 감지한다. 그리고 그 새로운 상처가 모든 초기 상처에 의해 악화된다. 현재의 외상이 아무리 사소하다 해도 당신은 거부되고 버림받아 그 모든 것을 비난받았다고 믿던 어린 시절을 기억해 낸다. 이들에게 우리는 어떻게 대처하여야 하는지 생각해 보자.

고통에 대처하기

당신이 자신을 녹초가 되게 학대한다면 마침내 자신의 결점을 바로잡고, 죄를 속죄할 것이라는 믿음이 그 밑에 깔려 있다. 전체적인 자아 공격은 항상 현재 느끼는 것만큼 무가치하게 느끼게 될 끔찍한 두려움을 거부하는 것이다. 스스로에게 분노하는 동안 당신은 자신의 내면에서 증오하는 모든 것이 정돈될 수 있다는 일종의 전지전능한 환상을 주장한다. 그리고 문자 그대로 자신을 구체적인 틀 속에 넣을 때 비로소 잘못의 감정은 사라지게 될 것이다.

자아방어의 중독

알코올에 중독되듯 똑같은 방법으로 정신적 방어에 중독될 수 있다. 최초의 방어는 걱정과 상처의 더 깊은 단계를 마비시켜 간다. 성공적으로 방어하면 그것에 의존할 수 있기 때문에 결국 똑같은 대항 전략이 되풀이된다.

이것은 자신에 대한 공격이 도피나 다른 사람을 공격하는 대처보다 자신의 자아존중감을 더욱 직접적으로 중독시키는 결과를 낳기 때문이다. 도피나 다른 사람의 공격이 가족, 친구, 동료들과의 관계를 손상시키는 반면에 자신에 대한 공격은 자신의 근본적인 정체성을 손상시킨다.

남은 문제에 대한 대처법

결과에 대한 직시 알코올 중독자처럼 자아방어가 당신을 희생시키고 있다는 것을 직시해야 한다. 우리를 희생시키는 것이 무엇인가를 정확하게 귀담아들음으로써 그것이 무엇인가를 우리가 아는 것이 중요하다. 자신에 대한 공격이라는 처방 수단은 손해를 더욱 가중시킬 뿐이며, 자신을 더욱 약화시킬 뿐이다. 결국엔 당신의 자신에 대한 공격들이 원래의 상처들보다 더욱 파괴적일 것이다. 당신 자신에 대한 여러 가지 평가된 사항들을 분명하고 철저하게 분석할 필요가 있다. 즉, 현실적으로 우리에게 처해 있는 상황에 적극적으로 대처할 필요가 있다.

자아통제를 배우기 당신은 모든 형태의 병리학적 판단에 솔직해야 한다. 병리학적 판단들은 일들이 좋다 · 나쁘다는 믿음을 기초로 이루어진다. 당신은 자신과 다른 사람들을 좋다 · 나쁘다, 옳다 · 그르다고 평가한다. 옳다 혹은 그르다는 판단은 때로는 지나칠 정도로 주관적이고 객관성이 결여될 수 있다. 당신이 다른 사람에 대해 가치 있는 판단을 할 때마다 자신에 대해서도 똑같은 판단을 겨냥하여 자신에게도 비평을 한다. 당신이 다른 사람을 판단하는 것은 당신이 만든 판단에 의한 것이기 때문에 그 규칙은 역시 당신 자신에게 되돌아온다.

자신을 통제할 수 있는 것은 당신도 단 한 번의 판단이라 할지라도 삼가야 한다는 것이다. 하나의 판단은 또 다른 판단으로 이끈다. 주관적이고 비판적인 판단보다는 있는 그대로를 보는 노력이 필요하다.

자신을 포함해서 외부에 있는 현상을 긍정적으로 보는 시각을 통해서 우리 자신의 자아존중감을 긍정적으로 증진시킬 수 있다. 이는 우리가 현실의 삶에서 최선을 다하고 있다는 기본 생각에서 나올 수 있다.

고통에 대처하기 당신은 판단과 더불어 감정을 피하려는 잘못을 멈추도록 배워야 한다. 그러나 그것은 고통이 따른다. 고통에 맞서기 위해서는 일종의 기술이 있어야 한다. 당신의 육체와 마음은 모두 한숨 돌리는 동안 고통을 감퇴시키는 자연스런 심리 과정을 가진다. 그러므로 고통에 맞서는 방법을 알면, 당신은 휴식 기간을 예상하고 이 기간을 이용하여 고통으로부터 휴식을 취할 수 있다. 당신은 전에 고통을 참았고 결국 고통은 지나간다는 것을 기억할 수 있다. 당신은 자신이나 다른 사람을 공격하지 않아야 한다. 곧 최악의 상태가 끝날 것이기 때문이다. 중요한 일은 고통 때문에 그 즉시 어리석게 굴지 않는 것이다.

고통을 스쳐 지나가기 고통과 맞선다는 것은 당신 자신을 방어하지 않는다는 것을 의미한다. 그러나 다른 방식으로 당신 자신을 보호할 수 있다는 것을 뜻하는 것은 아니다. 그 파동을 파하고 휴식 기간을 기다리며, 고통에 대한 최선의 보호는 '거리를 두는 것' 이다. 당신이 현재 직면하고 있는 고통은 끝날 것이다. 단지, 고통이 지나가기를 기다려야만 한다. 우리가 자신의 고통을 때로는 감수하는 동안 고통은 우리 주위에서 사라진다. 이러한 것은 우리가 우리 자신을 긍정적인 방향으로 정리할 때 가능하다.

좋은 시간을 위한 자기 암시 자신의 개인적인 좋은 시간을 닻으로 붙들어 놓은 후 당신이 좋지 않은 느낌과 싸울 필요가 있을 때마다 손목을 쳐라. 당신의 긍정적인 기억이나 환상들은 그것들을 필요로 할 때면 언제든 불러올 수 있는 근원이다. 자신을 긍정적인 느낌들과 영상들에 묶어 둔 손목을 건드림으로써 부정적인 느낌이나 영상들과 싸울 수 있다.

인간의 자아존중감은 우리의 행동 방향을 상당히 결정해 준다. 우리의 삶의 과정을 긍정적이고 생산적으로 이끌기 위해서 우리의 자아존중감을 증대시키는 노력을 할 필요가 있다.

4. 긍정적 자아존중감 형성을 위한 방법

생각하는 방법의 재구성

우리가 자기 자신에 대해서 어떤 생각을 하고 있는지를 먼저 생각해 보자. 자기 자신에 대한 심각한 비판의 소리를 스스로에게 하고 있는지 물어보자. 그 같은 내면의 비판적인 자기 독백은 무엇인지 생각해 보자. 우리들은 종종 '바보' '폭력배' '반대자' '불만자' '어리석은 자' 등의 비판의 소리를 생각해 볼 수 있다.

비판적인 소리를 의인화하는 작업을 통해서 그 비판의 소리를 객관화시켜 보자. 그러한 비판의 소리를 일상적인 사고의 한 부분으로 느낄 수 있고, 우리 자신으로부터가 아니라 외부로부터 나오는 어떤 것으로 경험하게 된다. 외부적인 것과 싸우는 것이 내부적인 것과 싸우는 것보다 더 쉽다. 또 비판적 소리를 '나는 아니야' 라고 거부하는 형태로 만드는 것이 보다 더 쉽다.

우리는 비판자적인 의식을 식별하고 그것에 이름을 짓는 동시에 그에 반대되는 칭찬의 소리에 관해서도 생각해 볼 필요가 있다. 칭찬의 소리란 현실적으로 우리가 생각할 수 있는 것이다. 이러한 사고에 중요성을 두고 그것을 강화시킴으로써 우리가 스스로 그 비판적인 의식에 응답하도록 할 수가 있다. 이 같은 칭찬의 소리를 명명하는 개념적인 방법으로는 '나의 수용영역' 을 구체화하는 것을 들 수 있다. 칭찬의 소리와 비판적 소리 간의 양분성을 만들어 냄으로써 우리는 우리의 비판자가 무엇인지를 알 필요가 있다. 다음과 예를 들어 보자.

우리 자신: 나는 직장에서 어떤 임무를 시간에 맞게 수행하지 못했습니다.

반응자: 그것에 대해 그 비판자는 뭐라고 말했습니까?

우리 자신: 나는 게으르다고 말했죠. 또 계속해서 "너는 게으르고 쓸모없는 녀석이야. 어디를 가든 잘못할 거야." 라고 말했습니다.

반응자: 당신은 칭찬의 소리를 동원해서 어떻게 대답할 수 있습니까?

우리 자신: 내가 들은 모든 것은 그 비판자의 소리입니다.

반응자: 바로 지금 당신은 칭찬의 소리를 찾아서 그 비판자의 말에 대응할 말을 찾아보십시오. 정말 당신은 게으르고 쓸모없는 사람입니까?

우리 자신: 글쎄요. 나의 칭찬의 소리는 "너는 그걸 일부러 꾸물거리게 했지만 이제 끝냈고 완성시켰어." 입니다.

반응자: 그렇다면 비판자가 당신은 쓸모없다고 한 것은 과장된 것이로군요.

우리 자신: 네, 그는 항상 과장되게 떠벌립니다.

생각하는 방법의 재구성에 있어서 그다음 단계는 우리 마음속에 있는 비판의 소리가 갖는 주요 역할을 파악하는 것이다. 대부분의 경우 이 비판적 의식은 그것이 어떤 긍정적인 역할과 바람직한 행위를 촉진시키고 역설적으로 자기 가치를 보호해 주거나 또는 고통스런 감정을 자제시켜 주는 역할을 하기 때문에 강화한다. 우리는 우리가 비판적 의식의 소리를 사용하는 과정과 어떻게 그것이 우리 자신을 보호하는지를 이해할 필요가 있다. 다음은 이러한 내용이 어떻게 대화 속으로 침투되었는지에 대한 한 가지 예다.

우리 자신: 당신 자신이 저녁식사 동안 불안감을 느끼고 있었을 때 그 비판의 소리는 무엇이라 말했습니까?

반응자: "그녀가 당신을 좋아하지 않을 거야. 당신은 무언가를 모르고 있고 돈도 많지가 않아. 또 재미도 없어."라고 말했습니다.

우리 자신: 비판의 소리는 항상 어떤 욕구를 충족시키고자 한다고 말했던 것을 기억할 필요가 있습니다. 그가 당신을 보호하려 했던 것은 어느 부분일까요?

반응자: '거부' 로부터죠.

우리 자신: 그가 당신을 거부의 두려움으로부터 보호하고자 했다는 말입니까?

반응자: 그렇습니다.

우리 자신: 어떻게요?

반응자: 그것을 예측함으로써 그리 상처를 입지 않게 되는 거죠.

우리 자신: 그렇다면 그 비판의 소리는 우리를 미리 준비시킴으로써 민감해지지 않도록 해 주었군요. 만일 그녀가 우리 자신을 좋아하지 않았어도 그럴 거라고 기대했기 때문에 그렇게 기분 나쁘지 않게 되는 것이지요. 전에도 많이 보아 왔던 형태입니다. 그것은 우리의 내면적 비판자의 중요한 역할들 중 하나입니다. 즉, 우리를 거부의 두려움으로부터 보호해 주는 역할 말입니다.

내면적인 의식의 비판적인 소리를 파악하는 것은 때로 철저한 조사를 요구하기도 한다. 우리는 모든 생각들을, 그것이 아무리 고통스러운 것이라 할지라도 어떤 방식으로든 대가를 치르기 때문에 설명을 해야 한다. 일단 내면적 비판의 소리가 무엇이고 그 비판의 소리의 기능을 파악하기만 하면 이 내용은 비판의 소리 문제에 직면할 때마다 거듭 사용될 수가 있다. 우리가 여기서 소개하는 것은 우리 자신이 비판적인 공격을 받을 때마다 그에 대처하는 구체적인 반박들을 개발하는 것이다.

그것들은 우리의 사고과정의 변화에서 우리가 사용할 수단이고 우리는 잘못된 것들이 있을 때마다 그것에 대응할 필요가 있다. 우리가 꾸준히 우리 자신의 내면적인 비판자를 대할 때 우리 자신이 계속 편안하게 싸울 수 있도록 격려를 해야 한다.

우리 자신의 사고를 중단할 경우가 있다. 이러한 경우는 내면적 비판자의 소리가 너무 강렬하고 신랄해서 칭찬의 소리가 있을 만한 여지가 없는 경우다. 칭찬의 소리를 가질 여유를 만들기 위해 한동안 생각을 중단할 필요가 있다. 비판의식을 정리하고 중지하는 방법은 우리 자신이 진정한 장점과 단점을 인식하도록 뒷받침해 주는 프로그램이다.

왜곡된 사고 방법

왜곡된 사고 방법이란 사실상 나쁜 습관들로 끊임없이 사실이 아닌 것을 사실로 해석하는 데 사용하는 사고습관들이다. 예를 들어, 한 동료가 당신이 의장직을 맡고 있는 어떤 위원회의 한 위원이 되는 것을 거절할 때, 당신은 거절을 단순한 결정으로 받아들이거나 아니면 개인적 모욕으로 받아들이려는 자신의 사고습관으로 인하여 당신의 자아존중감에 충격을 주는 경우를 들 수 있다.

왜곡된 사고란 방법의 문제다. 왜곡된 사고는 실제가 아닌 신념들에 깊이 근거를 두고 있지만 사고 신념 그 자체가 아니라 당신을 어려움에 처하게 만드는 사고 방법이다. 왜곡된 사고의 유형은 당신이 사실을 생각하는 방법과 밀접하게 관계가 있기 때문에 치료하기가 힘들다. 심지어 가장 분별 있고 합리적인 사람조차도 어느 정도 현실에서 떨어져서 생각하고 행동한다. 이것은 인간의 이성과 사고 속에 뿌리 깊이 새겨진 피할 수 없는 사실이다. 우리는 이것을 사람들이 망원경을 통해서 자신을 바라보는 것에 비유할 수 있다. 만일 당신이 가진 망원경이 올바른 방법으로 조작되고 잘 수리된 것이라면 자신을 우주 속에서 다소 크고 중요한 사람으로 보게 되므로 선명하게 초점이 맞추어서 자신의 여러 모습을 균형 있게 바라보게 될 것이다.

사람은 각자 그 나름대로 부정적인 과거를 가지고 있고, 그 부정적인 과거를 통해서 그릇된 사고 방법에 다소 익숙해져 있기 때문에 완벽한 망원경을 가진 사람은 거의 없다고 해도 무리는 아니다. 망원경이 잘못된 방법으로 조작될 수도 있어서 그럴 경우 자신은 작고 축소된 모습으로 보일 수 있을 것이다. 또한 렌즈가 얼룩져 있거나 기울어져 있거나 흠이 있거나 아니면 초점이 잘못 맞춰져 있을 수도 있고, 관 속에 장애물이 들어 있어 당신 자신의 어떤 부분을 바라볼 수 없게 될 수도 있을 것이다. 어떤 사람들은 망원경 대신 만화경을 가지고 있기도 하다. 자기 만화경 렌즈 위에 과거의 그릇된 자신의 그림을 붙여 놓아 다른 것을 전혀 볼 수 없는 사람들도 있다.

왜곡된 사고는 여러 가지 방법으로 당신을 사실에서 차단시킨다. 그릇된 사고는 비판적이다. 그것은 또 사람들이 그것을 평가할 기회를 가지기도 전에 그들 자신과 사건들에 자동적으로 이름을 부여한다. 또한 왜곡은 부정확한 경향이 있다. 그것은 구체적인 환경이나 특성들을 고려하지 않고 영역이나 그 적용에 있어 변함없이 일반적이다. 그리고 마지막으로 왜곡은 이성적 사고보다는 감정적 사고에 그 기초를 두고 있다.

과잉일반화

왜곡된 사고 방법들은 당신이 살고 있는 우주의 본질 자체를 변화시킨다. 과잉일반화는 절대적 법칙들이 많으면 많을수록 삶을 보다 더 제한시켜 세계를 축소시킨다. 유용한 자료를 모두 살피고 그 자료들을 설명해 주는 하나의 법칙을 공식화시키고 그런 후 그것을 시험해 보는 것이 아니라 한 가지 사실이나 사건을 선택해서 거기서 일반적 법칙을 만들어 내고 그 법칙을 결코 시험해 보지도 않는다.

예를 들어, 철현이라는 한 수석 변호사가 그의 부서에 있는 여자 계원을 저녁식사에 초대했다. 그러나 그녀는 상사와 함께 외출할 수 없다며 거절했다. 그리고 철현은 그 부서의 어떤 여성도 그와 함께 외출하기를 원하지 않을 거라는 결론을 내린 것이다. 그는 한 번의 거절을 과잉일반화시키고는 결코 다시는 그런 시도를 하지 않았다. 만일 당신이 과잉일반화를 한다면 한 번의 실수로 사회적으로 무능하다는 의미가 되며, 연상의 여인과의 한 번의 데이트 실패로 모든 연상의 여인이 당신이 얕고 경험이 없는 사람이라는 것을 알게 되리라는 의미가 되며, 한 번 흔들리는 테이블을 만든 것으로 당신은 결코 가구 제작에 정통할 수 없다는 의미가 된다.

당신의 비판자가 다음과 같은 말들을 사용할 때 당신은 과잉일반화를 하고 있음을 알아야 한다.

"결코 아니다."

"항상, 전부, 모두, 어느 것도 …… 아니다."

"아무도 …… 아니다."

"어떤 사람도 그러지 않을 것이다."

"모든 사람이다."

당신의 내면적인 비판자는 당신이 성장하고 변화하지 못하게 하면서 가능성의 문을 닫기 위해 '절대적'이라는 말들을 사용한다. 다음을 그 예로 들 수가 있다.

"난 항상 실수나 하고 다녀."

"난 정시에 일을 시작해 본 적이 없어."

"아무도 진정으로 날 좋아하지 않아."

"모두가 다 내가 서투르다고 생각하고 있어."

포괄적이고 모호한 명칭 사용

포괄적이고 모호한 명칭을 사용하는 것은 상투적인 명칭들을 모든 사람, 사물, 행위, 경험 등에 붙이는 것을 말한다. 포괄적이고 모호한 명칭 부여를 실천하는 사람들은 비현실적인 멜로드라마를 연기하는 극중 인물들이 사는 세계 속에서 살고 있다. 낮은 자아존중감을 가진 이런 포괄적 명칭 부여자들은 종종 자신에게는 잘못된 사람이나 바보스러운 역할을 부여한다. 이러한 사고 방법은 과잉일반화와 밀접한 관계를 맺고 있지만 왜곡들은 규칙보다는 명칭 부여의 형태로 나타난다. 포괄적인 명칭 부여는 그것이 고정관념들을 만들어 내고 당신의 삶을 진정한 다양성에서 멀어지게 한다는 점에서 훨씬 치명적이다.

예를 들어, 어떤 한 작가가 창고를 빌려서 거기서 밤에 창작활동을 하고 있었다. 그는 천식에 걸려 있었고, 약간 절뚝거렸다. 그는 모든 것에 이름을 지었다. 즉, 그 창고 주인은 '자본주의적 인간 쓰레기', 그의 단편소설의 출간을 거절한 편집장들은 '문학의 권력체제의 일부'로, 그의 일을 '쳇바퀴', 그의 작품을 '신경증적 낙서', 그리고 그 자신을 '헐떡거리는 절름발이'라고 불렀다. 그는 자신이 열등 콤플렉스에 사로잡혀 고통받는다고 생각했다. 그가 좋아하는 말들은 모두가 다 경멸적이고 비판적인 표현들이었다. 그는 수만 가지의 슬로건들을 가지고 있었는데, 그 모두가 다 상실과 불만에 대한 상투적인 문구들이었다. 결국 그는 그의 삶 속에서 스쳐 간 수많은 명칭들과 함께, 자신이 처한 상황 속에 너무 얽매여 있어 어떤 부분도 변화시킬 수 없게 되어 버렸다.

만일 당신의 비판자로부터 나온 말이 당신의 외모나 행위, 지성, 인간관계 등에 대한 경멸적이고 상투적인 말이라면 자신에 대한 포괄적 명칭 부여에 대해 다시 생각해 보아야 한다.

"난 실패자에 불과해."

"나의 집은 돼지우리야."

"내 학위는 가치도 없는 종잇조각에 불과해."

"난 신경질적이야."

"난 멍청해."

"난 줏대도 없는 해파리 같은 인간이며 비겁자야."

"항상 되고자 하는 나의 모든 노력은 지푸라기를 잡는 것처럼 헛된 것들이야."

이러한 비판자의 말을 내면적으로 들을 때, 이 같은 상투적이고 경멸적인 말은 자신의 부분을 나타낸 말이거나 잘못된 표현일 수 있다는 생각을 할 수 있어야 한다.

여 과

당신이 현실을 여과해 버린다면, 그것은 희미한 유리잔을 통해서 당신이 가진 세계를 바라보는 것같이 될 것이다. 당신은 단지 어떤 소리들만을 들을 수 있다. 마치 음성 재생 녹음기와 같이 당신의 관심은 특정한 종류의 상실, 거부, 부당함 같은 것 등에만 집중될 수 있다. 당신은 사실들로부터 몇 가지만을 발췌해서 그 나머지 것들을 무시한 채 그 발췌된 것에만 관심을 가진다. 또한 자신의 가치에 대한 확실치 않은 증거에 관심을 둔다.

여과는 특히 당신에게 자신의 인생 경험에 대한 나쁜 것들만 만들어 낸다. 자신의 경험에 대한 당신의 평가는 상당히 왜곡되어 있다. 이같이 여과는 자아존중감에 영향을 주는 정도가 아주 크다. 당신의 내면적인 비판자가 계속 반복해서 어떤 주제나 중심 단어들, 즉 '상실' '상처' '위험한' '부당한' '멍청한' 등의 말을 되풀이할 때, 여과하고 있지 않은지 생각해 보아야 한다. 일어났거나 얘기되었던 모든 것을 다 기억하고 있는지 보기 위해 대화나 사회적 사건들의 기억을 자세히 검토해 보라. 만일 3시간 동안의 디너파티 중에서 당신이 명확히 기억하는 것이 술잔을 엎질러 창피함을 느꼈던 단 15분간이라면 당신은 지금까지의 미소를 여과하고 단 15분간의 일로 느꼈던 순간적인 일을 당신의 모두인 양 착각하고 당신이 무가치하다는 생각을 하게 된다. 그리고 이 일에 비해 많은 가치 있는 일들을 다 여과해 버리고 단 15분간의 일에 매달린다. 당신이 관심을 집중시키고 있는 자신에 대한 부정적인 내용들은 당신 삶의 중심 주제가 되어 버리고, 당신의 중심에서 당신을 통제한다.

양극화된 사고

만일 당신이 양극화된 사고 속에 습관적으로 빠지게 되면 당신은 다른 어떤 색채도, 회색의 색조조차도 없는 흑백의 세계에 살게 되고, 모든 것을 흑백의 이원적 사고로 보게 된다. 당신은 자신의 모든 행동과 경험들을 절대적인 기준들에 따라 양분한다. 그리고 자신을 성자 또는 죄인, 좋은 아이 또는 나쁜 아이, 성공자 또는 실패자, 영웅 또는 악당, 귀족 또는 천민 등으로 판단한다.

예를 들어 보자. 기숙은 한 직물 상점의 점원이다. 그녀는 가끔 파티에서 술을 많이 마시곤 했는데 어느 월요일, 전날 마신 술의 여파로 집에서 쉴 수밖에 없게 되었다. 그녀는 이 일로 인해 일주일 동안 상당히 침체되어 있었는데, 그 이유는 그녀에게는 사람들을 정신이 맑은 사람들과 알코올 중독자, 둘로 나누는 습성이 있었기 때문이었다. 술에 한 번 만취됨으로써 그녀는 자신의 눈으로 볼 때 자신은 최악의 술주정뱅이가 된 것이었다. 양극화된 사고의 문제는 항상 그 양분된 것 중 부정적인 것으로 귀결된다는 것이다. 그 누구도 항상 완벽할 수는 없다. 따라서 맨 처음 실수에 '자신이 틀렸다.' 고 결론을 내려서는 안 된다. 이러한 '일격에 나가떨어지는' 식의 사고 유형은 자아존중감을 죽이는 것이나 마찬가지다. 당신은 당신의 비판자의 '이것 아니면 저것' 이라는 소리를 들음으로써 자신이 양극화된 사고를 하고 있는지를 알아챌 수가 있다.

자기 비난

자기 비난이란 당신이 실제로 잘못을 했든 하지 않았든 간에 매사에 자신을 비난하는 사고 유형이다. 이 자기 비난의 체계 속에서 당신은 잘못된 영역의 중심에 자리 잡고 있으며 그 모든 것들을 바로 당신의 잘못인 것으로 생각한다. 당신은 자신이 조잡하고, 뚱뚱하며, 무능하다는 점 등을 내면적으로 그리면서, 이 모든 것을 자신의 단점들로 돌리고 자신을 비난한다. 또 자신이 거의 통제할 수 없는 나쁜 건강이나 여러 상황에 따라 도저히 다른 방법이 없는 것들에 대해서도 자신을 비난한다. 만일 자기 비난이 뿌리 깊은 습관이라면 당신은 완전히 당신의 통제 밖에 있는 것들, 즉 날씨나 비행기 시간표 또는 배우자의 감정 등에 대한 책임감까지도 느끼게 된다. 자신의 삶에 대해 책임감을 느끼는 것은 좋은 일이다. 그러나 모든 부정적인 것을 자신의 탓으로 돌리는 자기 비난은 내면적인 병적 의식이다.

가장 흔하고 발견하기 쉬운 자기 비난의 증상으로는 끊임없이 잘못을 시인하는 것이다. 우체국의 직원이 당신이 우표를 부족하게 붙였다고 하면 당신은 "이런, 제가 이렇게 멍청하군요. 미안합니다."라고 말한다. 자기 비난은 당신의 좋은 특성들이나 성취된 일들이 있음에도 그것들을 보지 못하게 가린다. 어떤 남자에게 세 아들이 있었는데 그중 한 명은 헌신적인 사회사업가, 또 한 명은 유능한 화학자, 나머지 한 명은 마약중독자였다. 그 아버지는 자신의 셋째 아들을 키우는 데 실패했다는 생각에 사로잡혀 자신의 남은 생애를 '망쳐' 버렸다. 그는 나머지 성공한 두 아들에게 끼친 자신의 영향 같은 것을 무시해 버렸던 것이다.

개인화

개인화된 세계 속에서는 당신이 바로 그 세계의 주인이다. 그 속에 속한 것들은 어느 정도 다 당신과 관련되어 있다. 모든 사건들을 적절하게 해석해 보면, 당신과 관계가 있는 것처럼 보인다. 그러나 불행히도 그 사건들을 통제할 힘은 거의 없다. 이것은 바로 당신이 압력과 포위 공격을 받고 있으며, 또 당신 주위의 모든 사람들의 주목의 대상이 되고 있다고 느끼게 만든다.

개인화는 나르시스적 요소를 가지고 있다. 당신은 사람이 가득 찬 방으로 들어가자마자 곧 자신과 다른 사람들을 비교하면서 누가 더 말쑥하고 더 잘 생겼으며, 더 유능하고 더 인기가 있는지 등을 생각하기 시작한다. 당신과 함께 투숙하고 있는 사람이 방이 너무 답답하다고 불평을 하면 당신은 곧 그것이 당신이 있기 때문이라고 받아들인다. 한 친구가 따분했다고 말하면 그가 당신 때문에 따분했다는 의미로 생각한다. 개인화의 큰 결점은 당신을 그릇된 방법으로 반응하게 한다는 점이다. 당신은 있지도 않은 문제를 가지고 함께 방을 쓰는 사람과 싸움을 할지도 모른다. 또 재미도 없는 농담을 지껄여서 덜 지루하게 하려고 하다가 정말로 따분하게 만들어 버릴 수도 있다. 이러한 잘못된 반응은 당신 주위의 사람들과의 관계를 소원하게 할 수도 있다. 처음에는 상상 속에서만 있던 그들의 적대감은 또 다른 왜곡된 인간관계를 만들어서 실제로 그 일이 일어나게 할 수 있다.

당신 자신이 개인화 습성에 빠져들어 있는지를 알아내기는 어려운 일이다. 그 한 가지 방법은 누군가가 불평을 당신 자신과 연결시키며, 그 사람은 단지 화를 내는 것뿐이며, 당신과 개인적으로는 아무런 관계가 없다는 생각을 결코 하지 않는다는 것이다. 자신을 파악하는 또 다른 방법으로는 당신보다 덜 말쑥하고, 덜 매력적이며, 덜 유능한 다른 사람들과 자신을 부정적으로 비교할 때를 주목해 보는 방법이 있다.

자신의 생각

자신의 생각이란 이 세계 속의 모든 사람들이 당신과 꼭 같다고 생각하는 왜곡된 사고방식이다. 이것은 저지르기 쉬운 실수다. 왜냐하면 그것은 투사 현상에 근거를 두고 있기 때문이다. 당신은 존재하거나 사실상 존재하지 않을 수도 있는 그런 경험이나 인간 본성의 보편성에 대한 신념에 근거를 두고서 당신이 하는 방식대로 다른 사람들도 느낀다고 가정한다. 자신의 생각은 자아존중감에 있어 치명적인데 그것은 모든 사람들이 당신 스스로에 대해 부정적으로 생각한다고 믿기가 쉽기 때문이다. "나는 그녀를 따분하게 하고 있어. 그녀는 내가 정말로 겉으로만 잘 보이려고 애쓰는 그런 녀석이라고 말할지도 몰라." "그는 내가 지각을 했고, 그것 때문에 화가 나서 아무 말도 하지 않는 거야."

"그 사소한 실수 때문에 그는 내 행동거지를 항상 주시하고 있어. 그는 나를 해고시키고 싶어 할 거야."

자신의 생각은 당신의 여러 관계들 속에서 비극적인 판단 오류를 낳는다. 전기기사인 철수는 그의 아내인 영희가 얼굴을 찡그린 채 아파트 안을 부산하게 돌아다닐 때면 그에게 화가 났다고 추측을 했다. 그는 의기소침해진 상태로 긴장을 하면서 아내에게 반응한다. 사실, 영희는 생리통이 있거나, 매우 바쁘거나, 재정적으로 곤란할 때 이마를 찡그린다. 그러나 철수의 움츠림은 영희가 자신이 찡그리는 이유를 말하는 것을 더 어렵게 만들었던 것이다. 그녀는 그의 움츠림을 관심이 없는 것으로 해석했으며 따라서 입을 다물었다. 철수의 생각이 진정한 대화의 기회를 막아 버린 것이다. 당신이 자신의 생각을 할 때 당신의 생각은 '옳은 것처럼' 보인다. 그래서 그것이 옳은 것처럼 행동해 나간다. 당신은 다른 사람에 대한 자신의 행동을 재고해 보지 않는다. 왜냐하면 자신의 생각은 의심의 여지가 없는 것처럼 보이기 때문이다. 당신은 압박을 받거나 왜 그런 가정을 하는지 질문을 받을 때, 당신이 "난 강한 육감을 가지고 있어." "난 예측할 수가 있어." "난 알고 있어." "그건 내 직관이야."라고 말하는지 살핌으로써 생각을 다시 정리해 볼 필요가 있다. 이런 유의 말들은 당신이 사실적인 증거도 없이 성급히 결론을 내림으로써 나타나는 것이다.

잘못된 통제

잘못된 통제는 당신에게 세계 전체의 책임을 부여하거나 또는 다른 사람에게 그 책임을 전가시키는 것이다. 과잉 통제라고 하는 왜곡된 사고 유형은 당신에게 전능한 힘이라도 있는 것처럼 느끼는 잘못을 말한다. 당신은 당신의 파티에 참석한 모든 손님들의 행동과 당신 아이의 학교성적들과 신문 배달원의 시간엄수와 당신의 어머니가 직면하고 있는 갱년기 등에 대해 당신 자신이 그 책임을 진다. 손님들이 가구 위에 발을 올려놓을 때나 당신의 아이가 수학시험을 망쳤을 때, 신문이 늦었거나 당신의 어머니가 눈물을 흘리며 당신에게 전화를 걸었을 때 또는 위원회 모임에서 당신의 제안이 부결되었을 때 당신은 통제할 수 없음을 느낀다. 당신은 자신의 자아존중감을 침식시키는 원망이나 분노 그리고 개인의 실패에 대해 예민해짐을 경험할 수도 있다.

당신이 사실상 관계하지 않는 그런 상황에서 "난 그들로 하여금 듣도록 해야만 해." "그녀는 응해야만 해." "그가 정시에 도착하게 만들 거야."와 같은 말을 할 때 당신의 병적 비판자가 과잉 통제라는 잘못을 저지르고 있는지를 의심해 보아야 한다. 그리고 과소 통제라는 왜곡된 사고 유형은 당신에게서 통제 자체를 거부하고 멀리 피하는 것을 말한다. 당신은 모든 사건과 거리가 먼 변두리에 자신을 안주시킴으로써 다른 사람들에게 영향을 끼칠 수가 없게 된다. 당신은 대부분의 경우 사건들의 결과가 당신의 통제를 넘어선 것들이라 느낀다.

희수는 전화 회사의 접수계원인데 빈번히 이런 오류에 빠져들었다. 자신의 삶에 대해 아무것도 할 수 없다는 그녀의 사고 습관은 그녀로 하여금 스스로의 통제력을 잃어버리게 만들고 자신을 계속적인 희생물로 던지게 되는 결과를 가져다주었다. 그녀는 빈번한 지각으로 상사와 사이가 좋지 않았으며, 그녀의 은행계좌는 과도한 돈이 인출되어 있고, 그녀의 남자친구는 그녀에게 전화하기를 그만두었다. 그녀는 자신의 상황에 대해 생각할 때 무력감을 느꼈다. 그녀의 상사, 은행, 남자친구 모두가 함께 자신을 희생물로 만들기 위해서 자신에게 대항하는 것처럼 보였다. 그녀의 병리적 비판자는 계속해서 "넌 약하고 무력해. 네가 할 수 있는 일이란 없어."라고 말하고 있었다. 그래서 마침내 그녀는 사실상 좀 더 일찍 일어나거나 그녀의 부채를 갚거나 그녀의 남자친구를 만나거나 전화할 계획들을 세울 수가 없었다. 이 두 오류 중에 과소 통제가 당신의 자아존중감에 더 해롭다. 자신이 할 수 있는 힘의 역량을 포기하는 것은 무력감과 침울한 절망감, 힘없는 원망, 마비된 침체라는 대가를 치르게 된다.

감정적 판단

인간의 감정이라는 세계는 무질서하며, 합리적 법칙들 대신 변덕스러운 감정들에 의해 지배될 수 있다. 이런 사고 유형에서의 왜곡은 당신의 생각을 완전히 무시할 수 있다. 당신은 사실과 행동방향을 해석하기 위해 감정에 빠져 판단을 잘못하게 될 수 있다.

미영은 패션 디자이너다. 어느 날 그녀는 행복감을 느꼈다. 왜냐하면 자신의 인생이 평탄할 것 같았기 때문이다. 그러나 그다음 날은 슬퍼했는데 그 이유인즉 자신의 삶이 매우 비극적이라는 것이었다. 그다음 주에 그녀는 다소 신경질적이었으며, 언젠가 그녀의 삶은 아주 위험해지리라는 확신에 사로잡혀 있었다. 사실상, 매일 그녀에게 있어 달라진 것은 거의 없었다. 단지 그녀의 감정만이 변했을 뿐이다.

자아존중감에 있어 그 감정의 의미는 대단해서 당신 삶의 방향을 좌지우지한다. 즉, 당신이 쓸모없다고 느끼면 당신은 쓸모없고 당신이 무가치하다고 느끼면 당신은 무가치한 것이 분명하다. 또 당신이 추하다고 느끼면 당신은 추하다. 당신은 당신의 느끼는 바 그대로다. 이렇게 자신이 자신에 대해서 갖는 여러 가지 사고는 실제라기보다는 자신이 느끼는 감정에 의해서 만들어진다. 다음은 비판자가 감정들을 어떻게 사용하며 당신의 자아존중감을 격하시키는지에 대한 것이다. 즉, 그는 당신의 마음의 귀에다 "약하고 줏대가 없어."라고 속삭인다. 이 희미한 생각은 침울의 감정에 방아쇠를 당긴다. 당신은 무기력감과 난처함을 느낀다. 그런 다음 비판자는 잘못된 순환논법의 한 조각을 가지고서 다시 크게 외쳐 댄다. "넌 내가 느끼는 바대로다. 넌 무기력하다고 느끼고 있고 사실, 넌 무기력해." 이제까지 당신은 당신의 비판자가 악순환의 틀에 당신을 넣고 그 틀에 따라 당신을 무력하게 만들고 있음을 잊고 있었다.

감정적 추론에서의 큰 실수는 병적 비판자에 의해 맨 처음 소개된 그리고 맨 처음으로 당신의 고통스런 감정을 불러일으킨 생각들을 당신이 인식하지 못하고 지나친 것에 있다. 그 잘못을 고치는 방법은 당신의 자기 독백에 다이얼을 맞추고 그것이 어떻게 진실을 왜곡하며 부정적 감정을 촉발시키는지를 주목해 보는 것이다.

현실적인 감각 형성

당신은 당신의 감각을 신뢰할 수 없다. 비단 당신뿐 아니라 어느 누구도 마찬가지다. 우리 모두 각자의 시각으로 우리가 볼 것을 선택하고 변형시키며 왜곡한다. 사람은 누구나 어떠한 현상을 볼 때 자신의 고유한 방법으로 그 현상을 해석하고 보는 현상학적 시각을 갖고 있기 때문이다.

〈모든 사람의 머리 속에 내장된 TV 화면〉

- 인간은 누구나 자신의 화면을 갖고 있다.
- 인간은 현실을 직접 보는 것이 아니라 단지 자신의 머릿속에 내장된 화면을 통해 볼 수 있다.
- 사람들은 타인의 화면 위에 무엇이 있는지 완전히 알 수 없다.
- 화면상에 있는 것이라 할지라도 완벽하게 말로 표현할 수는 없다.
- 화면상에 나타나는 장면들은 믿을 수 없다.
- 당신의 내적 자아가 말하는 것은 화면의 장면에 대한 해설 비평이다.
- 화면이 왜곡되면 될수록 사람들은 자신이 본 것을 정확하다고 확신한다.
- 어느 일정 기간을 통해 화면에서 당신이 본 모든 것을 조정할 수 있다.
- 사람들은 늘 자신들이 본 모든 것을 조정할 수는 없다.
- 화면상에 나타나는 영상의 질을 높일 수는 있으나 화면 자체를 제거할 수는 없다.
- 현실에 대한 인식은 단지 화면에 입력된 것 중 하나다.

〈그 외〉

- 타고난 성격: 당신이 아무리 균형을 잡고 있고, 지적으로 인식할 수 있다 하더라도 완벽하게 객관적인 현실 인식을 방해하는 본능적이고 체질적인 경향을 지니고 있다. 그러므로 아무도 완벽하게 객관적인 비평을 할 수는 없다. 당신은 단지 당신의 화면에 있는 것을 비난할 수 있으며 그 그림은 확실하지 않다. 항상 약간은 왜곡되고 불완전한 것이다.
- 생리학적 상태: 사람은 누구나 타고난 나름대로의 생리적인 특성을 가지고 있다. 쉽게 다루어질 수 없고 한 개인이 고유하게 갖고 있는 이 생리적인 상태는 결국에 한 개인의 사고 화면에 영향을 주어 그 사람의 행동에 영향을 주게 된다.
- 감정상태: 일반적으로 비난하는 사람들을 보면 불안한 상태에 있다. 생활고로 인해 긴장하거나 걱정하고 부담을 느끼는 경우가 많다.
- 습관적인 행동 양상들: 어떤 특정인이 당신을 자주 비난하고 모욕하면, 머지않아 그 사람의 친구로부터 "그 애는 항상 그래."와 같은 소리를 듣게 된다.

- 신념들: 일이 진행되는 도중의 상호작용에 관련된 가치, 편견, 설명, 이론과 구체적인 결론은 사람들의 화면에 모두 영향을 줄 수 있다. 신념들은 어떤 생활을 좋아하고 무슨 일을 하며 어떤 손해를 보았고 이익을 얻었는가 등의 과거 경험과 매우 밀접한 연관성이 있다. 한 여자가 당신과 데이트하는 것을 거절했다고 해서 당신을 개인적으로도 거절하는 것은 아니다. 그녀는 자신의 경험을 밑거름 삼아 만든 자신의 신념에서 벗어나지 않는 행동을 한다. 키가 큰 남자는 자신에게 어울리지 않는다거나 혹은 일정한 나이를 넘은 사람과는 진지하게 사귀지 않는다는 등의 신념을 갖고 있는 것이다.
- 욕구: 때때로 비난하는 사람들은 스스로 자신들 내면에 그 비난을 하도록 부추기는 숨은 사연이나 감정적인 욕구를 충분히 인식하고 있기도 하지만, 그러지 못할 때도 있다. 그러나 당신은 비난을 듣는 입장이기 때문에 그들이 인식하든 하고 있지 않든 간에 문제되지 않는다. 당신에게 문제가 되는 것은 그런 욕구가 비판자들로 하여금 현실을 잘못 인식하도록 왜곡시킨다는 것이다.

비판에 대한 반응

당신을 비난하는 말을 들었을 때, "이 사람의 화면에는 무엇이 있을까?" 라고 자신에게 물어라. 그리고 즉시 기껏해야 실제 상황과는 단순한 관련이 있을 뿐이라고 가정한다. 만약 그 비난의 말이 모두 당신의 몇 가지 결점에서 비롯된 것이라는 생각이 든다면, 그 결점을 고칠 기회가 더 많이 주어졌다고 생각한다. 사람들은 단지 그들의 화면에 있는 것만을 비난할 수 있으나, 사실 그들의 화면은 믿을 수 없다는 것을 기억하라. 당신을 정확하게 파악해서 비난을 한다는 것은 매우 어려운 일이다. 오히려 비난은 거의 당신과는 관계가 없는 감정이나 기억, 행동 양상에 반응하는 것일 가능성이 훨씬 높다.

그런 비판 때문에 당신 자신을 초라하게 생각하는 것은 실수다. 그것은 마치 머리 위에 종이를 쓴 어린아이가 수풀 뒤에서 갑자기 뛰어나오며 "왁" 하고 소리를 내서, 놀라는 것과 같다. 처음에는 놀라서 뒷걸음질할지도 모르지만 곧이어 "깜짝이야. 아이들이었잖아." 라고 생각하고 웃어 버린다. 비난도 마찬가지다. 누군가가 당신을 비난하면 순간적으로 깜짝 놀랄지도 모르지만 곧 당신은 웃으며 당신 자신에게 "그가 나를 그렇게 비난하도록 한 그의 화면 장면은 무엇이었을까? 의심스럽군." 이라고 말하면 된다.

〈비효과적 응수 스타일〉

- 공격형: 철저하게 공격적으로 비난에 대응하는 것은 자아존중감을 약화시킬 우려가 있다. 공격이나 반격, 확산의 과정에서 비평가들은 당신이 무가치하다는 증거를 가지고 공세를 가하기 때문이다.
- 수동형: 비록 당신이 무슨 말로 응수해야 할지 애쓸 필요가 없다 하더라도 여전히 정신적으로 결백을 항변하는 생각을 하느라 많은 에너지를 소비하게 된다. 그들에게 말로 응수하지 못하고 생각으로 하기 때문이다. 수동적 스타일의 무엇보다 큰 불이익은 자신을 부정적으로 보는 다른 사람들의 견해에 굴복해서 자아존중감이 치명타를 입는 것이다.
- 수동적 공격형: 이것은 공격형과 수동형 두 가지의 가장 나쁜 면만을 결합시켜 놓은 것이다. 처음 비난받을 때는 사과하거나 동의하며 수동적으로 응수한다. 그러나 얼마 후 약속을 잊어버리거나 변화에 대한 약속을 지키지 못하고 어떤 경우에는 오히려 공격적인 반응을 나타냄으로써 비난하는 사람에게 복수하는 형태다. 수동적 공격형은 당신의 자아존중감을 두 번이나 실추시킨다. 첫 번째로 당신의 결점을 인정해야 한다는 면에서 자아존중감이 실추되고, 두 번째로 당신이 거꾸로 복수할 때 자아존중감이 또 한번 상처를 입는다. 당신이 일부러 반격을 가했다면 비열한 사람이 되고 단지 무의식적인 실수였다 해도 실수를 잘하는 사람이 되는 것이다. 그러므로 두 경우 모두 당신은 자신도 모르게 자신을 싫어하게 된다.

〈효과적인 대응 스타일〉

- 인정: 인정이란 단순히 비난하는 사람의 말에 동의하는 것을 의미한다. 이것의 목적은 즉시 비난을 멈추게 하는 데 있으며 그리 어려운 방법은 아니다.
- 연막작전: 이것은 비난하는 사람에게 외견상 겉으로 동의하는 것이다. 그 비난이 정확하지도 추상적이지도 않을 때 이용되는 것이다. 당신은 원칙이나 가능성 면에서 부분적으로 동의함으로써 자신을 보호하는 것이다.

- 부분적 동의: 비난이 부분적으로 맞다는 생각이 들면, 그 부분만을 인정하는 것이다.
- 가망성이 있는 것에 동의: "어쩌면 당신 말이 옳을지도 몰아요."라는 말을 함으로써 그럴 가능성이 있는 것에 동감하는 것이다. 비록 마음속으로 그것은 백만 대 일의 비율일지라도 그렇게 말하는 것이다.
- 원칙에 동의: 이것은 비난하는 사람의 모든 것을 꼭 보증하는 것이 아니라 그의 논리만을 인정하는 것이다. 그래서 조건부의 '만약에, 그렇다면~'의 형식을 이용한다.
- 정밀조사: 대부분의 비난들이 모호하다. 그래서 당신은 비난하는 사람의 의도를 파악하지 못할 때가 왕왕 있다. 그럴 때면 비난하는 사람의 의도와 의미를 명료하게 하기 위해 정밀조사를 해야만 한다. 당신이 그 메시지를 완전히 이해한다면 그것은 건설적인지, 그것의 일부만 동의할지, 메시지 전체에 동의할지, 그리고 어떻게 반응할 것인지를 결정할 수 있다.

실수를 처리하기

이 사회의 훌륭한 일원이 되기 위해 당신은 다른 사람들과 비슷하거나 그들보다 더 우월해야만 하고, 자발적이면서도 절제 있는 태도를 지녀야만 한다. 이러한 배타적인 사고방식들은 당신의 행동에서 작은 실수라도 찾아내서 비난을 하게끔 만든다. 당신은 오히려 자신의 모든 실수를 합리화하고 방어하려고 하며 구성원들 중 아무도 신경 쓰지 않는 가장 경미한 실수도 매우 두려워하는 그런 사람이 될 가능성이 있다. 혹은 자신의 모든 실수에 대해 만성적 우울증이라는 보다 흔한 증상을 갖게 될지도 모른다.

극단적인 경우에는 무기력감이 일어나기도 한다. 과거에 저질렀던 실수를 지나치게 심사숙고한 나머지 앞으로의 실수를 피하기 위해 당신의 활동과 관계들을 없애고 축소시킬 수 있다. 뿐만 아니라 뭔가 실수할지도 모른다는 두려움 때문에 당신은 완벽하게 처리해서 최소한의 실수를 하려고 할 수도 있다. 그러나 변화와 실수란 불가분의 관계이기 때문에 이렇듯 실수를 최소한으로 줄이는 것조차 불가능하게 되므로 결국 당신은 올가미에 씌워지게 된다.

실제로 자아존중감은 완벽함과는 아무런 관계가 없는 것이다. 실수를 피하는 것과도 관련이 없다. 그것은 실수와 관계없이 태어날 때부터 가치 있는 존재로서 당신 자신을 아무 조건 없이 받아들이는 데 기초를 두고 있다. 자신에 관한 좋은 느낌은 실수가 모두 정정된 후에 느껴지는 것이 아니다. 그것은 실수가 있음에도 불구하고 느껴진다. 그러므로 구태여 실수가 무가치한 증거라고 생각한다면 진정으로 심각한 실수를 한 경우에만 당신의 병적일 정도로 심각한 비난이 합당할 수 있다.

실수를 재해석하기

다시 해석한다는 것은 당신의 해석이나 견해를 바꾼다는 의미다. 바라보는 방법을 변화시키기 위해 그림이나 사건 주위에 새로운 것을 만들어 놓고 당신에게 맞게 그것의 의미를 바꾼다.

당신이 당신 자신에 관해서나 당신 주위의 분위기에 대해서 어떻게 보느냐 하는 것은 당신 자신의 해석에 달려 있다. 실수를 다시 해석한다는 것은 악몽적 요소들을 제거하는 것과 같은 방법으로 실수를 다시 생각하는 것을 의미한다. 부연하면, 실수는 자연스러운 것이고 사람이면 충분히 저지를 수 있다는 것이고 심지어 당신 생애에 가치 있는 요소로도 바라볼 수 있는 것이다. 그렇게 됨으로써 당신이 실수를 저지르더라도 보다 융통성 있게 대처하게 되고 오히려 그것들로부터 배우고 앞으로 나아가게 된다.

선생 역할을 하는 실수

실수란 성장과 아울러 의식을 변화시키는 기능을 한다. 더구나 배우는 과정에서 실수는 절대 필요조건이다.

실수 없이 어떤 일이나 기술을 배울 수 있는 방법은 없다. 이러한 실수를 통해 배우는 과정은 성공적인 접근이라고 볼 수 있다. 실수를 통해 얻는 피드백은 점점 더 성공적으로 일을 수행하게 만드는 것이다. 당신은 이러한 실수를 통해서 고쳐야 할 점을 발견하고 완벽을 기하기 위해 어떻게 행동하는 것이 가장 좋은 것인가를 배운다. 그러므로 실수를 두렵게 여기기보다는 오히려 배우는 과정에서 있을 수 있는 것이라는 마음을 가질 필요가 있다.

실수하는 것을 견딜 수 없어 하는 사람들에게는 뭔가를 배우는 것이 어렵다. 그들은 새로운 과정과 도전에 직면하게 되기 때문에 새로운 직업을 갖는다는 것에 겁을 먹을 수도 있다. 그들은 또 무엇인가 새로운 일을 할 때 발생되는 불가피한 실수를 너무도 고통스러워해서 차의 캬브레타를 다시 달거나 워드 프로세서를 사려고도 하지 않을 것이다. 그러므로 배우는 과정에서 필요한 피드백으로 실수를 다시 해석해서 의미를 찾는 것은 당신을 편안하게 해 주고 새로운 일에 점차 익숙해지도록 만든다. 실수는 어떤 일을 해야 하고 어떤 일을 하지 않아야 하는지 알려 주는 역할을 한다. 그것은 당신의 존재 가치나 지능과는 관계가 없고 단순히 목표를 향해 걸어가는 과정에서 거쳐야 할 한 단계일 뿐이다.

경고 역할을 하는 실수

완벽에 대한 꿈은 실수를 경고의 단계로부터 죄의식으로까지 느끼게 한다. 실수는 당신이 수동타자기를 칠 때 행의 오른쪽 나머지 부분을 넘어서지 않도록 주의를 주는 종소리나 차 안에서 안전 벨트를 착용하도록 경고하는 신호음과 같은 역할을 한다. 만약 당신이 경미한 교통사고를 당했다면 그 경험은 당신이 운전할 때 집중해야 한다는 경고로서 보다 피부 깊숙이 느낄 수 있게 한다. 당신이 당신의 친구와 사소한 문제로 매우 크게 다투었다면 어떤 다른 근본적인 문제에 관해서도 다시는 이야기하지 말아야겠다는 경고로 삼을 수 있는 것이다.

그러나 완벽주의는 경고를 훈계 차원으로 생각하여 발전적인 의미로 해석하지 않고, 고발하는 상태로 비화시킨다. 그래서 당신은 실수로부터 얻은 교훈을 실천할 기회도 주지 않는 병적일 정도의 비난, 공격으로부터 당신 자신을 방어하느라 매우 바빠진다. 그래서 당신은 경고에 초점을 맞춰서 완벽주의자가 되기 위해 자신과 싸우고 결국 자아존중감이 손상된다.

자발성에 필요조건인 실수

실수에 대한 두려움은 자아를 표현할 수 있는 당신의 권리를 빼앗아 간다. 그것은 당신의 생각과 느낀 점을 말하게 하는 자발적인 자아를 형성하는 것을 두려워하게 한다.

만일 당신이 잘못된 것을 결코 말하지 못하게 된다면 아무리 옳은 것도 결코 자유롭게 말하지 못하게 된다. 누군가를 사랑하거나 해를 끼칠 때 혹은 편안하게 해 주고 싶은 것을 말할 때, 완벽에 대한 꿈은 당신으로 하여금 극단적인 감정을 품거나 방정치 못한 품행 등을 할 수 없게 만들기 때문에 당신을 질식시킨다.

기꺼이 실수를 하는 것은 사람들을 실망시키거나 불편한 순간을 겪게 하고, 언짢은 경향을 갖고 대화를 하더라도 괜찮다는 것을 의미한다.

허용될 수 있는 실수

얼마간의 실수는 허용해야 한다. 어떤 사람들은 무슨 실수든 해서는 안 되며 능력 있고 지적이며 가치 있는 사람들은 실수하지 않는다는 병적인 태도를 가지고 있다. 그러나 이것은 인생에서 당신이 취할 수 있는 어떤 기회도 두려워서 물러서게 만드는 당신을 무력하게 만드는 것일 뿐이다. 보다 건강한 자세는 모든 사람이 어느 정도의 실수를 할 수 있다고 인정하는 것이다. 당신은 사회적 과실, 일의 실수, 잘못된 결정, 심지어는 실패한 관계조차도 어느 정도 인정해야만 한다.

완벽에 이르고자 하는 가망 없는 꿈을 꾸기보다는 오히려 적당한 오류를 인정하는 것을 생각해서 시작하는 것이 좋다. 대부분의 사람들은 주먹구구식으로 10가지 중 1가지에서 3가지는 쓸모없는 잘못된 결정을 한다. 그리고 몇 개의 다른 것들은 옳은 건지 그른 건지 의심쩍은 중간지대인 회색지대에 있다. 타이핑이나 운전 같은 기계적이며 충분히 습득한 과정이 있는 경우 이런 오류 허용치는 작아진다. 당신이 자동차를 열 번 운전했을 경우 열 번 모두 사고를 내리라고는 생각할 수 없다. 그러나 당신이 다행스럽게도 단지 범퍼만을 부딪치는 사고를 냈다면 당신의 실수 허용치 내의 실수로서 그것을 기록할 필요가 있다.

인식의 문제

당신은 항상 욕구를 가장 만족시키는 행동을 하고자 하는 동기를 갖고 있다. 어떤 다른 것보다 더 많이 하고 싶은 것인 동기는 가까운 곳에서 욕구를 충족시키기 위해 가장 바람직한 것을 의식적으로 혹은 무의식적으로 선택하는 것이다.

분명히 한 시점에서 가장 최선인 것 같은 행동을 결정하는 것은 당신의 생각에 달려 있다. 한 사람의 생각이란 가까운 장래에 욕구와 관련된 모든 요소들을 의식적으로 혹은 무의식적으로 이해하고 자각하는 것이다. 어떤 주어진 순간에 당신의 생각은 선천적 지능이나 직관, 현재 심신의 상태를 포함해서 그 시점까지의 모든 생활 경험에서 나오는 자동적인 산물이다.

'실수'는 당신의 인식이 변했을 때에 당신의 행동에 적용하는 차원이다. 어느 정도 시간이 지난 후에야 당신은 자신의 행동 결과를 알고 달리 행동해야만 한다고 결정하는 것이다. 왜냐하면 당신은 어떤 주어진 시간에도 항상 당신의 최선을 다했기 때문이다. 그래서 실수는 일정 시간 후의 해석에 대한 결과이기 때문에 논리적으로도 실수를 하는 것이 당신의 자아존중감을 더 떨어뜨리는 것은 아니다.

당신의 실수에 대한 감지 능력을 높여라

- 모든 사람이 실수한다고 생각한다: 실수란 어떤 새로운 것을 시도하거나 배울 때 생기는 부산물로서 불가피한 것이다. 중요한 실수를 했던 역사적인 인물이나 잘 알려진 인사의 목록을 만든다. 당신이 감사와 존경심을 지녔던 사람도 포함시켜 본다.
- 당신이 실수한 것을 생각해 본다: 당신 자신이 저지른 실수를 정리해 본다. 당신의 목록 중 첫 번째 항목에 대해 당신이 하기로 결정을 내리던 바로 그 순간으로 돌아가라. 행동하기 전에 당신의 생각과 감정을 기억한다. 무슨 일이 일어날 것인지 알았는가? 보다 행복한 결과를 바랐는가? 당신이나 다른 사람들이 느낄지도 모를 고통에 대해서 어떤 생각을 갖고 있었는가? 만약 당신이 고통의 가능성을 사전에 생각했었다면 바람직한 결과의 이미지에 대해 얼마나 심사숙고했는지 회고해 보도록 하라. 그때에 어떤 요소가 더 우선적으로 느껴졌는지 주목하라. 당신이 그 결정을 내리도록 부추겼던 필요성이나 욕구를 기억하도록 한다. 그 욕구의 힘과 그것이 당신의 선택에 어떻게 영향을 미쳤는지 상기해 본다. 어떤 선택이 당신에게 더 매력적이었는가?

  여기에 가장 중요한 질문이 있다. 만약 당신이 같은 욕구, 같은 인식, 미래의 결과에 대해 같은 예측을 지닌 채 그 시기로 돌아간다면, 당신은 그때와 다르게 행동하겠는가?

- 당신 자신을 용서한다: 당신의 실수로 인해 그 결과가 얼마나 고통스러웠는지에 관계없이 세 가지 이유로 용서할 만한 가치가 있다.

  당신은 실수를 한 그 순간에 갖고 있던 당신의 욕구와 상황으로 당신이 할 수 있는 최선을 다해 결정을 했을 것이다. 만약 당신이 앞에 소개된 연습에서 진지하게 작업했다면, 당신은 그 시기의 특별한 시점에서 인식이 허용하는 범위를 넘어 다르게 행동할 수 없다는 것을 더 명료하게 알았을 것이다.

  당신은 이미 실수에 대해 빚을 갚았다. 실수는 고통스러운 결과를 낳는다. 당신은 그 결과들로 곤란을 받았고 고통을 느꼈다. 실수로 인해 다른 사람에게 해를 끼쳐 여러 면에서 보상해야 할 필요가 없는 한 당신은 이미 대가를 지불한 것이다.

  실수는 피하지 못한다. 당신은 아무것도 알지 못한 채 이 세상에 왔다. 똑바로 서는 것부터 워드 프로세서를 작동하는 것까지 당신이 알고 있는 모든 것은 사실상 수천 가지 실수의 대가로 축적된 것이다. 당신이 제대로 걷게 되기까지는 수백 번 넘어지고, 워드 프로세서를 능숙하게 작동할 수 있게 되기까지는 아마도 한 번 이상 당신의 서류 파일을 잃어버렸을 것이다. 배우는 과정은 당신의 모든 삶에 계속된다. 실수도 그렇다. 그것은 단지 묘지에 묻혔을 때만이 피할 수 있는 것이다.

사람은 누구나 사는 동안에 실수를 할 수 있다. 그런데 사람이면 누구나 할 수 있는 행동을 해서는 안 되는 행동으로 생각하여 자신을 병적인 정도까지 꾸짖고 비판한다. 이러한 행동은 여러분의 자아존중감을 부정적으로 만들 수 있다. 그래서 실수를 재해석하고 실수를 통해서 배울 수 있다는 생각을 하고 자신을 스스로 용서하는 과정을 통해서, 자신의 자아존중감을 끌어내리지 말고 증대시키는 것이 필요하다. 자아존중감은 자신의 인정으로부터 온다.

5. 결 론

인간은 누구나 자기 자신의 존재감에 대해 중요성을 부여한다. '나는 누구인가' 하는 대답은 자신에 대한 중요성과 한 개인의 존엄성에 대한 질문으로 이는 곧 자아개념에 대한 본질성의 질문인 것이다. 자아존중감은 긍정적인 측면과 부정적인 측면이 있는데 긍정적인 측면은 현실을 긍정적으로 보며 생산적이며 적응하는 삶을 영위하는 것인 반면에 부정적인 자아존중감은 비생산적이고 부적응하는 삶을 영위한다. 우리는 누구나 긍정적인 삶을 기대하고 긍정적인 삶을 통하여 자아존중감의 증가를 기대한다. 이와 같은 긍정적인 삶을 만드는 자아존중감을 어떻게 형성하느냐가 본 장에서의 핵심적인 질문이고 이 장에서의 중요한 문제제기다.

긍정적인 자아존중감을 갖고 있는 사람의 특징은 현상을 효율적으로 지각하며 자기 자신을 수용하고 자기 자신의 문제에 몰두하고 독립성을 중시한다. 또한 자율적인 기능이 있으며 사회적 관심이 높고 민주적인 사고방식을 갖는다.

이와 같은 자아존중감 증진 방법으로는 우선 자신을 긍정적으로 영상화하는 접근 방법으로, 이를 위해 긍정적으로 자기를 보는 습관을 가지며 긍정적인 소리에 집중하며 긍정적인 상황에 촉각을 곤두세우며 자신이 하는 일에 자신감을 갖는다. 더 나아가 자신이 가지고 있는 문제를 스스로 해결하려는 의지를 가지며 특별한 약점이 있을 시 이를 대처하는 자기만의 독특한 통제 방법을 갖는다.

이를 위한 구체적인 방법으로 긍정적으로 생각하는 자신의 사고의 재구성, 왜곡된 사고를 정리하고 과잉일반화된 것을 현실적으로 재정리하며 자기 비난을 극소화하는 특징을 갖는다.

이 장은 긍정적인 자아존중감을 갖기 위한 다양한 방법을 현실적으로 어떻게 행동으로 옮기느냐에 대한 구체적인 접근 방법을 제시하고 있다. 이 책을 통하여 각 개인뿐만 아니라 자아존중감을 증진할 수 있는 다양한 접근방법을 구체적이며 실체적으로 이해할 수 있는 가능성을 높인다.

제 10 장

행복하고 생산적인 삶을 위하여

1. 행복의 주인은 당신이다

우리가 사용하는 그 어느 말보다도 흔히 사용되고 때때로는 매력적인 용어로 등장하여 매우 친숙하게 느껴지는 행복감의 정체는 도대체 무엇일까? 당신이나 나는 지금 어떠한 행복감을 소유하고 있나? 이러한 질문들은 모든 사람들이 빈번하게 던지고 있는 질문들이다. 지금까지는 일반적으로 행복감이라는 단어 자체가 무시되어 왔고 행복에 대한 개념은 피상적으로 생각되어 왔다. 여기서는 행복문제를 '자아개념에서 어떻게 다스리느냐'의 관점에서 생각해 보고자 한다. 여기서 선택된 용어는 자아개념이며 그것은 '나'라는 의미의 단어다. '자아개념'은 한 개인에 속하거나 개인에게 있어서 독특한 그 어떤 것을 가리킨다.

행복감을 가지기 위해서 우리는 '긍정적인 자아정체감'을 형성할 필요가 있다. 이와 같은 자아정체감의 형성을 위해서 우리는 자신의 고유한 자화상을 만들 필요가 있다. 이런 과정을 통해서 우리 자신을 수용함으로써 진실된 우리 자신의 고유한 가치를 느끼게 될 것이며 당신이 어디에 있건 자신에 대한 확신이 생기고 당신이 무엇을 원하는지, 무엇을 생각하는지에 대한 자신도 생길 것이다. 이렇게 자신이 자신을 정확히 봄으로써 자신의 실체를 알게 되고 이와 같은 자신에 대한 실체는 우리가 행복감을 가지게 하는 원인이 된다. 우리 자신이 누구인지를 분명히 나타낼 수 있도록 적극적인 의사소통을 통한 대화를 할 필요가 있다. 자기 자신을 분명히 밖으로 내놓음으로써 자기 자신을 사랑하게 되고 이 같은 사랑은 우리의 행복감을 증진시킨다.

행복한 삶은 외부적인 환경을 어떻게 통제하느냐가 중요하다. 환경이 행복감에 영향을 준다는 것은 분명하다. 비록 처해 있는 환경을 어떠한 방식으로 어떻게 변화시킨다는 것은 쉬운 일이 아니나, 우리가 가지고 있는 생각을 바꾼다는 것은 가능한 일이다. 예를 들어, 당신이 거울을 보면서 '어휴! 이 바보 같은 사람아.' 라고 생각한다면 이런 생각은 행복감을 여지없이 깨뜨려 버릴 것이다. 그러나 만일 거울을 보면서 '오! 그래, 이 똑똑한 사람아.' 라고 생각한다면 그 결과는 완전히 반대가 되고 긍정적인 행복감을 형성할 수 있다. 여기서 우리 스스로 우리 자신을 받아들임으로써 우리의 행복감을 향상시키는 새롭고도 긍정적인 방법들을 논의하여 행복감의 주인이 되는 방법들을 설명하고자 한다.

자, 우리의 행복감을 만들기 위해서 당신의 의식과 사고를 전환시키는 일을 시작해 보자.

첫째, 스스로 현실적인 자신을 받아들일 때 행복의 주인이 될 수 있다. 자기 자신을 적극적으로 수용하는 사람은 그들 주변에 있는 사람과 사물을 객관적으로 지각하고 받아들이려 한다. 그들은 단지 세계를 그들이 원하거나 혹은 필요한 방식으로 생각하지 않고, 있는 그대로를 사실로 받아들인다. 이와 반대로 있는 그대로의 자신을 수용하지 않는 사람들은 자신에 관련된 것을 자기 자신의 주관에 따라 자기의 두려움, 욕구 및 가치의 형태에 억지로 맞추어 자각하는 가운데 자신을 상실하고 더 나아가 행복감의 주인이 되지 못한다.

둘째, 본성, 타인 및 자기 자신에 대한 장점과 단점 모두를 수용할 때 행복의 주인이 된다. 행복감이 높은 사람들은 불평이나 걱정 없이 자기 자신의 약점과 장점을 받아들인다. 지극히 행복한 사람들이라 하더라도 약점과 결함을 가지고 있지만 그것에 대하여 부끄러워하거나 죄책감을 느끼지 않는다. 행복감이 높은 사람들은 자기 본성에 대하여 수용적이기 때문에 이들은 자신을 왜곡시키거나 속일 필요가 없다. 그들은 자기 방어적이지도 않으며, 사회적 역할로 자기 자신을 숨기지도 않는다. 반대로 행복감이 낮은 사람들은 그들의 약점과 실패에 대하여 수치나 죄책감을 느낌으로써 무능해진다.

셋째, 자연스러움을 가질 때 행복감을 가질 수 있다. 삶의 모든 측면에서 행복감의 주인은 가식이 없이 솔직하고 직접적인 방식으로 행동한다. 그들은 자기의 정서를 숨기지 않고 솔직하게 표현한다.

넷째, 자신의 삶에 의미가 있는 일에 몰두한다. 행복감을 가지고 있는 사람은 자기의 일에 대하여 책임감을 가지고 있다. 그들은 한결같이 스스로에 열중하고 자기의 모든 정열을 바칠 일에 대한 사명의식을 가지고 있다.

다섯째, 독자적인 사고를 할 때 행복감을 소유할 수 있다. 그들은 자신의 만족을 위하여 다른 사람들에게 의존하지 않는다. 그들의 행동과 감정은 상당히 자기 주도적이다. 반대로 행복감을 상실한 사람들은 스스로 충족시킬 수 없는 것을 만족시키기 위하여 다른 사람들에게 정서적으로 매우 의존하는 것이 보통이다. 그들의 자아의식은 단순히 타인을 반영한 것에 불과한 것이지 그들 자신의 독립된 발달의 산물은 아닌 것이다.

여섯째, 자율적인 행동을 함으로써 행복감을 느낄 수 있다. 행복감을 소유한 사람은 사회적, 물리적 환경에 자율적으로 기능하는 특혜와 능력을 가지고 있다. 행복감을 느끼는 사람들은 자제력이 있으며 그들이 가지고 있는 고도의 자율성은 위기나 결핍에 무감각하도록 해 준다. 반대로 행복감을 상실한 사람들은 결핍동기의 만족을 위하여 현실세계에 대단히 의존한다.

일곱째, 자신의 삶에서 감상의 신선함을 느낄 때 행복감을 소유할 수 있다. 행복감을 느끼는 사람들은 계속적으로 어떤 경험들을 감지하는데 아무리 반복되는 경험일지라도 기쁨과 두려움과 놀라움과 같은 신선한 감각으로 경험한다. 예를 들면, 매일 일하러 가면서 보게 되는 남산의 경치를 5년 동안 본 후에도 처음으로 그 경치를 보았던 날처럼 매우 즐겁게 볼 수 있다.

여덟째, 사회적 관심의 폭을 넓혀 나아가는 과정에서 행복감을 갖는다. 그들은 다른 사람들과 보다 열렬히 사랑하고, 보다 깊은 우정을 나누고, 보다 완전히 동일시할 수 있다.

아홉째, 민주적인 성격구조를 갖고자 하는 노력이 필요하다. 행복감이 높은 사람은 사회계층, 교육수준, 정치파벌, 종파, 인종 혹은 피부색에 상관없이 모든 사람을 관대하게 다루고 수용한다. 또한 이들은 수단과 목적을 분명히 구별한다. 그들은 목적 혹은 목표를 그 수단보다도 훨씬 더 중요시한다. 또한 이들은 선악을 구별할 수 있다. 자아존중감이 낮은 사람들은 혼란스럽고 일관성이 없는 윤리적 태도를 자주 보이며 선과 악을 일시적 방편으로 사용하거나 잘 구분하지 못하며 그 구분에 있어서 결단성이 없거나 이랬다가 저랬다 하기도 한다. 이와 반대로 자아존중감이 높은 사람들은 어떤 상황에서나 고수할 뚜렷한 윤리적, 도덕적 기준을 가지고 있다.

우리의 삶에서 우리가 가지고 있는 우리 자신들에 대한 여러 가지 그릇된 생각들이 있다. 이런 잘못된 사항들을 파악하는 것은 변화 프로그램의 주요 내용이 될 수 있다. 이 변화 프로그램 중에는 왜곡된 것을 규정하고 그 규정된 것을 재정리하는 과정이 있다.

그 과정 중 하나는 소크라테스식 질문을 통한 비판자의 소리와 칭찬의 소리 간의 대화다. 이런 대화를 통해서 우리는 비판의 소리가 갖는 한계점을 알 수 있고 그 그릇된 생각을 중단하기를 시도할 수 있다. 이 같은 과정을 통해서 그 비판의 소리에 대한 적절한 반박을 할 수 있다. 이러한 반박을 통해서 비판자를 제압할 수 있다.

이렇게 되면 자신의 진정한 장점과 단점을 인식할 수 있다. 이렇게 자신을 정확히 알면 자기를 받아들이게 된다. 자기수용은 행복감 증진의 출발이 된다. 여기서는 당신이 스스로를 긍정적으로 생각하는 방법을 살펴볼 것이다.

2. 당신의 감정을 중시하라

사회에는 수용할 수 있는 감정과 그렇지 않은 감정에 대한 규칙이 있다. 감정에 대한 규칙은 수 대를 걸쳐 우리와 함께해 왔다. 어떤 이는 이런 법칙을 고수하나 점점 많은 사람들이 그들 고유의 생각을 만들고 있다. 다음과 같은 사항을 보자.

감정에 대한 사회의 오래된 규칙

눈 물 당신은 '울면 약한 것이다.' 라고 하여 눈물을 참지는 않는가? 눈물은 유용한 목적이 있다. 눈물은 긴장, 스트레스, 불안, 공포, 슬픔을 경감시켜 주므로 눈물을 참으면 그 위안을 막는 것이 되는 것이다. 사회적으로 수용할 수 없는 감정을 자신 내에 가두면 생각했던 것보다 더 많은 것을 가두게 되는 것이다. 부정적 감정들은 진정한 슬픔이나 자신의 사고의 결과다. 슬픔으로 인한 눈물은 위안을 주기 위해 흘려야 한다. 비논리적 사고로 인한 부정적 감정들은 눈물을 흘려 어느 정도 경감될 수 있으며 그 감정을 유발시킨 비논리적 사고 자체를 바로잡음으로써 제거될 수 있다. 첫 번째 단계는 당신의 감정을 사실로 받아들이는 것이다. 사회의 오래된 규칙은 이것을 방해하고 있다.

감정은 자신이 만든다 "그런 식으로 느끼면 안 된다." 라든지 "그런 식으로 느끼는 것은 비논리적이다." 등의 이야기를 들어 본 적이 있는가? 자신의 생각의 산물인 감정은 의자처럼 '거기에 있는' 것이다. 의자에 관해 논리적이라느니 비논리적이라느니 얘기할 수 없듯이 그저 거기에 있는 것이다. 감정을 만드는 것은 자신의 생각이다. 생각이 바르고 논리적이면 감정은 침착하고 편안하게 되지만 생각이 꼬여 있고 비논리적이면 감정도 불편하고 '부정적' 이 된다. 감정은 논리적이지도 비논리적이지도 않다. 그냥 거기에 있을 뿐이다.

감정은 별로 중요하지 않다 감정은 중요한 것이다. "내가 이것을 좋아하는가?" 하는 물음은 "사이즈가 맞는가?" 라든지 "예산에 맞는가?" 라는 질문만큼 중요한 것이다. 가장 성공적인 기업인들은 계획을 세울 때 그들의 직감을 중시한다. 직감은 그 의사결정의 초석을 이루는 것이다. 의자는 실제적으로 존재한다. 당신의 감정도 마찬가지로 실재하는 것이며 중요한 것이다. 차이점은 의자는 남들이 보고 만질 수 있지만 당신의 감정은 당신만 안다는 것이다. 당신의 감정을 중요하게 만드는 것은 당신이다.

'나쁜' 감정들이 있다 당신은 '화를 내면 안 된다.' '그 사람을 화나게 하면 나쁘다.' '질투하는 것은 나쁜 것이다.' 등을 생각한 적이 있는가? 그렇다면 당신은 '나쁜' 감정들에 죄책감의 무게를 합친 결과를 낳게 될 것이다. 당신의 감정이 선한지 악한지 판단하지 마라. 옳거나 그를 수 있는 것은 당신이 그 감정에 대해 하는 행동일 뿐이다.

감정을 다루는 유익한 방법

자신의 감정을 받아들여라 당신의 감정은 당신의 중요한 부분이다. 당신은 기쁘게 느끼거나 앞으로 다가올 것에 대해 기대를 하고 있는가? 그것은 당신의 일부이고 곧 당신의 정체성인 것이다. 당신이 기대했던 것이 이루어지지 않아서 실망하거나 당신의 일이 인정받지 못해서 감정을 상한 일이 있는가? 그것 또한 곧 당신의 일부다. 자신에 관한 이러한 사실들을 받아들여야 한다. 자신을 받아들이는 것은 곧 자신의 감정을 받아들이는 것이다.

자신의 감정을 알아라 감정을 받아들이려면 그것들이 무엇인지 알아야 한다. 그것들의 정체를 알 때 당신은 자신에 대해서 더 잘 알게 되고 남들도 당신을 알고 이해하게 될 것이다.

감정을 발견하는 방법

두뇌 차원을 고려하지 마라 두뇌 차원은 의견과 관점이 있는 곳이다. 이곳은 생각을 하고 아이디어가 나오는 곳이며 다른 사람의 관점과 감정을 이해하는 곳이다. 또한 새로운 지식을 습득하고 기억 속에 그 지식을 저장하는 곳이며 당신의 머리는 계산을 하고 문제를 해결하고 평가하고 의사를 결정하며 논리적, 비논리적으로 또는 합리적, 비합리적으로 생각을 하는 곳이다. '당신은 좀 더 연습을 해야 한다고 느낀다.' 라고 하는 것은 잘못된 개념을 주는 말일 뿐 감정에 관한 것이 아니다. 이는 곧 '당신은 좀 더 연습을 해야 한다고 생각한다.' 라든지 '내 생각에 당신은 좀 더 연습이 필요하다.' 라는 의미다. 이렇게 머릿속의 생각들을 '느낀다' 라고 표현하는 습관 때문에 진정한 감정을 인식하기가 어렵게 된다. 둘을 혼동하기 쉽게 된 것이다. 생각은 머릿속에서 행해지며 감정은 내부에서 느껴지는 것이다.

감정은 내심 차원에 있다 느낌과 감정은 내심 차원에 있다. 그곳은 정의감, 정직성, 친구들에게 충실한 것 등 당신에게 중요한 것들의 가치에 대한 감각이 있는 곳이다. 내심 차원의 단어로는 자랑스럽다, 슬프다, 사랑한다, 자신 없다, 행복하다, 열등감을 느낀다, 아프다, 긴장한다, 안심한다, 침착하다, 무력하다, 자신 있다 등이 있다.

자신의 감정에 이름을 붙여라 일단 어떤 감정을 느끼면 그 정확한 느낌을 알 수 있도록 그 감정에 이름을 붙여라.

감정을 끌어내어 수용하라 눈물과 감정에 대한 오래된 규칙들을 기억하는가? 당신은 표출되려는 감정들을 깊은 곳에 밀어 넣어서 당신의 내부 깊은 곳에 두었을 것이다. 그 감정들을 다시 알아내기 위해서는 노력이 필요하다. 자신이 안전하게 그 감정들을 느낄 수 있도록 하기 위해서는 자기수용이 우선되어야 하며 그 후에 감정들이 느껴지도록 하는 두 가지 방법이 있다.

그중 하나는 하루에 두 번씩 20분간 명상을 하거나 완전히 자신을 이완시키는 것에서 출발하는데 이는 당신의 내부를 느슨하게 하기 위한 것이다. 여태까지 '느끼지 않는' 습관을 오랫동안 유지해 왔으나 이제 느끼는 습관을 만들려고 한다. 여느 습관처럼 이것도 연습이 필요하다. 당신의 감정과 계속적으로 접촉하자. 다른 방법은 부정적인 감정들을 천천히, 부드럽게 체계적으로 내뿜는 것이다. 자신과의 대화를 종이에 써서 정리하라. 생각을 바로잡으면 감정이 완화될 것이다. 이 두 가지 중 하나를 사용해서 당신의 감정을 표면으로 끌어내고 자신의 감정을 알고 이를 수용할 수 있도록 하라.

자신의 감정에 대해 이야기하라 당신의 감정을 이야기할 가장 중요한 사람이 누구라고 생각하는가? 바로 당신이다. 당신이 누구인지, 무엇을 원하고 어디로 가고 있는지 알기 위해서, 그리고 진정한 자신이 되고 자신에 대해 편안해지기 위해서는 당신의 감정을 알아야 한다. 당신이 스스로에게 긍정적이고 행복한 감정을 이야기할 때, 그 감정은 증폭되어서 더 강하게 그 감정을 즐기고 경험할 수 있게 되며 부정적이고 고통스러운 감정을 이야기할 때 당신은 위축될 것이다. 당신의 고통스러운 감정들을 감소시키고 싶으면 다른 사람에게 그것을 이야기하라. 들어 주고 이해해 줄 사람을 만난다면 위안을 얻을 수 있을 것이다.

이를 정리해 보면, 감정에 대한 사회의 오래된 규칙들은 피해를 주며 당신 자신을 잘 파악하지 못하게 하며 다른 사람들과 친밀해지지 못하도록 한다. 자신의 감정들을 받아들이자. 감정들의 정체를 파악하면 자신에 대해 더 많이 알게 되고 그 감정들을 표현하면 당신 관계에 친밀감을 위한 초석을 마련하게 되는 것이다. 자신의 감정에 대해 생각하고 이야기하는 습관이 없다면 그런 습관을 기르도록 하라. 이는 오랜 기간에 걸쳐 꾸준한 연습이 필요한 것이다.

3. 자아정체성을 형성하라

자신의 자화상을 만들어라

어떤 사람은 "내가 무엇을 원하는지 모르겠어요. 친구들은 내게 이런 데 관심을 가져 보라거나 이런 취미를 가져 보라고 하지만 나는 내가 원하는 것이 무엇인지 모르겠어요."라고 하지만 강좌가 끝날 무렵 그들은 그것을 알게 된다.

개인의 모든 기술을 사용하면 당신과 당신 자신의 접촉을 방해했던 어지러움을 제거할 수 있다. 이제 자아발견 기술을 쓰게 되면 '맞아, 나는 내가 누구인지, 무엇을 원하는지, 어디로 가고 있는지를 대강 알게 되었어.' 라는 느낌을 가질 것이다. 그런 감정을 가지고 자화상을 만듦으로써 당신의 정체에 대한 상당히 분명한 그림을 그릴 수 있게 될 것이다. 자화상을 만들면 자신을 잘 볼 수 있게 되고, 자아정체성과 자기수용으로 진실된 개인을 느끼게 될 것이며, 당신이 어디에 있건 자신에 대해 확신이 생기고, 당신이 무엇을 원하는지, 무엇을 생각하는지에 대한 자신도 생길 것이다.

어떤 사람들은 자신이 누구인가에 대해 상당한 개념을 갖고 있다. 또 어떤 사람들은 그들이 자신에 대해 쓴 것을 보는 것이 도움이 되기도 한다. 다음은 자화상을 만드는 방법이다.

자신의 여러 모습을 보자 많은 요소들이 결합하여 자화상을 만든다. 가능한 많은 것을 쓰자. 한자리에서 자화상을 완성할 수는 없다. 나머지 생애에 걸쳐 하는 것이다. 이것은 새로운 활동이고 새로운 사고 방법이므로 연습이 필요하다. 다음과 같은 당신의 여러 면들에 대해 목록을 만들자.

취미, 관심거리, 취향
성향, 성격
역할

당신의 취미, 관심거리, 취향은 운동이나 만들기 작업 같이 신체적으로 능동적인 것들인가? 아니면 글쓰기나 공부하기 같이 정신적으로 능동적인 것들인가? 아니면 텔레비전을 보거나 독서, 음악 감상과 같이 좀 수동적인 것인가?

당신은 어떤 성향을 갖고 있는가? 당신이 잘하는 일과 잘 못하는 것의 종류를 써라. 당신은 어떤 일을 하는가? 돈을 받건 안 받건 하는 일을 써라.

이제 당신의 성격에 대해서다. 이 목록은 상당한 양이 될 것이다. 아마도 상충되는 성격들을 쓰게 될지도 모른다. 한쪽에는 당신의 좋은 점을, 다른 한쪽에는 나쁜 점을 열거하려고 하지 마라. 당신은 자기수용을 하려는 것이지 자기 비난적 평가를 하려는 것이 아니다. 성격은 그 자체로는 나쁘거나 좋은 것이 아님을 명심하자.

당신의 역할을 써 보자. 당신에게는 당신 자신일 뿐만 아니라, 아들, 딸, 남편, 부인, 부모, 손자, 사촌 등 가족 간의 역할이 있다. 친구이기도 하고 동료, 클럽 구성원일 수도 있고, 일에 대한 역할도 있다. 여러 역할 중 어떤 것은 다른 사람들보다 당신에게 더 중요하다. 그리고 어떤 것은 당신이 다른 역할보다 더 잘 수행하고 있을 것이다. 다양한 역할이 필요하다.

당신은 정서 자아개념을 가지고 있다. 기쁨, 슬픔, 짜증 등의 정서를 어떻게 나타내는가를 써 보자. 어떤 것들이 당신에게 정서적으로 영향을 미치는가?

자아개념의 형성과정에서 이것은 당신이 내부로부터 자신을 보는 방법이다. 남들이 당신을 보는 것을 자신의 자화상에 추가할 수도 있다. 당신을 아는 몇 사람에게 물어서 그들이 당신을 어떻게 보는지 쓰거나 말하게 해 보자. 그들의 관점은 당신의 한 가지 역할에 대한 것이고 그들의 성격의 영향을 받은 결과임을 잊지 마라. 다른 사람이 어떻게 생각하는지를 아는 것은 좋다. 이것은 모두 당신의 자화상에 일조를 할 것이다.

이 모든 요소들은 당신이 스스로 독특한 당신 자신을 알게 되는 데에 충분한 것이 아니며 동시에 당신은 이 모든 요소들이 조합된 것 이상의 그 무엇이다.

모습은 변한다 강좌 초기에 어떤 사람은 "저는 생각하기 전에 말해요." 라고 했다. 이것은 강좌 끝 무렵 "이제 대부분 말하기 전에 생각해요." 로 변했다. 개인적 모습은 계속 변하며 외모, 물리적 능력, 취향 등도 변한다. 이제 내가 읽고 싶은 것은 과거에 즐겨 읽었던 것과는 다르다. 자신의 변화를 추적하자.

이를 정리해 보면, 자화상을 만들고 계속 그것을 수정해 가라는 것이다. 자아개념은 당신으로 하여금 무엇을 하고 있는지, 왜 하고 있는지를 알게 하는 데 도움을 줄 것이고 매일 그 일을 하는 것을 즐기게 해 준다.

당신은 '싫다' 라고 말할 권리가 있다

개인적 권리에 대한 생각은 당신의 자신감을 완성시킨다. 당신은 다음과 같은 권리를 가졌다.

실수할 권리
마음을 바꿀 권리
자신의 감정과 의견을 가질 권리

자신의 감정과 의견을 표현할 권리

"좋아요." 라고 말할 권리

"싫어요." 라고 말할 권리

원하는 대로 당신의 시간을 사용할 권리

매일 정리하지 않을 권리

운동할 권리

친구를 선택할 권리

먹을 것, 마실 것을 선택할 권리

사교적이거나 비사교적일 권리

좋아하는 옷을 입을 권리

일요일에는 누워 있을 권리

혼자만의 시간을 가질 권리

잘못 산 것을 반환할 권리

그리고 권리를 찾을 권리가 있다. 모든 사람은 개인적 권리를 가지고 있다. 당신의 권리가 다른 사람의 것과 상충될 때는 해결해야 할 문제가 생기며 해결은 당신과 다른 사람의 권리를 중시하는 것이다.

당신의 권리를 현실적으로 만들어라 '내 친구에게 내 책을 돌려 달라고 할 권리가 있다.' 는 현실적인 권리이고 구체적이므로 당장 실행할 수 있다. '나는 내 일생에서 최선을 다할 권리가 있다.' 라는 것은 일반적이고 철학적인 권리이며 이것은 생각의 뒤에 머무르려고 하는 태도다. 당신의 권리를 구체적으로 만드는 것이 더 유익하다.

당신의 생활에 맞는 권리를 생각하라 당신이 하고 싶은 것이 무엇인지 생각해 보자. 어떤 권리가 당신이 그 일을 하는 데 좀 더 확신을 가질 수 있게 할 것인가?

당신의 권리가 다른 사람의 권리에 영향을 미친다 어느 것이 당신에게만 영향을 미치는 것이고 어느 것이 다른 사람에게도 영향을 미치는 것인가? 대부분의 권리는 타인의 권리에 영향을 미친다. 그들의 권리가 당신의 것과 맞을 수도 있고 차이가 날 수도 있고 상충할 수도 있다. 도움을 청할 권리의 예를 들어 보자. 당신이 부탁을 하는 사람은 당신의 요청을 받아들이지만 시간이 맞지 않는다. 그래서 당신은 둘 다에게 적당한 시간을 찾는다.

당신의 권리가 다른 사람의 권리에 영향을 미칠 때는 양쪽의 권리가 다 존중되어야 한다. 따라서 당신이 원하는 바를 말하고 다른 사람이 원하는 것을 들어야 한다. 그리고 양쪽 모두에 대한 해결점을 찾자.

요구할 권리가 있다 '아동들은 사랑받을 권리가 있다.' 라고 하는 말은 '부모들은 그들의 자녀들을 사랑해야 한다.' 라는 요구와 같다. 그러나 사랑은 자동적으로 나타나지도 않고 부모가 언제나 자녀를 사랑하는 것도 아니다. 사랑을 요구하는 것은 소용이 없다. 가끔 그것은 자라기도 하며 그렇지 않다면 그 슬픈 사실을 받아들여야 한다. 권리가 숨겨진 요구일 경우, '나는 아동이 내 말을 들을 때 더 좋아할 권리가 있다.' 라든지 '아동은 사랑을 받고 싶어 할 권리가 있다.' 등과 같이 원칙에 대한 대체문을 첨가해 보자. 원칙에 대한 대체문은 당신이 할 수 있는 것들을 가르쳐 준다. 그러나 말을 듣는 것에 대해선 이야기할 수 있지만 사랑을 받는 것에 대해서는 별로 할 수 있는 것이 없다. 숨겨진 요구인 권리들에 주의하고 원칙에 대한 대체문을 첨가하여 그것을 다른 원칙과 똑같이 다루자.

이를 정리해 보면, 당신의 생활에 들어맞고 당신이 하고 싶은 일에 더 확신을 갖게 할 수 있는 실제적인 권리에 대해 생각해 보라는 것이다. 대부분의 권리는 다른 사람의 권리에 영향을 미치며 둘이 잘 들어맞을 때는 문제가 없으나 그렇지 못할 경우 솔직히 말하고 함께 문제를 풀거나 당신의 희망사항을 간단히 진술해서 차이를 해결해야 한다. 당신은 많은 권리를 가지고 있고 그것을 취하는 것은 당신의 문제다.

4. 적극적인 의사소통

우선 자기수용을 구축하고, 자기 자신을 있는 그대로 받아들이고 다른 사람들도 있는 그대로 받아들여 자신이 내면적으로 행복해지고 편안해지도록 한다. 자신에 대해 확신하게 되면서 당신은 주변 사람들에게 마음을 열게 되고 당신의 의사소통은 저절로 적극적으로 될 것이다. 당신의 자기수용은 타인이 당신과 동의하느냐를 걱정하지 않고 자신의 의사를 표현하게 하며 이것이 적극적인 행동의 기초가 될 것이다.

적극성

자기 자신을 생각하는 법은 자기 자신과 타인 모두를 생각하는 것이고 적극성이란 자기 자신을 생각하는 법이 행동으로 나타난 것을 의미한다. 당신은 타인을 생각해서 자신을 희생하고 온순하게 행동하며 자기 자신을 생각할 때는 타인을 희생시키고 공격적으로 행동한다. 그러나 당신이 자신을 생각하지만 타인을 희생시키지 않고 타인을 생각할 때도 자기 자신을 희생시키지 않는 것이 적극적으로 행동하는 것이다.

적극성이란 아무 말도 하지 않을 것인가 또는 말을 할 것인가를 결정하는 데에 당신 자신의 건전한 판단력을 사용하는 것이다. 말을 하기로 결정했을 때 적극성이란 당신이 할 말을 적절히, 자신감을 가지고 정곡을 찔러서 이야기하는 것이다. 어떤 상황에서는 할 말을 부드럽게 하는 것이 적절하고 또 다른 상황에서는 더 힘 있게 하는 것이 적절할 것이다. 점잖게 말했을 때 말을 듣지 않는다면 공격적으로 말하는 것이 적극적일 수도 있다.

당신이 말을 한다고 하더라도 아무것도 달라질 것이 없을 때는 아무 말도 하지 않는 것이 좋다. 또한 실직할 위험을 감수하고 싶지 않을 때, 자기편이길 원하는 사람을 적대관계로 만들고 싶지 않을 때, 그리고 타이밍이 적절치 못하다고 판단될 때, 자신의 의사를 표현하는 것이 결과적으로 가치가 있는 것인가를 숙고해 보는 것이 적극적인 것이다.

지금 단어 선택뿐만 아니라 목소리의 톤에 대해서도 이야기하고 있다는 점에 유의하

자. 목소리의 억양은 부드러울 수도 있고 단호할 수도 있고 목청은 낮을 수도 있고 높을 수도 있다. 말의 표현은 보통 말처럼 할 수도 있고 경고조 또는 확실한 제한을 가하는 것일 수도 있다. 당신의 목소리는 당신의 신체 언어 중 일부다.

당신이 말의 요점을 더 강하게 표현하기 위해 손으로 제스처를 주면 그것은 적극적인 신체 언어가 된다. 우리의 신체는 항상 신호를 보내고 있다. 말로 하는 것만큼, 아니 그 이상으로 표현하고 있는 것이다. 적극성이란 당신의 말을 강조하기 위하여 신체 언어를 사용하는 것이다.

적극성의 종류 적극적으로 행동하는 방법이 단 한 가지만 있는 것이 아니고 또한 적극적인 행동의 범위는 제한된 것이 아니다. 당신이 느긋한 성격을 지닌 사람이라면 당신의 개인적인 적극성 스타일도 적극적인 행동 범위의 소극적인 쪽에 더 근접할 것이고 강한 성격을 지녔다면 당신의 스타일은 그 범위의 공격적인 쪽에 가까울 것이다. 그렇게 성향이 어느 정도 정해져 있더라도 당신의 행동은 매일 그리고 매시간 달라질 것이다. 그것은 당신의 기분이 어떠한가, 즉 상쾌한가 또는 피곤한가에 달려 있으며 특정한 상황에도 좌우된다. 몇몇 상황에서 우리는 다른 상황에서보다 좀 더 쉽게 적극적이 될 수 있다.

당신의 적극성 스타일은 성격과 그 기복에 달려 있다. 이제 적극적인 행동의 대안인 소극적 행동양식과 공격적 행동양식을 살펴보자.

적극성의 대안을 취하라

소극적 행동양식 겁쟁이처럼 행동하는 사람은 아무 말도 하지 않기로 결정을 하는 것이 아니라 자기 자신이 중요하지 않다고 생각하기 때문에 자동적으로 입을 다무는 것이다. 그는 자신의 개인적 권리를 알지 못하고 물의를 일으키지 않으려고 하며 누군가를 화나게 '만들고' 싶어 하지 않는다. 그는 '그건 별로 중요하지 않아.' 라는 생각으로 자신의 말문을 막아 버리지만 그것은 결국 '나는 중요한 사람이 아니야.' 라는 생각과 똑같은 것이다. 그는 자신을 가치 척도의 저울의 낮은 위치에 놓고 타인들을 높은 위치에 놓은 것이다. 그의 조용한 목소리와 허리 굽힌 자세도 또한 '나는 중요하지 않아.' 라고 말하고 있는 것이다. 소극적으로 행동하는 사람은 본연의 자기 자신이길 원하기보다는 비난을 훨씬 더 두려워하고 직접적인 말보다는 암시나 완곡하게 하는 말을 훨씬 더 편하게 생각한다.

집단의 구성원 중 한 명이 다음과 같은 질문을 했다. "친구가 내가 싫어하는 일을 했는데 그것에 대해 그에게 얘기하고 싶지 않습니다. 그것이 적극적인 행동인지 아닌지 어떻게 알 수 있습니까?" 누군가와 다투고 싶지 않을 때 그것이 단념인지 또는 적극적인 결정인지를 구분하는 것은 어려운 일이다. 확신이 가지 않는다면 어떤 느낌이 드는지 체크해 보자. '그것은 중요하지 않아.' 또는 '누구와 대항하는 것은 불쾌한 일이지.' 와 같이 단념하는 것인지 아니면 편안한 결정이라는 느낌이 드는지 판단해 보자.

공격적 행동양식 "당신은 이렇게 해야 합니다." 라고 말하는 것은 공격적이며 "당신은 내 말을 생전 듣지 않아요." 는 '당신' 을 강조하고 있고 암시적 원칙이 있기 때문에 공격적인 비난의 말이다. 그것을 적극적인 것으로 바꾸려면 "난 당신이 내 말을 들어 주길 원합니다." 또는 "당신이 내 말을 들어 주지 않으면 나는 당신이 내게 소홀하다는 느낌이 들어요." 처럼 '나 자신' 을 설명을 하는 데 주안점을 두어야 한다. 소극적 행동과 공격적 행동 모두 불안정한 심리상태에 기인하는 것이며 이것은 사람들이 가치 척도에 지배받을 때 보이는 행동들이다. 소극적 행동은 비난을 피함으로써 자신의 저울대가 실제보다 낮아지는 것을 막으려는 것이고 공격적 행동은 다른 사람들의 저울대를 낮추어서 자신의 저울대를 억지로 끌어올리려는 것이다. 이 두 가지 행동양식을 보이는 사람들은 자신들의 가치가 떨어지는 것을 필사적으로 막으려 한다.

신체 언어 점심시간에 당신이 샌드위치 판매대 앞에 줄을 서서 차례를 기다리고 있다고 가정해 보자. 당신보다 나중에 온 사람들도 점심거리를 가지고 떠났다. 당신이 두 번이나 "다음은 내 차례입니다." 라고 말했지만 사람들은 들은 체도 하지 않는다면 어떻게 해야 할까? 당신 목소리의 억양이 "내 걱정은 말아요. 난 하루 종일 걸려도 괜찮답니다." 라고 말하고 있지는 않은지, 당신의 꼼짝 안 하는 또는 기운이 빠져 보이는 몸이 "나에게 주의를 기울이는 것은 당신 마음이지요." 라고 말하고 있지는 않은지, 당신의 눈빛

이 여기저기 헤매며 "난 단지 시간을 때우려 여기 와 있을 뿐이에요."라는 메시지를 보내고 있지는 않은지 살펴보자. 만약 당신의 신체 언어가 앞의 예와 같다면, 당신은 계속 기다리게 될지도 모른다. 당신의 목소리와 몸짓이 전하는 것을 항상 조심스럽게 살펴야 한다.

두 가지의 상반되는 메시지가 있으면 사람들은 둘 중 한 가지를 선택해야 한다. 당신의 신체 언어가 당신의 말을 강조하도록 말과 신체 언어가 합해진 단일한 메시지를 보내면 그 효과는 두 배가 된다.

자신감이 있을 때는 자기 자신보다 타인들에게 더 주의를 기울이게 되며 당신의 신체 전부가 내적 자신감을 방출하고 신체 언어와 입에서 나오는 말이 일치한다. 당신과 함께 있는 일이 아주 수월한 것이 되는 것이다. 당신의 신체는 언어만큼이나, 아니 그 이상으로 많은 것을 전한다. 우선 당신의 마음속에서 메시지를 정확하게 한 다음, 신체 언어가 당신의 말을 강조할 수 있도록 해 보자.

정리해 보면, 적극성이란 공격적인 극단도 소극적인 극단도 아닌 언행에 있어서의 자신감 있는 영역이라는 것이다. 으스대는 또는 지나치게 미약한 태도 모두가 정서적 불안이라는 동일한 문제의 징후다. 자기수용은 타인들의 관점도 고려할 수 있는 내적인 힘을 주며 다른 사람들이 반대할까 걱정하지 않고 자신의 견해를 표명할 수 있게 하고 여러 종류의 사람들과 장소에 적응할 수 있게 한다. 자신감을 가지고 이야기하고 필요에 따라서는 권위를 가지고 이야기할 수도 있다.

대화의 차원

신체 언어뿐만 아니라 말의 내용이 당신과 타인들 사이에 거리를 형성하거나 없앨 수 있다. 외적, 사실적 차원의 내용에 대해 이야기하는 것은 일정한 거리를 유지하게 해 주며 내적 두뇌 차원의 내용은 좀 더 가까워질 수 있게 해 준다. 가장 내면의 내심 차원의 내용은 진정한 친밀감을 가져다준다.

사실 차원의 대화 누군가가 당신에게 영화 이야기를 한다. 그 영화에 대해서는 여러 가지를 알게 되지만 그것에 대해 말하는 사람이 어떻게 생각하고 느꼈는가에 대해서는 아무것도 알 수가 없다면 그것은 '외적인' 사실에 대한 보고일 뿐이다. 사실 차원의 대화는 정신적으로 그리고 감정적으로 거리를 두게 하며 그것은 거리를 두는 외적인 차원의 의사소통이다.

두뇌 차원의 대화 당신에게 영화에 대한 얘기를 하는 사람은 사실을 전하는 것 이상의 얘기를 할 수 있다. 그는 "연기를 잘한다고 생각했어." 또는 "클로즈업 장면이 너무 많다고 생각했어."와 같은 말을 덧붙일 수 있다. 그러면 그가 어떤 생각을 하는지 조금씩 알 수 있게 된다. 그는 내적인 두뇌 차원의 정보를 덧붙인 것이다. 상대방의 견해를 알게 되고 자기 자신의 생각도 더 잘 알게 된다.

내심 차원의 대화 만약 영화에 대해 얘기해 주는 사람이 "그 시대 배경이 너무 좋았어." 또는 "그 이야기에 정말 감동 받았어."라고 덧붙이면 그들은 감정에 대하여 이야기하고 있는 것이며 그것은 내적인 내심 차원의 정보다.

당신의 감정이입은 상대방의 감정에 대한 당신의 흥미를 보여 주고 내심 차원의 반응을 이끌어 내는 것이다. 당신이 느끼는 것을 이야기하고 다른 사람이 느끼는 것을 알고 싶어 하면 그 관계에는 따뜻함이 있다. 양쪽이 다 참여하는 내심 차원의 대화는 깊이 있는 상호이해와 친밀한 관계를 가져온다.

대화의 차원들의 사용 새로운 사람을 만났을 때 우리는 두뇌 차원 그리고 내심 차원의 대화로 진행하기 전에 안전한 외적 차원에서부터 시작한다. 새로운 친구를 사귀고 싶다면 대화를 내심 단계로 진행시키고 우정 관계가 성립되는지 살펴보고 더 이상 친구를 원하지 않는다면 두뇌 차원에서 멈춘다. "그만, 더 이상 가까이 오지 마시오."라고 말하는 방법 중 하나다. 일상생활에서 우리는 사실 차원 그리고 두뇌 차원의 대화를 상당히 많이 하며 분위기와 시기가 적절할 때 감정에 대한 이야기를 더 많이 하는 경향이 있다.

어느 차원에서 당신은 가장 편안한가? 사실 차원에서라면 당신은 타인과 거리를 유지하는 것을 좋아하는 것이고 두뇌 차원에서라면 좋은 대화를 즐기지만 감정을 드러내는 것은 싫어하는 것이며 내심 차원이라면 당신은 깊이 있는 정서적 친밀감을 좋아하는 것이다. 자신이 어느 차원을 가장 좋아하는지 알았으면 거기에 맞춰 친구를 선택하라. 대화의 차원이 맞지 않으면 그 친구 관계에는 진정한 친밀감이 있을 수 없다.

정리해 보면, 대화는 타인과 거리를 만들거나 더 가깝게 만들어 줄 수 있다는 것이다. 당신은 외적 사실을 보고하거나(사실 차원), 견해, 생각, 아이디어 그리고 태도 등에 대해 이야기하거나(두뇌 차원), 감정과 가치관을 드러낼 수 있다(내심 차원). 당신은 이러한 차원들을 이용하여 타인과의 정신적이고 감정적인 거리를 유지하고 자신에 대해 더 잘 알게 되어 우정과 부부 관계를 개선시킬 수 있다.

5. 성공을 확신하라

만일 앞에서 언급한 확신이 당신의 삶 속에서 이루어지기를 원한다면 당신은 더 이상 다음의 생각들을 믿고 싶어 하지는 않을 것이다.

"돈이 열리는 나무는 없다."

"돈이란 더럽고 추잡스러운 것이다."

"돈이란 악이다."

"나는 가난하다. 그러나 깨끗하다, 또는 선하다."

"부자들은 다 사기꾼들이다."

"난 돈을 갖지도, 강도에게 빼앗기기도 원치 않는다."

"난 결코 좋은 직장을 갖지 못할 것이다."

"돈이란 들어오기보다 더 빨리 나가 버린다."

"난 항상 빚져 있다."

"가난한 사람들은 결코 그 그늘에서 벗어날 수가 없다."

"나의 부모님은 가난했고, 나도 가난할 것이다."

"예술가들이란 고생을 해야 한다."

"속이는 사람들만이 돈을 번다."

"다른 사람들이 항상 나보다 먼저다."

"아이구, 그만큼은 감당할 수 없어."

"난 그만한 가치를 두지 않아."

"난 돈 버는 데는 뛰어나지 못해."

"은행 예금액을 아무에게도 말하지 말아야 해."

"돈을 빌려 주지 마라."

"한 푼 절약하는 것이 한 푼 버는 것이다."

"다른 사람이 돈을 가진 것을 보면 화가 난다."

"돈이란 고생을 해야만 벌 수가 있다."

이 중 얼마나 많은 신념들이 당신 생각 속에 있는가? 이런 생각들 중 도대체 어떤 것이 당신에게 번영을 가져다주리라 생각하는가? 그것은 진부하고 제한된 생각들이다. 아마도 그것은 당신의 가족이 돈에 대해 믿고 있는 바였는지도 모른다. 왜냐하면 가족들의 생각이란 우리가 의식적으로 벗어 버리려 하지 않는 한 항상 우리 속에 남아 있기 때문이다. 그것이 어디로부터 기인하는 것이든 간에 만일 당신이 잘살고 싶으면 당신의 의식 속에서부터 그런 생각을 떨쳐 버려야 한다.

내 생각으로는, 진정한 성공이란 나 자신에 대한 좋은 감정에서부터 시작한다고 믿어지며 또 그러했다. 그는 자유를 의미한다. 결코 돈의 양을 의미하는 것이 아니라 마음의 상태 문제다. 성공을 하는 것이나 또는 하지 못하는 것은 당신 머릿속의 생각이 외적으로 나타난 결과다.

만일 우리가 잘살 자격이 있다는 생각을 받아들이지 않는다면, 심지어 행운이 우리 발 아래로 굴러 들어온다 할지라도 그것을 거절하게 될 것이다. 다음의 예를 주의해 보자.

나의 학생들 중 한 명이 자기의 성공 정도를 증대하고자 노력하고 있었는데, 어느 날 밤 학생이 50만 원을 땄다고 매우 흥분해서 수업에 들어왔었다. 그리고는 말하기를 "믿을 수가 없어요. 난 한 번도 이렇게 벌지 못했어요."라고 했다. 우리는 그의 의식이 성공적으로 변하고 있음을 알고 있었다. 그러나 여전히 그는 그럴 만한 자격이 없다고 느꼈다. 그다음 주 그는 수업에 참석하지 못했는데, 다리가 부러졌기 때문이었다. 그리고 의사는 그에게 50만 원의 치료비를 요구했다. 그는 새로운 성공의 방향으로 '전진'하는 것을 두려워했으며, 자격이 없다고 느꼈고, 따라서 이런 식으로 자신을 처벌했던 것이다.

우리가 무엇을 증대시키는 데 집중하든 간에 그 청구서에 마음을 쓰지 말기를 바란다. 만일 부족한 것들이나 빚에 마음을 빼앗긴다면 더 많은 부족함과 빚을 만들어 내게 될 뿐이다. 이 우주에서 우리는 무진장하게 공급받을 수가 있다는 것을 먼저 인식하라. 맑은 밤 하늘의 별들이나 한 줌의 모래알, 한 개의 나뭇가지에 달린 나뭇잎들, 창유리에 달려 있는 물방울들, 아니면 토마토 한 알 속에 들어 있는 씨앗들을 세는 데 시간을 들여라. 씨앗 하나하나가 무수히 많은 토마토가 열리는 커다란 넝쿨을 만들어 낼 수가 있다.

당신이 가지고 있는 것들에 대해 감사하라. 그러면 감사의 조건들이 더 커져 갈 것이다. 나는 지금의 내 삶 속에서 가지고 있는 모든 것, 나의 가정, 난방기와 수돗물, 전등, 전화기, 가구, 수도관, 전기 제품들, 옷가지들, 자동차 그리고 직업들, 내가 가진 돈, 친구, 시각, 미각, 촉각, 걸을 수 있고 놀라운 이 지구상의 모든 것을 즐길 수 있는 능력에 대해 사랑을 가지고 축복한다.

결핍과 한계에 대한 자기 신념은 자신을 제한할 뿐이다. 어떤 신념이 당신을 제한하고 있는가? 당신은 단지 남을 돕기 위해서만 돈이 필요한가? 그렇다면 그것은 자신이 무가치하다고 말하는 것이나 마찬가지다.

이제는 성공을 거절하지 않으리라 결심하라. 만약 어떤 친구가 당신을 점심이나 저녁 식사에 초대를 했다면 즐거운 마음으로 응하라. 그것을 단지 '거래'로만 생각지 마라. 선물을 받는다면 기쁘게 받으라. 그 선물이 당신에게 필요 없는 것이라면 다른 사람에게 줄 수도 있을 것이다. 당신은 사물의 흐름을 통과하게 하라. 단지 웃으며 "고마워."라고 말하면 된다. 이것은 바로 당신이 충분한 대가를 받을 만하다는 것을 세상으로 하여금 알게 하는 방법이다.

새로운 것을 위한 여지를 만들라 새로운 것들이 일어날 수 있도록 공간을 만들어라. 당신의 냉장고를 청소하고 알루미늄 호일로 싼 잡동사니들을 없애 버려라. 또 옷장을 청소하고, 지난 6개월 동안 입지 않았던 옷들을 정리하라. 일 년 정도를 입지 않은 옷을 반드시 처리해라. 팔거나, 다른 것과 교환하거나, 버리거나, 아니면 불태워 버려라. 지저분한 옷장은 지저분한 마음을 나타낸다. 당신이 옷장을 정리할 때, 스스로 "난 내 마음의 옷장을 정리하고 있는 중이야." 라고 말해라.

"가난한 사람들을 한번 보라. 그리고 나의 이 가망 없는 가난을 봐라." 라고 중얼거렸었다. "당신의 가난은 당신의 의식 속에 있는 자기 확신에 기인한다." 란 말을 들었을 때 나는 화가 났었다. 내가 가난한 것은 나의 책임이라는 것을 깨닫고 그것을 받아들이는 데는 많은 시간이 걸렸다. "나는 가치가 없으며, 자격도 없다." "돈벌기가 너무 어렵다." "나는 재능도 능력도 없다." 라는 확신들 때문에 나는 여전히 '가지지 못한다.' 라는 정신상태에 계속 머물러 있었던 것이다.

돈이란 그런 정신상태를 가장 잘 나타내 준다. 이 말을 들은 뒤의 당신의 반응은 어떠한가? 그것을 믿는가? 화가 나는가, 아니면 무관심하거나 이 책을 집어던져 버리고 싶은가? 만일 이런 반응들 중의 한 가지가 당신의 반응이라면 그것은 좋은 현상이다. 왜냐하면 당신의 내면 깊숙이 숨겨진 어떤 것, 즉 진실을 거부하는 바로 그 점을 내가 건드렸기 때문이다. 바로 그 부분이 전진하기 위한 출발점이다. 이제 돈과 모든 좋은 것들의 흐름을 받아들이는 당신의 잠재의식의 문을 열어야 할 때다.

청구서들을 기뻐하라 이제 돈에 대한 걱정과 청구서들에 화내는 것을 그만두자. 많은 사람들이 청구서를 가능하면 피할 수 있는 벌칙들로 생각한다. 청구서란 우리의 지불능력에 대한 표시다. 채권자는 당신의 주머니가 두둑하다고 생각하고서 당신에게 어떤 서비스나 물건을 제공하는 것이다. 나는 내 집으로 날아들어 오는 모든 청구서들을 애정을 가지고 축복한다. 그리고 내가 쓰는 모든 수표마다 축복을 하고 가볍게 키스를 한다. 만일 화를 내면서 지불을 한다면 돈은 다시 쉽게 들어오지 않을 것이다. 그러나 만일 애정과 기쁨으로써 지불을 한다면 그것은 막힘 없는 풍부함의 통로를 여는 것이다. 돈을 친구로 여기되, 그러나 똘똘 뭉쳐 주머니 속에 쑤셔 넣지는 말아라.

당신의 직업이나 은행 계좌, 투자금, 배우자 또는 부모님들이 당신에 대한 보증서가 아니다. 당신의 능력이 바로 당신의 보증서다. 나는 내 육체 속에서 살아 숨 쉬는 내면의 힘이 내게 필요한 모든 것을 제공해 줄 수 있는, 그것도 쉽고 간단히 줄 수 있는 능력이라고 생각한다. 그리고 우리가 필요한 모든 것을 공급받는다는 것은 그 반대로 생각하고 있지 않는 한 우리의 타고난 권리다.

나는 전화기를 사용할 때마다 애정을 가지고 그것을 축복하며, 그것은 내게 번영과 애정의 표현만을 가져다줄 것을 확신하곤 한다. 우체통에 대해서도 마찬가지다. 우체통은 매일 여러 부류의 친구들, 먼 거리에서 오는 내 책의 독자들의 호의로 가득 찬 편지들과 청구서로 차고 넘친다. 내게 오는 모든 청구서에 대해 내가 지불할 수 있음을 믿어 준 사람들에게 감사하고 기뻐한다. 단지 좋은 일만이 나의 집으로 들어오리라는 것을 알기 때문에 초인종 소리와 현관문을 축복한다. 난 나의 삶이 즐겁고 잘되기를 기대하고 또 그렇게 되고 있다.

다른 사람들의 행운을 기뻐하라 다른 사람이 당신보다 더 잘된 것 때문에 화내거나 시기함으로써 스스로의 성공을 지연시키지 마라. 그들의 돈 쓰는 방법에 대해 비난하지도 마라. 그건 당신과는 상관없는 일이다. 사람들은 각기 자신들의 의식의 법칙 아래에 놓여 있다. 당신 자신의 생각에 주의를 기울여라. 다른 사람의 행운을 축복하고 모든 사람들에게 필요한 것을 다 채워 줄 수 있을 만큼 우주는 풍부하다는 것을 인식하라. 당신은 팁을 인색하게 주는가, 아니면 독선적인 몇 마디 말로 청소부에게 거만하게 구는가? 크리스마스 시즌 때 당신 아파트나 사무실의 잡역부들을 모르는 척하는가? 날짜 지난 야채나 빵을 살 필요가 없을 때도 절약하며 사는가? 중고품 가게에서 물건을 사거나 아니면 항상 메뉴판에서 가장 값싼 음식을 주문하지는 않는가? 수요와 공급의 법칙이라는 것이 있다. 항상 수요가 먼저다. 돈이란 필요한 곳으로 흐른다. 가장 가난한 집에서도 장례식 비용은 모을 수가 있다.

당신의 성공에 대한 의식이 돈에 좌우되는 것이 아니라 당신의 돈의 흐름이 당신의 성공에 대한 의식에 달려 있다. 더 많은 것에 대해 생각할수록 더 많은 것들이 당신의 삶에 들어온다.

나는 바닷가에 서서 이 바다에 나에게 유용한 것들이 가득 차 있음을 깨달으며 그 거대한 바다를 바라보고 있는 상상을 하기를 좋아한다. 그 상상 속에서 당신의 손에 드리워진 것은 무엇인가? 숟가락인가, 아니면 종이컵, 유리컵, 물 주전자, 양동이, 아니면 세탁통인가? 어쩌면 당신은 이 바다와 연결된 수송관을 가지고 있을지도 모르겠다. 주위를 돌아보고 거기에 아무리 많은 사람이 있다 할지라도, 그들이 어떤 종류의 용기(容器)를 가지고 있다 할지라도 바다는 그 모든 사람들에게 충분하게 공급할 만큼 풍부하다는 것을 유념하라. 당신은 다른 사람의 것을 빼앗을 수도 없으며, 빼앗기지도 않는다. 그리고 어떤 방법을 쓰든지 그 바다는 마르지 않을 것이다. 당신이 가진 용기는 바로 당신의 '의식' 이다. 그리고 그것을 항상 더 큰 용기로 바꿀 수가 있다. 확장과 무제한의 공급을 느끼는 이런 연습을 자주 하라.

당신의 팔을 벌려라 나는 적어도 하루에 한 번은 앉아서 팔을 양옆으로 크게 벌리고는 "나는 모든 좋은 것과 풍성함을 받아들인다."라고 말한다. 그것은 내게 확장의 느낌을 준다. 나의 의식 속에서 내가 가지고 있는 것만을 내게 나누어 주며 또 항상 나는 의식 속에서 더 많은 것을 만들어 낼 수 있다. 내 자신의 창조 능력에 대한 인식을 증가시킴으로써 정신적 예금을 할 수가 있다. 치료, 확신들이 바로 심리적인 예금액이다. 매일 예금하는 습관을 지니도록 하자.

더 많은 돈을 가지는 것만으로는 충분치 못하다. 돈을 향유하는 것이 필요하다. 당신은 스스로 돈을 향유하는 것을 용납하는가, 만일 그렇지 않다면 왜 그런가? 당신이 하고 있는 모든 일의 일부분에는 순수한 기쁨이 있을 수 있다. 지난주에는 돈을 즐겁게 썼는가? 왜 그렇지 못한가? 어떤 진부한 사고가 그것을 막고 있는가? 그것을 버려라.

당신의 삶에서 돈이란 심각한 문제일 수 없다. 그것을 바른 시각에서 보라. 돈이란 교환의 수단에 불과하다. 만일 돈이 당신에게 필요 없다면, 무엇을 가지고 싶은가? 우리가 자신의 경제 사정에 대해 부정적인 사고나 말을 할 때마다 얼마의 범칙금을 스스로에게 물게 하고 그것을 저금통에 넣어 두고 주말이 되면 그 돈을 자기만을 위해 사용하는 것이다.

우리는 자신의 돈에 대한 개념을 흔들어 버릴 필요가 있다. 나는 돈에 대한 강의보다 성(性)에 대한 강의가 더 쉽다는 것을 그동안 깨닫게 되었다. 사람들은 자신의 돈에 대한 생각은 누군가가 건드리면 매우 화를 낸다. 심지어 필사적으로 그들의 삶에서 더 많은 돈을 벌기 위해 내 강의를 들으러 오는 사람들조차도 내가 그들의 제한적인 신념들을 바꾸고자 할 때면 매우 흥분한다.

"나는 기꺼이 변화하고자 한다."

"나는 진부한, 부정적인 신념들을 기꺼이 벗어 버리고자 한다."

번영을 이루기 시작할 공간을 열기 위해 종종 우리는 이런 두 가지 확신을 가지고 많은 일을 해 나가야 한다. '고정 수입' 이란 생각을 벗어 버려라. '단지' 얼마의 수입만을 가지고 있다고 주장함으로써 자신의 가능성을 제한하지 말라. 그 보수나 수입은 하나의 과정일 뿐 '원천'은 결코 아니니다. 공급은 하나의 원천, 즉 능력 자체로부터 온다.

무수히 변화하는 단계의 과정을 통한 경험이 있다. 우리는 자신의 이 일에 대한 문을 열어야 한다. 우리의 의식 속 도처로부터 공급이 이루어질 수 있음을 받아들여야 한다. 따라서 길거리를 걷다 일 원이든 십 원이든 줍게 되면 그 원천에 '감사'하라. 그것은 적은 액수일 수도 있지만 그러나 이는 새로운 통로가 열리고 있음을 의미한다.

"나는 마음을 열고 새로운 수입의 통로를 받아들인다."

"지금 나는 예상했던 곳과 예상하지 않았던 곳으로부터 흘러나오는 좋은 것을 받아들인다."

"나는 무한한 원천으로부터 무제한적인 방법으로 오는 모든 것을 받아들이는 무한한 존재다."

우리가 보다 잘살기 위해 노력할 때, 그것은 항상 받을 만한 일에 대한 자신의 신념과 일치하여 이루어진다. 어떤 작가가 그녀의 수입을 늘리고자 애쓰고 있었다. 그녀의 확신들 중의 하나는 "나는 작가로서 충분한 돈을 벌고 있다."라는 것이었다. 그로부터 3일 후 그녀는 종종 아침식사를 하곤 하던 어느 커피숍에 들어가 칸막이 자리 한 켠에 앉아 원고지를 펴놓고 글을 쓰고 있었다. 그때 지배인이 다가와서는 "혹시 작가가 아니십니까? 저를 위해 조그만 글을 써 주기를 부탁드려도 될까요?"라고 물었다. 그런 다음 작은 몇몇 두꺼운 천으로 된 메뉴판을 가져오더니 각 카드마다 "특별 한국식 점심, 6000원"이라고 써 줄 수 있는지 물었다. 그는 그 답례로 그녀에게 아침식사를 대접했다. 이 사소한 사건은 그녀의 의식 변화가 시작되고 있음을 나타내 주었던 것이며, 그녀는 그 후 자기 작품을 매우 잘 팔 수 있게 되었다.

성공을 인정하라 도처에 있는 번영을 인정하기 시작하라. 그리고 즐거워하라. 유명한 복음주의자인 한 목사는 그의 가난한 목사 시절, 멋진 레스토랑이나 집들, 자가용들, 옷가게 등을 지날 때면 "저것들은 나를 위한 것들이야." "저것들은 날 위한 거야."라고 말했던 때를 회상하곤 한다고 한다. 멋진 집들이나 은행들, 세련된 가게들, 온갖 종류의 진열장, 요트조차도 당신에게 즐거움을 가져다주는 것들임을 인정하고 이 모든 것이 바로 '당신'의 한 부분임을 인식하라. 그리고 당신이 원한다면, 이것들을 나누어 가질 수 있도록 당신의 의식을 강화시킬 수 있다. 만일 잘 차려입은 사람들이 지나가면 "저들의 부유함은 참으로 놀랍다." "우리 모두에게 우주는 풍성히 베푼다."라고 생각해 보자.

우리는 다른 사람이 잘되는 것을 원치 않고 자신만이 잘되기를 원한다.

우리는 아무것도 계속 소유하고 있을 수 없다. 단지 잠시 동안 그 소유물이 다른 사람에게 넘어갈 때까지 그것을 사용하고 있는 것뿐이다. 때로 어떤 소유물들은 몇 세대 동안 한 집안에 머무는 경우도 있지만 결국은 옮겨간다. 세상사란 왔다가 또 가 버리는 것이다. 어떤 것이 가 버렸을 때 그것은 더 낫고 새로운 것을 위한 여지를 남겨 두는 것임을 나는 믿는다.

칭찬을 받아들여라 너무나 많은 사람들이 부자가 되기를 원하지만 칭찬을 받아들이려고는 하지 않는다. 나는 '스타'가 되고자 하나 칭찬에는 몸을 움츠리는 많은 신인 배우들을 보아 왔다. 칭찬이란 번영의 선물이다. 그것을 자연스럽게 받아들이는 법을 배워라. 나의 어머니는 내가 칭찬이나 선물을 받을 때 미소를 지으며 "감사합니다."라고 말하도록 가르쳤었다. 그것은 나의 생애에서 하나의 자산이다.

칭찬을 받아들이는 것이 훨씬 좋은 일이며, 그렇게 답례함으로써 칭찬할 사람은 도리어 자신이 선물을 받은 것처럼 느끼게 될 것이다. 그것이 좋은 일이 계속 일어나게 하는 방법이다. 매일 아침 깨어날 수 있고, 새로운 날을 경험할 수 있고 그 풍성함을 누릴 수 있음을 기뻐하라. 살아 있고, 건강하고, 친구들이 있으며, 삶에 대한 기쁨의 모델이 된 것에 대해 기뻐하라. 아주 깊이 인식하면서 살아가라. 그리고 당신의 그 변화과정을 즐겨라.

6. 행복을 위한 성숙된 의식

당신이 보다 성숙된 고등의식의 수준으로 발전해 나감에 따라 자신이 언제나 충분할 만큼 행복할 수 있었다는 것을 깨닫게 될 것이다. 당신은 언제나 자신의 불행의 원인을 주변의 사람이나 조건 탓으로 돌려 비난했지만, 당신을 불행하게 만드는 것은 당신 머릿속의 그 관행일 뿐이다. 성숙된 고등의식으로의 여행은 당신으로 하여금 사랑이 넘치고, 평화스럽고, 현명한 삶을 살아갈 수 있게 해 주며, 끊임없이 불쾌한 감정적 느낌으로부터 당신을 해방시켜 줄 것이다. 사랑이 넘치는 삶은 성숙된 고등의식을 향한 당신의 모험에 네 가지 장점을 제공할 것이다.

첫째, 사랑이 넘치는 삶은 많은 사람들에게 성숙된 고등의식을 향한 성장을 위해 인류가 지금까지 사용할 수 있었던 가장 강력하고 신속한 방법들 중의 하나가 될 수 있을 것이다. 둘째, 사랑이 넘치는 삶은 당신으로 하여금 지금 현재의 삶으로부터 자신을 분리시킬 것을 요구하지 않는다. 셋째, 일단 당신이 그 체계를 완전히 이해하게 되면, 지속적인 성장을 위해 교사를 꼭 가져야만 할 필요는 없다. 넷째, 사랑과 마음의 평화, 지혜, 성숙된 고등의식의 효율성을 발견하기 위해서 사랑이 넘치는 삶의 방식을 사용하게 되면, 자신에 대한 당신의 내적인 작업은 즉각적으로 당신 삶의 즐거움을 더해 줄 것이다. 사랑이 넘치는 삶의 방식에서 볼 때 행복은 먼 곳에 있지 않다. 그것은 지금 여기에서 계속 자라고 있는 당신의 한 부분이다.

할 수 있는 것을 하라. 그러나 그 결과가 더 많은 걱정거리를 만들어 낼지 모른다는 걱정에 집착하지 마라. 걱정, 근심 또는 기타 여러 가지 불쾌한 감정들은 전혀 불필요한 것들이다. 그것은 당신의 통찰력과 행동의 효율성을 감소시킬 뿐이다. 당신은 반드시 스스로에게 이러한 소모적 정서의 무용성을 확신시켜야만 한다. 당신은 자신이 삶에서 누려야 할 즐거움과 효율성을 이런 불필요한 근심이 앗아 가고 있다는 것을 깨달아야만 한다.

현존성이야말로 우리 삶의 현실이다. 즉, 현재의 조건이야말로 미래가 발생할 수 있는 유일한 것이다. 그러나 우리의 현재의 욕구, 욕망, 기대는 우리의 의식을 지배하고 있으며, 우리로 하여금 깨어 있는 시간의 대부분을 지금 현재의 우리 삶의 조건들과 대항해 싸우거나 불평하며 소모하게 만든다. 이것은 우리의 예민성을 둔하게 만들며, 우리로 하여금 문제에 대한 해결책을 발견하지 못하게 만든다. 성숙된 고등의식을 향한 사랑이 넘치는 삶의 방식은 우리가 이 덫을 부수고, 우리 스스로를 자유롭게 하며, 우리 자신의 인간으로서의 완전한 가능성을 발견하는 법을 알려 준다.

성숙된 고등의식을 위한 열두 개의 길

성숙된 고등의식을 향한 열두 개의 길은 당신으로 하여금 사랑이 가득 찬 새로운 삶을 시작할 수 있도록 해 준다. 이 길들은 당신 안에 숨겨진 아름다움과 행복을 발견할 수 있는 방법을 알려줄 수 있을 것이다.

열두 개의 길은 수천 년 동안 축적된 지혜의 현대적이고 실용적인 요약이다. 그것은 당신이 주위 환경과 상호작용하는 동안 의식을 작동시키는 매 순간의 지침작용을 해준다. 또 그것은 당신으로 하여금 지속적인 행복과 의식이 있고, 사랑이 넘치고, 즐겁고, 충족된 삶을 살아갈 수 있도록 해 줄 것이다. 만약 당신이 쾌락과 고통 사이에서 이리저리 방황하는 것을 충분히 맛보았다면, 또 진심으로 삶을 향유하고 삶으로부터 즐거움을 추구할 준비가 되어 있다면, 당신은 삶을 극적으로 변화시키기 위해 열두 개의 길을 사용할 준비가 되어 있는 것이다.

이러한 열두 개의 길을 사용하는 법을 배우는 데는 다섯 단계가 있다. 각 단계는 당신으로 하여금 이 길들이 어떻게 당신 삶을 아름답고 또 때때로는 '기적적으로' 변화시키는가를 보다 빨리 깨달을 수 있도록 해 줄 것이다. 제1단계에서 당신은 열두 개의 길을 알지 못한다. 당신은 기계적이고 무의식적인 방식으로 사람을 원하고 거부하는 일상적 유형의 삶을 보내고 있다. 제2단계에서 당신은 비록 열두 개의 길을 알고는 있지만, 당신이 싫어하는 어떤 일이 일어나거나 누군가 그런 말을 하면 당황하게 된다. 열두 개의 길을 사용하는 법을 배우는 제3단계에서 당신은 공포, 분노, 질투, 슬픔 등과 같은 불쾌한 느낌을 의식하자마자 곧 열두 개의 길 가운데서 자신이 어떤 길을 범하고 있는가를 지적해 낼 수가 있게 된다. 따라서 어떤 길을 사용해 자신의 이성적 정신을 개입시키고 자신의 경험을 해석함으로써 낡고 하등한 의식의 프로그램에 종속되어 있는 무의식의 시기를 신속하게 줄여나가는 것을 발견하게 된다. 제3단계에서는 당신이 경험하고 있는 부정적인 정서를 극복하는 데 서너 시간이 걸린다. 그러나 이제 당신이 혼란을 느끼는 시간의 전체적인 양은 점차 줄어들어 마침내는 부정적인 감정을 고작 몇 분 또는 몇 초간만 경험한다는 것을 발견하기 시작한다. 제4단계에서 만약 누군가가 당신이 싫어하는 어떤 일을 한다면 당신은 화를 낼지도 모르지만, 그와 동시에 한두 개의 길이 당신의 의식 속에 떠오를 것이다. 이것은 당신에게 더 발전하는 분노의 반응을 허용하지 않는 통찰력을 제공할 것이며, 당신은 점점 커지는 자유를 맛볼 것이다. 제5단계에서는 당신의 부정적인 감정적 반응을 촉발시키는 하등한 의식의 모든 프로그램이 제거된다. 당신은 단지 지금 일어나고 있는 일을 해석함에 있어 열두 개의 길 가운데 한두 개를 사용해서 현재 일어나고 있는 일에 대해 반응한다. 당신은 이런 유형의 상황에서 자신이 화를 내거나 질투를 했었다는 것을 알지도 모르지만, 더 이상 분노나 질투의 감정에 촉발되지 않는다. 당신은 자신이 스스로의 마음의 주인이라는 것을 깨닫고 있다. 일상의 삶의 상황에서 열두 개의 길을 사용하자마자 당신은 자신의 삶이 아름다운 차원으로 들어간다는 것을 깨닫게 될 것이다.

무조건적인 사랑과 일체감의 성숙된 고등의식을 향한 열두 개의 길은 크게 4가지로 분류된다. 첫 번째는 자아의 해방이다. 하나, 나는 나로 하여금 삶의 상황을 강제로 통제하게 함으로써 평화를 파괴하고, 자신과 다른 사람을 사랑하지 못하게 만드는 안전, 감각, 권력에의 탐닉으로부터 자신을 해방시킬 것이다. 둘, 나는 내 의식을 지배하는 탐욕이 주변의 인간과 상황을 왜곡시켜 어떻게 환상을 만들어 내는지를 발견하고 있다. 셋, 나는 매 순간의 경험이, 나의 기계적인 정서적 유형으로부터 해방되기 위해 스스로 다시 프로그램 해야만 하는 탐욕을 깨달을 수 있도록 나에게 제공하는 기회를 기꺼이 받아들일 것이다.

두 번째는 현존성이다. 넷, 나는 언제나 현재 향유하기 위해 필요한 모든 것을 내가 가지고 있다는 것을 기억한다. 그렇지 않으면 나는 내 의식이 이미 죽은 과거나 환상적인 미래에 기초한 요구나 기대에 지배받도록 허용해야 한다. 다섯, 나는 내가 현재 경험하는 모든 것에 대해 완전한 책임을 지고 있다. 왜냐하면 내 행위를 만들어 내고 내 주변 사람들의 반응에 영향을 미치는 것도 내 자신의 프로그램이기 때문이다. 여섯, 나는 현재의 자신을 완전히 받아들이고 있으며, 느끼고, 생각하고, 말하고, 행동하는 모든 것(탐닉에 기초한 정서를 포함해서)을 성숙된 고등의식을 향한 자기 성장의 필요한 부분을 의식적으로 경험한다.

세 번째는 타인과의 상호작용이다. 일곱, 어느 정도 은폐하는 것은 나로 하여금 타인으로부터의 분리라는 환상에 집착하게 만들기 때문에 나는 자신의 내밀한 느낌과 기꺼이 충분한 의사소통을 함으로써 자신을 모든 사람들에게 순수하게 개방시킨다. 여덟, 나는 정서적으로 혼란에 사로잡히지 않은 상태에서 사랑과 동정심으로 타인의 문제를 받아들인다. 왜냐하면 그 난제는 그들의 성장에 필요한 메시지를 제공하기 때문이다. 아홉, 나는 간섭받거나, 관심을 모으거나, 사랑할 때 자유롭게 행동한다. 그러나 내가 정서적으로 혼란스럽거나 사랑과 확장된 의식으로부터 흘러나오는 지혜가 결여되어 있을 때는, 가능하다면 행동을 피하도록 한다.

네 번째는 각성된 의식의 발견이다. 열, 나는 나로 하여금 주변의 모든 것들과 조화롭게 융화시키는 섬세한 에너지를 이해하기 위하여 내 이성적 정신에 대한 철저한 탐닉을 끊임없이 고요히 행한다. 열하나, 나는 끊임없이 자신이 사용하는 의식의 일곱 중추를 생각하며, 내가 모든 의식의 중추를 열어 감에 따라 에너지, 예민성, 사랑, 내적인 평화가 자람을 느낀다. 열둘, 나는 지금 스스로를 포함한 모든 사람들을, 무조건적인 사랑과 일체감이라는 성숙된 고등의식의 단계를 향하는 자신의 천부적 권리를 주장하는 각성된 존재로 지각한다.

행복에 이르는 열두 개의 길

자아의 해방

첫 번째의 길 나로 하여금 삶의 상황을 강제로 통제하게 함으로써 평화를 파괴하고 자신과 다른 사람을 사랑하지 못하게 만드는 안전, 감각, 권력에의 탐닉으로부터 자신을 해방시킬 것이다.

탐닉은 당신 정서의 충분한 발휘에 기초하고 있으므로, 각각의 탐닉은 때때로 당신을 자신과의 또는 타인과의 정서적 교전 상태로 밀어 넣는다. 그것들은 당신의 의식을 지배하고 또 당신으로 하여금 명료하게 지각할 수 없게 만든다. 탐닉은 당신을 다른 사람으로부터 분리시킨다. 성숙된 고등의식을 통해 당신은 삶이 제공하는 모든 아름다운 경험을 맛볼 수 있다. 탐닉에 지배되는 정신은 주변의 사람과 사물의 섬세한 움직임과 조화를 이룰 수가 없다. 그것은 단지 당신으로 하여금 예민성, 지혜, 효율성 그리고 행복에서 너무나 큰 대가를 치르게 한다.

탐닉은 언제나 곧 또는 좀 더 늦게 불행을 야기시킨다. 당신의 탐닉을 선택의 수준으로 낮추는 것이야말로 언제나 즐겁고 사랑이 넘치는 상태를 향한 사랑스러운 삶의 열쇠다. 자신의 탐닉을 선택의 수준으로 조정할 때 당신의 삶의 유형은 바뀔 수도 있고, 그렇지 않을 수도 있다. 즉, 그것은 반드시 당신의 외적인 행동 변화를 그 목적으로 하지는 않으며, 당신이 탐닉하지 않는 한, 당신은 어떠한 원하는 행동도 할 수 있다. 그것은 당신이 탐닉으로부터 해방되었을 때, 당신의 행동이 지혜와 일체감으로 특징지어지기 때문이다. 자신의 탐닉을 제거하게 될 때, 당신은 평화가 넘치는 세계에서 살게 될 것이며 또 다양한 선택 상황에서 당신의 시간을 사용하게 될 것이다.

두 번째의 길 나는 내 의식을 지배하는 탐욕이 내 주변의 인간과 상황을 왜곡시켜 어떻게 환상을 만들어 내는지 발견하고 있다. 우리는 어떠한 대상을 대상 그 자체로 보지 못하고 우리 자신의 기준으로 본다. 모든 탐닉은 감각적 입력을 통해 끊임없이 흘러 들어오는 엄청난 정보의 흐름에 대한 효과적인 처리를 왜곡한다. 주변의 사람들과 사물들에 대해 왜곡된 상을 지니고 살아가면 갈수록 당신은 그것을 세계의 '진정한 모습'으로 느끼게 될 것이 분명하다.

당신은 언제나 자신의 두뇌가 스스로의 세계를 창조한다는 사실을 깨달아야만 한다. 당신의 탐닉 유형(당신의 기대, 욕구, 집착, 요구, 정신적 모형)은 주변 사람들과 사물들에 대한 당신의 지각을 지배한다. 자신의 탐닉 프로그램에서 해방될 때 비로소 당신은 세계의 사물들이 어떻게 상호작용하는지를 이해할 수 있게 될 것이다.

세 번째의 길 나는 매 순간의 경험이, 기계적인 정서적 유형으로부터 해방되기 위해 스스로 다시 프로그램 해야만 하는 탐욕을 깨달을 수 있도록 나에게 제공하는 기회를 기꺼이 받아들일 것이다. 당신은 자신의 탐닉을 어떻게 알아볼 수 있는가? 그것은 간단하다. 다양한 삶의 상황에서 자신을 긴장시키기 위해 사용하는 욕구와 기대를 단지 살펴보기만 하면 된다. 자신의 느낌 안에서 스스로를 분리시키는 탐닉을 다시 프로그램 했을 때 당신은 자신을 함께 유지시켜 주는 사랑과 일체감을 발전시킬 수 있을 것이다. 그렇지 않으면 당신은 이 기회를 다른 방식으로 사용하는 것을 택할 수도—당신의 선택을 따르는 것이 성장을 위해 보다 생산적일 수도—있다. 그럼으로써 미래에는 다소간(또는 전혀) 지금의 당신의 모습이 아닐 수 있다.

현존성

만약 당신이 삶의 모든 현존성을 향유하지 못한다면 그것은 당신의 탐닉이 당신으로 하여금 죽은 과거나 환상적인 미래에 머물도록 하기 때문이다. 열두 개의 길의 흥미 있는 측면 가운데 하나는, 만약 당신이 그것 가운데 어느 하나라도 확실하게 지킬 수 있다면 그것들 거의 전부를 사용할 수 있다는 점이다. 열두 개의 길은 서로 체계적으로 맞물려 있다. 그리고 이 점은 당신으로 하여금 그것을 실천하기 쉽게 만들어 준다.

네 번째의 길 나는 언제나 현재를 향유하기 위해 필요한 모든 것을 내가 가지고 있다는 것을 기억한다. 그렇지 않으면 내 의식이 이미 죽은 과거나 환상적인 미래에 기초한 요구나 기대에 지배받도록 허용해야 한다. 대부분의 사람들은 그들이 과거에 했던 일이나 미래에 계획한 일에 대해 끊임없이 지껄여댐으로써 자신들을 하등한 수준에 묶어 둔다. 과거에 대해 빈번히 토론하거나, 의식이 과거에 머물지 않도록 하는 것이 최상이다. 왜냐하면 끊임없는 정신의 동요(그리고 그것에서 야기되는 혼란스러운 말들)는 당신으로 하여금 삶의 현재 순간을 충분히 경험하지 못하게 하기 때문이다. 또 끊임없이 미래에 대한 생각에 사로잡혀 있는 것도 자신을 위한 최고의 미래를 펼쳐 나가는 데 좋지 않다. 만약 지금 즉시 해야 할 필요성이 있는 무엇이 있다면 서둘러서 그것을 하라. 지금 해야 할 필요성이 있는 것을 한다면, 당신의 의식을 미래에 대한 생각으로 채울 필요가 없다.

우리는 언제나 우리의 안전, 감각, 권력에의 탐닉을 위협한다고 과장되게 생각하는 것들을 발견할 수 있다. 또 우리는 필요하다고 생각되는 모든 행동을 의식적으로 수행할 수 있으며, 그렇게 함으로써 향유해야만 할 모든 것을 향유하는 데 우리의 의식을 기울일 수도 있다. 그리고 우리가 가진 것을 향유하기만 한다면—우리가 갖지 않은 것에 대해 걱정하지 않는다면—우리는 언제나 충분히 행복하다.

다섯 번째의 길 나는 내가 현재 경험하는 모든 것에 대해 완전한 책임을 지고 있다. 왜냐하면 내 행위를 만들어 내고 내 주변 사람들의 반응에 영향을 미치는 것도 내 자신의 프로그램이기 때문이다. 즉, 당신의 탐닉이 스스로를 불행하게 만든 것이다. 지금 현재 자신의 모든 느낌과 자신에게 일어나는 모든 일에 대해 충분한 책임을 갖게 되면 당신은 결코 자신이 가진 불행한 느낌에 대해 다시는 주변의 사람이나 상황을 비난하지 않는다. '다른 사람들'을 비난하는 것은 책임 회피다. 그런데도 당신은 자신을 위해 그것을 해 왔다!

그러므로 세계는 당신의 거울이다. 평화로운 사람은 평화로운 세계에서 살아간다. 화난 사람은 화난 세계를 창조한다. 유용한 사람은 다른 사람에게 유용하고 사랑이 넘치는 에너지를 발생시킨다. 불친절한 사람이 오직 불친절한 방식으로만 반응하는 사람을 만났다 해도 놀랄 일이 아니다. 행복한 사람은 행복한 사람들로 가득 찬 세계를 발견한다. 심지어는 불행한 사람들조차 순수하게 행복하고 즐거운 사람들과 같이 있을 때는 일시적인 행복과 즐거움을 경험한다!

자신의 양극성을 이해하고, 스스로를 해방시킴에 따라 당신은 존재의 깊은 차원에서 모든 사람과 일치하기 시작한다. 존재의 깊은 차원에서 우리는 모두 비슷하며, 함께 일체감을 경험한다. 당신이 자신의 탐닉에서 해방되면, 당신은 다른 사람들도 그들이 탐닉에서 해방될 수 있도록 도와준다.

여섯 번째의 길 우리는 현재의 자신을 완전히 받아들이고 있으며, 느끼고 생각하고 말하고, 행동하는 모든 것(탐닉에 기초한 정서를 포함해서)과 성숙된 고등의식을 향한 자기 성장에 있어 필요한 부분을 의식적으로 경험할 수 있다. 성숙된 고등의식을 향한 사랑이 넘치는 삶은 당신이 전에는 자신의 삶에서 받아들일 수 없는 것으로 여겼던 것의 현재 모습을 즉각적으로 받아들일 수 있게 해준다. 받아들임은 당신의 현재의 지각 때문에 스스로에게 정서적 갈등을 야기시키지 않을 것을 의미한다. 정서적 받아들임은 당신이 특정한 사람이나 상황과 삶의 나머지를 계속 살아야만 한다는 것을 의미하지는 않는다. 당신은 자신이 선택하는 모든 것을 자유로이 행할 수 있다.

사랑이 넘치는 삶의 방식으로 성장하기 위해서 당신은 군대에서와 같은 엄격함으로 자신을 훈련하거나 비판할 필요는 없다. 단지 받아들이고, 긴장을 푼 의식적인 방식으로 모든 것을 경험하면 된다. 그리고 경험 하나하나는 성숙된 고등의식을 향한 당신의 현재를 위해 완벽하게 진행하는 것이다. 매 순간의 의식 흐름을 주의 깊게 해석하기 위해 당신이 사랑으로 가득 찬 삶의 길을 사용할 때 탐닉은 점차 사라지게 될 것이다. 흐름을 강요하지 마라. 열두 개의 길이라는 유리한 입장에서 단지 의식적으로 흐름을 경험하라.

타인과의 상호작용

당신의 모든 정서적 문제는 당신의 탐닉 때문에 생겨난다. 성숙된 고등의식으로의 성장은 이러한 함정으로부터의 해방을 가져온다.

일곱 번째의 길 어느 정도 은폐하는 것은 나로 하여금 타인으로부터의 분리라는 환상에 집착하게 만들기 때문에 나는 자신의 내밀한 느낌과 기꺼이 충분한 의사소통을 함으로써 자신을 모든 사람들에게 순수하게 개방시킨다. 일곱 번째 길은 당신의 탐닉에 의해 야기되는 감정을 통해 스스로를 개선하기 위해 잠시의 시간을 자신에게 주어야 한다는 것을 제시한다. 그러나 만약 당신이 의식 성장의 출발점에 서 있다면, 서둘러 대화를 나눔으로써 당신의 관계가 언제나 '진보'하는 것이 더 중요하다는 것을 깨달을 것이다. 숨기는 것은 소외를 가져오고, 열어 보이는 것은 결합을 가져온다는 것을 명심하라. 성숙된 고등의식으로 성장함에 따라 당신은 자신이 여러 가지 방식으로 은폐된 '해야 하는 것'과 '해서는 안되는 것'의 배역을 맡아 왔다는 것을 깨닫게 될 것이다. 당신은 순수하고 공개적으로 자신의 느낌을 이야기하고, 지금까지 행해 온 안전, 감각, 권력에의 탐닉을 드러낼 때, 당신은 효과적으로 '나'가 아닌 '우리'의 세계로 나아갈 수 있을 것이다.

여덟 번째 길 나는 정서적으로 혼란에 사로잡히지 않은 상태에서 사랑과 동정심으로 타인의 문제를 받아들인다. 왜냐하면 그 난제는 그들의 성장에 필요한 메시지를 제공하기 때문이다. 동정이란 사람들이 자신의 삶의 현재성을 거부함으로써 스스로 만들어 내는 이중성과 소외를 당신이 이해하지만, 그들의 애절한 연기에 사로잡히지 않는 것을 의미한다. 동정은 당신이 사람들과 같이 있을 때, 성숙된 고등의식과 사랑으로 그들을 위해 최상의 것을 해 줄 수 있다는 것을 깨닫고 있음을 의미한다. 왜냐하면 그들은 탐닉을 연기하고, 그것 때문에 괴로움을 당하며, 삶이 그들에게 제공하는 메시지를 받아들이기 때문이다. 동정은 당신이 자신에게 잔존하는 안전, 감각, 권력에의 탐닉에서 비롯되는 강압이나 죄의식이 아닌 명료한 사람의 공간에서 그들을 사랑하고, 그들에게 봉사한다는 것을 뜻한다.

성숙된 고등의식의 법칙이 제시하는 것처럼 문제는 '당신 자신을 포함하여 모든 사람을 무조건적으로 사랑' 하는 것이다.

아홉 번째의 길 나는 간섭받거나, 관심을 모으거나, 사랑할 때 자유롭게 행동한다. 그러나 내가 정서적으로 혼란스럽거나 사랑과 확장된 의식으로부터 흘러나오는 지혜가 결여되어 있을 때는, 가능하다면 행동을 피하도록 한다.

일곱 번째 길과 아홉 번째 길은 당신을 흥미 있는 문제에 끌어들인다. 일곱 번째 길은 당신으로 하여금 자신의 내면적인 느낌과 대화를 나누라고 말하며, 아홉 번째 길은 당신이 이해하고, 관심을 가지고, 사랑할 때까지 가능하다면 대화를 보류하라고 이야기한다. 이것이 의미하는 바는 다음과 같다. 즉, 당신은 언제든지 자신을 완전히 열고 다른 사람과 대화를 나눌 준비가 되어 있어야 하지만, 만약 당신이 혼란스러운 정서의 지배에 사로잡혀 있다면 당신이 지향해 온 투쟁이나 도망 욕구에 따라 행동하기보다는 자신에게 탐닉에 견딜 시간을 주는 것이 낫다는 뜻이다.

성숙된 고등의식을 향한 당신의 성장의 한 부분은 당신이 이 두 길을 얼마나 민감하게 조절하는가와 상관이 있다.

만약 당신이 의식 있고, 민감하며, 사랑이 넘치는 삶을 원한다면 자신의 내면적인 느낌과의 즉각적인 대화를 오랫동안 연기할 수 없다는 것을 언제나 명심해야 한다. 표현되지 않은 느낌은 암처럼 당신 뇌 속에서 악성으로 퍼져 나간다. 그것은 당신의 지각을 왜곡시키고 당신에게 소외와 고통을 가져다줄 것이다. 따라서 다른 사람과의 모든 관계를 보다 살아 있고 아름답게 만들기 위해서는 일곱 번째 길과 아홉 번째 길을 사용하는 법을 배워야 한다.

자각된 의식의 발견

당신은 자신이 가진 것을 유지하려 하고, 갖지 못한 것을 얻으려 하고, 원하지 않는 것을 피하려 한다. 당신은 안전, 감각, 권력에의 요구와 기대를 '합리화하기' 위하여 이성적 정신이 어떻게 자아의 지배를 받는지를 깨달을 것이다.

열 번째의 길 나는 나로 하여금 주변의 모든 것들과 조화롭게 융화시키는 섬세한 에너지를 이해하기 위하여 내 이성적 정신에 대한 철저한 탐닉을 끊임없이 고요히 행한다. 선택의 연마(탐닉의 자리에)는 당신의 이성적 정신을 동요시키고, 정밀하게 조사시키지는 않는다. 왜냐하면 선택은 당신을 무자비하게 만드는 목표를 추구하지 않기 때문이다. 선택으로 당신은 단지 일상의 현존성을 따라 흘러갈 뿐이다. 현존성이 당신에게 기회를 제공할 때마다, 당신은 자신의 선택에 가장 적합한 것 하나를 고르기만 하면 된다. 그러나 어느 것을 고르든 모든 것이 좋게 느껴진다. 당신의 이성적 정신은 무자비하고 절박한 행동으로 발전하지 않는다. 선택은 당신으로 하여금 삶의 현존성과 접촉하게 해 준다. 그것은 당신의 마음을 보다 고요하게 해 준다. 그것이 당신 의식의 강력하고, 고요하며, 집중적이고, 평화롭고, 효율적인 하인으로 기능할 때까지.

따라서 사람의 삶의 체계는 당신으로 하여금 긴장, 불안, 갈등을 초월해서 삶의 모든 것을 자연스럽게 받아들일 수 있도록 해 준다. 하등의식으로부터의 해방은 당신을 이성적 정신의 무자비한 조건으로부터 벗어나게 해 줌으로써 당신 내부의 깊고 고요한 곳과 끊임없이 만날 수 있게 해 준다. 그곳에서 당신은 평화롭고 사랑이 넘치며 은총이 가득한 마음으로 삶의 드라마를 지켜볼 수 있다.

열한 번째 길 나는 끊임없이 자신이 사용하는 의식의 일곱 중추를 생각하며, 내가 모든 의식의 중추를 열어 감에 따라 에너지, 예민성, 사랑, 내적인 평화가 자람을 느낀다. 당신은 자신의 의식이 하등한 세 중추에 포함되어 있을 때는 에너지, 사랑, 통찰력, 내적인 평화가 동요한다는 것을 발견한다. 의식을 향상시키는 법을 배움에 따라 당신은 엄청난 에너지를 방출한다. 당신은 모든 사람을 무조건 사랑하고 받아들이는 것을 즐기게 된다. 자신을 의식의 고등 중추로 성장시킴에 따라 당신은 자신이 언제나 삶에서 추구해 왔던 아름다운 마음의 평화를 발견하게 된다.

열두 번째의 길 나는 스스로를 포함한 모든 사람을, 지금 무조건적인 사랑과 일체감이 성숙된 고등의식을 단계를 향하는 자신의 천부적 권리를 주장하는 자각된 존재로 지각한다.

어떤 것을 '좋다' 나 '나쁘다' 로 분류하는 대신, 당신은 사유와 행위가 어느 정도까지 다른 사람에 대한 당신의 느낌을 분리시키거나 통합시키는가를 점검하기 위해 통찰력을 사용한다. 소외감을 느끼게 하는 것은 당신이 효과적으로 일을 해 나갈 수 없게 만드는 경향이 있으며, 사랑과 통일감을 경험케 하는 것은 자신의 에너지와 주변 세계의 에너지를 조화시킬 수 있게 해 준다. 당신이 어떤 것을 할 것인가에 대해 의심에 빠질 때마다, 그것이 당신을 소외시키는지 또는 다른 사람을 더 사랑하게 하는지를 스스로에게 물어보라.

당신이 그 모든 것을 이해할 때, 자신의 삶에서 일어나는 모든 것이 속해있는 거대한 탐닉의 드라마 속에 자신이 있음을 알게 될 때, 자신이 얼마나 끊임없이 자신 안의 잠재력을 억압해왔는지를 깨닫게 될 것이다. 성숙된 고등의식은 당신이 주변 세계의 사람, 사물과의 상호작용의 자연스러운 조화를 경험하는 것을 뜻한다. 이것은 당신으로 하여금 현존하는 삶의 모든 것을 정서적으로 받아들일 수 있게 해 준다. 성숙된 고등의식은 형이상학적인 또는 현실과 동떨어진 상태가 아니다. 그것은 당신이 인간으로서 타고난 권리의 실제적이고 아름다운 마음의 상태다.

7. 의식의 영역

하등의식의 세 영역은 인류의 진화 단계상 밀림에서의 생존을 위해 발전해 왔다. 즉,

감각(음식물이나 섹스) 가능성이나, 권력영역에 대한 침해를 위해 입력되는 정보를 검색하기 위한 것이다.

성숙된 고등의식을 위한 잠재력이 아동기부터 활용 가능한 것이라는 사실에도 불구하고 우리는 때때로 이러한 자동화된 반응인 안전, 감각, 권력의식에 사로잡힌 채로 남아있다.

의식의 일곱 영역의 규준이 가지는 장점 가운데 하나는 우리로 하여금 균형 잡힌 시각으로 삶을 바라볼 수 있게 해 줌으로써 삶의 경험을 발생시키는 데 사용하기를 원하는 여과기를 선택할 수 있다는 것이다. 의식의 규준의 놀라운 측면은 그 규준의 각 단계를 밟아 올라갈 때마다 당신의 삶이 제공하는 더 많은 에너지, 사람들과의 더 원활한 접촉, 보다 큰 즐거움을 맛볼 수 있다는 것이다. 하등한 네 영역의 중요한 특징은 삶의 현존성을 해석하기 위해 안전, 감각, 권력의 여과기를 사용할 때 당신이 결코 삶을 지속적으로 향유할 수 없다는 것이다.

하등한 영역이 당신에게 충분함을 가져다줄 수 없는 이유는 그것들이 사람과 삶의 상황을 지각하는 데 끊임없는 왜곡을 야기하기 때문이다. 이러한 영역들은 당신으로 하여금 무조건적으로 사랑할 수 없게 만들며, 또 타인을 당신과 똑같은 존재로서가 아니라 대상으로서 관계하게 만든다. 이것은 당신으로 하여금 강제로 상황을 추종하거나 상황에서 도피하는 데 에너지를 낭비하게 만든다. 동시에 이 하등한 영역들은 당신을 서로 갈등을 일으키는 탐닉에 복종하게 하고, 과도한 정서적 부담에 시날리노록 어번 것을 요구한다. 갈등을 야기하는 탐닉적 요구에 시달리면, 현존성에 대한 경험은 억압, 분노, 실망, 우둔함으로 뒤덮여 암울해지고 만다. 이러한 정서들은 당신의 능력을 저하시키고, 안전, 감각, 권력의식에 의해 발생하는 대립적인 욕구와 욕망, 기대로 당신을 갈가리 찢기 위해 쓰인다. 당신의 의식 성장을 위한 가장 완벽한 장소는 지금 현재라는 것을 알아야 한다. 당신은 지금 현재가 아닌 다른 어느 곳에 있어서도 안 된다. 당신은 단지 사랑이 넘치는 삶의 방식이라는 유리한 입장에서 매 순간 의식의 흐름 안에 발생하는 것을 보이는 대로 관찰하기만 하면 된다. 그리고 사랑이 넘치는 삶의 방식을 사용할 때마다, 전에는 자신과 타인들을 정서적으로 괴롭히고 혼란스럽게 만드는 것으로 귀착되었던 상황 안에서 자신이 보다 평화스럽고 사랑이 넘치게 변화하고 있다는 것을 발견할 것이다.

불행의 세 영역

당신이 안전함을 느끼게 하는 것은 무엇인가? 당신을 불안하게 만드는 것은 무엇인가? 이러한 질문에 대한 대답은 어쩌면 당신을 혼란스럽게 할지도 모른다.

의식의 제1영역-안전 영역 안전 영역은 외부세계가 당신의 안전 심리와 일치하지 않을 때 반사적으로 공포감이나 분노의 감정을 촉발시킨다. 안전함을 느껴야만 한다고 스스로에게 말하는 조건을 성취하기 위해 얼마나 많은 시간을 불쾌한 집착에 매달려 왔는가를 돌이켜 보라. 의식의 안전 영역은 너무나 절박하고 강력하게 당신을 고등 영역으로부터 끌어내린다. 즉, 성인의 경우 불안감이나 공포의 경험은 대개 합리적 정신의 '미래에 대한 설계' 와 상관이 있다. 당신은 앞으로 일어날 일에 대해 이해하고 걱정할 것이다. 당신은 자신이 작년에 겪은 모든 상황 안에서 여러 가지 문제들을 이러저러한 방식으로 처리할 수 있었다는 것을 잊어버리는 경향이 있다. 만약 당신이 지난 날의 모든 '위협' 을 돌이켜 본다면, 지금 현재 삶의 매 상황에 대한 최선의 선택을 위해 공포나 불안감이 필요하지는 않다는 것을 이해할 수 있을 것이다. 사실, 모든 근심과 걱정은 결과적으로 행복을 위한 에너지와 잠재력을 낭비하는 것이다. 우리들 가운데 어떤 이들은 미래에 대한 걱정으로 현재의 즐거움의 대부분을 말살시켜 버리고 만다. 미래에 보다 안전해지기 위해 당신이 해야 할 무엇이 있다면 서둘러서 그것을 해라. 그것이 현존적인 행동이다.

의식의 제2영역-감각 영역 감각이 아무리 유쾌하다 해도 당신이 그것에 의지해 행복하기를 원한다면, 결코 당신은 행복해질 수가 없다. 계속해서 감각을 추구할 때 당신은 초조하고, 때때로 신물이 날 정도로 질리게 되며, 결국 현존성과 조화를 이루지 못하게 된다. 그러나 당신의 의식이 더 이상 두 번째 영역에 집착하지 않게 되고 의식이 일차적으로 사랑의 영역이나 풍요의 영역과 조화를 이루게 되면, 감각은 삶의 현존적 흐름의 한 부분으로 행복에 덧붙여진다.

의식의 제3영역- 권력 영역 권력 영역을 통한 행복의 추구는 성숙된 고등의식을 향한 성장이라는 관점에서는 확실히 하나의 발전이다. 권력 영역에서 살아갈 때 당신은 보다 활동적으로 많은 사람들과 어울린다. 그러나 이러한 관계들 역시 주체, 객체 관계일 뿐이며, 그 관계 속에서 사람들은 당신과 협력하거나 당신을 위협할 뿐이다. 권력 영역에서의 삶이란 경쟁적 행동과 보복의 연속일 뿐이다.

성숙된 고등의식의 또 하나의 혜택은 당신이 그 모든 것을 포기하면, 그 모든 것을 되돌려 받는다는 점이다. 당신이 포기하는 것은 내부의 탐닉적 요구이지만 되돌려 받게 되는 것은 행복해지기 위해 필요로 하는 것보다 훨씬 많다. 의식의 네 번째 영역으로 성장해 감에 따라 당신은 자신이 삶에서 필요로 하는 모든 능력을 지니고 있다는 것을 깨닫게 될 것이다. 사실, 당신은 필요한 것보다 더 많이 가지고 있다. 주변 모든 사람들을 무조건 받아들이기 위해 당신은 의식의 세 번째 단계에서 살아갈 때는 한 번도 열어 본 적이 없는 문을 열게 될 것이다.

목표는 자아를 없애는 것이 아니다. 만약 자아를 없앤다면 당신은 삶이 제공하는 아름다움을 맛볼 수 없도록 분열증적 유형의 껍질 속으로 숨어들어 가게 될 것이다. 자아는 아직까지 당신이 처리하지 못한 탐닉을 알려 주는 데 결정적인 역할을 한다. 당신이 자신의 탐닉을 재정리하면, 자아는 행복을 방해하는 부정적 정서를 촉발시키는 것을 자율적으로 중지할 것이다. 따라서 자아를 받아들여라. 그리고 그 활동을 관찰하라. 성숙된 고등의식으로 성장하기 위해 필요한 경험을 제공해 주는 당신의 한 부분으로 자아를 이용하라.

두 개의 즐거운 영역

탐닉이 사라지게 됨에 따라 당신은 주변의 모든 사람과 사물을 다른 방식으로 이해하게 될 것이다. 당신은 그 모든 것들을 자신의 탐닉적 요구와의 일치라는 관점에서가 아닌 '그것 자체들이 현존하는' 방식으로 바라보게 될 것이다.

의식의 제4영역-사랑 영역 사랑이 넘치는 의식의 네 번째 영역은 사랑 영역이다. 사랑은 주변의 사람과 사물을 무조건적으로 받아들이는 것에서 시작된다. 보다 더 사랑 영역 안에서 살아가게 됨에 따라 당신은 자신의 의식이 머무는 새로운 세계를 창조하고 있다는 것을 깨닫기 시작할 것이다. 사람과 환경은 이제 더 이상 위협이 아니며, 어느 누구도 당신의 선택을 위협할 수 없다. '타인들' 은 오직 당신의 탐닉을 위협할 뿐이며, 당신은 빠른 속도로 자신의 탐닉을 극복할 것이다. 당신의 정신은 이제 더 이상 '타인들' 을 만들어 내지 않는다. 의식의 네 번째 영역에서 보다 많은 시간을 보내게 되면 당신은 사람들과 보다 즐겁게 지낼 수 있게 될 것이다. 이제 당신은 거의 화를 내지 않으며, 자신이 경험하는 따뜻함과 일체감의 놀라운 느낌을 즐길 수 있다. 또한 당신은 말, 장면, 소리뿐만 아니라 모든 감각기관으로 이 모든 것을 향유한다.

의식의 네 번째 영역에서 당신은 사랑과 주의의 표현으로서 '수고' 를 경험한다. '수고' 는 일이 끝났을 때 다시 삶을 충분히 즐길 수 있다는 느낌처럼 무의식적으로 이루어지지는 않는다. 당신은 '타인' 의 욕구를 마치 자신의 욕구처럼 충족시키기 위해 에너지를 우러나게 하는 것을 배움으로써 성숙된 고등의식으로의 성장을 발전시켜 나간다. 오래된 속담에 다음과 같은 말이 있다. "내가 누구인지를 몰랐을 때 나는 사람들에게 봉사했었다. 그러나 내가 누구인지를 알게 되자 나는 주위 사람들과 하나가 되었다."

의식의 제5영역-풍요 영역 당신이 사랑 영역에서 살아갈수록 더 많은 사람들과 관계를 하게 될 것이다. 이제 당신은 예견된 방식이나 선입견을 가진 상태가 아닌 채로 개방적이고 유연하게 그것들을 경험한다. 또한 당신은 자신이 하등한 의식의 세 영역에 기초해 판단할 때보다 더 유용하고 다양한 경험에 대해 개방적이 될 것이다. 이러한 개방성은 거의 기적적인 방식으로 삶을 경험하고 스스로를 우러나오게 하는 시작이 될 것이다. 당신이 스스로를 옮에 따라 당신은 한때 문제였던 삶의 상황에 대한 놀라운 해결책을 발견하게 될 것이다. 사건들은 당신에 대한 선입견 대신, 결과와 진행의 관점에서 이해될 것이다. 자아가 탐닉하는 일이 줄어듦에 따라 당신은 현존성 자체를 경험하기 시작한다. 당신의 예민성은 엄청나게 증가한다. 이제 당신은 자신의 사고에서 고도의 예측력을 지니게 된다. 지금 당신이 살고 있는 세계를 아름답고 평화스럽게 창조했기 때문에 당신은 아름답고 평화스러운 세계 안에 살고 있는 자신을 발견할 수 있다. 당신이 보호해 오던 탐닉을 줄여 나갈 때, 자율적으로 당신을 돕게 되는 세 개의 강력한 요인을 느끼게 된다.

1. 탐닉은 당신의 에너지를 낭비해 왔기 때문에 이제 당신은 선택에 따라 쓸 수 있는 엄청난 에너지를 갖게 될 것이다.
2. 탐닉은 당신의 눈을 멀게 해 왔기 때문에 이제 당신은 다양한 삶의 상황에서 해야 될 일과 하지 않아야 될 일에 대해 명료한 통찰력을 지니게 될 것이다.
3. 탐닉은 당신을 다른 사람에게서 소외시켜 왔기 때문에 이제 당신은 사랑과 도움을 받는 사랑의 에너지가 넘치는 세상에서 살아가게 될 것이다.

풍요 영역에 대한 통찰력을 갖게 됨에 따라 당신은 언제나 '충분함' 을 주는 세계에서 살아가고 있다고 느끼기 시작할 것이며, 따라서 의식의 고등 영역에서 살아가게 될 것이다. 또한 자신이 완전한 세계에서 살고 있다고 깊이 느끼기 시작할 것이다. 당신의 탐닉을 지니고 있을 때 찰나의 행복이라는 제한된 관점에서는 결코 세계를 완전한 것으로 느낄 수가 없었을 것이다. 그러나 의식적 존재로서 당신의 총체적 발전에 필요한 삶의 경험을 계속해서 정확하게 제공해 준다는 관점에서 볼 때 세계는 완벽하다.

충족 영역

각성된 의식의 영역은 당신에게 당신과 환경 사이의 공간을 제공한다. 이 영역에서 당신은 더 이상 발전이나 퇴보에 흔들리지 않는다. 마침내 당신은 자유롭다.

의식의 제6영역 - 각성된 의식의 영역 이러한 사슬로부터 해방되기 위한 방법은 당신의 의식이 각성된 의식의 영역에 머물게 하는 것이다. 당신으로 하여금 자신이 진정 누구인지를 깨닫지 못하게 하도록 자아와 합리적 정신을 움직이는 것은 당신의 탐닉적인 의식이다. '자신이 생각하는 스스로의 현실적 상태' 나 '자신이 생각하는 스스로의 실제' 를 파악하는 방법은 자신의 자아가 보호하고 있는 것을 주의 깊게 관찰하는 것이다.

의식적인 사람들은 개인에게 해가 되는 경우를 제외하고는 집단의 활동이나 행동과 같이 행할 수 있다. 그들은 놀라울 정도로 유연하며, 사회적 상황이 어떻게 흘러가든 편안함을 느낄 수 있다. 그들은 상황을 바꾸려 할 때에도 여전히 편안하다. 왜냐하면 그들은 언제나 '우리' 의 공간에서 변화를 향해 살아가는 법을 발견하기 때문이다. 그들의 의식, 사랑, 통찰력, 유연성은 우리가 '자연스러운' 것으로 생각해 온 사회적 억압으로부터 스스로 벗어날 수 있도록 도와주는 메시지를 전해 준다. 당신의 의식의 여섯 번째 영역에서 드라마의 관객으로서 스스로를 경험하기 시작함에 따라, 당신은 더 이상 환경을 적절하게 작동시키기 위해 필요하다고 믿어 온 자신의 지성적 노력, 의지 따위의 환상에 시달리지 않게 된다. 대신에 심오한 평화, 에너지의 정교한 흐름의 아름다움이 주변의 에너지와 조화를 이루는 것을 경험한다. 당신은 사랑이 넘치는 주변의 에너지의 대양을 호흡함으로써 지속적으로 아름다운 삶을 살아가는 데 필요한 것보다 훨씬 많은 안전과 즐거운 감각, 사랑을 가질 수 있다는 것을 깨닫게 될 것이다. 그리고 본질적인 자신과 자신의 각성된 의식을 동일한 것으로 파악함에 따라 당신은 자신의 삶의 드라마와 자연스러운 당신으로서의 완전한 존재 두 가지 모두를 깊고 지속적으로 향유하게 된다.

의식의 제7영역 – 우주적 의식의 영역 당신의 의식이 사랑 영역과 풍요 영역에 머물기 시작하면, 당신은 다영역적 지각을 발전시키기 시작할 것이다. 의식의 일곱 번째 영역에서 우리는 자각에서 순수자각으로 비약한다. 다른 말로 표현하면, 우리는 더 이상 스스로를 바라보지 않는다. 육체와 정신, 감각, 의식은 분리되어 있지 않게 된다. 이 일곱 번째 영역에서 우리는 안전, 감각, 풍요를 더 이상 경험하지 않는다. 우리 자신이 안전, 감각, 삶의 풍요로움이다. 우주적 영역의 단계에서 우리는 감수성을 제한하는 화면이 제거되었기 때문에 엄청난 효율성을 가지고 살아간다. 이제 우리는 주변 환경의 섬세한 뉘앙스와도 일치할 수 있다. 우리는 세계가 보내오는 섬세한 흔들림의 광범위한 스펙트럼에 스스로를 열어 보일 수도 있다. 그러나 그것들은 우리가 안전, 감각의 하등한 단계나 사랑, 풍요, 자각의 중간 단계에 머물러 있었을 때는 파악조차 하지 못했던 것들이다. 이제 성숙된 고등의식을 향한 여행의 마지막에 이르러 우리는 태어나면서부터 지닌 우리의 권리를 진정으로 성취한 것이다. 완전한 의식적 존재로서 우리는 최고로 섬세하며, 최고로 지혜롭고, 최고로 효율적이다. 우리는 모든 개인적 영역을 초월했기 때문에 사람이나 사물로부터의 소외란 경험할 수조차 없으며, '타인'에게 봉사할 수도 없다. 왜냐하면 '타인'이란 존재하지 않기 때문이다. 모든 것은 '우리'의 공간에서 경험된다.

8. 자신을 발전시키는 다섯 가지 방법

당신이 삶의 매 순간 아래의 다섯 가지 방법을 지속적으로 사용한다면 당신은 의식의 일상적 흐름 안에서 기분 좋은 만족을 발견할 것이다. 당신은 자신이 언제나 원해 왔지만 전에는 한 번도 발견한 적이 없었던 해방을 경험할 것이다. 당신이 자연스럽게 사랑이 넘치는 존재라는 사실을 부인하고 당신을 소외시켜 온 프로그램으로부터의 진정한 해방을 스스로 발견하게 될 것이다. 다섯 가지 방법은 다음과 같다.

방법 1 열두 개의 길을 기억하고 일상의 삶에서 그것을 길잡이로 사용하라. 열두 개의 길은 그것이 의미하는 바가 진정으로 생동감이 넘친다는 것을 당신에게 보여 줄 것이다. 당신은 현재의 의식상태를 돌아보게 될 것이며, 자신이 지금까지는 살아 있었다기보다는 죽은 상태로 지내왔다는 것을 깨닫게 될 것이다. 당신이 열두 개의 길을 따라 살아가게 되면 필요로 하는 모든 것이 거의 기적적인 방식으로 당신에게 주어질 것이다. 당신이 언제나 원해 왔던 평화, 사랑, 효율성이 당신의 것이 될 것이다.

방법 2 당신의 의식의 개발이야말로 삶에서 이룰 수 있는 최고의 완성이라는 것을 발견하게 될 것이다. 당신이 지금 경험하고 있는 의식의 영역을 계속 향상시킴에 따라, 당신은 자신이 매번 의식의 영역을 향상시킬 때마다 더 많은 사람들과 상호작용을 한다는 것을 발견하게 될 것이다. 또한 당신은 보다 많은 에너지를 방출하게 될 것이다. 이 단계에서는 사람들은 조정되어야만 할 대상일 뿐이다. 당신이 안전 영역이나 권력 영역에서 사랑 영역이나 풍요 영역으로 향상됨에 따라 끊임없이 사람들과 접촉하며 에너지가 증가한다는 것을 발견할 것이다.

방법 3 고통을 야기하는 것을 탐닉적 욕망이라는 지성적이고 정서적인 통찰력과 연결시켜서 생각하라. 사랑이 넘치는 삶의 방식의 엄청난 효율성과 일치하기 위해서는 자신이 탐닉과 그것이 자신을 괴롭히는 사건을 만들어 내는 방식을 알아차리는 것이 필요하다. 또 어떻게 각각의 탐닉이 자아와 이성적 정신에 개입되는지를 파악하는 것도 중요하다. 탐닉에 휘말리는 대신, 또 다른 문제를 야기하는 '합리적' 해결책을 모색하기 시작해야 한다. 세 번째 방법을 능숙하게 사용하기 위해서는, 삶의 현존성으로부터 당신을 소외시키고 있다고 느끼게 만드는 탐닉을 파악할 수 있는 기술들을 개발해야만 한다. 당신이 일단 탐닉을 정확하게 파악했다면 그다음에 할 일은 탐닉을 선택적으로 재프로그램화하는 일이다. 재프로그램이 이루어지면 당신은 자신의 의지와 결정으로 명료하고 확실한 작동지침을 바이오 컴퓨터에 내릴 것이다. 당신은 바이오 컴퓨터에게 앞으로는 입력되는 자료의 처리에서 다른 방식으로 기능하기를 원한다고 말할 것이다. 이것은 당신이 열정과 확신을 가지고 자신의 마음에 새로운 작동지침을 내린다는 것을 의미한다. 만약 당신이 여러 번에 걸쳐 재프로그램 지침을 반복한다면 재프로그램은 대단히 효과적으로 작동할 것이다. 의식의 집중을 다루는 다음 절에서는 보다 심각한 탐닉을 처리하는 방법에 대해 자세하게 설명할 것이다.

방법 4 인지적 집중을 위한 도구로서의 우리의 사랑이 넘치는 삶의 모든 방식을 촉매제로 사용하라. 만약 당신이 자신의 모든 감각, 느낌, 사고를 배경으로 촉매제를 마음속의 가장 눈에 잘 띄는 곳에 위치시킬 수 있다면 성숙된 고등의식을 향한 당신의 성장은 보다 빨리 이루어질 것이다. 이러한 지속적인 반복은 당신의 마음을 가라앉히고, 집중력을 높이고, 직관적인 지혜의 발생을 가능케 하며, 탐닉으로부터 해방시켜 주며, 당신으로 하여금 위대함을 느끼게 해 준다.

방법 5 사랑이 넘치는 삶의 방법들 가운데서 가장 강력한 것 중 하나는 의식집중의 기술이다.

9. 의식집중과 의식집중의 방법

의식집중은 당신이 고통이나 괴로움을 느낄 때 스스로에게 이야기하는 방법을 통해 정서적 재프로그래밍을 한다. 사실상, 당신은 일생 동안 의식집중을 사용해 왔다. 의식집중은 완고한 탐닉을 정리하기 위한 강력한 방법들 중의 하나다. 의식집중을 사용하면 우리의 정서적 프로그램에서 탐닉은 짧은 시간 내에 일소될 수도 있다. 안전, 쾌감, 권력을 위해 무엇인가가 제공되는 기회가 많아질수록 우리는 괴로움을 가져다 줄 탐닉적 프로그램을 보다 발전시키게 될 것이다. 의식집중은 우리로 하여금 일상에서 그것을 지키느라 낭비하게 하는 완고한 탐닉들을 재정리하도록 도와준다.

의식집중의 단계

제1단계-괴로움의 탐색 우선 공포, 분노, 질투, 기타 혼란스러운 느낌을 촉발시키는 기초적인 사실들을 검토하라. 그리고 당신이 자신의 내부에 만들어 내고 있는 괴로움을 경험하라. 당신의 육체, 즉 머리, 심장, 위, 다리, 팔, 당신의 내부 등이 어떻게 느끼는가를 주의 깊게 관찰하라. 당신이 느끼고 있는 것을 간단하게 자신에게 묘사하라. 두려움, 근심, 실망, 분노, 혼란 등과 같은 단어를 사용해라. 그것에 관해 생각하거나 이유를 찾지 말고, 당신이 느끼는 것을 그냥 관찰하고 느낌의 상태를 가리키는 한 단어로 된 표현을 사용하라.

제2단계-탐닉의 정확한 파악 이제 제1단계에서 검토했던 상황의 고통에 대해 책임이 있는 탐닉을 정확하게 파악하라. 고통을 제거하기 위해서는 우선 그 원인을 알아야만 한다. 고통의 원인은 언제나 당신 머릿속의 정서에 기초한 프로그램일 것이다. 이러한 탐닉적 프로그램은 언제나 외부의 일련의 사건들과 당신의 긴장이나 불행 사이의 중재적 변수로 나타난다. 만약 당신이 이러한 탐닉적 오류를 가지고 있지 않다면, 외부의 사건은 현재 당신이 경험하고 있는 것을 촉발시킬 힘을 갖지 못하게 될 것이다. 그것은 다음과 같다.

외부의 사건 → 당신의 탐닉적 프로그램 → 당신의 불행

만약 당신이 중간의 과정을 제거한다면 외부의 사건이 당신으로 하여금 불행한 경험을 발생시킬 사건으로 존재하지 않게 된다. 자아와 이성적 정신은 위 표의 왼쪽, 즉 외부의 사건이 당신의 괴로움에 대해 책임이 있다고 비난해 왔다. 이제 당신은 자신의 신경체계가 당신의 경험에 대해 책임을 지도록 훈련하고 있다. 당신은 탐닉적 요구야말로 괴로움의 직접적 원인이라는 것을 이성적 정신에게 확신시켜야만 할 것이다.

제3단계-재프로그래밍의 구절의 선택 우선 비슷한 상황일 때 당신에게 일어난 적이 있는 과거의 모든 괴로움을 검토하라. 보통 자아와 이성적 정신은 당신의 불행을 다른 사람의 탓으로 돌려 왔다. 이것은 당신이 자신의 삶에 문제를 일으켜 온 탐닉을 정확하게 바라보지 못하게 만든다. 과거의 긴 일련의 유사한 사건을 바라보아라. 당신이 스스로에게 그런 일을 했다는 사실에 대해 충분한 책임감을 느껴라. 만약 당신이 아직도 탐닉을 제거하기보다는 그것을 만족시키고 싶다면, 당신은 재프로그래밍을 위해 준비가 되어 있지 않은 것이다. 그런 경우에는 통찰력을 얻기 위해 다른 방법을 사용하라. 괴로움을 탐닉과 결부시켜 탐닉이 만들어 내는 괴로움을 지속적으로 관찰하고, 괴로움을 만들어 내는 것은 외부세계가 아니라 바로 당신의 탐닉적 프로그램이라는 것을 이해하도록 하라. 부정적이고 소외된 정서는 당신으로 하여금 당신이 진정으로 원하는 것을 얻을 수 있도록 결코 도와주지 않는다는 것을 상기하라. 그러한 감정들은 당신에게 해가 될 뿐이다.

제4단계-재프로그래밍에 대한 의식집중 자율신경계 안에 긴장감을 주기 위해 이제 온 몸을 긴장시켜라. 그럼으로써 당신의 정서적 재프로그래밍을 변화시키기 위해 준비를 갖추어라. 머리를 무릎 가까이로 숙이고 바닥에 무릎을 꿇고 앉는 자세가 이 방법에 도움이 된다는 것을 알 수 있을 것이다. 괴로움을 야기시키는 탐닉을 제거해야겠다는 굳은 결심을 하고 당신이 선택한 한두 개의 재프로그래밍 구절을 힘차게 반복하라. 계속해서 그것을 반복해라. 그 구절들은 외울 때 소리를 지르거나 외치는 것도 도움이 될 것이다. 그러나 당신의 결심이나 의지는 진정으로 재프로그래밍을 이루었을 때 탐닉으로부터 자유로워진다. 탐닉을 경험할 때 가능하다면 즉시 의식집중을 사용하라. 최초의 정서적 파도가 당신을 두렵게 하고, 화나게 하고, 질투 나게 하고, 원한에 차게 할 때 당신이 그것을 사용하면 언제나 작동된다. 만약 당신이 의식집중을 할 준비가 되어 있지 않다면 다른 방법들 가운데 하나를 사용해서 탐닉을 떨쳐 버릴 수 있는 통찰력을 얻을 수 있을 것이다. 만약 당신의 정서가 냉정해진다면 정서적 에너지를 발생시키는 것은 훨씬 어려워진다. 그러나 보다 늦게 의식집중을 사용하는 것은 여전히 효과적일 수 있다. 그것은 바위처럼 단단한 우리의 탐닉을 쪼아 없애는 데는 언제나 어느 정도 도움이 된다.

소외된 정서에 빠졌을 때 주는 생명의 구조방법

제1단계-괴로움의 탐색 첫째, 심호흡을 몇 차례 하고 눈을 감는다. 자신의 느낌과 일치시키고 스스로 그 느낌을 경험하도록 한다. 둘째, 가장 강렬한 정서를 경험하기 직전에 당신이 개입되어 있는 사실적인 장면의 객관적 그림을 머릿속으로 재구성해 본다. 셋째, 이제 당신을 그 상황 속으로 돌아가게 해 당신이 만들어 내고 있는 정서를 주의 깊게 경험하라.

제2단계-탐닉의 정확한 파악 첫째, 사건의 순간 당신은 상황이 어떻게 되기를 원하는가? 당신은 어떻게 해야 하며, 또 다른 사람들의 삶의 드라마는 어떻게 흘러가야 '만' 하는가에 대해 당신이 갖고 있는 프로그램화된 태도나 모델은 어떤 것인가? 둘째, 깊이 내재해 있는 탐닉적 욕구를 파악하기 위해 스스로에게 물어라. 셋째, 이제 스스로에게 다음과 같은 질문을 던짐으로써 당신의 주요한 탐닉적 욕구를 정확하게 파악하라. "이 상황에서 나의 탐닉적 욕구는 정확하게 무엇인가?" "행복해지기 위해 내가 가져야만 한다고 생각하는 것은 무엇일까?"

제3단계-재프로그래밍 구절의 선택 첫째, 당신은 이런 탐닉들이 어떻게 당신으로 하여금 자동적으로 반응하는 로봇처럼 행동하게 하는지를 이해하고 있는가? 둘째, 당신은 이런 탐닉들로 인해 자신이 괴로움을 당하고 있다는 것을 알고 있는가? 셋째, 당신은 충분히 괴로움을 맛보았는가? 그렇지 않다면 당신이 선택한 욕구가 그 상황에서 진정으로 당신을 괴롭히고 있다는 것을 확신하고 제3단계를 반복하라. 넷째, 낡은 프로그램을 바꾸기 위해 특정한 욕망에 대항하는 한두 개의 짧고 간결한 재프로그래밍 구절을 선택하라. 그렇게 함으로써 욕구에 대항하라. "나는 허가가 필요하지 않다."는 구절은 적합하지 않다. 욕구에 대항한다는 것은 실수하지 않는다는 것이다. '내가 실수를 해도 나는 자신을 거부할 필요가 없다.'는 구절은 도움이 될 것이다. 강렬하고 빠르게 말할 때 그런 구절들은 좋은 느낌을 줄 것이다. 다섯째, 상황을 재검토하고, 당신의 정서를 재경험함으로써 재프로그래밍을 준비하라. 진정으로 탐닉이 야기해 온 괴로움과 접촉하고, 자유로워지겠다고 결심하라. 자유를 향해 달려갈 수 있도록 에너지를 충전시켜라.

제4단계-재프로그래밍에 대한 의식집중 첫째, 눈을 감아라. 열 번 심호흡을 하라. 근육을 긴장시키고, 할 수 있는 한 모든 정서적 에너지를 증강하라. 둘째, 강력하고 힘차게 재프로그래밍하라. 재프로그래밍 구절이 머릿속에 완전히 붙었다고 느껴질 때까지 굳은 결심으로 그것을 되풀이하라. 셋째, 유용한 통찰력을 얻기 위해 큰 소리로 열두 개의 길을 읽고 당신이 사용하고 있는 의식의 영역을 관찰하라. 넷째, 자신을 같은 장면 속으로 되돌려 보내 본다. 새로운 긍정적 반응과 새로운 프로그램에 기초한 느낌으로 상황에 대해 반응하는 자신을 상상해 봄으로써 새로운 프로그램을 재확인하라. 당신이 낡은 프로그램으로부터 해방될 수 있다는 것을 확인하라.

의식집중의 방법은 괴로움의 탐색, 탐닉의 정확한 파악, 재프로그래밍 구절의 선택, 재프로그래밍에 대한 의식집중 등이다. 이 단계들은 당신으로 하여금 자신의 탐닉들을 분명하고 확실하게 파악하도록 도와줄 수 있는 사람과 상황을 기꺼이 받아들여라. 이때 당신이 자신에게 말하는 것은 모두 절대적으로 중요하다.

요약해 보면 당신이 혼란을 느낄 때 불행의 원인을 정확하게 찾기 위해 당신은 극도로 섬세해질 필요가 있다. 당신의 문제는 외부 환경에 있지 않다. 그것은 당신의 내적인 면과 당신 외부에 현존하는 육체, 사람, 상황 사이의 상호작용의 결과다. 외부 환경은 고작해야 당신에 의해 최소한도로 변화될 수밖에 없기 때문에 당신의 행복은 당신이 변화시킬 수 있는 변화에 대한 집중에 달려 있다. 그것은 외부 환경이 당신의 기대에 미치지 못할 때 자동적으로 당신을 긴장하게 만드는 당신 자신의 정서적 프로그램이다. 분노, 원한, 근심, 공포의 매 순간을 자신에게 솔직하게 이야기를 시작할 수 있는 귀중한 기회로 붙잡아라. 그렇게 함으로써 당신은 주변 환경에서 무슨 일이 발생하더라도 더 이상 혼란을 느끼지 않을 것이다.

강력한 정서 만약 당신이 탐닉적 프로그램으로부터 삶의 자유를 얻기 위해서 의식 집중의 방법을 사용하기를 원한다면, 당신에게 혼란스러운 느낌을 강화시키는 사고를 찾아내는 일은 중요하다. 가장 강렬한 방식으로 자신의 정서를 체험할 수 있도록 하라. 또한 그것들을 재프로그래밍하기 위해서는 엄청난 결심과 노력이 필요할 것이라는 것을 생각하라. 당신에게 '옳게 느껴지는' 재프로그래밍 구절을 사용하는 것이 중요하다.

괴로움을 탐구하는 방법 당신은 탄식을 자아내는 이러한 정서들을 집중적으로 표현함으로써 상황을 충분히 두드러지게 할 수 있으며, 동시에 당신이 단지 낡은 프로그램을 폐기하고 있다는 사실을 분명하게 깨달을 수 있다. 문제는 그것을 꿰뚫어보고 그런 상황에 대한 새롭고 효과적인 대응 방식을 발전시키는 일이다.

정서적 반응의 강노 의식집중 방법의 효과적인 사용은 당신으로 하여금 할 수 있는 한 최고로 강한 정서를 발생시킬 것을 요구한다. 정서적 반응의 전기화학적 강도를 높이기 위해 당신은 할 수 있는 한 최선을 다해야 한다.

10. 즉각적인 의식의 증가

의식의 증가를 사용하면 당신은 자신의 소외된 방식으로 반응할 때 스스로를 용서하기 위해 사용한 모든 내적인 혜택을 다른 사람에게 나누어 준다. 의식의 의미 있는 즉각적 확장을 위한 지침은 다음과 같다. 사람들이 행하거나 말하는 모든 것을 마치 자신이 행하거나 말하는 것처럼 경험함으로써 당신의 사랑과 의식 그리고 사랑이 넘치는 연민을 확장하라. 의식 증가의 목적은 당신이 다른 사람의 행동과 말을 인식하고 해석하는 데 사용하는 프로그램이 자신의 말과 행동을 이해하는 데 사용하는 프로그램과 같아야 한다는 것을 상기시키는 것이다. 만약 당신이 각각의 상황에 대한 자신의 반응을 자신을 위해 준비해 둔 프로그램을 다 써 버릴 때까지 길게 연기한다면, 당신은 다른 사람을 이해하고 사랑하는 자신의 능력이 즉시 증가된다는 것을 깨달을 것이다.

즉각적인 의식의 증가는 이 세상에 '타인'은 존재하지 않는다는 것을 깨닫을 수 있도록 해 준다. 우리 모두가 안전, 권력에의 탐닉에 의해 지배되는 동일한 느낌과 문제를 공유하고 있으며, 사랑과 일체감에 대한 동일한 욕구도 공유하고 있다.

11. 이성적 정신

성숙된 고등의식을 향해 성장할수록 당신은 자신이 경험하는 모든 공포, 슬픔, 분노가 당신이 하고 있는 공허한 행위로부터 자신을 자유롭게 해 주기 위해 환경이 제공하는 가르침이라는 것을 깨닫기 시작한다. 주위 환경은 당신이 다양한 탐닉적 역할에 따라 기계적으로 행동하는 것을 꿰뚫어 볼 수 있고 통찰력을 개발시켜 줄 경험을 제공하고 있다. 사람들이 말하고 행동하는 모든 것과 함께 모든 소외감, 불신, 혼란은 당신의 삶이라는 게임을 진지하게 해 나가지 않고 있다는 것으로 생각되어야만 한다.

의식적인 존재는 우리로 하여금 다른 사람들을 우리 자신과 전혀 다르지 않게 받아들이고 경험하게 하는 사랑의 공간에서 살아갈 때야말로 삶이 언제나 최고의 상태로 움직인다는 것을 알고 있다. 당신의 두뇌가 당신을 혼란시키거나 당황하게 하지 않는 방식으로 처리하기 시작하면 당신은 의식의 화면이 더 이상 자신과 외부 환경 사이의 갈등에 의해 지배당하지 않는다는 사실을 발견할 것이다. 그때가 되면 당신은 주변 사람과 상황의 보다 미묘하고 섬세한 측면과도 조화를 이룰 수 있을 것이다. 또한 당신의 통찰력과 예민성은 수백 배로 늘어날 것이다. 자신의 지혜가 당신을 인도해 줌으로써 삶의 모든 상황에 대해 최선의 반응을 할 수 있도록 해 준다는 것을 알게 될 것이다.

탐닉이 선택의 수준으로 향상됨에 따라 당신은 이성적 정신과 감각이 보다 적은 왜곡을 하게 될 것이며 삶의 향상을 돕기 위해 협력하게 될 것이라는 것을 알게 된다. 그때가 되면 당신은 인간으로서의 천부적인 권리를 향유하게 될 것이며, 자신의 정서, 자아, 이성적 정신의 주인이 될 것이다. 이것이야말로 인간이 할 수 있는 가장 위대한 일 가운데 하나다. 훌륭한 그림을 그리거나, 큰 건축물을 세우거나, 위대한 작품을 쓰는 일도 훌륭한 일일 수 있지만, 자신의 주인이 되는 일이야말로 전 인류에 대한 중요한 공헌이다. 그리고 이 순간부터 당신의 외적인 성취는 주위 환경의 에너지의 흐름과 보다 큰 일치를 이루게 될 것이다.

12. 인간 두뇌의 최선의 사용법

인간 두뇌는 비록 통합된 체계로서 작동하지만, 인간 의식을 공부하려는 사람들에게 특히 중요한 어떤 신경구조를 지적해 내는 일은 가능하다. 우리의 모든 내부기관은 두뇌에 끊임없이 정보를 보내고 또 받는다. 시각, 청각, 촉각, 미각, 후각 기관과 우리 몸에 대한 정보를 취급하는 근육운동 지각기관은 끊임없이 초당 백만 번의 자극을 우리의 두뇌에 보낸다. 눈 하나만도 이백만 개가 넘는 신경섬유로 두뇌와 연결되어 있으며, 귀는 십만 개가 넘는 신경섬유에 의해 두뇌와 연결되어 있다. 매초 두뇌에 보내지는 이 엄청난 양의 자료는, 만약 이것을 자율적으로 요약하고 분류하고 통제하고 배분하는 하부조직체계가 없었다면 절대 처리할 수 없을 것이다.

요약과정 감각은 우리가 실재와 일치하는 것을 허용하지 않는다. 그것은 전자기적 파장을 통해 전달 가능한 실재의 아주 적은 측면만을 파악한다. 이것이 우리 눈의 렌즈에 투사되고 다시 전기화학적 자극으로 변해 뇌를 통해 중식될 때 보다 발전된 요약이 이루어진다. 우리의 의식 영상 위에 투사되기 위해 선택된 미세한 부분은 고도로 처리된 요약 중의 요약을 표현한다.

대뇌피질 대뇌피질은 100억에서 130억의 피질세포를 가진 두뇌의 소용돌이 모양의 표면 위쪽을 감싸고 있는 얇은 껍질이다. 이 피질세포의 연결관계는 인식의 파악, 수학, 과학, 예술 같은 복잡하고 사고체계의 이해를 위한 놀라운 이성적 정신을 가능하게 하는 구조이다. 일반적으로 인간만이 천부적 권리로 피질세포를 가지고 있고, 다른 동물들은 적은 부분만을 가지고 있을 뿐이다. 당신이 의식을 지배하고 있는 탐닉과 욕구로부터 자신의 두뇌를 해방시키지 않는다면 당신의 두뇌피질은 당신이 원하는 것을 갖지 못한 상황에 대해 끊임없이 심사숙고할 것이다. 이성적 정신에 의해 당신의 의식에 전달되는 모든 말은 현존적 자각의 심오한 단계로부터 당신을 분리시킨다. 심오한 단계에 민감해지기 위해서 당신은 당신의 각성된 의식을 주변 환경의 섬세한 에너지와 의식 단계 아래의 두뇌의 복잡한 작동에서 발생하는 섬세한 에너지와 조화시켜야만 한다.

지엽조직 대뇌의 기초적인 처리 체계 중의 하나는 정서적 느낌의 발생에서 주도적 역할을 하는 지엽적 조직이다. 유감스럽게도 우리의 정서적 활동을 지배하는 프로그램의 대부분은 낡아빠진 양식으로 이루어져 있다. 그것은 우리가 부모, 선생님 등의 탐닉을 분명히 평가할 수 있을 만큼 충분한 의식을 갖지 못한 유아기나 아동기에 프로그래밍했던 것들이다. 이러한 하등한 의식의 지침이 아직도 우리의 머릿속에 남아 있기 때문에 우리는 대부분의 사회적 상황에서 최고의 정신 · 신체적 관심, 우리의 진정한 안전, 순수한 행복을 훼손시키는 행동으로 끝을 내고 만다. 그러므로 지엽조직은 우리의 프로그래밍된 탐닉에 의해 지배되는 것으로 의식의 아래에서 작동한다. 우리의 의식은 탐닉이 야기한 정서 장애인 공포, 질투, 분노 등을 파악하게 된다. 우리는 말이나 개성이 우리를 삼켜 버리게 함에도 불구하고 그것들에 대해 반응한다.

망상활동조직 의식을 공부하려는 사람들에게 가장 흥미 있는 두뇌의 일부 가운데 하나는 망상활동조직이다. 해부학적으로 볼 때 이 조직은 뇌간에서 방사상으로 뻗어 나온 원추형의 복잡한 신경조직이다. 망상활동조직은 두뇌의 가장 중요한 활동조직의 하나로 문자 그대로 의식의 '문지기'로서 기능한다. 망상활동조직의 활동은 전통적으로 '자아'라는 말로 표현되어 왔다. 이것은 당신으로 하여금 자신의 안전, 권력에의 탐닉을 지키게 강요하고도 당신의 에너지를 그러한 탐닉 증진을 향하도록 감독하는 고통의 채찍으로서 당신의 정서를 사용하는 메커니즘이다. 망상활동조직은 매 순간 당신의 의식에 입력되는 감각 정보를 결정한다. 망상활동조직이 자신의 프로그램을 향상시키려는 당신의 노력에 반응함에 따라 당신은 '자기' 스스로와 동일한 것으로 잘못 여겼던 정서에 기초한 욕구의 복잡한 얽힘을 점차 풀어 나갈 것이다. 당신은 자신의 육체와 정신이 시시각각으로 변화하는 사고, 느낌, 감각, 행위의 시나리오를 연기하는 것을 바라본다. 당신은 자신이 접촉 없이 남아 있는 고정된 자기와 고정된 개별성을 가지고 있지 않다는 것을 깨닫는다. 의식의 고등 영역으로 성장함에 따라 당신은 더 이상 자신의 본질과 육체, 이성적 정신을 동일한 것으로 생각하지 않는다. 당신은 자신의 본질을 세상의 무수한 무대에서 공연되는 것으로서 자신의 삶의 드라마를 바라보는 순수한 자각된 의식이라는 존재로 경험한다.

13. 결론: 행복과 불행의 프로그래밍

행복의 상태는 우리가 삶에 현존하는 모든 것을 받아들이는 거의 지속적인 경험을 할 때 비로소 경험된다.

정 의 첫째, 불행은 우리가 받아들이기를 원하지 않는 것을 삶에서 우리에게 줄 때 우리가 경험하는 실망, 좌절, 정서적 긴장감에서 야기되는 심리 상태다. 둘째, 행복은 쾌락에서 발생하는 심리 상태다. 셋째, 천상의 행복은 지속적인 행복의 상태다.

세 가지 유형의 프로그래밍 성숙된 고등의식을 향한 사랑이 넘치는 삶의 방식에서 우리는 두뇌를 위한 세 가지 유형의 프로그래밍의 관점에서 생각한다.

① 탐닉적 프로그래밍

이런 유형의 회로 사용은 공포와 욕망에 대한 다양한 정도의 정서적 긴장을 경험하게 한다. 심지어 우리가 원하는 것을 탐닉적으로 얻게 될 때에도 그것을 지키려는 우리의 욕구는 새로운 탐닉을 만들어 낸다. 그러므로 우리는 끊임없이 위협, 긴장, 불행을 만들어 내는 정서에 기초한 욕구의 끊임없는 그물에 보다 깊이 말려들게 된다.

② 선택적 프로그래밍

당신이 선택적 프로그램을 갖고 있으면 삶의 현존적 이해라는 자연스러운 흐름은 결코 동요되지 않는다.

③ 행복의 프로그래밍

우리로 하여금 어떤 특정한 삶의 상황과 관계없이 지속적인 행복의 상태를 이룰 수 있게 해 준다. 행복의 프로그래밍은 우리로 하여금 사람들의 행동이나 외적인 조건에 대한 의존을 완전히 부숴 버릴 수 있게 해 준다.

불행의 메커니즘 오늘날 세상 사람들의 99%는 다양한 정도의 불행을 만들어 내는 그들의 두뇌를 운영하고 있다. 그 이유를 알아보면, 당신은 비판을 싫어하고, 누군가가 당신을 비판하면 당신의 두뇌는 당신에게 원한과 분노의 느낌을 주도록 프로그래밍되어 있기 때문이다. 우리가 좋아하거나 싫어하는 것에 상관없이, 삶의 다양한 실제 상황에서 우리는 때로 비판을 받을 것이며 때로는 비판을 받지 않을 것이다.

행복의 메커니즘 우리가 우리의 탐닉을 선택의 수준으로 향상시키게 되면 실망, 좌절, 고통과 같은 정서적인 느낌을 야기하지 않고도 그 자체로 존재할 수 있는 삶의 다양한 모든 것을 받아들일 수 있다. 선택적 프로그래밍은 우리를 삶의 '괴로움'으로부터 격리시켜 줄 수 있기 때문에 이제 우리는 오직 '즐거움'만을 자유로이 향유한다. 당신이 삶의 거의 모든 영역에 선택적 프로그래밍을 갖게 되면, 당신의 프로그램은 당신이 살아갈 아름답고 평화로운 환경을 창조할 것이다. 당신의 의식이 정서에 기초한 공포나 욕망의 지배를 받던 날들은 이제 지나갔다. 당신은 점차 주변의 사랑과 사물들에 대한 자신의 지각을 사랑과 받아들임의 인식적 틀로 변환시켜 나간다. 행복과 만족 그리고 기쁨을 만들어 내는 프로그래밍으로 계속 살아감으로써 당신은 의식의 성장을 위한 진일보의 가능성을 열어 놓고 있다.

더 없는 행복의 프로그래밍 성숙된 고등의식을 향한 사랑이 넘치는 삶의 방식의 궁극적 상태는 '더 없는 행복의 프로그래밍'에 의해 발생한다. 더 없는 행복의 프로그래밍의 일차적인 특징은 지속적인 행복감이나 더 없는 행복이 외부의 어떤 일과도 관계가 없다는 것이다. 당신은 삶의 내재적 선에 대한 황홀한 깨달음 속에서 경외와 감사로 충만하게 된다. 모든 것들은 '나'와 '그들'의 지각 대신, '우리'의 공적인 특수지각을 시작한다. 이러한 일체감이 사랑이나 무조건적인 받아들임을 뛰어넘는다는 것은 분명하다. 더 이상 받아들일 사람이나 사물은 존재하지 않는다.

에너지 흐름의 방향 사랑이 넘치는 체계에서 우리는 주변의 사람과 사물들을 지각하고 그것에 반응하기 위한 세 개의 인식 틀을 갖고 있다. 주변 환경을 향한 에너지의 흐름 방향은 우리가 행복을 향해 노력하는 방식과 관계가 있다. 당신은 자신의 '외적인 활동'을 안내해 줄 길을 가질 것이다. 그 길은 당신이 외부 환경과 어떻게 상호작용해야 하는가를 정확하게 알려 주며, 당신 자신인 내부 환경에서 당신이 어떻게 할 것인지를 정확하게 알려 준다. 그 길은 당신에게 모든 사람과 솔직하게 대화를 나눔으로써 당신이 더 이상 자신을 소외된 존재로 생각하거나 느끼지 않아도 된다고 알려 준다. 그래서 그 길은 당신이 하고자 하는 모든 것은 당신을 조화롭고 집중적이며, 사랑에 넘치게 해 준다고 알려 준다. 이 길을 따름으로써 당신은 자신이 삶의 외적인 조건들을 변화시키느라 자신이 쏟아부은 에너지를 주변의 사람과 사물들을 변화시키는 데 훨씬 더 효과적으로 사용할 수 있다.

의식의 게임은 삶의 모든 게임 가운데 가장 위대하며 가장 순수하다. 자연스럽게 당신의 삶이 지속적으로 제공하는 영원히 아름다운 현존적 순간을 향유하라. 자각을 향한 여행의 끝에서 당신이 발견할 유일한 것은 바로 당신 자신이다! 삶은 행복을 찾기 위한 도전이다.

제3부

정리편

제11장 32년을 함께한 '자아개념'을 정리하고

제 11 장

32년을 함께한 '자아개념' 을 정리하고

1. 자아개념과의 여정

삶은 시간과 더불어 만들어지는 과정이다. 공부를 하겠다는 마음을 가지고 대학원을 입학한 지 40여 년이 지난 지금 그 시간을 되돌아보니 '그냥 공부하겠다는 생각' 그 자체였던 것으로 보인다. 대학원을 다니며 이 과목 저 과목을 공부하는 과정에서 관심을 둔 하나의 영역이 바로 '인간의 자아' 의 문제였다. 자아를 심리학에서 찾아보니 자아개념이란 명칭으로 불리고 있었다. 이 구인에 대한 관심을 갖던 중 자아개념과 관계된 다양한 변인들을 생각해 보게 되어 자아개념과 가정환경, 그리고 학업성취 문제를 석사학위논문 주제로 선택하였다. 단순히 자아개념에 관한 다양한 도구를 찾아보니 연구에서 쓰일 만한 측정도구가 눈에 띄지 않았다. 그래서 자아개념 도구를 내 나름대로 제작하여 연구를 하게 되었다.

시간이 지나 유학길에 올라 다시 박사학위논문 주제를 잡는 시간이 되었다. 이때도 자아개념에 대한 관심은 계속되었다. 가정환경과 자아개념, 그리고 학업성취의 역동적 인과관계에 대한 관심을 지도교수에게 말씀을 드렸더니, 주제 자체로 흥미 있다는 반응을 듣고 이 문제를 학위논문의 주제로 결정하였다. 교육심리학의 주제는 바로 학생의 학업 성취다. 학업성취에 영향을 주는 변인들이 무엇이냐의 주제가 핵심 관심영역이라 할 수 있다. 이러한 학업성취가 자아개념과 어떻게 관계가 있느냐에 대한 질문을 하고, 수만 개의 논문을 읽다 보니 학업성취에 대한 자아개념의 영향은 일반적으로 학업 성취의 예언변인인 지능에 못지않게 중요하다는 사실을 발견하였다.

그다음의 관심은 자아개념을 형성하는 외부 환경에 대한 것이었다. 외부 환경 중 특히 가정에서 이루어지는 다양한 변인들의 역동이 자아개념에 어떻게 영향을 주느냐는 또 다른 관심사였다. 가정환경을 개념화하여 이 개념화된 변인과 자아개념이 어떤 역동적인 관계를 갖느냐는 것은 중요한 관심사다. 그러한 과정을 통하여 가정환경과 자아개념, 그리고 학업성취의 역동적인 관계에 대한 연구 주제로 확정하게 되었다. 이와 같은 주제를 만난 자신이 행복하다는 것을 느끼는 순간, 과연 어떻게 이 문제를 해결할 것인가에 대한 고뇌에 빠지게 되어 이 분야에 관계된 논문을 읽고 이론적, 방법론적으로 정리를 하였다. 이렇게 해서 나타나게 된 박사학위논문이 「The Dimensionality and Relationships between Home Environment, Self-concept and Academic Achivement」(Song, 1982)다.

그 후 귀국하여 『*Journal of Educational Psychology*』에 「Home Environment, Self-Concept and Academic Achievement: A Causal Modeling Approach」(1984), 『*Journal of Research in Personality*』에 「Relationships between Self-Concept and Academic Achievement」(1985)를 발표하였다. 이는 교육학회에 SSCI에 논문을 발표하도록 하는 자극을 준 것으로 평가받고 있다. 이후 한국의 교육학회에서 자아개념에 관련된 논문과 저서를 출판한 것이 한국 사회에 자아개념을 소개하는 계기가 되어 주지 않았을까라고 생각하면 과장인가 하는 질문을 스스로에게 해 본다.

2. 자아개념을 연구하는 즐거움

자아개념에게 우선 감사하다는 말을 전하고 싶다. 자아개념은 철학, 사회학, 과학, 임상, 행동과학 그리고 심리학 등 다양한 영역에서 관심을 두는 핵심적 학문영역이었다. 수많은 철학자들과 심리학자들, 그리고 자아개념에 관심 있는 무수한 학도들이 자아개념에 대한 다양한 논의를 제시한 결과를 보면서 참으로 즐겁고 행복한 시간을 가졌다. 1989년 『인간심리와 자아개념』(양서원)을 쓰면서 무수한 책을 하나하나 정리하는 과정을 가졌다. 그 과정에서 탄생된 것이 바로 한국에 최초로 소개한 『인간심리와 자아개념』이다. 그 후 많은 동료와 선배들의 격려를 통해서 자아개념에 대한 관심을 더 갖게 되어 그 결과로 1998년의 『인간의 자아개념 탐구』를 다시 정리하게 되었다. 나의 학문의 핵심적 영역은 바로 자아개념이다. 물론 그동안 통계학, 방법론, 영재 그리고 자기주도학습 등 다양한 영역을 공부하고 생각했지만 그 중심에는 항상 자아개념이 있었다. 자아개념은 나의 친구이며 40여 년 이상을 함께한 동반자다. 나의 사고의 출발은 항시 자아개념이었다. 무수히 다니는 강연에서도 나의 출발은 자아개념이었으며 그 결론은 바로 자아개념이었다. 이제 다시 자아개념을 정리할 기회는 아마도 없으리라 생각된다. 어떻게 보면 자아개념을 마지막으로 정리하는 이 책 『자아개념』이 한국 사회에 자아개념을 연구하는 새로운 계기를 마련하기를, 그리고 그 후에 자아개념을 연구한 학자가 많이 나오기를 바란다.

3. 나는 누구인가

자아개념은 바로 '나는 누구인가'의 질문에 대한 대답이다. 삶의 시간 동안 주어지는 무수히 많은 질문 중에 아마도 가장 많은 것은 '나는 누구인가'에 대한 질문일 것이며, 또한 그 답에 대한 고뇌일 것이다. 이에 대한 답은 학문에 따라, 사람에 따라, 또는 사상에 따라 상이하다. 이 책은 나는 누구인가에 대한 대답을 심리학의 선상에서 하고자 노력하였다. 나는 누구인가에 대한 그 첫 번째 질문은 William James가 다양한 철학자들의 자아에 대한 견해를 심리영역으로 정리하여 제시한 때부터 이루어지기 시작했다. William James는 자아개념을 인간의 욕구 대 성취의 비율로 보고자 하였다. 이를 달리 표현하면 자아존중감이다. 인간이 갖는 성취 정도는 바로 그 사람이 갖는 욕구에 비례하여 자아존중감이 형성된다는 입장이다. 물론 자아개념을 보는 현대의 많은 학자들은 그 나름대로의 자아개념에 대한 견해를 가지고 있다. 한 예로 Mead는 자아개념을 타인과의 상호작용을 통해 형성된다고 보고 있다. 그중 하나가 자아개념을 형성하는 과정에서 한 개인은 현상학적 장에서 무수한 선택을 통하여 자아개념이 형성된다는 견해다. 인간은 삶 동안에 무수히 많은 외부적인 자극을 받는다. 이 자극 중에 한 사람이 선택하는 선택망이 곧 자아개념을 형성한다는 것이다. 이는 곧 자아개념의 형성이 곧 자기라는 입장이다.

자아개념은 객관적 자아와 주관적 자아로 구성되어 있다. 인간은 자기가 자아를 형성하면서 슬프게도 외부적인 자극에 의해서 자아가 형성된다고 보는 입장이 바로 객관적 자아가 주관적 자아보다 먼저 형성된다는 견해이고, 그래서 인간은 사회적인 동물이다. 이는 곧 무수히 많은 외부 환경을 통하여 개인을 통제한다는 주장이다. 객관적 자아는 외부적인 자극에 의해서 형성되며 이를 통하여 주관적 자아개념이 형성된다. 주관적 자아개념은 인간 행동의 핵심적인 영역이며, 인간 행동을 결정한다고 볼 수 있다.

4. 인간 행동의 결정

사람은 무수한 행동을 하고 결정을 하며 삶을 영위한다. 이 같은 삶을 영위하게 하는 핵심적인 심리적 특성은 무엇인가에 대한 질문을 하게 된다. 그 특성이 바로 자아개념이다. 인간의 심리적 특성은 흥미, 태도, 가치관, 성격 등 다양하다. 이와 같은 심리적 특성 중 인간 행동에 있어 가장 핵심적이며 중앙에 위치한 것이 바로 자아개념이다. 인간의 행동은 자아개념을 통해 통제되며, 자아개념의 명령에 따른다. 그래서 성장 과정에서 어떤 자아개념을 갖게 되느냐는 무엇보다도 중요하다. 어려서 한번 형성된 자아개념은 변화의 정도가 크고, 평생 행동을 통하여 그 방향을 결정하고 영향을 준다. 한 사람이 어떤 행동을 하였을 때 그 행동의 이면에는 곧 그 개인의 자아개념이 있다는 의미다. 그러므로 교육 상황에서 한 학생이 자아개념을 어떻게 형성하고 어떻게 이루어지고 있느냐에 대한 관심은 계속될 필요가 있다.

5. 타인의 자아에 대한 관심

한 사람이 어떤 행동을 할 때 그의 명령자는 곧 자아다. 우리는 수많은 타인과의 관계를 통해서 타인의 행동을 보며 타인의 행동을 평가한다. 타인이 어떤 행동을 하였을 때 왜 그와 같은 행동을 했느냐 하는 의문을 갖는 것은 바로 그 개인의 자아개념이 무엇이냐에 대한 관심이라 할 수 있다. 이는 타인을 이해할 때 바로 그 개인의 자아개념을 이해할 필요가 있다는 의미다. 왜냐하면 그 타인의 행동은 바로 자아개념으로부터 나온 것이기 때문이다. 이렇게 되면 그 개인이 갖고 있는 이면적이며 심리적인 특성을 파악하게 되고 그 타인에 대한 이해를 깊이 하게 된다. 타인의 자아개념을 이해하려는 노력은 서로 타인에 대한 배려와 타인과의 공유 영역을 높일 수 있는 가능성을 높여 준다. 타인의 행동은 곧 타인의 자아개념에서 나온다는 사실을 분명히 이해할 필요가 있다.

6. 나 자신의 행동에 대한 통제

나를 통제하고 나의 행동을 만드는 그 주체는 바로 자아개념이다. 이와 같은 주장에서 우리가 얻을 수 있는 시사성은 나의 행동을 예측하고 나의 행동을 미래지향적으로 만들기 위하여 우리가 자아개념을 스스로 통제하는 노력과 지혜를 가질 필요가 있다는 것이다. 우리가 어떤 행동을 스스로 하였을 때 스스로도 깜짝 놀라는 경우가 있다. 이 경우는 스스로에게 왜 나의 자아개념이 이와 같은 행동을 했느냐고 질문할 필요가 있다. 그런 과정을 통하여 자신의 자아개념을 스스로 평가하고 재형성함으로써 자기의 행동을 예측하게 되고, 통제하게 되며, 미래지향적으로 자신의 행동을 만들 수 있다.

7. 자아개념에 대한 연구 체계화

이 책은 자아개념에 대한 연구를 체계화하기 위한 틀을 제공하려고 시도하였다. 현재 이론의 한 측면은 인지평가자로서의 개인이다. 그것은 자각된 능력에 대한 의도적 또는 암시적 평가만큼의 능력, 정서 또는 태도들을 강조하지는 않는다. 이것은 개인의 삶에서 영향과 정서의 중요성을 부정하지는 않는다. 우리는 두려움과 행복과 같은 정서들을 경험한다. 자아개념이 이러한 느낌들에 대한 평가와 관련된다는 것이다. 한 개인이 갖는 한 느낌은 자아에 대한 관념들이 아니고, 느낌에 대한 평가이다. 정서들은 그 정서들이 발생하는 상황을 통해서, 그리고 개개인의 이러한 상황들에 대한 인식을 통해서 확인될 수 있다.

자아개념은 분명히 다면적 개념이다. 즉, '자아개념은 무엇으로 구성되어 있는가?' 라는 질문에 대해 일반적인 대답은 아무것도 없다. 오히려 자아개념은 사고하기, 농사짓기, 놀기, 교육하기와 같은 다른 개념들이 의미하는 바와 동일한 속성들의 집단을 나타낸다.

목적은 자아개념을 구체화하는 것이 아니다. 자아개념은 '기계 속의 유령'이 아니다. 세상에 대한 우리 관점을 유도해 내는 "우리 몸 안에 감춰진 난쟁이"도 아니다. 심리학적 용어인 '자아개념'은 통제의 소재, 지능, 중력 혹은 전기에 대한 개념들보다도 더 이상 실제가 아니다. 자아개념은 그것의 표현에만 존재한다. 우리가 자아를 묘사하기 위해 사용하는 언어 게임은 여기 제시된 모형의 본질이다. 자아에 대한 관념들은 우선적으로 암시적이며, 연구자들, 교사들 그리고 임상의들은 자아에 대한 개개인의 암시적 이론들을 가지고 있고 많이 알고 있을 수 있다. 많은 개인들에게, 특별히 청소년기 이후부터, 자아개념은 위계적 특성을 가지고 있다.

이 다면모형은 '모든 것'을 다 포함할 의도는 없다. Markus와 Smith(1981)가 그랬듯이, "대부분의 개념들은 자아와 관련한 경험들이 대부분이기 때문에 자아개념과 연결되어 있다."(p. 244)라고 주장하지 않는다. 대신에 자아개념은 모든 행동을 설명하지도 않고, 설명하는 의도도 없다고 했다. 자아개념은 신념이며, 그래서 잘못될 수 있다. 때때로 순환하기도 하고, 어떤 것을 너무 많이 포함할 수도 있으며, 몇몇 삶들을 지배할 수 있고, 그리고 내용이 빈약할 수도 있다. 비록 우리가 그러한 앎에 대한 근거들을 구체화할 수 없을지라도 우리 자아에 대한 관념들을 습득할 수는 있다. 자아개념은 어느 누구도 동일한 공간 혹은 시간을 차지할 수 없기 때문에 타인들과 개인에게 독특한 상황들의 특별한 상호작용으로부터 확립될 수 있다. 부분들의 구조를 지배하는 법들은 부분들의 통합원리를 묘사하기에는 충분하지 않다. 우리는 우리가 사물들을 안다는 자각 없이도 사물들을 '알' 수 있다.

자아개념의 차원은 많이 있으며, 이것들은 아동이 성장함에 따라 변할지 모른다고 주장되었다. 나이 어린 아동들은 좀 더 객관적인 관념들을 사용하는 경향이 있고, 나이 든 아동들은 좀 더 추상적인 관념들을 이용하는 경향이 있다. 가장 공통적인 차원들은 학문, 또래, 가족, 자아확신과 신체이지만, 도덕적 차원과 성적 차원들처럼 다른 것들도 있을 수 있다. 위계적이고 다면적인 모형은 가외의 차원들을 배제하지 않지만, 이러한 다양한 차원들의 통합을 강조한다. 앞으로 통합의 차이가 연구를 위한 가장 유용한 길일지도 모른다.

자아에 관한 관념들의 통합

비록 나이 어린 아동들이 자아의 차원들에 대한 정보를 청소년들이 통합하는 것보다 훨씬 덜 혹은 정교한 정도로 통합하는 경향이 있을지라도, 통합방식에서 개인 차이가 있다. 각 사람은 차원들을 증가시키는 개인적인 특성을 가지고 있다. 가중화는 대단히 암시적이지만, 약간의 공통성도 있다.

통합의 유대는 자아검증, 자아향상, 자아일관성, 자아복잡성 등과 같은 네 가지 요인들을 가지고 있다. 자아에 관한 관념들의 주 원인들은 사람의 실제적인 성공 혹은 실패이며, 자아개념들에 의해 획득된 행위들은 이기주의와 자기보존이라는 것은 James (1890)의 주장에 가깝다. Bandura(1986)는 인간 행동은 자기만족, 자긍심, 자기불만 그리고 자기비평의 형태로 자기평가적 결과들을 통해 조절되는 것이 많다고 했다.

자아검증, 자아향상, 자아일관성, 자아복잡성 등의 네 가지 변인들은 개인들이 자신들의 세계를 이해하게 될 때 개인 내에서 갈등상태에 있을 수 있다. 개개인들은 그들이 이러한 변인들을 사용하는 정도에서 다르고, 그들이 그 변인들을 언제 전개시키는가에 관해서도 다르다. 이 처리 변인들은 우리가 어떻게 자아의 개념들을 통합하고 종합하는가 설명하는 것이다.

개인은 정보의 능동적 처리자다. 이것은 Markus(1977), Fiske와 Taylor(1984)와 같은 많은 사회심리학자들에 의해 제의된 모형들에 가깝다. 이들은 개개인들이 그들의 자아들, 혹은 그들의 '가능한 자아들' 의 국면들을 서로 관계시키는 방식에 전력을 기울였다(Markus & Nurius, 1986). 그들은 언어를 통해 자아 쉐마를 형성한다. 이는, "사람으로 하여금 자신의 행동들을 통합하고 설명하도록 돕는"(p. 158) 과거의 경험으로부터 도출된 자아의 일반화다. 이 자아 쉐마는 돌출성을 다르게 하는 것을 반영하며, 자아에 대한 정보가 어떻게 처리되는가에 영향을 미친다.

Piaget(1975/1985)의 평형화 개념에 대해 필적할 만한 것들이 많이 있다. "전체성으로의 종합은 혼자서는 체제의 일부가 아니라는 구성법칙들을 포함한다."(p. 8) Piaget의 용어로는, 동화가 통합에 책임이 있고, 반면에 조절은 분화를 필요로 한다. 새로운 지식구조들을 습득하는 데 가장 영향력 있는 요인은 동요 혹은 갈등이다. 갈등이 발생할 때, 자아검증, 자아향상, 자아일관성, 자아복잡성은 조절과 동화작용을 돕도록 자극받는다. 물론 평형화는 성취되는 것은 아니지만, 그것은 곧 상황에 결합된다. 자아에 대한 새로운 정보는, 동화될 때 통합된 체제를 위협하고 강화할 수 있다. 몇몇 개인들은 다른 사람들보다 더 그러한 평형화를 위해 애쓰며, 어떤 사람들은 훨씬 더 불평형화를 묵인할 수 있다.

동화는 반드시 분명하고 연속적인 것이 아니다. 처리에서 전위는 개인에게 문제를 야기시킬지도 모르며, 혹은 명시적 재인 없이 통과할지도 모른다(우리가 학습했음을 알지 못하고 배울 수 있는 것과 동일한 방식으로). 이 무언의 학습은 전형적으로 성공과 관계가 있으며 발달과정들과도 관계가 있다. 과정들은 타인들과 자아를 구별하는 것을 포함하며, 환경과 자아의 구별, 참조집단의 변화, 문화적 가치의 변화와 자각, 그리고 우리가 확증과 부당성 입증을 받아들이는 방식의 변화를 포함한다.

자아개념의 중요성

방대한 연구들은 자아개념이 사람들의 생활에서 가장 중요한 구인들 중 하나임에 틀림없다는 것을 주장한다. 이 중요성은 전망들 속에 배치할 필요가 있다. 자아개념은 행동을 안내할지 모르지만, 그렇지 않은 경우도 많이 있다. 개인들이 전부 엄격하게 그들의 자아표현을 감시하는 것은 아니다. '너 자신을 알라.' 대신에 몇몇 사람들은 '너 자신을 잊어버리라.'고 주창해 왔다. 이 충고는 특별히 상담에 적당할지 모르며, 많은 사람들에게는 자아에 대한 강박관념을 치료하는 데 목적이 있었다. James(1890)는 실재에 대한 지나친 주장을 의문시했으며, Freud는 자기도취증의 문제에 많은 시간을 보냈다. Freud(1908)는 "그들의 헌법이 허락하는 것보다 더 고결하고 싶은 사람들은 신경증에 걸리게 된다. 만약 그들이 덜 훌륭한 것이 가능했다면 좀 더 건강했을 것이다."(p. 191)라고 했다. Storr(1988)는 고독이 "학습, 사고, 혁신, 변화를 감수하기, 그리고 상상의 내부세계와 접촉의 유지"(p. 202)를 용이하게 할 수 있는 것처럼, 홀로 있을 수 있는 능력에 더 많은 주의를 기울여야 한다고 주장했다. 더욱이 여러 사회에서 자아개념의 위치와 중요성에 대한 이해는, 우리 사회에서 자아개념의 역할을 더 분명하게 할 수 있었다(Triandis, 1989).

우리의 자아개념들이 반드시 옳다거나, 혹은 우리가 자아개념들을 옳게 하려고 애쓰고 있다는 가정은 없다. 우리는 우리의 자아존중감을 거짓말로 부풀릴 수 있으며(Sackeim, 1983), 사기와 기만이 자아에 대한 신념을 향상시키기 위해 사용되어 온 유명한 경우들이 심리학과 교육사에 있다. Rogers(1961)가 지적했듯이, 자아를 보다 잘 이해하는 것이 우리의 자아와 타인들에 대한 보다 나은 이해를 야기할 수 있지만, 자신을 위해 개인이 하는 것은 반드시 자신의 최상의 관심일 필요는 없다.

자아개념의 측정

몇몇 상담 프로그램의 기능으로서 자아개념의 단일차원들의 통합을 단일차원부터 위계모형까지 증가시키는 것이 더 바람직할 것이다. 그러므로 더 많은 적절한 측정절차들이 요구된다. 통합과정의 측정은 분명히 앞으로의 연구를 위한 분야다. 만약 목적이 중간 수준들을 평가하는 것이라면, 옹호할 수 있는 듯한 현재의 척도들이 몇 개 있다. Piers-Harris (Piers, 1984) 척도는 초등학생들에게 신뢰할 수 있고 타당한 것 같으며, Coopersmith (1984) 척도는 청소년들에게, 그리고 Marsh(1988b)의 다양한 자아묘사 질문지는 모든 사람들에게 신뢰할 수 있고 타당한 것 같다. Marsh 도구는 앞으로 개개인들이 정보를 어떻게 통합하는가를 탐색하는 데 필요한 가장 신빙성 있는 근거들을 제공한다.

재검토된 모든 자아개념 척도들은 자기보고에 의존하고 있다. Kagan(1989)은 자기보고 척도들의 계속적인 사용이 당대의 과학자들로 하여금 "남부연방의 돈처럼 그 척도들을 사용하는 집단에게만 합법성을 지니는 결과들을 교환하도록"(p. 16) 했다. 그러나 자아에 대한 개념들을 전달하기 위한 대안적 방법이 거의 없다는 것이다. 자기보고는 사람의 '자아에 대한 개념'을 그들의 실재가 아니라 그들의 개념에 강조를 두기 때문에 평가하기 위해 방어할 수 있는 방법 중 하나일지도 모른다. 자아구인이 잠재적 구인이며, 그래서 어느 척도, 행동 혹은 자기보고도 구인의 매개변인들의 평가를 나타내야 한다는 것을 기억해야만 한다. 개개인의 자아개념의 신뢰할 만한 혹은 타당한 지표는 없으며, 자기보고 척도들이 때때로 행동 척도들보다 인성관련 변인들의 보다 신빙성 있는 평가를 제공할 수 있다(Howard, 1990; Howard, Maxwell, Weiner, Boynton, & Rooney, 1980).

자기보고 척도들을 사용한 결과는 큰 안정성이 있다는 것이다. 자기보고들의 반복된 실행들은 인위적인 안정성을 생산할지 모른다(Conley, 1985). 안정성에 대한 증거는 아주 강하다. 많은 연구들이 청소년기 같은 소위 '혼란을 일으키는 시기' 조차 자아개념의 안정성을 지지해 왔다. 우리의 자아에 대한 관념들이 보다 위계적이 되고, 덜 단일차원적이 됨에 따라, 보다 고차 수준에서의 변화가 어려워질 수 있다.

자기보고 도구들은 사회적인 욕구를 반영할지 모른다고 하더라도, 만약 이것이 개개인들이 그들 자신을 세계에 나타내는 방법이라면, 그것은 추구할 만한 가치가 있다. Wylie(1979)가 그녀의 결론에서 썼듯이, "그것은 아동의 실제적인 인기가 아니라, 모든 이기심의 전반에 즉각적인 영향을 주는 그의 인기에 대한 인식이다."(p. 696)

앞으로 측정문제는 자아개념과 자아존중감 사이의 구별에 관련된다. 두 구인 간 이론적인 차이를 두는 것은 어렵지 않지만, 조작적 측정 수준에서 두 구인 사이를 구별하는 것은 극도로 어렵다. 좀 더 실험적인 방법들이 아마도 자아향상, 자기검증, 자아일관성, 자아복잡성에 포함된 인지과정들에 대해 보다 많이 이해하는 것을 필요로 할 것이다. 만약 신뢰할 만한 측정절차들이 이용 가능하다면, 자아개념을 변화시킬 많은 프로그램들이 좀 더 성공할 것이다.

자아개념의 향상

한 개인이 갖고 있는 자아개념 형성은 반드시 증가에 목적을 둔 것이 아닐지 모르며, 자아검증, 자아향상, 자아일관성, 그리고/또는 자아복잡성의 과정들과, 이러한 과정들이 각기 다른 개인들에 의해 어떻게 사용되는지에 대한 우리의 이해를 증가시키는 것이 관계될 수 있다. 자아개념을 향상시킬 성공적인 프로그램을 위한 주요 요소들은 ① 결과들을 분명하게 형성하고 현재의 자아개념 발달과정들에 배합하기, ② 집단상황에서 작용 시 개개인의 자아개념의 범위, 변이, 유사성을 이해하기, ③ 개개인들에게 그들의 자아와 그들 세계에 대한 인식의 뜻을 이해하도록 가르칠 때 도움을 주기 위해 인지재구조 방법을 사용하기, ④ 성취결과를 향상시키는 데 전념하는 경향이 있는 교사들을 이용하기보다는 오히려 인지재구조 방법으로 훈련된 자아개념 문헌에 대한 식견이 있는 사람들을 이용하기, ⑤ 처리의 지속기간에 대한 좀 더 단기적으로 응축된 프로그램들을 사용함으로써 열정과 다양성을 포착하기, ⑥ 결과의 측정이 타당하고 신뢰할 수 있는 것임을 보장하기 등이다. 이러한 요소들은 아마도 자아개념을 향상시키기 위한 가장 성공적인 변화 프로그램에 적용될 수 있다. 결과는 자아개념의 차원들을 통합하는 것을 보다 잘 이해하거나 자각할 수 있도록 하며, 과정들은 어떻게 개개인들이 자아와 관련하여 정보를 평가하며 동화시키는가에 집중할 수 있었다.

학교에서 많은 프로그램들의 공통 결과는 성취를 향상시키는 것이다. 어떤 경우에는 성취 증가가 사실상 자아개념을 감소시킬지 모른다. 만약 능력 향상의 결과로 학생이 다른 참조체제를 학습한다면, 자아존중감과 자아효능감은 감소될지 모른다. 자신의 학교에서 수학에 탁월한 학생이 엘리트 수학인들을 위한 학교에 진학할 때를 예로 들어 보자. 그때 그 학생의 성취는 증가한다. 그러나 그는 새로운 동료들과 자신의 능력을 관련

지을지도 모르며, 결과적으로 그 학생의 자아존중감 그리고/혹은 자아효능감은 감소될 수 있다. 개인의 자각된 능력은 자신의 기대와 처방에 의해 수정된다.

자아개념과 성취의 관계의 힘과 방향에 관한 문제로 넘어갈 필요가 있다. 공변량의 양이 아주 작다는 것을 지적한다. 그러나 평가할 수 있는 공변량의 부족은 인과적 방향에 대한 논의를 아주 어렵게 만든다. 앞으로 연구를 위한 좀 더 효과적인 방향들이 있을지 모른다. 그러한 한 가지 방향은 자아개념의 긍정적인 효과를 산출하고 학업성취에 전달하기 위해, 그리고 반대의 경우에 요구되는 인과에 대해 정교화시키는 것이다. Song과 Hattie(1985)와 Helmke(1987)가 증명했듯이, 성취에 대한 자아개념의 효과는 직접적이라기보다는 오히려 간접적인 것 같다. Weinert와 Helmke(1987)는 만약 학생의 학습활동이 교사에 의해 더 통제된다면, 그리고 학생들이 자유가 거의 없다면, 학생의 능력 자아개념이 성취에 미치는 영향은 감소된다는 것을 증명했다. 높은 자아개념은 수업준비의 정확성과 철저함, 교실수업에서의 학생참여를 촉진했다. 그들은 높은 자아개념이 중요한 학습상황에서 노력 유지를 위해 유리한 선행조건을 나타낸다고 주장했다.

자아개념 향상에 대한 장에서 제기된 주요 문제는, 왜 학교에서 교사들과 프로그램들이 효과가 없는가 하는 것이다. 이를 비난하는 사람들은 그러한 프로그램들을 위한 장소가 가정에 있다고 주장한다. 이러한 프로그램들의 배치는 1차적으로 교육목적의 문제다. 만약 목적이 단지 묘사하는 것이고, 외부 사건들에 대한 지식의 향상뿐이라면, 자아개념을 향상시키는 것은 결과일지는 모르나 교육목적은 아니다. 교육의 결과들은 외부 사건들에 대해 지식이 요구하는 것보다 훨씬 더 많은 것을 포함한다. 결과들에는 학습을 즐겨하기, 학습하기 위해 학습하기, 감정이입, 자아개념과 같은 정의적 차원들이 포함될 수 있었다. 교사에 의한 성공부족은 아마도 목적이 다른 것과 관련될 것이다. 교사들은 성취결과들을 극대화시키는 데 더 정통하고, 반면 프로그램들은 자아개념 결과들을 극대화시키는 데 목적이 있다.

통 제

자아에 대한 정보를 통합하는 과정들의 기초가 되는 공통 주제는 통제다. 통제에 대한 앞으로의 조사는 자아개념에 대한 훨씬 더 많은 이해를 야기시킬지 모르며, 통제의 개념은 반드시 의도적 통제를 명시하는 것과 관련될 필요가 없다. 그러나 때때로 혼란스럽고 갈등을 일으키는 대량의 자료들에 어떤 순서와 통제를 계속해서 가하려는 욕구에 더해, 개개인들은 그들 자신들과 그들 세계에 대한 인식들에 작용할 필요가 있다. 그러나 통제를 단일한 현상으로서 간주하는 것은 너무 간단하다.

또한 우리는 과정에 대한 통제와 결과에 대한 통제 사이를 구별해 왔다(Hattie, Jones, & Hosseini, 1991). 학생은 결과를 이해하고 구함으로써 통제를 할 수 있고, 과정들을 이해하고 향유함으로써 통제할 수 있다. 결과를 통제하는 사람들은 좀 더 과업목표들에 전념하고, 반면에 과정을 통제하는 사람들은 과업을 수행하는 실제적인 방법들에 좀 더 집중하는 경향이 있다. 결과를 통제하는 사람들은 성공과 실패를 그들의 능력과 그들에 의해 통제된 다른 요인들의 탓으로 더 돌린다. 과정을 통제하는 사람들은 성공 혹은 실패를 환경적 조건들이나 혹은 교사와 같은 다른 사람들의 탓으로 더 돌린다. 우리 학교체제에서 과정에 대한 통제를 강조하는 것은 성취를 향상시키는 데 비생산적인 듯하다.

이러한 결과와 과정에 대한 통제의 개념들과 개인의 효능감과 변화 가능성은 우리의 기대와 관련이 있거나 혹은 우리가 우리 자신들을 지지하여 무엇인가를 하도록 하는 것과 관련이 있다. 자신의 소질에 대한 합리적으로 정확한 평가와 적절한 기대들은 성공적인 기능에 중요한 가치를 지닌다. 어느 한 방향으로 개인의 효능감에 대한 크나큰 오판이 이루어지면 바람직하지 못한 결과들을 낳을 수 있다. 가장 기능적인 효능감 판단은 아마도 주어진 시간에 할 수 있는 것을 약간 초과한 판단들이다. 또한 효능감에 대한 판단은 사람들이 얼마나 많은 노력을 확대할 것인지, 그리고 얼마나 오랫동안 장애와 기피하는 경험들에 맞서서 지속할 것인지를 결정한다. Weisz(1986)는 통제의 발달을 추적했고, 개개인들이 두 가지 광범한 과정들을 사용하는 통제감을 구할지 모른다고 제안했다. 하나는 그들의 바람과 일치하여 기존의 실재들을 변화시키려는 시도이고, 다른 하나는 그러한 실재들과 좀 더 만족시키는 적합성을 만들기 위해 기존의 실재들을 적응시키려는 시도다. 이 과정들은 조절과 동화의 개념들과 가까운데, '자아에 대한 관념들의 통합'에 포함되어 있다.

높고/낮은 자아개념

높은 자아개념은 왜 가지는가? 높은 자아개념은 사회에서 좀 더 기능을 하도록 허용하며, 환경과 타인의 차이에 좀 더 순응하게 하며, 더 많은 통찰과, 특히 다른 사람들의 사회에서 우리의 역할에 대한 통제(그럼에도 불구하고, 때때로 무언의)를 허용한다. 아마도 더 중요한 문제는 '무엇이 낮은 자아존중감인가?' 일 것이다. 낮은 자아존중감은 공통의 실(연결 링크)이 없는 분화이며(Wittgenstein, 1953 참조), 당신이 다른 사람과 환경의 변덕에 더욱 좌우된다고 믿고 있으며, 통제가 덜하며, 다른 사람들을 참여시키는 데 덜 효과적이고, 다른 사람들을 수용하는 데 어려움을 야기시킨다. 또한 세상과 세상에서 개인의 위치에 부합하는 데 어려움을 야기시키며, 개인이 다음 번에 보다 효과적으로 부합을 향상시키는 상호작용의 결과들을 예언하는 것을 어렵게 한다.

높은 자아개념을 가진 개인들은 성공이 위험한 것임을 알지 못하며, 그들이 성공을 되풀이할 수 있다고 확신한다. 이것은 자아개념이 더 낮아질 수 있는 과제를 수행하기를 꺼리는 경향이 있는 낮은 자아개념을 가진 개인들에게는 그렇지 않다. 계속되는 실패가 성공을 불신하게 하고 무능력을 함축할 수 있기 때문에, 성공 후에 과제에 대한 그들의 선호는 낮다. 또한 그것은 계속되는 실패가 변명을 불신하고 무능력을 함축하기 때문에 외부 원인들에 기인되었던 실패 후에도 자아개념이 낮다. 그러므로 낮은 자아개념을 가진 사람들에 대한 1차적 통제편향은 결손을 치료하고 수행의 상당한 수준을 달성하는 것이다(Baumeister, 1982; Baumeister & Tice, 1985; Baumeister, Tice, & Hutton, 1989 참조). 낮은 자아개념을 가진 사람들은 덜 분명하게 정의된 자아지식 구조를 가지고 있으며, 일시적으로 덜 안정적이며, 내적으로 덜 일관성이 있다.

8. 자아개념에 대한 연구

선배보다는 동료, 후배, 학문하는 분들께 하고 싶은 얘기는 자아개념에 계속 관심을 두어 달라는 요청이다. 자아개념은 분명히 심리학의 어떤 영역보다 교육학이나 사회학,

심리학 그리고 여타의 학문에 있어 핵심적인 영역이다. 이에 대한 계속된 노력을 한국에 살고 있는 다양한 학도들이 계속 이어 주기를 바란다. 한국에서는 외국에 비해 자아개념에 대한 연구가 비교적 덜 된 편이다. 그 이유는 아마도 한국 사회가 인지적 영역에 대한 관심이 어느 분야보다도 높기 때문이 아닐까 생각된다. 우리나라의 전인교육에 대해 이야기할 때 한국에서는 정의적인 특성의 교육이 거의 이루어지지 않고 있다는 비판이 많다. 이는 특히 21세기를 맞이하는 한국에서 관심을 두어야 할 부분이다. 그렇다면 특히 우리는 자아개념에 관심을 두고 이에 대한 연구를 계속할 필요가 있다. 한국의 학문을 이끌어 갈 동료, 후배들에게 분명히 요청을 하고자 하는 나의 뜻은 자아개념에 관심을 좀 더 두어 한국 교육이 전인교육으로 나아가는 데 우리가 함께할 필요가 있다는 데 있다.

9. 결 론

자아개념과 자아존중감이 계속해서 조사연구, 학교, 상담소 등에서 영향력 있는 변인이 될 것은 확실하다. 그것이 '그것을 안에 던지고 보는' 변인으로 남아 있을는지, 혹은 경쟁력 있는 이론들의 초점이 되거나 혹은 다른 정의적 · 동기적 혹은 행동체계에 인과적 영향을 주는 데 사용될는지가 주요 문제다. 만약 전자라면, 일시적 유행으로 유지될 뿐 그만큼 유용하지는 않을 것이다. 만약 후자라면, 우리는 자아에 대한 개념장치들과 개개인이 자아에 대한 정보를 가중하는 방법들에 대해 훨씬 더 많이 알게 될지도 모르며, 우리가 자아개념을 향상시키는 성공적인 방법들을 고안해 낼 가능성을 더 많이 지니게 될지도 모른다. 자아개념의 역사는 1960년까지 이론적으로만 자아개념에 좀 더 많은 주의를 기울였으나, 그 이후 근원적인 의미에 관하여 관심이 거의 없이 경험적 관계로의 전환이 있었다는 점에서, 1970년대와 1980년대 초에 부정적인 전환을 한 것 같다. 바라는 것은 이 과정이 바뀌어졌으면 하는 것이다.

Wylie(1979)는 거의 모든 이용 가능한 자아개념 분야의 조사연구가 상관이 있었고, 이론과 연구 둘 다에서 너무 극단적으로 단순하게 접근했고, 그리고 아주 많은 조사연구가 매우 실망스럽고 모호하다고 지적했다. 비록 여전히 너무 많은 기술적 혹은 상관적 연구가 있지만, 좀 더 실험에 기초한 선례들을 사용하려는 최근의 변화가 지적되었다. 자아개념의 타당한 연구 결과를 얻기 위해서는 측정도구, 연구설계 그리고 결과의 해석에서 그 타당성을 충족시켜야 한다. 이렇게 함으로써 자아개념의 일관된 연구결과를 얻을 수 있게 된다. 이 같은 접근방법과 노력이 자아개념 연구에 새로운 방향을 제시할 수 있다. 자아개념은 곧 사람이다.

참고문헌

김동일(1993). 중다특성-중다방법 분석에 의한 독해력 논술검사의 객관도 및 구인타당도 탐색. 한국교육학회 창립 40주년 기념 학술대회.

김병재(1983). 사회심리학-관점과 이해. 경문사.

성태제(1995). 타당도와 신뢰도. 양서원.

송인섭(1977). 가정환경의 지위변인과 작용변인이 아동의 자아개념 형성에 미치는 영향. 서울: 고려대학교 대학원 미간행 석사학위논문.

송인섭(1983). 자아개념연구의 동향. 한국교육학회. 충남지회소식, 제13호.

송인섭(1984). The higher order structure of self-concept. 교육학연구, 제22권 제11호, 55-64.

송인섭(1988). The structure of academic self-concept: Achievement, ability and classroom self-concept. 교육학연구, 제26권 제1호, 117-123.

송인섭(1989a). 인간심리와 자아개념. 양서원.

송인섭(1989b). 자아개념 구조에 대한 발달적 경향에 관한 연구. 한국교육학회. 교육학연구, 제27권 제1호.

송인섭(1994). 자아개념의 다면 · 위계적 모형. 교육심리연구. 제8권 제2호. 한국교육학회 교육심리연구회.

송인섭(1994). 통계학의 이해. 학지사.

송인섭(1995). 내가 만들어 가는 행복. 상조사.

송인섭(1995). 내가 있는 나. 상조사.

송인섭(1995). 당신의 가치를 존중하는 삶. 상조사.

송인섭(1995). 생산적인 삶을 위하여. 상조사.

송인섭(1995). 성숙한 자아의식을 향하여. 상조사.

송인섭(1995). 자아의 발견. 상조사.

송인섭(1995). 자존심이 있는 삶. 상조사.

송인섭(1996). 여학생의 성격발달 특성에 관한 연구. 숙명여자대학교 아세아여성문제연구소.

송인섭(1996). 유아성격검사. 한국영재영구원.

송인섭(1996). 자아개념의 교육심리학적 의미. 교육심리연구, 제10권 10호, 교육심리연구회 제15대 신임회장취임강연, 한국교육학회 교육심리연구회.

송인섭(1997a). 자아개념의 발달경향 분석. 교육심리연구, 제11권 1호. 한국교육심리학회.

송인섭(1997b). 남 · 여 대학생의 성격특성 비교분석. 교육학연구, 제35권 제4호.

송인섭(1997c). 자아개념의 구조모형. 학생생활연구, 제4집. 충주산업대학 학생생활연구소.

송인섭(1998). 인간의 자아개념 탐구. 학지사.

송인섭, 이희현(2000). 자아개념검사의 중다특성 중다방법 연구.

송인섭 역(1991). 자기, 찾는 연습. 학림교육개발연구소.

양병화(1998). 다변량자료분석의 이해와 활용. 학지사.

이순묵(1990). 공변량구조분석. 성화사.

정미경(1988). 성역할 고정관념의 발달경향분석. 서울: 숙명여자대학교 대학원 석사학위논문.

정성호 역(1983). 자아를 찾은 딥스. 보성출판사.

정원식(1968). 자아개념검사. 서울: 코리안 테스팅센타.

정충영, 최이규(1997). SPSSWIN을 이용한 통계분석. 무역경영사.

황정규(1977). 정의적 행동특성 · 사회계층 · 학교성적에 관한 인과관계. 고려대학교 사대논문집, 2, 1-44.

황정규(1984). 학교학습과 교육평가. 교육과학사.

황정규 편(1998). 교육측정 평가의 새지평. 교육과학사.

Abbs, P. (1986). *The development of autobiography in West culture: From Augustine to Rousseau.* Unpublished doctoral dissertation, Falmer, Sussex: University of Sussex, England.

Adler, A. (1927). *The practice and theory of individual psychology.* New York: Harcourt.

Adler, A. (1963). *The practice and theory of individual psychotherapy.* Paterson, NJ: Littlefield Adams.

Adler, A. (1973). Sex. In J. B. Miller (Ed.), *Psychoanalysis and women.* Baltimore, Md: Penguin Books Inc., 40-50.

Alban-Metcalfe, B. M. (1978). *Changes in self-concept on transfer from primary to secondary school.* Unpub. M. Sc. thesis, Brandford Univ.

Allport, G. (1935). Attitudes. In C. Murchison (Ed.), *A handbook of social psychology* (pp. 798-844) Worcester, Mass: Clark University Press.

Allport, G. (1937). *Personality: A Psychology interpretation.* New York: Henry holt.

Allport, G. (1943). The Ego in contemporary psychology. *Psychology Review, 50*, 451-479.

Allport, G. (1955). *Becoming.* New Haven: Yale University Press.

Allport, G. W. (1961). *Pattern and growth in personality.* New York: Henry Holt.

Alperson, B. L., Alperson, E, D., & Levine, R. (1971). Growth effects of high school marathons.

Experimental Publications, 10, 349-356.

Alwin, D. F., & Jackson, D. J. (1981). Applications of simultaneous factor analysis to issues of factoria invariance. In D. D. Jackson & E. F. Borgotta (Eds.), *Factor analysis and measurement in sociological research: A multidimensional perspective*. Beverly Hills, CA: Sage.

Amatora, sister, M. (1957). Developmental trends in pre-adolescence and in early adolescence in self-evaluation. *Journal of Genetic Psychology, 91*, 89-97.

American Psychological Association (1966). *Standards for educational and psychological tests and manuals*. Washington, D.C.

Ames, C. (1992). Classrooms: Goals, structures, and students motivation. *Journal of Educational Psychology, 84*, 261-271.

Ames, C., & Archer, J. (1988). Achievement goals in the classroom: Student's learning strategies and motivation processes. *Journal of Educational Psychology, 80*, 260-267.

Ames, L. B. (1952). The sense of self of nursery school children as manifested by their verbal behavior. *Journal of Genetic Psychology, 81*, 193-232.

Andersen, S. M. (1987). The role of cultural assumptions in self-concept development. In *Self and identity: Psychosocial perspectives* (pp. 231-246) edited by K. Yardey and T. Honess. Chicherster: Wiley.

Anderson, C. M. (1952). The self-image: A theory of dynamics of behavior. *Mental Hygiene, 36*, 227-244.

Anderson, J. G., & Evans, F. B. (1974). Causal models in educational research: Recursive models. *American Educational Research Journal, 11*, 29-39.

Anderson, J. G., & Evans, F. B. (1976). Family socialization and educational achievement in two cultures; Mexican-American and Anglo-American. *Sociometry, 39*, 209-222.

Ansbacher, H. L., & Ansbacher, R. R. (Eds.). (1956). *The individual psychology of Alfred Adler*. New York: Harper & Row.

Argyle, M. (1967). *Psychology of interpersonal behaviour*. Penguin: London.

Arkin, R. M. (1988). Self-presentation strategies and sequelae. In S. L. Zelen (Ed.), *Self-representation* (pp. 5-29). New York: Springer-Verlag.

Arnheim, D. D., & Sinclair, W. A. (1974). The effect of a motor development program on selected factors in motor ability, personality, self-awareness and vision. *American Corrective Therapy Journal, 6*, 167-171.

Arnold, M. B. (1960). *Emotion and personality* (p. 2). New York: Columbia University Press.

Atkinson, J. W. (1957). Motivation determinants of risk-taking behavior. *Psychology Review, 6*, 359-372.

Attenborough, R. E., & Zdep, S. M. (1973). Self-image among a national probability sample of girls. *Proceedings of the 81st Annual Convention of American Psychological Association, 8*, 237-238.

Babladelis, G., & Adams, S. (1967). *The shaping of personality*. New York: Perntice-Hall.

Bachman, J. G. (1970). *Youth in transition: Vol. 2. The impact of family background and intelligence on tenth-grade boys*. Ann Arbor, MII: Institute for Social Research, Survey Research Center.

Bachman, J. G. (1970). Youth in transition. The impact of family background and intelligence on tenth-grade boys. Ann Arbor: Survey Research Center, Institute for Social Research, *2*.

Bachman, J. G., & O'Malley, P. M. (1977). Self-esteem in youngman: A longitudinal analysis of the impact of educational and occupational attainment. *Journal of Personality and Social Psychology, 35*, 365-380.

Bachman, J. G., O'Malley, P. M., & Johnson, J. (1978). *Youth in transition: Adolescence to adulthood-change and stability in the lives of young men*. Ann Arbor: Institute of Social Research.

Back, K. W., & Gergen, K. J. (1968). The self through the latter span of life. In C. Gordor, & K. J. Gergen (Ed.), *The self in social interaction* (*1*, pp. 241-250). Classic and contemporary perspectives, New York: Wiley.

Bailey, S. (1970). Independence and factor structure of self-concept metadimensions. *Journal of Counselling Psychology, 17*, 425-430.

Baldwin, A. (1955). *Behavior and development in Childhood*. New York: Dryden.

Bandura, A. (1969). Social-learning theory of identificatory processes. In Goslin, D. A. (Ed.), *Handbook of socialization theory and research* (pp. 213-262). Chicago: Rand McNally.

Bandura, A. (1977). Self-efficacy: Toward a unifying theory of behavioral change. *Psychological Review, 84*, 191-215.

Bandura, A. (1982). The self and mechanisms of agency. In J. Suls(Ed.), *Psychological Perspectives on the self* (*1*, pp. 3-39). Hillsdale, NJ: Lawrence Erlbaum Associates.

Bandura, A. (1986). *Social Foundations of thought and action: A social cognitive theory*. Englewood Cliffs, NJ: Prentice-Hall.

Bardwick, J. M. (1971). *Psychology of Women: A Study of bio-cultural conflicts*. New York: Harper and Row.

Basow, S. A. (1986). *Gender stereotypes: Traditions and alternative* (2nd ed). Monterey, CA: Brooks/Cole.

Battle, J. (1977). Test-retest reliability of the Canadian self-esteem inventory for adults. *Percept. Motor Skills*, 44, 1-2.

Baumeister, R. F. (1982). A self-presentational view of social phenomena. *Psychologial Bulletin, 91*, 3-16.

Baumeister, R. F., & Tice, D. M. (1985). Self-esteem and responses to success and failure: Subsequent performance and intrinsic motivation. *Journal of Personality, 53*, 450-467.

Baumeister, R. F., Tice, D. M., & Hutton, D. G. (1989). Self-presentation, motivation and personality differences in self-esteem. *Journal of Personality, 57*, 547-579.

Baumgardner, A. H. (1990). To know oneself is to like oneself: Self-certainty and self-affect. *Journal of Personality and Social Psychology, 58*, 1062-1072.

Baumrind, D. (1967). Child care practices anteceding three patterns of pre-school behavior. *Genetic Psychological Monographs, 75*, 43-88.

Baumrind, D. (1973). The development of instrumental competence through socialization. In A. D. Pick (Ed.), *Minnesota symposia on child psychology* (*7*, pp. 3-46). Minneapolis: University of Minnesota Press.

Bayton, J. A., Austin, L. J., & Burke, K. R. (1965). Negro perception of Negro and White personality traits.

Journal of personality and Social Psychology, 1, 250-253.

Beck, A. (1985). Cognitive theraphy, behavior theraphy, psychoanalysis and pharmacotherapy: A cognitive continuum. In M. Mahoney & A. Freeman (Eds.), *Cognition and Psychotherapy* (pp. 325-347). New York: Plenum.

Becker, W., & Krug, R. S. (1965). Parent attitude research instrument: A research review. *Child Development, 36*, 329-365.

Bell, S. M. (1970). The development of the concept of object as related to infant-mother attachment. *Child Development, 41*, 291-311.

Bem, S. L. (1977). On the utility of alternative procedure for assessing psychological andlrogyny. *Journal of Consulting and Clinical Psychology, Vol. 45*, No. 2.

Bentler, P. M. (1980). Multivariate analysis with latent variables: Causal modelling. *Annual Review of Psychology, 31*, 419-456.

Bentler, P. M., & Bonett, D. G. (1980). Significance tests and goodness of fit in the analysis of covariance structures. *Psychological Bulletin, 48*, 588-606.

Bentler, R. P., & Heberlin, T. A. (1980). Significance tests and goodness of fit in the analysis of covariance structures. *Applied Psychological Measurement, 2*, 437-449.

Berger, C. R. (1968). Sex differences related to self-esteem factor structure. *Journal of Counsulting and Clinical Psychology, 32*, 442-446.

Berger, E. M. (1952). The relation between expressed acceptance of self and expressed acceptance of others. *Journal of Abnormal and Social Psychology, 47*, 778-782.

Berger, E. M. (1955). Relationships among acceptance of self, acceptance of others, and MMPI scores. *Journal of Counseling Psychology, 2*, 279-283.

Berglas, S., & Jones, E. E. (1978). Drug choice as a self-handicapping strategy in response to noncontingent success. *Journal of Personality Social Psychology, 36*, 405-417.

Berndt, T. J. (1979). Developmental changes in conformity to peers and parents. *Developmental Psychology, 15*, 606-616.

Berne, E. (1964). *Games people play*. New York: Grove.

Bills, R. E., Vance, E., & Strowig, R. W. (1970). Non-intellective self-report variables as predictors of scholastic achivement. *Journal of Educational Research, 63*, 364-366.

Bing, E. (1963). Effect of child rearing practices on development of differential cognitive abilities. *Child Development, 34*, 631-648.

Bixler, P. A. (1965). Changing self-concept in sixth-grade class groups(Doctoral diceptation, Stanford University). Dissertation Abstracts, 26, 372(University Microfilms No. 65-12, 730).

Black, F. W. (1974). Self-concept as related to achievement and age in learning disabled children. *Child Development, 45*, 1137-1140.

Blalock, H. M., Jr. (1967). Path coefficients versus regression coefficients. *American Journal of Sociology, 72*, 675-676.

Bledsoe, J. C. (1964). Self-concept of children and their intelligence, achievement, interests and anxiety. *Journal Indwl. Psychology, 20*, 55-58.

Bledsoe, J. C. (1967). Self-concept of children and their intelligence, achievement, interests and anxiety. *Child Educ., 43*, 463-468.

Bledsoe, J. C. (1973). Sex differences in self-concept: Fact of artifact? *Psychol. Rep. 32*, 1253-1254.

Bloom, B. S. (1964). *Stability and change in human characteristics.* New York: John Wiley and Sons, Ins.

Bohan, J. S. (1973). *Age and sex difference in self-concept.* Adolescence, 378-384.

Bollen, K. A. (1989). *Structural equations with latent variables.* New York: Wiley.

Borislow, B. (1962). Self-evaluation and academic achievement. *Journal of Counseling Psychology, 9*, 246-254.

Borke, H. (1971). Interpersonal Perception of young children: Egocentricism or empathy. *Developmental Psychology, 5*, 263-269.

Boruch, R. F., Larkin, J. D., & Mackinney, A. C. (1970). Alternative methods of analysis: Multitrait-multimethod data. *Educational and Psychological Measurement, 30*, 833-853.

Bower, T. G. R. (1975). Infant perception of the third dimention and object concept development. In L. B. Cohen & P. Salapatek (Eds.), *Infant perception: From sensation to cognition* (*2*, pp. 33-50). New York: Academic.

Braskamp, L. A., Brandenburg, D. C., & Ory, J. C. (1984). *Evaluating Teaching Effectiveness: A Practical Guide.* Beverly Hills: Sage.

Braskamp, L. A. Caulley, D., & Costin, F. (1979). Student ratings and instructor self-ratings and their relationship to student achievement. *American Educational Research Journal , 16*, 295-306.

Brinthaupt, T. M., & Lipka, R. P. (1992). The Self: Definitionl and Methodological Issues. New York: Sunny.

Brisset, D. (1972). Toward a clarification of self-esteem. *Psychiatry, 35*, 255-263.

Brodsky, C. M. (1954). *A study of norms for baby form-behaviour relationships.* Washington D.C.: Catholic Univ. of Americ Press.

Bronfenbrenner, U. (1970). *Two worlds of childhood U.S. and U.S.S.R.* New York: Russell Sage Foundation.

Brookover, W. B., Erickson, E. L., & Joiner, L. M. (1967). Self-concept of ability and school achievement: Relationship of self-concept to achievement in high school. U.S. Office of Education, Cooperative Research Project No. 2831. Michigan State University.

Brookover, W. B., Lepere, J. M., Hamachek, E. D., Thomas, S., & Erickson, E. L. (1965). Self-concept of ability and school achievement II: Improving academic achievement through students' self-concept enhancement. U.S. Office of Education, Cooperative Research Project No. 1963. East Lansing: Educational Publication Services, Michigan State University.

Brookover, W. B., Thomas, S., & Paterson, A. (1964). Self-concept of ability and school achievement. *Social of Education, 37*, 271-278.

Brophy, J. (1985). Interactions of male and female students with their male and female teachers. In L. C. Wilkinson & C. B. Marrett (Eds.), *Gender influences in classroom interaction* (pp. 115-142). New

York: Academic Press.

Broughton, J. (1978). Development of concepts of self, mind, reality, and knowledge. *New Directions for Child Development, 1*, 75-100.

Broverman, I. K., Vogel, S., Broverman, D. M., Clarkson, F. E., & Rosekrantz, P. S. (1972). Sex-role stereotypes: A Current appraisal. *Journal of Social Issues, 28*, 59-78.

Brown, J. D., Collins, R. L., & Schmidt, G. W. (1988). Self-esteem and direct versus indirect forms of self-enhancement. *Journal of Personality and Social Psychology, 55*, 445-453.

Brown, T. (1974). Change of self-concept with an antactgroup by transactional analysis approach. *Dissertation Abstracts International, 34*, 5705-5706A.

Bruce, P. (1958). Relationship of self-acceptance to other variables with sixth grade children oriented in self understanding. *Journal Educational Psychology, 49*, 229-237.

Bruner, J. S., & Goodman, C. (1947). Value and need as organizing factors in perception. *Journal of Abnormal Social Psychology, 42*, 33-44.

Bruner, J. S., & Tagiuri, R. (1954). The perception of people. In G. Lindzey (Ed.). *Handbook of social psychology* (*Vol. 2*, pp. 634-654). Reading, MA: Addison-Wesley.

Brunkan, R. J., & Shen, F. (1966). Personality characteristics of ineffective, effective, and efficient readers. *Personnal and Guidance Journal, 44*, 837-843.

Bruns, R. B. (1976a). The Concept-scale interaction problem. *Educ. Stud., 2*, 121-127.

Bruns, R. B. (1976b). Self and teaching approaches. *Durham Res. Rev.*, No. 36, 1076-1085.

Bruns, R. B. (1977). Male and female perceptions of their own and the other sex. *British Journal of Social Clinical Psychology, 16*, 213-220.

Brush, L. R. (1980). *Encouraging girls in mathematics: The problem and the solution.* Boston: Abt Associates.

Burns, R. B. (1975). Attitudes to self and to three categories of others in a student group. *Educ. Stud., 1*, 181-189.

Burns, R. B. (1979). *The self-concept.* Longman, N.Y.

Burns, R. B. (1979). *The self-concept: Theory, measurement, development and behavior.* London: Longman.

Byrne, B. M. (1984). The general/academic self-concept nomological network: A review of construct validation research. *Review of Educational research, 54*, 427-456.

Byrne, B. M. (1986). Self-concept/academic achievement relations: An investigation of dimensionality, stability, and causality. *Canadian Journal of Behavioural Science, 18*, 173-186.

Byrne, B. M. (1989). *A primer of LISREL: Basic applications and programming for confirmatory factor analytic models.* New York: Springer-Verlag.

Byrne, B. M. (1996). Academic self-concept: Its structure, measurement, and relation to academic achievement. In B. A. Bracken (Ed.), *Handbook of self-concept* (pp. 287-316). New York: Wiley.

Byrne, B. M., & Shavelson, R. J. (1986). On the Structure of Adolescent Self-Concept. *Journal of*

Educational Psychology, 78(6), 474-484.

Calden, G., Lundy, R. M., & Schlafer, R. J. (1959). Sex differances in body concepts. *Journal of Consulting Psychology, 23*, 378-379.

Calkins, M. W. (1910). *A firstbook in psychology.* New York: Macmillan.

Callison, C. P. (1974). Experimental induction of self-concept. *Psychl. Rep., 35*, 1235-1238.

Calsyn, R., & Kenny, D. (1977). Self-concept of ability and perceived evaluation of others: Cause or effect of academic achievement? *Journal of Educational Psychology, 69*, 136-145.

Campbell, J. D. (1990). Self-esteem and clarity of the self-concept. *Journal of Personality and Social Psychology, 59*, 538-549.

Campbell, J. D., & Fehr, B. (1990). Self-esteem and perceptions of conveyed impressions: Is negative affectivity associated with greater realism? *Journal of Personality and Social Psychology, 58*, 479-493.

Campbell, D. T., & Fiske, D. W. (1959). Convergent and discriminant validation by the multitrait-multimethod matrix. *Psychological Bulletin, 56*, 81-105.

Campbell, J. R., Voelkl, K. E., & Donahue, P. L. (1997). *NAEP 1996 trends in academic progress.* Washington, DC: Office of Educational Research and Imprevement, U.S. Department of Education.

Campbell, P. B. (1967). School and self-concept. *Educational Leadership, 24*, 510-515.

Caplin, M. D. (1969). The relationship between self-concept and academic achievement. *Journal of Experimental Education, 37*, 13-16.

Carkhuff, R. R. (1964). *Helping and human relations: A primer for lay and professional-helpers* (Vol. 1). New York: Holt, Rinehart & Winston.

Carlson, R. (1965). Stability and change in the adolescent self-image. *Child Development, 35*, 659-666.

Carpenter, T. R., & Busse, T. V. (1969). Development of self-concept in Negro and White welfare children. *Child Development, 40*, 935-939.

Casey, R. J., & Berman, J. S. (1985). The outcome of psychotherapy with children. *Psychological Bulletin, 98*, 388-400.

Caslyn, R. J., & Kenny, D. A. (1977). Self-concept of ability and perceived evaluation of others: Cause or effect of academic achievement. *Journal of Educational Psychology, 69*, 136-145.

Cattell, R. B. (1966). *The scientific analysis of personality.* Chicago: Aldine.

Cattell, R. B., & Child, D. (1975). *Motivation and dynamic structure.* London: Holt.

Cavan, R. S. (1962). Self and role in adjustment during old age. In Rose, A. (Ed.), *Human behavior and Social processes.* Boston: Houghton Mifflin.

Centi, P. (1965). Self-perception of students and motivation. *Catholic Educational Review, 63*, 307-319.

Centra, J. A. (1973). Self ratings of college teachers: A comparison with student ratings. *Journal of Educational Measurement, 10*, 287-295.

Centra, J. A. (1979). *Determining Faculty Effectiveness.* San Francisco: Jossey-Bass.

Centra, J. A. (1993). *Reflective Faculty Evaluation.* San Francisco: Jossey-Bass.

Chodorow, N. (1974). Family structure and feminine personality. In Rosaldo, M. Z., & Lamphere, L. (Ed.),

Woman, culture and society (pp. 43-67). Stanford Calif.: Stanford University Press.

Clifford, E., & Clifford, M. (1967). Self-concepts before and after survival training. *British Journal Social Clinic Psychology, 6*, 241-248.

Clifton, K., & Covert, J. (1977). The effects an experimental program on the motivation and self-concept of student teachers. *Canadian Journal of Education, 2*, 23-32.

Cohen, A., & Cohen, L. (1974). Children's attitudes towards primary school activities. *Durham Res. ev., 32*, 847-856.

Cohen, J., & Cohen, P. (1975). *Applied multiple regression/Correlation analysis for the behavioral science.* New York: Lawrence Erlbaum Associates.

Coleman, J. S. (1966). *Equality of educational opportunity.* Washington D.C.: U.S. Government Printing Office.

Collins, H. A., Burger, G. K., & Doherty, D. (1970). Self-concept of EMR and nonretarded adolescents. *American Journal of Mental Deficiency, 75*, 285-289.

Combs, A. W. (1964). The personal approach to good teaching. *Educational Leadership, 21*, 369-377.

Combs, A. W. (1965). *The professional education of teachers.* Boston: Allyn and Bacon.

Combs, A. W., Soper, D. W., & Courson, C. C. (1963). The measurement of self-concept a self-report. *Educational and Psychological Measurement, 23*, 493-560.

Congalton, A. (1975). *Occupational status in Australia.* Sydney: University of New South Wales Press.

Conley, J. J. (1985). Longitudinal stability of personality traits: A multitrait-multimethod-multioccasion analysis. *Journal of Personality and Social Psychology, 49*, 1266-1282.

Connell, R. W. (1972). Class structure and personal socialization. In Hunt, F. J. (Ed.), *Socialization in Australia, Sydney, Angus and Robertson.*

Cook, T. D., & Campbell, D. T. (1979). *Quasi-experimentation, design and analysis issues for field settings.* Skokie, Hll: Rand MeNally College Publishihg.

Cooley, C. H. (1902). *Human nature and the social order.* New York: Scribner.

Cooley, C. H. (1912). *Human nature and the social order.* New York: Scribner.

Cooley, C. H. (1920). *Human nature and the social order.* New York: Scribner.

Cooley, C. H. (1930). The development of sociology at Michigan. In Angell, R. G. (Ed.), *Sociology theory and pratice* (pp. 3-19). New York: Henry Holt.

Cooper, C. L. (1974). The impact of marathon encounters on teacher-student relationships. *Interpersonal development, 5*, 71-77.

Coopersmith, S. (1967). *The antecedents of self-esteem.* San Francisco: W. H. Freeman.

Coopersmith, S. (1959). A method for determining types of self-esteem. *Journal of Abnormal and Social Psychology, 59*, 87-94.

Coopersmith, S. (1984). *Coopersmith self-esteem inventories.* Palo Alto, CA: Consulting Psychologists Press.

Costa, P. T., Jr., & McCrae, R. R. (1978). Objective personality assessment. In M. Storardt, I. C. Ciegler, & M. F. Elias (Eds.), *The clinical psychology of aging* (pp. 119-144). New York: Plenum.

Costa, P. T., Jr., & McCrae, R. R. (1980). Still stable after all these years: Personality as a key to some issues in adulthood and old age. In P. B. Baltes & O. G. Brim, (Eds.), *Lifespan development and behavior* (Vol. 3, pp. 65-102). New York: Academic.

Couch, A., & Keniston, K. (1960). Yeasayers and naysayers: Agreeing response set as a personality variable. *Journal of Abnormal and Social Psychology, 60*, 151-174.

Cousins, S. D. (1989). Culture and self-perception in Japan and the United States. *Journal of Personality and Social Psychology, 56*, 124-864.

Covington, M. V. (1984a). The self-worth theory of achievement motivation: Findings and implications. *The Elementary School Journal, 85*, 5-20.

Covington, M. V. (1984b). The Motivation for self-worth. In R. Ames, & C., Ames (Eds), *Research on motivation in education* (*Vol. 1*, pp. 77-113). New York: Academic Press.

Covington, M. V. (1992). *Making the grade: A self-worth perspective on motivation and school reform.* Cambridge University Press.

Crain, R. M. (1996). The influence of age, race, and gender on child and adolescent multidimensional self-concept. In B. A. Bracken (Ed.), *Handbook of self-concept: Developmental, social, and clinical considerations* (pp. 395-420). New York: Wiley.

Crane, C. (1974). Attitudes towards acceptance of self and others and adjustment to teaching. *British Journal of Educational Psychology, 44*, pt. 1, 31-36.

Crebbin, W. (1997). Teaching for lifelong learning. In R. Ballantyne, J. Bain & J. Packer, eds, *Reflecting on University Teaching: Academics' Stories* (pp. 139-150). Canberra: Australian Government Printing Service.

Cronbach, L. (1964). Response sets and test validity. *Educational and Psychological Measurement, 6*, 465-494.

Cronbach, L. (1971). Test Validation. In R. L. Thorndike (Ed.), *Educational measurement* (pp. 443-507). Washington, D.C.: American Council on Education.

Cronbach, L., & Meehl, P. (1955). Construct validity in psychological tests. *Psychological Bulletin, 52*, 281-302.

Crowne, D., & Marlowe, D. (1964). *The approval motive.* New York: Wiley.

Cushman, P. (1990). Why the self is empty: Towards a historically situatedpsychology. *American Psychologist, 45*, 599-611.

Damon, W. (1983). *Social and personality development.* Toronro, Canada: Norton.

d'Apollonia, S., & Abrami, P. C. (1997). Navigating student ratings of instruction. *American Psychologist*, 52, 1198-1208.

Dave, R. H. (1963). The identification and measurement of environmental process variables that are related to educational achievement. Unpublished doctoral dissertation, University of Chicago.

Davidson, H. H., & Long, G. (1960). Children's perceptions of their teachers feelings towards them related to self perception, school achievement and behaviour. *Journal of Exp. Educ., 29*, 107-118.

Day, W. F., Jr. (1977). On the behavioral analysis of self-deception and self-development. In T. Mischel (Ed.), *The Self: Psychological and philosophical issues* (pp. 224-249). Oxford, England: Basil Blackwell.

De Beauvoir, S. (1949). *The second sex*. New York: Bantam Books.

Deblassie, R. R., & Healy, G. W. (1970). *A comparison of spanish American, negro and anglo adolescents across ethnic, sex and socio-economic variables*. Las Cruces: Cleaning House on Rural Education and Small School.

Deci, E. L. (1975). Intrinsic motivation. New York: Plenum.

Denzin, N. K. (1972). The genesis of self in early childhood. *Sociological Quarterly, 13*, 291-314.

Deo, & Sharma (1970). Self-ideal discrepancy and achievement. *Adolescence, 5*, 353-360.

Devereux, E. C. (1970). The role of the peer group experience in moral development. In J. P. Hill (Ed.), *Minnesota symposium on child psychology* (Vol. 4, pp. 94-140). Minneapolis: University of minnesota.

Dickstein, E. (1977). Self and self-esteem: Theoretical foundations and their implications for research. Human development, 20, 129-140.

Dietz, G. E. (1969). A comparison of delinquents with non-delinquents on self-concept, self-acceptance and parental identification. *Journal of Genet. Psychol., 115*, 285-295.

Diggory, J. C. (1966). *Self-evaluation: Concepts and studies*. New York: Wiley.

Diggory, & Magaziner (1959). Self-evalution as a function of instrumentally relevant capacities. *Bulletin for the Association of International Psychological Applications, 8*, 2-19.

Dixon, J. C., & Street, J. W. (1975). The distinction between self and not-self in children and adolescents. *Journal Genet. Psychol., 127*, 157-162.

Douvan, E., & Adelson, J. (1966). *The adolescent experience*. New York: Wiley.

Douvan, E., & Gold, M. (1966). Modal patterns in American adolescence. In L. W. Hoffman & M. L. Hoffman (Eds.), *Review of child Development Research*. (Vol. II, pp. 469-528). New York: Russell Sage Foundation.

Duda, J. L. (1993). Goals: A social-cognitive approach to the study of achievement motivation in sport. In R. N. Singer, M. Murchey, & L. Keith Tennant (Eds.), *Handbook of research on sport psychology* (pp. 421-436). New York: Macmillan.

Duda, J. L., Fox, K. R., Biddle, S. J. H., & Armstrong, N. (1992). Children's achievement goals and beliefs about success in sport. *British Journal of Educational Psychology, 62*, 313-329.

Duda, J. L., & Nicholls, J. G. (1992). Dimensions of achievement motivation in schoolwork and sport. *Journal of Educational Psychology, 84*, 290-299.

Dunkin, M. D. (2002). Novice and award winning teachers' concepts and beliefs about teaching in higher education. In N. Hativa & P. Goody ear, eds, *Teacher Thinking, Belifs and Knowledge in Higher Education*. Dordrecht: Kluwer.

Duncan, O. T. (1961). *A socioeconomic index for all occupations and social status* (pp. 109-188). New York: Free Press.

Duval, S., & Wicklund, R. A. (1972). *A theory of objective self awareness*. New York: Academic.

Dyer, C. O. (1964). Construct validity of self-concept by a multitrait-multimethod analysis (Doctoral dissertation, University of Michigan, 1963), Rissertation Abstracts, 25.

Eccles, J. S. (1987). Gender roles and achievement patterns: An expectancy value perspective. In J. M. Reinisch, L. A. Rosenblum, & S. A. Sanders (Eds.), *Masculinity/Femininity: Basic perspectives* (pp. 240-280). New York: Oxford University Press.

Eccles, J. S., Adler, T. F., & Meece, J. L. (1984). Sex differences in achievement: A test of alternative theories. *Journal of Personality and Social Psychology, 46*, 26-43.

Eccles, J. S., & Blumenfeld, P. (1985). Classroom experiences and student gender: Are there differences and do they matter. In L. C. Wilkinson & C. Marrett (Eds.), *Gender influence in classroom interaction* (pp. 79-114). Hillsdale, NJ: Erlbaum.

Eccles, J. S., & Wigfield, A. (1995). In the mind of the actor: The structure of adolescents' achievement task values and expectancy-related beliefs. *Personality and Social Psychology Bulletin, 21*, 215-225.

Eccles, J., Wigfield, A., Harold, R. D., & Blumenfeld, P. (1993). Age and gender differences in children's self- and task perceptions during elementary school. *Child Development, 64*, 830-847.

Edeburn, C., & Landry, R. (1974). Self-concepts of students and a significant other: The Teacher. *Psychol. Rep.*, Aug. pt, 2, 505-506.

Edwards, A. (1957). *The social desirability variable in personality assessment and reseach.* New York: Dryden Press.

Edwards, A. (1967). The social desirability Variable: A broad statement. In Berg, I. (Ed.), *Response Set in Personality Assessment* (pp. 32-47). Chicago: Aldine.

Edwards, D. W. (1974). Blacks versus Whites: When is race a relevant variable? *Journal of Personality and Social Psychology, 29*, 39-49.

Elder, G. H., Jr. (1968). Achievement motivation and intelligence in occupational mobility: Longitudinal analysis. *Sociometry, 31*, 327-354.

Elkind, D. (1971). *Children and adolescents: Interpretive essays on Jean Piaget.* New York: Oxford University Press.

Elliot, A. J., & Harackiewicz, J. M. (1996). Approach and avoidance achievement goals and intrinsic motivation: A mediational analysis. *Journal of Personality and Social Psychology, 70*, 461-475.

Elliott, E. S., & Dweck, C. S. (1988). Goals: An approach to motivation and achievement. *Journal of Personality and Social Psychology, 54*, 5-12.

Ellis, A. (1973). *Humanistic psychotherapy: The rational-emotive approach.* New York: Julian Press & McGraw-Hill.

Elman, J., Press, A., & Rosenkrantz, P. (1970). Sex-roles and self-concepts: Real and ideal. *Proceedings of the 78th annual Convention of American Psychological Association, 5*, 455-465.

Emmett, R. G. (1959). *Psychological study of the self-concept in secondary modern school pupils.* M. A. Thesis, University of London.

Engel, M. (1959). The stability of the self-concept in adolescence. *Journal of Abnormal and Social*

Psychology, 53, 211-213.

Engel, M. (1959). The stability of the self-concept in adolescence. *Journal of Abnormal Social Psychology, 58,* 211-215.

Ensor, E. G. (1976). A comparison of dynamic interactions between high and low self-concept of ability children and their teachers. Unpub. M. Sc. thesis, Stanford University.

Entwistle, N., & Walker, P. (in press). Strategic alertness and expanded awareness within sophisticated conceptions of teaching. In N. Hativa & P. Goodyear, eds, *Teacher Thinking, Belifs and Knowledge in Higher Education.* Dordrecht: Kluwer.

Epps, E. G. (1969). Correlates of academic achievement among northern and southern urban negro students. *Journal Soc. Issues, 25,* 55-70.

Epstein, S. (1972). The nature of anxiety with emphasis upon its relationship to expectancy. In C. D. Spielberger (Ed.), *Anxiety: Current trends in theory and research.* New York: Academic Press.

Epstein, S. (1973). The self-concept revisited: Or a theory. *Amer. Psychology,* May, 404-416.

Ericsson, K. A., & Simon, H. A. (1980). Verbal reports as data. *Psychological Review, 87,* 215-251.

Erikson, E. H. (1950). *Childhood and society.* New York: Norton.

Erikson, E. H. (1959). Identity and the life cycle. *Psychological Issues, 1,* 1-171.

Erikson, E. H. (1963). *Childhood and society* (2nd ed). New York: Norton.

Erikson, E. H. (1968). *Identity, youth and Crisis.* New York: Norton.

Ethington, C. A. (1991). A test of a model of achievement behaviors. *American Educational Research Journal, 28,* 155-172.

Ethington, C. A., & Wolfle, L. M. (1986). A structural model of mathematics achievement for men and women. *American Educational Research Journal, 23,* 65-75.

Feather, N. T. (1988). Values, valances, and course enrollment: Testing the role of personal values within an expectancy-valance framework. *Journal of Educational Psychology, 80,* 381-391.

Feingold, A. (1994). Gender differences in personality: A meta-analysis. *Psychological Bulletin, 116,* 429-456.

Feldman, K. A. (1989). Instructional effectiveness of college teachers as judged by teachers themselves, current and former students, colleagues, administrators, and external (neutral) observers. *Research in Higher Education, 30,* 137-194.

Felker, D. W. (1974). *Building positive self-concepts.* Minneapoils, Minn.: Burgess Publishing Company.

Fennema, E., & Sherman, J. (1977). Sex-related differences in mathematics achievement, spatial visualization, and affective factors. *American Educational Research Journal, 14,* 51-71.

Ferri, E. (1971). *Streaming: Two years later.* Slough: NFER.

Festinger, L. (1957a). *A theory of cognitive dissonance.* New York: Harper.

Festinger, L. (1957b). *A theory of cognitive dissonance.* Evanston, IL: Row-Peterson.

Festinger, L. (1964). *Conflict, decision and dissonance.* Stanford, CA: Stanford University Press.

Feyerabend, P. K. (1987). *Farewell to reason.* London: Verso.

Finando, S. J., Croteau, J. M., Sanz, D., & Woodson, R. (1977). The effects of group type on changes of self-concept. *Small Group Behavior, 8*, 123–134.

Fink, M. (1962). Self-concept as it relates to academic underachievement. *Califonia, Journal of Educational Research, 13*, 57–62.

Fisher, J., & Cleveland, S. E. (1958). Body image boundaries and sexual behavior. *Journal of Psychology, 45*, 207–211.

Fiske, D. (1971). *Measuring the concepts of personality*. Chicago: Aldine.

Fiske, S. T., & Taylor, S. E. (1984). *Social cognition, Reading, Mass.*: Addison-Wesley.

Fitch, G. (1970). Effects of self-esteem, perceived performance, and choice on casual attributions. *Journal of personality and Social Psychology, 16*, 311–315.

Fitts, W. (1965). Tennessee self-concept scale manual. Nashville, Tenn.: Counselor Recordings and Tests.

Fitts, W. (1972a). The self-concept and psychopathology. Nashville, Tenn.: Counselor Recordings and Tests.

Fitts, W. (1972b). The self-concept and performance. Nashville, Tenn.: Counselor Recordings and Tests.

Fitts, W. (1972c). The self-concept and behavior: Overview and supplement. Nashville, Tenn.: Counselor Recordongs and Tests.

Fitts, W. H. (1964). *Tennessee Self Concept Scale: Test Booklet*. Nashville, TN: Counselor Recordings and tests, Department of Mental Health.

Fitzgerald, D., Hattie J. A., & Hughes, P. (1985). *Computer applications in Australian classrooms*. Canberra, Australia: Ministry of Education.

Flynn, M. (1975). *Some Catholic schools in action*. Sydney: Catholic Education Office.

Foulds, M. L. (1970). Effects of a personal growth group on a measure of self-actualization. *Journal of Humanistic Psychology, 10*, 33–38.

Franklin, J., & Theall, M. (in press). Faculty thinking about the design and evaluation of instruction. In N. Hativa & P. Goodyear, eds, *Teacher Thinking, Beliefs and Knowledge in Higher Education*. Dordrecht: Kluwer.

Fraser, C. (1982). COSAN. Centre for behavioural studies. University of New England, Armidale, N. S. W., Austraila.

Frazier, A., & Lisonbee, L. K. (1950). Adolescent concerns with physique. *School Review, 58*, 397–405.

Frerichs, A. H. (1971). Relationship of self-esteem of the disadvantaged to school success. *Journal Negro Education, 40*, 117–120.

Freud, A. (1946). *The Ego and the Mechanisms of Defence*. New York: International Univ. Press.

Freud, S. (1932). Female sexuality. *International Journal of Psychoanalysis, 13*, 281–297.

Freud, S. (1933). The psychology of women. *In New Introductory Lectures on Psychoanalysis*. New York: W. W. Norton.

Freud, S. (1964). *The ego and the id* (Vol. 19, pp. 3–68). London: Hogarth. (Original published in 1923.)

Fromm, E. (1949). Sex and character. In Anshen, R. (Ed.), *The family: Its function and destiny* (pp. 375–392). New York: Harper.

Frynear, J. L., Niell, L. R., & Ridley, S. D. (1974). Photographic self-concept enhancement of male juvenile delinquents. *Journal of Consulting and Clinical Psychology, 42*, 915.

Furst, E. J. (1966). Validity of some objective scales of motivation for predicting academic achievement. *Educational and Psychological Measurement, 26*, 927-933.

Gabbler, R. G., & Gibby, R. (1967). The self-concept of Negro and White children. *Journal of Clinical Psychology, 23*, 144-148.

Gage, N. L. (1963). *Handbook of Research on Teaching*. Chicago: Rand McNally.

Gallup, G. G. (1968). Mirror-image stimulation. *Psychological Bulletin, 70*, 782-793.

Gardner, J. K. (1971). *The development of object identity in the first six months of human infancy*. Paper presented at the meeting of the Society for Research in Child development. Minneapolis, MN.

Geertz, C. (1973). *The interpretation of cultures*. New York: Basic.

Geertz, C. (1979). Attitudes and understanding. In P. Rabinov & W. M. Sullivan (Eds.), *Interpretive Social Science: A reader* (pp. 46-61). Berkley, CA: University of California Press.

Gendlin, E. T. (1962). *Experiencing and the creation of meaning: A philosophical approach to the subjective*. New York: Free Press.

Gergen, K. J. (1965). Interaction goals and personalistic feedback as factors affecting the presentation of self. *Journal of Personality and Social Psychology, 1*, 413-424.

Gergen, K. J. (1971). *The concept of self*. New york: Holt, Rinehart & Winston.

Gergen, K. J. (1982). *From self to science: What is there to know?* In J. Suls(Ed.), Psychological perspectives on the self (Vol. 1, pp. 129-149). Hillsdale, NJ: Lawrence Erlbaum Associates.

Gergen, K. J., & Taylor, M. G. (1969). Social expectancy and self-presentation in a status hierarchy. *Jornal of Experimental Social Psychology, 5*, 79-92.

Gesell, A., & Ilg, F. (1949). *Child development*. New York: Harper.

Getzels, J. W. (1969). A social psychology of education. In Lindzey, G. & Aronson, E. (Ed.), *The Handbook of Social Psychology*, Vol. Reading Mass.: Addison Wesley.

Gibbons, F. X. (1990). Self-attention and behavior: A review and theoretical update. In *Advances in experimental social psychology* (*Vol. 23*, pp. 249-303) edited by M. P. Zanna. San Diego: Academic Press.

Gibby, R. G., & Gabler, R. (1967). The self-concept of Negro and White children. *Journal of Clinical Psychology, 23*, 114-148.

Goddard, R. C. (1981). Increase in assertiveness and actualization as a function of didactic trainung, *Journal of Counseling Psychology, 28*, 279-287.

Golann, S. E. (1963). Psychological study of creativity. *Psychological Bulletin, 60*, 548-565.

Goldstein, K. (1939). *The organism*. New York: American Bool Company.

Gordon, C. (1968). *On the sense of personal autonomy*. Cambridge, MA: Department of Social Relations, Harvard University.

Gordon, C. (1969). Self-conceptions methodologies. *The Journal of Nervous and Mental Disease, 148*,

328–364.

Gordon, I. (1966). *Studying the child in school.* New York: Wiley.

Gough, H. G. (1965). *Manual for the California psychological inventory.* Palo Alto, Calif.: Counsulting Psychologists Press.

Gough, H. G. (1969). *California psychological inventory manual.* Palo Alto, California: Counsulting Psychologists Press.

Gough, W. G., & Heilbrun, A. B. (1965). *The adjective checklist manual.* Palo Alto, CA: Counseling Psychological Press.

Green, P. J., Dugoni, B. L., Ingles, S. J., & Quinn, P. (1995). *Trends among high school seniors*, 1972–1992 (NCES 95–380). Washington, DC: National Center for Educational Statistics.

Greenleigh, L. (1970) Facing the challenge of change in middle age. *Geriatrics,* 29, 61–66.

Griffitt, W. B. (1969). Personality similarity and self-concept as determinants of interpersonal attraction. *Journal of Social Psychology, 78,* 137–146.

Groobman, D. E., Forward, J., & Peterson, C. (1976). Attitudes self-esteem and learning in formal and informal schools. *Journal of Educational Psychology, 68,* 32–35.

Guardo, C. J. (1968). Self revisited: The sense of self-identity. *Journal of Humanistic Psychology, 8,* 137–142.

Guardo, C. J., & Bohan, J. B. (1972). Development of sense of self-identity in children. *Child Development, 42,* 1909–1921.

Guilford, J. P. (1957). Creative abilities in the arts. *Psychology review, 64,* 110–118.

Gunderson, E. K. E., & Johnson, L. C. (1965). Past experience, self-evaluation and present adjustment. *Journal of Social Psychology, 66,* 311–321.

Guthrie, E. R. (1938). *Psychology of human conflict.* New York: Harfer.

Guttman, L. (1964). A basis for scaling qualitative data. *American Sociological Review, 9,* 39–50.

Guttman, L. (1969). Integration of test design and analysis. Procedures of the 1969 invitational conference on testing problem. Priceton, N.J.: Educational Testing Service.

Haarer, D. L. (1964). A Comparative study of self-concept of ability between institutionalized delinquent boys enrolled in public school. *Dissertation Abstracts, 25,* 1610.

Hakel, M. (1968). How often is often? *American Psychologist, 23,* 533–534.

Hall, P. (1966). Identification with the delinquent subculture and level of self-evaluation. *Socioetry, 29,* 146–158.

Haller, A. O., & Portes, A. (1973). Status attainment processes. *Sociology of Education, 46,* 51–91.

Halsey, A. H. Sociology and the equality debate. *Oxford Review of Education,* 1975, 1, 9–23.

Hamilton, D. L. (1971). A Comparative study of five methods of assessing self-esteem, dominance, and dogmatism. *Educational and Psychological Measurement, 31,* 441–452.

Hansford, B. C., & Hattie, J. A. (1982). The relationship between self and achievement, performance measures. *Review of Educational Research, 52,* 123–142.

Harre, R. O. M. (1979). Social being: *A theory for social psychology*. Totowa, NJ: Rowman Littlefield.

Harre, R .O. M. (1983b). *Personal being: A theory for individual psychology*. Oxford: Blackwell.

Harris, R. N., & Snyder, C. R. (1986). The role of uncertain self-esteem in self-handicapping. *Journal of Personality and Social Psychology, 51*, 451-458.

Harter, S. (1982). The Perceived Competence Scale for Children. *Child Development, 53*, 87-97.

Harter, S. (1983). Developmental perspectives on the self-system. In P. H. Mussen (Ed.), *Handbook of child psychology* (Vol. 4, 4th ed., pp. 275-385). New York: Wiley.

Harter, S. (1985b). Competence as dimensions of self-evaluaton: Toward a comprehensive model of self-worth. In R. L. Leahy (Ed.), *The development of the self* (pp. 55-122). New York: Academic Press.

Harter, S. (1985). Processes in the formation, maintenance and enhancement of the self-concept. In J. Suls & A. Greenwald (Eds.), *Psychological perspectives on the self* (*3*, pp. 137-181). Hillsdale, NJ: Lawrence Erlbaum Associates.

Harter, S. (1988). The construction and conservation of the self: James and Cooley revisited. In D. K. Lapsley & F. C. Paower (Eds.), *Self, ego and identity: Integrative approaches* (pp. 42-70). New York: Springer-Verlag.

Hartley, W. (1957). *The mutable self: A self-concept for social change*. Beveerly Hills: Sage.

Hattie, J. A. (1992a). *Self-concept*. New Jersey: IEA.

Hattie, J. A. (1992b). *Self-concept*. Hillsdale, NJ: Lawrence Erlbaum.

Hattie, J. A., & Marsh, H. W. (1996). The relationship between research and teaching—a meta-analysis. *Review of Educational Research, 66*, 507-542.

Hattie, J. A. (1985). Decision criteria for assessing unidimensionality: A review. *Applied Psychological Measurement*, 139-164.

Hattie, J. A. (1987). Identifying the salient facets of a model of student learning: A synthesis of meta-analyses. *International Journal of Educational Reaserch, 11*, 187-212.

Hattie, J. A., & Fitzgerald, D. (1979). A use of confirmatory factor analysis in the evaluation of intelligence testing models. Paper presented at the annual meeting of the American Educational Reaserch Association, San Francisico.

Hattie, J. A. (1981). A four stage factor analytic approach for studying behavior domains. *Applied Psychological Measurement, 5*, 77-88.

Hattie, J. A.(1985). Decision criteria for assessing unidimensionality: A review. *Applied Psychological Measurement*, 139-164.

Hattie, J. A. (1986). A defence of the Shostrom Personal Orientation Inventory:A rejoinder to Ray. *Personality and Individual Differences, 7*, 593-594.

Hattie, J. A., & Hansford, B. C. (1982). Self-measures and achievement: Comparing a Traditional review of literature with a meta-analysis. *Australian Journal of Education, 26*, 71-75.

Hattie, J. A., Jones, R., & Hosseini, D. (1991). *Student control over learning*.

Havighurst, R. J., & MacDonald, D. V. (1955). Development of the ideal self in New Zealand and American children. *Journal of educational Reaserch, 49*, 263-273.

Havighurst, R. J., Robinson, M. Z., & Dorr, M. (1946). The development of the ideal self in chilhood and adolescence. *Journal of Educational Reseach, 40*, 241-257.

Hegel, G. W. F. (1990). *Preface and introduction to the phenomenology of mind.* L. S. Stepelevich (Ed.), New York: McMillan.

Heider, F. (1958). *The psychology of interpresonal relations.* New York: Wiley.

Heise, D. R. (1969). Separating reliability and stability in test-retest correlation. *American Sociological Review, 34*, 93-101.

Helmke, A. (1987). Mediating processes between children's self-concept of ability and mathematics achievement: A longitudinal study. Munich, cermany: Max Planck Institute for *Psychological Research.*

Helmke, A., & van Aken, M. A. G. (1995). The causal ordering of academic achievement and self-concept of ability during elementary school: A longitudinal study. *Journal of Educational Psychology, 87*, 624-637.

Helper, M. M. (1958). Parental evaluations of children and children's self-evalutions. *Journal of Abnormal and Social Psychology, 56*, 190-194.

Hempel, C. G. (1952). *Fundamentals of concept formation in empirical science.* Chicago: University of Chicago Press.

Henderson, E. H., & Long, B. H. (1971). Personal-social correlates of academic success among disadvantaged school beginners. *Journal of School Psychology, 9*, 101-113.

Hess, A. L., & Bradshaw, H. L. (1970). Positiveness of self-concept and ideal self as a function of age. *Journal of Genetic Psychology, 117*, 57-67.

Hesse, M. (1974). *The structure of scientific inference.* London: MacMillan.

Hewitt, J. (1976). *Self and identity: A symbolic interactionist social psychology.* Boston, Mass.: Allyn & Bacon.

Heyns, B. (1974). Social selection and stratification within schools. *American Journal of Socialogy, 79*, 1434-1451.

Hill, J. P., & Lynch, M. E. (1983). The intensification of gender-related role expectations during early adolescence. In J. Brooks-Gunn & A. C. Peterson (Eds.), *Girls at Puberty* (pp. 201-228). New York: Plenum Press.

Hilton, T. L., & Berglund, G. W. (1974). Sex differences in mathematics achievement: A longitudinal study. *Journal of Educational Research, 67*, 231-237.

Hilyer, J. C., & Mitchell, W. (1979). Effect of systematic physical fitness training combined with counseling on the self-concept of college students. *Journal of Counseling Psychology, 26*, 427-436.

Hinkle, D., Arnold, C., Croake, J., & Keller, J. (1980). Adlerian parent education: Changes in parents' attitudes and behaviors and children's self-esteem. *American Journal of Family Therapy, 8*, 32-43.

Hishiki, P. (1969). The self-concepts of sixth grade girls of Mexican-American descent. *California Journal of Educational Research, 20*, 56-62.

Hoffman, M. (1975). Developmental synthesis of affect and cognition and its implications for altruistic motivation. *Developmental Psychology, 11*, 607-622.

Hoffman, M. (1983). Attitude change and cognitive theraphy. In N. Hoffman (Ed.), *Foundations of cognitive theraphy* (pp. 51-72). New York: Plenum.

Hogan, R. (1973). Moral conduct and moral character: A psychological perspective. *Psychological Bulletin, 79*, 217-232.

Hoge, D. R., & McCarthy, J. D. (1984). Influence of individual and group identity salience in the global self-esteem of youth. *Journal of Personality and Social Psychology, 47*, 403-414.

Horney, K. (1950). *Neurosis and human growth*. New York: W. W. Norton.

Horney, K. (1973). *The neurotic personality of our times*. New York: W. W. Norton.

Howard, G. S. (1990). On the construct validity of self-report: What do the data say? *American psychologist, 45*, 292-294.

Howard, G. S., Maxwell, S. E., Weiner, R. L., Boynton, K. S., & Rooney, W. M. (1980). Is a behavioral measure the best estimate of behavioral parameters? Perhaps not. *Applied Psychlogical Measurement, 4*, 293-311.

Howe, L. W., & Howe, M. M. (1975). *Personalizing education: Values clarification and beyond*. New York: Holt.

Hulbary, W. E. (1975). Race, deprivation and adolescent self-images. *Social Science Quarterly, 56*, 105-114.

Hull, C., H., & Nie, N., H. (1981). *SPSS Update 7-9*. New York: McGraw-Hill.

Hunt, J. Mcv. (1971). Using instrinsic motivation to teach young children. *Educational Tech., 2*, 78-80.

Hurlock, E. B. (1974). *Personality Development*. N. Y.: McGraw-Hill.

Hyde, J. S., Fennema, E., & Lamon, S. J. (1990). Gender differences in mathematics performance: A meta-analysis. *Psychological Bulletin, 107*, 139-155.

Ingles, S. J., Scott, L. A., Lindmark, J. T., Frankel, M. R., Myers, S. L., & Wu, S. (1992) *National Education Longitudinal Study of 1988. First follow-up: Student component data file user's manual* (Vol. 1). Washington, DC: Office of Educational Research and Improvement, U.S. Department of Education.

Jackson, D. (1967). Acquiescence response styles: Problems of identification and control. In I. Berg (Ed.), *Response Set in Personality Assessment* (pp. 71-114). Chicago: Aldine.

Jackson, D. (1969). Multimethod factor analysis in the evalution of convergent and discriminant validity. *Psychological Bulletin, 72*, 30-49.

Jackson, D., & Messick, S. (1958). Content and style in personality assessment. *Psychological Bulletin, 55*, 243-252.

Jacobson, E. (1964). *The self and the objective World*. New York: International Universities Press.

James, W. (1890). *Principles of psychology*. New York: Holt.

James, W. (1890). *Principles of psychology* (2 vols.). Chicago: Encyclopedia Britannica.

Jensen, J. M., Michael, J. J., & Michael, W. B. (1975). The concurrent validity of the primary self-concept scale for a sample of third grade children. *Educational Psychology Meas., 35*, 1011-1061.

Jersild, A. T. (1952). *In search of self: An exploration of the role of the school in promoting self-understanding.* New York: Bureau of Publications. Teacher' s Colleage Columbia University.

Jervis, F. M. (1959). The meaning of a positive self-concept. *Journal of Clinical Psychology, 15*, 370-373.

Jones, C. J. (1985). Analysis of self-concept of handicapped students. *Remedial and Special Education, 6*, 32-36.

Jones, E. E. (1973). Self-and interpersonal evaluations: Esteem theories versus consistency theories. *Psychological Bulletin, 79*, 185-199.

Jones, E. E., & Berglas, S. (1978). Control of attributions about the self through self handicapping strategies: The appeal of alcohol and the role of underachievement. *Personality and Social Psychology Bulletin, 4*, 200-206.

Jones, J. G., & Grieneeks, L. (1970). Measures of self-perception as predictors of scholastic achievement. *Journal of Educational Research, 63*, 201-203.

Jones, J. G., & Strowig, R. W. (1968). Adolescent identity and self-perception as predictors of scholastic achievement. *Journal of Educational Research, 62*, 78-82.

Jones, M. C. (1958). A study of socialization at the high school level. *Journal of Genetic Psychology, 93*, 87-111.

Jones, M. C., & Bayley, N. (1950). Physical maturing among boys as related to behaviour. *Journal of Educational Psychology, 41*, 129-148.

Jones, M. C., & Mussen, P. H. (1958). Self-conceptions, motivations and interpersonal attitudes of early and late maturing girls. *Child Development, 29*, 491-501.

Jöreskog, K. G. (1973). A general method for estimating a linear structural equation system. In A. S. Goldberg, & O. D. Duncan (Eds.), *Structural Equation Models in the Social Sciences.* New York: Seminar Press.

Jöreskog, K. G. (1974). Analyzing psychological data by structural analysis of covariance matrices. In D. H. Krantz et al. (Eds.), *Contemporary Developments in Mathematical Psychology*, Vol. 2. San Francisco: W. H. Freeman.

Jöreskog, K. G., & Sorbom, D. (1978). LISREL IV: *Analysis of linear structural relationships by the methods of maximum likelihood.* Chicago: National Education Resources.

Jöreskog, K. G., & Sorbom, D. (1981). LISREL V: *Analysis of linear structural relations by the method of maximum likelihood.* Chicago: International Educational Services.

Jöreskog, K., & Sorbom, D. (1988). LISREL 7: *A guide to the program and applications.* Chicago: SPSS.

Jöreskog, K. G., & Sorbom, D. (1989). LISREL 7: *A guide to the program and applications.* Chicago: SPSS.

Jöreskog, K. G., & Sorbom, D. (1993). LISREL Ⅷ: Analysis of linear structural relationships by the method of maximum likelihood. Chicago: International Educational Services.

Judson, A., & Cofer, C. (1956). Reasoning as an associative process. *Psychology. Rep.*, *2*, 469-476.

Jung, C. G. (1933). *Psychological types.* New York: Harcourt, Brace and World.

Kagan, J. (1958). The concept of identification. *Psychological Review, 65*, 296-305.

Kagan, J. (1964). Acquisition and significance of sex typing and sex role identity. In M. Hoffman (Eds.), *Review of Child Development Research* (pp. 137-167). New York: Russell Sage.

Kagan, J. (1989). *Unstable ideas: Temperament, cognition, and self.* Cambridge, MA: Harvard University Press.

Kagan, J., Hosken, B., & Watson, S. (1961). Child's symbolic conceptualization of parents. *Child Development, 32*, 625-636.

Kagan, J., & Lemkin, J. (1960). The child' s differential perception of parental attributes. *Journal of Abnormal and Social Pychology, 61*, 440-447.

Kahl, J. A., & Davis, J. A. (1955). A comparison of idexes of socioeconomic status. *American Sociological Review, 20*, 317-325.

Kahneman, D., Slovic, P., & Tversky, A. (Eds.) (1982). *Judgement under uncertainty: Heuristics and biases.* Cambridge, MA: Harvard University Press.

Kahneman, D., & Tversky, A. (Eds.) (1972). Judgement of representatives. *Cognitive Psychology, 3*, 439-454.

Kaplan, H. B. (1964). *The conduct of inquiry.* San Francisco: Chandler.

Kaplan, H. B. (1975). The self-esteem motive. In H. B. Kaqplan (Ed.), *Self-attitudes and deviant behavior* (pp. 10-33). Pacific Palisades, CA: Goodyear.

Kaplan, H. B. (1975a). The self-esteem motive and change in self-attitudes. *Journal of Nervous and Mental Disease, 161*, 265-275(a).

Kaplan, H. B., & Pokrny, A. D. (1970). Aging and self-attitude: A conditional relationship. *Aging and Human Development, 1*, 241-250.

Kasl, S. V., & French, J. P. R. (1962). The effects of occupational status on physical and mental health. *Journal of Social Issues, 18*, 67-89.

Katcher, A. (1955). The discrimination of sex differences by young children. *Journal of Genetic Psychology, 87*, 131-143.

Katz, P., & Zigler, E. (1967). Self-image disparity: A developmental approach. *Journal of Personality and Social Psychology, 5*, 186-195.

Kelly, G. A. (1955). *The psychology of personal constructs.* New York: Norton.

Kenny, D. A. (1976). An empirical application of confirmatory factor analysis multitrait-multimethod matrix. *Journal of Experimental Social Psychology, 12*, 247-252.

Kenny, D. A. (1979). *Correlation and causality.* New York: Wiley.

Kenny, D. T. (1956). The influence of social desirability on discrepancy measures between real self and ideal self. *Journal of Consulting Psychology, 20*, 315-319.

Kerr, W. A., & Remmers, H. H. (1942). *Manual for the American home Scale.* Chicago: Science Research Associates.

Kihlstrom, J. F., Cantor, N., Albright, J. S., Chew, B. R., Klein, S. B., & Niedenthal, P. M. (1988). Information processing and the study of the self. In *Advances in experimental social psychology* (*Vol. 21*, pp. 145-

181). edited by L. Berkowitz. San Diego: Academic Press.

Kipnis, D. M. (1961). Changes in self-concepts in relation to perceptions of others. *Journal of personality Psychology, 29*, 449–465.

Kirchner, E. P., & Vondracek, S. I. (1975). Perceived sources of esteem in early childhood. *Journal of Genetic Psychology, 126*, 169–179.

Kleinfeld, J. (1972). The relative importance of teachers and parents in the formation of Negro and White students' academic self-concept. *Journal of Educational Research, 65*, 211–212.

Knief, L. M., & Stroud, J. B. (1959). Intercorrelations among various intelligence, achievement and social class scores. *Journal of Educational Psychology, 50*, 117–120.

Kohlberg, L. (1966). A cognitive-developmental analysis of children' s sex-role concepts and attitudes. In E. Maccoby (Ed.), *The development of sex differences* (pp. 82–173). Stanford, Calif.: Stanford University Press.

Kohlberg, L. (1969). Stage and sequence: The cognitive-development approach to socialization. In D. A. Goslin (Ed.), *Handbook of socialization theory and research* (pp. 347–480). Chicago: Rand Mcnally.

Kohn, A. R., & Fiedler, F. E. (1961). Age and sex differences in the perception of persons. *Sociometry, 24*, 157–163.

Kohn, M. L. (1963). Social class and parent-child relationships: An interpretation. *American Journal of Sociology, 68*, 471–480.

Kohn, M. L. (1969). *Class and conformity: A study in values.* Homewood, Ill.: Dorsey.

Kohn, M. L., & Schooler, C. (1969). Class, occupation and orientation. *American Sociological Review, 34*, 659–678.

Kohut, H. (1971). *The analysis of the self.* A systematic approach to the psychoanalytic treatment of narcissistic personality disorders. New York: International Universities Press.

Kohut, H. (1977). *The restoration of the self.* New York: International Universities Press.

Kosa, J., Rachiele, L. D., & Schommer, C. O. (1962). The self-image and performance of socially mobile college students. *Journal of Social Psychology, 56*, 301–316.

Kretschmer, E. (1925). *Physique and character.* London: Routledge and Kegan.

Kuhlen, R. G. (1959). Aging and Life-adjustment. In J. E. Birren (Ed.), *Handbook of aging and the individual* (pp. 852–897). Chicago: University of Chicago Press.

Kuhmerker, L. (1975). Learning to care–The development of empathy. *Journal of Mornal Education, 5*, 25–34.

Kuhn, M. H., & McPartland, T. S. (1954). An empirical investigation of self-attitudes. *American Socialogical Review, 19*, 68–76.

Kunda, Z., & Sanitioso, R. (1989). Motivated changes in the self-concept. *Jounral of Experimental Social Psychology, 25*, 401–421.

Lacklen, R., & Harmon, L. R. (1957). Criterion committee report. In C. W. Taylor (Ed.), *The second University of Utah research conference on the identification of creative scientific talent* (pp. 243–248).

Salt Lake City: University of Utah.

Laing, R. D. (1961). *The divided self.* London: Tavistock.

Laing, R. D. (1969). *The self and others.* New York: Pantheon.

Langer, E. (1989). *Mindfulness.* Reading, MA: Addision-Wesley.

Langer, T., & Michael, S. (1963). *Life stress and mental health.* Glencoe, IL: Free Press.

Lawrence, D. (1971). The effects of counselling on retarded readers. *Educational Research, 13,* 119-124.

Lawrence, D. (1972). Counselling of retarded readers by non-professionals. *Educational Research, 15,* 48-51.

Lawrence, E. A., & Winschell, J. F. (1973). Self-concept and the retarded: Research and issues. *Excptl. Child, 38,* 310-319.

Lecky, P. (1954). *Self-consistency: A theory of personality.* New York: Island Press.

Leeper, R. S. (1970). The motivational and perceptual properties of emotions as indicating their fundamental character and role. In M. Arnold (Ed.), *Feelings and emotions: The Loyola Symposium* (pp. 151-168). New York: Academic.

Leifer, M. (1980). *Psychological affects of motherhood: A study of first pregnancy.* New York: Praeger.

Lepper, M. R. (1973). Dissonance, self-perception, and honesty in children. *Journal of Personality and Social Psychology, 25,* 65-74.

Lerner, R. M., Karabenick, S. A., & Meisels, M. (1975). Effects of age and sex on the development of personal space schemata towards body build. *Journal of Genetic Psychology, 127,* 91-101.

Levinson, D. J. (1978). *The seasons of a man's life.* New York: Ballantine.

Levi-Strauss, C. (1963). *Structural anthropology.* New York: Basic.

Levi-Strauss, C. (1966). The savage mind. London: Weidenfeld & Nicholson.

Lewin, K. (1935). *A dynamic theory of personality.* New York: McGraw-Hill.

Lewin, K. (1936). *Principles of topological psychology.* New York: McGraw-Hill.

Lewis, A. R. J. (1971). Self-concepts of adolescent E.S.N. boys. *British Journal of Educational Psychology, 41,* 222-223.

Lewis, M. (1969). Infant' s responses to facial stimuli during the first year of life. *Developmental Psychology, 1,* 75-86.

Lewis, M., & Brooks, J. (1974). Self, other and fear: Infants' reactions to people. In M. Lewis, & L. A. Rosenblum (Ed.), *Origins of fear* (pp. 195-226). Nwe York: Wiley.

Lewis, M., & Brooks-Gunn, J. (1978). Self-knowledge and emotional development. In M. Lewis & L. A. Rosenblum(Eds.), *The development of affect* (pp. 205-226). New York: Plenum.

Lewis, M., & Brooks-Gunn, J. (1979). *Social cognition and the acquisition of self.* New york: Plenum.

Lewis, M., & Brooks, J. (1975). Infants' social perception: A constructivist view. In L. Cohen & S. Salapatek (Eds.), *Infant perception: From sensation to cognition. Perception of space, speech and sound* (2, pp. 102-143). New York: Academic Press.

Lewis, M., & Brooks-Gunn, J. (1975). Infants' social perception: A constructivist view. In L. Cohen & P.

Roseblum (Eds.), *The origins of fear: The origins of behavior* (Vol. 2, pp. 195-227). New York: Wiley.

Lewis, M., & Goldberg, S. (1969). Perceptual-cognitive development in infancy: A genernalized expectancy model as a function of the mother-infant interaction. *Merrill-Palmer Quarterly, 15*, 81-100.

Lieberman, M. A., Yalom, I. D., & Miles, M. B. (1973). *Encounter groups: First factors*. New York: Basic.

Linville, P. W. (1982). Affective consequences of complexity regarding the self and others. In M. S. Clark & S. T. Fiske (Eds.), *Affect and cognition* (pp. 79-109). Hillsdale, NJ: Lawrence Erlbaum Associates.

Linville, P. W. (1987). Self-complexity as a cognitive buffer against stress-related illness and depression. *Journal of Personality and Social Psychology, 52*, 664-676.

Lipsitt, L. P. (1958). A self-concept scale for children and its relationship to the children's from of the manifest anxiety scale. *Child Development, 29*, 463-472.

Lively, E. L., Dinitz, S., & Reckless, W. C. (1962). Self-concept as a predictor of juvenile deilnquency. *American Journal of Orthopsychiatry, 32*, 159-168.

Livesiey, W. J., & Bromley, D. B. (1973). *Person perception in childhood and adolescence*. London: Wiley.

Loehlin,(1961). Word meanings and self-descriptions. *Journal of Abnormal and Social Psychology, 62*, 28-34.

Loehlin(1967). Word meanings and self-descriptions: A replication and extention. *Journal of Personality and Social Psychology, 5*, 107-110.

Loevinger, J. (1957). Objective tests as instruments of Psychological theory. *Psychological Reports, 3*, 635-694.

Loevinger, J. (1976). *Ego development: Concepts and theories*. San Francisco: Jossey-Bass.

Long, B. H., & Henderson, E. H. (1970). Social schemata of school beginners: Some demographic correlates. *Merrill-Palmer Quarterly, 16*, 305-325.

Long, B. H., & Henderson, E. M. (1968). Self-social concepts of disadvantaged school beginners. *Journal of Genetic Psychology, 113*, 41-51.

Long, B. H., Ziller, R. C., & Henderson, E. H. (1967). Developmental changes in the self-concept during middle childhood. *Merrill Palmer Quart, 13*, 201-219.

Long, B. H., Ziller, R. C., & Henderson, E. H. (1968). Developmental changes in the self-concept during adolescence. *The School Review, 76*, 210-230.

Lord, F., & Novick, M. (1968). *Statistical theories of mental test scores*. Reading, Mass: Addison-wesley.

Lovlie, A. (1982). *The self: Yours, mine or ours?* Oslo, Norway: Universitetsforlaet.

Lowe, C. (1961). The self-concept: Fact or artifact? *Psychological Bulletin, 58*, 325-336.

Ludwig, D. J., & Maehr, M. L. (1967). Changes in self-concept and stated behavioural preferences. *Child Development, 38*, 453-467.

Luria, A. R. (1973). *The working brain: An introduction to neuropsychology*. London: Penguin.

MacCann, R. (1995, June). A longitudinal study of sex differences in HSC and SC. *Australian College of Edcucation New South Wales Chapter Newsletter*, Supplement, 8-9.

MacLeod, R. (1964). Phenomenology. A challenge to experimental psychology. In T. Wann (Ed.),

Behaviourism and phenomenology (pp. 47-63). New York: Wiley.

Maccoby, E. E. (1966). *The development of sex differences*. Stanford, CA: Stanford Universty Press.

Magnusson, D., & Endler, N. S. (Eds.) (1977). *Personality at the cross roads: Current issues in interactional psychology*. Hillsdale, NJ: Lawrence Erlbaum Associates.

Mahoney, E., & Finch, M. (1976). Body cathexis and self-esteem. *Journal of Social Psychology, 99*, 251-258.

Manger, T., & Eikeland, O. J. (1996). *Gender differences in perceived mathematics competence and motivation*. Manu submitted for publication, University of Bergen, Norway.

Marjoribanks, K. (1979). *Families and their learning environments*. London: Routledge and Kegan Paul.

Marjoribanks, K., & Walberg, H. J. (1975). Ordinal position, family environment and mental ability. *Journal of Social Psychology, 95*, 77-84.

Markus, H., & Kunda, Z. (1986). Stability and malleability of the self-concept. *Journal of Personality and Social Psychology, 51*, 858-866.

Markus, H., & Sentis, K. (1982). The self in social information processing. In J. Suls (Ed.), *Psychological perspectives on the self* (*1*, pp. 41-70). Hillsdale, NJ: Lawrence Erlbaum Associates.

Markus, H., & Smith, J. (1981). The influence of self-schema on the perception of others. In N. Cantor & J. Kihlstrom (Eds.), *Personality, cognition and social interaction* (pp. 233-262). Hillsdale, NJ: Lawerence Erlbaum Associates.

Markus, H., & Wurf, E. (1987). The dynamic self-concept: A social psychological perspective. *Annual Review of Psychology, 38*, 299-337.

Markus, H., & Nurius, P. S. (1986). Possible selves. *American Psychologist, 41*, 954-969.

Marmor, J. (1968). The crisis of middle age. *Psychiatric Digest, 29*, 18.

Marsella, A. J., DeVos, G., & Hsu, F. L. K. (1985). *Culture and self: Asian and Western perspectives*. New York: Tavistock

Marsh, H. W., Barnes, J., Cairns, L., & Tidman, M. (in press). The Self Description Questionnaire (SDQ): Age effects in the structure and level of self-concept for preadolescent children. *Journal of Educational Psychology*.

Marsh, H. W., Barnes, J., & Hocevar, D. (1983). *Self-other agreement on multidimensional self-concept ratings: Factor analysis and multitrait-multimethod analysis*. Manuscript submitted for publication.

Marsh, H. W., & Hocevar, D. (1983). Confirmatory factor analysis of multitrait-multimethod matrices. *Journal of Educational Measurement, 20*, 231-248.

Marsh, H. W., & Hocevar, D. (in press). The factorial invariance of students' evaluations of college teaching. *American Educational Research Journal*.

Marsh, H. W., & Parker, J. W. (1984). Determinants of students student self-concept: Is it better to be a relatively large fish in a small pond even if you don' t learn to swim as well? *Journal of Personality and Social Psychology, 47*, 213-231.

Marsh, H. W., & Parker, J. W. (in press). Determinants of self-concept: Is it better to be a relatively large fish in a small pond even if you don't learn to swim as well? *Journal of Personality and Social Psychology, 53*, 60-78.

Marsh, H. W., Parker, J. W., & Smith, I, D. (1983). Preadolescent self-concept: Its relation to self-concept as inferred by teachers and to academic ability. *British journal of Educational Psychology, 53*, 60-78.

Marsh, H. W., Relich, J, D., & Smith, I, D. (1983). Self-concept: The construct validity of interpretations based upon the SDQ. *Journal of Personality and Social Psychology, 45*, 173-187.

Marsh, H. W., & Richards, G. (1988). The Outward Bound bridging course for low-achieving high school males: Effect on academic achievement and multi-dimensional self-concepts. Australian *Journal of Psychology, 40*, 281-298.

Marsh, H. W., Smith, I. D., & Barnes, J. (1983). Multitrait-multimethod analyses of the Self Description Questionnaire: Student-teacher agreement on multidimensional ratings of student self-concept. *American Educational Research Journal, 20*, 333-357.

Marsh, H. W. (1982). Validity of students' evaluations of college teaching: A multitrait-multimethod analysis. *Journal of Educational Psychology, 74*, 264-279.

Marsh, H. W. (1984). Self-concept: The application of reference model to explain paradoxical results. *Australian Journal of Education, 28*, 165-181.

Marsh, H. W. (1986a). Age and sex effects in multiple dimensions of self-concept: Preadolescence to early-adulthood. *Journal of Educational Psychology, 81*, 417-430.

Marsh, H. W. (1986b). Global self-esteem: Its relation to weighted averages of specific facets of self-concept and their importance. *Journal of Personality and Social Psychology, 51*, 1224-1236.

Marsh, H. W. (1986c). *Verbal and math self-concepts: An internal/external frame of reference model. American Educational Research Journal, 23*, 129-149.

Marsh, H. W. (1987a). The big-fish-little-pond effect on academic self-concept. *Journal of Educational Psychology, 79*, 280-295.

Marsh, H. W. (1987). The hierarchical structure of self-concept and the application of hierarchical confirmatory factor analysis. *Journal of Educational Measurement, 24*, 17-39.

Marsh, H. W. (1987). Students' evaluations of university teaching: Research findings, methodological issues, and directions for future research. *International Journal of Educational Research, 11*, 253-388 (Whole Issue No. 3).

Marsh, H. W. (1988a). *The content specificity of math and English anxieties: The high school and beyond study.* Anxiety Research, 1, 137-149.

Marsh, H. W. (1988). Causal effects of academic self-concept on academic achievement: A reanalysis of Newman (1984). *The Journal of Experimental Education, 56*, 100-103.

Marsh, H. W. (1988). Multitrait-multimethod analyses. In J. P. Keeves, ed, *Educational Research Methodology, Measurement and Evaluation: An International handbook* (pp. 570-580). Oxford: Pergamon.

Marsh, H. W. (1988b). *The Self Description Questionnaire (SDQ): A theoretical and empirical basis for the measurement of multiple dimensions of preadolescent self-concept: A test manual and a research monograph*. San Antonio: The Psychological Corporation.

Marsh, H. W. (1989). Confirmatory Factor Analyses of Multitrait Multimethod Data: Many Problems and a Few Solutions. *Applied Psychological Measurement, 13*(4), 335-361.

Marsh, H. W. (1989a). Age and sex effects in multiple dimensions of self-concept: Preadolescence to early adulthood. *Journal of Educational Psychology, 81*, 417-430.

Marsh, H. W. (1989b). Sex differences in the development of verbal and mathematics constructs: The High School and Beyond Study. *American Educational Research Journal, 26*, 191-225.

Marsh, H. W. (1990a). The influence of internal and external frames of reference on the formation of math and English self-concepts. *Journal of Educational Psychology, 82*, 623-636.

Marsh, H. W. (1990b). The influence of internal and external frames of reference on the formation of math and English self-concepts. *Journal of Educational Psychology, 82*, 107-116.

Marsh, H. W., & Hocevar, D. (1985). *The application of confirmatory factor analysis to the study of self concept; First and higher order factor structures and their invariance across groups*. Psychological Bulletin, 97.565-582.

Marsh, H. W. (1990). *SDQ-II: Manual & Research Monograph*. New York: The Psychological Corporation.

Marsh, H. W. (1990a). The causal ordering of academic self-concept and academic achievement: A multiwave, longitudinal panel analysis. *Journal of Educational Psychology, 82*, 646-656.

Marsh, H. W. (1990b). A multidimensional, hierarchical model of self-concpet: Theoretical and empirical justification. *Educational Psychology Review, 2*, 77-171.

Marsh, H. W. (1990c). *Self-Description Questionnaire (SDQ) II: A theoretical and empirical basis for the measurement of multiple dimensions of adolescent self-concept*. San Antonio, TX: Psychological Corp.

Marsh, H. W. (1993a). Academic self-concept: Theory, measurement, and research. In J. Suls (Ed.), *Psychological perspectives on the self* (Vol. 4, pp. 59-98). Hillsdale, NJ: Erlbaum.

Marsh, H. W. (1993b). The multidimensional structure of academic self-concept: Invariance over gender and age. *American Educational Research Journal, 30*, 841-860.

Marsh, H. W. (1994). Using the National Longitudinal Study of 1988 to evaluate theoretical models of self-concept: The Self-Description Questionnaire. *Journal of Educational Psychology, 86*, 439-456.

Marsh, H. W., & O'Neill, R. (1984). Self-description questionnaire III: The construct validity of multidimensional self-concept raitings by late adolescents. *Journal of Educational Measurement, 21*, 153-174.

Marsh, H. W., & Shavelson, R. (1985). Self-concept: Its multifaceted, hierarchical structure. *Educational Psychologist, 20*, 107-125.

Marsh, H. W., Balla, J., & McDonald, R. P. (1988). Goodness of fit indexes in confirmatory factor analysis: The effect of sample size. *Psychological Bulletin, 103*, 391-410.

Marsh, H. W., Balla, J. R., & Hau, K. T. (1996). An evaluation of incremental fit indices: A clarification of mathematical and empirical processes. In G. A. Marcoulides & R. E. Schumacker (Ed.), *Advance structural equation modeling techniques* (pp. 315–353). Hillsdale, NJ: Erlbaum.

Marsh, H. W., Barnes, B., & Shavelson, R. (1988). A multifaceted academic self-concept: Its hierarchical structure and its relation to academic achievement. *Journal of Educational Psychology, 80*, 366–380.

Marsh, H. W., Barnes, J., Cairns, L., & Tidman, M. (1984). The self description questionnaire (SDQ): Age and sex effects in the structure and level of self-concept for preadolescent children. *Journal of Educational Psychology, 76*, 940–956.

Marsh, H. W., & Byrne, B. M. (1993). Do we see ourselves as others infer: A comparison of self-other agreement on multiple dimensions of self-concept from two continents. *Australian Journal of Psychology, 45*, 49–58.

Marsh, H. W., Byrne, B., & Shavelson, R. (1988). A multifaceted academic self-concept: Its hierarchical structure and its relation to a academic achievement. *Journal of Educational Psychology, 80*, 366–380.

Marsh, H. W., Chessor, D., Craven, R., & Roche, L. (1995). The effect of gifted and talented programs on self-concept: The big fish strikes again. *American Educational Research Journal, 32*, 285–319.

Marsh, H. W., & Craven, R. G. (1997). Academic Self-concept: Beyond the Dustbowl. In G. Phye (Ed.), *Handbook of Classroom Assessment: Learning, Achievement and Adjustment* (pp. 131–198). Orlando, FL: Academic Press.

Marsh, H. W., Craven, R. G., & Debus, R. (1998). Structure, stability, and development of young children's self-concepts: A multicohort-multioccasion study. *Child Development, 69*, 1030–1053.

Marsh, H. W., & Dunkin, M. J. (1992). Students' evaluations of university teaching: A multi-dimensional perspective. In J.C. Smart, ed., *Higher Education: Handbook on Theory and Research* (Vol. 8, pp. 143–234). New York: Agathon.

Marsh, H. W., & Hattie, J. (1996). Theoretical perspectives on the structure of self-concept. In B. A. Bracken, ed, *Handbook of Self-concept* (pp. 38–90). New York: Wiley.

Marsh, H. W., Overall, J. U., & Kesler, S. P. (1979). Validity of student evaluations of instructional effectiveness: A comparision of faculty self-evaluations and evaluations by their students. *Journal of Educational Psychology, 71*, 149–160.

Marsh, H. W., Richards, G. E., Johnson, S., Roche, L., & Tremayne, P. (1994). Physical Self Description Questionnaire: Psychometric properties and a multitrait-multimethod analysis of relations to existing instruments. *Journal of Sport and Exercise Psychology, 16*, 270–305.

Marsh, H. W., & Roche, L. A. (1993). The use of students' evaluations and an individually structured intervention to enhance university teaching effectiveness. *American Educational Research Journal, 30*, 217–251.

Marsh, H. W., & Roche, L. A. (1994). *The use of Students' Evaluations of University Teaching to Improve Teaching Effectiveness*. Canberra: DEET.

Marsh, H. W., & Roche, L. A. (1996). Structure of artistic self-concepts for performing arts and non-performing arts students in a performing arts high school: "Setting the stage" with multigroup confirmatory factor analysis. *Journal of Educational Psychology, 88*, 461–477.

Marsh, H. W., & Roche, L. A. (1997). Making students' evaluations of teaching effectiveness effective: The critical issues of validity, bias and utility. *American Psychologist, 52*, 1187-1197.

Marsh, H. W., & Roche, L. A. (1999). Rely on SET research. *American Psychologist, 54*, 517-518.

Marsh, H. W., & Roche, L. A. (2000). Effects of grading leniency and low workloads on studetns' evaluations of teaching: Popular myth, bias, validity or innocent bystanders? *Journal of Educational Psychology, 92*, 202-228.

Marsh, H. W., & Shavelson, R. (1985). Self-concept: Its multifaceted, hierarchical structure. *Educational Psychologist, 20*, 107-125.

Marsh, H., W., & Smith, I. D. (1982). Multitrait-Multimethod Analyses of Two Self-Concept Instruments. *Journal of Educational Psychology, 74*(3), 430-440.

Marsh, H., W., Smith, I. D., Barnes, J., & Butler, S.(1983). Self-concept: Reliability, stability, dimensionality validity and measurement of change. *Journal of Educational Psychology, 75*(5), 772-790.

Marsh, H. W., & Yeung, A. S. (1996). The distinctiveness of affects in specific school subjects: An application of confirmatory factor analysis with the National Educational Longitudinal Study of 1988. *American Educational Research Journal, 33*, 665-689.

Marsh, H. W., & Yeung, A. S. (1997a). Causal effects of academic self-concept on academic achievement: Structural equation models of longitudinal data. *Journal of Educational Psychology, 89*, 41-54.

Marsh, H. W., & Yeung, A. S. (1997b). Coursework selection: Relations to academic self-concept and achievement. *American Educational Research Journal, 34*, 691-720.

Martire, J. (1956). Relationships between the self-concept and differences in the strength and generality of achievement motivation. *Journal of Personality, 24*, 364-375.

Maruyama, G., & Mcgarvey, W. (1980). Evaluating causal models: An application of maximum likelihood analysis of structural equations. *Psychological Bulletin, 87*, 502-512.

Marx, R. W., & Winne, P. H. (1978). Construct interpretations of three self-concept inventories. *American Educational Research Journal, 15*, 99-108.

Marx, R. W., & Winne, P. H. (1980). Self-concept validation research: Some current complexities. *Measurement and Evaluation in Guidance, 13*, 72-82.

Maslow, A. H. (1954). *Motivation and personality*. New York: Haper.

Maslow, A. H. (1962). *Toward a psychology of being*. New York: Van Nostrand.

Mason, J., & Blumberg, A. (1969). Perceived educational value of the classroom and teacher-pupil interpersonal relationship. *Journal of Secondary Education, 44*, 135-139.

Matteson, R. (1956). Self-estimates of college freshmen. *Personnal and Guidance Journal, 34*, 280-284.

May, R. (1969). *Love and will*. New York: Van Nostrand.

Mayer, K. B. (1955). *Class and society*. New York: Random House.

McCall, G. J. (1977). The social looking-glass: A sociological perspective on self-development. In T. Mischel (Ed.), *The self: Psychological and philosophical issues* (pp. 274-287). Oxford, England: Basil Blackwell.

McCall, R. (1977). Challenges to a science of developmental psychology. *Child Development, 48*, 333-344.

McCandless, B. (1961). *Children and adolescents: Behaviour and development.* New York: Holt, Rineshart, & Winston.

McCrae, R. R., & Costa, P. T. (1982). Self-concept and the stability of personality: Cross sectional comparisons of self-report and ratings. *Journal of Personality and Social Psychology, 43*, 1282-1292.

McCarthy, B., & Brodsky, S. (1970). The effects of Marlowe-Crowne and instructional social desirability sets on the self-concept scale. *Journal of Psychology, 74*, 237-238.

McCarthy, B. W., & Rafferty, J. E. (1971). Effect of social desirability and self-concept scores on the measurement of adjustment. *Journal of personality Assessment, 85*, 567-583.

Mcdnick, S. A., & Mcdnick, M. T. (1964). An associative interpretation of the creative process. In C. W. Taylor (Ed.) (pp. 54-68). New York: Wiley.

McClelland, D. C. (1951). Measuring motivation in phantasy: The achievement motive. In H. Guetzkow (Ed.), *Groups, leadership, and men* (pp. 191-205). Pittsburgh: Carnegie Press.

McDonald, R. P. (1978). A simple comprehensive model for the analysis of covariance structures. *British Journal of Mathematical and Statistical Psychology, 31*, 59-72.

McDonald, R. P. (1980). A simple comprehensive model for the analysis of covariance structures: Some remarks on applications. *British Journal of Mathematical and Statistical Psychology, 33*, 161-183.

McFarlin, D. B., & Blascovich, J. (1981). Effects of self-esteem and performance feedback on future affective preferences and cognitive expectations. *Journal of Personality and Social Psychology, 40*, 521-531.

McGuire, W. J. (1984). Search for the self: Going beyond self-esteem and the reactive self. In R. A. Zurcher, J. Arnoff, & A. I. Rabin (Eds.), *Personality and the predictions of behavior* (pp. 73-120). New York: Academic.

McGuire, W. J., & McGuire, C. V. (1982). Significant others in self-space: Sex differences and developmental trends in the social self. In J. Suls (Ed.), *Psychological perspectives on the self* (*1*, pp. 71-96). Hillsdale, NJ: Lawrence Erlbaum Associates.

McGuire, W. J., & McGuire, C. V. (1988). Content and process in the experience of self. In *Advances in experimental social psychology* (*Vol. 21*, pp. 97-144). edited by L. Berkowitz. San Diego: Academic Press.

McGuire, W. J., & Padawer-Singer, A. (1986). Trait salience in the spontaneous self-concept. *Journal of Social Psychology, 25*, 259-270.

McKeachie, W. J. (1979). Student ratings of faculty: A reprise. *Academe, 65*, 384-397.

McKee, J. P., & Sherriffs, A. C. (1959). Men's women's beliefs, ideals and self-concepts. *American Journal of Sociology, 64*, 356-363.

McKinley, D. G. (1964). *Social class and family life.* New York: Free Press.

McPartland, J. A. (1965). *Manual for the twenty statements problem.* Kansas City, MO: The Greater Dansis City Mental Health Foundation.

Mead, G. (1934). *Mind, self and society.* Chicago: University of Chicago Press.

Medinnus, G. R. (1965). Adolescents' self-acceptance and perceptions of their parents. *Journal of*

Consulting Psychology, 29, 150-154.

Meece, J. L., Blumenfeld, P. C., & Hoyle, R. (1988). Student's goal orientations and cognitive engagement in classroom activities. *Journal of Educational Psychology, 80*, 514-523.

Meece, J. L., Parsons, J. E., Kaczala, C. M., Goff, S. B., & Futterman, R. (1982). Sex differences in math achievement: Toward a model of academic choice. *Psychological Bulletin, 91*, 324-348.

Meehl, P. E. (1977). Specific etiology and other forms of strong influence: Some quantitative meanings. *Journal of Medicine and Philosophy, 2*, 33-35.

Meehl, P. E. (1978). Theoretical risks and tabular asterisks: Sir Karl, Sir Ronald and the slow progress of soft psychology. *Journal of Consulting and Clinical Psychology, 46*, 806-834.

Meichenbaum, D. (1977). *Cognitive-behavior modification: An integrative approach*. New York: Plenum.

Meissner, A. L., Thoreson, R. W., & Butler, A. J. (1967). Relation of self-concept to impact and obviousness of disability among male and female adolescents. *Perception and motor skills, 24*, 1099-1105.

Merleau-Ponty, M. (1963). *The structure of behavior*. Boston: Beacon.

Mischel, W. (1966). A social-learning view of sex-differences in behavior. In E. E. Maccoby (Ed.), *The development of sex-differences* (pp. 56-81). Stanford, Calif.: Stanford University Press.

Mischel, W. (1970). Sex-typing and socialization. In P. H. Mussen (Ed.), *Carmichael's manual of child psychology*. New York: Wiley.

Mischel, W., & Mischel, H. N. (1976). A cognitive social-learning approach to morality and self-regulation. In T. Lickona (Ed.), *Moral development and behavior: Theory, research, and social issues* (pp. 84-107). New York: Holt, Rinehart & Winston.

Mischel, W., & Peake, P. K. (1983). Beyond déjà vu in the search for cross-situational consistency. *Psychological Review, 89*, 730-755.

Monge, R. H. (1973). Developmental trends in factors of adolescent self-concept. *Developmental Psychology, 8*, 382-392.

Montemayor, R., & Eisen, M. (1977). The development of self-conceptions from childhood to adolesnce. *Developmental Psychology, 13*, 314-319.

Morf., & Jackson (1972). An analysis of two response styles: True responding and item endorsement. *Educational and Psychological measurement, 32*, 329-353.

Morgan, J. B. (1944). Effect of non-rational factors on inductive reasoning. *Journal of Experimental Psychology, 34*, 159-168.

Morrison, T. L., & Thomas, M. D. (1975). Self-esteem and classroom participation. *Journal of Educational Research, 68*, 374-377.

Morrison, T. L., Thomas, M. D., & Weaver, S. J. (1973). Self-esteem and self-estimates of academic performance. *Journal of Consulting and Clinical Psychology, 41*, 412-415.

Morse, R. N., & Piers, E. V. Variables affecting self-concept in Black, disadvantaged boys. Mimeographed. University Park, Pa.: Pennsylvania State University, undated.

Morse, S. J., & Gergen, K. J. (1970). Social comparison, self-consistency and the presentation of self.

Journal of Personality and Social Psychology, 16, 148-159.

Morse, W. C. (1964). Self-concept in a school setting. *Childhood Educ.*, 195-198.

Mortimer, J. T., Finch, M. D., & Kumka, D. (1982). Persistence and change in development: The multidimensional self-concept. In P. B. Baltes, & O. G. Brim, Jr. (Ed.), *Life-span development and behavior* (*4*, pp. 263-313). New York: Academic.

Mosier(1947). A critical examination of the concepts of face validity. *Educational and Psychological Measurement, 7*, 191-205.

Moskowitz, D. S. (1986). Comparison of self-reports, reports by knowledgeable informants and behavioral observation data. *Journal of Personality, 54*, 294-317.

Mowrer, O. H. (1950). Identification: A link between learning theory and psychotherapy. In O. H. Mowrer, *Learning theory and personality dynamics* (pp. 573-616). New York: Ronald Press.

Mulford, H. A., & Salisbury, W. (1964). Self-conceptions in a general population. *Sociol. Quart, 5*, 35-46.

Muller, D. G., & Leonetti, R. (1973). *Primary self-concept manual.* Austin, Texas: Learning Concepts.

Mundle, C. W. K. (1970). *A critique of linguistic philosophy.* Oxford: Clarendon.

Murphy, G. (1947). *Personality. A bio-social approach.* New York: Harper.

Murphy, G., Murphy, L. B., & Newcomb, T. M. (1937). *Experimental social psychology.* New York: Columbia University Press.

Musgrove, F. (1966). The social needs and satisfactions of some young people. Pt. II: At school. *British Journal of Edicational Psychology, 36*, 137-149.

Myers, F. R. (1979). Emotions and the self: a theory of personhood and political order among Puntipi aboringines. *Ethos, 7*, 343-370.

Neisser, U. (1979). The concept of intelligence. *Intelligence, 3*, 217-227.

Neugarten, B. L. (1968). *Middle age and aging.* Chicago: University of Chicago Press.

Neugarten, B. L., & Datan, N. (1974). The middle years. In S. Arieti (Ed.), *American handbook of psychiatry: The foundations of psychiatry.* New York: Basic Books.

Newhouse, R. C., & Schwager, H. (1978). Rational behavior therapy as related to self-concept of disadvantaged adults. *Journal of Instructional Psychology, 5*, 34-38.

Newman, R. S. (1984). Achievement and self-evaluations in mathematics. *Journal of Educational Psychology, 76*, 857-873.

Nicholls, J. G. (1983). Conceptions of ability and achievement motivation: A Theory and its implications for education. In S. G. Paris, G. M.. Olson, & H. W. Stevenson (Eds.), *Learning and motivation in the classroom* (pp. 211-237). Hillsdale, NJ: Erlbaum.

Nicholls, J. G. (1989). *The competitive ethos and democratic education.* Cambridge, MA: Havard University Press.

Nicholls, J. G. (1992). Students as educational theorists. In D. Schunk & J. L. Meece (Eds.), *Students perception in the classroom.* Hillsdale, NJ: Erlbaum.

Nicholls, J. G., Cheung, P. C., Lauer, J., & Patashnick, M.(1989). Individual differences in academic motivation: Perceived ability, goals, beliefs, and values. *Learning and Individual Differences, 1*, 63-84.

Nicholls, J. G., Patashnick, M., & Nolen, S. B. (1985). Adolescent's theories of education. *Journal of Educational Psychology, 77*, 683-692.

Nie, N. H., Hull, C. H., Jenkins, J. G., Steinbrenner, K., & Bent, D. H. (1975). *Statistical package for the social sciences*. New York: McGraw-Hill.

Nietzche, F. (1911). *Beyond good and evil*, H. Zimmerman, Trans. New York: MacMillan.

North, C. D., & Hatt, P. K. (1958). National Opinion Research Center jobs and occupations: A popular evaluation. In R. Bendix & S. M. Lipset (Ed.), *Class, status and power Glencoe, III.* (pp. 411-426). Fee Press.

Nunnally, (1967). *Psychometric theory*. New York: McGraw-Hill.

Offer, D. (1974). *The psychological world of the teenager (rev. edn.)*. New York: Basi Books.

Offer, D., Markus, D., & Offer, J. L. (1970). A longitudinal study of normal adolescent boys. *American Journal of Psychiatry, 126*, 197-924.

Olasehinde, M. O. (1972). The development of the ideal self in some Western Nigerian school children. *Educational Research, 25*, 61-71.

Olsson, U., & Bergman, L. R. (1977). A longitudinal factor model for studying change in ability structure. *Multivariate Behavioral Research, 12*, 221-241.

O'Malley, P. M., & Bachman, J. G. (1983). Self-esteem changes and stability between ages 13 and 23. *Developmental Psychology, 19*, 257-268.

Omwake, K. (1954). The relation between acceptance of others shown by three personality inventories. *Multivariate Behavioral Research, 12*, 221-241.

Omwake, K. (1954). The relation between acceptance of others shown by three personality inventories. *Journal of Consulting Psychology, 18*, 443-446.

Osgood, C. E., Suci, G. T., & Tannenbaum, P. H. (1957). *The Measurement of Meaning*. Urbana: University Of Illinois.

Palfrey, C. F. (1973). Headteachers' expectations and their pupils' self-concepts. *Educational Research, 15*, 123-127.

Pap, A. (1953). Reduction sentences and open concepts. *Methods*, 5, 3-30.

Pap, A. (1958). *Semantics and necessary truth: An inquiry into the foundations of analytic philosophy*. New Haven, CT: Yale University Press.

Parker, S., & Kleiner, R. J. (1964). Status position, mobility and ethnic identification of the Negro. *Journal of Social Issues, 2*, 85-102.

Parlady, M. J. (1969). What teachers belive: What children achieve. *Elem. Sch. J., 69*, 370-374.

Parsons, J. E., & Ruble, D. N. (1977). The development of achievement-related expectancies. *Child Development, 48*, 1075-1079.

Parsons, T. (1953). *Family, Socialization and interaction process*. New York: Free Press.

Paschal, B. J. (1968). The role of self-concept in achievement. *Journal of Negro Education, 37*, 392-396.

Patterson, C. H. (1961). The self in recent Rogerian theory. *Journal of Psychology, 17,* 5-11.

Patterson, C. H. (1966). *Theories of counseling and psychotherapy.* New York: Harper & Row.

Patterson, G. R. (1980). Mothers: The unacknowledge victims. *Monograph of the Society for Research in Child Development, 45.*

Paulhus, D. L., & Martin, C. L. (1988). Functional flexibility: A new conception of interpersonal flexibility. *Journal of Personality and Social Psychology, 55,* 88-101.

Payne, D. A. (1962). The concurrent and predictive validity of an objective measure of academic self-concept. *Educational and Psychological Measurement, 22,* 773-780.

Payne, D. A., & Farquhar, W. (1962). The dimensions of an objective measure of academic self-concept. *Journal of Educational Psychology, 53,* 116-123.

Peak, H. (1953). Problems of objective observation. In L. Festinger & D. Katz (Eds.) (1953), *Research methods in the behavioral sciences* (pp. 234-299). New York: Holt, Rinehart, & Winston.

Pearlin, L. I. (1980). The life cycle and life strains. In H. M. Blalock(Ed.), *Sociological theory and research: A critical appraisal* (pp. 349-360). NY: Free Press.

Pearlin, L. I., & Kohn, M. L. (1966). Social class, occupation, and parental values: A crossnational study. *American Sociological Review, 31,* 466-479.

Pelham, B. W., & Swann, W. B. (1989). From self-conceptions to self-worth: On the sources and structure of global self-esteem. *Journal of Personality and Social Psychology, 57,* 672-680.

Perkins, C. W., & Shannon. D. T. (1965). Three techniques for obtanining self-perceptions in preadolescent boys. *Journal of Personality and Social Psychology, 2,* 443-447.

Perkins, H. V. (1958a). Teachers' and peers' perceptions of children' s self-concepts. *Child Development, 29,* 203-220.

Perkins, H. V. (1958b). Factors influencing change in children' s self-concepts. *Child Development, 29,* 221-230.

Perls, F. S. (1992). *Gestalt therapy verbatim.* New York: Bantam.

Perovich, G. M., & Mierzwa, J. A. (1980). Group facilitation of vocational maturity and self-esteem in college students. *Journal of College Student Personnal, 21,* 206-211.

Pervin, & Lilly (1967). Social desirability and self-ideal ratings on the semantic differential. *Educational and Psychological Measurement, 27,* 845-853.

Peters, G. R. (1971). Self-conceptions of the aged, age identification and aging. *Gerontologist, 11,* 69-73.

Pettigrew, T. F. (1964a). *A profile of the Negro American.* Princeton, New Jersey: Van Hostrand.

Pettigrew, T. W. (1964b). Negro American personality: Why isn't more known. *Journal of social Issues, 2,* 4-23.

Pfautz, H. W. (1958). The current literature on social stratification: Crique and bibliography. *American Journal of Sociology, 58,* 391-418.

Phillips, B. N. (1961). Role change, subjective age, and adjustment: A correlational analysis. *Journal of Genontology, 16,* 1347-1352.

Phillips, V. K. (1973). Creativity: Performance, profiles and perceptions. *Journal of Psychology, 83*, 25–30.

Piaget, J. (1952). *The origins of intellect in children.* New York: International University Press.

Piaget, J. (1954). *The Construction of reality in the child.* New York: Basic Books.

Piaget, J. (1964). *The moral judgement of the child.* New York: Free press.

Piaget, J. (1973). *The child's conception of the word.* London: Paladin.

Piaget, J. (1977). *The development of thought: Equilibration of cognitive structures.* New York: Viking.

Piaget, J. (1985). *The equilibration of cognitive structures: The central problem of intellectual development.* Chicago: University of Chicago. (Original work published 1975)

Piaget, J., & Inhelder, B. (1969). *The psychology of the child.* New York: Basic Books.

Pidgeon, D. A. (1970). *Expectation and pupil performance.* Slough: NFER.

Piers, E. V. (1969). *Manual for the Piers-Harris Children's Self-Concept Scale (The Way I Feel About Myself).* Nashville, Tenn.: Counselor Recordings and Tests.

Piers, E. V. (1972). Parent prediction of children's self-concepts. *Journal of Consulting and Clinical Psychology, 38*, 428–433.

Piers, E. V. (1984). *Piers-Harris self-concept scale (The way I feel about myself).* Los Angeles: Western Psychological Services.

Piers, E. V., & Harris, D. (1964). Age and other correlates of self-concept in children. *Journal of Educational Psychology, 55*, 91–95.

Pigge, F. L. (1970). Children and their self-concepts. *Childh. Educ., 47*, 17–18.

Plowden, B. (1967). *Children and their primary schools.* London: NFER.

Popper, K. A. (1962). Conjectures and refutations: The growth of scientific knowledge. New York: Basic Books.

Popper, K. A. (1968). *The logic of scientific discovery.* New York: Harper & Row.

Protinsky, H., & Farrier, S. (1980). Self-image changes in pre-adolescent and adolescents. *Adolescence, 15*, 887–894.

Purkey, W. W. (1970). *Self-Concept and school achievement.* Englewood Cliffs, NJ: Prentice Hall.

Purkey, W. W., Graves, W., & Zellner, M. (1970). Self-perceptions of pupils in an experimental elementary school. *Elementary School Journal, 71*, 166–171.

Quimby, V. (1967). Difference in the self-ideal relationship of achiever group and an underachiever group. *California Journal of Educational Research, 18*, 23–31.

Raimy, V. C. (1948). Self-reference in counseling interviews. *Journal of Consulting Psychology, 12*, 153–163.

Rank, O. (1945). *Will therapy, and truth and reality.* New York: Knopf.

Rawls, J. (1971). *A theory of justice.* Cambridge: Cambridge University Press.

Rechly, D. J., & Mittman, A. (1973). The relationship of self-esteem status and task ambiguity to the self-reinforcement behavior of children. *Developmental Psychology, 9*, 16–19.

Reece, M. M. (1964). Masculinity and Femininity: A fator analytic study. *Psychological Reports, 14*, 123–139.

Reese, H. W., & Overton, W. F. (1970). Models of development and theories of development. In L. R. Goulet & P. B. Baltes (Eds.), *Life-span developmental psychology, Research and theory* (pp. 116-149). New York: Academic.

Reichard, S., Livson, F., & Peterson, P. G. (1962). *Aging and personality: A study of eighty-seven older men*. New York: Wiley.

Renberger, R. N. (1969). An experimental investigation of relationship between self-esteem and academic achievement in a population of disadvantaged adults. *Diss Abstr.*, *30*, 2318-2319.

Rhodewalt, F., & Agustsdottir, S. (1986). Effects of personality. *Journal of Personality and Social Psychology, 50*, 47-55.

Richards, G. E. (1977). *Some educational implications and contributions of Outward Bound*. Sydney Australia: Outward Bound Foundation.

Richardson, S. A., Hastorf, A. H., & Dornbusch, S. M. (1964). The effect of physical disability on a child's description of himself. *Chid Development, 35*, 893-907.

Riley, M. W., & Foner, A. (1968). *Aging and society. An inventory of research findings* (p. 1). New York: Russell Sage foundation.

Rivlin, L. G. (1959). Cerebral plurality and the unity of self. *Journal of Educational Psychology, 50*, 147-152.

Robinson, D. N. (1982). Cerebral plurality and the unity of self. *American Psychologist, 37*, 904-910.

Robinson, D. N. (1978). The mind unfolded: Essays on psychology's historic texts. Washington, DC: University Publications of America.

Roche, L. A., & Marsh, H. W. (in press). Teacher self-concepts in higher education: Reflecting on multiple dimensions of teaching effectiveness. In N. Hativa & P. Goodyear, eds, *Teacher Thinking, Beliefs and Knowledge in Higher Education*. Dordrecht: Kluwer.

Roche, L. A., Marsh, H. W., & Craven, R. (1997). *The mirror has many faces: The development of multiple dimensions of confusion and competence among preservice teachers*. Paper presented at the Australian Association for Research in Eductaion National Conference, Brisbane, Qld.

Rogers, C. R. (1934). *Client-centered therapy*. Boston: Houghton Mifflin.

Rogers, C. R. (1950). The Significance of the self-regarding attitudes and perceptions. In M. C. Reymert(Ed), *Feeling and emotion: The Morsebeet Symposium* (pp. 374-382). New York: McGraw Hill.

Rogers, C. R. (1951). *Client-centered therapy*. Boston: Houghton-Mifflin.

Rogers, C. R. (1951). *Client-centered therapy: Its current practice, implications and theory*. Boston: Houghton Mifflin.

Rogers, C. R. (1954). *Psychotherapy and personality change: Coordinated research studies in the client-centered approach*. Chicago: University of Chicago.

Rogers, C. R. (1956). Intellectualised psychotherapy. Contemp. *Psychology, 1*, 357-358.

Rogers, C. R. (1959). A theory of therapy, personality, and interpersonal relationships, as developed in the client-centered framework. In S. Koch (Ed.), *Psychology: A study of a science* (*3*, pp. 184-256). New

York: McGraw-Hill.

Rogers, C. R. (1961). *On becoming a person.* Boston: Houghton Mifflin.

Rogers, C. R. (1963). Psychotherapy today or where do we go from here? *American Journal of Psychotherapy, 17,* 5-16.

Rogers, C. R. (1970). *Encounter groups.* New York: Harper and Row.

Rogers, C. R. (1989). *Selections.* Boston: Houghton-Mifflin.

Rogers, C. R., & Dymond, R. F. (1954). *Psychotherapy and personality change.* Chicago: University of Chicago Press.

Rogers, T. (1981). A model of the self as an aspect of the human information processing system. In N. Cantor & J. F. Kihlstrom (Eds.), *Personality, cognition, and social interaction* (pp. 193-214). Hillsdale, NJ: Lawrence Erlbaum Associates.

Rogers, T. B. (1974). An analysis of two central stages underlying responding to personality items: The self-referent decision and response selection. *Journal of Research in Personality, 8,* 128-138.

Rokeach, M. (1968). The nature of attitudes. In *International Encyclopedia of the Social Sciences,* London: Macmillan, 1.

Rose, A. M. (1965). The subculture of the aging: A framework for research in social gerontology. In A. M. Rose, & W. A. Peterson (Eds.), *Older people and their social world* (pp. 3-16). Philadelpia: Davis.

Rosen, B. C. (1959). Race, ethnicity and achievement syndrome. *American Socialogical Review, 24,* 47-60.

Rosenberg, M. (1955). Factors influencing change in occupational choice. In P. F. Lazerfeld & M. Rosenberg (Eds.), *The language of social research* (pp. 250-259). New York: Glencoe Free Press.

Rosenberg, M.(1963). Parental interest and children' s self-conceptions. *Sociometry,* 1963, 26, 35-49.

Rosenberg, M. (1965a). *Society and the adolescent self-image.* Princeton, N.J.: Princeton University Press.

Rosenberg, M. (1965b). *Society and the adolescent child.* Princeton.: Princeton University Press.

Rosenberg, M. (1973). Which significant others? *American Behavioral Scientist, 16,* 829-860.

Rosenberg, M. (1979). *Conceiving the self.* New York: Basic.

Rosenberg, M., & Simmons, R. (1973). Black and White self-esteem: The urban school child. Washington DC Rose Monograph Series. American Socialogical Association.

Rosenberg, M., & Simmons, R. G. (1972). *Black and white self-esteem:* The urban school child. Washington, DC: American Sociological Association.

Rosenkrantz, P., Vogel, S., Bee, H., Broverman, I., & Broverman, D. (1968). Sex-role stereotypes and self-concepts in college students. *Journal of Consulting and Clinical Psychology, 32,* 287-295.

Rosenthal, R., & Jacobson, L. (1968). *Pygmalion in the classroom.* New York: Holt, Rinehart and Winston.

Rosenthal, R., & Rubin, D. B. (1978). Interpersonal expectancy effects: The first 345 studies. *The Behavioral and Brain Sciences, 3,* 377-415.

Rosow, I. (1967). *Social integration of aged.* New York: Free Press.

Ross, M. (1989). Relation of implicit theories to the construction of personal histories. *Psychological Review, 96,* 341-357.

Rothbar, M. K., & Maccoby, E. E. (1966). Parents' differential reactions to sons and daughters. *Journal of Personality and Psychology, 4*, 237-243.

Rotter, J. B. (1954). *Social learning and clinical psychology.* Englewood Cliffs, NJ: Prentice Hall.

Rotter, J. B. (1966). Genernalized expectancies for internal versus external control of reinforcement. *Psychological Monographs, 80.*

Rotter, J. B. (1975). Some problems and misconceptions related to the construct of internal versus external control of reinforcement. *Journal of Consulting and Clinical Psychology, 43*, 56-67.

Roy, K. (1966). *The concept of self.* Calcutta, India: Mukhopadhyay.

Royce, J. R. (Ed.) (1973). *Multivariate analysis and Psychological theory.* London: Academic.

Rubovits, P. C., & Maehr, M. L. (1973). Pygmalion Black and White. *Journal of Personality and Social Psychology, 25*, 210-218.

Ryans, D. G. (1961). Some relationships between pupil behaviour and certain teacher characteristics. *Journal of Educational Psychology, 52*, 82-90.

Rychalk, J. F. (1968). *A philosophy of science for personality theory.* Boston: Houghton Mifflin.

Ryle, G. (1949). *The concept of mind.* New York: Barnes & Noble.

Sackeim, H. A. (1983). Self-deception, self-esteem and depression: The adaptive value of lying to oneself. In J. Masling (Ed.), *Empirical studies in emotional disorder and psychotherapy* (pp. 51-83). New York: Plenum.

Sampson, E. E. (1985). The decentralization of identity: Towards a revised concept of personal and social order. *American Psychologist, 40*, 1203-1211.

Samuels, S. C. (1973). An investigation into the self-concepts of lower and middle class Black and White kindergarten children. *Journal of Negro Education.*

Samuels, S. C. (1977). *Enhancing self-concept in early childhood: Theory and Practice.* New York: Human Sciences Press.

Sanford, N. (1952). The dynamics of identification. *Psychological Review, 62*, 106-118.

Sappenfield, B. (1970). Perception of self as related to perception of the 'ideal personality'. *Perceptual and Motor Skills, 31*, 975-978.

Sarbin, T. (1952). A preface to a psychological analysis of the self. *Psychological Review, 59*, 11-22.

Sartre, J. P. (1957). *Being and nothingness.* Hazel Barnes (trans.). Philosophical Library, N. Y.

Sartre, J. P. (1957). *Existentialism and human emotions.* New York: Philosophy Library.

Schaefer, C. E. (1969). The self-concept of creative adolescents. *Journal of Psychology, 72*, 233-242.

Schaefer, C. E. (1972). Follow-up study of a creativity scale for the adjective check list. *Psychological Reports, 30*, 662.

Scheirer, M. A., & Kraut, R. E. (1979). Increasing educational achievement via self-concept change. *Review of Educational Research, 49*, 131-150.

Schlenker, B. R. (1980). *Impression management: The self-concept, social identity and interpersonal relations.* Belmont, Calif.: Wadsworth.

Schlenker, B. R., & Trudeau, J. V. (1990). Impact of self-presentation on private self-beliefs: Effects of prior self-beliefs and misattribution. *Journal of Personality and Social Psychology, 58*, 22-32.

Schmitt, N. (1978). Path analysis of multitrait multimethod matrices. *Appilied Psychological Measurement, 2*, 157-173.

Schmitt, N., & Stults, D. M. (1986). Methodological review: Analysis of multitrait-multimethod matrices. *Applied Psychological Measurement, 10*, 1-22.

Schneider, D. J. (1973). Implicit personality theory: A review. *Psychological Bulletin, 73*, 294-309.

Schneider, L., & Lysgaard, S. (1953). The deferred gratification pattern: A preliminary study. *American Sociological Review, 18*, 142-149.

Schooler, C. (1972). Birth order effect: Not here, not now! *Psychological Bulletin, 78*, 161-175.

Schuer, A. L. (1971). The relationship between personality attributes and effectiveness in teachers of the emotionally disturbed. *Excptl. Child., 21*, 723-731.

Schunk, D. H., & Swartz, C. W. (1993). Goals and progress feedback: Effects on self-efficacy and writing achievement. *Contemporary Educational Psychology, 18*, 337-354.

Scott, L. J. (1793). An analysis of the self-concept of seventh grade students in segregated and desegregated Public schools of Oklahoma city. Unpub. Ph. D., Univ. of Oklahoma, Diss, Abstr., 1969, 30.

Sears, & Sherman, V. (1964). *In pursuit of self-esteem.* Belmont, Calif.: Wadsworth.

Sears, R. R. (1957). Identification as a form of behavioral development. In D. B. Harris (Ed.), *The concept of development* (pp. 149-161). Minneapolis: University of Minnesota Press.

Secord, P. F., & Jourard, S. M. (1953). The appraisal of body cathexis: Body cathexis and the self. *Journal of Consulting Psychology, 17*, 343-347.

Segal, E. M., & Stacy, E. W. (1975). Rule-governed behavior as a psychological process. *American Psychologist, 30*, 541-552.

Selman, R. L. (1980). *The growth of interpersonal understanding.* New York: Academic.

Sewell, W. H. (1961). Social class and childhood personality. *Sociometry, 24*, 340-356.

Shaffer, L. F., & Shoben, E. J. (1957). *Psychology and Adjustment.* Boston: Houghton Mifflin.

Sharma, S. (1971). Self-acceptance and academic achievement-a review of research. *Indian Educational Review, 6*, 118-125.

Shavelson, R. J., & Bolus, R. (1982). Self-concept: The interplay of theory and methods. *Manuscript submitted for publication to Journal of Educational Psychology.*

Shavelson, R. J., & Bolus, R. (1982). Self-concept: The interplay of theory and methods. *Journal of Educational Psychology, 74*, 3-17.

Shavelson, R. J., Hubner, J. J., & Stanton, G. C. (1976). Self-concept: Validation of construct interpretations. *Review of Educational Research, 46*, 407-441.

Shavelson, R. J., & Marsh, H. W. (1986). On the structure of self-concept. In R. Schwarzwe (Ed.), *Anxiety and cognition* (pp. 305-330). Hillsdale, NJ: Lawrence Erlbaum Associates.

Shaw, H. E., & Wright, J. M. (1968). *Scales for measurement of attitudes.* New York: McGraw Hill.

Shaw, M. C., & Alves, G. (1962). The self-concept of bright academic underachievers. *Personality Guidance J.*, *42*, 401-403.

Shaw, M. C., & Alves, G. (1963). The self-concept of bright academic underachievers: Continued. *Personnel and Guidance Journal*, *42*, 401-403.

Shaw, M. C., & Dutton, B. (1962). The use of the parent attitude research inventory with the parents of bright academic underachievers. *Journal of Educational Psychology*, *53*, 203-208.

Shaw, M. C., Edson, K., & Bell, H. M. (1960). The self-concept of bright underachieveing high school students as revealed by an adjective check list. *Personnel and Guidance Journal*, *39*, 193-196.

Sheinberg, S. (1973). Alienated youth-fact or artifact?: Anomy and self-referrent constructs as "pivotal" variables in a study of academic youth. Unpublished doctoral dissertation, University of Houston, Houston, TX.

Sheldon, W. H., & Stevens, S. S. (1942). *The varieties of temperament.* New York: Harper and Row.

Sherif, M. (1967). *Social interaction: Process and products.* Chicago, Aldine.

Sherif, M. (1968). *Self-concept.* In New Interactional Encyclopedia of Social Sciences. New York: Macmillan & Free Press.

Sherif, M., & Cantril, C. W. (1947). *The psychology of ego involvements.* New York: Wiley.

Sherriffs, A. C., & Jarrett, R. F. (1953). Sex differences in attitudes about sex differences. *Journal of psychology*, *35*, 161-168.

Shrauger, J. S. (1975). Responses to evaluation as a function of inital self-perceptions. *Psychological Bulletin*, *82*, 581-596.

Shrauger, J. S., & Rosenberg, S. (1977). Self-esteem and the effects of success and failure feedback on performance. *Journal of Personality*, *38*, 404-417.

Shrauger, J. S., & Schoeneman, T. J. (1979). Symbolic interactionist view of self-concept: Through the glass darkly. *Psychological Bulletin*, *86*, 549-573.

Shweder, R. A., & Bourne, E. J. (1982). Does the concept of the person vary cross-culturally? In A. J. Marsella & T. M. White (Eds.), *Cultural conceptions of mental health and therapy* (pp. 66-81). Boston: Reidel.

Sigel, I. E., & Cocking, R. R. (1977). Cognition and communication: A dialectic paradigm for development. In M. Lewis & L. Rosenblum (Eds.), *Interaction, conversation and the development of language* (pp. 207-226). New York: Wiley.

Simmons, R. G., Rosenberg, F., & Rosenberg, M. (1973). Disturbance in the self-image at adolescence. *American Socialogical Review*, *38*, 553-568.

Simon, W. E., & Bernstein, E. (1971). The relationship between self-esteem and perceived reciprocal liking: A sociometric test of the theory of cognitive balance. *Journal of Psychology*, *79*, 197-201.

Simon, W. E., & Simon, M. G. (1975). Self-esteem, intelligence and standardized academic achievement. *Psychology in the schools*, *12*, 97-100.

Simpson, I. H., Black, K. W., & Mckinney, J. C. (1966). Work and retirement. In I. Simpson & J. C. McKinney

(Eds.), *Social aspects of aging* (pp. 45-54). Durham, N. C.: University of North Carolina Press.

Simpson, R. (1994). The specific meanings of certain terms indicating differing degrees of frequency. *Quarterly Journal of Speech, 30*, 328-330.

Sims, V. M. (1927). *Sims score card for socio-economic status.* Bloomington, III: Public School Publishing Co.

Sims, V. M. (1952). Some correlates of social-class identification among high-school and college students. *School Review, 60*, 160-163.

Singer, M. (1980). Signs of the self: An exploration in semiotic anthropology. *American Psychologist, 82*, 485-507.

Skaalvik, E. M., & Hagtvet, K. A. (1990). Academic achievement and self-concept: An analysis of causal predominance in a developmental perspective. *Journal of Personality and Social Psychology, 58*, 292-307.

Skaalvik, E. M., & Rankin, R. J. (1995). A test of the Internal/External Frame of Reference Model at different levels of math and verbal self-perception. *American Educational Research Journal, 32*, 161-184.

Skaalvik, E. M., Valas, H., & Sletta, O. (1994). Task involvement and ego involvement: Relations with academic achievement, academic self-concept and self-esteem. *Scandinavian Journal of Educational Research, 38*, 231-243.

Skaalvik, S. (1993). Ego-involvement and self-protection among slow learners: Four case studies. *Scandinavian Journal of Educational Research, 37*, 305-315.

Skaalvik, S. (1995). *Voksne med lese-og skrivevansker forteller om sine skoleerfaringer* [School experiences among adults with reading and writing problems]. Trondheim, Norway: Norsk vok-senpedagogisk institutt.

Skinner, B. F. (1938). *The behaviour of organisms.* New York: Appleton-Century-Crofts.

Skinner, B. F. (1971). *Beyond freedom and dignity.* New York: Knopf.

Skinner, B. F. (1974). *About behaviorism.* New York: NY: Knopf.

Smith, G. M. (1969). Personality correlates of academic performance in three dissimilar populations. Proc. 77th Annual Convention, Amer. Psychol. Assoc.: Washington D.C.

Smith, J. M., & Schaefer, C. E. (1969). Development of a creativity scale for the adjective check list. *Psychological Reports, 25*, 87-92.

Smith, M. B. (1950). The phenomenological approach in personality theory. *J. Abnorm, Social of Psychology, 45*, 516-522.

Smith, M. L., Glass, G. V., & Miller, T. (1980). *The benefits of psychotheraphy.* Baltimore, MD: The Johns Hopkins University Press.

Smith, P. (1960). A factor analytic study of the self-concept. *Journal of Consulting Psychology, 24*, 191.

Smith, P. A. (1962). A comparison of 3 sets of rotated factor analytic solutions of self-concept data. *J. Abnorm, Social of Psychology, 64*, 326-333.

Snyder, C. R., & Smith, T. W. (1982). Symptoms as self-handicapping strategies: The virtures of old wine in a new bottle. In G. Weary & H. Mirels (Eds.), *Integrations of clinical and social psychology* (pp. 104–127). New York: Oxford University Press.

Snyder, M. (1979). Self-monitoring processes. In L. Berkowitz (Ed.), *Advances in experimental social psychology* (*12*, pp. 85–128). New York: Academic.

Snyder, M. (1987). *Public appearances/ Private realities*. New york: Freeman.

Snyder, M., & Campbell, B. H. (1982). Self-monitoring: The self in action. In J. J. Suls (Ed.), *Psychological perspectives on the self* (*1*, pp. 185–207). Hillsdale, NJ: Lawrence Erlbaum Associates.

Snyder, M., & Public. (1987). *Appearances/ private realities*. New York: Freeman.

Snyder, R. T. (1966). Personality adjustment, self attiotudes and anxiety differences in retarded adolescents. *American Journal of Mental Deficiency, 71*, 33–41.

Snygg, D., & Combs, A. W. (1949). *Individual behavior: A new frame of refernce for psychology*. New York: Harper.

Soares, A. T., & Soares, L. M. (1969). Self-perceptions of culturally disadvantaged children. *American Educational Research Journal, 6*, 31–45.

Soares, L. M., & Soares, A. T. (1977, April). *The self-concept: Mini, maxi, multi?* Paper presented at the annual meeting of the American Educational Research Association, New York.

Soares, L. M., & Soares, A. T. (1982, July). *Convergence and discrimination in academic self-concepts*. Paper presented at the 20th Congress of the International Association of Applied Psychology, Edinburgh, Scotland.

Solley, C., & Stagner, R. (1956). Effects of magnitude of temporal barriers, type of goals and perception of the self. *Journal of Experimental Psychology, 51*, 62–70.

Song, I. S. (1982). The dimensionality and relationships between home environment, self-concept and academic achievement. Unpublished PH. D. Thesis, University of New England.

Song, I. S. (1986). The higher order structure of self-concept. *AERA* 연차대회초청발표논문, 4, 16.

Song, I. S., & Hattie, J. (1984). Home environment, self-concept and academic achievement: A causal modeling approach. *Journal of Educational Psychology*, N.Y., *76*, 1269–1281.

Song, I. S., & Hattie, J. (1985). Relationships between self-concept and academic achievement. *Journal of Research in Personality* (*19*, pp. 326–372). Academic Press.

Spaulding, R. (1965). *Achievement, creativity, and self-concept correlates of teacher-pupil transactions in elementary schools*. US Office of Education Cooperative Research Project No. 1352.

Spearman, C. (1927). *The abilities of man* (p. 14). New York: Macmillan.

Speer, D. (1970). Effects of a marathon group therapy short term MMPI changes. *Comparative Group Studies, 1*, 397–404.

Spence, J. T., Helmreich, R., & Stapp, J. (1974). The personal attributes questionnaire: A measure of sex-role stereotype and masculinity-femininity. JSAS Catalog of Selected *Documents in Psychology, 4*, 43–44.

Spence, J. T., Helmreich, R., & Stapp, J. (1975). Ratings of self and peers on sex-role attributes and their relation to self-esteem and conceptions of masculinity and femininity. *Journal of Personality and*

Social Psychology, 32, 29-39.

Sperry, R. W. (1968). Hemisphere deconnection and unity in conscious awarenees. *American psychologist, 23*, 723-733.

Spitzer, S. P., & Parker, J. (1976). Perceived validity and assessment of the self: A decade later. *Sociological Quarterly, 17*, 236-246.

St. John, N. (1971). Thirty-six teachers: Their characteristic and outcomes for Black and White pupils. *American Educational Research Journal, 8*(4), 635-647. (ERIC Document Reproduction Service No. EJ 052 663).

Staffieri, J. (1957). A study of social stereotypes of body image in children. *J. Pers. Soc. Psychol., 7*, 101-104.

Staines, J. W. (1954). A psychological and socialogical investigation of the self as a significant factor in education. Unpublished. Ph. D. Thesis, University of London.

Staines, J. W. (1958). Self-picture as a factor in the classroom. Brit. *J. Psychol., 28*(2), 97-111.

Stanley, J. C. (1971). Reliability. In R. L. Thorndike (Ed.), *Educational measurement* (pp. 356-442). Washington, D.C.: American Council on Education.

Stark, P. D., & Traxler, A. J. (1974). Empirical validation of Erikson's theory of identity crises in late adolescence. *The Journal of Psychology, 86*, 25-33.

Steiner, I. D. (1970). Perceived freedom. In L. Berkowitz (Ed.), *Advances in experimental social psychology* (5, pp. 187-249). New York: Academic.

Stenner, A. J., & Katzenmeyer, W. (1976). Self-concept, ability and achievement in a sample of 6th grade students. *Journal of Education, 69*, 270-273.

Stern, G. C. (1942). Measuring non-cognitive variables in research on teaching. In C. L. Gage (Ed.), *Handbook of research on teaching*. Skokie: Rand McNally.

Sternberg, R. J., & Conway, B. E., Ketron, J., & Bernstein, M. (1981). People' s conceptions of intelligence. *Journal of Personality and social Psychology, 41*, 37-55.

Stevenson, H. W., Azuma, H., & Hakuta, K. (Eds.) (1986). *Child development and education in Japan*. New York: Freeman.

Stoner, S., & Fiorillo, M. (1976). A program for self-concept improvement and weight reduction for overweight adolescent females. *Psychology, 13*, 30-35.

Store, A. (1977). *Outward Bound: A reference volume*. Greenwich, CT: Outward Bound.

Storr, A. (1988). *Solitude: A return to the self*. New York: Ballantine.

Strahan, R., & Gerbasi, K. C. (1973). Semantic style variance in personality questionnaires. *Journal of Psychology, 85*, 109-118.

Strang, R. (1957). *The adolescent views himself*. New York: McGraw-Hill.

Strawson, P. F. (1959). *Indivduals: An essay in descriptive metaphysics*. London: Methuen.

Strein, W. (1988). Classroom-based elementary school affective education programs: A critical review. *Psychology in the Schools, 25*, 288-296.

Stryker, S. (1980). *Symbolic interactionism: A social structural perspective*. Menlo Park: Benjamin/

Cummings.

Sullivan, H. S. (1953). *Interpersonal theory of psychiatry*. New York: Norton.

Super, D. E. (1951). Vocational adjustment: Implementing a self-concept program. *Occupations, 30*, 88-92.

Super, D. E. Towards making self-concept theory operational. In D. E. Super, R. Starishevsky, N. Mathland & J. P. Jordaan (Eds.), *Career development: Self-concept theory*. New York: College Entrance Examination Board.

Swann, W. B., Griffen, J. J., Premres, S. C., & Gainer, B. (1987). The cognitive-affective crossfire: When self-consistency confronts self-enhancement. *Journal of Personality and Social Psychology, 52*, 882-889.

Swann, W. B., Hixon, J. G., Stein-Seroussi, A., & Gilbert, D. J. (1990). The fleeting gleam of praise: Cognitive processes underlying behavioral reactions to self-relevant feedback. *Journal of Personality and Socail Psychology, 59*, 17-26.

Swann, W. B., Pelham, B. W., & Chidester, T. (1988). Change through paradox: Using self-verification to alter beliefs. *Journal of Personality and Social Psychology, 54*, 268-273.

Swann, W. B., Pelham, B. W., & Krull, D. S. (1989). Agreeable fancy of disagreeable truth? Reconciling self-enhancement and self-verification. *Journal of Prrsonality and Social Psychology, 57*, 782-791.

Tagiuri, R. (1969). Person perception. In G. Lindzey & E. Aronson(Eds.), *The handbook of social psychology* (pp. 395-449). Reading, MA: Addison-Wesley.

Taylor, C., & Combs, A. W. (1952). Self-acceptance and adjustment. *Journal of Consulting Psychology, 16*, 89-91.

Thomas, J. B. (1974). Research notice. *Education for Development, 3*, 50-51.

Thomas, J. B. (1980). *The self in education*. Slough: NFER.

Thomes, M. M. (1968). Children with absent fathers. *Journal of Marriage and the Family, 30*, 89-96.

Thompson, B. L. (1974). Self-concepts among secondary school pupils. *Educ. Res.*, 17, 41-47.

Thompson, C. (1942). Cultural pressures in the pstchology of women. *Psychiatry, 5*, 331-339.

Thompson, C. (1943). "Penis envy" in women. *Psychiatry, 6*, 123-125.

Thompson, C. (1950). Some effects of the derogatory attitude toward female sexuality. *Psychiatry, 13*, 349-354.

Thompson, W. (1972). Corrlates of the self-concept: Studies on the self-concept and rehabilitation Dede Wallace Center Monograph No. 6. Nashville, Tenn.: *Counselor Recordings and Tests*.

Thorpe, L. P., Clark, W. W., & Tiegs. E. W. (1953). California Test of Personality Manual California Test Bureau/McGraw-Hill.

Torrance, E. P. (1966a). *Torrance Tests of Creative Thinking Directions manual and sorting guide*. Princeton, N.J.: Personnel Press.

Torrance, E. P. (1966b). *Technical-norms manual for the Torrance Tests of Creative Thinking* Research edition. Princeton, N.J.: Personnel Press.

Torrance, E. P. (1967). The Minnesota studies of creative behavior: National and international extensions. *Journal of Creative Behavior, 1*, 137-154.

Triandis, H. C. (1989). The self and social behavior in differing cultural contexts. *Psychological Review, 96*, 506-521.

Trickett, H. (1969). Stability and predictability of children's self-concept and perception by others: A developmental study(Doctoral dissertation, Stanford University, 1968). *Dissertation International, 29*, 2557a.

Trope, Y. (1983). Self-assessment and task performance. *Journal of Experimental Social Psychology, 18*, 201-215.

Trope, Y., & Ben-Yair, E. (1982). Task construction and persistence as means for self-assessment of abilities. *Journal of Personality and Social Psychology, 42*, 637-645.

Trowbridge, N. T. (1972a). Self-concept and 'socio-economic status in elementary school children. *American Educational Research Journal, 9*, 525-537.

Trowbridge, N. T. (1972b). Socio-economic status and self-concept of children. *Journal of Teacher Education, 23*, 63-65.

Trowbridge, N, T. (1973). Teacher self-concept and teaching style. In G. Chanan (Ed.), *Towards a science of reaching*. Slough: NFER.

Tryon, C. M. (1939). Evaluation of adolescent personality by adolescents. Monogr. *Soc. Res. Dev.*, *4*(4).

Turner, A. (1982). An analysis of relationships between pupil self-esteem. information processing ability and classroom performance. Unpublished masters' dissertation, University of New England, Armidale, New South Wales, Austraila,

Turner, R. (1971). The real self: From institution to impulse. Cited in L. A. Zurcher, *The mutable self: A self-concept for social change*. Beverly Hills: Sage.

Turner, R. H., & Vanderlippe, R. H. (1958). Self-ideal congruence as an index of adjustment. *Journal of Abnormal Social psychology, 57*, 202-206.

Vacchiano, R., & Strauss, R. (1968). The constuct validity of the Tennessee Self-Concept Scale. *Journal of Clinical Psychology, 24*, 323-326.

Vance, J. J., & Richmond, B. O. (1975). Cooperative and competitive behavior as a function of self-esteem. *Psychology in the Schools, 12*, 225-229.

Van Driel, O. P. (1978). On various causes of improper solutions in maximum likelihood factor analysis. Psychometrika, 43, 225-243.

Veness, T. (1962). *School Leavers*. London: Methuen.

Verma, G. K., & Bagley, C. (1975). *Race and education across cultures*. Heinemann: London.

Videbeck, R. (1960). Self-conception and the reactions of others. *Socimetry, 23*, 351-362.

Vidoni, D. O. (1976). Nine-year cross-sectional study of change in self-concepts of college freshmen. *Psychol. Rep.*, April, 38, 675-678.

Vinacke, E. W. (1952). *Psychology of thinking*. New York: McGraw-Hill.

Vygotsky, L. J. (1962). *Thought and language*. New York: Wiley.

Walberg, H. J. (1967). Denominational and socio-economic correlates of professional self-concept.

Theoretische aspekte der religionssoziologie II. *Sociology of Relgion: Theoretical Perspectives II.* 153–164.

Walker, R. N. (1962). Body build and behavior in young children. Monogr. *Soc. Res. Child Development, 27*(3).

Walsh, A. M. (1956). Self-concepts of bright boys with learning difficulties. New York: Teachers College, Columbia University.

Walsh, W. B., & Osipow, S. H. (1973). Career preferences, self-concept and vocational maturity. *Research in Higher Education, 1*, 287–295.

Ware, J. R., & Barr, J. (1977). Effects of a nine-week structured and unstructured group experience on measures of self-concept and self-actualization. *Small Group Behavior, 8*, 93–99.

Warner, W. L., Meeker, M., & Eells, K. (1949). *Social class in America.* Chicago: Science Research Associates.

Washburn, W. C. (1961). Factors associated with levels of self-conceptualization in high school students. *California Journal of Educational Research, 12*, 200–206, 220.

Washburn, W. C. (1962). The effects of physique and intrafamily tension on self-concepts in adolescent males. *Journal of Consulting Psychology, 26*, 460–466.

Watkins, D., Fleming, J. S., & Alfon, M. C. A. (1989). A test of Shavelson's hierarchical multifaceted self-concept model in a Filipino college sample. *International Journal of psychology, 24*, 367–379.

Watkins, D., Kai, L. M., & Regmi, M. (1991). *Cross-cultural assessment of self-concept: A Nepalese investigation.* Under review.

Watson, J. J. (1966). Development and generalization of contingency awareness in early infancy: Some hypotheses. *Merrill-Palmer Quarterly, 2*, 123–126.

Wattenberg, W. W., & Clifford, C. (1964). Relation of self-concepts to beginning achievement in reading. *Child Development, 35*, 461–467.

Wegner, E. L. (1973). The effects of upward mobility: A study of working status college students. *Sociology of Education, 46*, 263–279.

Weidman, J. C., Phelan, W. T., & Sullivan, M. A. (1972). The influence of educational attainment on self-evaluations of competence. *Sociology of Education, 45*, 308–312.

Weiner, B. (1972). *Theories of motivation: From mechanism to cognition.* Chicago: Rand McNally.

Weiner, B. (1974). *Achievement motivation and attribution theory.* Morristown, NJ: General Learning.

Weiner, B. (1977). An attributional model for Educational psychology. In L. Shulman (Ed.), *Review of research in education* (4, pp. 179–209). Itasca, IL: Peacock.

Weiner, B. (1986). *An attributional theory of motivation and emotion.* New York: Springer Verlag.

Weiner, B. (1992). *Human motivation: Metaphors, theories, and research.* Newbury Park, CA: Sage.

Weiner, P. S. (1964). Personality correlates of self-appraisal in four-year-old children. *Genetic Psychology Monographs, 70*, 329–365.

Weinert, F. E., & Helmke, A. (1987). Compensatory effects of student self-concept and instructional quality on academic achievement. In F. Halisch & J. Kuhl (Eds.), *Motivation, intention and volition* (pp. 233-247). Berlin: Springer.

Weiss, J. (1974). The identification and measurement of home environmental factors related to achievement motivation and self-esteem. In K. Marjoribanks (Ed.), *Environmental for learning*. London: NFER.

Weisz, J. R. (1986). Understanding the developing understanding of control. In M. Perlmutter (Ed.), *Cognitive perspectives on children's social and behavioral development* (pp. 219-278). Hillsdale, NJ: Lawrence Erlbaum Associates.

Wells, A. (1988). Variations in mothers' self-esteem in daily life. *Journal of Personality and Social Psychology, 55*, 661-668.

Wells, L. E., & Marwell, G. (1976). *Self-esteem: Its conceptualization and measurement*. Berverly Hills: Sage Publications.

Welsh, G. S. (1959). *Welsh Figure Preference Test: Manual research edition*. Palo Alto, Galif.: Consulting Psychologists Press.

Werts, C. E., Jöreskog, C. A., & Linn, R. L. (1972). A multitrait-multimethod model for studying growth. *Educational and Psychological Measurement, 32*, 655-678.

Wessman, A. E., & Ricks, D. F. (1966). *Mood and personality*. New York: Holt, Rinehart and Winstion.

West, H. J., & Ray, P. B. (1977). The helper therapy principle in relationship to self-concept change in commuter peer counselors. *Journal of College Student Personnel, 18*, 301-305.

White (1963). Ego and reality in psychoanalytic theory. *Psychological Issues, 3*, 3: Monograph, 11.

White, K., & Allen, R. (1971). Art counseling in an educational setting: Self concept change among Pre-adolescent boys. *Journal of Social Psychology, 9*, 218-225.

Widaman, K. F. (1985). Hierarchically nested covariance structure models of multitrait-multimethod data. *Applied Psychological Measurement, 9*, 1-26.

Wigfield, A. (1994). Expectancy-value theory of achievement motivation: A developmental perspective. *Educational Psychology Review, 6*, 49-78.

Wigfield, A., & Eccles, J. S. (1992). The development of achievement task values: A

Wiley, D. E. (1973). The identification problem for structural equation models with unmeasured variables. In A. S. Goldberg & O. D. Duncan(Eds.), *Structural equation models in the social sciences*. N.Y.: Seminar Press.

Williams, J. H. (1973). The relationship of self-concept and reading achievement in first grade children. *Journal of Educational Research, 66*, 378-381.

Wilson, R. C., Guilford, J., & Christensen, P. R. (1953). The measurement of individual differences in originality. *Psychological Bulletin, 50*, 326-370.

Wiseman, S. (1973). The educational obstale race: Factors that hinder pupil Progress. *Educ. Res., 15*, 87-93.

Witkin, H. A. (1950). Individual differences in ease of perception of embedded figures. *Journal of Personality, 19*, 1-15.

Witkin, H. A. (1965). Development of the body concept and psychological differentitation. In S. Wagner

(Eds.), *The body percept* (pp. 26–47). New York: Random House.

Wittgenstein, L. (1953). *Philosophical Investigations.* London: Routledge & Kegan Paul.

Woelfel, J., & Haller, A. O. (1971). Significant others, the self-reflexive act and the attitude formation process. *American Sociological Review, 36,* 74–86.

Wohlwill, J. (1973). *The study of behavioral development.* New York: Academic.

Wolf, R. M. (1964). The identification and measurement of environmental process variables related to intelligence. Unpublished doctoral dissertation, University of Chicago.

Wolfenstein, M. (1968). Children's humour, sex name and double meaning. In T. Talbot (Ed.), *The world of the child.* New York: Anchor Book.

Wolfle, L. M. (1981). *Causal models with unmeasured variables: An introduction to LISREL.* Paper presented at the annual meeting of the American Educational Research Association, Los Angeles.

Wright, R. J., Fox, M., & Noppe, L. (1975). The interrelationship of creativity, self-esteem and creative self-concept. *Psychology, 12,* 11–15.

Wyer, R. S., & Srull, T. K. (1986). Human cognition in its social context. *Psychological Review, 98,* 322–359.

Wylie, R. (1974). *The self-concept,* Vol. 1. A Review of Methodological Considerations and Measuring Instruments (rev. edn.). Lincoln: Univ. of Nebraska Press.

Wylie, R. C. (1961). *The self-concept: A critical survery of pertinent research literature.* Lincoln: University of Nebraska Preww.

Wylie, R. C. (1963). Children's estimates of their schoolwork ability as a function of sex, race, and socioeconomic level. *Journal of Personality, 31,* 203–224.

Wylie, R. C. (1974). *The self-concept* (Vol, 1, rev, ed,). Lincoln: University of Nebraska Press.

Wylie, R. C. (1979). *The Self-concept* (Vol. 2). Lincoln: University of Nebraska.

Wylie, R. C., & Hutchins, E. B. (1967). Schoolwork-ability estimates and aspirations as a function of socioeconomic level, race and sex. *Psychological Reports, 21,* 781–808.

Zahran, H. A. S. (1967). The self-concept in the psychological guidance of adolescents. *The British Journal of Educational Psychology, 37,* 225–240.

Zigler, E., Balla, D., & Watson, N. (1972). Developmental and experiential determinants of self-image disparity in institutionalized and noninstitutionalized retarded and normal children. *Journal of Personality and Social Psychology, 23,* 81–87.

Zilbergald, B. (1983). *The shrinking of America.* Boston: Little, Brown & Co.

Ziller, R. C. (1973). *The social self.* New York: Pergamon.

Ziller, R. C., & Long, B. H. (1964). *Self-social constructs and geographic mobility.* Unpublish. MS, University of Delaware.

Ziller, R. C., Haley, J., Smith, M. D., & Long, B. H. (1969). Self-esteem: A self-social constuct. *J. Consult. Clin. Psychol., 33,* 84–95.

Ziller, R. C., Megas, J., & DeCenio, D. (1964). Self-social constructs of normals and acute neuropsychiatric patients. *Journal of Consultling Psychology, 20,* 50–63.

Zimmerman, B. J., Bandura, A., & Martinez-Pons, M. (1992). Self-motivation for academic attainment: The role of self-efficacy beliefs and personal goal setting. *American Educational Research Journal, 29*, 663-676.

Zimmerman, I. L., & Allebrand, G. N. (1965). Personality characteristics and attitudes towards achievement of good and poor readers. *Journal of Education Research, 59*, 28-30.

Zirkel, P., & Moses, E. (1971). Self-concept and ethnic group membership among public school students. *Am. Ed. Res. J., 8*, 253-265.

Zurcher, L. A., Jr. (1977). *The mutable self: A self-concept for social change.* Beverly Hills: Sage.

찾아보기

〈 인명 〉

김형태 212, 222

송인섭 62, 65, 66, 71, 73, 80, 85, 111, 125, 138, 202, 214, 217, 218, 228

이순묵 85
이희현 80

황정규 138, 259

Adams, S. 34
Adler, A. 27, 28, 200, 318
Agnew 105
Agustsdottir, S. 315
Alfon, M. C. 121
Allebrand, G. N. 130
Allport, G. 31, 37, 40, 61, 62, 103, 110, 172, 203
Allport, G. W. 29
Alperson, B. L. 319
Alperson, E. D. 319
Amsterdam 187
Andersen, C. M. 284
Anderson, J. G. 119, 143, 184, 266
Archer 177
Argyle, M. 172
Aristoteles 35, 36, 37, 108, 203
Arnold, M. B. 318
Azuma, H. 121

Babladelis, G. 34
Bachman, J. G. 146, 198, 251, 253, 255, 256, 257, 265
Back, K. W. 200

Bagley, C. 229
Bailey, S. 299
Balla, D. 225
Ballachey 58
Bandura, A. 39, 115, 254, 507
Bannister 105
Barnes, B. 70, 138, 225
Barr, J. 319
Barron 231, 278
Baumeister, R. F 514
Baumrind, D. 192
Beck, A. 317, 335
Becker, W. 250
Bell, S. M. 188
Benne, E. 235
Bennett 222, 270
Bentler 68, 271
Berfocci 103
Berger, C. R. 299
Berger, E. M. 300, 306
Bergman, L. R 271
Berman, J. S 316
Berndt, T. J. 197
Bernstein, E. 117
Best 222
Bills, R. E. 306
Bing, E. 269
Black, F. W. 129
Blalock, H. 270
Bledsoe, J. C. 130
Bloom, B. S. 264, 269
Blumberg, A. 235
Bolus, R. 146
Bolus, R. 262, 271
Bonett, D. G. 68, 271
Borke, H. 192
Bourne, E. J. 120
Bower, T. G. 189
Boynton, K. S. 510
Brehm 119
Brisset, D. 55
Brodsky, C. M. 166, 167
Bromley 185
Bronfenbrenner, U. 197
Brookover, W. B. 132, 135, 138, 143, 144, 145, 146, 156, 158, 242, 245, 252, 253, 265, 319
Brooks-Gunn, J. 118, 187, 188, 189, 190, 191
Brown, J. D. 78, 79
Brown, T. 318
Brownfain 184
Bruce, P. 246
Bruner, J. S. 43, 116, 126
Brunkan, R. J. 142
Bruns, R. B. 103
Brwne 95
Bryan 222
Buber, M. 105
Bubin 197
Burns, R. B. 20, 228, 236, 240
Butler, S. 138, 199
Byrne, B. M. 72, 124, 147, 148, 149, 153

Calden, G. 170
Calkins, M. W. 114
Campbell, J. D. 119, 145, 303, 304, 305

Cantril, C. W. 160, 170
Caplin, M. D. 130, 143
Carkhuff, R. R. 318
Carlson, R. 177
Casey, R. J. 316
Caslyn, R. J. 132, 156, 262
Cavan, R. S. 201
Cennell 264
Christensen, P. R. 231, 278
Clark 256
Cleveland, S. E. 164
Clifford, E. 130
Clifton, K. 318
Cofer, C. 43
Cohen, A. 234
Coleman, J. S. 183, 229
Collins, H. A. 78, 79
Combs, A. W. 44, 45, 46, 50, 62, 110, 120, 123, 174, 234, 300
Conley, J. J. 510
Conway, B. E. 117
Cooley, C. H. 23
Cooley, C. H. 24, 25, 26, 31, 56, 57, 62, 103, 109, 118, 123, 171, 203
Coopersmith, S. 55, 56, 74, 104, 119, 129, 130, 134, 142, 144, 145, 175, 183, 193, 244, 257, 265, 288, 510
Costa, P. T. 199
Cousins, S. D. 284
Covert, J. 318
Cowen 295, 299
Crane, C. 234, 235
Crittenden 143
Croake, J. 318
Cronbach, L. 287, 289, 291, 292, 296, 297, 298, 303, 312
Croteau, J. M. 319
Crowne, D. 294, 295
Crutchfield 58

Datan, N. 199
Dave, R. H. 264
Davidson, H. H. 143, 234, 240, 242
Day, W. F. 38
Deblaissie, R. R. 229
DeCharms 118
Denzin, N. K. 160
Deosaran 100
Descartes 22, 36, 37, 109
Devereux, E. C. 197
DeVos, G. 121
Dickstein 186
Diggory, J. C. 27, 103, 231
Dixon, J. C. 187
Dornsbusch 180
Dorr, M. 178
Dutton, B. 244
Dymond, R. F. 192

Edeburn, C. 235
Edwards, A. 251, 265, 294, 295
Eisen, M. 285
Eisenman 297
Elder, G. H. 164
Elkind, D. 197
Ellis, A. 317

Emmett, R. G. 248
Engel, M. 182, 196
Ensor, E. G. 241
Epps, E. G. 229, 265
Epstein, S. 38
Epstein, S. 50
Ericsson, K. A. 283
Erikson, E. H. 28, 47, 115, 122, 126, 143, 144, 181, 182, 186, 195, 196, 315
Evans, F. B. 266

Farrier, S. 196
Felker, D. W. 110
Ferri, E. 248
Festinger, L. 53, 104
Finando, S. J. 319
Finch, M. 169, 198, 199
Finn 199
Fiorillo 318
Fisher, J. 164
Fiske, D. 283, 287, 290, 292, 304, 305, 508
Fiske, S. T. 81, 82, 87
Fitch, G. 231
Fitts, W. 236, 309
Fleming, J. S. 121
Foulds, M. L. 319
Fox, M. 232
Fraser, C. 270
Frerichs, A. H. 230
Freud, A. 53
Freud, S. 27, 28, 31, 57, 61, 204, 509
Fromm, E. 58, 190

Gabbler, R. G. 133
Gabler, R. 229
Gainer, B. 79
Gallup, G. G. 159, 162
Gardner, J. K. 189
Geertz, C. 120
Gendlin, E. T. 41
Gerbasi, K. 298
Gergen, K. J. 103, 107, 123, 200
Gesell, A. 170, 185, 191
Getzels, J. W. 262
Gibbons, F. X. 284, 312
Gibby, R. G. 133, 229
Gilbert, D. J. 79
Glass, G. V. 315, 316, 318
Goffman 118
Goldberg, S. 188
Goldstein, K. 112
Goodman, C. 43
Gordon, I. 122, 212
Gough, H. G. 144, 232
Greenleigh, L. 199
Grieneeks, L. 130
Griffen, J. J. 79
Guardo, C. J. 191
Guilford, J. P. 231, 236, 278
Guthrie, E. R. 175
Guttman, L. 102

Hakel, M. 298
Hakuta, K. 121
Hall, P. 45
Haller, A. O. 265

Halsey, A. H. 264
Hamachck 252, 143
Hamilton, D. L. 307
Hansford, B. C. 20, 138, 146, 262, 319
Harre, R. O. M. 58, 187
Harris, R. N. 129, 182, 212, 222
Harter, S. 74, 76, 78, 114, 153, 201, 285
Hartley, W. 37, 122
Hattie, J. A. 66, 78, 111, 124, 137, 138, 146, 202, 214, 262, 266, 271, 319, 512
Havighurst, R. J. 178, 179
Hegel, G. W. F. 25, 113
Heidegger 39
Heider, F. 104, 118
Heilbrun, A. B. 144, 232
Heise, D. R. 199
Helmke, A. 512
Helper, M. M. 265
Henderson, E. H. 225
Hess, A. L. 250
Hewitt, J. 284, 312
Hickey 200
Hilgard 62, 123
Hinkle, D. 318
Hishiki, P. 130
Hixon, J. 79
Hocevar, D. 70
Hoffman, M. 192
Hoge, D. R. 75, 76
Hollingshead 253
Horney, K. 20
Hosseini, D. 513
Howard, G. S. 510
Howell 178
Hsu, F. L. K. 121
Hubner, J. J. 137, 201, 215, 263
Hulbary, W. E. 265
Hume 20
Hunt, J. 246
Hutton, D. G. 514

Ilg, F. 170, 185

Jackson, D. 296, 297
Jacobson, E. 186, 243
James, W. 22, 23, 25, 31, 38, 54, 58, 62, 74, 98, 103, 107, 109, 123, 126, 130, 203, 207, 216, 507, 509
Jersild, A. T. 185, 239
Joeskog 68, 270
Johnson 143
Jones, J. G. 130, 513
Jorensen 178
Judson, A. 43
Jung, C. G. 29, 112

Kagan, J. 190, 510
Kahnemann, D. 116
Kai, L. M. 121
Kalish 200
Kant, I. 25, 37
Kaplan, H. B. 78
Karabenick, S. A. 170
Katcher, A. 191
Katzenmeyer, W. 130, 131
Keller, J. 318

Kelly, G. A. 22, 40, 49, 50, 118, 204
Kelly, G. A. 48, 116
Keniston, K. 297
Kenny, D. T. 132, 156, 262, 271, 295
Ketron, J. 117
Kihlstrom, J. F. 283
Kirchnerm, E. P. 191
Kleinfeld, J. 242
Knief, L. M. 264
Kniveton 235
Kohlberg, L. 191, 215
Kohn, A. R. 249, 252, 256, 299
Kohut, H. 315
Kraut, R. E. 262, 320
Kretch 58
Kretschmer, L. 166
Krug, R. S. 250
Kuhmerker, L. 192
Kuhn, M. H. 121
Kumka, D. 198, 199, 284

Laing, R. D. 39, 41, 57, 105, 197, 204
Landry, R. 235
Langer, T. 249
Lawrence, D. 246
Lecky, P. 45, 104, 109
Leifer, M. 123
Leonetti, R. 212, 222
Lepere 143, 252
Lerner, R. M. 170
LeVine, R. 230, 319
Levinson, D. J. 199
Levi-Strauss, C. 120
Lewin, K. 43, 47, 104
Lewis, A. R. J. 118, 187, 188, 190, 191
Liebermann 319
Lilly 294
Lindzey, G. 45
Linville, P. W. 79
Livesiey, W. J. 185
Livson 200
Locke, J. 37
Loehlin 298
Loevinger, J. 118, 292, 303
Long, B. H. 143, 225, 234, 240, 242
Lord, F. 286, 312
Louden 229
Lovejor 100, 104
Lovlie, A. 187, 188
Lowe, C. 295
Ludwig, D. J. 309
Lundy, R. M. 170
Lunn, B. 248
Luria, A. R. 196, 222

Maehr, M. 244, 309
Magaziner 231
Mahoney, E. 169
Majoribanks, K. 264
Maracek 134
Marjoribanks, K. 262
Markus, H. 115, 201, 284, 312, 508
Marlowe, D. 294, 295
Marmor, J. 199
Marsella, A. J. 121
Marsh, H. W. 66, 70, 71, 73, 74, 75, 76, 113,

124, 138, 147, 148, 149, 150, 152, 214, 225, 320, 510
Marx, R. W. 81
Maslow, A. H. 41, 44, 100, 103, 104, 105, 204, 315
Mason, J. 235
Maw 232
Maxwell, S. E. 510
May, R. 39, 41
McCall, G. J. 186
McCandless, B. 100, 104
McCarthy, B. 75, 76
McCrae, R. R. 199
McDonald, R. P. 67, 179, 270
McGuire, W. J. 114, 197, 284
McNemar 301
McPartland, J. A. 121
Mead, G. 56, 62, 109, 118, 123, 168, 186, 203, 504
Meehl, P. E. 292, 303
Meichenbaum, D. 317
Meisels, M. 170
Meltzer 103
Merleau-Ponty, M. 189
Messick, S. 296
Metcalfe, A. 183
Mettee 134
Mierzwa 318
Miles 319
Miller, T. 315, 316, 318
Mischel, W. 111, 195
Montemayor, R. 285
Morrison, T. L. 142
Morse, R. N. 123
Mortimer, J. T. 198, 199
Moses, W. C. 229, 230
Mosier 290
Moskowitz, D. S. 282
Muller, D. G. 212, 222
Murphy, G. 112, 161

Nash 136, 228
Neisser, U. 117
Neugarten, B. L. 199
Newcomb, T. M. 161
Nicholls, J. G. 225
Nietzche, F. 116
Noppe, L. 232
Novick, M. 286, 287, 312
Nunnally 287, 303
Nurius, P. S. 284, 312, 508

O' Malley, P. M. 198
O' Neill 138, 148
Olasehinde, M. O. 179
Olsson, U. 271
Omwake, K. 306
Overton, W. F. 118

Palfrey, C. F. 242
Parker, S. 66, 114, 122, 149, 150
Parlady, M. J. 244
Parsons, J. E. 197, 254
Paschal, T. 229
Patterson 32
Patterson, C. H. 123

Patterson, G. R. 316
Peak, H. 291
Pearlin, L. I. 199, 249
Pearson 85
Pelham, B. W. 114
Perkins, H. V. 138, 238
Perovich, G. M. 318
Pervin 294
Peterson, P. 200
Phillips, B. N. 130, 232, 306
Piaget, J. 118, 160, 189, 191, 194, 196, 508
Pierce 37
Piers, E. V. 129, 182, 212, 222, 510
Pigge, F. L. 246
Platon 35, 36, 203
Plowden 264
Portes, A. 265
Predmores 79
Protinsky, H. 196
Purkey, W. W. 140

Rabban 191
Raimy, V. C. 32, 44, 45, 50
Rawls, J. 106
Ray, P. B. 318
Reese, H. W. 118
Regmi, M. 121
Reichard, S. 200
Relich, J. D. 138, 147
Renberger, R. N. 229
Rhodewalt, F. 315
Richards, G. E. 320
Richardson, S. A. 180
Ricks, D. F. 177
Robinson, D. N. 40, 178, 180
Rogers, C. 32
Rogers, C. R. 33, 35, 43, 46, 48, 50, 53, 62, 19, 100, 104, 110, 113, 118, 123, 238, 246, 283, 318, 509
Roman 100, 104
Rooney, W. M. 510
Rose, A. M. 200
Rosenberg, M. 55, 66, 74, 75, 114, 143, 176, 184, 196, 230, 234, 251, 252, 255, 257, 258, 315
Rosenthal, R. 243
Ross, M. 116, 197
Rotter, J. B. 119
Royce, J. R. 37
Ruble 225
Rubovits, P. C. 244
Ryans, D. G. 233
Ryle, G. 112, 115

Sackeim, H. A. 509
Sacks 103
Sampson, E. E. 121
Samuels, S. C. 27
Sanford, N. 254
Sanitioso, R. 284
Sanz, D. 319
Sarbin, T. 110
Sartre, J. P. 39, 41, 57, 204
Scheirer, M. A. 262, 320
Schlenker, B. R. 284
Schmidt, G. W. 78, 79

Schmitt, N. 66, 271
Schneider, D. J. 116
Schooler, C. 256, 257, 299
Schwartz 212
Scott, L. J. 230
Secord, P. F. 103, 164
Selman, R. L. 195
Sewell, W. H. 250
Shaffer, L. F. 43
Shannon, D. T. 138, 142
Shavelson, R. J. 23, 62, 66, 70, 71, 73, 75, 81, 98, 111, 124, 137, 147, 149, 153, 201, 215, 224, 262, 263, 266, 271
Shaw, H. E. 244
Sheinberg, S. 122
SheldenW. H. 166
Shen, F. 142
Sherif, M. 160, 170
Shoben, E. J. 43
Shrauger, J. S. 79
Shweder, R. A. 120
Sigel, I. E. 189
Silon 153, 201
Simmons, R. G. 230
Simon, W. E. 130, 283
Simpson, I. H. 234, 298
Sims, V. M. 143
Skinner, B. F. 37, 38, 39, 44, 203
Slovic, P. 116
Smith, J. M. 131, 138147
Snyder, C. R. 115, 119
Snygg, D. 44, 45, 46, 50, 62, 110, 120, 123, 174
Socrates 35, 37
Solley, C. 231
Song, I. S. 64, 65, 66, 83, 93, 95, 98, 111, 121, 124, 137, 139, 201, 202, 207, 212, 214, 216, 259, 262, 263, 276, 299, 301, 502, 512
Sorbom, D. 270
Spaulding, R. 233
Speer, D. 319
Sperry, R. W. 112
Spitzer, S. P. 122
Srull, T. K. 283
Staffieri, J. 164, 167
Stagner, R. 231
Staines, J. W. 174, 185, 234, 241, 242
Stanley, J. C. 286, 287, 312
Stanton, J. C. 63, 137, 215, 263
Steiner, I. D. 119
Stein-Seroussi, A. 79
Stenner, A. J. 130, 131
Stern, G. C. 237
Sternberg, R. J. 117
Stevens, S. S. 166
Stevenson, H. W. 121, 143
Stipek 225
Stoner, S. 318
Stonton 201
Store, A. 320
Storr, A. 120, 121, 509
Strahan, R. 298
Strawson, P. F. 190
Stroud, J. B. 264
Stryker, S. 212, 284, 311
Sullivan, H. S. 61, 62, 109, 123

Super, D. E. 318
Swann, W. B. 79, 114

Tagiuri, R. 116, 126
Taylor, C. 123, 283, 297, 508
Terkin 142
Thomas, J. B. 129, 132, 136, 142, 143, 146, 156, 164, 179, 242, 245, 248, 252, 255, 256, 319
Thrope, L. P. 256
Tice, D. M. 514
Tiegs, E. W. 256
Tongas 295
Torrance, E. P. 231, 278
Torshen 130
Townsand 297
Triandis, H. C. 509
Trowbridge, N. T. 176, 235, 236, 237
Turner, A. 122
Tversky, A. 116

Vacchino, R. 299
Van Driel, O. P. 270
Verma, G. K. 229
Vernoff 197
Videbeck, R. 107, 175
Vinacke, E. W. 43
Vondracek, S. 191
Vygotsky, L. J. 194

Walberg, H. J. 253, 265
Walker, R. N. 168
Ware, J. R. 319
Washburn, W. C. 176
Watkins, D. 121
Watson, J. J. 225
Wattenberg, W. W. 130
Weaver, S. J. 142
Wegner, E. L. 251
Weiner, B. 118, 119, 245, 510
Weiss, J. 265
Weisz, J. R. 513
Wells, A. 123
Welsh, G. S. 231, 278
Werner 201
Wessman, A. E. 177
West, H. J. 318
Wicklund, R. A. 119
Widaman, K. F. 83
William 222
Wilson, R. C. 231, 278
Winne, P. H. 81
Wiseman, S. 248, 269
Wittgenstein, L. 102, 514
Wohlwill, J. 186
Wolf, R. M. 264, 269
Wolfenstein, M. 172
Wolfle, L. M. 68, 271
Woodson, R. 319
Wright, R. J. 232
Wurf, E. 115, 201
Wyer, R. S. 283
Wylie, R. C. 66, 146, 224, 251, 255, 259, 265, 270, 288, 290, 293, 296, 298, 510, 515

Yalom, I. D. 319

Zigler, E. 225
Ziller, R. C. 104, 106, 225
Zimmerman, I. L. 130
Zirkel, P. 229, 230
Zurcher, L. A. 121122

〈 내용 〉

3차원 위계요인 98
3차원 자아개념 모형 125
COSAN 프로그램 67
ego 26
GPA 142, 143
I/E 모형 157
id 26
IQ 검사 145
MTMM 81, 82, 84, 307
SDQ III 75, 76
superego 26, 27
Tennessee 자아개념 척도 309

기능심리학자 112
가정환경 254
가족 자아개념 99, 140, 208
가중평균 일반 자아개념 75
각성된 의식의 영역 483
감각 영역 480
감정 446, 448
감정이입 192
개인구성개념 49
개인구성이론 48
개인발전 프로그램 317
개인적 권리 452
개인적 자아 25
개인정체 22
개인차 284, 286, 299
경험적 자아 21
고등의식 468
고유자아 29, 31
고유적 자아추구 40
괴로움 487, 489
교사 233
교사유형 248
교수방법 236
교차구조 303
교차구조타당도 304
구성개념 48, 49
구성개념적 대안주의 49
구인타당도 292
구인타당도 303, 310
구조분석 타당도 301
권력 영역 481
긍정적 자아개념 33, 56
긍정적 자아존중감 33, 420
기대성 100
기대의 기능 119
기술개발 접근 132

내담자 중심치료 318
내심 차원 449, 459
내외관계 분석타당도 303
내용 차원 98
내용타당도 292
내적 구성 63
내적 비교과정 150, 152
내적 소재 119
내적 자아 164
내적 자아개념 163
내적/외적 참조체제 모형 150
내적인 일관성 300
능력 144, 145
능력 자아개념 66, 68, 99, 136, 138, 139, 141, 142, 143, 145, 241, 253

다면분석 124
다면적 정의 102
단일공통요인 302
단일차원 존중감 척도 74
단일차원성 301
대뇌피질 494
대상 21
대상영속성 190
대양 자아 122
대화 458
독립성 154
독해능력 131
동일시 39
두뇌 차원 459
또래 평정방법 307
또래집단 175

망상활동조직 494
면경자아 109
면경자아이론 23, 24
묵인반응 296, 297
문화 120, 284
물질적 자아 21
물질적 적합성 320

반사성 24
반성적 자아 122
반응경향성 52
발달 286
방어기제 개념 53
배경 284
복잡성 79
부모의 가치관 249
부모의 자아존중감 249
부적강화 39
불행 480, 495
브리콜라주 120
비선형 요인분석모형 302
비학문 자아개념 139, 147

사랑 영역 481
사실 차원 458
사회 자아개념 99, 137, 139, 142, 208
사회경제적 지위 176, 249, 251
사회심리학적 접근 110
사회적 자아 21, 122
사회적 호감 척도 295
사회적 호감도 294
상담경험 246
상담효과 246

상호영향력 158
상호작용 155, 475
상황 284
생산적 요인분석 300
생존성 41
선택적 프로그래밍 496
선형공통요인분석 302
선형단일요인 모형 302
성격이론 164
성공 460
성과 자아개념 222
성숙 468
성숙된 고등의식 479
성장동기 41
성취 144, 157
성취 자아개념 66, 67, 68, 99, 138, 140, 141, 142, 208
성취수준 133, 157
성취척도 154
성취특성 135
성취환경 228
송환 168
송환작용 175, 239
수월성 26
수학 자아개념 148, 149, 150, 151, 152, 153, 154
수학성취 150, 151, 154
순수자아 22
승인성 100
식역점 135
신념체계 114
신뢰도 286, 287
신체 쉐마 163, 165
신체 언어 457
신체 자아 159, 164, 170
신체 자아개념 100, 163, 205, 208
신체구조 166
신체영상 162, 163, 164, 169
신체적 자아 122
신프로이트주의 29
실존주의 39
실현적 경향 41
심리요법 32, 34

안전 영역 480
언어 170
언어 자아개념 147, 148, 149, 150, 151, 152, 153, 154
언어성취 147, 150, 151
에너지 흐름 497
여과조직 27
역동성 61
역동성 자아 61
연령 285
열망성 100
영상화 406
외적 비교과정 150
외적 소재 119
요약과정 493
요인분석 299, 301
욕구위계설 41
우주적 의식의 영역 484
원초아 61
원초집단 23
위계적 모형 111
위계적 일반 자아개념 75

유기체 33
유아발달 30
육아방법 249
의사소통 455
의사소통기술 318
의식 477, 478, 480, 491
의식 증가 492
의식집중 487
이상적 신체영상 206
이상적 자아 179
이상적 자아개념 33, 178
인간 두뇌 493
인간 의식 493
인간 행동 51
인성이론 51, 61
인식아 21, 31
인지발달 189
인지이론 49
인지적 평가 37, 104
인지적 행동치료 317
인지특성 49
일반 자아개념 63, 77, 138, 140~149, 155, 299
일반학교 자아개념 149
일반학문 자아개념 154
읽기성취 154

자각 477
자기 객관화 340
자기 비난적 평가 451
자기 암시 415
자기검증 124
자기비하 366
자기수용 370, 371, 450, 451
자기이해 20
자기지각된 능력 150
자신 20
자신성 100
자아 20, 61, 109, 126, 471
자아가치 56, 201
자아감각 284
자아강도 131
자아강화 39
자아강화 교육계획안 247
자아강화 모델 132
자아강화이론 132
자아개념 19, 23, 26, 32, 34, 36, 39, 42, 49, 50, 57, 59, 61, 62, 77, 96, 102, 129, 131, 135, 138, 144, 146, 150, 155, 157, 158, 160, 168, 170, 173, 176, 177, 205, 215, 216, 222, 223, 225, 227, 282, 299, 307, 309
자아개념 구인 207
자아개념 구조 64, 81
자아개념 구조분석 209
자아개념 발달 205
자아개념 변화 238
자아개념 진단검사 84
자아개념 척도 130
자아개념 측정 282, 287, 294
자아개념 측정도구 291
자아개념 측정형태 145
자아개념 특성척도 218
자아개념검사 145
자아개념과 학업성취의 관계 155
자아개념의 내적 구조 64
자아개념의 변별성 147
자아개념의 본질 204, 205

자아개념의 위계모형 137
자아개념의 인지적 구성 51
자아개념의 정의적 구성요소 52
자아개념의 평가적 의미 52
자아개념의 하위특성 222
자아개념의 향상 511
자아고양 30
자아관점 184
자아관찰 38
자아관찰 척도 131
자아구조 47
자아긍정 타당도 306
자아기대 척도 130
자아기술검사 70
자아기제 285
자아도식 283
자아독립 307
자아동일성 30, 47
자아동일성(자아정체) 29
자아만족 23
자아발달 38, 160
자아보고 282, 285, 286
자아보고 과정 283
자아보존 23
자아복잡성 124
자아불만 23
자아상 20, 30, 234
자아상상 61
자아성취 62
자아소양 26
자아속성 78
자아수용 246
자아실현 24, 25, 34, 50
자아실현 욕구 41
자아에 관한 개념 102
자아에 대한 관련성과 조직성 285
자아영상 130
자아요구 28
자아우세 307
자아의식 61
자아이론 25, 203
자아이탈 184
자아이해 246
자아인식 31, 285
자아인정 308
자아일관성 78, 79, 124
자아재인 189
자아정체 20, 23, 48
자아정체감 181, 443
자아정체성 184, 450
자아존재 62
자아존중 308
자아존중감 20, 22, 23, 28, 30, 52, 54, 55, 79, 107, 131, 132, 133, 134, 138, 169, 174, 230, 307, 399
자아존중감 척도 130, 145
자아중심주의 195
자아지각 161, 190
자아지식 20
자아추구 23, 30
자아탐색 161
자아통제 285, 307
자아특성 40
자아평가 24, 26, 52, 56, 133, 134, 205, 308
자아표현 139, 284
자아행동 43

자아향상 78, 79, 124
자아혼란 182, 184
자아확대 30
자유사고회의 331
자유의식 343
자율성 331, 336
자화상 450, 452
재개념화 300
재프로그래밍 487, 488
적극성 455
정교화 285
정서 자아개념 100, 208, 452
정신, 육체 이원론 36
정신도식 283
정신문제 40
정신분석학적 접근 110
정신작용 96, 100
정신적 자아 22, 23
정적강화 39
준거렝품탤릿永 308
중다특성 중다방법 80
중다특성-중다방법 300
중다특성-중다방법 305
중요 타인 173, 206
중재변인 316
지각경험 29
지능 129, 131, 144
지능지수 130
지엽조직 494
지필 자아평정 307
직관적 자아 37
집단 감수성훈련 319
집단 일반 자아개념 74
집단요구 28

참 자아 47
참 자아개념 35
참조체제 43, 44
창의성 231
초자아 61
충족 영역 483
친밀감 339

타당도 286, 288, 291
타인 475
타인 평정방법 282
탐닉 481, 487
탐닉적 프로그래밍 495
통제 512
통합적 자아개념 138
통합하는 자아 45
특성타당도 303
특성화된 자아개념 138
특수 자아개념 252
특이성 285

평가성 100
평균성취 142
평형화 508
표준화 검사 142
풍요 영역 482
프로그래밍 495
피험자 중심 요법 33

하등의식 478
하부 특수 자아개념 300

학과목 자아개념 138, 139, 140
학교성적 262
학교조직 248
학급 자아개념 66, 67, 68, 99, 138, 146, 147, 253
학문 자아개념 모형 65
학문 자아개념 수준 132
학문 자아개념의 변별성 152
학문 · 비학문 자아개념 149
학문적 프로그램 319
학업부진 129
학업성적 156, 157
학업성취 129, 130, 131, 132, 133, 135, 141, 143, 144, 155, 157, 158, 228
학업성취 수준 134
학업성취 자아개념 141, 145, 146
학업성취도 130
해방 471
행동 모방화 39
행동관찰 282
행동수정 35
행동양식 456, 457
행동유형 38
행동주의 29, 38, 61
행동특성 38
행복 443, 444, 471, 495
행복감 443, 444
행복의 프로그래밍 496
현상적 자아 20, 33, 46
현상학 42, 43
현상학적 장 45, 47, 50, 58
현상학적 접근 110
현실적 자아 179
현존성 473
형태치료 319
환경 262, 444
환경 프로그램 320

저자의 삶

송인섭

1973. 02	공주사범대학 교육학과 졸업
1974~1975	군복무
1978. 08	고려대학교 대학원 교육학과 졸업(교육심리, 교육평가)
1978. 09~1979. 05	한국행동과학연구소 연구원
1979. 05	박사과정 수학차 도호주
	Univ. of New England 대학원(Sydney, Australia)
1982. 11	상기 대학에서 철학박사학위 받음
	(교육연구방법학, 교육심리, 교육평가 · 측정 · 통계, 영재교육)
1982. 11~1985. 08	공주사범대학 교수
1986. 09~1990. 02	AERA(American Educational Research Association), 미국의 가장 권위 있는 논문지의 논문심사위원 및 편집위원
1988. 06~1988. 08	University of Toronto, University of Alberta, University of British Columbia 등의 대학에서 연구 및 강연
1992. 09~1993. 02	University of California Santa Barbara 교환교수(Fulbright Awards)
1996~1997	University of Illinois, Purdue University, Columbia University, University of Connecticut에서 연구 및 논문 발표
1999. 03~2000. 02	Columbia University, TC 연구교수
1996. 11~1998. 12	숙명여자대학교 학생생활상담소 소장
1996. 12~1999. 12	한국교육심리학회 회장
1996. 12~2001. 08	(재)한국영재연구원 원장
1985. 09~현재	숙명여자대학교 교육심리학과 교수
1999. 05~2002. 08	숙명여자대학교 사회 · 교육과학연구소 소장
2001. 03~2005. 12	국제영재교육학회 회장
2002. 09~2004. 08	숙명여자대학교 문과대학장

2002. 03~2005. 10 (주)국제영재연구원장
2004. 06~2006. 06 한국교육평가학회 회장
2005. 01~2010. 01 한국영재교육학회 회장
2010. 01~현재 한국영재교육학회 명예회장

〈저서 및 역서〉

1989. 04 인간심리와 자아개념(양서원)
1989. 04 연구방법의 이해(역서, 성원사)
1990. 02 심리학(공저, 양서원)
1991. 03 자기 찾는 연습(역서, 학림교육개발연구소)
1992. 08 SPSS 분석방법을 포함한 통계학의 이해(학지사)
1993. 02 심리학의 이해(공저, 학지사)
1994. 03 심리학 개론(공저, 양서원)
1995. 09 종합 인지 능력 검사(공저, 학지사)
1995. 10 자아의 발견(상조사)
1995. 10 당신의 가치를 존중하는 삶(상조사)
1995. 10 내가 있는 나(상조사)
1995. 10 자존심이 있는 삶(상조사)
1995. 10 성숙한 자아의식을 향하여(상조사)
1995. 10 내가 만들어 가는 행복(상조사)
1995. 10 생산적인 삶을 위하여(상조사)
1996. 09 심리학(상조사)
1997. 03 연구 방법론(상조사)
1997. 03 축소 개정판 통계학의 이해(학지사)
1998. 05 호주, 세계의 교육과 중등사학(공저, 대한사립중고등학교장회의 부설, 한국사립교육연구소)
1998. 09 부모 · 교사를 위한 주의집중 훈련 프로그램(저학년용) (공저, 상조사)
1998. 09 인간의 자아개념 탐구(학지사)
1999. 02 신 교육 심리학(공저, 학지사)
1999. 08 부모 · 교사를 위한 주의집중 훈련 프로그램(고학년용) (공저, 상조사)
2000. 03 현대 교육심리학의 쟁점과 전망(공저, 교육과학사)

2000. 08	교육심리학(공저, 양서원)
2001. 02	아동연구법(공저, 학지사)
2001. 02	영재교육의 이론과 방법(공저, 학문사)
2001. 02	통계학의 기초(학지사)
2001. 08	교육과정 및 교육평가(공저, 양서원)
2002. 05	신뢰도-일반화가능도 중심으로(학지사)
2002. 10	한국학술연구의 동향과 전망-지리학 · 교육학 · 독어독문학 · 사회복지학-2002한국학술단체연합회(pp. 219-242)
2004. 04	영재교육의 기초(공저, 한국시험정보은행)
2004. 04	영재교육과 교육과정(공저, 한국시험정보은행)
2004. 04	영재교육과 창의성(공저, 한국시험정보은행)
2004. 04	영재교육과 지원체제(공저, 한국시험정보은행)
2004. 04	영재교육과 교육방법(공저, 한국시험정보은행)
2005. 09	내 아이도 영재다(역서, 학지사)
2006. 09	교육심리학(공저, 학지사)
2006. 11	현장적용을 위한 자기주도학습(학지사)
2007. 01	아동연구(공동연구, 상조사)
2007. 01	송인섭 교수의 공부는 전략이다(팝콘북스)
2007. 06	한 가지라도 똑 소리 나는 아이로 키워라(팝콘북스)
2008. 01	한국영재교육의 새로운 지평. 영재교육필독시리즈 특별호(학지사)
2008. 03	아동연구방법(공저, 동문사)
2008. 03	송인섭 교수의 공부는 실천이다(다산에듀)
2008. 08	송인섭 교수의 성적 지배법칙 공부, 네 안에 춤추는 동기를 찾아라(대교북스캔)
2008. 08	실제 논문작성을 위한 연구방법론(공저, 교육과학사)
2008. 10	특수아동교육의 이해(공저, 동문사)
2009. 01	송인섭 교수의 중위권 공부혁명 1(다산에듀)
2009. 01	송인섭 교수의 중위권 공부혁명 2(다산에듀)
2009. 02	송인섭 교수의 자기주도학습의 비밀(교원)
2009. 03	영재교육의 주요 이슈와 실제(공역, 시그마프레스)
2010. 04	내 아이가 스스로 공부한다(21세기북스)
2010. 05	영재아 발굴(중국판) (중국: 길림과학기술출판사)
2013. 08	교육심리학(공저, 양서원)

2013. 08	교육평가(공저, 양서원)
2013. 08	자아개념(학지사)
2013. 08	시간, 흔적, 그리고 또 하나의 여정(퇴임집) (진학사)〈저서 및 역서〉

〈국내 학술지에 발표된 논문〉

1977. 12	핵가정에서의 자녀훈육에 관한 연구, 서울 청소년회관, 연구보고서 8
1978. 06	가정환경의 지위변인과 작용환경이 아동의 자아개념에 미치는 영향, 고려대학교 대학원 석사학위논문
1979. 11	청소년 비행의 사회심리학적 측면, 한국행동과학연구소, (공동연구) 제12권 제4호(통권 114호)
1982. 11	The Dimensionality and Relationships between Home Environment, Self-Concept and Academic Achievement, Unpublished Ph. D. Thesis, University of New England
1983. 04	'Means-end Evaluation Models have more given way to those of a more Anthropological nature' Reasons for this, 이 중 박사 회갑기념논문집, 고려대 출판부
1983. 04	A Synthesis Model Which covers the basic essentials of Macro-Evaluation, 교육학연구, 한국교육학회 제21권 제1호
1983. 06	자아개념연구의 동향, 한국교육학회, 충남지회소식, 제13호
1983. 10	평가모형의 새로운 시각, 교육개발, 제5권 제5호
1984. 03	측정에서의 단일차원요인, 한국교육학회소식, 제20권 제3호
1984. 04	The Higher Order Structure of Self-Concept, 교육학연구, 한국교육학회, 제22권 제11호
1984. 12	생활지도를 위한 서클활동분석, '학생지도연구', 제13집, 공주사범대학 학생지도연구소
1986. 03	한국대학의 교수-학습방법의 실태와 문제점 탐색(공동연구), 한국대학교육협의회(문교부 학술조성비)
1986. 11	교육기대 변량원의 탐색과 확인, 한국교육, 제13권 제2호
1987. 10	심리검사의 탐구논리, 교육평가연구, 제2권 제2호
1988. 08	대학의 면학풍토 형성을 위한 결정요인에 관한 연구(공동연구: 문교부 학술조성비)

1988. 10	The Structure of Academic Self-concept: Achievement, Ability and Classroom Self-Concept, 교육학연구, 한국교육학회, 제26권 제1호
1988. 12	행동과학 연구의 접근논리의 한 시도, 한국행동과학연구소 창립20주년 기념논총
1988. 12	대학환경 척도의 타당화를 위한 분석연구, 숙명여자대학교 논문집 제29집
1989. 06	자아개념 구조에 대한 발달적 경향에 관한 연구, 교육학연구, 한국교육학회, 제27권 제1호
1989. 06	표준화 자아개념 진단검사, 한국심리적성연구소
1989. 08	한국대학의 서클유형 탐색에 관한 연구, 성곡논총, 제20집(공동연구)
1989. 11	정의적 행동특성의 교육을 위한 개념모형, 교육심리연구, 제3권 제2호
1990. 05	표준화 성격진단검사, 한국심리적성연구소
1991. 05	한국과 캐나다의 학교교육제도 비교연구, 캐나다 국제회의, 숙명여자대학교
1991. 11	여성 과학인력의 활용방안, 한국과학재단(공동연구)
1991. 12	정의적 영역의 개념 · 평가모형, 교육과정 평가도구 개발연구, 한국교원대학교 교육연구원
1991. 12	한국여학생의 의식에 관한 연구-재수생 · 재학생 비교를 중심으로-, 아세아여성연구, 아세아여성문제연구소, 숙명여자대학교, 제30집
1992. 02	성격진단 측정도구의 타당화 연구, 논문집, 숙명여자대학교, 제32집
1993. 07	재수생의 심리적 경향과 문제에 관한 연구, 교육학연구, 한국교육학회, 제31권 제3호
1994. 06	정의적 행동특성과 평가방안, 학업성취도 평가방향 설정을 위한 세미나, 국립교육평가원
1994. 10	지적영역 평가방법의 다원화, 전국 교육평가 심포지엄 보고서, 제11집, 국립교육평가원
1994. 11	자율학습 능력 신장 지도 방안, 수업 방법의 이론과 실제, 서울특별시 교육연구원, 행정 간행물 등록 번호 73100-81132-9416
1994. 12	자아개념의 다면 · 위계적 모형, 교육심리연구, 한국교육학회 교육심리연구회, 제8권 제2호
1994. 12	한국과 캐나다의 학교 교육제도 비교연구, 캐나다 논총, 한국캐나다학회, 제2집
1995. 12	지적 능력에 따른 성격 차원의 격차에 관한 연구, 교육심리연구, 한국교육학회 교육심리연구회, 제9권 제2집
1996. 02	21세기를 위한 준비 한국의 표준화된 지능검사의 문제와 전망, 한국교육평

	가연구회 학술대회, 한국교육학회, 한국교육평가연구회
1996. 02	행동과학에서의 반귀납적 탐구, 은산 조은숙 교수 교학 38년 기념 논문집, 숙명여자대학 문과대학 교육심리학과
1996. 05	유아 성격 검사. 한국영재연구원
1996. 10	유아 지적 능력 검사. 한국영재 연구원
1996. 10	아동용 성격검사. 한국영재연구원
1996. 11	아동용 행동 특성 건사. 한국영재연구원
1996. 04	표준화 지능 검사의 활용 과제, 교육활보, 교육부
1996. 06	자아개념의 교육심리학적 의미, 교육심리연구, 교육심리연구회 제15대 신임회장 취임강연, 한국교육학회 교육심리연구회
1996. 12	여학생의 성격발달 특성에 관한 연구, 아세아 여성문제 연구소, 숙명여자대학교
1997. 07	직업, 인성, 선호도 검사 타당화 연구(1), 대학생활연구, 제9집, 전국대학교 학생생활연구 소장 협의회
1997. 08	자아개념의 발달경향 분석, 교육심리연구, 한국교육심리학회, 제11권 제1호
1997. 09	일반화 가능도를 통한 자아개념 진단검사의 타당화 연구, 교육심리연구, 한국교육심리학회, 제11권 제2호
1997. 12	남 · 여 대학생의 성격특성 비교 분석, 교육학연구, 제35권 제4호
1997. 12	정보산업사회와 직업적성, 정보사회와 진로상담 심포지엄, 숙명여자대학교 학생상담소
1997. 12	정보산업사회와 영재교육, 한국영재교육의 새로운 방향모색 국제학술대회 심포지엄, GEIK한국영재연구원
1997. 11	자아개념의 구조모형, 학생생활연구, 제4집, 충주산업대학 학생생활연구소
1997. 12	직업과 학과선택을 위한 적성 검사, 대학생활연구, 제10집, 전국 대학교 학생생활연구소장 협의회
1997. 12	직업적성의 의미와 구조에 대한 연구, 교육심리연구, 제11권 제3호, pp. 69-100, 한국교육심리학회
1987. 10. 25	심리검사의 탐구논리(주제발표). 교육평가연구회(학술대회)
1997. 12	유아지능의 분화에 대한 탐색적 연구, 교육심리연구, 제11권 제3호, pp. 205-224. 한국교육심리학회
1997. 12. 05	국가수준의 과학과 관련된 정의적 영역평가 체제개발에 대한 토론, 초,

	중, 고 학생들의 장기적 과학 학력 점검을 위한 국가수준의 평가 체제 개발 학술세미나, 한국교원대학교과학교육연구소, 한국교육평가학회 공동주체
1998. 06. 27	교육평가학의 새로운 학문적 정립을 위한 제안에 대한 토론, 한국 교육평가학회 창립 15주년 학술 세미나. 한국교육평가학회
1998. 02	직업적성의 개념적 탐색. 학생생활연구, 제20집, 숙명여자대학교 학생생활상담소
1988. 05	호주, 세계의 교육과 중등사학, 대한사립중고등학교장회의 부설 한국사학교육연구소
1998. 05	'Q' 의 허구성. 교육개발, 통권 113호. 한국교육개발원
1998. 06	현장 연구의 일반적 절차. 교육연구정보, 제32호, 강원도교육연구원
1998. 06	교육심리학에서의 영재교육. 한국교육심리학회 연차 학술대회(회장 취임 강연) 교육심리연구 제13권 제1호
1998. 09	지능의 위계구조 분석, 교육심리연구. 제12권 제2호, pp. 219-268
1998. 09	도약의 첫 걸음, 행과연 30년 사건과 사람들, pp. 57-61
1999. 01	인류학적 평가모형으로의 전환. 새교육, 532호, pp. 38-45
1999. 03. 15	대인관계 성향 검사의 타당화 연구. 교육심리연구, 제13권 제1호, pp. 447-467
1999. 11	아직 우리에게 남은일, 권두언, 교육시리학회소식
1999. 09. 12	창의성 개념 정립을 위한 탐색적 연구-암시적 이론을 중심으로. 교육심리연구, 제13권 제3호, pp. 93-118(1인과 공동연구)
1999. 09. 12	고등학생의 자기조절학습 모형의 구조 분석. 교육심리연구, 제13권 제3호, pp. 71-92(1인과 공동연구)
1999. 09. 12	Guilford 지능 요인의 재개념화에 대한 측정학적 타당성 연구. 교육심리연구, 제13권 제3호, pp. 207-229(1인과 공동연구)
2000. 06	자아개념검사의 중다특성 중다방법 연구(1인과 공동연구). 교육평가연구, 제13권 제1호, pp. 213-238
2000. 07	목표지향성 · 자기조절학습 · 학습성취와의 관계연구(1인과 공동연구). 교육심리연구, 제14권 제2호. pp. 29-59
2000. 08	다분문항반응모형에 의한 자아개념 척도의 양호도 분석(1인과 공동연구) 부산교육심리연구, 제4권 제2호, pp. 33-64
2000. 09	자아개념의 인식적 특성. 아시아교육연구, 제1권 제1호(통권 1호), 아시아태평양교발전연구단

2000. 10	정보화시대의 영재교육, 숙대 사회 · 교육과학연구소, 제4권 제1호, pp. 3-33
2000. 12	자아개념 위계구조의 재조명, 한국교육심리학회, 제14권 제4호, pp. 73-103
2001. 01	자아개념 측정의 의미와 문제, 사회 · 교육과학연구, 제4권 제2호, pp. 71-108
2001. 08. 01	자아개념의 多元性과 학업성취 간 관계, 사회 · 교육과학연구 제5권 제1호, pp. 3-17
2001. 08. 20	Is Unevenness of Intelligence Universal?: Findings in Korean Children, 교육심리연구, 제15권 제3호, pp. 89-103(1인과 공동연구)
2001. 08. 20	Searching for an alternative way to identify young creative minds: A behavior-based observation approach, 교육심리연구, 제15권 제3호, pp. 353-374(1인과 공동연구)
2001. 11. 20	학습자의 자아개념형성에 관련된 교사변인의 재음미. 교육심리연구, 제15권 제4호, pp. 253-268
2002. 03. 25	자아개념형성에 미치는 교사의 영향, 사회 · 교육과학연구, 제 6권 제1호, pp. 3-22, 숙명여자대학교 사회 · 교육과학연구소
2002. 03. 30	영재교육의 새지평, 제1권 제1호, 국제영재교육학회
2002. 05. 10	한국 표준화 검사의 문제와 발전방향, 2002년도 춘계학술세미나 발표논문집, 한국교육평가학회
2002. 07. 04	정보화사회에서의 영재교육과 창의력, 한국창의력교육학회
2002. 06. 25	창의성의 체제모델에서 분야와 영역가의 양방향성에 대한 시계열 분석. 교육심리연구 제16권 제2호, pp. 176-201(1인과 공동연구)
2002. 11	위계적 지능구조 모형의 적합도 검증에 관한연구, 교육심리연구, 제16권 제3호, pp. 93-121(2인과 공동연구)
2002. 08	장기실업자 심층 추적 상담 프로그램 개발 및 실업해소 방안 연구, 실업극복국민운동본부(7인과 공동연구)
2002. 08	영재교육과 창의력, 사회교육연구, 숙대 사회교육과학연구소, 제6권 제1호
2002. 12	의학교육입문검사의 의미와 구조에 대한 연구, 연세의학교육, 제4권, 연세대학교 의과대학 의학교육학과(ISSN 1229-501)
2002. 12	한국 표준화 검사의 문제와 발전 방향, 교육평가연구, 제15권 제2호(ISSN 1226-3540)

2002. 05. 10	한국표준화 검사의 문제와 발전 방향(주제발표). 춘계학술세미나, 한국교육평가학회
2002. 07. 04	정보화시대에서의 영재교육과 창의력(주제발표). 창립 26주년 기념 제2회 학술세미나, 한국창의력 교육학회
2002. 03. 28	영재교육의 새 지평(주제발표). 한국영재교육학회
2002. 12. 31	수학적 사고를 통한 창의력 계발 프로그램의 개념화(1). 영재와 영재교육, 제1권 제2호, pp. 5-28(2인과 공동연구)
2003. 04. 19	영재교육과 창의성, 영재와 영재교육, 제2권 제1호, pp. 5-24
2003. 03	의학교육입문검사 개발 및 시행에 관한 연구, 교육인적자원부(11인과 공동연구)
2003. 06. 01	미국의 영재교육, 대구교육, 37. 대구광역시교육청
2003. 06. 30	종합적성검사 타당도 분석, 교육평가연구, 제16권 제1호, 한국교육평가학회
2003. 10. 11	유치원 기관평가의 당위성과 방향, 2003년 추계학술대회(기조강연), 열린유아교육학회
2003. 11	직업인성검사에 대한 신뢰도 추정에 관한 연구, 교육평가연구, 제16권 제1호. 한국교육평가학회
2003. 09. 26	국가경쟁력과 교육평가에 대한 종합토론, 한국교육평가학회 창립 20주년 학술 세미나
2003. 04. 19	영재교육과 창의성(주제발표). 한국영재교육학회
2003. 10. 11	유치원 기관평가의 당위성과 방향, 2003년 추계학술대회(기조강연). 열린유아교육학회
2004. 05	종합 직업적성검사연구: 문항타당도 중심으로. 교육평가연구, 제17권 제1호, 한국교육평가학회
2004. 05	공교육 정상화를 위한 대학입학선발제도와 평가체제의 패러다임 변화에 대한 종합토론. 2004년도 교육혁신위원회 · 한국교육평가학회 공동개최 학술세미나
2004. 05	의학적성구인 탐색을 위한연구, 한국의학교육, 제16권 제1호. 한국의학학회
2004. 07	청소년상담사 국가자격제도 발전방안 토론, 청소년상담사 자격제도 발전방안II. 한국청소년상담원
2004. 09	학교현장에서의 영재교육 방법과 적용, 제5회 국제영재교육학회 학술대회 기조강연, 국제영재학회

2004. 11. 10	창의성교육과 학교교육, 초등학교 교과별 창의성 교육의 실제, 창의성 교육 연수 특강, 대구광역시교육청과 대구교육대학교
2004. 11. 27	자아개념의 인식구조와 발달. 한국독서치료학회 제2차 학술대회, 한국독서치료학회
2004. 11. 30	자아개념 측정도구의 타당화 연구, 교육평가연구, 제17권 제2호, 한국교육평가학회
2004. 12. 29	자아개념의 인식구조와 발달, 제4차 교육발전세미나 기조강연, 충청북도단제연수원
2004. 12. 31	한국영재교육의 과제와 전망, 영재와 영재교육, 제3권 제2호, 국제영재교육학회
2004. 11. 30	자아개념 측정도구의 타당화 연구, 교육평가연구, 제17권 제2호, 한국교육평가학회
2005. 01. 28	21세기 인재 육성과 교육심리학의 과제: 지적능력, 2004년도 한국교육심리학회 연차학술대회, 한국교육심리학회
2005. 02	공교육 내실화 및 학교교육력 제고를 위한 교원평가제도 개선정책연구, 한국교육학회, 한국교육행정학회, 한국교육평가학회
2005. 03	사람입국을 위한 총체적 학습사회 실현전략. 한국노동연구원 부설 뉴패러다임 센터(4인 공동연구 책임자)
2005. 06. 30	21세기 인재육성과 교육심리학의 과제: 지적능력, 교육심리연구, 제19권 제2호, pp. 544-562
2005. 07. 09	영재판별의 중요성과 예술영재에의 적용, 2005 한국예술영재학회 춘계학술대회 기조강연
2005. 01. 28	21세기 인재육성과 교육심리학의 과제: 지적능력. 2004년도 한국교육심리학회 영차학술대회 기조강연
2006. 03. 30	가정환경 구조모형의 타당화, 교육심리연구, 제20권 제1호, 한국교육심리학회
2006. 06. 30	진로성숙 구조모형의 타당화 연구, 교육심리연구, 제20권 제2호, 한국교육심리학회
2006. 02	교과통합형 진로지도 모형개발과 적용. 한국직업능력개발원(정책연구 2006-220. 4인 공동연구 책임자)
2006. 08	성격의 위계 구조모형 연구, 교육평가연구, 제19권 제2호, pp. 1-12, 한국교육학회
2006. 09. 28	우수인재를 위한 창의성 교육 환경구축의 과제와 전망, 창의적 인재 양

	성과 효율적 교육체제의 구축, 한국교육개발원
2006. 11. 25	지능 및 창의성과 학업성취간의 연구에 대한 메타분석, 아동연구, 제15권 제4호, pp. 158-167, 한국아동교육학회
2006. 12	지능의 고차원성 구조분석, 교육심리연구, 제20권 제4호.
2006. 12	유아용 영재판별도구의 타당화연구, 영재와 영재교육, 제5권 제2호, pp. 63-78. 한국영재교육학회
2006. 12	진로탐색검사의 구조모형 타당화연구, 영재와 영재교육, 제5권 제2호, pp. 79-100. 한국영재교육학회
2007. 05	학습력의 실태 및 제고방안. 한국의 교육력, 이대로 좋은가, 한국교육학회 2007년 춘계학술대회. 한국교육학회
2007. 12. 24	21세기 메가트렌드 추세에 따른 인적자원개발 정책이슈 및 과제, 교육인적자원부(3인과 공동연구)
2007. 02. 27	자기주도학습의 새 지평. 한국자기주도학습연구원 제1회 심포지엄, 한국자기주도학습연구원
2007. 06	영재교사 양성과 전문성 신장의 과제와 전망. 제10회 한국영재교육학회 학술대회, 한국영재교육학회
2007. 11. 22	영재교육에 대한 새로운 도전. 2007 전라일보 학술대토론회, 전라일보사
2007. 12	평생학습사회에서 학습전략. 2007년 한국행동요법학회 연차 학술대회, 한국행동요법학회
2007. 12. 22	한국영재교육의 새 지평, 한국영재학회 학술대회, 한국영재학회
2008. 01. 25	학습자 중심의 21세기 패러다임: 방법과 전망. 한국교육심리학회 기조강연, 2008년도 한국교육심리학회 연차학술대회, 한국교육심리학회
2008. 02. 23	심리특성의 위계성에 대한 타당화 검증. 2008년도 한국교육심리학회 제 1차 학술대회. 한국교육심리학회
2008. 05	심리특성의 위계성에 대한 타당성 검증. 영재와 영재교육, 제7권 제1호. 한국영재교육학회
2008. 05	중학생 진로성숙 검사 개발 및 타당화 연구. 영재와 영재교육, 제7권 제1호. 한국영재교육학회
2008. 12	학습자 중심의 21세기 패러다임: 방법과 전망. 교육심리연구, 제22권 제4호
2009. 05	영재를 위한 인문사회영재교육 프로그램의 방향, 영재와 영재교육, 제8권 제1호. pp. 49-68. 한국영재교육학회(4인과 공동연구)
2009. 05	지능의 위계구조의 타당화 연구. 아동연구, 제18권 제2호, 한국아동교

	육학회
2009. 08	영재 판별 평정 척도의 타당화 연구. 영재와 영재교육, 제8권 제2호, 한국영재교육학회
2009. 08	외국어고등학교 학생들의 성취목표지향성향에 따른 귀인경향과 학교생활 적응과의 관계, 영재와 영재교육, 제8권 제2호, 한국영재교육학회(3인과 공동연구)
2009. 09	지능과 성격 5요인간의 관계, 교육심리연구, 제23권 제3호, 한국교육심리학회(송인섭 외 1인)
2009. 10	융합적 사고를 위한 인문영재학의 정립방향. 2009 한국교육학회 추계학술대회(지식융합시대의 한국교육)의 주제발표, 한국교육학회
2009. 12. 30	과잉분성검사II(OEQII) 타당화연구, 교육심리연구, 제23권 제4호, 한국교육심리학회(1인과 공동연구)
2010. 11. 25	영재판별의 타당성을 극대화하기위한 다단계 복합 판별방법 연구. 아동연구, 19(4)
2011. 02	민족사관고등학교의 "융합형 종합고등학교"로의 전환을 위한 중장기 발전 전략수립(연구책임자)
2011. 04	Q-기법을 적용한 자아개념 구인 타당도 연구, 영재와 영재교육, 제10권 제1호, pp. 27-48
2011. 05	Guilford의 지능구조모형에 의한 유아 학습능력 검사의 개발 및 타당화 연구, 아동교육, 제20권 제2호
	아동의 지능 구조에 대한 평면성과 위계성의 비교 연구
2011. 08	초등학생용 진로성숙도 검사 개발 및 타당화. 아동교육, 제20권 제3호
2011. 11. 25	-Guilford 지능 구조를 중심으로-, 한국아동교육학회, 제20권 제4호, pp. 43-62
2011. 12	한국 영재교육의 방향 모색 -융합형 창의 인재 육성-, 영재와 영재교육, 한국영재교육학회, Vol. 10, No. 3, pp. 75-95
2012. 02	다변량 일반화가능도 이론을 통한 인식론적 신념 검사 타당화 연구, 교육방법연구, Vol. 24, No. 4(1인과 공동연구)
2012. 08	중 · 고등 학생용 성격검사 개발 및 타당화, 교육심리연구, Vol. 26, No. 3(2인과 공동연구)
2012. 09	영재아를 중심으로 한 자아개념 증진에 대한 경험적 연구의 분석. 한국영재교육학회, Vol. 11, No. 2, pp. 25-46
2012. 11	학습부진 학생들의 학업성취에 영향을 미치는 중재 방안에 대한 메타

	분석, 교육방법연구,Vol. 24, No. 4(1인과 공동연구)
2012. 11	통찰문제의 재구조화를 활용한 문제발견 검사로서의 K-RAT(Korean-Restructuring Test)개발 및 타당화, 교육심리연구, Vol. 26, No. 4(송인섭 외 1인)
2012. 11	사회적 성취목표 척도의 타당화, 교육심리연구, Vol. 26, No. 4(1인과 공동연구)
2013. 05. 25	그 10년, 그 영재교육, 그 갈등 그리고 나의 학문적인 삶의 한 부분, 2013 한국영재교육학회 춘계 학술대회(창조 경제와 영재교육의 역할) 기조강연.
2013. 06. 28	영재교육학 분야 성과와 과제. 2013 한국교육학회 연차학술대회(2013 한국교육학회 60년, 그 성과와 과제
2013. 08	영재아를 중심으로 한 학문적 자아개념의 위계성에 대한 타당성 연구, 한국영재교육학회, Vol. 12, No. 2

〈해외 학술지에 발표된 논문〉

1984. 12	Home Environment, Self-Concept and Academic Achievement: A Causal Modeling Approach, Journal of Educational Psychology, 76, 1269-1281, New York
1985. 12	Relationships between Self-Concept and Academic Achievement, Journal of Research in Personality, 19, 362-372, Academic Press, U.S.A.
1986. 04	The Higher Order Structure of Self-Concept, 1986년 AREA 연차대회 초청 발표된 논문, 1986.4.16, Los Angeles
1993. 07	Comparative Study on School Educational System in USA and Korea, Transformation in The Korean Peninsula Toward The 21st Century: Peace, Unity and Progress, July 7-11, 1993, The Kellogg Centre, Michigan State University, East Lansing, Michigan U.S.A

〈해외 학술지에 발표를 위하여 제출된 논문〉

1993	The Dimensionality of Self-Concept, American Educational Research

	Journal(U.S.A.)
1993	The Structure of Academic Self-Concept, Educational and Psychological Measurement(U.S.A.)
1993	Response to Failure Resulting from the Action vs. State Oriented Learner' s Goal Sources and Difficulty, American Educational Research Journal(U.S.A.)
1993	Academic Achievement Resulted from the Action vs. State Academic Achievement Resulted from the Action vs. State Journal of Educational Psychology(U.S.A.)

〈사회봉사활동〉

1997. 04	영재 교육의 이론과 실재, 한국 영재연구원, 특강
1997. 05. 20	가정의 변화와 청소년 문제, 백범강좌 특강
1997. 06. 10	행정고시 출제위원, 총무처
1997. 07. 10	영재교육의 특성과 실재, 한국 유치원, 특성
1997. 10. 30	삶=자기 찾기, 충북대학교 학생생활상담연구소, 특강
1998. 04. 20	노동부 일반직업적성검사의 재표준화(신규개발) 관련 자문회의
1998. 06. 12	심리검사의 유형과 활용방안(중등), ' 98년도 교육평가 전문과정(제 3, 4기) 강의, 교육행정연수원
1998. 07. 14	정의적 영역의 평가 도구 제작 기법의 이해 및 실습, '98 교육평가담당자일반연수 2기 강의, 율곡교원연수원
1998. 11. 03	연구실적 심사, 배화여자대학(부교수, 임창재)
1999. 07	직업적성 · 인성 · 선호도 검사 타당화연구, 제23차 학술대회, 전국대학교 학생생활연구소장협의회
1999. 11. 23	21세기를 향한 새로운 영재교육 방향(2000년도 유아영재특별과정), (재)한국영재연구원
1999. 11. 26	특별강연: 영재교육에대한 몇 가지 질문-21세기를 향한 새로운 모형, 한국영재발전후원회 발기인 대회
2000. 03. 18	한국영재연구원 프로그램 인터넷화 자문회의. 장소 한국영재연구원 원장실
2000. 03. 24	한국교육과정평가원 심리검사개발 자문회의, 장소 한국교육과정 평가

	원 제 3회의실
2000. 06. 09	국가고시 출제의원
2000. 09. 29	국내 심리검사도구 내용 및 질적 분석, 한국교육과정평가원
2000. 11. 27～12. 02	'영재교육 중장기 종합발전 방안 연구' 평가, 한국교육개발원
2000. 12. 01	2001학년도 제1회 5급 교육심리학 출제위원. 서울특별시 인사위원회
2001. 12. 17	청소년상담사 자격검정 출제위원, 한국청소년상담원
2001. 12. 07	국가고시시험위원 행정자치부
2002. 04. 08	21세기 아동의 심리와 영재교육, 독서지도과정, 국립중앙도서관
2002. 07. 26	표준화 검사의 이해와 활용, 2002년도 중등교육평가과정 제1기 강사, 국가전문행정연수원
2002. 08. 30	21세기와 학교 창의성교육 방향, 창의성 교육을 위한 교육전문직 연수 특강. 대구광역시교육청
2002. 10. 22	표준화 검사의 이해와 활용, 문항출제의뢰, 국가전문행정연수원
2002. 11. 13	행정고시 선정, 채점위원, 행정자치부
2003. 01. 08	교육평가의 본질과 이해, 대전교육연수원 강의, 대전교육연수원
2002. 06. 07	영재교육에 대한 교육화경과 방법이 바뀌어야 한다. The Bright. 해오름 커뮤니케이션
2004. 06	학회장인사말, 국가 수준 기초 학력 진단 평가의 발전 방향과 과제, 한국교육과정평가원 & 한국교육평가학회
2004. 07. 20	기초학문분야 우수학술도서선정 분야별심사위원회 회의. 대한민국학술원
2004. 12. 22	국가고시(5급 일반승진시험) 교육심리학 출제위원
2005. 04. 17	청소년상담사 국가시험의 문제검토 및 선정위원
2005. 09	소수의 영재가 국가를 먹여 살린다. 사람과 책, 교보문구
2005. 09. 12	교육공무원법 및 초 중등교육법 개정안 검토 전문가 간담회. 국회의원회관 125호실, 주관 국회의원 이주호
2005. 09	규준지향평가와 목표지향평가의 기능과 역할을 분명히 하자. 교육평가 칼럼, 한국교육평가센터
2005. 07	교육평가는 교육개선의 과정이다. 교육평가 칼럼, 한국교육평가센터
2005. 05	평가문항제작의 기본원리. 교육평가 칼럼, 한국교육평가 센터
2005. 03	송인섭의 영재판별의 다단계 다특성 접근. 교육평가 칼럼, 한국교육평가센터
2005. 11. 08	국정브리핑 '교원평가제, 우열나누기가 아니다' 세계일보 게재

2006. 05. 15	법학적성시험 연구 개발을 위한 법학적성시험기초연구위원회 위원, 한국교육과정평가원장
2007. 06. 12	2007년도 기초학문육성우수학술도서 선정 총괄심사위원회 위원으로 위촉, 대한민국학술원
2008. 04. 21	교육개발원이 주관하는 2008년도 인문사회 영재교육 자료 개발연구(2)의 개발진으로 위촉
2008. 05. 16	새 정부의 영재교육 정책 방향과 현안의 지정토론. 제 37차 KEDI 교육정책포럼, 제1차 KEDI 영재교육정책 포럼
2009. 05. 14	기조발표-미래형 인문영재학의 정립모색-인문학의 확산을 위하여. 순천향대학교 인문과학연구소 출판기념 인문학 콜로키움, 순천향 대학교 인문과학 연구소
2009. 11. 14	제2기 영재교육담당교원 전문연수: 교수법 집중과정. 특별특강, 한국교육개발원
2010. 07. 22	제4기 영재교육 담당교원 전문연수: 영재교육을 함께 생각해 보고자 합니다. 교육과학기술부와 6개 시 도교육청 주최. 한국교육개발원 주관
2010. 07. 22	제5기 영재교육 담당교원 전문연수: 영재교육을 함께 생각해 보고자 합니다. 교육과학기술부와 6개 시 도교육청 주최. 한국교육개발원 주관
2012. 02. 22	강동구청 자기주도학습 자문회의
2012. 03. 01~09	제 3차 영재교육진흥종합계획 추진위원
2012. 07. 12	비상교육 자기주도학습 특강

〈언론관계활동〉

1988. 05. 14	HBS 현대방송 "열전! 갑론을박" 출연 '어린이 연애활동' 찬성인가 반대인가?
2001. 10. 06~12. 08	영재교육전문가과정 1기, 주최 iebTV 유아교육방송, 디지털조선일보, 국제영재교육학회
2001. 10. 06~12. 22	송인섭 교수의 영재교육전문가과정 1기, iebTv와 조선일보 공동주체
2005. 05. 10	교원평가제 찬반 토론, 세계일보
2005. 06. 20	SBS 오픈 스튜디오 영재교육특별 대담(송유근 영재와의 인터뷰)
2005. 11. 08	'교원평가제, 우열나누기가 아니다' 중앙일보 시론
2006. 06. 25	교육 실험 프로젝트-스스로 공부하는 아이 만들기. 연구. EBS 홈페이지

	(WWW.EBS.co.kr)
2006. 09. 11	스스로 학습환경이 영재를 키운다. 헤럴드경제 The Korea Herald
2006. 09. 25	창의력은 독창적 사고로부터 나온다. 헤럴드경제 The Korea Herald
2006. 10. 30	영재교육 '인식' 부터 빨리 바꿔야 한다. 헤럴드경제 The Korea Herald
2006. 11. 27	영재교육은 학업능력 따른 '맞춤형' 으로. 헤럴드경제 The Korea Herald
2006. 12. 25	정보화시대...자율-창의적 인재 길러야. 헤럴드경제 The Korea Herald
2007. 01. 08	달라지는 영재 패러다임...핵심은 '다양성' . 헤럴드경제 The Korea Herald
2007. 01. 15	열심히 공부해도 성적은 제자리. 조선일보
2007. 01. 22	자기주도학습 연구원 개원 숙대 송인섭 교수 원장취임. 전자신문
2007. 01. 22	자기주도학습 월요인터뷰. 소년조선
2007. 02. 05	"구슬도 꿰어야 보배" 타고난 능력 키워라. 헤럴드경제 The Korea Herald
2007. 06	우리 아이, 스스로 공부하게 만들자(special interview). Enter Study, 베이직 네트워크.
2007. 07	스스로 공부하는 우리 아이 만들기. 와이즈만, 와이즈만 영재교육
2007. 09. 25	부모는 단지 아이의 헬퍼예요. 시사교육 매거진 가을호
2007. 10. 22	스스로 공부습관 키우려면 부모생각 바꿔야. 한겨레 이주의 교육테마. 한겨레신문
2007. 10. 22	영재 발굴 육성만이 글로벌 경쟁 살아남는 길. 21세기 한국의 영재교육 진단과 처방. 한국교총 영재교육원 공동기획. 한국교육신문
2007. 09. 12	송인섭의 공부병법-우등생은 다 아는 수학 금기 7가지. 국민일보
2007. 09. 12	송인섭의 공부병법-수업시간에 다 해결하기. 국민일보
2007. 09. 19	송인섭의 공부병법-시간활용 완전정복. 국민일보
2007. 10. 02	송인섭의 공부병법-내신성적 올리기. 국민일보
2007. 10. 09	송인섭의 공부병법-과학정복하기. 국민일보
2007. 10. 16	송인섭의 공부병법-시험불안. 국민일보
2007. 10. 23	송인섭의 공부병법-아이 재능 제대로 알려면. 국민일보
2007. 10. 30	송인섭의 공부병법-아이 인생에 대한 부모의 개입. 국민일보
2007. 11. 07	송인섭의 공부병법-기 살리는 말 5, 기죽이는 말5. 국민일보
2007. 11. 14	송인섭의 공부병법-공부 3적을 다스려라. 국민일보
2007. 11. 21	송인섭의 공부병법-포기한 과목 문제집으로 친해지기. 국민일보
2007. 11. 28	송인섭의 공부병법-언어 능력은 공부의 기본. 국민일보
2007. 12. 05	송인섭의 공부병법-이미지 트레이닝. 국민일보

2007. 12	송인섭의 공부병법-암기를 잘 하려면. 국민일보
2007. 12. 18	송인섭의 공부병법-방학 잘 보내려면. 국민일보
2007. 12. 25	송인섭의 공부병법-생각 위의 생각을 통제하라. 국민일보
2008. 01. 01	송인섭의 공부병법-교과서와 친해지기. 국민일보
2008. 01. 22	송인섭의 공부병법-백과사전 활용하는 습관 기르기. 국민일보
2008. 01. 29	송인섭의 공부병법-학습 결과에 대해 보상하기. 국민일보
2008. 02. 05	송인섭의 공부병법-바람직한 칭찬의 방법. 국민일보
2008. 02. 12	송인섭의 공부병법-시간 관리의 4원칙. 국민일보
2008. 02. 19	송인섭의 공부병법-피할 수 없으면 즐겨라. 국민일보
2008. 02. 26	송인섭의 공부병법-취약과목 공략법. 국민일보
2008. 03. 04	송인섭의 공부병법-마인드 컨트롤. 국민일보
2008. 03. 11	송인섭의 공부병법-문제집 한권을 정독하라. 국민일보
2008. 02	대한민국 창의사고력 교육의 현주소. Haeorum, 2. (주) 하늘교육
2008. 06	독서는 새로운 사상을 만든다. 리더의 독서기. 사람과 책, 교보문고
2008. 09. 10	송인섭 교수와 김민지 양의 학습 동기 찾기 국민일보
2008. 10. 51	학원에 지나치게 의존하면 스스로 공부하는 학생 못 이겨. 한국일보
2010. 10. 13	EBS 교육마당 11시 40분 '스스로 공부하기'
2010. 10. 27	EBS 교육마당 11시 40분 '진로지도'
2010. 11. 54	KBS2 여유만만 송인섭의 자기주도학습
2010. 11. 55	KBS2 여유만만 송인섭의 자기주도학습

〈보직 및 학회활동〉

1996. 10.~1999. 10	한국교육심리학회 회장 피선
1996. 12. 01	(재) 한국 영재 연구원 원장 취임
1996. 11.~1998. 10	숙명여자대학교 생활상담소 소장 취임
1998. 04. 11	한국교육심리학회 제1회 초청 학술세미나 참석 회장인사. 고려대학교 인촌기념관
1998. 10	교육심리학회 회원께. 교육심리학회소식, 제3권 2호
1998. 12	인간적 배려의 확대. 숙명상담, 제2호
1999. 11. 27	한국교육심리학회 회장인사, 장소 한국교원대학
2000. 03. 08	한국교육개발원 논문심사. 제목 체험학습의 인식론적 기초에 관한 연구

2000. 03. 01	교육학부장
2000. 04. 29	한국교육심리학회 참석(공로상 수상), 충남대학교 인문관 수상
2000. 05	국제영재학회 회장 피선
2002. 06	한국교육평가학회 이사
2002. 11	한국교육학회 연찬학술대회 위원, 한국교육학회
2000. 05. 01	사회 · 교육과학연구소장 역임
2002. 09.~2004. 08	숙명여자대학교, 문과대학장 역임
2004. 06. 01	한국교육평가학회장 취임
2004. 11	영재교육 더 이상 미룰 수 없다. 스포츠 서울 Life Business 기획특집
2004. 11.~2006. 10	한국교육학회 학술상심사부위원장
2005. 02. 01	교육심리 전공주임
2005. 03. 01	교육대학원 교육심리 · 교육상담 주임교수
2005. 06	학술대회 문화의 발전적 모습, 한국교육심리학회 소식지 권두언
2006. 06	영재교육에 대한 인식의 변화가 요구된다, 한국교육학회 The newsletter 통권 248호 권두언
2007. 12	평생학습사회에서 학습전략. 2007년 한국행동요법학회 연차 학술대회, 한국행동요법학회
2007. 12. 22	한국영재교육의 새 지평, 한국영재학회 학술대회, 한국영재학회
2008. 01. 25	학습자 중심의 21세기 패러다임: 방법과 전망. 한국교육심리학회 기조강연, 2008년도 한국교육심리학회 연차학술대회, 한국교육심리학회
2009. 10	융합적 사고를 위한 인문영재학의 정립방향. 2009 한국교육학회 추계학술대회(지식융합시대의 한국교육)의 주제발표, 한국교육학회
2011. 02	민족사관고등학교의 "융합형 종합고등학교"로의 전환을 위한 중장기 발전 전략수립(연구책임자)
2013. 05. 25	그 10년, 그 영재교육, 그 갈등 그리고 나의 학문적인 삶의 한 부분, 2013년 한국영재교육학회 춘계학술대회(창조경제와 영재교육의 역할) 기조강연.
2013. 06. 28	영재교육학 분야 성과와 과제. 2013 한국교육학회 연차학술대회(2013 한국교육학회 60년, 그 성과와 과제)

〈학술상 및 공로상〉

1996. 10. 18	한국 교육학회 학술상 수상(수상 저서: 인간심리와 자아개념)

2000. 04. 29	한국 교육심리 학회 공로상
2002. 08. 08	신뢰도, 문화관광부 우수학술도서 선정
2007. 03. 10	한국을 빛낸 10인으로 선정(한국학술진흥재단 동서양창의성 연구)
2007. 06. 03	한국 교육평가학회 공로상
2007. 12. 27	영재교육 필독시리즈 출간 공로상
2010. 01. 09	한국영재교육학회 감사패
2013. 05. 25	교육부장관 표창장
2013. 05. 25	한국영재교육학회 공로상

〈주요 특강〉

2007. 01. 26	다산 특강, 주제: 창의적 사고를 위한 전략(500명 참석)
2007. 02. 06	경상대 특강, 주제: 자기주도학습 전략(600명 참석)
2007. 03. 10	CDI 특강, 주제: 자기주도학습(300명 참석)
2007. 03. 21	경기대 특강, 주제: 자기주도학습(550명 참석)
2007. 03. 28	청주 방송 초청 강연, 주제: 자기주도학습(600명 참석)
2007. 04. 04	EBS 특강, 주제: 자기주도학습(500명 참석)
2007. 04. 05	CDI 특강, 주제: 자기주도학습(450명 참석)
2007. 04. 19	다산 초청 강연회, 주제: 자기주도학습 전략과 실천(600명 참석)
2007. 05. 02	중계 롯데 백화점 특강, 주제: 자기주도학습(600명 참석)
2007. 05. 16	마포 학습관 특강, 주제: 자기주도학습(550명 참석)
2007. 05. 31	중앙일보 초청 특강, 주제: 자기주도학습 전략과 실천(450명 참석)
2007. 05. 31	강남 신세계 특강, 주제: 행동변화를 이끌어내는 자기주도학습(390명 참석)
2007. 06. 08	신세계 죽전 초청 특강, 주제: 부모는 자기주도학습의 책임자다(500명 참석)
2007. 06. 13	청운중 특강, 주제: 행동변화를 이끌어내는 자기주도학습(400명 참석)
2007. 06. 15	마산 복지관 특강, 주제: 학부모를 위한 자기주도학습 전략(600명 참석)
2007. 06. 21	서울 잠원초 특강, 주제: 학생을 위한 자기주도학습 전략(450명 참석)
2008. 01. 02	EBS 특강, 주제: 우리 아이에게 날개를 달아주는 영재교육(600명 참석)
2008. 01. 11	순천향대 특강, 주제: 대학생을 위한 자기주도학습(400명 참석)
2008. 01. 18	평택시립도서관 특강, 주제: 사교육 배제를 위한 자기주도학습 전략

	(350명 참석)
2008. 01. 22	KEDI 특강, 주제: 행동변화를 이끌어내는 자기주도학습(400명 참석)
2008. 01. 25	경원대 특강, 주제: 꿈을 찾는 과정 진로교육(500명 참석)
2008. 02. 26	문경새재 고등학생 대상 초청특강, 주제: 공부의 기본, 자기주도학습의 전략과 실천(457명 참석)
2008. 03. 07	구립정보도서관 학부모 초정 특강, 주제: 우리 아이에게 날개를 달아주는 영재교육(300명 참석)
2008. 03. 28	전주 교육청 특강, 주제: 성공진학의 비밀 자기주도학습(450명 참석)
2008. 03. 29	전북 교육문화회관 특강, 주제: 자기주도학습 전략과 실천(400명 참석)
2008. 04. 09	EBS 특강, 주제: 우등생들이 되는 비법 자기주도학습 전략(500명 참석)
2008. 04. 17	EBS 특강, 주제: 공부의 기본, 자기주도학습(500명 참석)
2008. 04. 18	다완 특강, 주제: 한가라도 똑 소리나는 아이로 키워라(400명 참석)
2008. 04. 23	한국증권연수원 특강, 주제: 자기주도학습의 요령(480명 참석)
2008. 04. 25	서울시 교육청 특강, 주제: 우등생들이 되는 비법 자기주도학습 전략(600명 참석)
2008. 05. 03	전남용정중 특강, 주제: 중학생을 위한 자기주도학습(400명 참석)
2008. 05. 08	정보대학 특강, 주제: 미래를 준비하는 진로교육(600명 참석)
2008. 05. 15	창원 특강, 주제: 공부의 벽을 뛰어넘어라 자기주도학습(500명 참석)
2008. 05. 16	연기군 청소년 지원센터, 주제: 점수를 올려주는 자기주도학습(550명 참석)
2008. 05. 21	EBS 특강, 주제: 부모는 자기주도학습의 책임자다(500명 참석)
2008. 05. 29	조선일보 특강, 주제: 행동변화를 이끌어내는 자기주도학습(450명 참석)
2008. 06. 16	부산 영재원 특강, 주제: 공부는 전략이다. 자기주도학습(450명 참석)
2008. 06. 18	광양 제철 특강, 주제: 공부의 벽을 뛰어넘어라 자기주도학습(500명 참석
2008. 07. 12	대구 교원 특강, 주제: 공부는 전략이다. 자기주도학습(400명 참석)
2008. 07. 16	경기교육청 특강, 주제: 창의적인 우리아이 만들기 영재교육(500명 참석)
2008. 07. 17	대구 교원 특강, 주제: 공부를 즐기게 되는 자기주도학습(480명 참석)
2008. 07. 30	EBS 특강, 주제: 한 가지라도 똑소리나는 아이로 키워라(500명 참석)
2008. 08. 06	EBS 특강, 주제: 행동변화를 이끌어내는 자기주도학습(500명 참석)
2008. 09. 18	울산 교육청 특강, 주제: 학습의 극대화를 위한 자기주도학습 전략(530명 참석)
2008. 09. 22	울산 교육청 특강, 주제: 우등생들이 되는 비법 자기주도학습 전략(500명 참석)

2008. 09. 27	교원 특강, 주제: 우리아이에게 날개를 달아주는 영재교(350명 참석)
2008. 09. 29	울산교육청 특강, 주제: 부모는 자기주도학습의 책임자다(400명 참석)
2008. 10. 08	대구 학부모 특강, 주제: 학부모를 위한 자기주도학습 전략(500명 참석)
2008. 10. 16	동도중 특강, 주제: 중학생을 위한 자기주도학습(550명 참석)
2008. 10. 18	콜로키움 특강, 주제: 내 아이도 영재가 될 수 있다. 영재교육(300명 참석)
2008. 10. 30	교원 특강, 주제: 공부의 벽을 뛰어넘어라 자기주도학습(400명 참석)
2008. 11. 10	울산 학부모 특강, 주제: 사교육 배제를 위한 자기주도학습 전략(500명 참석)
2008. 11. 12	전남대 특강, 주제: 아이의 재능을 키워주는 영재교육(450명 참석)
2008. 11. 26	수서중 특강, 주제: 점수를 올려주는 자기주도학습(400명 참석)
2008. 11. 29	신당종합복지센터 특강, 주제: 공부의 기본, 자기주도학습(400명 참석)
2008. 12. 04	SNP 학습능력 개발원 특강, 주제: 우등생들이 되는 비법 자기주도학습 전략(480명 참석)
2008. 12. 08	부산 특강, 주제: 스스로 깨우치는 공부 자기주도학습(500명 참석)
2008. 12. 10	SNP 대학교육원 특강, 주제: 대학생을 위한 자기주도학습(400명 참석)
2008. 12. 12	종로중학생학원 특강, 주제: 학습의 극대화를 위한 자기주도학습 전략(500명 참석)
2008. 12. 16	중랑구청 특강, 주제: 창의적인 우리아이 만들기 영재교육(490명 참석)
2008. 12. 18	연암중 특강, 주제: 공부는 전략이다. 자기주도학습(400명 참석)
2008. 12. 29	한국방송대 특강, 주제: 공부의 벽을 뛰어넘어라 자기주도학습(600명 참석)
2009. 01. 08	부산 교원 특강, 주제: 자기주도학습 전략과 실천(600명 참석)
2009. 01. 09	수도권 교원, 특강, 주제: 스스로 공부하는 아이 만들기 인지적 전략(200명 참석)
2009. 01. 12	부평 교원 특강, 주제: 한 가지라도 똑소리나는 아이로 키워라(180명 참석)
2009. 01. 13	대구 교원 특강, 주제: 사교육 배제를 위한 자기주도학습(350명 참석)
2009. 01. 14	대전 교원 특강, 주제: 스스로 공부하는 동기를 길러주는 자기주도학습(500명 참석)
2009. 01. 15	전주 교원 특강, 주제: 똑소리나는 아이 비결은 자기주도학습(400명 참석)
2009. 01. 20	서울 교원 특강1, 주제: 행동변화를 이끌어내는 자기주도학습(450명 참석)
2009. 01. 21	서울 교원 특강2, 주제: 스스로 공부하는 아이로 만들어라(400명 참석)
2009. 01. 22	부산대 특강, 주제: 스스로 공부하는 아이로 만들어라(380명 참석)
2009. 01. 23	부산대 특강, 주제: 공부의 벽을 뛰어넘어라 자기주도학습(400명 참석)

2009. 01. 30	양서고 특강, 주제: 공부는 전략이다. 자기주도학습(500명 참석)
2009. 02. 06	방송대 특강, 주제: 대학생을 위한 자기주도학습(600명 참석)
2009. 02. 13	고양시청 학부모대상 특강, 주제: 우리아이에게 날개를 달아주는 영재교육(300명 참석)
2009. 02. 16	성희여고 특강, 주제: 고등학생을 위한 자기주도학습(400명 참석)
2009. 03. 13	강원대 특강1, 주제: 대학생을 위한 자기주도학습(460명 참석)
2009. 03. 14	강원대 특강2, 주제: 자기주도학습의 요령(400명 참석)
2009. 03. 18	노원정보도서관 특강, 주제: 창의적인 우리아이 만들기 영재교육(250명 참석)
2009. 03. 20	선린중학교 특강, 주제: 중학생을 위한 자기주도학습(400명 참석)
2009. 04. 02	울산호계고 특강, 주제: 꿈을 찾는 과정 진로교육(400명 참석)
2009. 04. 03	강남교육청 학부모대상 특강, 주제: 사교육 배제를 위한 자기주도학습,(370명 참석)
2009. 04. 03	서울시청 초등학생대상 특강, 주제: 초등학생을 위한 자기주도학습(430명 참석)
2009. 04. 06	서울시청 중학생대상 특강, 주제: 중학생을 위한 자기주도학습(400명 참석)
2009. 04. 08	서울시청 고등학생대상 특강, 주제: 고등학생을 위한 자기주도학습(300명 참석)
2009. 04. 13	포천송우고 특강, 주제: 고등학생을 위한 자기주도학습(250명 참석)
2009. 04. 16	선린중 특강, 주제: 학생을 위한 자기주도학습 전략(400명 참석)
2009. 04. 17	강남교육청 학부모대상 특강, 주제: 학부모를 위한 자기주도학습 전략(480명 참석)
2009. 04. 20	강남교육청 특강, 주제: 똑소리나는 아이 비결은 자기주도학습,(400명 참석)
2009. 04. 22	부산 영재연구원 특강, 주제: 아이의 재능을 키워주는 영재교육(270명 참석)
2009. 04. 27	울산양지초 특강, 주제: 공부를 즐기게 되는 자기주도학(300명 참석)
2009. 04. 30	울산대 특강, 주제: 미래를 준비하는 진로교육(500명 참석)
2009. 05. 08	부산대 특강, 주제: 점수를 올려주는 자기주도학습(500명 참석)
2009. 05. 11	농소초교 교직원대상 특강, 주제: 공부를 즐기게 되는 자기주도학습(150명 참석)
2009. 05. 14	순천향대 특강, 주제: 꿈을 찾는 과정 진로교육(300명 참석)

2009. 05. 18	여의중 특강, 주제: 공부의 기본, 자기주도학습(350명 참석)
2009. 05. 20	여남고 교사특강, 주제: 진학 솔루션(140명 참석)
2009. 05. 22	상도중 특강, 주제: 자기주도학습의 요령(300명 참석)
2009. 06. 10	대곡중 교직원대상 특강, 주제: 점수를 올려주는 자기주도학습(120명 참석)
2009. 06. 15	월봉초 특강, 주제: 스스로 깨우치는 공부 자기주도학습(500명 참석)
2009. 06. 16	연대 특강, 주제: 꿈을 찾는 과정 진로교육(450명 참석)
2009. 06. 19	서부초교 학부모대상 특강, 주제: 아이의 재능을 키워주는 영재교육(300명 참석)
2009. 06. 23	한밭대 교수특강, 주제: 학습의 극대화를 위한 자기주도학습 전략(210명 참석)
2009. 06. 24	울산청랭중 학부모대상 특강, 주제: 내 아이도 영재가 될 수 있다. 영재교육(380명 참석)
2009. 06. 25	울산강남중 특강, 주제: 스스로 공부하는 아이로 만들어라(200명 참석)
2009. 07. 08	남창초 특강, 주제: 초등학생을 위한 자기주도학습(300명 참석)
2009. 07. 09	한성중 특강, 주제: 공부는 전략이다. 자기주도학습(400명 참석)
2009. 07. 14	화봉중 특강, 주제: 공부를 즐기게 되는 자기주도학습(490명 참석)
2009. 08. 20	인천 학부모대상 특강, 주제: 스스로 깨우치는 공부 자기주도학습(600명 참석)
2009. 08. 22	서대구 교원 특강, 주제: 집중력이 부족한 우리 아이에겐 자기주도학습(300명 참석)
2009. 09. 09	수원 권선고 교사특강, 주제: 학생을 위한 자기주도학습 전략(160명 참석)
2009. 09. 13	한살림 특강, 주제: 자기주도학습 전략과 실천,(500명 참석)
2009. 09. 15	거원중 특강, 주제: 똑소리나는 아이 비결은 자기주도학습,(400명 참석)
2009. 09. 24	평택 학부모대상 특강, 주제: 학부모를 위한 자기주도학습 전략(300명 참석)
2009. 10. 07	이수중 특강, 주제: 학생을 위한 자기주도학습 전략(280명 참석)
2009. 10. 10	충남 학부모대상 특강, 주제: 부모는 자기주도학습의 책임자다(380명 참석)
2009. 10. 11	한일고 특강, 주제: 스스로 공부하는 동기를 길러주는 자기주도학습(200명 참석)
2009. 11. 11	호주 10개도시 특강, 주제: 똑 소리 나는 아이 비결은 자기주도학습(600명)
2009. 11. 17	광주 교원 특강, 주제: 사교육 배제를 위한 자기주도학습(180명 참석)

2009. 11. 25	연대 특강, 주제: 미래를 준비하는 진로교육(400명 참석)
2009. 11. 26	서울교육청 학부모대상 특강, 주제: 상상력을 키우는 영재교육(300명 참석)
2009. 12. 03	호서대 특강, 주제: 꿈을 찾는 과정 진로교육(560명 참석)
2009. 12. 07	양동초 학부모대상 특강, 주제: 우리아이에게 날개를 달아주는 영재교육(380명 참석)
2009. 12. 12	경기화성고 특강, 주제: 진학 솔루션(620명 참석)
2009. 12. 13	경기도립반안도서관 특강, 주제: 창의적인 우리아이 만들기 영재교육(300명 참석)
2009. 12. 14	광주대 특강, 주제: 꿈을 찾는 과정 진로교육(450명 참석)
2010. 01. 11	북성초교 특강, 주제: 스스로 공부하는 아이 만들기 인지적 전략(200명 참석)
2010. 01. 12	순천향대 특강, 주제: 공부의 벽을 뛰어넘어라 자기주도학습(480명 참석)
2010. 01. 25	이대 영재원 특강, 주제: 창의적인 우리아이 만들기 영재교육(300명 참석)
2010. 02. 18	영주 시민회관 특강, 주제: 공부를 즐기게 되는 자기주도학습(400명 참석)
2010. 02. 19	홍은중 특강, 주제: 스스로 깨우치는 공부 자기주도학습(480명 참석)
2010. 02. 29	염리초교 학부모대상 특강, 주제: 우리아이에게 날개를 달아주는 영재교육(300명 참석)
2010. 02. 31	울산삼남중 교직원 특강, 주제: 중학생을 위한 자기주도학습(170명 참석)
2010. 03. 01	보성중 특강, 주제: 자기주도학습의 요령(280명 참석)
2010. 03. 14	수원 교원 특강, 주제: 공부의 기본, 자기주도학습(400명 참석)
2010. 03. 15	울산진장중 특강, 주제: 점수를 올려주는 자기주도학습(480명 참석)
2010. 05. 07	울산청량중 특강, 주제: 중학생을 위한 자기주도학습(420명 참석)
2010. 05. 12	호서대 특강 1, 주제: 대학생을 위한 자기주도학습(600명 참석)
2010. 05. 13	호서대 특강 2, 주제: 공부의 벽을 뛰어넘어라 자기주도학습(570명 참석)
2010. 05. 19	하늘샘교회 특강, 주제: 스스로 깨우치는 공부 자기주도학습(500명 참석)
2010. 05. 21	염리초교 특강, 주제: 공부를 즐기게 되는 자기주도학습(390명 참 석)
2010. 05. 24	울산 교원 특강, 주제: 미래를 준비하는 진로교육(350명 참석)
2010. 05. 24	우석대 특강, 주제: 스스로 깨우치는 공부 자기주도학습(550명 참석)
2010. 05. 26	유곡중 특강, 주제: 우등생들이 되는 비법 자기주도학습 전략(400명 참석)
2010. 05. 28	울산남외중 특강, 주제: 학습의 극대화를 위한 자기주도학습 전략(460명 참석)
2010. 06. 09	울산쎈뿔여고 특강, 주제: 자기주도학습 전략과 실천(400명 참석)

2010. 06. 10	무거초 학부모 대상 특강, 주제: 스스로 공부하는 아이 만들기 인지적 전략(460명 참석)
2010. 06. 11	군포교육청 특강, 주제: 사교육 배제를 위한 자기주도학습 전략(500명 참석)
2010. 06. 18	원당중 특강, 주제: 공부의 기본, 자기주도학습(400명 참석)
2010. 06. 23	노원구청 학부모 대상 특강, 주제: 똑 소리 나는 아이 비결은 자기주도학습(600명 참석)
2010. 06. 25	판교도서관 특강, 주제: 스스로 공부하는 동기를 길러주는 자기주도학습(400명 참석)
2010. 07. 0	울산옥현중 학부모 대상 특강, 주제: 부모는 자기주도학습의 책임자다(300명 참석)
2010. 07. 06	도봉구청 특강, 주제: 성공진학의 비밀 자기주도학습(400명 참석)
2010. 08. 03	공주연수원 특강, 주제: 진학 솔루션(500명 참석)
2010. 08. 27	문화센터 특강, 주제: 부모는 자기주도학습의 책임자다(560명 참석)
2010. 09. 08	동단초교 특강, 주제: 성공진학의 비밀 자기주도학습(350명 참석)
2010. 10. 01	순천향대 특강, 주제: 스스로 깨우치는 공부 자기주도학습(400명 참석)
2010. 10. 06	문화센터 특강, 주제: 자기주도학습의 요령(470명 참석)
2010. 10. 13	EBS 특강, 주제: 사교육 배제를 위한 자기주도학습 전략(400명 참석)
2010. 10. 14	대구 교원 특강, 주제: 우등생들이 되는 비법 자기주도학습 전략(300명 참석)
2010. 10. 15	방송중 특강, 주제: 학생을 위한 자기주도학습 전략(420명 참석)
2010. 10. 18	송파구청 특강, 주제: 스스로 하는 자기주도학습 전략(400명 참석)
2010. 10. 20	MBC 특강, 주제: 아이의 재능을 키워주는 영재교육(600명 참석)
2010. 10. 25	KBS 특강, 주제: 자기주도학습 전략과 실천(500명 참석)
2010. 10. 27	EBS 특강, 주제: 사교육 배제를 위한 자기주도학습(450명 참석)
2010. 10. 29	양평 학부모 특강, 주제: 똑소리나는 아이 비결은 자기주도학습(400명 참석)
2010. 11. 03	부산 학생 특강, 주제: 학생을 위한 자기주도학습 전략(600명 참석)
2010. 11. 13	제주 학부모 특강, 주제: 부모는 자기주도학습의 책임자다(500명 참석)
2010. 11. 17	서울장원초 특강, 주제: 점수를 올려주는 자기주도학습(400명 참석)
2010. 11. 24	AK문화아카데미 특강, 주제: 진학 솔루션(520명 참석)
2010. 12. 02	부명중 특강, 주제: 점수를 올려주는 자기주도학습(400명 참석)
2010. 12. 07	교대 특강, 주제: 우등생들이 되는 비법 자기주도학습 전략(500명 참석)

2010. 12. 08	강원대 특강, 주제: 자기주도학습의 요령(550명 참석)
2010. 12. 15	양일고 특강, 주제: 진학 솔루션(400명 참석)
2010. 12. 21	나라교육 특강, 주제: 스스로 공부하는 아이 만들기 인지적 전략(400명 참석)
2010. 12. 27	파주여고 특강, 주제: 스스로 공부하는 아이로 만들어라(470명 참석)
2010. 12. 30	배방중 특강, 주제: 공부는 전략이다. 자기주도학습(500명 참석)
2011. 01. 19	EBS 초청 특강, 주제: 우등생들이 되는 비법 자기주도학습 전략(500명 참석)
2011. 01. 20	한솔교육 특강(숙대), 주제: 자기주도학습 전략과 실천(600명 참석)
2011. 01. 22	한솔교육 특강(대전), 주제: 스스로 공부하는 아이 만들기 인지적 전략(450명 참석)
2011. 01. 23	한솔교육 특강(서울), 주제: 한가라도 똑소리나는 아이로 키워라(500명 참석)
2011. 01. 27	민족사관고등학교 특강, 주제: 학습의 극대화를 위한 자기주도학습 전략(580명 참석)
2011. 01. 29	한솔교육 특강(서울), 주제: 스스로 공부하는 동기를 길러주는 자기주도학습(500명 참석)
2011. 02. 11	부평 여성문화회관 교원 특강, 주제: 학부모를 위한 자기주도학습 전략(550명 참석)
2011. 02. 15	강서, 양천 지역 특강, 주제: 학생을 위한 자기주도학습 전략(500명 참석)
2011. 02. 16	대전 정부청사 특강, 주제: 사교육 배제를 위한 자기주도학습 전략(400명 참석)
2011. 02. 17	교원 특강(노원, 의정부), 주제: 공부의 기본, 자기주도학습(580명 참석)
2011. 02. 18	부산 교원 특강(국제신문사), 주제: 공부를 즐기게 되는 자기주도학습(460명 참석)
2011. 02. 22	관악 구민회관 특강(관악, 동작), 주제: 아이의 재능을 키워주는 영재교육(500명 참석)
2011. 02. 23	용인 자기주도학습 특강(강남대), 주제: 공부를 즐기게 되는 자기주도학습(550명 참석)
2011. 02. 25	일산 킨텍스 특강(오전), 주제: 집중력이 부족한 우리 아이에겐 자기주도학습(400명 참석)
2011. 02. 25	반포중 특강(오후), 주제: 중학생을 위한 자기주도학습(550명 참석)
2011. 03. 16	수지도서관 초청 특강, 주제: 우등생들이 되는 비법 자기주도학습 전략

	(400명 참석)
2011. 03. 22	경희대 초청 특강, 주제: 학생을 위한 자기주도학습 전략(550명 참석)
2011. 03. 23	천재교육 초청 특강, 주제: 스스로 공부하는 동기를 길러주는 자기주도학습(500명 참석)
2011. 04. 01	화성고 초청 특강, 주제: 우등생들이 되는 비법 자기주도학습 전략(500명 참석)
2011. 04. 14	충북대 교수학습센터 초청 특강, 주제: 공부의 기본, 자기주도학습(300명 참석)
2011. 04. 20	원미고 초청 특강, 주제: 성공진학의 비밀 자기주도학습(450명 참석)
2011. 04. 22	양미중 초청 특강, 주제: 중학생을 위한 자기주도학습(500명 참석)
2011. 05. 13	하나가정연구원 초청 특강, 주제: 공부의 벽을 뛰어넘어라 자기주도학습(300명 참석)
2011. 05. 17	영훈초 초청 특강, 주제: 초등학생을 위한 자기주도학습(400명 참석)
2011. 05. 19	울산교육청 초청 특강, 주제: 창의적인 우리아이 만들기 영재교육(500명 참석)
2011. 05. 20	KEDI 초청 특강, 주제: 우등생들이 되는 비법 자기주도학습 전략(400명 참석)
2011. 05. 26	이석초 초청 특강, 주제: 똑 소리 나는 아이 비결은 자기주도학습(550명 참석)
2011. 05. 27	부산 교육청 초청 특강, 주제: 학부모를 위한 자기주도학습 전략(460명 참석)
2011. 06. 02	상도고 초청 특강, 주제: 점수를 올려주는 자기주도학습(500명 참석)
2011. 06. 03	부천 상도중 특강, 주제: 중학생을 위한 자기주도학습(400명 참석)
2011. 06. 07	서울 시립대 초청 특강, 주제: 대학생을 위한 자기주도학습(450명 참석)
2011. 06. 09	사우고교 학부모대상 초청 특강, 주제: 학부모를 위한 자기주도학습 전략(250명 참석)
2011. 06. 10	신길고교 학부모 특강, 주제: 사교육 배제를 위한 자기주도학습(300명 참석)
2011. 06. 15	대전국립중앙과학원 특강, 주제: 우등생들이 되는 비법 자기주도학습 전략(400명 참석)
2011. 06. 22	조치원 중학교 특강, 주제: 중학생을 위한 자기주도학습(450명 참석)
2011. 06. 25	대구 지역 특강, 주제: 공부를 즐기게 되는 자기주도학습(500명 참석)
2011. 06. 26	광주 지역 특강, 주제: 스스로 깨우치는 공부 자기주도학습(500명 참석)

2011. 06. 27	순천향대 특강, 주제: 공부의 기본, 자기주도학습(490명 참석)
2011. 06. 29	성심여중 특강, 주제: 학생을 위한 자기주도학습 전략(420명 참석)
2011. 07. 02	서울 자기주도학습 연구원 특강, 주제: 자기주도학습 전략과 실천(3000명 참석)
2011. 07. 03	창원 지역 특강, 주제: 우등생들이 되는 비법 자기주도학습 전략(450명 참석)
2011. 07. 20	이보영 토킹클럽 특강, 주제: 똑 소리 나는 아이 비결은 자기주도학습(520명 참석)
2011. 07. 21	경기평생학습관 특강, 주제: 자기주도학습 전략과 실천(400명 참석)
2011. 07. 25	농촌진흥청 연구원 특강, 주제: 스스로 공부하는 아이 만들기 인지적 전략(380명 참석)
2011. 07. 27	순천향대 특강, 주제: 학생을 위한 자기주도학습 전략(420명 참석)
2011. 08. 03	교원대 특강, 주제: 행동변화를 이끌어내는 자기주도학습(500명 참석)
2011. 08. 24	전남대 여수 캠퍼스 특강, 주제: 자기주도학습의 요령(400명 참석)
2011. 08. 26	석천초 특강, 주제: 집중력이 부족한 우리 아이에겐 자기주도학습(450명 참석)
2011. 09. 01	튼튼영어 특강, 주제: 내 아이도 영재가 될 수 있다. 영재교육(400명 참석)
2011. 09. 17	안흥 부흥중 특강, 주제: 공부를 즐기게 되는 자기주도학습(420명 참석)
2011. 09. 23	자원고 특강, 주제: 점수를 올려주는 자기주도학습(400명 참석)
2011. 10. 05	용인대현초 특강, 주제: 초등학생을 위한 자기주도학습(480명 참석)
2011. 10. 07	천안구성초 특강, 주제: 공부는 전략이다. 자기주도학습(520명 참석)
2011. 10. 21	울산함월고 특강, 주제: 성공진학의 비밀 자기주도학습(400명 참석)
2011. 10. 27	하나가정연구원 특강(오전), 주제: 공부를 즐기게 되는 자기주도학습(350명 참석)
2011. 10. 27	인천대학 특강(오후), 주제: 점수를 올려주는 자기주도학습(500명 참석)
2011. 11. 02	전남대 특강, 주제: 스스로 공부하는 동기를 길러주는 자기주도학습(510명 참석)
2011. 11. 03	대전대덕고 신탄도서관 특강, 주제: 행동변화를 이끌어내는 자기주도학습(500명 참석)
2011. 11. 05	수원 동구교회 특강, 주제: 똑 소리 나는 아이 비결은 자기주도학습(400명 참석)
2011. 11. 09	나주초 특강, 주제: 학습의 극대화를 위한 자기주도학습 전략(420명 참석)
2011. 11. 16	불암중 특강, 주제: 점수를 올려주는 자기주도학습,(200명 참석)

2011. 11. 17	목동 목일 중학교 특강, 자기주도학(400명 참석)
2011. 11. 19	경민대 초청 특강, 주제: 스스로 깨우치는 공부 자기주도학습(520명 참석)
2011. 11. 22	진학사 특강, 주제: 성공진학의 비밀 자기주도학습(450명 참석)
2011. 11. 23	대구 교육대 초청 강연, 주제: 공부는 전략이다. 자기주도학습(420명 참석)
2011. 11. 24	전남대 특강(제주도), 주제: 자기주도학습의 요령(420명 참석)
2011. 11. 30	나주초 특강, 주제: 공부의 벽을 뛰어넘어라 자기주도학습(420명 참석)
2012. 01. 09	사회과학 연구소(이남영 연구소) 특강, 주제: 자기주도학습의 의미와 현장적용(학생, 학부모 180명 참석)
2012. 01. 11	대영중학교 특강, 주제: 자기주도학습과 학업성취(300명 참석)
2012. 01. 27	경주 교육문화회관 특강, 주제: 자기주도학습의 본질(200명 참석)
2012. 01. 27	충남 교육청 장학사 및 장학관 특강, 주제: 자기주도학습과 학교교육(280명 참석)
2012. 02. 27	삼육고등학교 특강, 주제: 자기주도학습과 학업증진(600명 참석)
2012. 03. 23	의왕내선도서관 특강, 주제: 학부모를 위한 자기주도학습(80명 참석)
2012. 03. 26	송호고등학교 특강, 주제: 자기주도학습과 학업성취(교사대상)(50명 참석)
2012. 04. 04	송호고등학교 특강, 주제: 자기주도학습과 학업성취(학생대상)(600명 참석)
2012. 04. 13	경기도 도립과천도서관 특강, 주제: 자녀교육을 위한 학부모의 학습전략(80명 참석)
2012. 04. 27	한국 가스공사 특강, 주제: 자기주도학습과 학습전략(300명 참석)
2012. 05. 08	고양시 복지회관 특강, 주제: 자기주도학습의 본질(30명 참석)
2012. 05. 08	고양시 고양동 주민센터 특강, 주제: 자기주도학습의 본질(30명 참석)
2012. 05. 09	고양시 원당 특강, 주제: 자기주도학습의 본질(30명 참석)
2012. 05. 09	고양시 덕성구 복지관 특강, 주제: 자기주도학습의 본질(30명 참석)
2012. 05. 22	용인 대지중학교 특강, 주제: 자기주도학습과 학습전략(학부모대상)(300명 참석)
2012. 05. 29	부산 광일초등학교 특강, 주제: 학부모와 자녀교육(100명 참석)
2012. 06. 07	광주시 교육청 특강, 주제: 자기주도학습과 학습전략(300명 참석)
2012. 06. 16	서울지역 특강, 주제: 자기주도학습(400명 참석)
2012. 07. 12	비상교육 특강, 주제: 자기주도학습을 위한 학습전략(200명 참석)
2012. 07. 14	부산 영재진흥원 특강, 주제: 삼차영재교육진흥법의 실체(70명 참석)
2012. 07. 28	영재교육학회 기조강연, 주제: 영재교육과 발명(80명 참석)
2012. 09. 20	천안교육청 특강, 주제: 자기주도학습과 부모의 역할(500명 참석)

2012. 09. 26	수원대학 교수학습센터 특강, 주제: 대학생의 학습전략(200명 참석)
2012. 10. 11	경기도 하얀도서관 특강, 주제: 자기주도학습과 영재교육(150명 참석)
2012. 10. 17	순천도서관 특강, 주제: 자기주도학습과 학습전략(200명 참석)
2012. 10. 24	방산중학교 학부모 특강(80명 참석)
2012. 10. 30	방산중학교 교사 특강(60명 참석)
2012. 11. 15	아산교육청 교사 특강(200명 참석)
2012. 11. 16	부산 동여자고등학교 특강(800명 참석)
2012. 11. 30	순천도서관 특강(80명 참석)
2013. 07. 05	부산내성초 특강(150명 참석)

자아개념

2013년 8월 9일 1판 1쇄 인쇄
2013년 8월 16일 1판 1쇄 발행

지은이 • 송인섭
펴낸이 • 김진환
펴낸곳 • (주) 학지사
121-837 서울특별시 마포구 서교동 352-29 마인드월드빌딩 5층
대표전화 • 02)330-5114 팩스 • 02)324-2345
등록번호 • 제313-2006-000265호

홈페이지 • http://www.hakjisa.co.kr
커뮤니티 • http://cafe.naver.com/hakjisa

ISBN 978-89-997-0182-5 93180

정가 20,000원

저자와의 협약으로 인지는 생략합니다.
파본은 구입처에서 교환해 드립니다.

이 도서의 국립중앙도서관 출판시도서목록(CIP)은 서지정보유통지원시스템 홈페이지(http://seoji.nl.go.kr)와 국가자료공동목록시스템(http://www.nl.go.kr/kolisnet)에서 이용하실 수 있습니다.
(CIP제어번호: CIP2013014257)